国家出版基金项目
NATIONAL PUBLICATION FOUNDATION

第四届中国出版政府奖提名奖
全国哲学社会科学基金重大项目
"产业竞争优势转型战略与全球分工模式的变化"结项报告

全球产业演进与中国竞争优势

Transformation of Industrial Competitive Advantages and the Evolution of Global Division of Labor

金 碚 张其仔/等著

经济管理出版社
ECONOMY & MANAGEMENT PUBLISHING HOUSE

图书在版编目（CIP）数据

全球产业演进与中国竞争优势/金碚，张其仔等著. —北京：经济管理出版社，2014.4
ISBN 978-7-5096-3009-9

Ⅰ. ①全… Ⅱ. ①金… ②张… Ⅲ. ①国际分工—研究 Ⅳ. ①F114.1

中国版本图书馆 CIP 数据核字（2014）第 056191 号

组稿编辑：张永美
责任编辑：张永美
责任印制：黄章平
责任校对：陈　颖

出版发行：经济管理出版社
　　　　　（北京市海淀区北蜂窝 8 号中雅大厦 11 层　100038）
网　　址：www. E-mp. com. cn
电　　话：（010）51915602
印　　刷：三河市延风印刷有限公司
经　　销：新华书店
开　　本：787×1092mm/16
印　　张：39.75
字　　数：943 千字
版　　次：2014 年 5 月第 1 版　　2014 年 5 月第 1 次印刷
书　　号：ISBN 978-7-5096-3009-9
定　　价：198.00 元

主　　　编：金　碚　张其仔

副　主　编：原　磊　李晓华　李　钢　郭朝先　王燕梅

项目主持人：金　碚　张其仔

子课题主持人（按子课题顺序）：

　　　　原　磊　李晓华　李　钢　郭朝先

项目协调：王燕梅

课题组成员（以姓氏笔画为序）：

　　　　尹冰清　王秀丽　王　磊　王燕梅　邓　洲　伍业君　刘吉超

　　　　刘　昶　向奕霓　孙凤娥　孙承平　吴利学　张航燕　李　颢

　　　　杨伟伟　沈可挺　邹宗森　周维富　贾中正　梁泳梅　龚健健

　　　　董敏杰　廖建辉　谭运嘉　戴　翔

目　录

总　论

第一部分　发达国家的竞争优势转型战略

第二部分　全球产业分工模式的演变

第三部分　竞争优势转型对中国产业竞争力的影响

附　录

总 论

全球经济深度调整与产业竞争优势转型

一、问题的提出

2008 年开始的国际金融危机标志着全球经济进入深度调整期。危机爆发于金融领域，却对世界各国实体经济产生强烈冲击，导致全球经济遭受了自 1929~1933 年世界经济大萧条以来最为严重的经济衰退，舆论界称之为"百年一遇"。其实，这并不是百年一遇的小概率事件，而是具有深刻根源的趋势性现象。面对突如其来的冲击，各国政府似乎一时间都成为"凯恩斯主义者"，纷纷出台一系列经济刺激政策。在世界经济史上，这几乎是全球主要国家第一次联手以扩张性经济政策应对经济危机的事件。在其作用下，2009 年第三季度以来全球经济衰退势头减弱，进入了所谓的"后危机时代"，但经济不振的阴影至今挥之不去。目前，尽管国际金融危机已过去了四五年的时间，但是全球经济仍然处于高度复杂和不确定状态。欧元区陷入经济衰退，主权债务危机深化，恶性循环可能性明显增大；美国经济增长回升缓慢；日本经济难见起色；新兴经济体内生增长动力不足，高增长时代终结。所有迹象均表明，各种深层次矛盾远未解决，全球经济已经进入深度调整期，国际分工格局正在发生重大变化。这次全球金融危机的爆发，表面上是金融制度缺陷和金融行为非理性所致，实际上，实体经济中的问题才是其深层次的根源所在。从这一意义上来说，全球经济要想真正摆脱危机并进入新一轮增长，技术创新与产业创新才是根本出路。人们认为，世界必将进入"第三次工业革命"或"新工业革命"时代。因此，主要发达经济体应该反思经济尤其是实体产业的发展方向，寻求新一轮工业技术革命的突破，抢占全球产业制高点，谋取国际竞争新优势。而新兴市场经济体也期盼着在新一轮的全球经济调整中实现"弯道超车"和产业转型升级。同时，"下一波新兴经济体"国家也开始崛起。世界经济的全球分工格局正在发生巨大而深刻的演变。虽然部分学者乐观地认为，新的工业技术革命已端倪初现，但究竟何时会取得真正的革命性突破并转化为大规模生产能力至今仍不能确切预知。因此，全球经济必然在各国谋求经济复苏进程中进入深度调整期。在此期间，全球经济复苏以及攀升产业高地面临着比以往更为激烈的竞争，各国争夺产业竞争力的新优势成为全球经济深度调整期的突出特征之一。

30 多年的改革开放已经使得中国产业发展深度融入全球经济。尽管在金融危机及其后续影响期间，全球经济复苏乏力、需求大幅度萎缩以及贸易保护主义抬头等给中国开放型经济发展带来了巨大冲击，但是经济全球化深入发展的大趋势不会逆转，中国产业结构调整和转型升级将在全球分工体系发生深刻演变的过程中艰难推进。因此，在全球经济深度调整时期，深入分析全球产业发展的主要趋势，理性判断中国产业发展所面临的挑战，以及客观认识并把握中国产业发展所面临的战略机遇，对于探寻中国产业发展趋势及其转型升级具有非常重要的理论意义、现实意义和前瞻意义。

二、全球经济深度调整的趋势

由美国的金融危机引发的全球经济危机发生之后，发达国家结合长期发展需要，出台了一系列可能影响全球竞争优势格局的战略性举措。这种战略调整有可能会对全球经济的发展产生非常深远的影响，国家之间、企业之间旧的"游戏规则"有可能得到根本性的重塑，当前的全球分工体系也将有可能出现根本性的调整。自 2008 年开始的国际金融危机冲击以来，尽管各国政府纷纷出台一系列经济刺激政策应对危机并取得了一定成效，但是全球经济并未从根本上摆脱衰退和持续的低迷状态，持续时间之长远远超出了人们的预期。而且，金融危机向财政危机扩散，特别是美国债务危机和欧洲债务危机为全球经济的复苏埋下了不确定性因素。国际货币基金组织（IMF）总裁拉加德曾表示："美国财政赤字是威胁全球市场的头号风险，美国的财政赤字和负债占国内生产总值的比例实际上比欧元区更糟。"至于欧洲债务危机问题，更是成为威胁全球经济的严重隐患。世界银行 2012 年发布的《全球经济展望》报告指出，持续发酵的欧洲债务危机所导致的金融市场动荡已传导至其他发达国家和发展中国家，并逐渐形成"强势逆风"。此外，部分发展中国家，尤其是以"金砖国家"为代表的新兴经济体经济增速放缓。世界经济低速增长可能持续相当长一段时间。国际货币基金组织于 2012 年 10 月发布的《世界经济展望》将发达经济体 2013 年的经济增长预期值从 2.0% 调低至 1.5%，将新兴经济体的经济增长预期值从 6.0% 调低至 5.3%。其中，预测 2013 年美国经济增长 2.1%，欧元区经济增长 0.2%，日本经济增长 1.2%。

全球经济持续低迷的根本原因是实体经济领域尚未出现关键性的技术革命突破，金融和财政政策的操作缺乏实体产业的支撑基础。换句话说，以金融创新弥补实体经济创新的作用是非常有限的，在实体经济创新不足的基础上进行过度的金融创新，风险性是非常大的。由于实体经济新的增长点还没有形成，所以全球经济持续低迷的状态至今仍难见尽头。这是全球经济必须进行深度调整，国际分工格局发生深刻演变的根源所在。

第二次世界大战结束后，特别是 20 世纪 80 年代以来，以贸易和投资自由化为主要内容的经济全球化深入发展，以及伴随着全球生产分割技术的快速进步，国际分工形式发生了深刻变化，即从传统的产业间分工和产业内分工逐渐向产品价值链分工为主导转变。国际分工的深入演进推动了产业和产品价值增值环节的国际梯度转移，不仅表现在发达国家将失去比较优势的产业逐步转移至新兴市场经济体，同时还表现在跨国公司根据产品的各生产要素密集度特征将不同生产环节配置到不同国家和地区。发达国家这种"保留核心而外包其余"的全球化经营战略，加速了产品价值增值环节尤其是劳动密集型环节向新兴市场经济体转移的速度，使得以美国为代表的部分发达经济体出现了国内产业结构不断"软化"甚至"空心化"的现象。经济增长越来越依赖于金融操作，进而使得整个经济越来越具有"金融依赖"的特征，这突出地表现为，作为资本主义经济最发达国家的美国，越来越滥用其金融比较优势来实现自身利益。实体经济不断向外转移以及整个经济日益金融化的必然结果就是实体产业的活力和创新能力不足，国际竞争力日渐衰落，经济增长日益依赖于金融运作，从而出现并形成了虚拟经济和实体经济之间"头重脚轻"的不稳定结构

（金碚，2012）。例如，自 2000 年以来，美国在所有技术领域发明专利申请的增长都呈现出 20% 以上的下降（张燕生，2012）。在新兴发展中经济体基本上都扮演着"跟随者"角色的情形下，由于作为经济全球化"领头羊"的发达经济体实体产业创新被长期忽视，全球经济陷入持续低迷就成为必然。国际金融危机可以说是一针"清新剂"，使得包括许多发达经济体在内的世界各国和地区都意识到了实体经济的重要性，并纷纷着手解决制约实体经济发展的体制性、结构性矛盾，重新思考产业发展战略。各国力图通过鼓励技术创新和促进经济结构升级，培育新的经济增长点并力图抢占引领全球经济增长的产业制高点。可以说，这是本次国际金融危机的积极意义，即促进全球经济的再调整、再平衡和再创新。

国际金融危机使奥巴马政府意识到，实体经济的相对萎缩和整个经济的过度金融依赖对国际金融危机具有重要的促进作用。为了使美国经济尽快摆脱危机，走出低迷，奥巴马政府除了试图强化金融监管以及实施量化宽松政策进行经济刺激之外，更加重视和强调美国实体经济的基础地位和长远意义。2009 年 4 月，美国政府提出了重振美国制造业的战略。此后又通过诸如《制造业促进法案》、《复兴与再投资法案》、《清洁能源法案》等一系列政策和法规措施，进一步明晰制造业重振计划。2010 年 3 月，美国总统奥巴马又正式提出美国五年"出口倍增计划"，也是旨在重振制造业。这突出反映在《就国家出口倡议致总统书》中明确将"再工业化，提升制造业的出口能力"列为主要实施的重点。当然，美国重振制造业并非是简单地恢复传统制造业，而是旨在以高新技术为依托，发展先进制造业，从而进一步巩固和提升其产业国际竞争力，并用新一轮技术革命的成果引领和改造其他产业，以推动产业升级，抢占并继续引领全球经济增长的制高点。美国重振制造业计划并非停留在"计划"或"口号"上，而是已经初见成效。例如，从总量上看，五年出口倍增意味着出口平均年增长率应该达到 15%。而表 1 的统计数据给出了 2010 年 1 月至 2011 年 12 月期间美国月度出口额及其同比增长率变化情况，从中不难看出，美国出口贸易的确出现了大幅增长，除了个别月份外，其增长率大部分月份在 15% 以上。就年度增长率而言，2010 年美国出口额较之于 2009 年实现同比增长 20.51%，2011 年较之于 2009 年累计实现增长 40.01%，大大高于实现 5 年出口倍增的年均 15% 增长率的要求。由此可见，美国以"出口倍增"带动制造业重振的战略已经取得实效。

表 1　2010 年 1 月至 2011 年 12 月美国月度出口额及同比增长率

时期	2010 年 1 月	2010 年 2 月	2010 年 3 月	2010 年 4 月	2010 年 5 月	2010 年 6 月
出口额（亿美元）	993.54	1004.17	1042.60	1034.03	1064.63	1056.12
同比增长（%）	18.46	16.89	23.19	25.07	26.13	21.67
时期	2010 年 7 月	2010 年 8 月	2010 年 9 月	2010 年 10 月	2010 年 11 月	2010 年 12 月
出口额（亿美元）	1081.86	1083.86	1086.25	1127.15	1141.39	1173.21
同比增长（%）	22.25	21.85	17.00	17.55	19.02	18.37
时期	2011 年 1 月	2011 年 2 月	2011 年 3 月	2011 年 4 月	2011 年 5 月	2011 年 6 月
出口额（亿美元）	1905.39	1945.96	2022.44	2077.06	2145.12	1986.44
同比增长（%）	19.82	17.16	19.14	21.45	17.33	15.20
时期	2011 年 7 月	2011 年 8 月	2011 年 9 月	2011 年 10 月	2011 年 11 月	2011 年 12 月
出口额（亿美元）	2062.28	2084.19	2010.91	1994.23	2004.26	2006.11
同比增长（%）	17.01	16.73	18.81	13.49	10.73	8.98

资料来源：OECD 统计数据库。

国际金融危机的爆发对欧盟经济造成了巨大冲击，使欧盟社会经济发展模式的优越感严重受挫，甚至越来越被戏称为"老欧洲"。为了摆脱危机冲击带来的不利影响，欧盟也出现不断高涨的"再工业化"呼声，以期通过重振制造业提升其全球竞争力。为此，欧盟及其成员国纷纷制订重振制造业的具体方案，涉及重振制造业的战略规划、实施资金补贴和政策支持等措施，"再工业化"从经济主张逐步转变为政策实践（宾建成，2012）。当然，欧盟"再工业化"和重振制造业也并非是简单地重复传统制造业，而是试图通过鼓励创新、促进新兴产业发展等措施，推动产业结构在重振制造业中实现转型升级。随着"再工业化"战略的实施，欧盟制造业的产出水平呈现出较快回升趋势。2010 年欧盟制造业产出水平较之于 2009 年实现了 11.73% 的同比增长率，2011 年相比 2009 年实现了 20.86% 的累计增长率。其中，德国上述两个增长率分别为 14.23% 和 25.85%，意大利分别为 10.33% 和 17.66%，匈牙利分别为 10.01% 和 47.19%，奥地利分别为 10.06% 和 22.09%，瑞典分别为 23.16% 和 37.12%。① 欧盟及其各主要成员国的制造业产出水平增长率均远远高于其 GDP 增长率，由此可见，欧盟"再工业化"战略的实施的确使得制造业在欧盟经济中的重要性得以提升。而伴随制造业产出水平的回升，欧盟制成品出口也开始回暖。OECD 统计数据显示，2010 年欧盟制成品出口较 2009 年同比增长率为 12.20%，2011 年较 2010 年又实现了 18.18% 的同比增长率，较 2009 年实现累计增长率为 32.61%。其中，德国 2011 年出口贸易额较之于 2010 年实现同比增长率 17.49%，对其 GDP 的贡献率高达 50.1%，成就令人惊叹！

相比部分发达经济体所受的直接打击而言，新兴发展中经济体在本轮国际金融危机中所受的冲击更多的是来自发达经济体的波及效应，进而引发了一系列"并发症"，因而也未能"幸免于难"，可谓"城门失火殃及池鱼"。自"二战"以后，尤其是 20 世纪 80 年代以来，得益于经济全球化快速发展和国际分工演进所带来的重要机遇，新兴发展中经济体通过发挥比较优势，承接来自发达国家的产业和产品价值增值环节的梯度转移，并以发达经济体的巨大市场需求为依托，大力发展外向型经济，实现了经济的快速增长并带动了产业结构的变迁。可以说，发达经济体的旺盛需求和不断扩展的国际市场成为发展中经济体经济高速增长的重要外部条件。然而，全球金融危机的爆发，使国际经济环境恶化，尤其是深处"重灾区"的发达经济体需求不振，经济增长长期低迷，发展中经济体的外向型产业受到了巨大冲击，发展空间萎缩。况且，在融入经济全球化的进程中，新兴市场经济体承接来自发达经济体的产业转移和产品价值增值环节的国际转移，大多是劳动密集型产业，处于产品价值的低增值环节，增长方式具有典型的粗放型特征。这样的经济增长方式在危机冲击下其弊端暴露得更加明显。正如胡锦涛同志所指出的：国际金融危机对我国开放型经济的冲击表面上是对经济增长速度的冲击，但实际上是对粗放型发展方式的根本冲击。因此，国际金融危机后，新兴发展中经济体也不得不进行重大的结构调整。

世界经济发展的历程表明，每次重大的世界性经济危机往往都会带来一场科技革命。一些重要产业会进行重组，一些国家和地区的产业地位和国际竞争地位会发生重大变化。本轮国际金融危机也不例外，正如前文分析所指出的，危机的爆发有着深层次的实体产业

---

① 数据来源于欧盟统计局：http://ec.europa.eu/eurostat。

原因，而走出危机的根本之道就在于技术创新与产业创新。因此，危机不仅是危难，而且也是机遇。新一轮的科技革命不仅对发达国家是产业升级的契机，对新兴发展中国家也是实现"弯道超车"的历史机遇。其至，新兴发展中经济体在某些重要产业领域可能率先实现突破，从而抢占一些产业的技术制高点。因此，无论是基于"对接"发达经济体市场和经济结构调整需要，还是力图在关键产业领域抢占制高点的需要，新兴发展中经济体都有经济和产业结构调整的必要性和紧迫性。从现实情况来看，多数新兴发展中经济体也确实正在抓紧制定和实施经济结构调整与新兴产业的发展计划和政策安排。例如，俄罗斯将生物医疗、核技术、节能、航天通信、战略信息技术作为发展战略性新兴产业的五大支柱，并组建了经济现代化和技术发展委员会，负责战略性新兴产业发展计划的制定和实施；中国继实施十大产业振兴规划之后，又确定了战略性新兴产业发展规划，并选定七大产业作为战略重点；巴西确定了以乙醇为中心的产业、生物燃料汽车、风能、核能产业、电动汽车等作为重点新兴领域发展产业；印度选择了软件产业、生态旅游、文化旅游、农业旅游、医疗旅游、医药产业、信息产业等作为重点新兴领域发展产业等。实践表明，新兴发展中经济体在危机冲击后也纷纷着手进行经济结构和产业结构的调整。

三、全球产业发展的新趋势

进入 21 世纪以来，科技革命的曙光已日益显现，支撑第三次工业革命的技术基础正在趋于成熟。部分专家乐观估计，第三次工业革命已蓄势待发。本轮国际金融危机必然加速第三次工业革命的进程。因此，全球经济进入深度调整期后，全球产业发展将呈现出产业技术更加高端化和绿色化、产业分工更加模糊化和融合化、产业性质更加复杂化和信息化的趋势。

1. 全球产业的高端化发展趋势

当前，危机冲击所形成的倒逼机制正在加速全球技术创新和产业创新速度。仅就公开报道的情况而言，目前全球已有数百个顶尖实验室正在进行着与新一轮科技革命有关的关键技术攻坚阶段的研究，而尚未公开报道的科学研究和攻关项目就更加深不可测（何传启，2012）。有研究者预计，这些科技研究很可能将引发激烈的"核心专利争夺战"以及大规模产业运作的爆发，因而人类社会将进入第三次工业革命社会。如表2所示，世界主要国家都明确了自己重点发展的战略性新兴产业领域，以期抢占全球经济和产业发展的制高点，再创全球竞争新优势，谋求在全球分工新格局中的有利地位。

表 2 世界部分国家选取的战略性新兴产业重点发展领域

美国	新能源的开发和利用；信息和互联网；混合动力汽车；海洋开发；生物医药；航天；气候变化应对
欧盟	健康；纳米科学、纳米工程，食品、农业及生物工程；信息和传媒工程；材料和新产品技艺；能源；环境；运输；安全；空间
英国	生物产业；创意产业；绿色能源；数字产业；先进制造；通信产业；重启核电发展计划
法国	生态经济和绿色化工；未来城市建设；再生能源；未来交通工具；数字内容
德国	数码软件创新研究；智能传感器和眼科学；药物疗效和新药安全；成像诊断学；未来物流；用户友好和环境友好的创新技术；重启核电发展计划
意大利	太阳能与光伏；纳米技术与材料产业
日本	信息通信；环保型汽车；纳米材料；生物及医疗护理；系统新制造；能源；软件；融合战略

韩国	新可再生能源；高质量水处理；低碳能源； LED 应用；高科技绿色城市；绿色交通系统；传播通信融合产业；机器人应用；IT 融合系统；生物制药和医疗设备；新材料纳米融合；绿色金融；高附加值食品产业；文化创意；全球教育服务；全球医疗服务；会展观光
新加坡	新能源汽车；创新手机；绿色化工制药法；电子产业研发
巴西	生物燃料汽车；发展以乙醇为中心的产业；电动汽车产业；风能、核能产业
智力	混合种植技术；生产沼气；生产和加工生物燃料
印度	软件产业；医疗旅游；生态旅游、文化旅游和农业旅游；信息产业；医药产业
俄罗斯	生物医疗；核技术；节能；航天通信；战略信息技术
中国	节能环保；新一代信息技术；生物；高端装备制造；新能源；新材料；新能源汽车等产业

资料来源：《经济参考报》，2011 年 6 月 19 日第 8 版。

由于产业高端化的实质就是依托技术革命和创新而进入更具独特优势的产业领域（金碚，2012），因此，全球经济进入深度调整期后，在新一轮科技革命和各国谋求发展新兴产业领域的双重推动下，世界各国和地区整体上将向更高端的产业高地攀升，因而产业发展将更多地表现为科技含量高、附加值高和产出效益高等高端化技术路线的发展趋势。

2. 全球产业的绿色化发展趋势

由于生态环境的不断恶化、全球温室效应问题日益严峻、极端天气和自然灾害频繁等问题的出现，实现绿色增长、发展低碳经济、重视节能环保、避免生态破坏已经成为世界各国越来越关注的共同话题，从而使得绿色经济、低碳经济成为各国以至全球今后的战略发展方向。本轮国际金融危机更促使各国加快"绿色新政"的实施计划。绿色经济不仅被各国看作是应对危机冲击、摆脱目前经济低迷状态的有效方式，更被当作确保中长期经济持续增长最可行的途径。世界银行前首席经济学家尼古拉斯·斯特恩（N. Stern）指出，推行绿色经济发展战略是帮助各国走出当前经济困境的最有效途径，因为这不仅是凯恩斯式的简单经济刺激方针，更是着眼于未来经济可持续发展的重要战略基础。发展绿色经济，就短期效应而言，不但可以迅速拉动就业、提振经济，还能有效改善资源环境与经济发展的关系；就长期效应来看，绿色经济更有利于全球经济的可持续增长。联合国的一项研究显示，投资于自然保护或生态基础设施等绿色产业的收益要远远高于钢铁和汽车制造等传统产业。

从表 2 所列的世界部分国家选取的战略性新兴产业发展领域来看，虽然各国关注的重点发展产业不尽相同、各具特色，但其中有一个共同点，那就是"绿色发展"成为各国所普遍关注的重点领域。为应对国际金融危机，很多国家都开始谋划"绿色新政"，并将此作为危机后带动经济增长的新战略。例如，2009 年 4 月，日本环境省公布《绿色革命与社会变革》的政策草案，并提出到 2015 年将绿色产业打造成日本的重要支柱产业和经济增长的核心驱动力；2009 年韩国提出了《绿色增长国家战略》，其核心内容就是大力发展绿色技术产业、提升应对全球气候变化的能力，全面提升绿色产业的国际竞争力，并力争到 2020 年跻身全球"绿色七强"，2050 年进入"绿色五强"之列；奥巴马政府为挽救美国经济而推出的近 8000 亿美元经济复兴计划有"绿色经济复兴计划"之称，本质上就是以优先发展清洁能源、积极应对气候变化为内容的绿色能源战略；2009 年 3 月，欧盟启动了整体绿色经济发展计划，并计划在 2013 年之前投资约 1050 亿欧元进行绿色产业的培育、支持、建设和发展（卢伟，2012）。这些战略实践无不预示着"绿色发展"将成为全球经济调整期产业发展的重要趋势。

3. 全球产业边界模糊化的产业融合趋势

应当看到，当前正在酝酿的新一轮科技革命以及由此可能引发的新一轮产业革命并非一朝一夕之功。可以说，新兴产业的培育发展也绝非凭空创造，新一轮技术革命的成功也不可能是一蹴而就的。因而在全球经济深度调整期，受到市场规模和技术经济等因素的约束，无论世界各国各自所选取的战略性新兴产业发展重点领域是哪些，其所谓新兴产业的发展都不可能在短期内彻底替代传统产业，成为拉动经济增长的主导力量。即便从长期来看，新一轮科技革命和产业革命会取得关键性突破，但这也并非意味着新兴产业对传统产业的彻底否定和替代。相反，以技术进步和技术创新为依托，利用新技术和商业模式创新对传统产业进行改造，对传统产业注入新的能量和血液，将是未来一段时期内全球产业发展的重要趋势。发展新兴产业和传统产业并不矛盾，两者的界限也会随着科技进步和技术融合渗透而变得愈发模糊。失去比较优势和国际竞争能力的传统产业，有可能会因为植入了新的技术而变成新兴战略性产业或者说朝阳产业，因而重新获得国际竞争优势并在国际分工中谋取新的竞争地位。因此，新一轮的技术和产业创新将使现有产业的发展模式、竞争规则以及分工体系发生根本性的变化，传统产业和新兴产业之间的界限模糊，难分彼此。

当然，产业界限的模糊化发展趋势不仅仅表现在不同"级别"的产业之间，同样还表现在不同领域的产业之间。众所周知，在高新技术快速发展的大背景下，不同产业之间的延伸融合发展已是一种现实趋势。况且，当前正在酝酿之中的新一轮科技革命，其发展方向不会仅仅依赖于某种单一技术或者一两类学科的发展，而是跨学科、多技术领域的相互交叉和高度融合，进而推动不同产业间的延伸融合或同一产业内部的重组融合，使得不同领域的产业界限变得越来越模糊。例如，在新一轮科技革命中，信息技术仍将发挥着基础性和支撑作用，大多数制造业岗位将要求同时聚集着设计专家、工程师、物流专家、信息专家，制造业和服务业的发展界限将会模糊不清。这种融合本质上更多地表现为服务业向第一产业和第二产业的渗透，表现为服务业加速向第二产业的生产前期研究、生产中期设计和生产后期的信息反馈过程全方位的渗透，表现为向农业生产体系中的渗透和融合等，实现了不同产业间的融合。而以信息技术为支撑的科技革命，将推动产业内部重组融合，更多地表现为以信息技术为纽带的、产业链的上下游产业的重组融合，融合后生产的新产品表现出数字化、智能化和网络化的发展趋势，产业界限因此而变得愈发模糊。

4. 全球产业分工的复杂化趋势

全球经济的深度调整将重塑国家间比较优势关系：终端产品的竞争优势来源不再是同质产品的低价格竞争，而是通过更灵活、更经济的新制造装备生产更具个性化的、更高附加值的产品。发展中国家通过低要素成本大规模生产同质产品继而降低产品成本的既有比较优势将有可能失势。如果不能在未来产品差异化制造中重新占据一席之地，将失去高附加值终端产品的竞争优势。支撑制造业"数字化"的新型装备也是保持终端产品制造优势的基础，然而，这些新型制造装备属于技术密集型和资本密集型产品，更符合发达国家的比较优势。而在全球经济深度调整和产业分工格局变化中，随着制造环节本身重要性的下降，不仅会削弱发展中国家的传统比较优势，而且可能强化发达国家的技术比较优势。

产业分工格局和比较优势关系的重塑将深刻影响国家间的利益分配格局，引发分配方式的变革。一方面，价值链中生产制造环节低附加值的格局可能发生改变。生产制造环节有更多、更高效、更智能的资本品和装备产品参与，完成更为灵活、更为精密的生产过程，使得部分高端制造业回流至发达国家。另一方面，产业分工格局的变化强化了服务业对制造业的支持作用。由于生产性服务业在很大程度上是由专业技能人员组成，所提供服务的价值更高，行业的进入门槛更高，使得服务业在分配中所占的份额更大。因此，随着制造业和相关专业服务业向发达国家进一步集中，发达国家更有条件享受国家间利益分配中的"结构红利"。

因此，发展中国家面临经济增长点断档的风险：一方面，发展中国家比较优势集中于成本占比不断下降的制造环节，在劳动密集行业的优势逐渐削弱。另一方面，发展中国家产业工人要符合高技术的要求尚需时日。随着工厂生产自动化程度不断加强，个性化定制比重不断提高，更需要高素质的"创造型"工人。这也是发展中国家普遍存在的潜在的经济增长断档风险的重要原因之一。

不仅如此，全球产业分工格局的演变还会产生"下一波新兴经济体"，对现有的新兴发展中经济体形成挑战。所谓下一波新兴经济体，是指近些年来经济发展水平不高但相对快速增长，对世界经济影响不太大但经济开放程度较高，且未来经济增长潜力和产业竞争力比较突出的发展中经济体。属于此类的国家有亚洲的越南、印度尼西亚、马来西亚、泰国、菲律宾，拉美的洪都拉斯、巴拿马，北美的哥斯达黎加、尼加拉瓜等，它们很可能成为世界经济在某领域快速增长的新亮点，对未来世界经济的稳步增长起到不可忽视的促进作用。一般认为，这些经济体当前的经济增速要快于世界平均水平，其产业结构多集中于劳动密集型的中低端制造业，随着世界经济的发展进步、国际贸易范围的不断扩大以及国际分工的持续深化，它们正在承接或吸引某些传统的、新兴的、潜在的甚至是衰落的产业从发达经济体或新兴经济体向其逐步转移，对全球产业分工格局的变化产生重要影响。简而言之，不考虑最贫困的国家，如果说过去的世界产业分工主要表现为发达经济体与发展中经济体之间的关系，那么，未来将表现为发达经济体、新兴发展中经济体和"下一波新兴经济体"之间的更复杂关系。

四、中国产业发展面临的机遇

对于中国产业发展，我们既要看到面临的困难和挑战，更要看到面临的机遇和优势。中共十八大报告指出：综观国际国内大势，我国发展仍处于可以大有作为的重要战略机遇期。其中当然包括在全球经济深度调整期中国产业发展，尤其是产业结构调整和转型升级的战略机遇。那么，如何准确判断战略机遇期，或者说中国产业发展面临着怎样的战略机遇呢？

1. 承接新一轮国际产业转移的重要机遇

从世界经济发展史的角度看，近现代有三个黄金时期，也称为战略机遇期。第一个是1870~1913 年的第一次全球化时期；第二个是 1950~1973 年。这两个时期中国都错失了发展机遇。从 20 世纪 90 年代以来，世界经济发展进入第三个黄金期，中国抓住了。这一轮重要战略机遇期的特点是双轮驱动：一是产品内分工（或价值链分工）驱动的贸易和投资自由化；二是信息和运输革命带来的交易成本的降低。我们根据国情，充分发挥比较优势，选择以丰富（劳动力）要素融入国际价值链的代工模式，吸引外商直接投资，直接进入新兴产业链；发展加工贸易，延长产业链；发展本土配套，形成产业集群，在接受西方工业技术及工业思想的扩散和转移中加速工业化。中国产业发展能有今天的成就，可以说对外开放模式的选择功不可没。

这一战略机遇期实际上并没有因为国际金融危机后全球经济进入深度调整而结束。如果我们对形势判断准确，就可以化"危"为"机"。尽管发达经济体实施"重振制造业"战略会对产业国际梯度转移产生一定影响，甚至会出现制造业"回流"等现象，但全球产业分工格局和产业的国际梯度转移的大趋势并不以人的意志为转移。全球经济进入深度调整期的突出特征之一就是经济复苏能力薄弱，企业经营环境仍然较为困难，尤其是处于金融危机冲击"重灾区"的发达经济体更是如此。这就意味着在"归核化"发展战略下，发达国家跨国公司必然将更多的生产环节、工序以及服务流程等外包出去。而且，新一轮"外包"出去的生产环节、工序和服务流程可能体现为较高的资本和技术密集度，具有中端甚至高端属性。这就为我国在更高层次上融入以发达国家跨国公司为主导的产品内国际分工体系带来了新的机遇。从这一意义上来说，新一轮国际产业转移与我国产业结构演进方向和产业结构转型升级的需要具有明显的一致性。这一判断看似与发达经济体"重振制造业"可能导致的制造业回归相悖，其实不然。只要我们在继续发挥成本优势的同时，打造出有利于承接新一轮国际产业转移的硬环境和软环境，就能继续抓住这一重要战略机遇期，赢得优势、赢得未来，在进一步承接国际产业转移中实现中国产业的优化升级。

2. 新一轮科技和产业革命的重要机遇

前一波经济全球化经历了以信息技术和信息产业革命为特征的经济增长，而本轮国际金融危机的爆发，已经表明这一波经济全球化中经济长周期上升期已进入尾声。当前，全球经济进入深度调整期，发达国家更是加紧了科技革命和产业革命的步伐，而发展中经济体也希望能够在危机中寻求新兴产业发展的突破。面对新一轮科技革命和产业革命，我们与发达经济体在发展新兴产业的竞争方面具有同样的突破机会，可以发挥自己在一些领域中的技术条件，采取集中突破、开放式自主创新的发展战略，争取在未来新一轮全球经济增长的长周期中赢得一定的竞争优势和国际分工地位。

国际经济发展的经验表明，越是经济困难的时候，越是加大加快技术创新、实现弯道超越的有利时机。当然，发达经济体完全可能出于对丧失技术领先优势的担忧，而强化对先进技术和高端产业向诸如中国这样的发展中经济体转移的限制。但是，事情总有两个方面，限制先进技术和高端产业的转移一方面为我们设置了产业升级的障碍，但另一方面又会对我国实施技术创新形成倒逼机制，迫使我们加大自主创新的力度。面临全球经济的深度调整，我国提出建立创新型国家，重点培育和发展七大战略性新兴产业的战略举措。新科技、新产业的发展将成为我国转变经济发展方式，调整对外开放战略，以开放促创新，以创新促开放，在开放与创新的互动作用中实现转型升级的新动力。可以说，我们正站在一个难得历史机遇的入口处。

3. 整合利用全球先进生产要素的重要机遇

中间产品贸易的迅猛发展和生产要素尤其是资本要素的跨境流动，是当代国际分工的一个重要特征，而其实质是跨国公司在全球范围内进行的资源整合（戴翔，2012）。在这种国际分工形态下，各国的比较优势或者说各类生产要素都可能被跨国公司所整合、利用，从而转化为跨国公司的竞争优势。这意味着一个国家的企业进行国际化经营，就可以利用其他国家的生产要素，尤其是可流动生产要素。我国在发展开放型经济的相当长一段时间内，主要是以"引进来"方式为主进行国际化生产和经营，即通过利用外资，带动技术、品牌、管理、营销渠道、制度等生产要素的流入，通过集聚国际生产要素实现了经济发展和产业结构的调整升级。但是我们必须清醒地认识到，以往我们引进的生产要素大多是中低水平的生产要素。何况，出于维护竞争优势和保持领先地位的考虑和需要，最高端产业和最先进生产要素的跨国流动通常受到较为严格的限制，通过"引进"的方式是难以获得的。相比较而言，"走出去"的方式可能是获取此类生产要素更为现实的路径。在一定意义上可以说，"走出去"是一个国家或地区利用国际资源和国际市场的能力以及国际化经营水平的集中体现，也是应对国内外环境变化、拓展发展空间、优化资源配置的可行之路。尤其在当前全球新一轮科技革命的酝酿期，通过"走出去"而"网罗"全球科技、人才、知识和智力成果，抢占产业制高点就显得尤为必要和迫切。

当前，全球实体经济的产能和要素重组正在加快进行，新技术变革、新产业兴起与传统产业的改造并存。由于金融和财政危机以及经济增长乏力，许多国家面临着资金缺乏的窘境，形成了对外来投资的急切需求，甚至欧美地区也要加大"招商引资"力度。而我国外汇储备丰裕，人民币总体呈升值趋势，这为我国企业开展对外直接投资、并购海外优质资产和整合全球先进生产要素带来了历史性机遇。与本轮国际金融危机以来全球资本流动出现急剧下滑势头形成鲜明对比，中国企业"走出去"却呈现逆势而上的发展趋势。这表明全球经济深度调整为我国企业实施国际化经营战略提供了难得机遇。抓住此次重要机遇，加快我国企业"走出去"的步伐，可以获取国际优质要素和技术，对我国产业结构调整和升级发挥积极作用。

4. 产业转型升级面临扩大内需的重要机遇

全球经济深度调整期的一个突出特征，就是国际市场需求尤其是来自发达经济体的市场需求萎靡，加之发达经济体在"重振制造业"及所谓的"出口倍增计划"战略实施下"抢夺"市场需求份额，外需不足将会是一个长期状态。正是在这样的背景下，2012年12月召开的中央经济工作会议指出："我们面临的机遇，不再是简单纳入全球分工体系、扩大出口、加快投资的传统机遇，而是倒逼我们扩大内需、提高创新能力、促进经济发展方式转变的新机遇。我们必须深刻理解、紧紧抓住、切实用好这样的新机遇，因势利导，顺势而为，努力在风云变幻的国际环境中谋求更大的国家利益。"扩大内需已经成为全球经济深度调整背景下我国需要牢牢把握的战略基点。

以扩大内需为依托，充分发挥本土母市场效应，促进经济结构的优化和产业结构的转型升级是一条可行的发展路径。实际上，熊彼特在其创新理论中就强调了市场规模对技术创新的重要作用。根据该理论不难理解，企业的研发投入需要有一定的潜在市场份额作为支撑。Zweimuller和Brunner（2005）的研究也指出，对于一个市场需求高速增长的经济体来说，本土市场需求容量所内含的对创新动力引致功能的发挥可以内在地培育出其自主创新的发展能力，即所谓的"需求引致创新"。就我国装备制造业的转型升级问题，巫强和刘志彪（2012）的研究曾指出，下游企业为了追随发达经济体的技术转移范式，或迫于国际需求结构升级的压力而引进国外先进技术或者先进机械装备，会对本土装备制造业企业市场发展空间产生严重"挤压效应"，从而使其技术创新所需要的市场容量达不到"最小市场规模要求"，自主创新空间不足，因而难以实现实质性的转型升级。现在，面临外需不足所形成的倒逼机制，加之国家实行扩大内需的政策，将使内需市场成为产业发展越来越重要的支撑。牢牢把握扩大内需这一战略基点，抓住扩大内需所带来的战略机遇，或许我们就可以真正把中国的产业发展成为基于内需引致创新的先进产业，为中国产品攀升一个又一个的世界产业高地，提供广阔的市场空间。

五、中国产业发展面临的严峻挑战

改革开放以来中国产业的快速发展以及产业结构的不断升级，实际上是与中国大力发展开放型经济分不开的。中国在经济全球化的竞争与合作中最大限度地发挥了自身比较优势。主要以承接国际大买家的出口贸易订单和吸引 FDI 的方式，并以巨大的国际市场需求（主要是发达经济体的巨大需求）为依托，中国接受了西方工业技术和工业思想的扩散与转移，实现了产业尤其是工业生产规模的快速扩张以及产业结构的升级。虽然这种"开阔地推进"的发展方式实现了中国产业扩散和工业的"压缩式"发展，并在短时间内缩短了与发达经济体之间的差距，但是相比较而言，目前中国在工业发展的高端化和精致化等方面与发达国家还有相当的差距。因此，就目前中国各产业所能达到的技术水平来看，我们在进一步融入经济全球化中主要通过创新性模仿推动产业发展的进程还没有结束，所以，一定程度的"平推式"增长仍然具有合理性。但是，传统发展模式的弊端已经越来越明显。而本轮国际金融危机的不期而至，使得中国产业发展中不平衡、不协调和不可持续的弊端更加凸显。全球经济深度调整给中国产业发展带来了严峻的外部挑战。这不仅表现为在产业转型升级中可能面临更大的国际竞争压力，还表现为发达国家可能迫于国内困难而实施保护主义政策所带来的不利影响，以及"下一波新兴经济体"更多地参与国际市场所形成的竞争。

1. 发达国家"重振制造业"可能引起制造业回流

在经济全球化深入发展的大趋势下，基于比较优势的制造业全球分工格局不可能根本逆转。较之于发展中经济体，发达经济体在诸如劳动力成本等方面还存在显著的比较劣势。但不容否认的客观事实是，近年来中国经济发展不仅面临着资源、环境日益严峻的约束，就是最为丰富的劳动力资源也几乎是"突如其来"地发生了供求关系的显著变化。例如，就劳动力成本变化而言，目前国内外学术界关于中国是否已经达到"刘易斯拐点"问题展开了激烈的讨论。这种讨论至少说明了一个问题，那就是伴随我国经济发展水平的提高，劳动力成本的确出现了较大幅度的增长。国家统计局数据表明，仅"十一五"期间，中国城镇居民家庭人均可支配收入就从 2006 年的 11759 元增加到 2010 年的 21033 元，增长了 78.8%。"十二五"规划明确指出收入增速不低于经济增速；中共十八大报告中明确提出：要千方百计增加居民收入，确保到 2020 年实现全面建成小康社会宏伟目标时，国内生产总值和城乡居民人均收入比 2010 年翻一番。由此可以预见的是，劳动力成本将进一步大幅提高。这一方面表明了经济发展的成果惠及人民大众，但另一方面也对企业形成成本上升的压力。近年来"民工荒、招工难"的现象不仅发生在东部沿海地区，甚至发生在四川、河南等内陆人口大省。在此背景下，发达经济"重振制造业"的战略举措，无疑会对中国制造业发展带来不小的压力和挑战。

对于发达经济体"重振制造业"可能导致的制造业回流对中国产生的影响，一些国际媒体和咨询机构曾做出过评估。根据波士顿咨询公司（BGG）2011 年的一份报告显示，到 2015 年中国制造业和美国制造业领域的劳动力成本将非常接近，伴随中国劳动力成本的上升，美国"重振制造业"战略必然带动一些制造业回归美国。英国《经济学人》2012 年 3 月发表的一篇文章也认为，中国廉价生产的时代即将结束，并将面临着来自发达经济体"重振制造业"战略的严峻挑战，制造业可能因此而重新回归诸如美国这样的发达经济体。虽然国内也有学者认为，中国劳动力成本上升在短期内并不足以导致制造业大量"外流"，因为国内市场容量的巨大潜力以及较强的产业配套能力足以抵消劳动力成本上升带来的不利影响，况且由于中国与美国等发达经济体处于不同的产业发展层次，发达经济体"重振制造业"不会构成对中国的直接威胁。不得不引起我们注意的是，发达经济体"再工业化"战略的实施在一定程度上的确使得一些传统制造业企业已然表现出回归迹象。有研究发现，美国经济正处于制造业复兴初级阶段，传统制造业已悄悄开始在美国南部聚集，未来数年越来越多制造商将考虑把生产基地搬回美国（钮文新，2012）。更需要注意的是，在全球经济深度调整期，由于新一轮科技革命难以在短期内取得根本性突破，因此，出于应对经济低迷和失业率居高不下的短期需要，发达经济体制造业的重振可能不仅仅限于高端，还包括以"拼命吸引外资"的方式引导中端制造业"回流"，这不能不说是对中国制造业发展的潜在影响和威胁。

2. 争夺产业"高地"短兵相接的竞争

如果说在全球经济深度调整期，发达经济体的"再工业化"发展战略尚不至于扭转全球产业分工格局，从而在中低端产业层次上还不会对中国产业发展构成实质性威胁的话，那么，作为应对危机实现经济复苏根本之道的技术创新和产业创新，各国在新兴产业领域展开竞争，力图抢占全球经济增长制高点并主导新一轮经济全球化，将会使得中国攀登产业"高地"面临着很大的壁垒，形成短兵相接的竞争，因为中国产业与发达经济体之间的技术水平越来越接近，成本竞争越来越让位于技术创新竞争。国际经济发展的经验表明，每一次重大经济危机都孕育着一次新兴产业发展浪潮，本轮全球金融危机冲击之后，各国基本上都将技术密集型新兴产业作为未来发展的重点领域，试图在新一轮经济全球化发展中占领"制高点"。发达经济体加大创新力度的战略举措，以及其他新兴发展中经济体期望在危机中实施的新兴产业发展战略，都给处于工业转型升级关键期的中国制造业带来了严峻挑战，中国攀升产业"高地"面临着激烈的外部竞争。

如前所述，发达经济体目前所进行的"再工业化"发展战略绝不仅仅是恢复传统的制造业，而是要以高新技术和技术创新为依托，发展先进制造业，推动产业结构调整和转型升级，从而重新打造出具有强大国际竞争力的产业体系，再创产业发展的国际竞争新优势。在此过程中，新一轮技术革命的成果将会被用于产业改造和引领产业发展，尤其是新能源、信息技术和互联网、海洋开发、生物医药、航天、环保等新兴产业。虽然目前我国产业结构和层次与发达经济体仍然存在着一定的差距，但我国制造业的规模在 2010 年已经超过美国而成为全球第一。规模经济优势和本土市场效应的发挥可以构成我国制造业转型升级的重要基础。况且，经过多年的艰辛拼搏和努力，我国工业结构和层次正在与发达经济体接近。例如，中国制成品出口技术结构已经与 OECD 中许多高收入水平的国家制成品出口技术结构非常相似（Rodrik，2006；Schott，2007；Bensidoun，2009）。这也表明我国工业结构调整和转型升级的方向与发达经济体重振制造业战略的方向是一致的，相互之间免不了发生激烈的竞争甚至冲突。关于这一点，从中国太阳能光伏和风能产品出口自2011 年开始连续遭遇美欧"双反"已可略见一斑。中国将节能环保产业确定为战略性新兴产业之一，并将其作为经济转型升级的重要推动力量，这与欧美等发达经济体"重振制造业"的战略方向趋同，同步转型势必导致中国新兴产业可能遭遇更为激烈和频繁的贸易摩擦。同时意味着中国产业转型升级攀登全球产业"高地"，面临着严峻挑战。更为重要的是，相比发达经济体而言，中国在基础研究能力、核心技术创新方面显然处于劣势，而发达经济体有可能会加紧从技术、标准、规则和市场进入等方面设置壁垒，使我国制造业向价值链高端升级的难度增大。这是我们不得不面对的更大挑战。

3. 来自发展中国家的竞争

在经济全球化深入发展的大趋势下，跨国公司的全球经营战略会综合考虑市场需求、竞争环境、各国要素禀赋结构等，进行产业链的全球布局。这也是自"二战"以来尤其是20 世纪 60 年代以后在以贸易和投资自由化为主要内容的经济全球化深入发展的大背景下，出现大规模产业国际转移的根本原因之一。在这一时期，实施外向型经济发展战略的国家和地区，如亚洲"四小龙"，实现了高速经济发展；20 世纪 80 年代以来中国发展开放型经济取得举世瞩目的成就。这使得越来越多的发展中国家和地区意识到发展开放型经济的重要性，从而参与到全球经济的竞争与合作中来。目前，国际产业结构调整和转移发生了一个重要变动趋势，那就是全球制造业在继续向中国转移的同时，也开始有目的地向其他发展中经济体如越南、印度和菲律宾转移。显然，这种发展趋势不仅与跨国公司开拓新兴市场、分散投资风险的考虑有关，更与跨国公司在全球优化资源配置、降低成本有关。这表明在承接国际产业转移方面，中国将面临着来自其他更多发展中经济体参与所带来的竞争。

不仅在承接发达经济体产业国际转移方面，中国面临着来自其他发展中经济体的潜在竞争，依据全球产业转移的规律，已经转移至中国的制造业或者中国本土制造业也有向其他发展中经济体转移的可能性，特别是转移到那些被认为具有潜在人口机会窗口的国家。2013 年 1 月 18 日国家统计局发布的统计数据显示，2012 年中国劳动年龄人口相当长时期第一次出现了绝对下降，比前一年减少 345 万，这一趋势在未来十几年内将一直持续下去。这或许意味着中国劳动力无限供给的特征趋于消失，人口红利即将消失。相比较而言，许多其他发展中经济体的人口转变落后于中国，预期劳动年龄人口规模会继续增长一段时间。2006 年美国高盛公司曾经创造了一个与劳动力成长或者说人口红利以及经济增长潜力有关的"新钻 11 国"新概念，其中包括菲律宾、印度尼西亚、墨西哥、尼日利亚、巴基斯坦、孟加拉国、越南、韩国、伊朗、土耳其、埃及。如果诸如"新钻 11 国"这些国家以及未列入其中的印度等发展中经济体，果真能够将潜在的人口红利转化为丰富而廉价的劳动力资源，那么在承接国际产业转移方面，尤其是承接劳动密集型等中低端制造业方面将对中国构成一定的竞争。或许，作为中国制造业代表的富士康近年来不断将生产线从中国东部沿海向其他金砖国家转移的事实，已经向我们暗示了上述推断的可能性。

我们的研究还表明，与"下一波新兴经济体"的产业竞争力相比：①中国在低技术产业虽仍保有优势，但这种优势正在部分减弱，下一波新兴经济体正借助国内生产要素低成本优势等因素，逐步扩大在低技术产业的竞争优势。②中国和下一波新兴经济体在中低技术产业的竞争力都不太强，而且中国在该产业的国际竞争力呈逐步下降态势。③在中高技术产业领域，中国的竞争优势非常明显，且基本呈现逐年走高的趋势，但下一波新兴经济体竞争力较弱，似乎是其"短板"产业。④在高技术产业领域，中国的竞争优势基本保持稳步提升；下一波新兴经济体在高技术产业领域的竞争优势虽在有些年份甚至超过了中国，但其离真正实现在该产业领域的核心竞争力还有很长的路要走。

六、基于重要机遇的产业发展战略

改革开放 30 多年来，中国通过发挥"比较优势"融入国际分工体系，实现了经济的快速增长和"压缩式"工业化进程。国际金融危机的冲击虽然导致全球贸易保护主义有所抬头，但并没有改变经济全球化发展的大趋势。中国未来的产业转型升级也不可能脱离全球分工体系。处于全球经济深度调整期，我们要正确认识形势，抓住战略机遇，实施可行的产业发展战略。

1. 立足国情，大力发展战略性新兴产业

战略性新兴产业是以重大技术突破和重大发展需求为基础，对经济社会全局和长远发展具有重大引领带动作用，知识技术密集、物质资源消耗少、成长潜力大、综合效益好的产业。战略性新兴产业是引导未来经济社会发展的重要力量。战略性新兴产业的一个重要特点，就是技术产业化不成熟和技术路线选择的不确定性。大多数新兴产业的核心技术在发达国家中也还没有成熟，其产业化仍然处于必须依赖政府补贴的阶段，即使是发达国家比较成熟的技术路线也未必完全适用于中国。所以，发展战略性新兴产业的关键是核心技术创新和产业化技术的成熟。在技术不成熟和技术路线不明确的条件下，不能盲目地在低端产业链上"铺摊子"，过分扩大生产能力。战略性新兴产业的发展不仅要实现某些产业端的技术创新，而且要培育和实现全产业链以至产业全生命周期的技术优势和经济合理。从这一角度来看，战略性新兴产业的技术创新不只是"点"状突破，而是"线"状（全产业链）和"面"状（需要社会性的广泛创新，包括基础设施的支持）的技术革命，必须以系统、综合和全面协调的创新活动来实现战略性新兴产业向支柱产业和主导产业的发展。所以，必须要有新的体制机制来保证战略性新兴产业的发展沿着更高效率、更具有科学合理性的路径推进，避免传统发展思维和"血拼"式增长方式在战略性新兴产业发展过程中的重演。

一个新兴产业能否成长为支柱性产业，不仅取决于技术上的突破和生产能力的增长，更重要的是取决于产品的市场需求。由于一些发达国家在新兴产业的发展上居于领先地位，已经形成了对新兴产业产品的一定需求，所以，我国一些新兴产业企业往往将产品定位于国外市场，形成了对国外市场的依赖性。一旦世界经济增长下滑，国际市场萎缩或者进口国对中国产品进行限制，就会对我国企业产生非常不利的情况。所以，扩大国内市场应用，开拓市场空间，对培育和发展战略性新兴产业具有非常重要的意义。尤其要认识

到，战略性新兴产业国内市场的形成由国家规模、资源禀赋、发展阶段等基本国情所决定，我们不能脱离现实国情，主观地期望战略性新兴产业在短期内就可以有爆发性的需求增长和市场空间的骤然扩大。国内市场空间的拓展是同传统产业的转型升级高度相关的。发展战略性新兴产业和传统产业的高技术化，都是实现我国产业整体升级和协调发展的重要任务。而在此基础上，战略性新兴产业的市场拓展才能有坚实的基础。

根据国际经验，促进战略性新兴产业与传统产业的互动协调发展是一条产业升级的可行道路。传统产业是我国经济的主体。中国的人口规模和劳动力结构决定了需要有丰富的产业结构层次，各类产业都有发展空间。战略性新兴产业也必须以发达的传统产业为基础。因此，一方面，要向传统产业植入高新技术，促进其转型升级；另一方面，也要认识到，战略性新兴产业既包括新生成的产业，但更多的还是传统产业与高新技术融合而发展起来的产业。

2. 从平推式工业化向立体式工业化推进

改革开放后30多年的工业发展，其基本特点就是平推式的工业化。平推式工业化是平铺扩张，求大求快，技术是扁平的。平推式工业化过程中，产品的模仿性比较强，差异性比较小，文化含量比较低，主要追求产品的性价比。平推式工业化使中国成为工业生产大国，制造业规模位居全球首位，工业产品国际市场的占有份额也名列榜首。但平推式的工业化因为技术创新程度和技术的高度不够，发展空间必然会受限，最后会表现为产能过剩，不可避免地会遭遇到国外的贸易壁垒。

平推式的工业化很难形成工业的根基和高地，企业和企业家最重要的是追求廉价的资源，通过快速模仿占领市场，通过追求各种各样的优惠政策赢得优势，目前这个过程已经走到了一个转折点。从现在开始，企业要改变过去那种习惯于平推式扩张的思维方式和经营方式，要在每一个产业上向高端攀登，占领产业高地和制高点，这个过程就是立体工业化的过程。

目前通过平推式工业化推动产业发展在我国仍有空间，但产业的发展总有一天要走向立体化的过程，即产业要往下深耕，要向上占领制高点。政府应该尽早地看到这个趋势，但产业的转型升级不能急于求成，也要符合经济发展的规律。不能武断地认为哪些产业就一定是高级的，一些低端产业也有深耕的空间。企业界，尤其是地方政府，要有扎扎实实做实业的精神，真正把中国产业的竞争力做强，使中国将来真正能够成为工业的强国，应该说中国能不能成为工业强国是对中华民族的考验。

3. 向经济腹地和国际化方向的产业转移

中国虽然已成为世界第二大经济体，制造业规模世界第一，总体上进入工业化中期阶段，但大多数产业的技术水平仍然处于中低端，空间分布不平衡。目前，中国工业化推进的空间态势总体上还处于从先发地区向更广阔的经济腹地加速扩散的过程。因势利导，积极有序地推进这一过程是中国经济发展相当长一段时期内的主要战略方向。改革开放30多年以来，中国工业化的先发地区和经济增长极主要位于东部沿海地区的中心城市圈，形成了若干具有较强经济实力的工业化前沿地区。内陆地区也有一些中心城市和经济区获得较快发展，但总体上滞后于沿海先发地区。尤其是广大县域经济明显落后于中心城市。不仅内陆地区的县域经济如此，沿海地区的许多县域经济也明显落后于城市经济。可见，中国工业化所导致的经济"高地"和"低地"间发展水平差距很大，而且，高地和高地之间也有许多经济不发达的"洼地"。这是中国经济"不平衡、不协调、不可持续"问题的突出表现之一。因此，中国未来工业化进程最显著的空间特征之一将是向经济腹地快速推进；中心城市经济能量的扩散效应将日渐强于对资源的吸纳效应。

工业化向经济腹地的较快推进直接表现为产业在区域间转移的加快，这反映了中国经济发展向增长的多极化、均衡化、一体化和内需化转变的趋势和要求。中国经济未来发展必须形成更多的增长极，才能保持经济稳定健康发展；工业化的重心有序地向经济腹地推进，才可能实现经济发展的相对均衡化；随着产业转移，各地区形成更大范围的经济一体化趋势，包括省域中心城市与更大范围周边地区的经济一体化、跨省经济合作和市场一体化，以及城乡经济的一体化，才能实现中国这一大国经济的可持续发展，避免落入"中等收入陷阱"；从以中心城市开放为主而经济腹地相对封闭的格局，向经济腹地全方位开放的格局转变，才能真正实现以扩大内需为重点的宏观结构转型目标，奠定内需增长的坚实基础。总之，产业转移正成为经济结构调整的一个积极动向。

近年来，由于产业转移加快，一些经济腹地的增长率已经高于沿海中心城市，区域间发展差距扩大的趋势正在扭转。沿海中心城市同经济腹地在经济版图中的比重也正在出现后者趋向上升的局面。特别是中部崛起和西部大开发战略取得显著进展，中西部地区正在形成若干较大的中心城市和城市群，资源开发及制造业加速增长，城乡一体化和"两型社会"建设正在成为中西部地区经济社会发展的很大特色。同时，县域经济正在成为越来越具有活力的发展空间，所具有的空间优势正在凸显。而且，将工业化与现代农业及服务业的结合也是县域经济的独特优势。特别值得重视的是，工业化向经济腹地的推进并不只是产业的单向迁移，而是产业分工深化和产业结构加快升级的过程。这表现为：第一，不仅东部发达地区的产业向中西部经济腹地转移，而且一些中西部地区的企业也会向东部地区转移，实现资源的更有效配置，打造更具国际竞争力的产业技术高地。第二，产业转移有助于形成更有效分工和紧密协同的产业链结构，提升产业供应链竞争力，未来的产业竞争将从企业间的竞争转变为产业链之间的竞争。第三，产业转移将有力地促进工业化与信息化的融合，促进生产性服务业的发展。第四，产业转移在更有效发挥各地区比较优势的过程中，也将促进产业技术创新。产业转移并不是在原有技术水平上的空间平移，更不是原有生产能力的搬迁。我们可以看到，即使是同一产业在区域间转移，迁入地企业技术水平通常也显著高于迁出地，而且更多的情况是，产业转移实际上是产业技术创新过程本身所需要的创新性投资过程，甚至可能产生"颠覆性"技术创新。总之，产业转移有可能成为产业技术进步和产业结构升级特别是新兴产业发展的重要实现方式。

在产业空间转移的过程中，鼓励企业"走出去"整合和利用全球先进资源也是一个重要方向。当前，中国产业总体而言处于全球产业链的中低端位置，尤其是针对某些在国内已经具有一定的规模优势，但与发达国家相比仍不具备结构高级化条件的行业，比如医药制造业、通用设备制造业、专用设备制造业、交通运输设备制造业、通信设备、计算机及其他电子设备制造业、仪器仪表及文化、办公用机械制造业，更需要紧紧抓住本轮全球经济深度调整所带来的战略机遇，通过对外投资于发达国家的科研机构和营销网络，并购具有较高科技水平的公司，使得企业在技术、管理知识等方面能更直接、快捷地与发达国家进行交融、沟通和相互反馈；利用交叉转让、联合研究开发项目等形式，获取最新的高科技，再通过企业内部流动性要素流回国内，从而极大地提高国内技术研发能力和管理水平，带动国内产业结构转型升级和高端化发展。尤其要鼓励"技术学习型"对外直接投资，在引领和促进国内产业升级方面起到示范带头作用。

4. 加强现代服务业与先进制造业融合发展

本轮国际金融危机后，产业之间的相互融合发展将成为主要趋势之一，包括服务业和制造业的互动和融合。经济发展的经验表明，在工业化中后期，制造业企业的研究开发、设计策划、物流仓储、营销等环节将会逐步分离和独立出来，出现制造业服务外包化发展趋势，从而加快了现代生产性服务业的发展；而生产性服务业又将其内含的密集型知识、人力资本、技术等高级要素导入制造业生产过程，成为制造业起飞的"翅膀"和"聪明的脑袋"，两者互动融合发展。发展先进制造业，提高制造业的国际竞争力，我们必须要降低制造成本和制造业中的交易成本，尤其是交易成本。通常而言，中低端的制造业对制造成本（或者说要素成本）更为敏感，而对交易成本不太敏感。但随着制造业的升级，先进制造业对交易成本会越来越敏感，而对制造成本的敏感度会相对下降。从目前来看，中国企业的制造成本具有优势，物美价廉的"中国制造"产品就是其体现。这与我国现阶段制造业仍然处于中低端层次有关。而下一步要大力发展先进制造业，就必须注重交易成本的降低，为此，大力发展现代服务业，尤其是高级生产性服务业就显得尤为迫切和必要，包括软件、工业设计、物流、金融服务、信息技术服务、商务流程外包等。对此，我们不仅可以通过鼓励制造业分离出高级生产性服务业，从而促进高级生产性服务业的专业化发展，还可以通过承接国际服务业转移，引进国外先进的服务业跨国投资和外包，加快生产性服务业的发展，从而为我国先进制造业的发展提供高水平的生产性服务中间投入。这是我国现代服务业和先进制造业互动融合发展的重要途径。

5. 积极扩大内需，实现经济均衡协调发展

从宏观经济关系看，经济结构主要表现为消费、储蓄、投资及进出口总量之间的平衡与否。众所周知，高储蓄和高投资率是我国经济的一个显著特点，这是由客观经济规律、发展路径和战略、体制机制、国民收入分配结构和社会心理等多种因素所导致的，既是中国的特色优势，也是经济结构不平衡、不协调在宏观经济层面的突出表现。不过，如果说过去宏观经济关系的中国特色更具有历史合理性，那么，现在我们更要重视的是其越来越突出的矛盾性，必须进行适时调整，才能符合走新型工业化道路的要求。

从开放经济的角度看，内需拉动是我国经济发展的基本立足点和长期战略方针。我国宏观经济关系的另一个特点是大量的工业品出口。这不仅是发挥比较成本优势的可行途径，而且是在当代经济全球化规则缺陷条件下（商品、资本可以自由流动，但劳动力不能自由流动的国际规则），中国进行生产要素国际配置的不二选择。中国有占世界 1/5 以上的劳动力，国际资本将大量生产能力转移到中国，中国必须通过工业品出口来平衡供求和实现资源有效配置。所以，外需即净出口也是中国经济增长的重要动力之一，甚至有人认为中国经济增长具有"外需导向"性。但是，自从 2008 年国际金融危机以来，国际经济衰退，外需萎缩，导致总需求严重不足，所以，我们不得不采取增加国内投资的方式来稳定经济增长，从而使得原本的高储蓄—高投资现象更为突出。

2010 年，我国投资率和消费率分别为 48.6%和 47.4%，投资率明显偏高，消费需求相对不足，经济增长过多依靠投资。我国经济发展中的不平衡、不协调问题，在相当程度上反映的是消费、储蓄和投资关系失衡的问题。中国必须实现从生产大国向生产消费大国的转变，才能协调经济结构的基本关系。所以，扩大国内消费需求是一个关键。消费是推动产业结构调整的最终动力，我国历次产业结构升级都与居民消费结构升级密切相关，目前我国城乡居民消费已经进入结构变动和升级换代较快的时期，并有望出现加速转型。政府应积极顺应这一客观趋势，以有效扩大居民消费作为调整国民经济结构的"牛鼻子"，加快形成消费、投资和出口协调拉动经济增长的新局面。

实际上，内需不足通常有两种表现形式：一种是对最终产品的消费需求不足，另外一种是在全球产业链分工模式下，由于一国产业融入全球价值链，而产业发展的一些关键环节和阶段均位于国外，从而使得国内价值链相对较短，对高端产业和价值环节的国内需求不足，从而制约了高端产业发展所依赖的"最小市场规模"，也就制约了产业沿着"微笑曲线"向两端升级。应该说，这两种内需不足目前在我国均存在，从而成为制约我国产业升级的一个突出障碍。中国目前已经成为全球第二大经济体，从规模上来看，应该拥有巨大的本土市场消费能力，并且消费结构也正朝着高级化阶段发展，理应能够充分发挥产业高级化发展的"本土母市场效应"；而从中国不同区域经济发展水平来看，东、中、西部存在着显著差异，产业发展水平和结构存在着明显的梯度特征，具有多层次性，理应能够为延长国内价值链提供坚实的国内需求基础。为此，要在加快推进城镇化进程中促进城乡协调发展，着力增强扩大内需的推动力；通过推进收入分配和社会保障体制改革，着力增强扩大内需的支撑力；破除地方保护主义和市场分割，促进区域协调发展，发挥区域比较优势，重新调整区域间的产业结构关系，延长产业国内价值链；等等。这是我们充分利用全球经济深度调整期外需不足所形成的倒逼机制，切实发挥内需市场扩大在产业升级中作用的重要战略举措，也是经济全球化条件下实现我国产业升级的重要战略问题。

6. 创造产业转型升级的制度和政策条件

面临国内国际环境的深刻变化，粗放式的发展模式已经基本走到尽头，中国产业发展处于转型升级的关键阶段，这需要一个更为完善的制度环境作为保障。在工业化发展初期，由于市场机制的缺失或者说不完善，发挥市场在资源配置中的功能受到了很大的局限性，此时需要政府进行引导甚至是直接干预。但是到了工业化发展的中后期，中端产业尤其是高端产业，包括高级生产性服务业的发展，对制度质量的要求会越来越高。因此，在未来一段时间内，要加大改革力度，从保护公民财产和权利、保护知识产权和技术创新、遏制官员腐败、调整政绩考核机制、提高政府行政效率、完善收入分配制度、形成人才培育和引进良好机制、推进法治进程、保护契约关系等方面做足工夫，加快完善制度质量，清理和消除影响甚至是阻碍产业结构调整升级的体制机制等因素，为促进产业转型升级扫清障碍。

我们更应认识到，产业转型升级是一个全社会性的综合问题。可以说，社会经济的各个方面都同产业转型升级和建立现代产业体系具有直接或间接的关系，例如，教育科研、社会保障、基础设施，甚至政治、军事、外交、国防等，都与战略性新兴产业发展有着密切关系。所以，切不要以为只要少数部门和企业重视和参与，就可以实现产业转型升级和建立现代产业体系。就同工业化不仅仅是一个单纯的物质技术过程，而是一个国家的现代文明进程一样，产业转型升级也不仅仅是单纯的技术进步过程，而是一个国家物质文明和精神文明的更高发展阶段。它必然伴随着生产方式、生活方式以及社会观念的重大变化。产业转型升级的深刻意义在于，我们将会在另一种社会环境中生存，人们的行为方式和产业组织方式甚至社会组织方式都将发生根本性改变，有人称为"第三次工业革命"。对此，我们应有充分的前瞻性认识，以科学的态度和方式推动产业转型升级，形成中国产业新的国际竞争优势，以适应全球经济的急剧变化。

【参考文献】

[1] Stern, N. Green Routes to Growth [EB/OL]. The Guardian, Thursday 23 October 2008, http: //www. guardian.co.uk/commentisfree/2008/oct/23/commentanddebate-energy-environment-climate-change.

[2] UN. The Green Economy: Trade and Sustainable Development Implications [R]. Background Note Prepared by the UNCTAD Secretariat for the Ad Hoc Expert Meeting, http: //unctad.org/en/Docs/ditcted2011d5_en.pdf.

[3] Made in the USA, Again: Manufacturing Is Expected to Return to America as China's Rising Labor Costs Erase Most Savings from Offshoring [R]. The Boston Consulting Group, May 05, 2011.

[4] The End of Cheap China: What Do Soaring Chinese Wages Mean for Global Manufacturing? [R]. The Economist, Mar 10, 2012.

[5] Schott P. The Relative Sophistication of Chinese Exports [J]. Economic Policy, 2007, 23 (53): 5-49.

[6] Rodrik, Dani. What's So Special about China's Exports? [R]. NBER Working Paper, 2006, 11947. Forthcoming in China & World Economy.

[7] Bensidoun, I., Lemoine, F. & ünal, D. The Integration of China and India into the World Economy: a Comparison [J]. The European Journal of Comparative Economics, 2009, Vol. 6, No.1, pp. 131-155.

[8] Zweimuller, J. and Brunner, J.K. Innovation and Growth with Rich and Poor Consumers[J]. Metroeconomica, 2005 (56): 233-262.

[9] 金碚. 牢牢把握发展实体经济这一坚实基础 [J]. 求是, 2012 (7).

[10] 金碚. "十二五"开局之年的中国工业 [J]. 中国工业经济, 2012 (7).

[11] 金碚. 全球竞争新格局与中国产业发展趋势 [J]. 中国工业经济, 2012 (5).

[12] 金碚. 现阶段我国推进产业结构调整的战略方向 [J]. 求是, 2013 (4).

[13] 张燕生. "十二五"时期中国面临的国际经济环境 [J]. 科学发展, 2012 (4).

[14] 卢伟. 绿色经济发展的国际经验及启示 [J]. 中国经贸导刊, 2012 (6).

[15] 钮文新. 美国重振制造业对中国的启示 [N]. 经济参考报, 2012-06-14.

[16] 戴翔. 坚实"稳外需": 权宜之计还是战略基点 [J]. 国际贸易, 2012 (12).

[17] 中央经济工作会议在北京举行 [N]. 人民日报, 2012-12-17.

[18] 巫强, 刘志彪. 本土装备制造业市场空间障碍分析——基于下游行业全球价值链的视角 [J]. 中国工业经济, 2012 (3).

[19] 宾建成. 欧盟重振制造业及启示 [J]. 国际贸易, 2012 (11).

[20] 何传启. "核心专利争夺战"已悄然展开 [J]. 科学新闻, 2012 (7).

第一部分　发达国家的竞争优势转型战略

第一章 西方国家战略调整的背景

第二次世界大战结束后，全球产业结构共经历了三次重大调整，发达国家竞争战略也伴随着产业结构的调整实现了转型。第一次产业结构调整发生在 20 世纪 50 年代，美国发展半导体、通信、电子计算机等技术密集型产业，同时，把钢铁、纺织等传统产业转移到日本、德国等国家，加快了这些国家的工业化进程。第二次产业结构调整发生在 20 世纪 60~70 年代，由两次石油危机引发的全球经济危机沉重打击了发达国家高耗能的重化工业，迫使这些国家进行产业结构调整，开始发展以微电子技术为主的低耗能的知识技术密集型产业，将汽车、钢铁、造船等资本密集型产业转移到新兴工业国和发展中国家，实现了竞争优势从资本密集型行业向技术密集型行业的转变。20 世纪 90 年代以来，在第三次石油危机的冲击之下，全球产业结构进行了第三次调整，西方发达国家为迅速恢复经济，继续推进高新技术产业的发展，制定并推行出口战略和全球贸易战略，在以微电子技术为代表的第四次科技革命领域，如信息技术、新材料、新生物技术等产业占据主导地位，竞争优势明显。技术密集型和信息密集型服务业，尤其是金融、保险及其他服务业日渐成为发达国家的竞争优势，在全球占据主导地位。然而，自 2000 年以来，以美国纳斯达克指数崩盘为标志，投资人对高技术失去信心。实体产业的创新不足，对经济的推动作用减弱，虚拟经济不断膨胀，由于缺乏实体经济的支撑，引发了泡沫经济，如 2000 年互联网泡沫、2003 年房地产泡沫，最终引致 2008 年席卷全球的国际金融危机。在这种情况下，西方国家的竞争优势面临挑战。危机往往是转型的契机，危机过后，发达国家进行了深刻的反思，并进行了相应的战略调整，力图酝酿新的竞争优势以维持其全球优势地位。

第一节 西方国家近年来经济发展状况

根据各国的综合发展情况分析，本章主要选取具有代表性的发达国家——美国、德国、法国、日本、加拿大、意大利六国作为主要研究对象，并选取 GDP 增长率、出口商品和服务增长率、失业率和通货膨胀水平四个指标，来简单描述 1991~2010 年 20 年间西方国家近年来经济发展的大体情况。

一、GDP 增长率

在第三次产业结构调整之后，发达国家顺利渡过了第三次石油危机，经济得到了 10 年的快速发展，但近年来的发展状况却并不尽如人意。图 1-1-1 描述了 1991~2010 年这些发达国家 GDP 的增长率。在 1991~2000 年前 10 年间，各国 GDP 的平均增长率分别为：加拿大 2.94%，法国 1.97%，德国 1.95%，意大利 1.59%，日本 1.19%，美国 3.44%。在 2001~2010 年后 10 年间，各国 GDP 的平均增长率分别为：加拿大 1.89%，法国 1.15%，德国 0.96%，意大利 0.27%，日本 0.75%，美国 1.57%。通过对比可以发现，各国在后 10 年经济发展速度相较前 10 年均有所放缓，即使排除国际金融危机的影响，从图 1-1-1 中也可以发现，从 2001 年开始，GDP 增长率的增长速度也相对减慢。这在一定程度上说明，第三次产业结构调整后发达国家所培育的优势产业为其所带来的能量已几乎释放殆尽，如果没有新的竞争优势出现，发达国家将面临发展动力不足的问题。受 2008 年国际金融危机的冲击，六国 GDP 均呈现负增长态势，德国是这六国中在 2008 年唯一实现 GDP 正增长的国家，各国经济在 2009 年均达到谷底，以日本受到的冲击最为重大，GDP 增长率为 -6.29%。国际金融危机后，各国针对本国的具体情况实施了相应的经济刺激政策，从 2010 年 GDP 增长率来看，各国 GDP 均实现了一定的增长，经济呈现复苏态势。

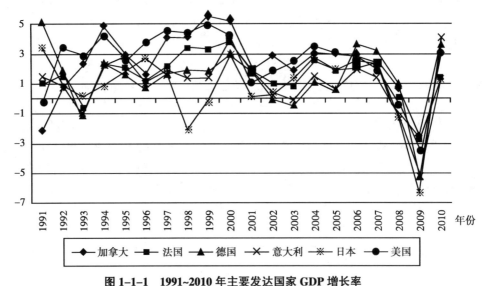

图 1-1-1　1991~2010 年主要发达国家 GDP 增长率

资料来源：根据联合国统计数据库公布的数据整理。

二、出口商品和服务增长率

图 1-1-2 描述了 1991~2010 年主要发达国家出口商品和服务增长率。由图 1-1-2 可见，长期以来，西方国家的出口商品和服务的增长率一直维持在相对稳定的水平上，围绕着 5% 上下波动。然而，2008 年国际金融危机对西方国家的出口产生了巨大的冲击，很多国家在 2009 年出口商品和服务增长率均达到了历史最低，例如，加拿大为 -13.79%，法国为 -12.42%，德国为 -13.62%，意大利为 -18.4%，日本为 -23.93%，美国为 -9.42%。2011 年在各国的经济刺激政策下，各国出口增长率均实现了一定程度的回升。

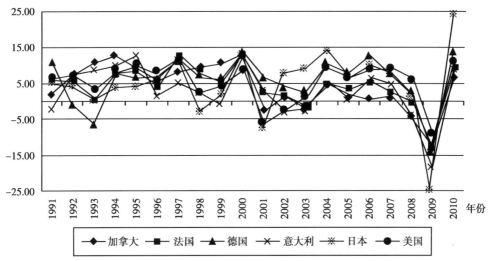

图 1-1-2　1991~2010 年主要发达国家出口商品和服务增长率

资料来源：根据联合国统计数据库公布的数据整理。

三、失业率

图 1-1-3 描述了 1991~2010 年主要发达国家失业率水平。相较其他发达国家而言，美国和日本近 20 年来失业率均保持较低的水平，日本平均失业率为 3.99%，美国平均失业率为 5.89%；法国和意大利平均失业率水平较高，分别为 10.34% 和 10.18%。在 2008 年国际金融危机前，日本失业率水平与其他国家几乎呈反向变动趋势。除日本外，2004 年以前，其他几国失业率水平均呈上升趋势，2004~2008 年，失业率几乎呈现下降趋势，2008年后主要发达国家失业率均呈上升趋势，其中，美国失业率水平上升幅度最大，从 2007年的 4.62% 上升到 2010 年的 10.6%。

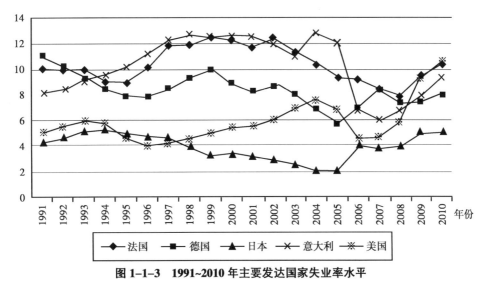

图 1-1-3　1991~2010 年主要发达国家失业率水平

资料来源：根据联合国统计数据库公布的数据整理。

四、通货膨胀水平

图 1-1-4 描述了 1991~2010 年主要发达国家以本国货币计价的通货膨胀水平（以 2005 年为基准）。总体来看，在 1991~2010 年，发达国家通货膨胀均维持在较低的水平，物价总水平稳定。从通货膨胀水平增速来看，可以将该期间划分为两个阶段：1991~2000 年，各国通货膨胀水平增长缓慢，平均每年增长幅度仅为 1.7% 左右；从 2001 年开始，各国通货膨胀增速有所加快，平均每年增幅为 2.1% 左右，但跟发展中国家相比，这一水平仍较低。发达国家之所以能维持较低的通货膨胀率，与其近年来一直致力于稳定物价有关，虽然通货膨胀率较低，经济较为稳定，但过低的通货膨胀率也意味着经济增长活力有限。在美国、加拿大、德国、法国、意大利等国家通货膨胀率均呈上升趋势的情况下，日本的通货膨胀率呈现下降趋势，通货紧缩意味着日本的经济近 20 年来并不景气，一直未走出萧条的局面。

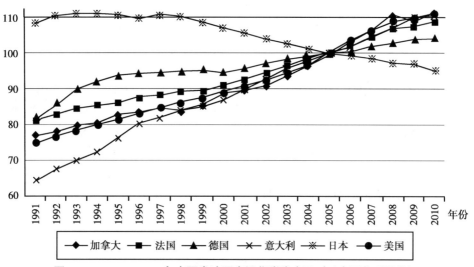

图 1-1-4　1991~2010 年主要发达国家通货膨胀水平（以本国货币计价）
资料来源：根据联合国统计数据库公布的数据整理。

综上所述，发达国家近 20 年来经济发展总体趋缓，尤其是近 10 年来经济增长后劲不足，2008 年国际金融危机之后，各国经济更是受到重大冲击，经济出现了严重的停滞甚至倒退。伴随经济增速下滑，更多问题随之出现，发达国家全球竞争力下降，出口商品和服务总水平降低，经济增长缺乏活力，同时面临失业率居高不下以及国内财政和贸易双赤字的压力。经济发展中的众多问题和矛盾迫使西方国家进行战略调整，寻找新的出路。

第二节　西方国家产业竞争优势分析

在全球分工体系下，一国的经济发展状况与其在全球竞争中是否具备优势地位息息相关。若某个国家在某项产业中具备可持续的竞争优势，则其在该产业中便具有较高的不可替代性，在竞争中具备更多的规则制定权和话语权。近年来，西方国家经济增速放缓、经济中不稳定因素增加的一个重要原因是其全球竞争优势地位发生了变化，其传统优势产业的竞争优势有所减弱。由于新技术在制造业领域的不断渗透和应用，使得中低端制造业的国际转移不断扩大，发达国家产业结构发生了深刻的变革，主要专注于高技术密集型行业的发展。同时，新技术对制造业劳动生产率的极大提高使得发达国家的劳动力结构发生了重大变化，大量的人力资本转移到第三产业当中，服务业得到了长足的发展，占 GDP 的比重不断提高，这其中既包含对高端劳动力需求的金融、咨询、医药卫生等服务领域，也包含对低端劳动力需求的服务领域。发达国家的产业结构不断"软化"，虚拟经济不断膨胀，实体经济逐渐萎缩，并爆发国际金融危机。西方国家对此进行了反思，并寻求新的竞争优势的培育。

一、西方国家主要的竞争优势产业

国家竞争优势主要体现在一国最具国际主导地位的产业上，发达国家的竞争优势各异，其中，美国在以华尔街为代表的金融服务产业、以硅谷为代表的高科技产业、以好莱坞为代表的文化产业，以及高科技军事工业等产业中占据全球主导地位；德国则在汽车和汽车配件工业、精密仪器、电子器件等行业有杰出表现；法国在葡萄酒、化妆品、高端制造业等行业表现过人；日本在汽车、动漫及数字媒体等产业见长；意大利的纺织服装工业、皮革制造、首饰制造以及旅游业等长期屹立不倒；而加拿大主要在农业、矿业、林业、渔业等与自然资源相关度较高的产业具备一定的竞争优势。

表 1-1-1 描述了 2009 年和 2010 年主要发达国家商品及服务出口居前十位的商品品目及出口额。从各国商品贸易总额与服务贸易总额的对比可见，虽然发达国家服务贸易发展迅速，但在出口构成中，主要还是以商品贸易为主。商品贸易中占前十位的行业主要是汽车、电气设备、医疗仪器仪表、药品、自动数据处理设备、仪器核心部件、半导体器件等高技术含量的产品。在服务贸易中，特许权使用费及执照费、运输、金融、保险服务等知识信息密集型服务业均居于服务贸易额前列。2001~2010 年，全球商品出口额平均增长率为 11%，而主要发达国家的商品出口额平均增长率几乎均低于这一水平，其中，美国为8%，德国为 11%，法国为 7%，加拿大为 5%，日本为 9%，意大利为 8%。这一方面是由于国际分工不断深化，发展中国家出口的产品中包含大量从发达国家进口而来技术含量较高的零部件及中间产品等，导致出口额虚增；另一方面发达国家虚拟经济的快速发展，导致制造业比重下降也是其商品出口额增长率下降的重要原因。2001~2010 年，全球服务出口额平均增长率为 9%，其中，美国为 6%，德国为 12%，法国为 7%，加拿大为 7%，日

本为 10%，意大利为 7%。美国服务业发展较早，早在 2001 年其服务出口额已达到 2715 亿美元，占世界服务出口比重的 18.63%，近年来，其他发达国家也大力发展服务业，从而拉动了全球服务贸易的发展。

表 1-1-1　主要发达国家商品及服务出口居前十位的商品品目列表

单位：十亿美元

美国			加拿大		
类目	2009 年	2010 年	类目	2009 年	2010 年
商品贸易总额	1056.70	1277.10	商品贸易总额	315.30	385.80
无具体分类的商品	105.50	113.70	石油及由沥青矿石及原油所得石油	37.60	50.50
石油（除原油外）	36.50	53.70	汽车和其他车辆，主要用于交通	23.30	36.90
汽车和其他车辆，主要用于交通	28.40	39.30	石油气及其他气态碳氢化合物	16.10	17.30
电子集成电路	30.10	37.60	石油（除原油外）	10.50	14.30
机动车辆的零件、附件	23.70	32.60	无具体分类的商品	13.00	11.90
自动数据处理设备及其部件	20.30	23.90	黄金（包括金镀白金）	7.30	13.50
药品	22.50	23.10	机动车辆的零件、附件	6.10	8.80
有线电话、电报设备	19.20	23.40	其他航空器；宇宙飞船	6.90	6.70
用于医疗的仪表仪器	20.10	22.00	未锻造铝	4.30	5.90
其他航空器；宇宙飞船	2.50	1.80	小麦	5.30	4.50
服务贸易总额	497.96	422.84	服务贸易总额	59.80	69.18
特许权使用费及执照费	89.81	105.55	其他商业服务	16.16	18.24
其他商业服务	89.62	98.42	旅游	13.61	15.73
旅游	121.15	13.48	运输	9.25	11.66
运输	61.84	70.61	计算机及信息服务	4.21	4.90
金融服务	55.46	66.36	保险服务	3.97	4.39
政府服务	21.89	21.84	特许权使用费及执照费	3.42	3.81
保险服务	14.65	14.60	金融服务	2.52	3.31
计算机及信息服务	13.38	13.76	通信服务	2.60	2.96
通信服务	9.55	11.32	个人、文化及娱乐服务	2.23	2.20
工程服务	6.79	6.91	政府服务	1.63	1.74
			工程服务	0.20	0.26

德国			日本		
类目	2009 年	2010 年	类目	2009 年	2010 年
商品贸易总额	1127.80	1271.10	商品贸易总额	580.70	769.80
汽车和其他车辆，主要用于交通	102.40	128.70	汽车和其他车辆，主要用于交通	62.30	90.40
无具体分类的商品	84.00	84.80	无具体分类的商品	34.30	40.00
药品	44.30	43.90	电子集成电路	27.40	34.50
机动车辆的零件、附件	33.10	43.20	机动车辆的零件、附件	24.70	35.10
其他航空器；宇宙飞船	24.00	23.20	游轮，游览船，渡轮，货物船舶、驳船	21.60	25.60
石油（除原油外）	12.50	12.40	数码印刷机	13.10	15.20
数码印刷机	13.00	14.00	用于半导体器件制造的机器和设备	8.30	19.10
用于医疗的人血及动物血	12.40	15.40	石油（除原油外）	9.40	11.60

续表

德国			日本		
类目	2009 年	2010 年	类目	2009 年	2010 年
自动数据处理设备及其部件	11.60	12.10	二极管、电晶体和类似的半导体器件	8.90	12.40
用于类目为 84 的发动机部件	9.80	12.10	无线电话及无线广播传动装置	9.00	9.30
服务贸易总额	232.58	237.72	服务贸易总额	128.43	141.40
其他商业服务	72.69	74.45	其他商业服务	42.53	42.53
运输	52.22	57.59	运输	31.60	38.94
旅游	34.66	34.66	特许权使用费及执照费	21.70	26.67
计算机及信息服务	14.78	16.32	工程服务	12.46	10.66
工程服务	13.58	11.63	旅游	10.32	13.22
特许权使用费及执照费	16.37	14.24	金融服务	4.83	3.60
金融服务	12.30	11.79	政府服务	2.42	2.58
保险服务	5.27	6.10	保险服务	0.87	1.27
通信服务	4.79	5.41	计算机及信息服务	0.87	1.05
政府服务	4.69	4.46	通信服务	0.67	0.73
个人、文化及娱乐服务	1.23	1.07	个人、文化及娱乐服务	0.16	0.15
法国			意大利		
类目	2009 年	2010 年	类目	2009 年	2010 年
商品贸易总额	464.10	511.70	商品贸易总额	406.50	447.50
其他航空器；宇宙飞船	29.20	40.80	石油（除原油外）	12.10	18.20
药品	27.90	27.20	药品	12.60	14.00
汽车和其他车辆，主要用于交通	20.00	21.10	机动车辆的零件、附件	10.40	12.90
机动车辆的零件、附件	14.90	17.00	无具体分类的商品	11.30	9.10
石油（除原油外）	10.50	12.40	汽车和其他车辆，主要用于交通	7.90	8.50
无具体分类的商品	11.50	12.60	水龙头、旋塞，阀门和类似器具	7.20	6.80
涡轮喷射引擎，涡轮机	9.30	9.80	家具及零部件	6.80	7.00
葡萄酒	7.70	8.40	鞋底橡胶、塑料、皮革	6.80	7.10
化妆品	5.50	6.00	洗碗机；机械清洗或干燥瓶	5.20	5.60
电子集成电路	4.60	7.00	有独特功能的机器、机械电器	5.00	5.20
服务贸易总额	144.65	145.58	服务贸易总额	94.58	98.89
旅游	49.54	46.54	旅游	40.26	38.77
运输	31.96	35.96	其他商业服务	23.22	26.09
其他商业服务	33.75	33.35	运输	12.83	14.56
特许权使用费及执照费	9.78	10.40	通信服务	5.24	6.79
工程服务	6.97	6.31	特许权使用费及执照费	3.88	3.61
通信服务	4.65	4.48	保险服务	3.13	2.90
金融服务	2.17	2.58	金融服务	2.14	2.52
个人、文化及娱乐服务	1.90	2.02	计算机及信息服务	1.86	2.02
计算机及信息服务	1.65	1.62	政府服务	1.34	1.21
保险服务	1.33	1.24	个人、文化及娱乐服务	0.32	0.31
政府服务	0.97	1.08	工程服务	0.38	0.11

资料来源：根据联合国统计数据库公布的数据整理。

　　一个国家产业的主导地位主要体现在其出口额占全球的比重上。表 1-1-2 列示了 2001 年和 2010 年全球需求量较大的工业品行业出口居前五位的国家/地区及所占全球出口额的比重。表 1-1-2 所列示的 2010 年与 2001 年数据对比显示，在高技术含量的药物、医疗器械、生物技术、汽车及电子电器核心部件，如发动机、电机等行业，出口占前五位的国家一直是发达国家，这说明在高技术行业领域，发达国家目前仍占据全球主导地位。其中，相对于 2001 年而言，发达国家中德国服务出口增长速度较快，到 2010 年德国在多个领域，如药物、汽车及发动机、农用设备、交换、连接电路的电气设备、内燃机活塞发动机及零件等行业的出口额均居世界首位。与此相比，2001 年，美国在多个行业，如发动机及电机、医药专业产品、碳氢化合物及其衍生物等行业的出口额均居全球首位，而在 2010 年，美国在各行业的出口比重均有所下降，产业地位下滑。英、法、日等国主要工业品出口比重也有所下降，但相对变动较小。发展中国家中，中国在 2001 年出口比重相对较小，产业影响力不大，然而在 2010 年，中国在多个制造业领域出口比重跃居到世界首位，如办公设备、自动数据处理设备、家电、蒸汽锅炉及热水锅炉、通信设备等，有些行业的出口额比重更是达到全球 1/3 左右，远超其他国家，但中国所出口的产品大多是为国外做"代工"或"贴牌"，拥有自主知识产权的产品较少，产品核心技术和专利还掌握在发达国家手中。总体来讲，发达国家虽然仍占据全球主要工业品出口的主导地位，但相较过去而言，在国际市场的份额已显著下降。

表 1-1-2　2001 年、2010 年主要工业品出口居前五位的国家/地区及占比

单位：%

办公设备				纺织皮毛设备				碳氢化合物及其衍生物			
2001 年		2010 年		2001 年		2010 年		2001 年		2010 年	
日本	19.7	中国	37.6	德国	21.5	德国	16.2	美国	14.2	日本	11.6
中国	12.7	新西兰	10.0	意大利	14.3	中国	13.6	日本	12.2	新西兰	11.5
中国香港	11.2	德国	7.8	日本	14.1	日本	12.0	新西兰	11.8	美国	11.1
美国	8.4	美国	5.8	瑞士	7.4	意大利	10.2	韩国	8.8	韩国	10.6
新西兰	7.3	日本	4.6	美国	6.3	韩国	9.6	德国	6.9	德国	5.9
电气设备及部件				家用电器或非电器设备				通信设备及配件			
2001 年		2010 年		2001 年		2010 年		2001 年		2010 年	
日本	16.0	中国	19.1	意大利	13.4	中国	30.7	美国	12.6	中国	29.9
美国	12.6	日本	11.0	德国	13.0	德国	10.4	英国	8.1	中国香港	12.8
德国	11.1	德国	8.9	中国	12.2	意大利	6.1	德国	7.5	韩国	7.9
中国	7.3	美国	7.4	中国香港	8.0	墨西哥	5.3	中国	7.4	美国	7.5
墨西哥	5.7	中国香港	5.4	美国	6.8	波兰	4.2	韩国	5.9	墨西哥	4.6
药物				农用设备				船、艇和浮式结构物			
2001 年		2010 年		2001 年		2010 年		2001 年		2010 年	
德国	13.9	德国	0.1	美国	19.9	德国	16.9	韩国	22.2	韩国	28.0
英国	11.4	比利时	0.1	德国	18.3	美国	15.7	日本	19.3	中国	23.9
法国	10.9	英国	0.1	意大利	11.5	意大利	8.5	德国	7.5	日本	15.4
美国	9.2	瑞士	0.1	法国	7.0	中国	6.7	法国	5.5	德国	3.9
瑞士	8.8	法国	0.1	比利时	5.1	新西兰	6.2	意大利	4.9	意大利	3.2

续表

发动机及电机				汽车及其他发动机				医药专业产品			
2001 年		2010 年		2001 年		2010 年		2001 年		2010 年	
美国	35.0	英国	20.5	德国	21.9	德国	23.0	美国	18.2	瑞士	16.4
英国	23.0	法国	12.9	日本	17.2	日本	16.2	瑞士	13.8	德国	15.8
德国	12.5	美国	12.1	加拿大	10.3	美国	7.0	德国	12.8	美国	14.4
法国	10.3	德国	11.1	法国	6.8	加拿大	6.6	比利时	7.0	比利时	10.3
加拿大	6.3	加拿大	5.2	比利时	6.4	韩国	5.7	法国	5.8	中国	6.8
自动数据处理设备及配件				内燃机活塞发动机及零件				交换、连接电路的电气设备			
2001 年		2010 年		2001 年		2010 年		2001 年		2010 年	
美国	14.9	中国	45.9	美国	19.1	德国	16.0	美国	14.4	德国	13.5
新加坡	9.0	美国	7.8	日本	15.4	日本	13.8	德国	13.0	中国	13.3
新西兰	8.7	新西兰	5.5	德国	14.2	美国	11.1	日本	11.4	日本	9.8
中国	7.1	墨西哥	4.2	英国	6.1	法国	5.3	法国	5.8	中国香港	8.9
英国	6.7	中国香港	4.2	加拿大	5.3	英国	5.0	墨西哥	5.2	美国	8.4

资料来源：根据联合国统计数据库公布的数据整理。

表 1-1-3 描述了 2010 年服务出口居前五位的国家/地区及占比。由表 1-1-3 可知，2010 年不论是服务总出口额还是分类别服务出口额，前五位国家几乎都是发达国家/地区，只有印度在计算机及信息服务方面占据世界首位。美国在保险服务、金融服务、通信服务、特许权使用费及执照费和运输服务方面均占世界首位，其中在特许权使用费及执照费领域更是占全球近一半的比重。由此可见，服务业尤其是高知识技术密集型产业，如金融、保险、信息服务等是发达国家重要的竞争优势来源。综合表 1-1-2 和表 1-1-3 来看，除高新技术产业外，发达国家在全球工业品出口中的比重逐渐下降，而在服务出口方面一直维持其全球优势地位，并不断增长。

表 1-1-3 2010 年服务出口居前五位的国家/地区及占比

单位：%

总体		保险服务		其他商业服务	
美国	14.0	美国	20.9	日本	9.4
英国	8.2	爱尔兰	14.8	德国	7.3
德国	7.8	英国	11.7	亚洲	6.0
法国	4.8	德国	8.8	法国	5.1
日本	4.7	加拿大	6.3	爱尔兰	4.5
旅游		金融服务		个人、文化及娱乐服务	
西班牙	8.7	美国	28.5	英国	26.0
法国	7.7	英国	21.8	加拿大	9.2
意大利	6.4	卢森堡	17.4	法国	8.5
德国	5.7	新加坡	5.2	卢森堡	8.3
英国	5.3	德国	5.1	西班牙	7.4
通信服务		计算机及信息服务		政府服务	
美国	14.0	印度	28.5	美国	35.5

续表

通信服务		计算机及信息服务		政府服务	
英国	10.2	爱尔兰	18.7	德国	7.3
意大利	8.4	德国	8.2	巴基斯坦	5.9
德国	6.7	美国	6.9	英国	5.5
荷兰	6.1	英国	6.8	日本	4.2
工程服务		特许权使用费及执照费		运输	
德国	18.3	美国	46.3	美国	10.8
日本	16.8	日本	11.6	德国	8.8
美国	10.9	荷兰	10.7	日本	6.0
法国	9.9	德国	6.2	韩国	5.8
西班牙	6.6	英国	5.9	丹麦	5.6

资料来源：根据联合国统计数据库公布的数据整理。

综上所述，虽然近年来发达国家服务业发展迅速，但从出口总额来看，商品出口总额仍远高于服务出口总额，而从主要工业品出口居前五位的国家/地区年度对比情况来看，发达国家占全球商品出口的比重有所降低，服务贸易的增长并未抵补商品出口比重的下降，因此，总体来讲，发达国家在全球贸易中的地位有所下滑，全球竞争力有所降低。从发达国家的出口构成来看，商品出口主要以汽车、电子、医药设备等高技术产品为主，服务出口主要以特许权使用费、金融、信息服务等高知识含量服务为主，而且在这些领域中，发达国家出口比重最高，仍占据世界领先地位。但在某些制造业领域，如办公设备、家电、自动数据处理设备等领域，发达国家出口额占世界总额的比重大幅下降。由此可见，发达国家在某些制造业领域的优势地位有所降低，目前具备竞争优势的产业主要是高知识含量的服务业及高技术含量的工业。

二、西方国家产业竞争优势面临的问题

目前西方国家的竞争优势面临诸多问题。

1. 优势产业发展后劲不足，而新的竞争优势尚未建立

20世纪90年代以来，国际分工不断深化，许多劳动密集型及资源密集型行业逐渐由西方国家转移到具备比较优势的东亚发展中国家，发达国家的经济发展面临重大挑战，此时，微电子及生物技术的发展为发达国家提供了新的机遇，为经济注入了新的活力，使其顺利渡过了第三次石油危机及产业转移的冲击。而进入21世纪以来，由于以石油石化为基础的传统产业发展受到越来越严峻的资源环境约束，以电子信息技术为代表的高技术产业的竞争优势地位也开始发生动摇，对经济的拉动作用下降，而新的优势产业和经济增长点未能及时出现，导致西方国家近年来呈现经济不景气的状态。

2. 西方国家依托服务业建立起的竞争优势难以抵御"产业空心化"的压力

西方国家在过去的国际分工中充分发挥其在高端服务业领域的比较优势，大力发展金融、保险、通信及信息服务等产业，并在服务出口中占据全球大部分份额。西方国家对服务业的过分倚重使其忽略了工业的发展，导致大量以制造业为中心的物质生产和资本迅速

地转移到国外，以制造业为主体的第二产业占国民生产总值的比重大幅下降，第三产业比重迅速上升，产业结构软化，产业空心化问题严重。与此同时，西方国家并没有形成三大产业间的良性循环，国内物质生产与非物质生产之间的比例关系严重失衡，需求市场与生产空间严重割裂，从而破坏了国内供给及需求的平衡关系，使得国内需求过分依赖进口，并导致贸易逆差加剧。制造业的萎缩导致西方国家社会经济基础薄弱，减少了国内的就业机会，如美国劳工联合会—产业工会联合会在一项声明中指出，美国在 1966~1969 年损失了 50 万个就业机会，其中很大一部分要归咎于制造业的转移，即美国企业在国外劳动密集型产业的投资转移。此外，制造业的转移还导致本国产业链缩短，从而导致产业资本投资领域范围缩小，对产业资本的实际需求量有限，其结果就是产业资本转变为金融资本，进入虚拟经济体系，产生虚拟经济泡沫，使经济中的不稳定因素增加。①

3. 技术进步与创新缺乏实体经济基础，发展前景堪忧

技术进步与创新既是经济增长的原动力，也是一国获取竞争优势的关键。大量的历史经验表明，很多科技创新成果不是单纯地做实验就能产生的，而是在高度发达的生产过程中迸发出的灵感，因此，失去了工业基础不可能产生技术进步。美国近二三十年来服务业的大发展，正是在这一时期以前和这一时期期间工农业大发展的前提下才成为可能。如果制造业长期萎缩、"空心"下去，服务业的兴旺局面也许可维持一段时间，但终究要垮下去。19 世纪中期，英国曾经依靠其"世界工厂"的地位，使其经济发展创造了历史上的最高水平，同时也成为世界的金融中心。但随后，英国工业资本大举对海外投资，20 世纪初，英国海外投资一度超过国内投资的规模，致使英国国内工业生产从 19 世纪末期开始下降，技术进步速度明显放慢，最后被美国和德国超过，从"世界工厂"跌落为工业品进口国。从此以后的半个世纪内，虽然英国还保持着金融方面的领先地位，但以后也被纽约所取代，随后又被东京超过。由此可见，产业转移虽可降低一些成本，但却可能撼动创新与技术进步的基础，导致经济的进一步发展受阻。

4. 国际竞争压力加大

从世界各国在出口中所占比重来看，一些新兴经济体国家，如中国、印度等在国际经济中的地位不断提高。根据 IMF 公布的数据，2007 年发达经济体经济仅增长 2.7%，而新兴和发展中经济体经济增长率达 8%，新兴经济体的高速增长及在国际竞争中表现出的优势给发达国家带来较大压力。在经济全球化的条件下，经济要素的流动性大大加强，出现了某种"溢流"效应，资金、技术等经济要素寻找低成本、高增长的实现场所。一些发展中国家恰恰具备了必要的社会、文化或资源条件，从而成为接纳全球产业转移的合适场所。与此同时，这些国家内部也出现了社会生产和社会需求的良性互动，经济获得了内在动力，开始了增长的循环，并在制造业等领域形成了较好的发展势头及较强的国际竞争力。国际金融危机爆发后，各国政府虽都采取了较大力度的财政和货币刺激政策，但主要发达国家经济并无起色，未来几年复苏仍将十分艰难。而新兴经济体的发展由于面临许多有利条件，如没有西方国家的高额负债负担及高失业率，具有人口红利，内需强劲，经济起点低，增长潜力大等，将成为驱动全球经济增长的主要力量。

---

① 武文超，汪洋，范志清. 产业空心化和美国金融危机的探讨 [J]. 环球瞭望，2010 (11).

第三节　国际金融危机后西方国家战略调整的动力分析

国家竞争优势的转型强调的不是一个国家拥有多少优势条件，而是如何转换不利的生产要素。一时的困境往往会转成一股创新求变的力量。引导企业和国家不断进步的是外在的压力和挑战，而非风平浪静的生活。[①] 国际金融危机虽然对发达国家经济生活造成了重大冲击，但危机也是发达国家经济转型的契机，基于对一些现实因素的考虑，发达国家提出了拓展新的经济发展领域、培育新的竞争优势的战略构思。

一、战略调整的外在压力——要素条件的变化

除日本以外，多数发达国家均拥有广袤的土地、矿产、林产等初级生产要素，通过后天投资，加上经济机会较多、重视教育、低税收等营造的较好环境，使基础设施、科技、人才、交通、通信等高级生产要素也得到了长足的发展。当然，发达国家的经营环境也曾面临许多不利因素，但这些不利因素经过转换之后发挥了正向的作用。如针对资源不足及不易取得的难题，发达国家实现了开发新材料的突破；针对劳动力成本不断上升的压力，发达国家积极朝向生产自动化的方向发展。近年来，随着世界经济形势的转变以及气候能源条件的变化，发达国家面临生产要素陈旧、不足、不协调等问题，如何发挥已有生产要素的优势，并创造新的生产要素，提升生产要素条件，是发达国家面临的挑战。

1. 初级要素条件的变化

（1）能源消费及构成的变化引导发达国家向新能源方向发展。现代社会的发展和经济的繁荣，与能源的发展变革息息相关。当代的能源结构总体来说还是以化石能源为主。在所有的能源类别中，石油目前是全球消费比例最高的能源。近 10 年来，石油消费量占所有能源消费量的比例一直在 40% 左右。世界石油工业历经近 150 年的发展，到目前形成了以北美、亚太、西欧为主的世界石油消费区域构成格局（见表 1-1-4）和以欧佩克等为主的世界石油储产量区域构成格局。目前，亚太地区由于工业发展的需求，取代了北美的位置成为世界最大的石油消费区，北美地区位居第二，西欧地区位居第三。这三个地区占世界石油消费总量的 80%，而其石油剩余探明储量仅占世界总量的 22%。中东地区的石油消费量不到 10%，但这些国家却占世界石油探明储量的 2/3。世界石油的消费区域构成与资源区域的构成严重错位和失衡，使全球围绕油气资源的争夺一直非常激烈，也使对原油进口依赖程度较高的国家一直面临着压力。

近 30 年来，"石油危机"的发生和现代工业带来的一系列环境问题，使人们对不可再生矿物能源储量的有限性及其使用的局限性有了更深刻的认识。有限的资源和有限的空间环境以及突破能源发展限制的渴望，迫使人们在合理利用常规能源及寻求可再生新能源方

[①] ［美］迈克尔·波特. 国家竞争优势 [M]. 李明轩，邱如美译. 北京：华夏出版社，2002.

表 1-1-4　2010 年世界分地区石油消费量及其构成

单位：十亿美元

地区	2010 年	2009 年	2010 年比 2009 年增长（%）	2010 年占全球的份额（%）
世界	4028.1	3908.7	3.05	100.00
亚太	1267.8	1203.8	5.32	31.47
北美	1039.7	1018.8	2.05	25.81
欧洲和欧亚大陆	922.9	922.2	0.08	22.91
中东	360.2	344.3	4.62	8.94
中南美	282	268.6	4.99	7.00
非洲	155.5	150.9	3.05	3.86

资料来源：《BP 世界能源统计》(2011 年)。

面进行积极的探索与研究。近来年，能源科技新突破和新发展与微电子技术、生物技术、海洋工程、新材料研究等，共同形成一个引人注目的高技术群。这些高技术在世界范围内的角逐，汇集成一股全球性的高新技术发展洪流。世界能源已步入一个新的变革时期。各种新能源和可再生能源的开发利用引人注目。在各种新能源和可再生能源开发利用中，以太阳能、风能、地热能、海洋能、生物质能等可再生能源的发展研究最为迅速。

（2）全球气候变暖的挑战迫使发达国家走上低碳环保之路。全球气温正以不断加快的速度上升，见图 1-1-5。1880~1970 年，全球平均气温每十年增加约 0.03 ℃。1970 年以来的气温升高速度急剧增加，大概每十年上升 0.13 ℃。自 1880 年以来，平均气温总体上升了 1.4 ℃，而在过去的仅仅 40 年中，气温就上升了 0.8 ℃。导致全球气温上升的因素众多，其中，自工业革命以来人类活动所排放的温室气体如二氧化碳等加速了全球气温的上升。全球气温上升造成的影响是重大的，即使是看上去很小的温度变化，对海平面、大气环流和全球范围内的天气模式都有深远的影响。2010 年，热浪袭击俄罗斯，以色列发生大火，巴基斯坦和澳大利亚洪水暴发，中国发生山体滑坡，大西洋中部地区的美国普降大雪，诸如此类的气候变化对各国经济社会造成的破坏是巨大的，而人类活动的碳排放量可能决定了地球将来的温度和此类极端事件发生的频率。为此，发达国家开始倡导走低碳环保之路，开发清洁能源，进行清洁生产，以降低温室气体的排放。具体做法包括：加大了技术研发力度，以提高目前的能源使用效率；发展循环经济，实现废弃物排放的最小化和无害化；为改变目前交通工具对石油的依赖，各国均加快了新能源汽车的研发速度；在国际贸易领域，更是提出征收"碳关税"来构建全球合作的减排机制。

（3）劳动力成本不断上升，高附加值产业成为发达国家发展的重心。由于发达国家人口基数较小，且人均受教育年限较高，劳动力成本较之发展中国家要高出许多。有统计数据显示，2006 年我国制造业雇员工资是每月 191.73 美元，为同期美国的 0.05 倍、德国的 0.052 倍、加拿大的 0.06 倍、西班牙的 0.06 倍、韩国的 0.07 倍、日本的 0.08 倍。[①] 高劳动力成本导致发达国家在劳动密集型的制造业领域处于劣势地位，并推动了该类产业的国际

① 兰文芳. 我国劳动力成本比较优势分析 [D]. 江苏大学硕士学位论文，2010.

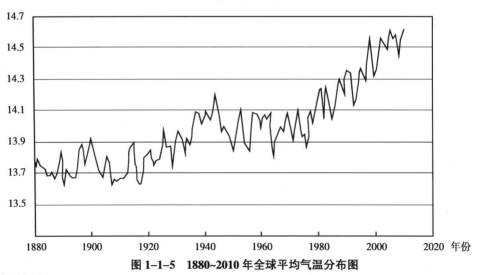

图 1-1-5　1880~2010 年全球平均气温分布图

资料来源：NASA GISS.

转移。与此同时，高科技领域及高知识附加值的服务业领域成为发达国家经济发展的重点，但由于经济发展过于倚重服务业，导致虚拟经济过度膨胀，实体经济无法支撑，从而引致国际金融危机的发生，这使发达国家意识到实体经济的重要性，从而提出"再工业化"构想。与过去相比，发达国家由于近年来人口呈现负增长态势，且老龄化严重，加上教育、医疗、失业保障等高福利的社会保障制度加大了其经营成本，导致劳动力成本不降反升。面对这一劣势地位，发达国家的"再工业化"不可能再走过去的发展道路，重复发展过去的传统产业，而是要向现代化、高级化、清洁化的方向发展，高附加值产业将成为其发展重心。

2. 高级要素的变化

发达国家强劲的大学研究实力、庞大的政府研究经费及民间企业的自发研究等为其提供了强有力的科研环境；完善的教育体系及平等的教育机会为其培育了大量的高端人才；平等的市场竞争环境及较低的税率，吸引了全球顶尖人才的汇聚及资本的涌入。高级生产要素的积累是近年来发达国家经济发展的动力所在。近年来，发达国家的科技、人才等高级要素水平虽仍强于其他国家，但在发展中也出现了一些变化。

（1）基础设施陈旧。近 10 年来，发达国家对基础设施投资不足，大量路桥、通信等设施陈旧。图 1-1-6 描述了主要发达国家在 2001~2010 年的建设支出增长率，总体来看，发达国家在过去 10 年中，建设支出增长率总水平在-1%左右，呈现负增长的态势。建设支出的减少，一方面是由于需求的相对降低；另一方面是由于发达国家不合理的财税政策及过高的社会福利导致财政拮据，无力进行政府投资。建设支出的减少降低了投资对经济增长的拉动作用，基础设施的陈旧也在一定程度上妨碍了其他产业的发展。因此，在国际金融危机以后，发达国家加大了政府对基础设施的投资力度，这既可以拉动本国经济，尽快走出危机，又可以为以后的经济发展铺平道路。但碍于各国捉襟见肘的财政困境，各国政府不得不依赖大量举借外债，在公共开支剧增的同时，却面临着税收锐减的窘境，导致公共债务不断上升。国际金融危机过后，主权债务危机又席卷而来。因此，发达国家要想真正走出危机，必须改变目前不合理的财税政策并扭转全球贸易逆差状态。

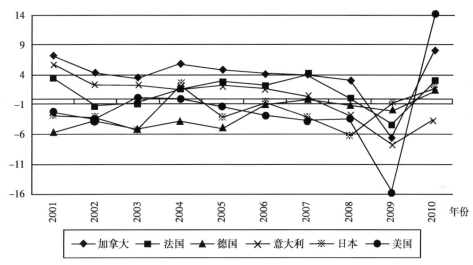

图 1-1-6　2001~2010 年主要发达国家建设支出增长率

资料来源：根据联合国统计数据库公布的数据整理。

（2）人力资本产业分布不均衡及结构性失业问题严重。由于发达国家教育体系发达，在培训方面的投入较高，加上极具吸引力的经济社会环境，因此会聚了全球各行各业的顶尖人才，在人力资本储备方面仍占据全球优势地位，但近年来随着制造业的不断转移，服务业比重不断上升，产业结构的变迁使得人力资本的产业分布状况发生了较大改变。人力资本在制造业中所占比重不断降低，而在专业性服务业，如金融、贸易等领域所占比重不断提高。以美国为例，有调查显示，大学十大热门专业分别是金融、会计、公共管理、人工智能、统计学、分子生物学、生物医学工程、通信工程、材料学、新闻学，高端服务业位居前列。受国际金融危机的影响，发达国家的服务业遭受了重大冲击，即使是曾经叱咤金融界的华尔街高端人才也面临失业的压力。危机过后，发达国家提出"再工业化"构想，提出了一系列产业结构调整政策，但过去的专业化人才很难及时过渡到新的产业当中，结构性失业问题严重。因此，发达国家同样面临人才稀缺的挑战及对失业人员重新进行教育和培训的压力。

二、战略转型的内在动力——需求状况的变动

发达国家向来秉持大量消费的理念，而且消费观念超前，除却高收入对高消费的支撑外，信贷消费模式的出现也为收入水平较低的人提供了提前消费的机会。对便捷、舒适生活的推崇使得发达国家的消费品和生活模式不断推陈出新，因此，消费一直是推动经济发展的主要动力。另外，凭借品牌的影响、观念的传播以及较高的营销技术，在国际市场的竞争中，发达国家的产品总是占据优势地位，并且能够及时应对广大且多变的市场需求。发达国家产业的需求也领先世界的需求，它们拥有居世界领先地位的制造厂商，专业而挑

剔的客户使得供应商水平得以不断提升。但是，近年来国内外市场的需求状况和竞争环境发生了较大变动，尤其是受国际金融危机的影响，国内外市场消费低迷。如何创造新的消费模式和新的生活方式以刺激需求是发达国家竞争优势转型的重要方向。

1. 国内外需求状况分析

从居民收入方面来看，受国际金融危机的冲击，发达国家失业率不断上升，使得国内居民收入水平下降，消费能力降低，而持续多年的财政、贸易双赤字，使得政府和银行均不堪国内居民"过度消费"的重负，消费信贷的发放更加谨慎，这在一定程度上遏制了居民的超前消费模式。发达国家的债务危机也是对其长期奉行"消费主义至上"理念的一次沉重打击。从居民消费倾向方面来看，由于近年来发达国家社会福利措施过多，又由于人口老龄化严重，导致政府财政不堪过重的社保压力，为了扭转巨额的财政赤字，发达国家普遍实行了削减社会保障支出的举措，这必然导致居民消费倾向的下降。图 1-1-7 描述了主要发达国家 2001~2010 年家庭消费支出增长率。其中，德国在国际金融危机前后，居民消费支出增长率未出现较大变动，说明在国际金融危机中受到的冲击较小。而其他国家从2007 年开始，居民消费支出出现大幅度削减，其中以美国最为严重。消费的降低导致了产业的萎缩，降低了经济发展速度。

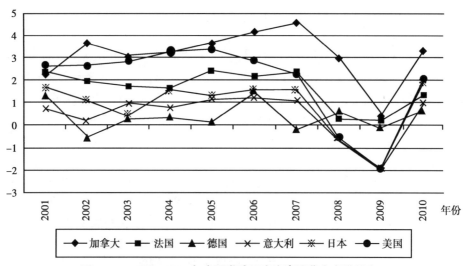

图 1-1-7　1991~2010 年主要发达国家家庭消费支出增长率

资料来源：根据联合国统计数据库公布的数据整理。

从国际需求方面来看，主要发达国家在危机过后消费均比较低迷，进口额相对往年锐减。很多发展中国家虽然遭受危机的冲击较小，但由于受收入水平低、社会保障不健全等因素的制约，对消费品尤其是高档奢侈品的消费普遍不高。在工业品需求方面，低端劳动力密集型行业的产品发展中国家可以自给自足，而发展中国家真正缺乏的高新技术、知识又受到发达国家技术封锁的限制不能获得。因此，整个国际市场也呈现出需求不高的状态。从商品供给角度来看，由于发展中国家劳动力成本较低，因此，在劳动密集型产业如纺织服装、加工组装等制造业领域具有强大的国际竞争力，这使得发展中国家的产品供给挤占了本身就已下降的发达国家的需求，对发达国家的产业造成了更大的冲击。需求下滑与国际市场地位的下降双重压力使得在国际金融危机之后，国际贸易保护主义抬头，发达国家通过设定技术性贸易壁垒来保护本国工业。

2. 各产业的总体需求状况变动分析

从联合国统计的全球工业品 2001 年与 2010 年的贸易额对比来看，在 2001 年主要工业品中只有纺织机、蒸汽锅炉、热水锅炉、食品加工机、汽车、汽车零部件行业在全球总出口额中所占比重较高，而到了 2010 年，除以上行业外，医药、碳氢化合物及其衍生物、发动机及电机、家用电器、办公设备、通信设备、电气设备等工业品出口也占有较高的比重。从全球 2001 年与 2010 年服务贸易额的对比来看，2001 年全球出口总额为 14575.3 亿美元，2010 年该值上升到 30309.3 亿美元，其中，金融、保险、特许权使用费较 2001 年有了较大幅度的提升。由此可以总结出全球产业总体需求状况的变动方向：

（1）初级产品和劳动密集型产品的市场需求量呈下降趋势。

（2）精加工产品的市场需求量呈上升趋势。

（3）对知识、技术产品及现代化的服务市场需求明显呈上升趋势。

（4）工业制成品特别是附加值较高的产品，成为出口的主要利润来源。

针对需求的变动，发达国家要维持其全球竞争中的优势地位，必须在高附加值工业制成品、高知识技术密集型行业占领制高点。全球新的需求、新的消费模式及新的生活方式的出现也成为发达国家竞争优势转型的内在动力和方向。在传统产业的发展中要创新思维模式，需求饱和可以创造新的产品类别，从而创造新的需求，走高质量、差异化道路，在产业中侧重高级消费需求群体，增加产品附加值，国家竞争优势的关键正体现在一国企业能否持续高层次的竞争优势。随着科技水平不断提升，新产品不断涌现，人们的生活观念、消费价值观及偏好不断改变，一些公司通过新观念、新思维的融入，颠覆传统，为人们构建起新的生活方式。苹果公司是其中的典范，通过其产品 Apple Ⅱ、Pixar、iPod、iPhone 分别重新定义了人们对个人电脑、电影、音乐、手机的看法，颠覆了人们传统的生活方式。苹果公司之所以能够为 PC 业、电影业、互联网业、音乐业、手机业等带来颠覆性的创新，带来最富有冲击力的变革，在于它不像一般企业那样从物质层面着手经营，而是不断捕捉新的思想、构建新的体验模式；不是被动地了解需求，而是进一步创造需求，创造新的市场。

三、战略调整的支撑条件——相关产业和支持产业的发展

发达国家主导产业的发展变迁经历了由轻纺工业—重化工业—资本集约型产业（钢铁、汽车、机电）—技术集约型产业（航天、计算机、新材料）—信息产业的转变。近年来，随着信息产业逐渐融入到国民经济各行各业中，加快了中低端制造业的国际转移及人力资本向服务业等其他行业的转移，实体经济规模缩小，虚拟经济不断膨胀。从全球产业链来看，发达国家制造业在全球产业链中处于上游的位置，主要负责产品的设计和开发阶段，加工组装环节外包给劳动力成本较低的发展中国家，通过竞争力强的跨国公司，在全球构建了强大的价值网络体系。发达国家这些年来之所以能够在汽车、发动机、电子信息、金融、保险等高技术知识密集型领域有卓越表现，主要是由于其强大的产业集群后

盾，相关产业及支持产业为支柱产业的发展提供了有力的支撑。由于西方发达国家高强度的研发投入、发达的风险投资市场、丰富的人才储备及强有力的法律保障使得发展中国家在高技术行业领域短期内难以实现赶超，从而在高技术产业始终处于全球领先地位。然而在制造业领域，由于近年来传统产业的国际转移，导致本土中低技术制造业竞争力下降。

发达国家为了恢复其在工业领域的领导地位，积极开发绿色技术，发展新能源，推进信息技术革命，国内强大的相关产业及支持产业为这类新产业的发展提供了支撑。信息产业、电子、装备制造、技术服务、汽车等相关产业具备全球领导地位，且具有较高的技术水平，这些颇具规模的领导厂商可以与最优秀的供应商接触并交换技术，为新产业的发展提供技术较高的技术平台；高科技领域训练有素的大量人才为其提供了人力资本平台；企业多年来在国际市场上的不断开拓积攒了先进的企业管理经验及品牌优势，加上发达国家强大的文化攻势为其提供了市场营销平台；发达国家的高社会开放程度，竞争激烈的市场环境，发达的生产性服务业体系，公平竞争的市场氛围，可以推动企业不断开拓创新，为新产业的发展开辟道路。除此之外，发达国家拥有完整的产业体系，成品、零件、机械、器材等支持产业形成了强大的产业集群效应，使得发达国家仅依靠国内其他产业的支持即可获得新兴产业所需要的技术和供给。总之，拥有众多的世界级相关产业及支持产业仍是发达国家创新和开发新产业的有利条件。

四、战略转型的思维导向——危机后西方国家对维持竞争优势的反思

本次国际金融危机对发达国家的经济社会发展造成了重大冲击，导致很多国家经济增速放缓，通货膨胀压力加大，失业率不断上升，贸易增长放缓。在危机的重大破坏之下，发达国家对如何维持其全球竞争优势地位进行了反思。

1. 市场边界与政府边界的再调整：市场经济主导下仍需政府适度干预

此次国际金融危机的一个直接原因是政府宏观调控力度不当，政府对金融机构的监督缺失，导致投机行为不断加剧，衍生工具市场不断膨胀。金融危机之前，对冲基金、私募基金等完全在政府的监管体系之外，又由于衍生工具市场缺乏透明度，进一步导致交易风险的广泛传播和无限蔓延。[①]金融工具的过快创新使得支撑其发展的市场条件、国家监管部门的监管政策、金融机构风险管理体系跟不上其步伐，导致衍生工具市场交易风险极大提高。政府对金融市场监管的缺失削弱了金融市场健康发展的基础，破坏了金融市场的运行机制，导致金融市场信息失真，市场参与者行为失范与市场运行失序，不同程度地破坏了金融市场的运行机制，抑制与削弱了市场机制的活力与作用，弱化了金融市场的基本功能。这说明片面追求金融创新与市场效率，缺乏必要的、有效监管的市场，将是风险泛滥、危机四伏的市场，即使介入强有力的政府干预也只是延缓市场发展的进程，并难以挽回由此造成的巨大社会经济损失。金融市场的健康发展需要政府干预，但更需要有效的政府监管。全面、严格、持续的政府监管始终是防范与化解金融风险，实现市场健康、稳定、持续发展的保障。着眼于金融市场与经济社会的长远发展，我们应着力建设有效的政

---

① 《2010 年美国总统经济报告》。

府监管。

2. 虚拟经济与实体经济的再匹配：虚拟经济不能脱离实体经济的支撑

所有国家，无论是富裕还是贫穷，都需要一个强大的制造业来保证自己的经济独立和促进经济的长期繁荣。[①] 无论科技怎样进步，先进制造业将永远是人类社会的首席产业，没有一个国家能仅依靠服务业生存。[②] 因为虚拟经济总体而言应该归属于收入再分配的环节，不能脱离实体经济单独发展，如果虚拟经济发展过度，使得在国民经济收入分配过程中，按劳分配所占比例下降，按资本分配的比例上升，就会严重动摇社会创造物质财富的基础，加大经济的波动。目前来看，世界经济的"根系"仍然是发达而强大的传统产业和生长中的高技术产业的复合体。即使是最发达的国家美国，尽管高技术产业和现代服务业的重要性越来越突出，但是，其整体经济也仍然在很大程度上基于传统产业，当房地产业发生严重问题时，整个经济体系也将陷入危机。所以，任何"创新"包括"金融创新"，都不能脱离实体经济的这一现实基础。金融虚拟经济的扩张最终依赖于实体经济的坚固性。

3. 原始引擎与新引擎的再博弈：维持全球领导需继续寻找新增长引擎

本次国际金融危机是对欧美发达国家过度依赖金融资本、虚拟经济远超实体经济的经济发展模式的总清算。国际金融危机深刻反映了实体经济特别是产业经济中所存在的深刻机制缺陷，即反映了各国产业发展的创新机制、成本控制机制和市场渗透机制存在严重的问题。危机使发达国家认识到过去的经济发展模式不可持续，必须调整，要从根本上走出国际金融危机的影响，必须培育新的经济增长点，寻找新的产业核心技术路线创新突破方向和新的产业增长空间，使本国产业能够在不可逆转的全球化条件下保持相对竞争优势。[③] 为此，各国纷纷出台措施，大力培育新兴产业，努力在新能源、新材料、生物医药、信息网络等新兴产业领域抢占未来发展的制高点。在此背景下，再工业化构想被提出，并且全球掀起了一股低碳化浪潮。美国制定了《奥巴马—拜登新能源计划》；英国提出要重点发展超低碳汽车、生命科学和医药以及尖端制造业；法国政府宣布建立 200 亿欧元的"战略投资基金"，主要用于对能源、汽车、航空和防务等战略企业的投资与入股。

4. 失衡发展向平衡发展的再回归：全球经济再平衡有助于保持竞争优势

世界经济不平衡主要表现在三个方面：一是表现为新兴市场国家过高的储蓄、过低的消费和发达国家过低的储蓄、过高的消费。这特别反映在中国和美国的经济上。二是表现为新兴市场国家过高贸易盈余和发达国家过高贸易赤字。三是表现为新兴市场国家吸引了大量国外直接投资，而发达国家这些年国内投资不足。发达国家的传统产业还在不断向国外转移。发展中国家长期的外向型发展战略客观上抑制了国内消费和对国内市场的开发，各国逐步形成了过度依赖外部市场的经济增长模式。为应对经济增长外部依赖性可能带来的风险，大量外汇储备建立起来，并且以美元为主要组成币种。这也是由不平等的国际货币秩序决定的，结果是大量资金通过发达的国际金融体系源源不断地流向美国市场，为美

---

① 乔·瑞恩，西摩·梅尔曼，周晔彬. 美国产业空洞化和金融崩溃 [J]. 商务周刊，2009（11）.

② 金碚，刘戒骄. 美国"再工业化"观察 [J]. 决策，2010（3）.

③ 金碚. 国际金融危机后中国产业竞争力的演变趋势 [J]. 科学发展，2009（12）.

国提供了廉价的资金。与后发国家外部依赖性相反，美国则形成了过度消费的经济增长模式，这一增长模式被实践证明不可持续，并诱发了国际金融危机。再平衡全球经济成为发达国家走出危机的一种重要手段。①

五、战略转型的政策支持——加大对实体经济发展的支持力度

发达国家的政府较少制定具体的产业政策，在产业中直接投资的比重也较低，但这并不意味着政府无所作为，发达国家的政府最重要的角色之一是生产要素的创造者，多年来，各国政府在教育、科学、基础设施等方面的大量投资，为这些国家创造出极富竞争力的高级生产要素。政府在维护市场竞争秩序方面也不遗余力，通过反托拉斯法等各项法律维持自由开放的竞争体系，为本国产业发展创造了良好的市场环境。此外，在每次战争及国际金融危机过后，政府都通过扶持新的产业等措施进行大的经济战略调整，明确产业新的发展方向，在本国经济的振兴中发挥了重要的引导作用。本次国际金融危机后，发达国家政府的主要政策导向主要有以下三个方面：

1. 通过科技创新寻求新的经济增长点和新的经济活力

国际金融危机过后，发达国家意识到其工业在全球竞争中的实力有所削弱，为维持其全球领导地位，各国普遍将科技创新作为重要手段，并将低碳技术作为重点发展领域。2009年美国投入7870亿美元实施经济刺激计划，其中65%的比重用于政府投资，在投资资金中，与科技相关的投入占13.2%，其应用包括开发新技术产品市场、增加研发投入等，主要涵盖了能源、通信、航空、农业、卫生、基础研究等多个领域。其中，新能源被列为重点发展领域，包括清洁能源、石油能源研发等20项内容，美国还将逐步实现能源供给的战略转型，计划在未来10年投入1500亿美元资助风能、太阳能及其他可再生能源的研究；促使政府和私营部门投资于混合动力汽车、电动车等新能源技术；美国还将发展智能电网产业，全面推进分布式能源管理。英国是最早提出"低碳经济"的国家，多年来着力于发展、应用和输出先进技术，创造新的商机和就业机会。显然，英国提出发展低碳经济，主要目的在于占领未来的低碳技术和产品市场，提高经济效益和活力，增强国际影响力。以法国和德国为首的欧盟主要国家的政府长期以来在节能和环保领域投入巨大，促进了环境、能源及相关产业的技术升级。2007年年底，欧盟委员会通过了欧盟能源技术战略计划，明确提出为了打造一个低碳的未来，鼓励推广低碳能源技术，促进欧盟未来能源可持续利用机制的建立和发展。日本也把加大科技研发力度作为应对危机的重要内容，在期望通过科技创新实现技术突破的战略领域选择中，除新能源外，新一代互联网、干细胞医疗、航天工程等也在迅猛发展。

2. 向实体经济回归

发达国家为了防止制造业萎缩失去世界领导者的地位，提出了"再工业化"构想。一方面通过产业升级化解高成本的压力，另一方面寻找支撑未来经济增长的高端产业。2009年年底，美国总统奥巴马发表声明，美国经济要转向可持续的增长模式，即出口推动型增长和制造业增长，发出了向实体经济回归的信号。此举表明，在当前国际金融危机背景

---

① 财新网.美国经济面临的第四个挑战：全球经济不平衡，2011-08-11.

下，美国已充分认识到不能依赖金融创新和信贷消费拉动经济，开始重视国内产业尤其是先进制造业的发展。"再工业化"成为美国重塑竞争优势的重要战略。为了保障"再工业化"战略的顺利实施，美国推出了一些相互配合的政策和措施，如大力发展新兴产业、鼓励科技创新、支持中小企业发展等，力图加快传统产业的更新换代和科技进步，以推动美国经济走向复苏。法国政府筹资 2 亿欧元直接向制造企业发放"再工业化"援助资金。英国出台了"制造业振兴"、"促进高端工程制造业"等政策举措。

3. 重塑全球贸易规则

20 世纪 70 年代以来，随着凯恩斯主义的失灵，以英美为主的发达国家开始推行新自由主义经济政策，推动了贸易自由化和国际分工，提高了全球生产效率，但也导致了全球经济不平衡，发达国家贸易赤字严重，国际金融危机后，发达国家开始推行各项贸易政策，重塑全球贸易规则，以保护本国经济，降低失业率，维护经济安全与稳定。发达国家凭借其科技优势与竞争优势，制定各种技术法规，并将这些技术标准化，以此限制其他国家产品进入本国市场。这些标准与专利相交叉，技术专利化比传统的技术标准更具杀伤力，垄断力极强。"碳关税"的提出对全球贸易产生了更为重大的影响。"碳关税"是指对高耗能的产品进口征收特别的碳排放关税。美国能源部长朱棣文在美国众议院科学小组会议上就曾表示，为了避免美国制造业处于不公平竞争状态，美国计划向进口商征收"碳关税"。"碳关税"的提出，目的是发达国家凭借其在新能源技术及产品方面的优势，选择将高能耗、高排放、低效率部分转移至新兴经济体。发达国家一方面从中补偿自身在此次国际金融危机中的损失，另一方面借机完成对碳排放产业的革命，从而成为全球这一产业的绝对上游，成为产业主导者、规则缔造者、定价权控制者。

第四节　新形势下西方国家竞争优势的表现形式

目前，出口产品市场份额、贸易顺差等传统国家竞争优势衡量指标已经不能完全反映西方国家竞争优势的变动情况。中国、印度等新兴国家在部分产品的出口贸易总量和国际市场份额上超过了西方国家，但这并不代表中国这些产业比西方国家具有更强的竞争力。西方国家的竞争优势呈现出一些新的表现形式，需要引起充分注意。

一、国际分工形式的发展演变

自 20 世纪 60 年代以来，技术的发展及国际资本的流动使得国际间交易成本迅速降低，从而带动了垂直专业化分工（VS）贸易的发展，Guillaume Daudin（2011）在研究中指出，在 2004 年，垂直贸易占国际贸易的份额已达 27%。与水平分工不同，垂直分工使用进口投入品生产商品并出口。虽然垂直专业化分工贸易占全球份额不断提升，但并非均衡，从产业角度来看，高技术产品领域相对其他产业在垂直专业化方面获得了较快的提升，尤其是"广播、电视及通信设备"领域；[①] 从地区角度来看，在过去的 20 年间，东亚的垂直专业化分工取得了显著的增长，特别是在一些工业化经济体中，尤其是中国获得了迅猛的发展[②]（João Amadora，2009）。随着专业化程度不断提高，国际分工形式由产业间分工向产业内并进一步向产品内分工不断延伸[③]（杨丹辉，2011），贸易品类型由最终产品过渡到中间产品和服务。由跨国公司主导的产品生产过程逐步分化为产品总体设计研发、核心部件研发生产、非核心部件生产制造、加工组装、流通等环节，同一产品的生产涉及不同的国家和地区，每个国家专业化生产产品的某个部件。产品生产过程日趋复杂，迂回生产环节及价值增值环节不断增多，具体生产流程可用图 1-1-8 概括表示。

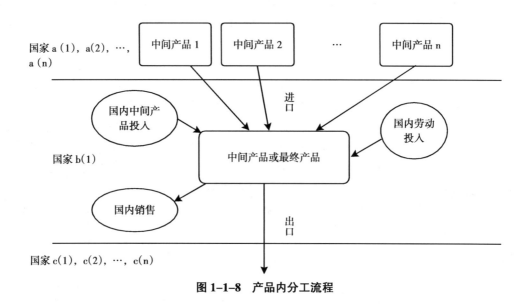

图 1-1-8　产品内分工流程

二、国际分工新形势下国家竞争优势的来源

1. 在全球分工不断深化的背景下，一国的竞争优势主要体现在该国的主导产业对全球价值链的控制力上

"国家竞争优势"是与其他国家相比，本国产业在国际竞争中所占据的优势地位，而国际竞争主要体现在国际贸易中。各国可以通过国际贸易扩大产品市场规模，提高专业化及分工水平，从而提高劳动生产率，促进经济增长，实现人均福利水平提高这一最终目的。在国际贸易中，发达国家可以享受发展中国家低廉的初级生产要素成本，发展中国家可以获得发达国家高级生产要素，包括技术、知识等的溢出效应，因此，国际贸易是正和

① Guillaume Daudin, C. R. D. S. Who Produces for Whom in the World Economy? [J]. Canadian Journal of Economics, 2011, 44 (4).

② João Amadora, S. C. Vertical Specialization across the World: A Relative Measure [J]. North American Journal of Economics and Finance, 2009, 20 (3).

③ 杨丹辉. 全球竞争格局变化与中国产业转型升级——基于新型国际分工的视角 [J]. 国际贸易, 2011 (11).

博弈的过程。各国通过国际贸易把蛋糕做大后，下一步就是分蛋糕的过程，在分蛋糕的过程中就体现出了各国的国际竞争优势强弱，各国都想在全球化红利中分得较大的份额。在全球价值链中具有较强控制力的国家具有制定分蛋糕的规则的势力，并通过市场机制的手对蛋糕按规则进行分配，这些国家获得了蛋糕中的较大份额，从而实现了国际贸易的最终目的——提高国民福利水平。

一国对价值链的控制力可以分为以下三个层次：①对大多数产业控制权的掌控。美国是典型代表，在农业方面，美国谷物生产占世界总产量的 1/5 左右；在先进制造业方面，如信息技术、生物医药、航空航天等领域引领世界的发展；此外，以华尔街为代表的金融服务业及以硅谷为代表的高科技产业占世界首位。②对关键产业控制权的掌控。以德国为例，德国在机械设备制造行业一直居世界领先地位，"德国制造"已成为世界市场上"质量与信誉"的代名词。德国不仅拥有激光技术国际领先的机床生产企业 Trumpf，更有众多在某些方面独树一帜的专用机械生产商，虽然相对于美国来讲，德国在很多产业的控制力上不具有优势，但在超精密仪器领域却具有极强的全球控制力。③对关键产业中重要环节控制权的掌控。以印度为例，计算机软件是信息产业中的重要环节，据世界银行的有关调查评估显示，近十年来，印度软件出口的规模、质量和成本等综合指数名列世界第一，在信息产业最为发达的美国，印度占据其软件销售市场的份额高达 60% 以上，在计算机软件方面具有一定的影响力和话语权。此外，在全球生产网络中，许多后发国家或者是以前在某些产业没有话语权的国家的厂商通过专业化、规模化经营，其能力范围包含了低端的加工、制造和中高端的设计、开发以及物流等综合服务，并进行全球经营、全球供应，能力得到了大大强化，甚至控制了某些模块很大的市场份额，直接对主导厂商产生了逆向控制。

2. 对全球价值链的控制力源于对稀缺生产要素的创造力与控制权

全球价值链的控制力主要体现在对世界范围内市场的控制程度，真正的控制力是通过制定标准、采用先进技术或生产组织方式等来实现的对产业的主导权及定价权。张守锋等（2006）指出，"一国的贸易优势并不像传统的国际贸易理论宣称的那样简单地决定于一国的自然资源、劳动力、利率、汇率，而是在很大程度上决定于一国的产业创新和升级的能力。"由于当代的国际竞争更多地依赖于知识的创造和吸收，价值链上控制力的形成和发展已经日益超出单个企业或行业的范围，成为一个经济体内部各种因素综合作用的结果，一国的价值观、文化、经济结构和历史都成为控制力产生的来源。[①] 波特也提出竞争力源于培养高级要素，虽然以初级要素资源禀赋形成的比较优势对竞争优势的形成发挥了一定的作用，但其为一国带来的贸易中的优势地位不可持续。原因在于初级要素，如廉价劳动力等在目前的资源现状下不具有稀缺性，因此，在价值链中极易被替代，竞争力较低，初级要素拥有者在价值链中议价能力较弱，处于被主导和被控制地位。高级要素则不同，其具有相对稀缺性，在价值链中处于完全不可替代或可替代性较小的地位，因此，在价值链中拥有主导权和定价权，拥有控制力。

随着知识经济、信息经济时代的到来和现代技术的迅猛发展，知识、信息和技术已经

---

① 张守锋，韩君. 从比较优势到竞争优势——国家竞争优势理论评述 [J]. 社科纵横，2006（9）.

成为经济中必不可少的资源，对生产力的发展做出了巨大贡献。生产要素的范畴也逐渐突破了传统的古典经济学中劳动、资本的界限，内涵和外延得以拓展，技术、人才、制度等也逐渐被作为独立的生产要素纳入经济学的分析框架中。① 企业在要素市场的竞争力是其竞争力的最初来源，企业生产所必需的生产要素资本、土地、劳动、企业家才能在现实生活中都是稀缺的，因而企业在要素市场的竞争非常激烈。其中，技术、信息和知识等新的生产要素比人力资源、财务资本和物质资本更为紧缺，因而竞争更加激烈。这是经济全球化和信息化的一个特征② （罗福凯等，2008）。实践表明，对新的稀缺要素的创造力及控制权是企业乃至国家竞争力的核心内容。苹果公司便是一个典型的例子。在知识层面上，它颠覆了人们的传统生活方式，构建起新的文化传统；在制度层面上，采取了将硬件、软件和服务融为一体的垂直产业模式并建立了高度整合的系统；在人才方面，它拥有一位具备远见卓识的企业家及一支卓有成效的研发管理团队，这些都是促使其拥有对全球高端手机控制力的先决条件。由此可见，对稀缺要素的创造力和控制权是全球价值链控制力的重要来源。

3. 稀缺性最强的生产要素为技术、制度、知识等无形要素

在此分析中，我们排除对不可再生资源如石油的分析，这些资源虽然稀缺性较高，但因其是不可再生资源，所以其所带来的竞争力是不可持续的。对其他生产要素而言，如何判断其稀缺性的大小？

假定经济处于一般均衡，在最终产品需求给定的情况下，我们可以构建生产函数 $F=f(L, K, T, \cdots)$ 并计算各生产要素的替代弹性，若一种生产要素在价值链中替代弹性较小，则其稀缺性则较高。罗福凯（2010）在研究中提出，通过增加技术的投入，可以在很大程度上替代劳动、资本的投入，且技术对劳动的替代性远大于资本对劳动的替代性，而劳动、资本等有形生产要素对技术的替代作用较小。

另外，生产要素的稀缺性还可通过由市场供求所决定的交易价格窥见，由于生产要素的交易依附于所产生的产品交易，因此，可通过对产品价值量分解来估计生产要素的相对价格。林民盾等（2005）通过对 MP3 播放器的价格构成进行分解表明，知识产品的核心价值是 MP3 的解码芯片，生产这样一个芯片的工业成本只有 1/4 的价格，另外 3/4 的价格实际就是芯片公司的知识成本和利润。③ 产品的利益分配是非常不均匀的，知识投入者是最大的回报者。2007 年，由加利福尼亚大学的三位学者（Irvine-Greg Linden, Kenneth L. Kraemer 和 Dedrick）对构成 iPad 的所有部件的成本核算进行了调查，并由此对 iPad 的价值构成进行了分解，探究究竟谁生产了 iPad（Varian, 2007）。iPad 共由 451 个部件组成，在美零售价为 299 美元，售价中的 163 美元由美国公司获取，这其中 75 美元由批发商和零售商获取，80 美元归苹果公司所有，8 美元由国内零部件制造商获取；iPad 最重要的核心部件为硬件驱动器，由日本东芝公司生产，成本为 73 美元；其次是显示屏，大概 20 美元；多媒体处理器部件，约 8 美元；控制器，约 5 美元；由于外壳和螺栓等部件在竞争性

---

① 罗福凯. 要素资本平衡表：一种新的内部资产负债表 [J]. 中国工业经济，2010 (4).

② 罗福凯，李鹏. 论要素资本理论中的技术、信息和知识 [J]. 东方论坛，2008 (1).

③ 林民盾，蔡勇志. "中国价格" 探索——以 MP3 音乐播放器为例 [J]. 中国工业经济，2005 (9).

行业中生产，不具有稀缺性，因此，在 iPad 总体价值构成中占有很小的份额；由中国进行组装的成本为 4 美元/台；剩余的 26 美元为价值链其他环节中所耗费的零部件及人力成本，如运输装配等。① 据此，我们可以计算 iPad 从研发到制造各环节在产品总价值中所占的比重，见表 1-1-5。

表 1-1-5　iPad 价值链不同环节占整个价值的比重

单位：%

价值链环节	占总价值的比重
研发设计环节	26.8
核心部件研发制造环节	24.4
非核心部件制造环节	13.7
组装环节	1.3
其他环节	8.7
销售环节	25.1

资料来源：根据 Varian, H. R. "An iPod Has Global Value. Ask the (Many) Countries That Make It" 数据整理。

由表 1-1-5 可以看出，在 iPad 整个价值构成中，研发设计环节、核心部件研发制造环节及销售环节所占比重远高于其他环节，组装环节仅占产品总价值的 1.3%。产品研发设计、核心部件研发制造及销售环节中所投入的主要生产要素是技术、人才、品牌知识及先进的生产组织方式等无形要素，而非核心部件生产及组装环节主要耗费的是廉价劳动力、机器设备等有形要素。造成这一分配结果的原因在于，随着社会的发展，人们的需求逐渐从满足"生理"、"安全"这类低层次需求提升到追求"社交"、"尊重"和自我实现这类高层次需求，人们的物质需求是有限的，而精神需求是无限的，② 而对无形要素的投入更能够满足人们不断增长的精神文化需求，从而为企业带来更多的价值。这一结果再次表明，技术、制度、知识等无形要素相对有形要素具有更强的稀缺性。

综上所述，在国际分工新形势下，一国竞争优势主要体现在其主导产业对全球价值链的控制力上，而控制力主要来源于一国对稀缺生产要素的创造力及控制权。研究及实践表明，生产要素中的技术、制度、知识等无形要素具有最强的稀缺性，因此，可以推断一国的竞争优势主要来源于其所拥有的技术、制度、知识等无形生产要素及对这类生产要素的创造能力。西方国家为维持竞争优势地位所进行的战略调整必然要从竞争优势的源泉出发，不断加强科技、研发投入，加大教育培训力度，并改革不合理的制度，提高经济发展潜力。

① Varian, H. R. An iPod Has Global Value. Ask the (Many) Countries That Make It [M]. The New York, Times June 28, 2007.
② 李海舰，原磊. 论无边界企业 [J]. 中国工业经济，2005 (4).

第五节　国际金融危机后西方国家战略调整的行为分析

西方国家为尽快走出危机采取了一系列短期反危机策略，包括金融救市计划及各项经济刺激方案，即使这些策略能够使西方国家暂时走出危机的阴影，但终归治标不治本，经济中潜在的增长力正不断丧失，而且发展中国家发展势头的不断加快也逐步威胁到其在全球竞争中的优势地位。为实现经济的持续增长，解决经济发展中的各种矛盾和问题，并维持其竞争优势地位，西方国家进一步采取了长期战略调整措施：在提高对稀缺无形生产要素的创造力和控制权方面不断加大技术、人力及知识投资力度；从绿色技术、新能源以及实体经济发展中寻求突破，探寻新的经济增长点；通过"再工业化"及加大金融监管力度等举措寻求制造业和服务业的协调发展；通过重构国际竞争规则并改革现行社会保障制度来达到全球经济平衡发展的目标。

一、短期反危机策略

为尽快走出危机，避免国际金融危机下需求的过快下滑及对市场机制的破坏，发达国家提出了一系列短期的反危机策略，颁布并实施了"一揽子"财政政策和货币政策。金融危机造成的直接影响包括：银行流动性不足，信用下降；大量工人失业；居民收入下降，购买力水平降低。国际金融危机中受冲击最直接且最深刻的是金融业，银行的破产会造成社会的恐慌，流动性不足会加剧国内需求的下降，因此，银行业是在危机中最先得到救援的行业。工人失业会造成社会动荡，经济发展丧失应有的动力，而内需的下降会对经济产生直接的冲击，甚至会带来通货紧缩的恶果。因此，短期内必须要解决银行流动性不足的问题、工人失业的问题及内需下滑的问题。发达国家所采取的短期反危机策略主要有：

1. 金融救市计划

国际金融危机发生以后，金融机构损失惨重，不得不低价抛售金融资产，紧缩信贷。为挽救金融机构日益恶化的资产负债表，恢复市场信心，西方国家采取了救助金融机构、稳定金融市场的一系政策措施：第一，通过剥离不良资产从资产方清理有毒资产，阻止金融资产价格进一步下跌。第二，各国央行通过各种形式向金融机构提供贷款，缓解信贷紧缩的压力。第三，通过注资或者国有化方式向问题金融机构提供资本金。

2. 经济刺激方案

为了降低企业融资成本以促进信贷，缓解流动性紧缩的压力，西方政府普遍采取了扩张性的货币政策，主要包括两个方面：一是频繁降息。二是通过金融工具创新和购买金融资产等方式向市场注入流动性。危机发生以后，为了稳定就业，阻止经济严重下滑，刺激经济复苏，西方主要国家实施了一系列财政刺激政策措施。这些措施主要体现为两方面：一方面通过大规模减税；另一方面通过增加政府在基础设施建设、教育、医疗等多领域支出等政策，刺激实体经济。从 2010 年各国的经济运行情况来看，GDP 增长率有所提升，经济总体呈现复苏状态，说明这些政策对经济起到了短时期的促进作用。

二、长期的战略调整方向

国际金融危机使许多西方发达国家经济受到重创，从而引起了这些国家对自身在全球经济中地位逐步削弱的担忧和塑造新的竞争优势的愿望。国际金融危机的爆发也使西方发达国家意识到国际经济形势和环境发生了较大的变化，并使其经济发展中一些固有的弊病暴露出来。发达国家的经济发展面临多重压力，其中包括资源环境压力、人口老龄化压力、高级生产要素配置不合理的压力、优势产业优势渐失的压力、产业空心化的压力及财政贸易双赤字等压力，发达国家要想维持其经济领导地位，必须在经济领域进行长期的战略性调整。

1. 提高对稀缺的无形生产要素的创造力和控制权

通过前述分析可知，在新型国际分工形势下，国家竞争优势主要来源于一国对稀缺的无形生产要素的创造力和控制权，这些无形要素包括先进的技术、制度、知识等方面。发达国家要维持其全球竞争优势地位，也必须在培育和控制此类生产要素方面进行大量投入。

（1）技术方面。技术具有减少人力资本数量、改变生产流程，以及免除无效作业成本和改变工作方式的功能。技术的投入可以在很大程度上替代人工和资本的投入，缓解西方国家劳动力成本不断上升的压力，如目前理论界及实务界所热议的3D打印技术，它可以使单品制造与大规模生产一样便宜，通过降低工厂对劳动力的需求，3D打印将削弱低劳动力成本、低工资国家的竞争优势，从而使得制造业大量"搬回"发达国家。此外，技术还具有高附加值生产功能，研发和设计环节在整个价值链中占据较高的地位，具备较强的不可替代性和竞争力，占产品总价值构成的比重较高，一个国家若占领了产业的技术高地也就把握了产业发展的命脉。为此，西方国家为维持竞争力，都大幅增加科研投资，增加基础研究。美国总统奥巴马就任后大力提高科技投入，迅速签署《综合拨款法案》及《美国复苏与再投资法案》，在2009年投入1654亿美元联邦研发经费，2010年预算研发投入1476亿元，成为美国历史上联邦研发投入最多的两个年份。日本政府2009年的科技振兴经费预算同比增长1.1%，战略重点的科技课题同比增长5.8%，达4677亿日元。德国2009年的研究与教育支出同比增加8%。法国政府也于2008年底宣布在2010年前追加150亿欧元用于科研，其中40亿欧元由国家承担。

（2）人力资本方面。人力资本的投资不仅是技术进步的来源，更是提升国家竞争力、保持经济增长的内在驱动力。人力资本投资主要在以下方面促进经济增长。首先，拉动内需。政府对人力资本的投资能够加大政府对劳动力和公共物品的购买，投资会带来收益，同时具有乘数效应，政府和家庭投资支出的增加会带来国民收入乘数倍的增加。其次，促进就业。教育和培训能够提高劳动者的知识存量、技能，提高劳动者与工作岗位的拟合度，优化社会整体的人力资源配置，促进就业。最后，提高劳动生产率。通过提高劳动者知识和技能，能够激发劳动者的想象力和创造力，发明先进技术，从而使国家或地区在单位时间内创造更多的财富。由于危机的冲击，发达国家很多部门不能立即恢复到危机前的就业水平，而传统制造业比重下降已达数十年之久，很多失业工人要过渡到新的、日益增长的行业中也存在一定的困难，因此，发达国家存在严重的人力资本发展与产业不匹配的问题，为克服这一问题，发达国家加大了教育和培训的力度。美国总统奥巴马在 2009 年提出要重返教育之路，并提出"到 2020 年，每个年轻美国人至少要接受过一年大学教育或职业培训"的目标。2009 年，美国联邦政府投入超过 17 亿美元进行就业培训、就业服务、职业和成人教育，并对学生提供大量助学金进行资助，由不同的机构，包括专业（营利性）、四年制大学、社区组织及公共职业和技术学校对失业人员提供了培训。澳大利亚陆克文新政府投资 3.26 亿澳元设立"未来研究奖学金计划"，支持资助 1000 位澳大利亚以及世界其他国家最优秀的青年科学家，设立"竞争的未来"奖学金计划资助更多的研究生，设立"国际研究生研究奖学金计划"吸引海外优秀人才。法国 2008 年推出新移民政策，希望能在未来 2~3 年内，将专业人才占外来移民的比例从 7%增加至 50%。

（3）知识方面。品牌的培育、文化的传播能够为一国产业的发展带来不竭的动力。知识具有稀缺性、可重复利用性、边际收益递增的特性，使得知识对产业的发展具有明显的拉动作用。随着经济的发展，社会经历从温饱到小康再到富裕的演化过程，当人们的基本物质需求得到满足时，人们的消费开始逐渐非物质化。也就是说，从注重使用价值到注重观念价值，从追求质量到追求品位，从认同同质化到认同异质化。通过在产品中注入更多的知识文化内涵，可以满足人们不同的精神需求，甚至创造新的消费需求和消费模式，提升产品的档次和附加值，提高竞争力。西方国家从来不吝啬对自有品牌以及文化传播的投资，法国的红酒之所以畅销，是因为它代表了法国的文化，是一种品位及身份的象征；"德国制造"之所以能够享誉世界，不只是因为它具有耐用、可靠、安全、精密这些可感知的特征，还在于它蕴涵着德国"标准主义"、"精确主义"、"完美主义"、"秩序主义"这四大文化内涵。

2. 探寻新的经济增长点

目前全球正处于新旧技术交替变革阶段，如何跨越这道鸿沟，找到新的经济增长引擎，是西方国家目前保持经济增长、维持国际竞争优势地位的关键。为了探寻新的经济增长点，西方国家逐渐将注意力转移到低碳经济领域及实体经济领域，以寻求新的突破。

（1）开发绿色技术，发展新能源。为了应对全球气候变化，创造更多的就业机会，减少对石油的依赖，增强国家安全，发达国家迫切希望转变能源结构，开发清洁能源。低碳经济不仅能够解决油价高企及全球气候变暖等问题，突破经济发展的能源限制，还能创造更大的内需市场，吸引国内外投资，促进经济增长并树立良好的国际形象。西方国家普遍把能源和气候变化方面的科技创新视为创造就业机会、赢取未来竞争优势、实现经济可持续增长的关键手段。发展可再生能源和低碳经济，借助科技发展积极应对气候变化，已经成为很多国家的重要战略选择。另外，在清洁能源方面的领先可以重塑发达国家在工业领域的全球领导者地位。[①]

2008 年，欧盟通过了《欧洲战略能源计划》和《可再生能源计划》，成立了欧洲能源联盟，通过资金投入和资源整合，加快绿色能源、核能等技术的研发和应用。欧盟经济复苏计划也提出要实施"绿色汽车伙伴行动"、"能效建筑伙伴行动"和"未来工厂伙伴行动"，以推动绿色创新。德国推出了"能源基础研究 2020"计划，对能源的有效生产、转化、储

---

① 《2010 美国总统工作报告》。

存、利用和输送予以重点资助。法国也投入巨资大力发展洁净汽车，启动可再生能源新计划，扩大生态奖惩措施的范围。日本综合科学技术会议于 2008 年推出了《环境能源创新计划》，提出将在此后 5 年投入 300 亿美元用于环境与能源领域的研发。美国将联邦可再生能源生产减税延长 5 年，大力投资清洁能源技术，承诺在未来 10 年内投入 1500 亿美元资助风能、太阳能、生物质能和地热能等绿色能源研究，以实现到 2025 年时有 25%的电力来自新能源的目标。

（2）实体经济发展中寻求新的突破。重振制造业是西方国家为应对国际金融危机和国内经济困境所做的政策调整，其用意在于通过重塑国家竞争优势，寻找新的经济增长点，振兴经济。制造业的复兴并不是简单恢复与重建传统制造业，返回劳动密集型和资源要素性的增长模式，而是在既有产业基础上的以高新技术为依托，依靠科技进步，实施工业转型和升级，新兴产业成为重振制造业的主攻方向，以创造新的经济增长点。换言之，即努力回归高端制造业。重点领域包括航空航天、新能源、新材料、环境保护、信息和生物等技术。希望通过掌握这些高新技术，培养出新的优势产业，继续掌控全球产业布局的主导权。

3. 制造业与服务业的协调发展

制造业与服务业并非对立，而是相互依存、相互补充的关系。一方面，制造业是服务业发展的前提和基础。许多生产性服务业部门的发展必须依靠制造业的发展，因为制造业是生产性服务业产出的重要需求部门，没有制造业，社会就几乎没有对这些服务的需求。另一方面，生产性服务业是制造业劳动生产率得以提高的保证，没有发达的生产性服务业，就不可能形成具有较强竞争力的制造业部门。服务业部门的扩张有助于进一步分工，提高劳动生产率；有助于降低投入制造业部门的中间服务的成本，有效提高产品的竞争力。制造业与服务业要协调发展，必须处理好两者的关系，不能偏颇。而西方国家近年来由于经济发展过分倚重服务业，制造业的地位不断下降，导致虚拟经济不断膨胀，实体经济不断衰退，脱离了实体经济的支撑，经济发展基础较为脆弱，不堪国际金融危机的冲击。金融危机过后，西方国家重新审视制造业和服务业的地位，并进行了相应的战略调整。

（1）"再工业化"。西方国家在过去 100 多年里一直是世界制造业的引领者。制造业也是西方国家经济增长的主要动力，使其在 20 世纪保持了长期经济繁荣。自 20 世纪 90 年代以来，随着经济全球化的不断深入、全球产业分工的转移以及发展中国家工业化进程的加快，西方国家制造业的竞争力受到挑战。近年来，西方国家过度依赖以金融、网络经济为代表的虚拟经济，而又缺乏实体经济的支撑，产业空心化不断加剧，经济面临较多问题。国际金融危机的爆发使西方国家认识到虚拟经济的脆弱性。此外，发达国家工业品在全球出口额中的比重也日趋下降，导致其国际市场地位下降。为了使经济走上健康发展的轨道并维持全球领导地位，发达国家逐渐将经济发展重心向实体经济转移，特别是以新能源、新技术为重点的先进制造业领域是其发展的重点。依托其产业优势地位，通过降低税收等多种手段降低制造业成本，加大制造业的科技创新投入，并确立制造业现代化、高级化、清洁化的新的发展方向，使制造业地位得以迅速提升。

（2）加大金融监管力度。发达国家现行的金融体系缺乏有力的监督机制，混业经营使金融机构可以逃避美联储的监管，金融衍生品被各国视为金融机构的表外业务，对其监管较为宽松，出现了巨大的监管空白，加之金融创新速度过快，造成了衍生金融工具恶性膨胀，各种投机行为使得金融业系统风险不断加大，最终引致国际金融危机。为稳定金融，防止国际金融危机进一步恶化，发达国家普遍采取措施提高金融体系监管，包括：对衍生品和证券化资产创建更加连贯和协调的管制框架；提高市场交易的透明度，细化交易原则；标准化市场交易；建立集中清算体系等。

4. 全球经济的平衡发展

在近代历史上，按 IMF 的标准已发生了三次全球经济失衡。[①] 目前全球正处于第三次经济失衡中，表现为自 20 世纪 90 年代中期以来，美国经常账户持续逆差和净外债余额攀升，顺差国转移到亚洲新兴市场国家。本次全球经济失衡是内外因综合作用的结果。西方国家低储蓄、高消费，而东亚国家高储蓄、低消费的储蓄—消费模式是本次全球经济失衡的内因，发达国家技术知识密集型产品的出口不足以抵补其对劳动密集型产品的进口，使其在国际贸易中长期处于逆差状态；新型国际分工体系的形成是导致全球经济失衡的外因，垂直分工的局面使得产品生产跨越了国界，对于出口的最终产品而言，产品的出口中可能包含原材料、中间产品等的大量进口成分在内，从而导致了顺差的国际转移，也增大了贸易失衡规模。此外，近年来西方国家普遍实行优越的社会保障制度及低税收，使得政府财政支出不断攀升，财政收入不能抵补巨额财政支出，导致政府不得不面对财政贸易双赤字的巨大压力。与此同时，国外低价格产品的大批涌入，也冲击了本国同类产业的发展。西方国家为扭转这一局面，使经济从失衡发展走向平衡发展，采取了重构国际竞争规则的战略调整措施。

重构国际竞争规则除采用关税上调、出口限制等传统贸易保护手段外，还通过"碳关税"、劳工标准、技术标准、社会责任等新规则来加强对国际产业竞争主导权的控制，以限制进口，保护本国工业，提升本国在国际贸易中的地位，扭转贸易逆差局面。在新的国际竞争规则中，最引人注目的是西方国家所建立的绿色贸易壁垒。绿色贸易壁垒的表现形式主要有以下几个方面：①绿色关税制度。发达国家对一些污染环境和影响生态，可能对环境造成威胁及破坏的产品征收进口附加税，或者限制和禁止该类商品进口，甚至对其实行贸易制裁。②绿色技术标准制度。通过立法手段，制定严格的强制性技术标准，限制国外商品进口。③绿色环境标志制度。绿色环境标志又称绿色标签，是环保产品的证明性商标。发展中国家产品为进入发达国家市场，必须提出申请，经批准取得绿色环境标志。④绿色包装制度。发达国家制定了较高且比较完善的包装材料标准，包括废弃物的回收、复用和再生等制度，是为了防止包装材料及其形成的包装废弃物给环境造成危害、结构不合理的包装容器可能损害使用者的健康而采取的环境保护措施。⑤绿色补贴制度。发达国家认为，如果一个国家内部采用比较宽松的环境标准，这些国家的产品就不必支付高昂的环境成本，与本国产品竞争时就具有明显的成本优势。其实质是政府在对企业及其产品提供消极的环境补贴，所以进口国基于保护环境和本国的利益而有权征收反补贴税。⑥绿色卫生检疫制度。绿色卫生检疫制度是指国家有关部门为了确保人类及动植物免受污染物、毒

---

① 郑策文. 全球经济再平衡进展分析 [J]. 国际商务财会，2011 (7).

素、微生物、添加剂等的影响，对产品进行全面的严格检查，防止超标产品进入国内市场。绿色卫生检疫制度影响最大的产品是药品和食品，为保障食品安全，许多国家采取了严格的检疫制度，有些国家通过立法建立了近乎苛刻的检疫标准和措施，形成了实质上的贸易保护。

【参考文献】

[1] Guillaume Daudin, C. R. D. S. Who Produces for Whom in the World Economy? [J]. Canadian Journal of Economics, 2011 (4).

[2] Jo äo Amadora, S. C. Vertical Specialization across the World: A Relative Measure [J]. North American Journal of Economics and Finance, 2009 (3).

[3] Robert Koopman, W. P. Z. W. Give Credit Where Credit Is Due: Tracing Value Added in Global Production Chains [C]. NBER Working Paper Series, 2010.

[4] Robert Koopman, Z. W. How Much of China's Exports is Really Made in China? Estimating Domestic Content in Exports When Processing Trade is Pervasive [C]. NBER Working Paper, 2008.

[5] Varian, H. R. An iPod Has Global Value. Ask the (Many) Countries That Make It [N]. The New York Times, 2007, June 28.

[6] 乔·瑞恩, 西摩·梅尔曼, 周晔彬. 美国产业空洞化和金融崩溃 [J]. 商务周刊, 2009 (6).

[7] 金碚, 刘戒骄. 美国"再工业化"观察 [J]. 决策, 2010 (3).

[8] 金碚. 国际金融危机后中国产业竞争力的演变趋势 [J]. 科学发展, 2009 (12).

[9] 财新网. 美国经济面临的第四个挑战: 全球经济不平衡, 2011-08-11.

[10] 迈克尔·波特. 国家竞争优势 [M]. 李明轩, 邱如美译. 北京: 华夏出版社, 2002.

[11] 兰文芳. 我国劳动力成本比较优势分析 [D]. 江苏大学硕士学位论文, 2010.

[12] 杨丹辉. 全球竞争格局变化与中国产业转型升级——基于新型国际分工的视角 [J]. 国际贸易, 2011 (11).

[13] 张守锋, 韩君. 从比较优势到竞争优势——国家竞争优势理论评述 [J]. 社科纵横, 2006 (9).

[14] 罗福凯. 要素资本平衡表: 一种新的内部资产负债表 [J]. 中国工业经济, 2010 (4).

[15] 罗福凯, 李鹏. 论要素资本理论中的技术、信息和知识 [J]. 东方论坛, 2008 (1).

[16] 李海舰, 原磊. 论无边界企业 [J]. 中国工业经济, 2005 (4).

[17] 林民盾, 蔡勇志. "中国价格"探索——以 MP3 音乐播放器为例 [J]. 中国工业经济, 2005 (9).

[18] 胡乐明, 曾宪奎. 西方国家的反危机措施及其效果 [J]. 管理学刊, 2010 (6).

[19] 郑策文. 全球经济再平衡进展分析 [J]. 国际商务财会, 2011 (7).

[20] 金碚, 李钢. 竞争力研究的理论、方法与应用 [J]. 综合竞争力, 2009 (1).

[21] 林毅夫, 李永军. 比较优势、竞争优势与发展中国家的经济发展 [J]. 管理世界, 2003 (7).

[22] 张金昌. 波特的国家竞争优势理论剖析 [J]. 中国工业经济, 2001 (9).

[23] 武文超, 汪洋, 范志清. 产业空心化和美国金融危机的探讨 [J]. 环球瞭望, 2010 (11).

第二章 财政政策和货币政策的
调整方向及效应分析

2008年席卷全球的国际金融危机爆发，而这次国际金融危机也是自1991年形成的"真正意义上的全球经济"①以来爆发的首次全球经济危机。危机的爆发，对各个经济实体造成了深远的影响，政策制定者、经济学家开始反思过去的经济政策；危机带来的市场不确定性使得居民开始转变消费—储蓄结构；投资者也更多地采取观望的态度，对不断下降的贷款利息持怀疑态度。国际金融危机发生之前，作为指导各国政策制定主要原则的华盛顿共识②受到质疑。华盛顿共识认为：货币政策应该集中在保持物价稳定上，而对资产价格和就业等采取漠视的态度；同时由于其强调自由竞争的市场力量，对于监管政策持不支持的态度。在次贷危机、全球信贷危机愈演愈烈背景下的2009年二十国集团伦敦峰会上，英国首相戈登·布朗称"旧有的华盛顿共识已经终结"。③《斯蒂格利茨报告——后危机时代的国际货币与金融体系改革》（以下简称《斯蒂格利茨报告》）也指出货币政策除了关注价格稳定之外，还要对资产价格稳定和金融制度稳定负责。④

在这种背景下，西方各国相继出台应对危机的政策措施，以应对危机和实现长期的经济繁荣。尽管国际金融危机涉及全球政策的协调，但是应对危机的政策以及危机后的发展战略依然停留在国家层面，只有少部分上升至全球层面，⑤因此本章从单个国家来介绍政策以及政策对本国的影响，而不涉及各国之间的政策影响。除了应对危机的短期政策之外，西方各国也积极主动将此次危机作为契机，实施长期发展战略，比如美国白宫出台了《美国创新战略——保障我们的经济增长与繁荣》，英国财政部发布了《英国增长计划》等。本章的第一个任务就是梳理和分析这些政策，把握各国长期发展的重点，为我国制定政策提供参考。通过归纳总结发现，西方普遍实施了量化宽松的货币政策以应对危机，暗示着货币主义的一些信条得到了贯彻；长期内各国加强了供给管理，强调科技进步和环境问题，同时强调人力资源的重要作用。

金融危机对经济的影响有短期影响和长期影响：短期影响主要集中在常见的宏观变量，如产出、就业、投资、消费等；长期影响则集中在消费投资结构的改变、产业结构调整、国际收支的调整，甚至是国际分工格局的变动。这样本章的第二个任务就是集中分析

---

① 龙多·卡梅伦，拉里·尼尔. 世界经济简史——从旧石器时代到20世纪末 [M]. 第四版. 潘宁等译. 上海：上海译文出版社，2009.

② 有人将该共识称为"新自由主义的政策宣言"，http://zh.wikipedia.org/wiki/华盛顿共识。

③ Prime Minister Gordon Brown：G20 Will Pump Trillion Dollars Into World Economy [N]. Sky News, 2 April 2009.

④⑤ 约瑟夫·E. 斯蒂格利茨，联合国金融专家委员会成员. 斯蒂格利茨报告——后危机时代的国际货币与金融体系改革 [M]. 江舒译. 北京：新华出版社，2011.

金融危机前后政策传导机制的变动。这种变动的来源大概分为三类：一是受危机影响后消费者偏好的转变；二是危机后企业的投资策略的改变；三是政府对产业发展的调整等。微观基础的决策机制发生变动之后必然引致经济结构的长期变动。本章通过使用 VAR 模型和方差分解的手段分析西方主要发达国家的政策贡献率，使用脉冲响应分析刻画各种政策冲击的影响机制，更为关键的是，使用 VAR 系统模型能够比较危机前后传递机制和贡献率的不同，并试图对危机前后的变动给予一些解释，以资参考。

第一节　国际金融危机后各国的经济表现与政策措施

国际金融危机后，西方各国受到了不同程度的影响。较之于应对 20 世纪 30 年代大萧条政策而言，各国更为积极地实施财政、货币政策来应对本次金融危机。然而，由于金融结构的差异、危机影响程度和范围的不同以及经济结构的不同，导致各国实施的短期政策存在较大差异。危机前英国和法国就已经深受其高失业率的折磨，危机的发生对美国、英国和法国而言更是雪上加霜（见图 1-2-1）；而德国和日本受危机影响较小，对德国而言，危机之后经济的表现延续了危机前的发展势头。

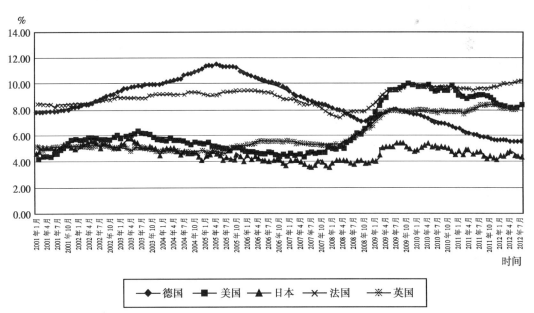

图 1-2-1　2001 年以来西方各国的失业率情况

资料来源：Wind 数据库。

一、美国①

高消费低储蓄是西方发达国家的主要特征，美国表现得尤为突出。我们从消费占 GDP 的比重观察消费储蓄的变动关系。以可比价计算的消费产出比，早在全球经济伊始，美国就已高达 66%，到 20 世纪末基本保持平稳状态；1997~2003 年该比值经历了一段长足增长的过程，2003 年末为 70% 左右。2003 年至今消费产出比有小幅增长，但是依然在 70% 左右。由于受到金融危机的影响，该比值曾在 2010 年出现回落，但是 2011 年又返回 2009 年的水平。相对于增长消费产出比，失业率的波动较为显著（见图 1-2-1）：在 1992 年出现一个波峰之后，受技术进步的影响，美国失业率持续下降，最低出现在 2000 年 4 月，为 3.8% 左右；随后又存在一个小幅波动，总体来讲 2007 年次贷危机爆发之前失业率大致维持在 5%；次贷危机之后失业率一路飙升，2009 年末出现两位数的情况，而后尽管有小幅回落，但是失业率没有明显降低的迹象，导致大家对经济触底的预期时间一再改写。随着危机的演进，国内研究危机的文献应运而生，彭兴韵（2009）从货币政策的角度系统分析了美联储危机管理的货币政策操作、货币政策工具和货币政策国际协调机制及其政策操作，他认为此次美联储吸取了 20 世纪 30 年代经济大萧条的教训，积极地通过货币政策来加强危机管理。何帆（2009）对美国的系列救市政策进行了分析，定性地指出美国实施的扩张性财政和货币政策影响经济的机制和效果，他同时提醒这些政策为未来的通货膨胀埋下了隐患。朱炳元、赖风（2010）则简要概括了美国、英国、德国、法国以及日本危机以来各国的财政、货币政策，为本章提供了一个较为基础的分析材料。

面对高企不下的失业率，美国政府实施了多种政策以刺激经济。有些措施是直接针对出问题的金融机构，如对 AIG、花旗银行等的救助，也有一些措施是对金融市场加强监管或修改过去的监管条例，如对"卖空"的限制以及按市定价（mark-to-market）会计准则的修改等，但对美国经济影响最为深远的主要是扩张性的财政和货币政策。

从财政政策来看，2008 年 2 月 13 日小布什在任时，美国就推出了 1680 亿美元的经济刺激法案。奥巴马上台之后，又增加了 7000 多亿美元的资金，这些资金一是用来减税，另外一个是用来增加投资，包括基础设施投资、对新产业的扶持、帮助贷款人再融资等。

另外，联邦存款保险公司提高存款保险的上限，提高担保水平，也是为了给消费者提供更多的存款安全保障，减少恐慌。美国财政部还有一个解决不良资产的计划（Troubled Asset Relief Program，TARP），允许一些出问题的机构向美国财政部发行优先股和认股权证，最低规模是加权风险资本的 1%，最高不超过 3%，这实际上是通过注资来补充金融机构的资本金。最近，美国财长盖特纳推出了公私合营的政策，通过引进私人资本，让私人资本参与购买金融机构的不良资产。

从货币政策来说，美联储从 2008 年以来就一直在降低利率，包括联邦的基金利率、再贴现率、银行同业间拆借利率，现在已经没有降息空间。美联储声明将在非常长的时间内保持零利率。当利率传导政策失灵后，美联储采取了量化宽松政策，即改变美联储资产

① 何帆. 美联储近期的救市政策及其潜在风险 [J]. 国际经济评论，2009（5-6）.

负债表的规模或结构，试图对金融市场和经济活动产生影响。这主要是通过三类措施实现的：第一类措施是向商业银行提供流动性，比如通过 TAF、PDCF 等，向商业银行注入更多流动性。但出问题的不仅仅是商业银行，还包括货币市场、衍生品市场等。第二类措施是向其他金融市场提供流动性，比如购买商业票据，实际上是为了救货币市场。通过 TAF，美联储购买了一些 ABS（证券化资产）、汽车、房贷等贷款的证券，购买的时候是以低于市场的价格买进（Haircut）的，这是为了解决其他金融市场出现的问题。第三类措施是购买长期国债和一些长期证券。美联储 2009 年 3 月宣布购买两年到十年的长期国债，同时购买期限较长的 MBS 和 ABS。这将会改变美联储资产负债表的结构。原来美联储持有美国国债，多为一年期到四年期，现在它通过购买长期国债，进行了资产的调整，并和商业银行进行了资产置换。

二、英国

英国长期以来饱受失业率较高之苦，而这次金融危机更是雪上加霜，当西方各国开始讨论经济危机是否已经过去的时候，英国失业率给这个论断打上了大大的疑问。危机之前，英国失业率高达 5% 以上，而危机发生之后，失业率一路攀升至 8% 以上，截止到 2012 年 6 月，该失业率一直在 8% 以上徘徊，给世界经济复苏之路蒙上了一层阴影。专家认为英国是除美国以外遭受金融危机冲击最大的国家之一，惊恐不安甚至埋怨责骂的情绪充斥着整个英国。基于国内严峻的经济形势，有"自由放任"传统的英国政府紧随美国政府，出台了大量政策举措强有力地介入并干预市场。

英国政府推出的救市新计划，简单地说就是用纳税人的钱救大银行的命。政府以购买优先股和担保的途径推动银行间的资金流通，对银行实行"部分国有化"，一旦情况好转，纳税人有可能从优先股中获利。这一救市计划是继美国推出 7000 亿美元救市计划以后西方大国中的又一次"救市大行动"，注资、贷款、担保、降息四管齐下。从整体规模、配套方案来看，数额更大、措施更多，可行性似乎更强。

1. 增加政府支出

英国以发达的银行业闻名于世，但在国际金融危机中，英国的银行业受到极大的牵连，所以对银行业的救助成为英国政府的头等大事。2008 年 10 月 13 日，英国政府宣布控股受金融危机影响最为严重的英国两大商业银行——哈利法克斯银行和苏格兰皇家银行，将用 500 亿英镑救市资金中的 370 亿英镑注资于苏格兰皇家银行、哈利法克斯银行和莱斯银行。由于英国银行业未能恢复正常放贷，2009 年 1 月英国政府推出了第二轮救助计划。

但是，简单地对银行业实施救助并不能对经济起到明显的刺激作用，因为提高民众的信心以及减轻人民的生活压力才是根本出路，因此，同年 11 月 24 日，英国财政大臣达林在议会下院公布了价值 200 亿英镑的最新一轮刺激经济方案，方案的一项核心内容是扩大政府借贷，引起了社会各界的关注。达林称，注资刺激经济"十分必要"，是个十分全面、涉及范围广泛的计划。布朗首相也"擂鼓助威"，宣称这是为复苏经济而采取的有力措施。此外，该计划对高收入阶层的税收、国民保险、养老金、汽车税、企业税以及环保、房市、就业等也都有一系列的新规定。

2. 减税

在上述 200 亿英镑的经济刺激方案中，另一项核心内容就是减税。自 2008 年 12 月 1 日起增值税从 17.5%降低到 15%，到 2010 年时再恢复到当前水平。这项政策的出台给当时萎靡不振的经济以明显刺激。英国政府的这一新方案是为复苏经济推出的又一剂救命"猛药"。

3. 降息及增发货币

英国央行英格兰银行一反常态，断然加入国际六大央行联手行动，提前宣布将利率降低半个百分点，幅度之大为七年来之最。英格兰银行的主要目的是，更快地改善信贷环境，提高企业投资和个人消费活力，防止通货紧缩进一步恶化，刺激国家经济尽早走上复苏的轨道。金融危机来临之前，英国经历了短暂的通货膨胀，其经济政策主要是抑制通货膨胀，可是当金融危机来临的时候，竭力挽救衰退的经济成为其政策的重点。危机前，英国政府财政支出远远大于财政收入，所以在挽救经济的过程中，一直靠借钱来救济的行为大大挤压了减税、补贴等财税政策的实施空间。为了保大银行，英国政府可以不惜债台高筑，可以孤注一掷地向市场释放流动性，可以牺牲"民生"。毕竟英国在新自由主义的道路上走得太远、积聚的问题太多。

三、德国

在此次国际金融危机中，德国似乎能独善其身，诉说一个完全不一样的经济发展神话。德国在危机前失业率曾高达 11%以上，而危机发生以后，失业率渐渐下降，截止到 2012 年 6 月，失业率达到了欧盟建立以来的新低——5.5%。舆论普遍认为，德国的金融监管机制经受了考验，该荣誉自然给了德国联邦金融服务监管局。

然而，不能说金融危机对德国经济没有一点影响，从图 1-2-1 可以看出，危机发生之前，德国失业率下降势头强劲，而危机发生后，失业率下降的速度明显减慢。面对这百年一遇的危机，德国政府也不敢掉以轻心，果断实施财政货币政策，以防止金融危机在国内蔓延。国际金融危机爆发后，该局连续采取三大行动，可以称为"救市三板斧"。

首先，雷曼兄弟公司破产后，监管局立即勒令其在德国的子公司停止一切账款往来，还宣布该公司必须实行延期偿付以保护剩余资产。其次，鉴于德国一系列银行和保险机构可能受到冲击，该局下令从 2008 年 9 月 20 日至年底，暂停对 11 家德国金融服务公司股票的卖空行为，这被称为"卖空禁令"。这 11 家公司都是德国的名牌公司，如德意志银行、商业银行、邮政银行等。最后，2008 年 9 月 29 日，监管局与德国政府及德国央行等金融机构紧急协商后，宣布由政府和银行界共同对陷入困境的地产融资抵押银行提供总额为 350 亿欧元的信贷担保（其中政府承担 266 亿欧元）。因为这家银行不仅仅是一家为房产提供信贷的公司，也为公路和铁路建设等公共基础设施项目提供信贷，具有某种意义的公益性质，而且业务牵涉面极广，可能造成众多其他银行和保险公司接连受损的"多米诺骨牌"效应。这一举措被称为德国金融业历史上最大的一次"救火行动"。

自 2008 年 11 月开始，金融危机已经严重危及德国实体经济。针对危机局势的恶化，德国政府推出了"确保就业与促进增长"的"一揽子"刺激政策，旨在防止金融危机对实体经济造成更严重的威胁。

四、法国

就失业率而言，国际金融危机前，法国失业率和德国失业率都处在较高的水平，人们常常将欧盟国家的高失业率归咎于其高福利水平。危机发生后，法国却没有德国的好运气，失业率从较高的基点继续攀升，截止到 2012 年 6 月，该趋势也没有得到扭转。法国是西方发达国家中国有化程度较高的国家，也是少有的以制定经济计划的方式规划经济发展的西方国家，法国应对金融危机的方法与英国、德国不同。

法国政府是以国家参股公司的形式来救援濒临破产的银行。当某家银行濒临破产时，国家参股公司将以某种形式参股该银行。一旦被救援的银行起死回生，国家参股公司将出售所持股份。2008 年 12 月 4 日，法国政府公布了一项 260 亿欧元的经济刺激计划，以保护就业和支持汽车工业和建筑业。该计划的具体内容包括增加对公共工程、教育和国防的投资，增加对国有能源、运输及邮政企业的投资，实行营业税返税并减免研究与开发的税费，对用节能新车替换旧车的买者给予 300~1000 欧元的奖励，把零利率住房贷款规模提高一倍等。2009 年 1 月 21 日，法国又提出了总额同样为 105 亿欧元的第二轮银行救助计划，将以与第一轮金融救援计划相同的方式帮助法国的银行。

五、日本

相对于欧美发达国家，国际金融危机对日本金融市场的影响不算太大。从失业率来看，2001 年至危机发生之前，失业率从一个较高的水平（最高达 5.8%）开始缓慢下降，2007 年 7 月达到最低的 3.5%，成就了日本消失的十年后一个显著的经济稳定期。但由于日本是一个严重依赖进出口贸易的国家，且以美国及一些欧洲发达国家为其主要出口国，因而全球金融危机导致的美欧经济衰退很快就在日本经济中反映出来，出口明显下滑，一些知名企业如丰田、索尼、本田、东芝、松下等收益锐减。更为严峻的是，在美元大幅度贬值的同时，日元的相对升值直接抬高了日本产品的海外售价，削弱了其市场竞争力，进而侵蚀日本出口商的利润，从而在危机爆发后的短短两年内，失业率又攀升至 5% 以上。

处于金融危机边缘的日本，在实体经济领域遭遇了比欧美更为严重的打击。日本为应对危机连续推出了一系列政策和举措。

1. 财政政策

2008 年 10 月，日本首相公布了总额达 26.9 万亿日元（约合 2730 亿美元）的经济刺激方案。该方案包括向日本所有家庭发放现金补助，为陷入困境的中小企业提供信贷担保，降低失业保险费用缴纳标准，削减高速通行费，减税和鼓励企业增加雇员等内容。这些举措旨在减少经济增长的外需依存，扩大国内需求，从而改变脆弱的发展模式。2009 年 4 月 10 日，日本首相麻生太郎宣布了总额为 56.8 万亿日元的经济刺激新方案。这是日本历史上规模最大的经济刺激方案。据此，日本 2009 年度补充预算案的财政支出将达到 15.4 万亿日元，创下历史最高纪录。在促进就业方面，日本政府将新设一项基金向接受职业培训的相关人员支付生活费；在促进生育方面，国家给 3~5 岁的学龄前儿童每人每年 3.6 万日元的补助；在推广节能环保产品方面，国民购买和更换环保家电及汽车等产品，国家将分别给予一定补贴。

2. 货币政策

尽管日本金融业并没有受到太大的影响，但是为了配合其他发达国家的救市方案，2008 年 9 月 16 日，日本银行紧急启动应急预案，通过公开市场操作向市场提供 2.5 万亿日元的流动性支持，主要用于缓解地方银行等资金供应者的压力。9 月 22 日，为应对金融市场流动性短缺，日本央行宣布再次实施紧急公开市场操作，向货币市场注入 1.5 万亿日元的资金以缓解信贷紧缩，从而使该行连日向市场注资的总额达到 12.5 万亿日元；同时，日本央行与美国联邦储备委员会达成货币互换协议，美联储根据协议将为日本央行提供 600 亿美元资金。为进一步刺激经济，2009 年 4 月，日本政府又提出一项总额将超过 10 万亿日元的补充预算案，特别强调了发展节能、新能源、绿色经济的主旨，其措施是延伸和细化 2006 年提出的"新增长战略"，如提高太阳能普及率、发展环保车、发展生物技术和产业等。

第二节　　国际金融危机后各国的政策战略调整

除了针对危机的短期政策之外，西方经济学界、政策制定部门反思一直以来的经济政策，认为长期以来所信奉的经济政策的指导理念或许出了问题，这样才导致了收入差距日益扩大，进而导致有效需求不足。另外，和新自由主义一脉相承的金融自由化理念也受到了冲击。与此同时，在保障运行机制更为高效的基础上，各国对人才培养、科技创新以及基础设施建设等供给面给予高度的重视。西方各国相继出台的复兴计划体现了危机后的这些变化，比如，美国颁布的《美国创新战略——保障我们的经济增长与繁荣》、英国发布的《英国增长计划》、德国出台的《思想·创新·增长——德国 2020 高科技战略》、日本通过的《新增长战略》以及法国的《国家研究与创新战略》等。发展战略的颁布一方面表示政府旨在发展经济的决心，以提高经济主体对经济发展的信心；另一方面显示出各国政府以及智囊团对危机的反思，集中体现了政府在危机之后对待经济发展的态度。毫无疑问的是，各国政府制定的长期发展战略在一些特定的领域存在相似的发展战略，比如教育。同时西方各发达国家也根据自己国家的特点发展本国经济，因此战略中也集中体现了各国的差异性。后华盛顿共识的形成可以体现危机后发达国家部分指导理念的转变，而后华盛顿共识是在对华盛顿共识进行反思的基础上形成的。

一、从华盛顿共识到后华盛顿共识

为了应对 20 世纪末发生的拉美债务危机，国际货币基金组织、世界银行、美洲开发银行和美国财政部的研究人员以及拉美国家代表等在华盛顿发布了旨在消除债务危机的政策框架。该框架被后人誉为"新自由主义的政策宣言"。它为世界经济的发展做出了积极的贡献，比如阿根廷等在该框架和美国经济学家的帮助下顺利摆脱了债务危机的困扰，西方主要发达国家的经济也渐趋稳定。然而，随着经济的发展，越来越多的经济学家对框架的实用性、政策的执行性等提出质疑。这也就形成了后华盛顿共识的政策框架。

1. 华盛顿共识

政策框架主要包括实行紧缩政策防止通货膨胀、削减公共福利开支、金融和贸易自由化、统一汇率、取消对外资自由流动的各种障碍以及国有企业私有化、取消政府对企业的管制等。

建立华盛顿共识的初衷既是为了解决当时的拉美债务危机，同时也是为了使市场更好地发挥作用，但随着政策的实施，政策执行离最初的目标渐行渐远，主要体现在以下三个方面：①过分强调物价稳定；②忽略金融部门的监管漏洞；③过分强调短期稳定，忽视经济长期发展和金融监管的漏洞。以美国为例，危机前，金融监管体系覆盖不完善，其覆盖的领域主要集中在传统的存款、共同基金、养老金等。对冲基金、抵押贷款池（mortgage pools）以及资产抵押证券等受到很少的监管，而这些金融中介工具的增速远远高于传统金融工具。这些不被覆盖的领域的风险性很高，为宏观经济的不稳定以及危机的产生埋下了隐患。另外，华盛顿共识提供了一个相对短期的政策框架，其长期政策目标被限制在基本医疗保健、基础教育和基础设施方面。面对全球分工体系的形成、环境恶化、全球气候变暖等长远问题，该框架没有给出明晰的发展路径。

2. 后华盛顿共识

同华盛顿共识不同，后华盛顿共识有着较为开放的政策措施。斯蒂格利茨提出了四个政策框架：宏观经济稳定、自由化、金融部门改革和提高政府效能。每个政策框架都不是僵化的教条，而是需要根据各个国家的发展水平、政治环境、文化背景等国情而定。

宏观经济稳定的目标主要包括控制通货膨胀、治理预算赤字和外来账户赤字、稳定产量和促进长期增长。对于金融改革而言，银行需要明确的任务是确保能发挥其监督资金运用的职能，使得资金能被投入到有生产价值的用途之上。当然不能忽略管理的其他职能，如减少风险、增强流动性和传递信息。自由化的进程主要体现在贸易自由、私有化、管制的范围以及对外竞争政策上。对于政策的职能和政府的效能而言，明确政策能发挥效能的领域是关键问题。

3. 华盛顿共识与后华盛顿共识的异同

华盛顿共识和后华盛顿共识都强调市场的资源配置功能。政策的制定准则都是为了使市场更好地发挥作用。后华盛顿共识是在对华盛顿共识实施20多年的实际经验基础上总结出来的政策指导原则，主要有以下不同之处：

第一，对市场起作用的竞争机制的理解有所不同。华盛顿共识认为竞争机制起作用的前提是私有化和自由贸易。然而，东亚奇迹表明这一假设前提令人质疑。张五常（2009）从产权的角度认为只要财产的使用权得到明确划分，财产的拥有权归集体或者个人不会影响竞争机制的正常运作。中国的县际竞争机制的存在也证实了这一点。

第二，后华盛顿共识较之华盛顿共识更加现实。华盛顿共识列出了数条政策方针，每一条都有明确的指标支持，采纳华盛顿共识的国家不顾华盛顿共识的实用性，盲目依照该药方实施政策改革，使得华盛顿共识变成了教条，比如关于维持通货膨胀率的政策。斯蒂格利茨指出，当一个国家通货膨胀低于40%的时候，并不会对经济造成很大的损失，一味地关注通货膨胀，"不仅会歪曲经济政策，阻碍经济实现充分增长和挖掘潜在产量，而且会导致降低经济灵活性、丧失重要增长收益的制度安排"。

第三，后华盛顿共识强调了华盛顿共识忽略的长期政策。华盛顿共识的政策框架是一个短期的财政货币政策框架，强调小政府大市场的政府策略。而后华盛顿共识重申政府在制定长期政策方面的重要作用，这些长期政策包括教育、科技投入以及处理全球化的问题。

第四，华盛顿共识强调了金融监管的必要性。由于金融体系的特殊作用，金融市场既是一个风险的分散基地，同时也孕育着巨大的系统风险。在发挥金融市场分散风险的作用的同时，如何避免系统风险是今后政府不可推卸的责任。此次国际金融危机的爆发，充分显示了政策在金融监管方面的缺位。加强金融监管，化解系统风险成为后华盛顿共识的一个显著特点。

第五，后华盛顿共识认为，政策制定者应该是以全球经济体为主体而不是以华盛顿为基地。

二、国际金融危机过后各国的主要政策调整领域

1. 一贯坚持人力资本建设

在经济理论的探讨过程中，人力资本在新古典增长模型中占据着重要的位置，作为产出的一个重要的投入要素而对经济的总供给产生影响。20 世纪 60 年代，美国经济学家舒尔茨和贝克尔首先创立了比较完整的人力资本理论，这一理论有两个核心观点：一是在经济增长中，人力资本的作用大于物质资本的作用；二是人力资本的核心是提高人口质量，教育投资是人力投资的主要部分。人力资本比物质、货币等硬资本具有更大的增值空间，特别是在当今后工业时期和知识经济初期，人力资本将有着更大的增值潜力。因为作为"活资本"的人力资本，具有创新性、创造性，具有有效配置资源、调整企业发展战略等市场应变能力。对人力资本进行投资对 GDP 的增长具有更高的贡献率。然而市场本身提供充足的人力资本的充分性没有得到证实，政府应该担负起教育的责任。华盛顿共识认为政府仅对基础教育负有责任，实际上政府可以做的事情还很多。危机过后各国纷纷制定了本国的人才培养和人才保障战略以保持经济中人力资本的增长。美国建立起一套精英教育计划。在幼儿教育阶段，美国政府通过"早期学习挑战基金"（Early Learning Challenge Fund）支持创新，为"启蒙计划"（Head Start Program）引入基于绩效的竞争。在中小学教育阶段，"创新教育"（Educate to Innovate）运动利用公私合作的方式加强科学、技术、工程和数学教育，补充了"力争上游"（Race to the Top）等持续措施，利用竞争性补助促进国家和地方层面的改革。在大学和研究生教育阶段，政府致力于重树美国大学毕业率在全球的领先地位［通过《学生资助与财政责任法案》（Student Aid and Fiscal Responsibility Act）等其他措施］，向社区大学和公共人力系统投资，并支持新成立的"美国未来技能培训特别工作组"（Task Force on Skills for America's Future）利用公私合作更好地培训各年龄段的美国人，使之适应当前和未来的工作需求。而英国旨在建立一套兼具灵活性、受教育水平更高的劳动力队伍。英国试图在 2014 年前扩大大学技术学院（University Technical Colleges）计划，至少增设 24 个学院，使更多的年轻人获得雇主所需的技术技能；通过支持房屋建筑业推动住房供应来促进劳动力流动，包括出台首次购房者共享权益计划（First Buy Shared Equity Program）来帮助 1 万多名首次购房者购买住房，针对大量购买住宅地产的土地印花税进行改革，并采取一系列措施消除新的房地产投资信托基金（Real Estate

Investment Trusts）的准入壁垒。日本努力打造一个全面性教育人尽其才的教育体系，基本政策包括：一是促进就业。为扩大国内需求及提高经济增长能力提供支持。鼓励青年、妇女、老人等进入劳动力市场，发展职业技能等，培育就业能力。二是鼓励公民参与劳动力市场并支持公共服务新概念。私人部门可在教育、儿童保育、社区发展、医疗护理及福利服务等方面扮演积极的角色。三是提供蹦床式安全网支持经济增长能力的提高。建立二级安全网，改善失业保险系统功能。建立一套开发和评估职能技能的制度，将工作卡制度发展成日本的国家职业资格制度。创造当地就业，保证体面地工作。促进平等公正的待遇，引入退税优惠政策，提高最低工资水平，推行年薪假，鼓励缩短工作时间，使用儿童保育假期等，确保健康工作和生活之间的平衡。另外，日本也将对儿童的教育排在政策安排之列。

2. 极度重视科研水平的提高

在科学技术蓬勃发展的 21 世纪，技术进步已成为世界各国经济的核心竞争力；知识、技术的发展状况也已成为一国综合国力和国际竞争力强弱的主要参考依据。在国际竞争力评价体系中，科学技术与国家经济实力、国际化程度、政府管理、金融体系、基础设施、企业管理、国民素质并列八大要素（Factor）之一，其重要性不言而喻。特别是当今世界正在向知识经济时代发展，科学技术对社会生活各个方面的渗透日益加强，对经济增长的贡献份额不断提高，研发投入作为提高科技水平的一个重要的可控指标越来越受到各国的重视。研发经费及其占国内生产总值的比例是目前国际上通用的衡量一个国家或地区科技投入规模和技术实力的重要指标。危机过后，西方发达国家更加重视对研发投入和科研水平的重视。美国鼓励那些推动美国经济增长和竞争力的创新，要求大量投资于创新的基础——劳动力、科研及基础设施。重要实施的三方面：一是加强和拓展美国在基础研究领域的领先地位。推动经济进步的商业创新往往依赖于基础科学的突破。奥巴马总统空前加大了对联邦政府资助的研究的支持力度，为使三大关键基础研究机构（美国国家科学基金会、能源部科学办公室和国家标准与技术研究所实验室）的投资翻番而不断努力。这些对科学的持续投资将为新发明和新技术奠定基础，从而提高人们的生活水平，并创造未来的就业与产业；将有助于美国在机器人技术以及数据密集型科学和工程等领域建立领先地位。二是建设 21 世纪的先进基础设施。奥巴马总统对投资于美国企业所需要的高效和创新型公路、铁路和机场跑道的建设做出了新承诺。基于通过《复兴法案》（Recovery Act）进行的创历史纪录的投资，政府通过投资于高速铁路、新一代空中交通管制和成立国家基础设施银行这一新提议继续应对交通方面的挑战，将促进竞争和创新，使基础设施投资的回报最大化。三是开发先进的信息技术生态系统。为建设 21 世纪创新所需的信息技术生态系统，奥巴马总统制定了一项全面战略。这项"虚拟基础设施"包括关键信息、计算和网络平台，为美国经济提供越来越多的支持。政府正致力于扩大高速网络的接入、推动电网现代化、提高无线频谱的可利用性以支持高价值的应用，以及确保网络安全。近年来德国创新领域有着较大的发展。2005~2008 年德国企业研发投资增加了 19%；2008 年研发人员的数量比 2004 年增加近 12%；2008 年德国研发总体支出占 GDP 的比重为 2.7%；2009 年德国工商总会创新报告表明，至 2008 年底，约 30% 的企业将自己的创新归功于联邦的研发和创新政策。法国将其国民生产总值的 2% 投入研究，在数学、物理、核科学、空间科学、农学、考古学等几个研究领域表现卓越，并在以上领域拥有世界著名的科学家集群。

3. 重点加强制度建设的完善

由于受到经济危机的重创，倾向于新自由主义的美国和英国在制度建设上进行了深刻的反思，在其发展规划过程中，强调了制度建设的重要性。美国将促进形成一个有利于创新和创业的全国性环境作为其制度变革的重要任务。具体安排是：一是通过简化和永久的研究与试验税收减免措施（R&E Tax Credit）加速推进企业创新。奥巴马总统呼吁简化研究与试验税收减免措施，并使之永久化，为美国企业创新提供可预测又强大的激励。拟议的 2011 财年预算承诺在未来十年内投入 1000 亿美元，用于撬动更多的研发投资。二是扶植创新型企业家。奥巴马总统扩大了对小企业贷款的支持和税收减免，同时支持运行良好的资本市场向各种规模的企业开放。除了实行将加快专利授权和使新公司增加成功概率的专利改革，以及提升全国范围内创业精神的"美国创业者"倡议之外，《平价医疗法案》（The Affordable Care Act）使美国民众无须放弃医疗保险而更容易地创立和加入新企业，为创业扫除了障碍。三是催生创新中心，鼓励创业生态系统的发展。奥巴马总统继续强调"创新中心"的潜力，寻找新机遇把有才华的科学家和企业家集中在一起，支持前沿领域的创新。这一理念支撑着能源部"能源创新中心"计划，也推动了着重建立新老企业家（包括那些实现了从实验室到产业飞跃的企业家）之间联系的"美国创业者"倡议。四是推动建立创新、开放和有竞争力的市场。奥巴马总统正致力于通过改进监管和提高国内外市场准入来鼓励创新。2010 年 8 月发布的新版《横向并购指南》（Horizontal Merger Guidelines）将创新问题有力地引入反垄断评估。此外，通过与韩国签署自由贸易协定，"国家出口计划"（National Export Initiative）为保证美国生产商公平开放的出口市场做出了持续有力的承诺，使美国企业向全球扩张，实现 2014 年底出口翻番的目标。

英国的改革重点则放在财税体制改革上。税收制度的具体措施有：将公司税税率进一步降低 1 个百分点，从 2013 年 4 月起，税率将降到 26%，到 2014 年将降至 23%；修改英国过时的受控外国公司（Controlled Foreign Company，CFC）规定；对企业专利收入征收的企业所得税采用新的 10% 的税率；改革国外分支机构征税制度；简化税制。针对解决免税代码内部的复杂问题，新组建的简化税收办公室（OTS）已经提出了独立的质询和建议。按照这些建议，政府正在废止 43 项陈旧无效的税收减免规定，并就所得税和国民保险（National Insurance）简化问题展开协商。

财政制度方面首先通过以下措施支持中小型企业：第一，提供使得微型和新创企业在三年内免受新的国内监管规则约束的史无前例的延缓履行；目前小型企业所得税税率的减免期延长至一年；采取措施向中小企业（SMEs）开放政府采购；增加中小企业研发税收抵免力度，需经国家补助的批准。第二，取消每年花费企业 3.5 亿英镑的监管计划，包括取消针对双重歧视和来自《2010 年平等法案》第三方骚扰（Third Party Harassment）所提议的监管政策；发起一项公共专题审查，以减少监管规则的数量，其中被提名的监管规则将被取消，除非能够得到合理解释；实施 Lord Young 卫生与安全审查。第三，开放更多的土地用于开发，同时维持目前对绿带土地的控制；从公共部门土地着手，制定新的土地拍卖制度；就土地利用分类自由化问题进行磋商；确保在 12 个月内处理所有的规划申请和上诉并对重大基础设施项目的审批使用快速通道。第四，增加根据企业投资计划（Enterprise Investment Scheme，EIS）所获得的所得税减免力度，需经国家补助的批准；拟议中的商业天使共同投资基金（Business Angel Co-investment fund）；使符合企业家减免（Entrepreneurs' Relief）资格的资本收益总限额（Lifetime Limit）翻倍。对外计划主要是将鼓励投资和出口作为经济更加平衡的一条途径。

4. 积极培育高科技行业的发展

危机过后，为了寻找支撑下一轮经济的新增长点，占领经济发展的制高点，西方各国纷纷制定出引人注目的高科技行业发展规划。对于美国这个生产和消费大国，新能源、信息技术、卫生保健、空间技术、教育技术、生物医疗、纳米技术和先进制造业是其重点关注的领域。具体措施包括：第一，启动清洁能源革命。通过制定拟议的清洁能源标准，能源部科学办公室扩大研究投资，新建三个新的能源创新中心以及其他举措来促进清洁能源技术的研究、开发和推广，政府将把美国经济推向全球领先地位并确保美国未来的能源清洁、安全和独立。第二，利用数据和技术的力量、卫生保健服务的创新可望帮助防止医疗失误，提高护理质量并降低成本。政府凭借《复兴法案》和《平价医疗法案》，继续致力于促进医疗信息技术应用的项目、改革"重量不重质"的薪酬激励制及发布大量健康信息。这些将促进国家卫生事业的根本改善，将美国的独创性应用于解决卫生保健方面的挑战。第三，空间技术在全球通信、导航和贸易中发挥着重要作用，同时有利于预警自然灾害，增强国家安全。在国家航天政策的指导下，美国国家航空航天局（NASA）、国防部和其他机构正在努力提升美国的空间能力，并拓展美国产业界在发展下一代应用上的影响力。第四，美国政府计划促进提升学生成绩的教育技术的创新，例如可以充当学生导师的软件，为美国劳动者拓宽终生学习和培训的渠道。2012财年预算案对教育部的预算经费中包括成立教育高级研究项目署（Advanced Research Projects Agency- Education）的建议，将支持关于促进学习的突破技术的研究。第五，美国国家卫生研究院（National Institutes of Health）成立了新的高级应用科学国立研究中心（National Center for Advancing Translational Sciences），通过在实验室和临床之间搭建新的桥梁，从而加快诊断、治疗和医药的发展。另外，国家纳米计划（NNI）将对纳米电子学等领域投资，从而推动一场可媲美真空管向晶体管转变的计算革命。还有，2012财年预算也做了大量投资以加快先进制造业技术的突破。

英国的主要领域集中在医疗和先进制造业的培育。具体措施有设立新的医疗研究监管机构，以简化监管并改善临床试验的成本效益；废除与社会护理市场根本无关并阻碍市场进入和弹性服务的监管规定。另外，未来由英国国家健康研究所（National Institute for Health Research，NIHR）为英国国家医疗服务系统（National Health Service，NHS）提供者提供的资金将以达到标准为条件，包括70天内招募第一批参与试验的患者；资本免税额变化；成立高价值制造业科技与创新中心；发展新的同等学力高级学徒计划（Degree-equivalent Higher Level Apprenticeship）；建立9所新的以大学为基础的创新型制造业中心。

德国曾有过制定战略规划的经验，危机过后其制定的科技发展战略主要集中在新能源、各种资源的可持续发展、生物医药、信息通信以及个性化医疗上。具体的措施和部署如下：第一，制定联邦政府能源研究计划：确定能源研究政策的目标、重点及筹资机制。

第二，可持续发展研究的框架计划：重点包括具有极大增长潜力的领域，如可持续的水资源管理、资源和能源效益，以及更高的原料生产率和国际研究合作，特别是同新兴国家和发展中国家进行研究合作，注重将基础研究和应用研究相结合。第三，生物经济框架计划：这是一份具有国际竞争力的以知识为基础的生物经济战略，主要包括开发新型节省能源和资源的工业流程，开发新的可再生工业原料与药品，为不断增长的世界人口提供食品，开发可再生能源物质作为有限资源的替代物。重要前提是显著提高农业生产力和在各种气候和土壤条件下的农作物创收潜力，发展创新性农业技术。深入关注技术、生态学和经济三个方面。第四，信息和通信技术领域：重点是未来网络的技术发展和合法化发展，在标准化问题上达成全球统一意见以及建成嵌入式系统国家路线图。第五，个性化医疗：制定全方位的个性化医疗研究战略，关注病人利益，制定医疗和保健系统研究的新方案。

法国在生物医疗、环保技术、无碳能源、城市交通、通信服务、纳米技术等领域制定了详尽的发展规划。另外，东亚的发达国家——日本在新能源领域、医疗健康领域和科技以及 IT 领域制定了重要的战略纲领，为未来日本高科技行业发展指明了道路。

三、国际金融危机后各国的货币、财政政策调整方向

这次国际金融危机的爆发是一个长期结构失衡和短期波动综合作用的结果，借此契机，西方发达国家开始反思那些他们长期信奉的经济教条。这些教条被人们冠以"新自由主义"的称号。这种市场原教旨主义的理念在英美两国体现得尤其明显，而事实上英美两国是受此次危机影响最为严重的国家。《斯蒂格利茨报告》指出，"在某种程度上，本次金融危机是由于对金融市场的管理过度放松造成的"。[①] 尽管各国对人力资源建设、科研水平投入、制度建设等方面做出了规划和部署，但最能体现战略转变的是其强调对高科技行业的培育。由于战略调整的方向所限，西方各国的财政、货币政策也出现了一定的调整。然而西方各国国情各异，其财政货币政策的制定也存在着国别差异。以下是国际金融危机后各国货币、财政政策的调整方向。

首先，货币政策依然追求价格稳定的单一目标。稳定的价格有很多好处：有利于资源的配置；低通货膨胀保证低利率，为资产价格稳定提供了条件；不存在通货膨胀税；不会提高实际税负；不扰乱财富和收入的分配等。欧洲央行重申了其保证中期核心通货膨胀率维持在 2% 之内的目标区间。而美联储也坚持价格稳定的信念不动摇。

其次，货币政策工具将主要以利率为主，以非常规政策工具为辅。中央银行认为通过实施指定官方利率，可以保证价格的稳定。官方利率一般是通过改变货币市场的利率和市场预期，进而影响货币供应量、信贷规模、资产价格、商业银行利率以及汇率。而这些因素对商品价格和劳动力工资的制定起着关键作用，进而影响价格的变动。然而当利率下降到 0 附近的时候，为了保证市场流动性的需求，货币政策当局不再拘泥于常规政策，而开始通过扩大央行资产负债表的手段直接向市场注入流动性。

再次，税收政策注意分布效应。以美国为例，国际金融危机之前，小布什政府强调减

① 约瑟夫·E.斯蒂格利茨，联合国金融专家委员会成员. 斯蒂格利茨报告——后危机时代的国际货币与金融体系改革[M]. 江舒译. 北京：新华出版社，2011.

税。国际金融危机之后，美国一方面注意减少小企业和中等收入及以下群体的税收，同时对高收入人群实施较高的税收政策。

最后，产业扶持政策势必增加财政支出。国际金融危机之后，各国纷纷制定本国的产业发展支持计划，导致本国的财政支出出现较大的调整。

第三节　货币政策的影响

自 Sims（1972）使用 VAR 作为研究货币政策对经济的影响的工具以来，经济学家一直将 VAR 作为政策评价的首要工具。[①] 本节亦采用此工具来评估危机之前和危机之后西方各国政策工具的变化以及对经济的影响路径的变化和影响效果变动。

一、VAR 模型简介和数据处理

VAR 模型的一般形式为：$Y_t = \sum_{i=1}^{p} B_i Y_{t-i} + V_i$。其中，$Y_t$ 表示第 t 期的 n 维列向量序列，Y_{t-i} 为滞后 i 期的 n 维列向量序列，B_i 为 n×n 阶系数矩阵，V_i 是由随机误差项构成的 n 维列向量，其中随机误差项 V_i（i=1，2，…，n）为白噪声过程，且满足 $E(V_{it}, V_{jt}) = 0$(i，j= 1，2，…，n，且 i≠j)。VAR 模型能均等地对待每个变量，从而避免由回归模型导致的划分内生变量和外生变量的麻烦。而该模型能反映多变量之间冲击与反馈机制，进而能有效地利用数据信息，刻画冲击响应的时间演化特征，进行相应的政策分析工作。在 VAR 基础之上，我们主要通过脉冲响应函数和方差分解来完成政策评估的效果和影响机制。脉冲响应函数可以刻画经济对冲击的响应时间变化特征，而方差分解则可以分析出历史数据中冲击对特定宏观经济变量的贡献率。

1. 指标选取

由于金融危机发生时间较短，不宜采用年度数据和季度数据进行政策分析，故而采用月度数据。这样做的一个后果是我们损失了国民生产总值的数据，取而代之的是工业增加值。[②] 另外几个指标是失业率、价格指数以及代表政府政策的财政支出和联邦基准利率，而 M2 作为一个中间变量引进该模型以反映政策操作的中介目标的时效性。本节选取 2001 年 1 月至 2007 年 2 月作为危机前的时段代表、2007 年 3 月至 2012 年 7 月为危机后的时段代表进行分析。[③] 由于英国、德国、法国和日本的财政支出数据，以及德国、法国和日本货币供应量数据不可得，我们仅评估其利率政策来反映政府的行为。日本的工业生产指

[①] 卡尔·E.沃什. 货币理论与政策[M]. 周继忠译. 上海：上海财经大学出版社，2004.

[②] 对于美国而言，在这里使用工业增加值代替国民生产总值与美国服务业占主导地位的现实不符，而本节使用该指标的原因有两个：一是工业增加值的变动代表了美国再工业化的意愿，是政策的主要目标之一；二是服务业增加值数据不可得。

[③] 工业增加值、M2 和财政支出使用不变价的同比数据，其余的使用不变价的原时间序列。数据来源于万德数据库。

数同比增长率自 2004 年才可得，所以采用危机前的样本起始点为 2004 年 1 月。各国的指标选取如表 1-2-1 所示。

表 1-2-1　各国的主要指标

	工业增加值（Y）	失业率（U）	价格指数（GPI）	财政支出（G）	M2	利率（I）
美国	工业生产指数同比指数	失业率	CPI 当月同比	联邦政府财政支出同比	M2 同比指数	联邦基准利率
英国	工业生产指数同比指数	失业率	CPI 当月同比	无	M2 同比指数	3 个月短期国债票面利率
德国	工业生产指数同比指数	失业率	核心 CPI 当月同比	无	无	长期国债收益率
法国	工业生产指数同比指数	失业率	核心 CPI 当月同比	无	无	长期国债收益率
日本	工业生产指数同比指数	失业率	核心 CPI 当月同比	无	无	三个月市场拆借利率

2. 模型的冲击形式的选择

对于无限制的 VAR 模型来说，我们需要选择冲击的形式以满足参数识别的要求，[①] 这就需要诉诸对经济理论的指导和人为的设定。根据经济理论工业增加值是受多种因素的影响，其次是价格指数、失业率，基准利率独立于财政政策之外，同时也受制于财政政策，在这里我们人为假定财政政策冲击是受当期冲击影响较小的变量。[②]

本节综合运用 LR、FPE、AIC、SC 和 HQ 准则来选择最优滞后阶数。选取标准为以常用的 AIC 和 BC 准则为基准，如果两者产生矛盾则参考其他标准来选定。选定的结果如表 1-2-2 所示。

表 1-2-2　滞后阶数选择结果[③]

国家 ＼ 时间	2001 年 1 月至 2007 年 2 月	2007 年 3 月至 2012 年 7 月
美国	2	2
英国	3	3
德国	3	3
法国	3	2
日本	1	3

资料来源：根据 Eviews 运算结果，笔者整理计算。

二、实证结果

我们主要使用方差分解和脉冲响应这两个工具分析政策的贡献率、政策的规则变化，以及政策对经济的影响持续时间和影响幅度。

1. 方差分解比较

方差分解刻画的是一段时期内各个冲击对经济各变量的贡献率相对大小，通过比较危

[①] 这里我们采取乔利斯基分解，也就是说冲击的影响是呈下三角形式的，排列在最下面的变量会受到所有冲击因素的当期影响，而排在最上面的变量只受该变量冲击的影响。大概的顺序是财政支出、利率、M2、价格指数、失业率和产出（即工业增加值）。

[②] 这一点可以从财政政策的决策时滞、执行时滞等政策理论中得到支持。

[③] 具体结果见附件一。

机前后各种冲击对经济贡献率的大小可以看出政策的不同。

（1）美国。对于产出而言，危机前，利率是主要的政策变量，而危机后利率的作用几乎下降为 0；而通货紧缩影响着"战后"的产出，这时候作为政策变量的政府支出作用开始显现，同时量化宽松的政策也在一定程度上起着积极作用。总体而言，危机后的积极财政政策和量化宽松的货币政策对经济起到了积极作用。对于价格而言，危机前，价格的预期占了自身变化的大部分，利率和产出对价格也起了一定的作用，财政政策几乎没有贡献；危机后财政支出对物价的影响比重提高，量化宽松政策的作用也开始显现。同样，危机前后影响失业率变化的要素也发生了明显的变化，主要的变化来自于利率的作用和财政支出作用的反转。总之，美国应对危机的财政政策和货币政策作用明显，对经济的贡献率较大，不管是正向的还是负向的。

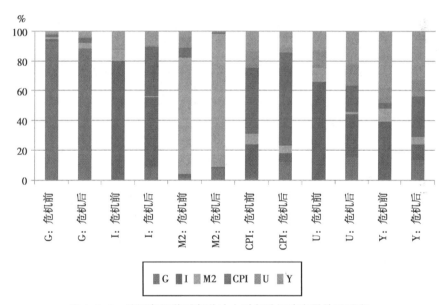

图 1-2-2　美国危机前后各种冲击对各种经济变量的贡献率

（2）英国。受危机影响较为严重的英国，其产出在危机后几乎没有起任何作用；利率在危机后发挥了较强的作用，然而能部分反映信贷可得条件的 M2 对经济的贡献率在危机前后的表现没有很大差异。对产出的贡献率而言，危机前后产出自身的增长惯性在危机后失去了发展动力；利率的降低明显有助于经济的发展；反映信贷条件的 M2 尚未发挥其潜在作用。对失业率的贡献率而言，产出几乎没有产生任何积极的贡献，而利率在危机中发挥了重要的作用，但是这都不足以遏制英国失业率的攀升。利率的制定规则也在危急时刻发生了改变，增加了对产出的权重。

（3）德国。对德国而言，危机后利率的制定规则发生了变化，但是其经济结构没有发生显著变化。正如前面所讲，本次金融危机对德国的影响是西方发达国家中最小的，德国制造业较强的国际竞争力及其以传统银行为主的金融结构在抵御本次金融危机方面表现良好。从对产出的冲击影响来看，政策在危机后比危机前对经济的贡献率更显著，但是结构

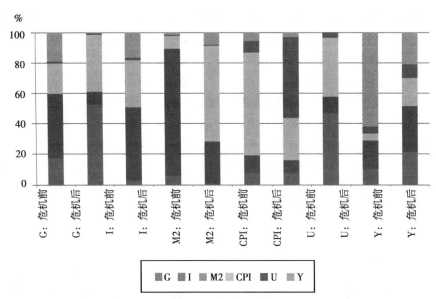

图 1-2-3　英国危机前后各种冲击对各种经济变量的贡献率

没有显著变化；对于失业率而言，危机后利率的影响反而下降了，显然与产出下降对失业率的影响增强有关。

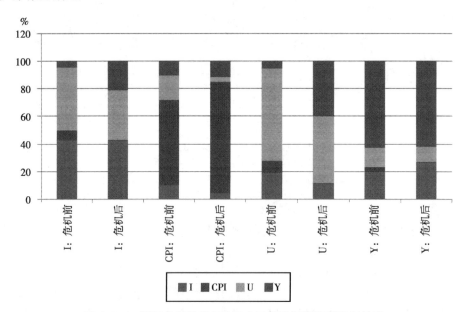

图 1-2-4　德国危机前后各种冲击对各种经济变量的贡献率

（4）法国。同为国有化程度高的欧洲大陆国家，法国危机前后的表现明显弱于德国。缺乏强劲的制造业，危机后的法国需要依靠强劲的财政货币政策来刺激经济的发展；失业率也明显受到宏观变量的冲击的影响。就政策效果而言，货币政策在危机中起到了明显的作用，对比危机前后利率对产出和失业率的贡献率可明显看到这一点。

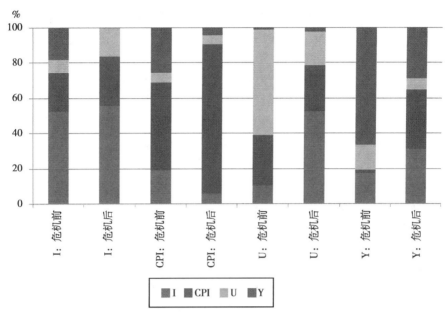

图 1-2-5　法国危机前后各种冲击对各种经济变量的贡献率

（5）日本。观察图 1-2-6，我们得到两个结论：金融危机的发生没有改变经济冲击对日本经济的影响，但是相对大小上有所调整；饱受流动性陷阱之苦的日本，在危机前后利率一直维持对经济的小份额的影响。对产出影响的贡献率而言，利率如上所说，危机前后没有发生明显变化，但是受危机影响，价格和来自供给方面的冲击对经济的影响大小有所调整，主要是供给冲击作用降低，而价格冲击影响渐强；对失业率而言，利率的相对影响力在危机后有加强的趋势，而价格对失业率的帮助则变得较为微弱，来自于劳动力市场本

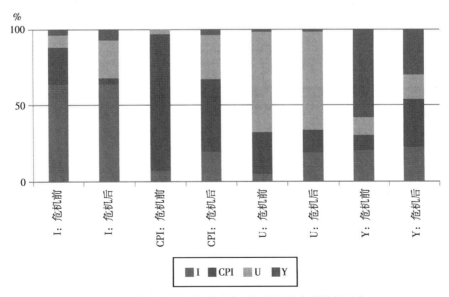

图 1-2-6　日本危机前后各种冲击对各种经济变量的贡献率

身的冲击对失业率本身的影响一直占统治地位；利率规则同其他国家一样，减少了价格的权重，而增加了对产出和失业率的关注。

2. 脉冲响应比较

通过经济变量对各种冲击的响应路径的变化，可以更加清晰地理解危机以及政策变动对经济影响的深远程度。本节通过比较产出、价格和失业率对各种冲击的响应脉络来反映危机前后经济环境的变动。

（1）美国。图1-2-7显示的是危机前后各种经济变量的冲击响应图。从中可以清晰地看到，相较于危机前，危机后利率冲击对经济的影响微弱，对货币供应量的影响在危机前后与利率相反。这与美国的现实相对应，危机发生后，美联储一度将利率调整至0附近，在经济未见起色时，美联储又实施了量化宽松的货币政策，将美联储的操作从单一的利率调控扩展至数量和利率并用的货币调控。财政政策在危机前几乎对经济的影响非常微弱，而危机后财政政策对经济的影响出现剧烈的变化。

就美国最关心的失业率而言，危机前，货币供应量对失业率的贡献为正，而危机后量化宽松的货币政策在降低失业率方面起到了显著作用；而对于财政政策而言，危机后财政政策的主要投向是大型金融中介结构，其实施的措施无助于失业率的降低。也就是说，危机后急于解救金融机构的财政政策可能进一步加剧了经济的不景气。而对于工业增加值而言，这里显示的结果是尽管两者对经济都产生了影响，但无论是财政政策还是货币政策，短期内都无助于工业增加值的变动，财政政策的正向作用在一年后才显现。

然而，需要注意的是影响强度和影响持续时间问题。危机发生后，经济体对冲击的响应更为敏感，这个结果在图1-2-7纵轴的标度上得以显示。货币政策和财政政策的持续时间较长，这对经济体而言是福是祸尚不可知。

（2）英国。从图1-2-8总体上得出的结论主要有：①危机后，政策冲击、金融结构冲击（这里主要指信贷可得性条件）对经济影响的持续期延长。这种延长增加了经济的不确定性。②危机后，利率制定规则发生了显著的变化，危机前利率主要接受来自于通货膨胀的信号，而危机后政策赋予产出以较大权重。

对产出而言，危机前后产出对利率的响应路径基本上符合经济理论，利率的正冲击会在有限期限内（图中显示是6个月内）降低产出；而危机过后的低利率政策显然没有提升产出的变动，也就是说危机过后利率和产出出现了正相关关系。M2的作用在危机时刻作用显著，暗含着通过改善信贷可得性条件，产出可能会得以增加。同样，这些结论也适用于失业率的变化，从失业率对各种冲击的响应看出，失业率的降低较为依赖信贷可得性条件的改善。利率对失业率的贡献明显不起作用，甚至起反作用。实际上危机前后都能看出货币政策在降低失业率方面表现逊色。危机发生前，信贷可得性条件受产出、失业率以及通货膨胀的影响较为显著；危机发生后，信贷可得条件对其他变量反应较为迟钝，这一现象体现了危机后政府救市政策的努力。

（3）德国。通过对比危机前后产出对利率的响应以及失业率对利率的响应，我们发现了一个有趣的现象，利率对经济的作用（体现在图1-2-9的右下角产出对利率的脉冲响应上）在德国是非常显著的，不同于自由化程度更高的美国（前文看到利率对经济的影响作用有限），这实际上为加强金融监管提供了更多的支持。

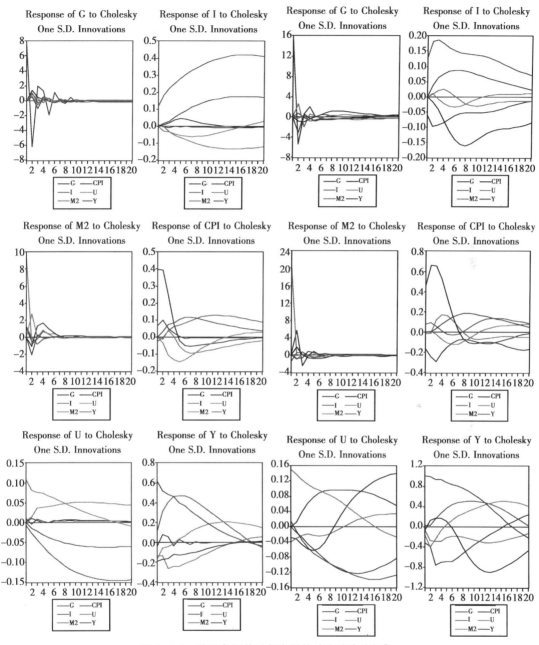

图 1-2-7　美国危机前后各变量的冲击响应路径①

从图 1-2-9 中利率对经济的反应可以看出，利率规则在危机前后有了很大的变化：危机前，利率对物价水平的反应敏感；危机后，利率制定取决于产出的变动，这集中反映了央行的顺周期政策的效应。

（4）法国。危机前，产出对利率的反应迅速，危机后法国经济显然受到重创，长期利

---

① 左边是危机前的变量冲击响应图，右边是危机后的变量冲击响应图。

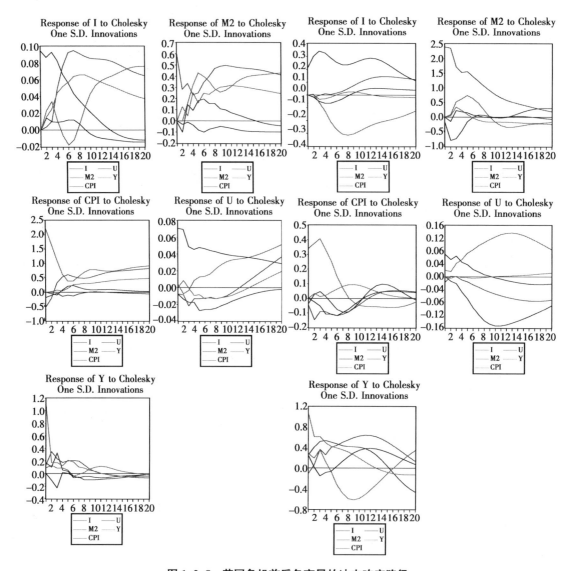

图1-2-8　英国危机前后各变量的冲击响应路径

率出现顺周期现象，说明危机后法国经济市场调节能力的降低。图1-2-10显示，危机时刻，为防止通货紧缩的产生，法国政府积极实施降低利率的政策，同时赋予失业率以更高的权重。

危机后物价水平的响应机制也发生了较大的变化，危机前经济的增长伴随着通货膨胀的上升，危机之后产出下降，物价水平反而没有出现通货紧缩的风险，这主要和救市政策密切相关，然而长期利率和通货膨胀之间在危机之后出现了不一样的变化。

就现有数据的结果来看，经济要想恢复危机前的状态似乎还尚需时日，一方面政策效果有限；另一方面市场的自动调节能力在危机后受到重创。

（5）日本。危机前后脉冲响应路径发生了较大的变化，反映着危机过后经济体中不确

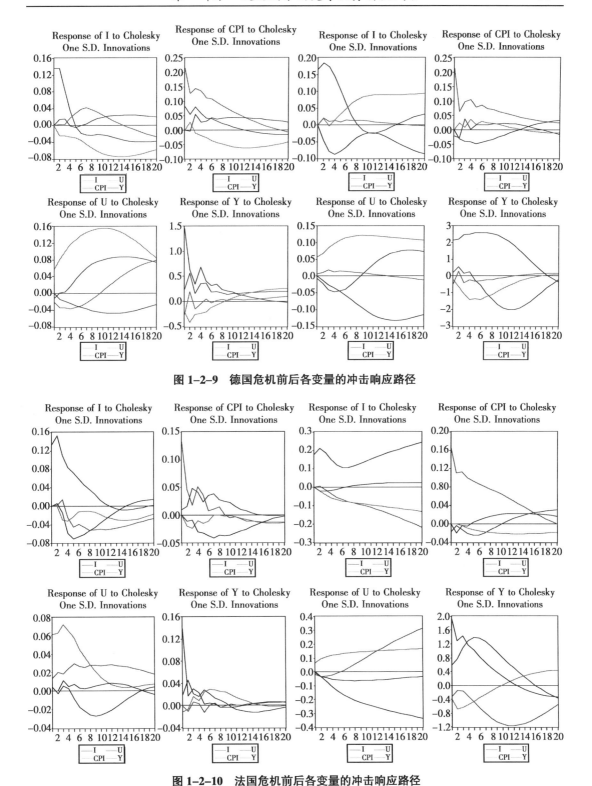

图 1-2-9　德国危机前后各变量的冲击响应路径

图 1-2-10　法国危机前后各变量的冲击响应路径

定因素增多。危机后利率对经济的作用方式发生了正向变化，也就是说利率开始对经济起作用了。通货膨胀对经济变化的影响仍然复杂多变，而利率对失业率的权重增加了很多。

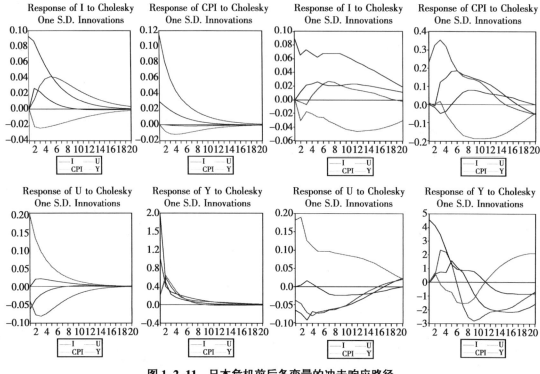

图 1-2-11　日本危机前后各变量的冲击响应路径

对产出而言，危机产出对利率提高的响应是正向的，而危机后这种关系发生了反转，旨在通过降低利率来影响经济的货币政策终于在危机之后开始发挥作用。失业率对利率的反应在危机前后都符合政府的预期，不过危机之后，利率的影响加强。符合预期的是利率的作用机制，利率规则的变动对失业率赋予了较高的权重，这符合我们的一般预期。

三、小结

通过以上的实证结果可以看出：危机前，经济冲击形式主要是市场引起的，政府在其中的作用较弱；危机后经济的波动则明显分为市场的"无形之手"和政府的"有形之手"两方面。从脉冲响应的结果来看，政府的无形之手起到了相机抉择的救市作用。

西方各国采取的政策改变了经济结构和经济环境，使得政府部门在经济体中的作用越来越大，但是旨在降低失业率、促进经济增长的政策尚未显现其政策效果。

尽管利率处在零附近，央行实际上尚存在发挥调控经济的空间，而正是这种发挥空间（量化宽松的货币政策）在刺激经济增长的过程中起了关键作用，相比之下，财政政策①

----

① 由于数据缺乏，这里主要指美国。

的表现差强人意。

相对于金融自由化程度更高的英美两国而言，金融业管制较多的国家如德国、日本在应对冲击时表现得更为出色，这为加强金融监管提供了间接依据。

同为欧盟国家，法国的表现和德国相比危机后表现较差，原因可能有两个：①法国制造业竞争力较差；②法国存在更为强大的工会，使得市场自动调节能力较差。

第四节 结论和政策启示

危机过后，西方社会各界对危机前的市场原教旨主义的经济政策进行了深刻的反思，除了应对危机的短期政策充分发挥了政府的救市作用外，政府开始制定和实施长期发展规划，以应对环境、能源的约束，以及全球化引起的其他一些问题。

一、结论

国际金融危机发生之后，各个国家实施的短期政策主要集中在减税和积极的货币政策方面，然而各个国家也存在着差异：美国实施减税的同时，实施量化宽松的货币政策以解决由于恐慌造成的流动性不足和利率传导机制的失效；德国的有效措施则体现在金融监管部门有效隔断危机影响路径的措施；一向信奉市场原教旨主义的英国在危机过后也承认政府的积极作用，开始积极干预市场；由于国有化程度较高，法国加大了国有化比例，以缓解危机带来的恐慌；日本则以配合西方发达国家救市政策为主，同时延续着危机前的产业政策和经济结构调整。

而针对长期战略而言，后华盛顿共识给出了一个更为合理的框架。在这个框架下，对如何构建良好的市场经济问题进行了深刻的反思，后华盛顿共识认为竞争环境本身而不是私有制是市场经济发展的必要条件。后华盛顿共识提供的政策框架既包括了华盛顿共识里面的短期政策操作框架，也重视长期市场的培育；既强调华盛顿共识中市场的作用，也理清了政府的政策操作范畴。以后华盛顿共识为原则，西方各国在人力资源建设、科研支持力度、经济制度建设以及高科技行业培育等几个方面给予了高度重视，同时，由于发展模式的些微不同，各国发展又存在着显著的差异。英国和美国在制定长期战略方面首开先例，加大政府干涉经济的力度。而德国、日本以以往的战略制定经验为基础继续为经济注入政府的"看得见的手"的活力。由于长期受到高失业率之苦而无摆脱的良方，英国和法国在政策制定上也略显保守。

国际金融危机之后，各国的货币政策会坚持之前的价格稳定目标，但是开始注重政策手段的灵活性。就财政政策而言，由于危机过后各国纷纷制定了本国的产业发展规划，势必加重财政负担。而这也导致了本国政府想办法增加税收，尤其是高收入人群的税收。

除了以上定性的分析政策发展之外，政府的政策对经济是否起作用、起到了多大的作用也成为大家关注的焦点，本章在第三节使用 VAR 模型对西方各国的政策贡献率以及政策对经济影响的演化路径做了定量分析，以分析危机后政策对经济影响的宽度和深度。研究结果发现，危机前后政策影响经济的机制发生了重要的变化，当然这些变化存在着国别差异：一向恪守市场原教旨主义的美国和英国政策变化较为明显；对经济实施较为苛刻监管和规划的德国和日本在危机前后，政策影响经济的方式除了程度上有所差异之外，影响机制变化不大。由于受危机影响，法国尽管国有化程度较高，政府干预力度较大，但也未能避免危机后政策机制的深刻变化。

二、政策启示

在全球化的今天，一国的政策制定必然对国际分工格局、国际竞争力的排名有着深远影响。尤其是发达国家的政策制定对中国影响更为深远。本章着重从以下几个角度解析西方国家政策的重点，以期有所启发。

1. 建设良好的竞争秩序，保证市场经济的顺利运行

要建设社会主义市场经济，竞争环境是前提。华盛顿共识的缺点在于将私有化和自由贸易等同于有效率的竞争环境。良好的市场经济环境需要竞争秩序来保证，一般而言，私有化是提供竞争的一个有效途径，但是过分强调私有化的作用、忽略竞争环境本身的培育会犯本末倒置的错误。另外，一个国家竞争环境的培育需要结合本国的政治制度、文化等国情因素。脱离了本土文化而一味效仿国外的政策模式容易犯教条主义错误，不利于经济的发展。

张五常（2009）指出中国存在竞争的环境是县际竞争。县际竞争的存在，使得资源得到了优化配置，进而支持了中国30多年的高增长。也因为这种竞争环境的存在使得私有制作为产生竞争环境的唯一条件的假设受到质疑。县际竞争的存在与我国官本位的政治制度以及性本善的传统文化习惯相契合，进而发展成为一个能促进经济发展的中国模式。但是改革开放以来极端私有化的呼声一直没有停止过，但是私有化和中国旧有制度之间的关系在没有理清楚之前，不宜急躁冒进，而是应该总结改革以来使得经济处在良性循环的要素，进而保证改革的成果得以延续。目前而言，判断一项改革是否可以接受的首要原则是该改革措施是否充分考虑到其是否促进县际竞争：如果该项改革措施能够促进县际竞争秩序，那么其可接受度就强；如果阻碍了县际竞争秩序，在不违背长期发展目标的前提下，需要果断拒绝该项措施。

2. 构建建构性制度发展模式，避免解构性制度发展模式

后华盛顿共识的达成建立在对华盛顿共识的反思之上，但是它并没有完全否定华盛顿共识的基本原则。它们共同秉承对市场经济的信念，在此基础上，后华盛顿共识澄清了人们对华盛顿共识的误解以及提出了目标多元化和实施手段的灵活性。也就是说后华盛顿共识的形成是建构性的，它没有彻底抛弃华盛顿共识，而是在此基础之上建立了一个更为可靠的制度框架。

在建设社会主义市场经济的过程中曾产生过极端冒进的思潮，盲目否认中国传统文化对市场经济的价值。县际竞争制度的产生对上述观点提出了挑战。一种文化和另外一种文化融合的过程中会产生自身的发展演化规律。全盘否认文化的传承性是不能客观看待事物发展规律的错误态度。我们应秉承求真务实的科学认识态度，认真研究传统文化、政治制度与市场经济之间的冲突和融合，认识经济发展的规律，不盲从教条，从而解决中国经济

发展中存在的问题。

3. 合理界定政府干预经济的领域，厘清市场和政府的关系

由于外部性、公共物品、学习效应、资本市场的不完全性，政府在保证市场经济运行中需要扮演重要的角色。而华盛顿共识将政府的财政货币政策限制在一个较为狭窄的框架中，从而造成经济的剧烈波动。合理界定政府干预经济的领域，有着重要的现实意义。西方发达国家的政府作用范围主要集中在人力资本建设、研发投入、培育合理的经济制度和规划高科技行业布局四个方面。

（1）人力资本。西方发达国家高度重视人力资本建设的现实对处在转型升级过程中的中国有积极的参考意义。中国要想实现从粗放型发展模式转变到集约型发展模式首先要有一批致力于集约型发展的人才。美国致力于建设世界一流的人才储备体系，而我国则需要面对现实需求以人为本，因材施教，发展多方面的人才。在这方面日本的人才培养方案比较符合中国目前的现实。其首先注重人才的可用性，即就业能力培养作为其规划的首先评判标准；其次是努力创造公平的就业环境，同时加强失业保险体系建设。

（2）科研水平。德国、法国以及美国等非常重视科学研究领域。众所周知，技术进步是整个国家甚至是整个人类文明经济发展的驱动力。人类通过认识自然、社会、经济等发展规律，改善人类的生存环境，将人类增长的极限改写了数次，以工业革命为标志的技术发展扩大了地球上人类生存的数量，提高了人类的福祉。所以无论如何强调其作用都不过分。现如今，人类面对众多的共同问题，比如生态环境恶化、资源枯竭、全球经济发展不平衡，解决这些问题需要找到问题的根源，摸清事物发展的规律，这些只能通过基础研究和应用研究的突破才可能实现。中国作为拥有世界 1/5 人口的国家，有责任在解决这些问题上贡献自己的力量。加大科研发展力度应该成为我国持续重视的国策之一。

（3）制度建设。为了设计出一个更为合理的国家总体发展规划，理解西方发达国家的制度建设对我国发展社会主义市场经济有很好的借鉴意义。美国在制度建设方面强调营造有利于创新和创业的全国性环境；英国通过设计科学财政税收体制来抵抗日益增长的政府债务所带来的财政的不稳定性；日本在吸取了单纯的市场原教旨主义和单纯的政府干预政策的发展模式之后，开始探索第三条发展路径，即将政府"有形之手"和市场"无形之手"相结合的方式发展经济。我国目前处在社会主义市场经济发展阶段，应借鉴日本的经验，吸取日本发展过程中的教训，以缓解转型期间带来的阵痛。

（4）高科技行业的培育。就高科技行业而言，美国在清洁能源、生物技术、纳米技术及先进制造业、空间能力和开发应用、卫生保健技术以及教育技术等方面提出了要求。英国则对医疗和生命科学、先进制造业、建筑业、数字和创意产业、零售业、专业和商业服务业、航天工业以及旅游业提出了发展规划和目标。德国的发展方向涵盖气候能源行业、健康营养行业、交通、安全以及通信行业。法国提出了三大优先发展行业，分别是医疗卫生、环保技术以及信息、通信和纳米技术。对于日本而言，它所列出的范围较广泛，主要包括"绿色创新"环境与能源强国战略、"生命创新"健康强国战略、亚洲经济战略、旅游导向型国家与本地复兴战略、科技与 IT 导向国家战略、就业与人力资源战略、金融战略。从各国关注的方向上可以看出，西方发达国家开始重视制造业的发展。这对于以制造业为主的中国而言，需要及时调整战略，才能在世界市场上屹立不倒。

附表：VAR 形式的选择结果

附表 1-2-1 美国：2001 年 1 月至 2007 年 2 月

Lag	Log L	LR	FPE	AIC	SC	HQ
0	−832.9429	NA	2095.489	24.67479	24.87063	24.75239
1	−477.3344	638.0035	0.174065	15.27454	16.64541*	15.81772*
2	−429.0397	78.12380*	0.124214*	14.91293*	17.45884	15.92170
3	−407.0327	31.71606	0.199651	15.32449	19.04543	16.79884
4	−385.4276	27.32400	0.345501	15.74787	20.64384	17.68781
5	−345.3515	43.61222	0.381116	15.62799	21.69899	18.03351
6	−296.6108	44.44013	0.373971	15.25326	22.49930	18.12436

注：* 表示在该标准下的最优选择。

附表 1-2-2 美国：2007 年 3 月至 2012 年 7 月

Lag	Log L	LR	FPE	AIC	SC	HQ
0	−1024.807	NA	11123657	33.25183	33.45768	33.33265
1	−597.8987	757.4175	37.35371	20.64189	22.08286*	21.20765*
2	−552.4477	71.84192*	28.43547*	20.33702*	23.01309	21.38772
3	−524.6124	38.61027	40.25409	20.60040	24.51158	22.13603

附表 1-2-3 英国：2001 年 1 月至 2007 年 2 月

Lag	Log L	LR	FPE	AIC	SC	HQ
0	−309.9568	NA	0.007256	9.263435	9.426634	9.328099
1	−20.76006	527.3587	3.07e−06	1.492943	2.472138*	1.880930*
2	10.89011	53.06059	2.55e−06	1.297350	3.092540	2.008659
3	39.43005	43.64932*	2.37e−06*	1.193234*	3.804419	2.227865
4	55.65231	22.42489	3.26e−06	1.451403	4.878584	2.809357
5	75.90094	25.01301	4.14e−06	1.591149	5.834325	3.272425
6	103.5894	30.13152	4.48e−06	1.512078	6.571250	3.516676

附表 1-2-4 英国：2007 年 3 月至 2012 年 7 月

Lag	Log L	LR	FPE	AIC	SC	HQ
0	−1024.807	NA	11123657	33.25183	33.45768	33.33265
1	−597.8987	757.4175	37.35371	20.64189	22.08286*	21.20765*
2	−552.4477	71.84192*	28.43547*	20.33702*	23.01309	21.38772
3	−524.6124	38.61027	40.25409	20.60040	24.51158	22.13603

附表 1-2-5　德国：2001 年 1 月至 2007 年 2 月

Lag	Log L	LR	FPE	AIC	SC	HQ
0	−276.4015	NA	0.044852	8.247103	8.377662	8.298834
1	6.489002	524.1794	1.75e−05	0.397382	1.050179*	0.656040
2	38.23284	55.08489	1.11e−05	−0.065672	1.109362	0.399913*
3	55.82054	28.45070*	1.07e−05*	−0.112369*	1.584902	0.560142
4	70.79589	22.46302	1.13e−05	−0.082232	2.137276	0.797205
5	84.38241	18.78136	1.26e−05	−0.011247	2.730497	1.075116
6	102.4277	22.82203	1.26e−05	−0.071404	3.192578	1.221886

附表 1-2-6　德国：2007 年 3 月至 2012 年 7 月

Lag	Log L	LR	FPE	AIC	SC	HQ
0	−364.2270	NA	2.516173	12.27423	12.41386	12.32885
1	−30.56978	611.7050	6.35e−05	1.685659	2.383774*	1.958730
2	−5.702544	42.27430	4.76e−05	1.390085	2.646692	1.881613*
3	13.27278	29.72800*	4.39e−05*	1.290907*	3.106006	2.000892
4	24.98955	16.79404	5.25e−05	1.433682	3.807272	2.362123
5	36.44556	14.89282	6.49e−05	1.585148	4.517230	2.732047

附表 1-2-7　法国：2001 年 1 月至 2007 年 2 月

Lag	Log L	LR	FPE	AIC	SC	HQ
0	−163.5712	NA	0.001624	4.928566	5.059125	4.980298
1	45.10809	386.6705	5.62e−06	−0.738473	−0.085677*	−0.479815*
2	58.16838	22.66344	6.16e−06	−0.652011	0.523022	−0.186427
3	84.10260	41.95242*	4.66e−06*	−0.944194*	0.753076	−0.271684
4	98.05039	20.92168	5.07e−06	−0.883835	1.335673	−0.004398
5	103.9442	8.147302	7.10e−06	−0.586594	2.155151	0.499770
6	121.4410	22.12834	7.23e−06	−0.630618	2.633364	0.662672

附表 1-2-8　法国：2007 年 3 月至 2012 年 7 月

Lag	Log L	LR	FPE	AIC	SC	HQ
0	−287.0021	NA	0.191776	9.700070	9.839693	9.754684
1	−12.05904	504.0623	3.43e−05	1.068635	1.766750*	1.341706
2	10.83754	38.92419*	2.74e−05*	0.838749*	2.095355	1.330277*
3	20.22349	14.70465	3.49e−05	1.059217	2.874316	1.769202
4	32.10076	17.02409	4.14e−05	1.196641	3.570232	2.125083
5	52.28960	26.24548	3.83e−05	1.057013	3.989096	2.203912

附表 1-2-9　日本：2004 年 1 月至 2007 年 2 月

Lag	Log L	LR	FPE	AIC	SC	HQ
0	−39.50110	NA	0.000152	2.558888	2.738460	2.620127
1	7.677784	80.48162*	2.45e−05*	0.724836*	1.622695*	1.031032*
2	23.17457	22.78938	2.63e−05	0.754437	2.370584	1.305590
3	34.75414	14.30418	3.82e−05	1.014462	3.348896	1.810571
4	49.14831	14.39416	5.28e−05	1.108923	4.161644	2.149989

附表 1-2-10　日本：2007 年 3 月至 2012 年 7 月

Lag	Log L	LR	FPE	AIC	SC	HQ
0	−338.7667	NA	1.076871	11.42556	11.56518	11.48017
1	−115.4066	409.4935	0.001074	4.513553	5.211668*	4.786624
2	−90.18725	42.87287	0.000796	4.206242	5.462848	4.697770*
3	−67.68416	35.25484*	0.000653*	3.989472*	5.804571	4.699457
4	−60.98358	9.604168	0.000923	4.299453	6.673043	5.227894
5	−41.24522	25.65986	0.000865	4.174841	7.106923	5.321739

【参考文献】

［1］Gordon Brown. G20 Will Pump Trillion Dollars into World Economy ［EB/OL］. http：//www.euronews. com/2009/04/02/g20-agrees-economy-boosting-package/.

［2］Sims，C. A. Comparison of Interwar and Postwar Business Cycles ［J］. American Economic Review，1980，70 (2).

［3］Sims，C. A. Interpreting the Macroeconomic Time Series Facts：The Effects of Monetary Policy ［J］. European Economic Review，1992，36 (5).

［4］Sims，C. A. Money，Income and Causality ［J］. American Economic Review，1972，62 (4).

［5］［美］卡尔·E.沃什. 货币理论与政策 ［M］. 周继忠译.上海：上海财经大学出版社，2004.

［6］［美］龙多·卡梅伦，拉里·尼尔. 世界经济简史——从旧石器时代到 20 世纪末 ［M］. 潘宁等译.上海：上海译文出版社，2009.

［7］［美］约瑟夫·E. 斯蒂格利茨，联合国金融专家委员会成员. 斯蒂格利茨报告——后危机时代的国际货币与金融体系改革 ［M］. 江舒译.北京：新华出版社，2011.

［8］美国创新战略（2011）主要内容及解读 ［N］. 文汇报，2011-03-08.

［9］陈伟. 推进低碳经济建设应对能源气候挑战——英国低碳转型战略计划解读 ［J］. 新材料产业，2009 (11).

［10］党情娜. 日本 2020 新增长战略——实现强劲的经济、稳健的公共财政、强有力的社保体系 ［EB/OL］. http：//www.istis.sh.cn/list/list.aspx?id=6868.

［11］丁敏. 日本经济 "新增长战略" ［N］. 人民日报，2009-07-14.

［12］何帆. 美联储近期的救市政策及其潜在风险 ［J］. 国际经济评论，2009 (5-6).

［13］金碚，原磊. 德国经济救援行动的评析及对中国的启示 ［J］. 中国工业经济，2009 (7).

［14］雷达，黄族胜. 21 世纪以来美国宏观经济政策与全球失衡 ［J］. 经济与管理，2008 (4).

［15］陆颖，党情娜. 德国 2020 高技术战略——思想·创新·增长 ［EB/OL］. http：//www.istis.sh.cn/list/list.aspx?id=6869.

［16］孟曙光，王志强. 德国应对金融危机推动科技发展 ［J］. 全球科技经济瞭望，2010 (5).

[17] 彭兴韵. 金融危机管理中的货币政策操作——美联储的若干工具创新及货币政策的国际协调 [J]. 金融研究，2009 (4).

[18] 汝鹏，苏竣. 金融危机下的科技政策调整：西方国家的实践及对中国的启示 [J]. 科技进步与对策，2010 (8).

[19] 斯蒂格利茨. 后华盛顿共识 [EB/OL]. http：//intl.ce.cn/zhuanti/data/hsd/hsddata/200911/11/t2009 1111_20396373.shtml.

[20] 王喜文. 数字英国：力图打造世界"数字之都" [J]. 信息化建设，2010 (11).

[21] 王仲成. 英国出台四大战略性产业应对金融危机 [J]. 全球科技经济瞭望，2010 (5).

[22] 张五常. 中国的经济制度 [M]. 北京：中信出版社，2009.

[23] 赵俊杰. 美国依靠科技创新应对金融危机 [J]. 全球科技经济瞭望，2010 (9).

[24] 周晓芳. 法国国家研究与创新战略要点 [J]. 新材料产业，2010 (11).

[25] 朱炳元，赖风. 资本主义发达国家应对金融危机的政策和举措 [J]. 经济理论与实践，2010 (7).

第三章 国际金融体制改革评析

2007 年夏季开始,美国经济开始显现出次级住房抵押贷款危机(简称"次贷危机")。美国雷曼兄弟在次贷危机中破产,其他投行相继被兼并或收购,交易对手(Counterparty)风险使次贷危机波及美国银行业和保险业,并借助华尔街全球金融中心网络向外围国家传导,最终酿成全球性金融危机。本次国际金融危机源于市场机制成熟和金融制度健全的全球经济中心——美国,反映出发达经济体在金融业务模式、经济发展战略方面存在的缺陷、金融体系的脆弱性以及金融监管方面存在的漏洞。国际金融危机迅速扩散,且在发生一段时间后,国际金融体系似乎束手无策,暴露了当前国际金融体系的弊端,改革现有的国际金融体制已成为普遍共识。

危机之初,全球主要经济体联手救市,避免了衰退的进一步加深,针对现有国际金融体制的弊端,着实采取了一系列改革措施。国别层面,出台了更为严厉的国内金融监管法案,加强了对单一金融机构的监管,强化了金融体系稳定的微观基础;强化金融市场建设,修正市场失灵;将系统性风险纳入监管框架,建立宏观审慎监管制度。国际层面,以 G20 为协调国际事务和应对危机的重要平台,主张强化国际合作,举全球之力,共同应对危机,同时在危机压力之下启动了国际金融体制改革的进程。

本次国际金融危机持续时间较长,国际金融市场大幅动荡,实体经济受到重创,国际需求低迷,贸易摩擦加剧,造成了 20 世纪 30 年代经济大萧条以来最严重的经济衰退。为应对危机,各国大都采取了积极的财政政策和宽松的货币政策,成为主权债务危机的重要诱因。目前,主要发达经济体主权债务与 GDP 的比率远远高于 60% 的警戒水平,发端于希腊的欧债危机至今愈演愈烈,是欧元成立以来欧元区面临的最大困难,并拖累了全球经济的复苏进程。

第一节 国际金融危机的起源及原因分析

受次贷危机的影响,美国投资银行业绩短时间大幅下滑,出现了严重的流动性危机,濒临倒闭。2008 年 3 月,摩根大通公司向美国第六大投资银行——贝尔斯登公司提供紧急资金支持,以 2.4 亿美元低价收购贝尔斯登,此举也是美联储为了稳定市场情绪,面临金融股票抛售压力,缓解流动性短缺危机采取的救助措施。7 月,美国两大房地产贷款融资机构房利美和房地美陷入危局。9 月,美国第四大投资银行——雷曼兄弟公司受到次贷危机严重影响,股价无量下跌,财务状况极度恶化,亟待救援。然而,为了避免"大而不能倒"的道德危机，美国财政部和美联储权衡利弊，决定放弃救援，在其他资本（英国巴克莱银行等）收购遇阻的情况下，雷曼兄弟公司宣布破产保护，标志着美国次贷危机正式演变为金融危机。

投资银行美林被美国银行以 440 亿美元收购；美国政府出资 850 亿美元救助美国国际集团；投资银行高盛和摩根斯坦利转变为银行控股公司；10 月，冰岛濒临国家破产。一系列金融事件引发了投资者对金融业的担忧，危机从美国起源，逐渐扩散至整个欧洲，而后殃及整个世界，全球股市出现暴跌，市场流动性日渐枯竭。

时至今日，全球仍没有摆脱金融危机的阴影，此次金融危机被视为 20 世纪 30 年代大萧条以来最严重的一次金融危机。每次金融危机都会引起经济的动荡和衰退，区别只在于程度不同。然而，每次金融危机的起因又各有不同，危机发生以后，人们开始认真分析本次危机的原因。

一、美国宏观经济政策失当

20 世纪 70 年代以来，美国奉行新自由主义，片面强调市场在调节配置经济资源中的作用。90 年代末亚洲金融危机之后，美国过度宽松的货币政策催生了互联网股市泡沫。2000 年网络股泡沫破裂，2001 年美国遭遇"9·11"恐怖袭击。

为了恢复美国经济，自 2001 年 5 月至 2003 年 6 月，美国实施了异常宽松的货币政策，美联储连续 13 次降息，联邦基准利率从 6% 降至 1%，从而为滋生信贷泡沫提供了土壤。低利率政策刺激了投资，借贷消费热情高涨，能源价格大幅上涨，房地产市场空前繁荣，价格不断攀升。在信贷扩张的同时，美国国内的财政纪律也逐渐失去制约，赤字规模越来越大，美元长期对外贬值。

2004 年 6 月开始，受通货膨胀压力的影响和对经济过热的担忧，美国货币政策开始转向，美联储连续 17 次加息，造成以浮动利率计价的次级抵押贷款的违约率大幅上升。

2007 年美国次贷危机爆发，资产价格泡沫破裂，并将全球金融体系和实体经济拖入了深渊。因此，美国宏观经济政策失当是导致此次金融危机起源于美国的重要原因。

二、市场预期与非理性繁荣

微观层面，部分学者将此次金融危机归因于市场的"非理性繁荣"。"非理性繁荣"是美联储前主席格林斯潘在 1996 年描述美国金融资产泡沫时所用的一句名言，描述了一种因投机风气过盛而引发的投资泡沫现象。

东南亚金融危机后，新兴市场国家通过贸易顺差积累了大量外汇储备，并投入到美国资本市场，助推了美国资产价格泡沫。同时，市场预期为了避免重蹈日本泡沫经济的覆辙，美联储将慎用货币政策去解决资产价格上涨的问题，从而认为美国会一直保持宽松的货币政策。

金融危机之前的几年时间里，金融市场表现得风平浪静，波动性低，风险溢价低，一片欣欣向荣的景象，投资者形成了乐观的预期，对资产价格尤其是房地产价格的上涨趋势深信不疑。因此，消费者、投资者和金融机构盲目乐观，低估了房地产市场的价格风险。

然而，在金融市场虚假繁荣表象的背后，市场积累了大量的金融资产泡沫，当出现负面新闻（例如金融机构现金流动性危机）时，导致金融工具收益率大幅上涨，资产价格暴跌，市场出现"羊群效应"，流动性骤减，金融危机爆发。

三、金融体系存在缺陷

金融危机凸显了美国金融体系存在的一系列问题，有些问题直到金融危机爆发后才显现出来。危机爆发后，美国 15 位经济学家组成的斯夸姆湖小组（The Squam Lake Group）在 The Squam Lake Report 报告中指出美国金融体系存在四类问题：

1. 利益冲突和道德风险

利益冲突即委托—代理问题，由于金融体系存在高度的不确定性，很难评估经营业绩是由于代理人的个人努力还是幸运因素，代理人在经营业绩较好时会获得可观的回报，而当业绩表现欠佳时，个人损失却极其有限。金融危机时期，政府会竭尽所能救助"系统重要性"金融机构，"大而不能倒"容易引发道德风险。

2. 标准破产程序对于金融机构难以有效运用

在美国，标准的破产程序既允许企业破产"清算"，又允许企业"重组"，企业重组期间可以免受债权人索债，这对于非金融企业的破产比较奏效，然而对于金融机构的实施却存在困难。因为金融危机时期，资产价格暴跌，"清算"很难做到最大化债权人利益，而且清算成本高昂，同时考虑到许多金融机构严重依赖于短期债务，一旦有风吹草动，债权人可以迅速撤走资金。

3. 商业银行的新融资方式

商业票据、回购协议和其他短期债务工具日渐取代吸收存款而成为商业银行重要的资金来源，正常情况下，商业银行可以采取新债偿还旧债的滚动融资方式。然而，在危机时期，不确定性增加，债权人不再继续延展信用，造成流动性紧缩。

4. 缺乏有效的全面监管框架，金融创新失去控制

金融监管通常能够保证个体金融机构的健康发展，而忽视了金融系统的整体稳定性。金融创新可以提高金融系统配置金融资源的效率，却降低了金融系统的稳定性。金融监管滞后于金融创新，金融创新的部分动机来源于躲避金融监管，例如资本充足率要求等，使金融系统变得更加脆弱。

四、当前国际货币体系内在的冲突与矛盾使危机不可避免

从各国对于汇率制度、结算和储备货币的自由选择等角度来说，现行国际货币体系本质上而言是"无规则"的体系。当前国际货币体系的内在冲突主要有：

1. 缺乏全球调整机制

由于允许各国自主进行制度安排和政策选择，往往导致国家之间"各自为战"，甚至不惜"以邻为壑"。例如，危机发生时贸易保护主义抬头，贸易摩擦和纠纷升级；为了缓解流动性危机，储备货币国家实施量化宽松政策，向世界输出通货膨胀；基于自身利益，进行货币贬值、汇率操纵、资本管制等，这些做法忽视了对全球经济和金融系统的溢出效应和负外部性。

其实，英国经济学家米德于 1951 年分析了开放经济条件下国内均衡目标和国外均衡目标会存在冲突；美国经济学家蒙代尔和英国经济学家弗莱明于 1963 年提出 M-F 模型，

揭示了固定汇率和浮动汇率制度的优点与缺陷；以此为基础，克鲁格曼（Krugman）于1999年提出了"三元悖论"，即一个国家不可能同时实现货币政策独立性、汇率稳定以及资本流动三大金融目标，只能同时选择其中两个。以上著名论断揭示了现行的国际货币体系缺乏内在统一的全球调整机制。

2. 缺乏有效的全球流动性供给机制

目前全球流动性尚没有统一的定义和测算方法。全球流动性供给主要由美国联邦储备银行（FED）、国际货币基金组织（IMF）提供；区域流动性供给主要由各国中央银行、清迈多边倡议（CMIM）和欧洲金融稳定基金（EFSF）提供。① 然而，上述供给的规模相对于国际贸易和国际资本流动整体规模而言太小，况且各国央行所持国际储备比例远远超过其他组织或机构所持比例，当面临全球流动性危机时，各国央行是否愿意慷慨解囊向其他国家（地区）注入流动性应另当别论。因此，新兴市场国家外汇储备存量日渐增多，是现行体系缺乏有效的流动性供给机制的主动防御性措施，同时也是生动体现。应该指出，官方机构提供全球流动性，多为逆周期行为，目的在于削弱经济危机的影响；私人部门通过信贷同样可以提供全球流动性，多为顺周期行为，且以营利和控制风险为目的，形势看好时，信贷比较活跃，经济衰退时，则会紧缩信贷。顺周期提供流动性会放大经济的波动，有些甚至不受货币和金融当局的监管，例如"影子银行"体系，金融危机时期会推波助澜，造成流动性的激增或骤降。

3. 单一主权信用货币充当本位货币

布雷顿森林体系结束后，美元与黄金脱钩，成为事实上的本位货币，且少了货币发行的约束，但"特里芬两难"问题依然存在，即美元无法在为世界提供流动性的同时确保币值的稳定。同时，美国需要在其国际职能和国内目标之间进行权衡，经常会产生目标冲突。

单一主权信用货币充当本位货币会使小国货币"原罪"问题难以破解。Eichengreen 和Hausmann（1999）提出了"原罪"假说：由于小国本币信誉不足，加上国内市场狭小，金融资源有限，在国际市场上不能以本币融资，面临汇率风险，造成"货币错配"；国内贷款多限于短期，面临期限和利率风险，造成"期限错配"。事实上，除了五种主要储备货币，其他国家货币或大或小受到"原罪"问题的影响，小国更是如此。美国经济学家麦金农（McKinnon）提出，货币地位上的小国，注定是主要本位货币的附庸，只有保持经常项目收支平衡，且与大国货币汇率保持稳定，才能避免损失，别无选择。理由是，如果小国出现经常项目逆差，只能靠借外债来弥补，受"原罪"的困扰，例如拉美债务危机和东南亚金融危机；如果小国出现经常项目顺差，就会不断积累外汇储备，本币被迫升值，导致外汇储备不断缩水，国内流动性充斥，滋生泡沫经济，例如日本的泡沫经济。

小国只有保持经常项目平衡才能避免损失，本位货币国家需要持续的经常项目逆差，才能向世界输出流动性，所以国际收支失衡不可避免，且成为常态。东南亚金融危机之后，新兴市场国家通过贸易顺差积累了大量的美元储备，为了保值增值，他们将美元储备投资于美元资产或证券，转变为对美元的债权，导致美元的回流，这种现象被称为"斯蒂

---

① EFSF 是一种临时性安排，将被欧洲稳定机制（ESM）取代。

格利茨怪圈"。美国国内市场流动性充斥，面临通货膨胀的威胁，助推了资产价格上涨，泡沫破裂引发金融危机。

五、产业结构和国际分工失衡

本次金融危机表面上看是次贷违约借助于金融衍生品市场对全球金融体系的一次重大冲击，是金融制度缺陷和非理性金融行为所导致的系统性风险爆发。其实，这次金融危机的深刻根源在于实体经济之中，是虚拟经济的扩张超出了实体经济的承载能力所致，是全球经济失衡的表现。

美国长期以来是世界制造业的引领者，拥有先进的制造业装备和高技能人才，制造业在美国 GDP 中一直占有较高的比重，创造了大量的就业机会。然而，随着工会力量的强大、劳动力成本的上升和制造业竞争优势的下降，美国将制造业向海外转移，以降低生产成本，美国制造业占国内生产总值的比重逐渐下降，同时以服务业为主导的第三产业自 20 世纪 90 年代以来得到了长足发展。

制造业日渐衰落，同时以互联网信息产业为代表的新经济使美国在 20 世纪 90 年代维持了较长一段时间的高速增长，滋生了互联网泡沫经济，互联网信息产业并没有挑起主导产业的重任。之后，美国的房地产业得以发展，形成了以房地产、金融和个人消费服务业为主的产业结构，房地产领域吸引了大量的资金，并累积了大量泡沫。美国《2010 年总统经济报告》数据显示，1980 年美国金融业、保险业、租赁业和房地产业增加值占 GDP 的比重为 15.9%，2007 年比重升至 20.4%；与之相比，1980 年制造业增加值在 GDP 中所占比重为 20%，2007 年则降至 11.7%。公司利润构成中，金融部门的利润在 1980 年仅占 16%，2007 年则升至 21.3%；与之相比，制造业在 1980 年所占比重为 37%，2007 年则降至 16.1%。[①] 这说明，虚拟经济在美国得到了迅速发展，并削弱了实体经济的竞争实力，侵蚀了实体经济的利润空间。

由于没有确立持久的具有竞争力的主导产业，美国产业更迭使投资者长期投资信心不足而倾向于风险性短线投资行为，通过金融市场的波动追逐更多的利润，加剧了金融风险。

此外，发达经济体制造业的海外转移和虚拟经济的扩张，导致了国际分工和国际贸易的失衡。新兴市场国家在制造业行业具有成本优势，且多采取出口导向型的发展战略，对外贸易依存度较高；而欧美为主的发达经济体则在高端制造业、科技信息产业和金融服务业具有绝对优势，并且在制定国际贸易规则、交易价格形成机制等方面掌握主导权，这种不对等的地位扭曲了国际供求关系，导致国际分工和贸易失衡。

第二节　国际金融危机的传导机制及其对实体经济的影响

金融和贸易自由化、全球经济一体化是当今世界经济的根本特征。然而，人们在充分

---

① 根据 2010 年美国《Economic Report of the President》数据整理计算所得。

享受全球化带来的便利和收益增加的同时，也遭受着经济一体化带来的严峻考验。当今国际金融市场相互关联，互动性强，金融危机和金融风险得以传导，并不断蔓延至实体经济。

一、国际金融危机的传导机制

金融危机的传导机制可以分为内部传导与外部传导两个层面。内部传导即金融危机在已爆发过危机的国家内部的传导与扩散，本次金融危机的内部传导过程涉及从房地产市场到信贷市场再到资本市场，进而从金融领域蔓延到实体经济领域；外部传导即金融危机在国家与国家之间的扩散，本次金融危机通过市场信心渠道、贸易渠道、投资渠道和金融渠道等，由美国向全球其他国家（地区）传导，最终酿成全球经济危机。因此，金融危机的传导涉及市场信心、投资和消费、金融市场、实体经济、社会信用等社会经济生活各个领域，是多方面的综合效应。

表 1-3-1　金融危机的传导机制

传导领域		传导机制
市场信心		市场恐慌产生"羊群效应"，消费者、企业和投资者信心遭受重创，经济活动受到抑制
消费传导	消费者收入	消费者收入水平下降，甚至入不敷出，消费支出意愿下降，储蓄意愿增强
	家庭净财富	家庭持有的股票和不动产价格下跌，使家庭净财富严重缩水，信用状况恶化，导致家庭融资困难
投资传导	市场需求	国内外市场需求低迷，企业订单减少，库存压力增加，生产性企业纷纷压缩生产规模，甚至停产，导致投融资意愿下降
	公司净财富	企业股票市值和不动产价值缩水，产生逆向选择和道德风险
国际贸易	贸易风险	危机时期外贸订单减少，企业贸易意愿下降，国际市场萎靡，经济和政治风险骤增，产生溢出效应
	贸易保护	危机时期贸易保护主义措施纷纷出笼，影响世界进出口贸易
金融市场	信贷供给	金融危机使市场流动性紧缩，导致银行和其他金融机构惜贷，金融恐慌加剧，投资者信奉"现金为王"，甚至发生银行"挤兑"现象
	融资成本	危机初期利率高企，股价暴跌，融资成本提高，减少了居民和企业投资意愿
	风险厌恶	危机导致金融风险升水，风险厌恶程度增加，避险资产受热捧
	外汇市场	资本流动加剧，流向出现逆转；汇率波动频繁，货币竞相贬值，影响贸易和投资
	股票市场	股票遭遇抛售，股指下跌，股市进入寒冬
	债券市场	危机时期政府财政干预，增发债券，收益率攀升，引发主权债务危机

资料来源：笔者整理。

二、国际金融危机的演变

此次国际金融危机发端于美国的次贷危机，信用恐慌迅速蔓延至美国金融系统，爆发金融危机，借助全球金融网络，演变为国际金融危机，各国救市采取的扩张性政策导致主权债务危机，并与国际金融危机相互交织，越陷越深。

1. 从次贷危机到银行业危机的转变

美国次贷危机爆发使房地产价格迅速下降，次级抵押贷款违约率上升，从而导致次级抵押贷款金融衍生品价格下跌，持有者账面遭受损失。投资者开始从货币市场抽回资金，出现流动性紧缺，使严重依赖货币市场融资的非商业银行金融机构面临融资困境，不得不变卖资产偿还到期负债。资金盈余银行业出于资金安全和自身的生存，不再向居民、企业发放新的贷款，同时银行间同业拆借市场出现融资困境，金融市场出现普遍的"惜贷"现象，银行业危机发生。其实，次级住房抵押贷款是美国金融市场的衍生工具之一，其风险相对于美国金融体系多年积累的信用和信贷风险而言，只是"冰山一角"。然而，次贷危机却成为本次金融危机的导火索。次贷危机爆发，华尔街投资银行宣告破产或被收购，加剧了信用恐慌；伴随着中小银行的倒闭浪潮，银行领域产生"挤兑"危机，引发了全国信用恐慌。与此同时，房地产价格泡沫破裂，初级产品价格攀升，生产要素价格和生产成本进一步增加，导致企业利润严重下滑，使得美国股市暴跌，全国性的金融危机爆发。

2. 从银行业危机到国际金融危机的演变

经济全球化时代，各国经济联系日益密切，而金融是连接各国经济的重要纽带。金融机构之间互相拆借资金，互相提供担保，互相投资，互为交易对手（Counterparty），形成了以华尔街为中心的全球金融网络体系。华尔街在全球金融资本配置中的地位举足轻重，华尔街爆发金融危机，其他国家和地区恐难独善其身。美国银行业危机通过溢出效应迅速冲击证券市场、期货市场以及外汇市场等金融市场，波及全球经济领域。

次贷危机从美国传递到欧洲主要通过金融渠道：欧洲商业银行大量投资美国的次贷金融产品，并从事大量的金融衍生品交易，通过大量购买CDS来规避金融风险和资本充足率监管要求。次贷危机爆发后，短期货币市场流动性骤减，欧洲商业银行的重要融资渠道被迅速切断。次贷危机从发达国家传递到新兴市场国家的主要渠道是国际资本流动，新兴市场通过贸易顺差积累了大量的外汇储备，为了保值增值，又将外汇储备投资于美国金融市场，购买美国国债等金融产品，为美国金融市场提供了大量的流动性，同时由于新兴市场国家存在套利交易机会，国际投资机构在新兴市场国家进行大量的风险投资。危机爆发后，机构投资者便出售这些风险投资，偿还国内负债，造成新兴市场流动性不足，引发金融危机。

3. 国际金融危机和主权债务危机交互作用

欧洲银行业危机引发主权债务危机，主权债务危机反作用于银行业危机，且相互交织，愈演愈烈。Reinhart和Rogoff（2008）通过对历史上金融危机事件的梳理发现，金融危机发生时，政府倾向于采用扩张性财政政策以刺激经济回暖，因而会导致财政赤字和政府债务增加，主权债务风险加大。银行业危机造成流动性骤然紧缩，同时提高了政府的融资成本。经济衰退时期，靠增税增加政府收入几乎不可能，增发国债便成了政府首要的融资方式，而危机时期新增国债往往会抬高国债收益率，频繁发债则会导致发债行为不可持续，引发主权债务危机。

由于市场担心主权国家债务的可持续性和违约风险，金融市场信心受到严重打击，投资者纷纷抛售风险资产，转向避险资产，使主权国家融资成本进一步上升，国债收益率大都飙升（美国则属例外，美元本位使得美元成为重要的"避险资产"，即使主权债务评级遭降，对于美国国债的强劲需求使美国国债收益率不升反降），主权债务危机又反过来作用于金融系统，产生交互影响，增加了金融系统的风险敞口，加剧了系统性风险。

4. 主权债务危机已经发展到政治意义阶段

IMF 于 2011 年 9 月发布的《全球金融稳定报告》指出，主权债务危机已经发展到政治意义阶段，在财政巩固和调整上，由于利益诉求存在分歧，政治层面很难达成共识。危机期间财政和金融的不确定性增加，人们开始质疑政府稳定金融体系、实施改革从而促进经济增长的能力。

自希腊主权债务危机爆发以来，欧盟深陷债务危机泥潭，且影响到政治领域，多个国家的政府首脑更迭，分别被技术派官员取代。欧盟领导人多次召开峰会，商讨对策，制定了规模 1 万亿欧元的欧洲金融稳定安排，提出了欧元区共同债券的设想，然而，建立财政联盟的倡议却遇到了政治上的阻力，源于欧盟核心国家的政治分歧。2012 年上半年，欧元区负面消息此起彼伏，欧盟各国政党和选民之间的利益和冲突更加难以协调，德国总理默克尔力推财政契约，主张平衡预算，然而因推行紧缩政策已导致欧盟其他国家多个政党下台，法国总统萨科齐败北奥朗德，希腊政府更迭频繁，政府组阁多次失败，民众对于财政紧缩政策更是难以接受，退出欧元区的可能性加大，直接导致欧元兑美元贬值到危机以来最低点。内部矛盾重重，欧债危机愈演愈烈，因此可以说欧元区的真正风险在于政治危机。

三、国际金融危机对实体经济的影响

国际金融危机爆发后，各国纷纷救市，改革现有金融体系，加强金融监管，历经 2009~2010 年连续刺激以后，主要经济指标出现"V"形反转，复苏迹象开始呈现。然而 2011 年主权债务危机一波未平一波又袭，主要发达经济体增长速度明显放缓，金融市场再度紧张，新兴经济体增长的结构性问题和风险上升，增长后劲不足，世界经济面临"二次探底"风险。

1. 国际金融危机提高社会融资成本

国际金融危机造成公司股票、债券、商品等资产价格下跌，银行去杠杆化操作造成信贷紧缩，社会融资成本高企，居民户储蓄意愿增加，节约开支；企业订单减少，投资意愿下降；政府部门税收减少，发债融资成本增加且受到财政巩固的困扰，实体经济受到沉重打击。伦敦银行同业拆借利率（London InterBank Offering Rate，LIBOR）是伦敦一流银行间短期资金借贷的利率，体现了银行从金融市场上筹集资金进行转贷的融资成本，是国际金融市场中大多数浮动利率参考的基准利率，最经常使用的为 3 月期和 6 月期 LIBOR。图 1-3-1 体现了国际金融危机爆发初期美元和欧元 3 月期 LIBOR 利率大幅攀升的事实，且波动较为剧烈。

2. 金融危机影响世界产出

IMF 在 2011 年 9 月发布的《全球金融稳定报告》中认为世界经济增长下行风险明显增大，2012 年 1 月发布的《世界经济报告（更新）》预测全球 GDP 年增长率为 3.5%，指出全球经济复苏仍受欧债危机的威胁和各地经济脆弱性的影响，金融状况恶化，增长前景暗淡，下行风险升级。2012 年 4 月发布的《全球金融稳定报告》中指出经济下行的风险已经降低，然而欧洲银行进一步去杠杆化，金融稳定风险依然存在。图 1-3-2 显示了危机爆发后世界产出受到金融影响，从 2007 年第三季度开始出现大幅下降，2008 年第四季度达到低谷后受经济刺激政策的影响快速复苏（"V"型），继而经济增长速度放缓且有下行态势。

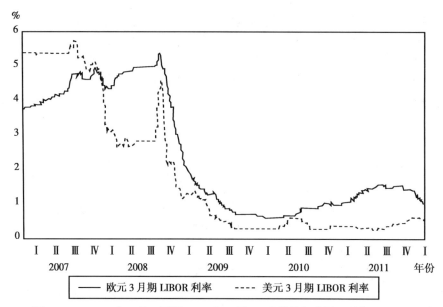

图1-3-1　2007年1月2日至2012年3月13日美元和欧元3月期LIBOR利率

资料来源：英国银行家协会。

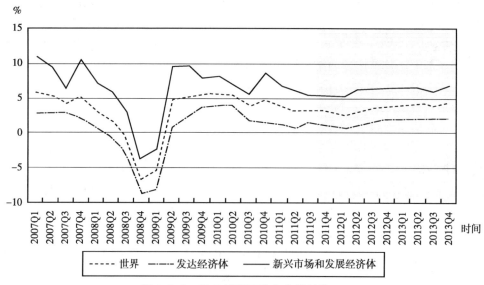

图1-3-2　GDP季度同比年化增长率

注：阴影部分为预测值。

资料来源：IMF WEO数据库。

3. 金融危机影响国际投资和国际贸易

IMF在2011年9月发布的《全球金融稳定报告》中指出，影响跨境投资的因素主要包括：多样化投资分散风险的需要；投资收益；经济长期增长的前景；主权债务风险和市场流动性。金融危机导致国际资本流动速度和流动规模空前加剧，正常的投资活动受到抑制，投机活动盛行。国际资本的快速和大幅进出，致使各国货币汇率波动剧烈，不利于经济稳定复苏；同时由于世界需求下降，各国出口额锐减，贸易保护主义兴起，不利于国际贸易活动的开展。图 1-3-3 显示了商品贸易增长率波动情况。

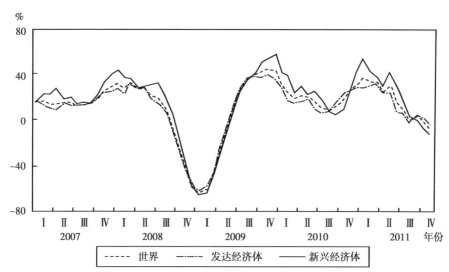

图 1-3-3　2007 年 1 月至 2011 年 11 月商品贸易增长率（3 月移动平均）

资料来源：IMF WEO 数据库。

第三节　国际金融体制改革及评价

此次金融危机撼动了现有的国际金融体系，深刻暴露了其弊端。当前国际货币体系存在国际储备多元化进展缓慢、多样化汇率制度安排造成汇率体系不稳定、国际收支调节机制效率低下造成国际收支失衡等突出问题；国内金融系统存在金融机构"大而不能倒"、现有的标准破产和救援程序针对金融机构难以有效实施、金融监管和风险评估滞后于金融创新等问题（French et al.，2010）；国际金融体系存在国际金融组织协调不力、跨境监管与合作难以有效达成、忽视了系统性金融风险等问题。因此，改革现行国际金融体系的内在缺陷，积极建立稳定的促进世界经济发展的国际金融体系，成为各方关注的焦点。

具体而言，国际金融体系的改革主要集中于三个方面：一是国际金融合作问题；二是国际货币体系问题，包括储备制度、汇率制度、国际资本流动、国际收支调节机制、国际货币基金组织（IMF）改革等；三是金融监管及金融援助问题，包括金融预警体系、危机防范及救助体系、金融透明度和公开性等问题。

一、国际金融合作及成效

国际金融危机伊始，二十国集团（G20）很快达成共识，并取代七国集团（G7），联手推出了大规模的经济刺激政策，避免了"大萧条"的再度发生。目前，作为协调全球经济事务的首要平台，G20 通过一系列峰会议题，着手解决关键问题，在应对全球金融危机、重建国际金融新秩序、推动国际金融体系改革方面产生了积极广泛的推动作用。

随着国际经济和金融的发展，国际货币基金组织（IMF）职能已经不局限于早期的稳定汇率、调节国际收支等目标，而应着眼全局，更广泛地与成员国进行合作，在政策审议、经济和金融监督等方面建立一套适用于所有成员国的准则。同时，国际货币基金组织（IMF）应与世界银行（WB）、国际清算银行（BIS）、金融稳定委员会（FSB）、世界贸易组织（WTO）等建立一个全球合作框架，充分共享信息，明确各自分工，紧密合作，稳定金融体系，保持价格稳定，促进世界经济增长。

1. 建立全球合作和监测机制

历次金融危机都表现出强烈的"传染"效应，在一国遭受金融危机的情况下，缺乏合作和协调机制会使危机迅速传染至其他国家，增加对经济的损害程度。Rajan（2000）将这种传染效应分为两类：通过市场预期实现的"纯粹"传染和通过相互联系导致的"溢出"传染，国内金融体系改革可以消除前者，而后者必须通过开展国际金融合作来解决。

目前 G20 已经召开七次峰会。华盛顿峰会就国际金融危机的起源、加强合作反对贸易保护主义、支持经济增长等问题达成共识，达成一项行动计划应对金融和经济问题；伦敦峰会探讨如何改革国际金融体系以及国际货币基金组织（IMF）、世界银行（WB）等国际金融机构，加强监管，防止危机再次发生；匹兹堡峰会主要议题为推动世界经济复苏、转变经济发展方式、国际金融体系改革和发展等；多伦多峰会主要议题为经济可持续与平衡增长、金融部门和国际金融机构改革等；首尔峰会主张构筑全球金融安全网，并讨论汇率和国际金融机构改革和发展；戛纳峰会关注的焦点为欧债危机、国际货币体系改革、国际金融监管、全球治理等；洛斯卡沃斯峰会强调通过共同努力加强需求和重塑信心，通过支持经济增长和促进金融稳定，来创造高质量的就业机会。

2. 构筑全球金融安全网

流动性供给的不确定性、大规模的资本流动、频繁的汇率波动成为东南亚金融危机之后外汇储备迅速增加的重要动因。实行浮动汇率制度的国家，由于汇率可以自行调节，理论上官方不再需要持有外汇储备。然而，20 世纪 90 年代末金融危机发生时，国际资本流向突发逆转，一些实行浮动汇率制度的东南亚国家突然陷入流动性匮乏的困境，货币急剧贬值。IMF 提供的条件性贷款是当时解决流动性的途径之一，然而东南亚金融危机国家更倾向于自行积累外汇储备，以应付危机时期的流动性需求。

2000 年末世界外汇储备总量 1.94 万亿美元，其中发达国家持有 1.22 万亿美元，发展中国家持有 0.72 万亿美元；2010 年底，世界外汇储备 9.26 万亿美元，其中发达国家持有 3.09 万亿美元，发展中国家持有 6.17 万亿美元（见图 1-3-4）。10 年时间，全球外汇储备总量翻了两番；截至 2011 年第三季度，世界外汇储备 10.18 万亿美元，其中发达国家持有 3.34 万亿美元，发展中国家持有 6.84 万亿美元，与 2000 年末相比，全球外汇储备总量增加了 4 倍多，2000 年末发展中国家外汇储备持有量是发达国家持有量的 59%，2011 年第三季度末则增加为发达国家的 2 倍。

全球外汇储备总量的迅速增加且分布不均，反映了国际收支失衡加剧，即危机爆发以前，美国经常项目逆差逐年增加，德国、日本、石油输出国组织成员国和以中国为代表的新兴市场国家经常项目顺差逐年扩大；危机爆发以后，全球贸易额大幅下降，国际收支失衡状况有所缓解，但随着经济的复苏，国际贸易回暖，国际收支又将重拾危机之前的失衡趋势。

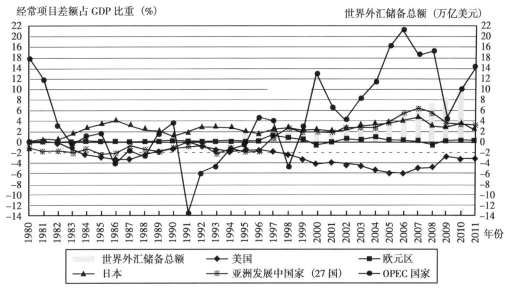

图 1-3-4　经常项目差额占 GDP 比重和世界外汇储备总额

资料来源：根据 IMF WEO 数据库计算整理。

全球金融安全网是 G20 首尔峰会韩国提出的倡议，即主张通过国际合作，建立起危机预防和应对的全球性金融网络，包括成员国储备积累、双边互换、区域流动性安排和以 IMF 为中心的多边安排。IMF 正在设计全球稳定机制（GSM），通过 IMF 的贷款工具（IMF Lending Facilities）连接双边和区域性流动安排，前瞻性地提供流动性，减少危机时期的传染效应，同时有利于缓解东南亚国家积累高额外汇储备的预防性动机，促进国际收支均衡。

IMF 贷款改革是构筑金融安全网的重要组成部分。金融危机后，IMF 对贷款工具进行了系统性改革，取消或改善了一些不常用的贷款工具，添加了更加灵活、面向成员更广、适应性更强的新工具，提高了贷款的效率和可预测性，体现 IMF 应对资本市场全球化和金融危机的重大转变。在预防和应对金融危机时期流动性不足和解决短期国际收支失衡的问题上，IMF 改良了无附加条件贷款工具——灵活信贷额度（Flexible Credit Line，FCL），引入了快速融资工具（Rapid Financing Instrument，RFI），推出了新的预防性信贷额度（Precautionary Credit Line，PCL），同时适度放宽备用贷款安排（Stand-by Arrangements，SBAs）的放款条件。目前，IMF 正在设计更加灵活的短期贷款工具——预防与流动性额度（Precautionary and Liquidity Line，PLL），旨在促进监管协同的区域融资安排（Regional Financing Arrangements，RFAs）也已提上议程。

二、现有国际货币体系改革及评价

一个运行良好的国际货币体系应当做到：储备货币的供应有稳定的基准和发行规则，做到供应有序、总量可调；储备货币币值稳定，执行价值储藏功能；能够为跨境交易（国际贸易、跨境投资等）提供稳定的计价标准和支付手段；国际收支平衡；公平、公正，没有任何国家或组织能够获取额外利益（周小川，2009）。

基于上述标准，危机发生后，对于当前国际货币体系的改革主张大致可以分为两类：激进式和渐进式。激进改革主张包括建立新的金本位制度、建立单一国际货币体系、建立类似于特别提款权（SDR）的超主权货币、建立以美元为中心的类似于布雷顿森林体系的单极国际货币体系（布雷顿森林体系Ⅱ）等；渐进式改革主张包括 IMF 治理结构的改革、SDR 角色的提升、加强国际资本流动管理和汇率协调等。激进式改革主张大都是当前国际货币体系的一种大刀阔斧的改革，理论上比较完美，但实现可能需要较长一段时间，而且容易遭到政治领域的反对。与之相比，渐进式改革主张循序渐进，多以修补与调整为主，是近期内相对比较可行的。

1. 国际货币体系多元化发展

实体经济多极化和以美元为主导的国际货币体系不对称造成了现今国际货币体系的诸多问题，美元的霸权地位将逐渐消失，未来国际货币体系的改革方向应该是构建多极储备货币体系（Eichengreen，2010）。当今超过 80% 的外汇交易涉及美元，美元跨境银行贷款占世界跨境银行贷款的半数以上，美元跨境存款占世界跨境存款近 6 成；美元储备占世界官方外汇储备总量超过 60%，加上欧元、英镑和日元，共占据 2010 年世界储备总量的 95%（见图 1-3-5）。虽然近年美元占比有下降趋势，但在国际金融体系中，美元在私人部门流通的数量至少是储备数量的 6 倍，且由私人部门自行支配和决策，美元的本位地位已"根深蒂固"。

伴随着世界多极化的发展，美国在世界 GDP 中所占比重已大幅下降，1970 年美国 GDP 占世界总量的 35%，2010 年降为 23%。与之相比，经济危机爆发后，新兴市场国家尤其是金砖国家（中国、俄罗斯、印度、巴西和南非）在引领全球经济复苏方面发挥了重要作用。2010 年，金砖国家 GDP 占全球总量的 18%，贸易额占全球贸易额的 15%，外汇储备占全球储备总量的 75%，对世界经济增长的贡献已超过 50%。根据 IMF 于 2011 年 9 月发布的《世界经济展望》，按照市场汇率估算，2015 年美国 GDP 占世界总量的比重将降至 20%，金砖四国（中国、俄罗斯、印度、巴西）所占比重将升至 22%，四国经济总量将超过美国，美国的经济实力与美元本位地位已不相称。

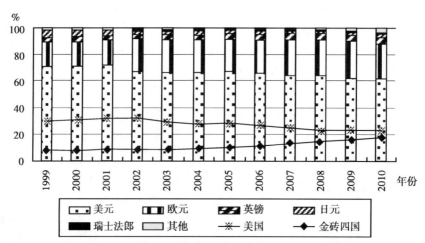

图 1-3-5　已标明官方外汇储备构成中各主要储备货币占比

注：折线图分别为美国和金砖国家 GDP 之和占世界 GDP 的比重。

资料来源：根据 IMF COFER 数据库和 World Bank 数据库计算整理。

一个国家经济规模、国际贸易额、金融市场效率、货币稳定性和兑换性是其货币国际化的重要决定因素（Cohen，2009）。目前在计价、结算货币的选择上仍存在惯性，习惯上采用美元，仅改变其储备货币地位，对于现今的国际贸易和投资交易没有实质性影响，也无助于解决全球经济失衡问题，所以，美元在国际货币体系中的主导地位近期内是不可取代的。次优选择就是建立多元的国际货币竞争体系，实现从过度依赖一种主权货币向多元体系平稳过渡。

1999 年欧元正式启用，打破了美元一统天下的局面，揭开了国际货币体系多元化发展的序幕。新兴市场国家尤其是金砖国家拥有全球 30% 的领土面积和 42% 的人口，经济总量和贸易总额与日俱增，改革现有国际货币体系的呼声高涨，货币国际化愿望强烈。若形成美元、欧元、日元、人民币等主权货币之间的多边制衡体系，则可以有效约束美元霸权，控制美元滥发，真正推进单一本位货币制度向多元本位货币制度的转变，使全球经济结构向更加均衡的方向发展。

2. 监测国际资本流动，避免汇率频繁大幅波动

由于允许各国自由选择汇率制度，有些货币实行"清洁浮动"，有些货币则实行"爬行钉住"或"肮脏浮动"，国际货币体系呈现出浮动利率与固定利率并存的杂乱局面。多样化的汇率制度安排造成汇率体系不稳定，不同国家（地区）汇率和利率的差异存在套汇、套利空间，致使国际资本流动加剧。诚然，国际资本流动能够提高资本配置效率，缓解资本输出国的流动性压力，同时满足资本输入国的资金需求，有助于促进经济发展和提高收入水平，然而，目前全球外汇交易和资本流动显然已远远超出经济基本面（经济发展规模、增长趋势、国际贸易、对外投资、人口和资源等）的正常需要。

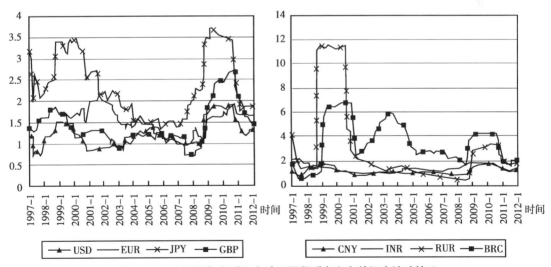

图 1-3-6　主要储备货币和金砖四国货币名义有效汇率波动情况

注：名义有效汇率月度增长率向前滚动 24 个月标准差。

资料来源：国际清算银行（BIS）。

短线投机活动泛滥，汇率波动频繁，长期则严重偏离购买力平价，存在失调趋势。汇率的波动和失调不利于对交易标的进行计价和支付，不利于资产的保值和增值，增加了经

济的不确定性，因而降低了国际贸易和投资的效率。经济危机时期，汇率波动更加剧烈，不利于世界经济的快速复苏。

IMF 历史上一直主张浮动汇率和资本自由流动，本次金融危机发生后，IMF 的这一立场发生转变，认为动荡的资本流动是导致本次金融危机的重要原因之一，跨境资本流动对国际金融体系的影响日益显著，对全球金融稳定至关重要，IMF 应积极监督跨境资本流动。2011 年 4 月 5 日，IMF 发布了一份针对部分新兴市场国家应对资本流入经验的会议纪要，认为对部分已经实施适当宏观经济政策的新兴市场国家而言，可以实施审慎性的资本管制措施以应对大规模资本流入。

3. 拓宽 SDR 使用范围

1969 年 IMF 创立了特别提款权（SDR），用于弥补当时全球国际储备资产的不足，满足国际清偿能力的需要，以缓解主权货币作为储备货币的内在风险。由于设计体系尚不成熟，分配机制和使用范围受到限制，加上美元地位的强势，SDR 一直备受冷落。金融危机之后，伴随着改革国际货币体系的呼声，SDR 引起了人们的重视。

SDR 具有超主权储备货币的特征和潜力，应当着力推动 SDR 的分配和使用范围（周小川，2009）。针对 SDR 的改革包括：进一步扩大 SDR 的份额，扩充 IMF 的金融资源；完善 SDR 篮子的货币构成，将更多实力较强的新兴市场国家货币纳入 SDR 货币篮子，提高新兴市场国家和发展中国家的参与度，同时有助于这些国家货币的国际化；鼓励 SDR 在国际贸易、大宗商品定价、投资和企业记账中作为计价单位使用，鼓励以 SDR 计价的金融资产交易和流通，能有效减少因使用主权储备货币计价而造成的资产价格波动和相关风险；建立 SDR 与其他货币之间的清算关系，将 SDR 应用由政府和国际组织推广至私人部门，使其成为国际贸易和金融交易公认的支付手段，将有助于减轻汇率波动性带来的不利影响。

4. IMF 治理结构改革

IMF 在国际货币体系中应当承担更重要的作用，其重要性必须得到认可（Camdessus et al.，2011）。金融危机发生以后，IMF 在 2008 年和 2010 年进行了两次重要改革。2008 年 IMF 的改革主要包括：采用新的份额计算公式，将权重分配至四个变量：GDP（50%）、开放度（30%）、波动性（15%）和官方储备（5%）；转移 SDR 份额 4.9% 至 54 个成员国，新兴市场国家是主要受惠国；转移投票权份额 5.4% 至 135 个成员国，低收入国家份额增加显著；每个成员国的基本投票权扩大三倍，这是 IMF 成立以来首次增加基本投票权，并承诺在总投票权的比率长期保持不变，提高了低收入国家的投票权份额和参与度；考虑到非洲作为最大选区，允许 IMF 执行董事会的非洲席位具有更大灵活性，允许非洲的每个执行董事可以任命两名副执行董事。这样，非洲国家在总体上就有两位执行董事、四位副执行董事，提高了非洲国家的代表性。

2010 年 IMF 改革主要包括：SDR 份额总量翻番，由 SDR2384 亿美元增加至 SDR4768 亿美元，大幅增加了 IMF 的金融资源，提高了 IMF 的金融危机应对能力；份额转移，包括转移 6% 的 SDR 份额至占比低的新兴经济体和发展中国家，转移 5.3% 的投票权份额至新兴经济体和发展中国家；保护低收入国家的投票权利。调整 IMF 执行董事委员会的构成，所有执行董事将由选举产生，取消任命制度，来自欧洲发达国家的席位将减少 2 个，总数保持在 24 个席位。

经过两次份额调整，对比 2006 年和 2010 年份额占比（见表 1-3-2）：发达国家的 SDR 份额占比由 61.6% 下降到 57.7%，投票权份额由 60.6% 下降至 55.3%；新兴经济体和发展中国家的 SDR 份额由 38.4% 上升到 42.3%，投票权份额由 39.4% 上升到 44.7%；金砖四国（中国、印度、俄罗斯、巴西）在份额调整之后均成为 IMF 的前十大成员国，SDR 份额由 9.1% 上升到 14.2%，投票权份额由 9.0% 上升到 13.5%。

表 1-3-2 国际货币基金组织 SDR 和投票权份额的分配情况（占 IMF 总份额的比重）

	SDR 份额（%）			投票权份额（%）		
	2006 年之前	2008 年改革后	2010 年改革后	2006 年之前	2008 年改革后	2010 年改革后
发达经济体	61.6	60.5	57.7	60.6	57.9	55.3
主要发达经济体（G7）	46.0	45.2	45.3	45.1	43.0	41.2
美国	17.4	17.7	17.4	17.0	16.7	16.5
欧盟 27 国	32.9	31.9	30.2	32.5	30.9	29.4
新兴经济体和发展中国家（EMDCs）	38.4	39.5	42.3	39.4	42.1	44.7
金砖四国	9.1	10.7	14.2	9.0	10.2	13.5
转型经济体	7.6	7.1	7.2	7.7	7.6	7.7
低收入国家	3.5	3.2	3.2	4.0	4.5	4.5

资料来源：IMF 网站，http://www.imf.org/。

2010 年 12 月 15 日，IMF 董事会批准上述改革方案，但是仍需要各成员国完成国内审批程序，并且要符合 3/5 多数、不低于总投票权 85% 的国家批准的条件，整个批准程序在 2012 年 10 月 IMF 董事会年度会议结束之前完成。

三、危机救援、金融监管改革及评价

危机发生后，发达经济体迅速展开国内救援，并加强国际合作，联手救市，避免了衰退的进一步加剧。与此同时，深刻反思国内金融体系的弊端，加强金融合作，改革现有监管法案，完善监管制度和法律框架。

1. 美欧应对金融危机的措施及评价

危机发生后，美欧各国（地区）密切配合，积极采取措施共同应对危机，果断采取救市举措，货币政策与财政政策并用，并不断创新政策工具箱，常规政策与非常规政策相互补充，以避免萧条的进一步加深。

（1）美国。次贷危机发生后，美国政府及时推出一系列政策用于稳定金融市场，刺激经济回升。7000 亿美元不良资产救助计划（TARP）作为一项临时救助措施，由美国政府于 2008 年 9 月向国会提出，要求国会赋予美国政府广泛权利购买美国金融机构不良资产，用以恢复流动性，遏制金融恐慌，重建市场信心，防止危机加深和蔓延。尽管 TARP 计划饱受争议，但其运行一年后，公众对美国金融体系的信心有所恢复，银行间同业拆借利率恢复至初始水平，CDS 息差也明显回落，企业、家庭和机构的融资成本下降，取得了一定的效果。

第一，财政政策方面。主要是出台经济刺激方案。2009 年 2 月 18 日，美国总统奥巴

马签署 7870 亿美元的经济刺激方案，通过扩大公共开支、减税等，实现经济增长和扩大就业的目标。减税是此次经济刺激计划的重要内容，总额高达 2280 亿美元，方案还包括扩大基础设施建设、资助地方财政、改善医疗教育水平及救助困难群众等。

第二，货币政策方面。一是下调利率水平。危机发生后很短的时间内，美联储就将联邦基准利率控制在接近零的水平，并承诺维持 0~0.25% 的超低利率至 2014 年底不变，[①] 通过将利率长期维持在较低的水平，可以源源不断地向市场提供廉价的资金。二是通过购买高评级商业票据、优质公司债券及抵押贷款支持证券等金融衍生品，向市场提供流动性。三是通过创新的金融工具向市场注资，美联储为提供流动性创造了一系列货币政策工具，这些工具包括期限标售工具（Term Auction Facility，TAF）、一级交易商信贷工具（Primary Dealer Credit Facility，PDCF）、商业票据融资工具（Commercial Paper Funding Facility，CPFF）、货币市场投资者融资工具（Money Market Investor Funding Facility，MMIFF）、对美国国际集团的信贷项目（Credit extended to AIG）、定期资产支持证券贷款机制（Term Asset-Backed Securities Loan Facility，TALF）等。此外，美联储还推出了三轮量化宽松（Quantitative Easing，QE）政策（见表 1-3-3）、两期期限扭转操作（Operation Twist，OT），目的在于向市场释放流动性，控制长短期利率水平。从政策效果来看，美国近几年的量化宽松（QE）政策对美国及全球经济产生了深远的影响。

表 1-3-3　美国量化宽松（QE）政策

QE	时间	主要内容
QE1	2009 年 3 月至 2010 年 3 月	购买 1.25 万亿美元的抵押贷款支持证券、3000 亿美元的美国国债和 1750 亿美元的机构证券
QE2	2010 年 8 月至 2012 年 6 月	美联储购买财政部发行的长期债券，每个月购买额为 750 亿美元，直到 2011 年第二季度，总规模 6 千亿美元
QE3	2012 年 9 月至今	每月购买 400 亿美元的抵押贷款支持证券（MBS），未说明总购买规模和执行期限，同时声明如果就业市场前景没有显著改善，美联储将考虑采取更多资产购买行动，并合理利用其他政策工具

资料来源：笔者整理。

通过一系列政策措施，美国短期融资市场利率下降较快，流动性紧缺的状况及时得到了缓解，在一定程度上避免了美国跌入危机的深渊，然而，危机发生后美国实体经济复苏缓慢，失业率居高不下，市场信心仍比较脆弱，系统性风险依然存在。同时，由于美国的宽松措施，导致全球美元计价大宗商品价格上涨，国际资本流动加剧，新兴经济体国家面临输入性通货膨胀的威胁。

（2）欧盟。危机爆发后，欧盟最初的应对策略是，各国奋力拯救本国银行系统，通过注资缓解银行危机；以政府信用担保商业信用，通过宣布对本国个人银行账户提供担保，以稳定存款人信心，解决流动性危机，缓解银行遭受挤兑和破产的风险；欧洲央行、英国央行与美联储联手，向市场注入流动性。然而，各国仓促应对，救援活动明显缺乏协调，

---

① 2012 年 9 月 12~13 日美国 9 月央行议息会议决议，美联储宣布将超低利率指引期限从此前的"至 2014 年末"进一步延长到"至 2015 年中"。

其至可能相互制约，效力彼此抵消，而且影响到公平竞争秩序，使金融危机负面影响进一步扩大（吴弦，2009）。协调行动、共同应对金融危机无疑是欧盟应对危机的最优选择。

2008 年 10 月 12 日，欧元区 15 国在巴黎举行首次欧元区峰会，通过一项欧洲协调行动计划，并得到欧盟 27 国认可，被视为欧盟"联合救市"的重要标志。该项行动计划同意由各国政府为银行再融资提供担保并向银行体系注资，以共同应对金融危机。根据会议发表的声明，各成员国政府为金融机构新发行的中期债务提供担保，并以购买优先股的方式向金融机构直接注资，以缓解银行因信贷紧缩而面临的融资困难。协调行动计划为欧盟各国的救市行动勾勒出统一的政策"工具箱"，包括增加公共支出、减税和降息等财政与货币政策，允许每个国家从工具箱中选取不同的政策工具，结合本国实际，形成合适的政策工具组合。

随着欧债危机的不断蔓延，欧洲央行逐渐突破传统政策范畴，连同欧盟和 IMF，对危机国家实施了多层次、多期限结构的救助机制，出台或内部采取了一系列应对举措。2008 年 10 月至 2009 年 5 月，欧洲中央银行（ECB）连续下调基准利率至 1% 的历史低位，经过 2011 年两次调升与两次调降，2012 年 2 月欧洲央行会议上宣布维持融资利率保持 1% 不变。为了缓解银行业流动性危机，ECB 推出一系列非常规货币政策，旨在增加欧盟银行间的流动性，维持欧洲银行业的金融稳定性。这些非常规货币政策包括：与其他央行的货币互换、总额为 1000 亿欧元的两期资产担保债券购买计划（Covered Bond Purchase Programme，CBPP）、证券市场购买计划（Security Market Plan，SMP）、[1] 两轮三年期长期再融资操作（Long-Term Refinancing Operation，LTRO）（见表 1-3-4）、[2] 直接货币交易（Outright Monetary Transactions，OMT）[3] 等。

表 1-3-4　欧盟长期再融资操作（LTRO）

时间	主要内容
2008 年 4 月	欧洲央行将 LTRO 的融资期限延长到 6 个月
2008 年 10 月	欧洲央行对 LTRO 利率计算方式进行了调整
2009 年 5 月	欧洲央行将 LTRO 的融资期限延长到 12 个月
2011 年 12 月	欧洲央行推出第一轮 3 年期 LTRO，由欧洲银行以符合要求的抵押品进行抵押贷款投标，最低借款 100 万欧元，利率 1%，期限 3 年，1 年后提前告知本国央行后可以提前全部或部分还本，总规模约 4890 亿欧元
2012 年 2 月	欧洲央行推出第二轮 3 年期 LTRO，贷款利率为 1%，总规模为 5295.3 亿欧元

资料来源：笔者整理。

---

① SMP 是指欧洲央行通过对债券市场进行干预，实现流动性调节，从而修复货币政策传导机制。欧债危机爆发后，欧洲央行于 2010 年 5 月恢复了 SMP，购买债务危机国政府债券，扩大资产负债表规模，以确保债券市场上危机国家的国债收益率，进而稳定市场信心。

② LTRO 期限一般为 3 个月，金融危机与欧债危机发生后，欧洲央行调整了贷款期限，并推出了两轮大规模 3 年期 LTRO，鼓励欧洲银行获得低息长期贷款后购买高息债务国国债，从而实现三个目的：补充欧洲银行业的流动性；提高主权债务国国债的认购率，压低国债收益率；降低欧洲央行直接购买债务国国债的现金压力。

③ 2012 年 9 月欧洲央行议息会议启动 OMT，代替 SMP。OMT 是一种无限量冲销式购债计划，被称为欧洲版扭转操作（OT），目的在于确保货币政策的传导机制和单一性，避免欧元区外围国家利率水平偏离基准利率过高。

2. 美欧金融监管改革及评价

金融危机暴露了当前经济和金融领域的诸多弊端,从多数国家的反应来看,危机发生后第一要务是恢复和修复金融机构资产负债表,其次是建立和完善相关监管制度以防止危机重演。因此,巩固复苏成果,重塑金融竞争力,避免虚拟经济过度膨胀,提升金融业服务实体经济的功能,成为本轮金融改革的重要动因。

(1)《多德—弗兰克华尔街改革和个人消费者保护法案》。2010 年 7 月 21 日,美国总统奥巴马签署该法案,正式形成立法。新法案主要体现在重视宏观审慎监管、严格金融监管标准、扩大金融监管覆盖范围以及强化机构协调监管等几方面,主要内容包括:第一,成立金融稳定监管委员会,负责监测和处理威胁国家金融稳定的系统性风险;第二,设立消费者金融保护局,对消费者权益进行适度保护;第三,强化场外金融衍生品市场监管,提高金融工具透明度;第四,限制银行自行交易及高风险的衍生品交易;第五,设立新的破产清算机制,解决"大而不能倒"的道德风险;第六,赋予美联储更大的监管职责,同时其自身也受到更严格的监管;第七,美联储将对企业高管薪酬进行监督,确保高管薪酬制度不会导致对风险的过度追求。

(2)《泛欧金融监管改革法案》。2010 年 9 月 21 日,欧洲议会批准设立泛欧金融监管机构,标志着该法案正式获批并进入实施阶段。根据法案,在宏观审慎监管层面,欧盟设立一个主要由成员国央行行长组成的"欧洲系统性风险委员会",负责监测整个欧盟金融市场上可能出现的宏观风险,及时发出预警并在必要情况下建议应采取的措施。在微观审慎监管层面,欧盟新设 3 个监管局:欧洲银行管理局、欧洲证券和市场管理局、欧洲保险和职业年金管理局,分别负责对银行业、证券业、保险业的金融交易活动实施合规监管,并超脱于单个国家,有权驳回或否定各国监管机构的决定,拥有更权威的最终决定权,被称为"超级监管机构"。

尽管美欧金融监管改革侧重点有所不同,利益诉求也存在差异,但是各国金融改革有效保证了金融机构尤其是银行部门按照既定的监管框架运营,提高了其风险控制和抵御能力。同时,其示范作用将有助于推进全球金融监管改革进程,使各国在加强金融监管的内容和标准上达成更多共识,推动双边乃至多边金融合作。

3. 巴塞尔协议Ⅲ(Basel Ⅲ)及评价

传统金融监管理论认为只要金融机构个体稳健,风险可控,便能够确保整个金融系统的稳定,从而能够防止系统性危机的发生(Lehar,2005)。因此,巴塞尔协议Ⅰ和巴塞尔协议Ⅱ专注于金融机构个体的安全与风险管理。然而,本次金融危机的爆发表明,金融机构的总体风险(即系统性风险)并不意味着金融机构个体风险的简单加总(Adrian and Brunnermeier,2009),金融机构个体健康并不意味着整个金融系统的稳健、安全(周小川,2011)。巴塞尔协议Ⅲ由巴塞尔委员会提出,并在 G20 首尔峰会获得正式批准实施。

微观审慎管理方面,新协议主要体现在提高商业银行资本质量、一致性和透明度,加大风险覆盖,引入杠杆率要求和建立全球流动性标准几个方面。根据要求,截至 2015 年 1 月,全球各商业银行的一级资本充足率下限由现行的 4%上调至 6%,"核心"一级资本(由普通股构成)占商业银行风险加权资产比率的下限由现行的 2%提高至 4.5%,规定资本金的监管调整主要适用于普通一级资本的计算,而且规定了更加严格的资本披露要求。

新协议进行了一系列改革，提高了对交易账户和复杂资产证券化敞口的资本金要求，扩大了风险覆盖范围。此外，新协议提高了交易对手信用风险敞口的资本金要求和信用风险管理标准（范小云、王道平，2012）。为了控制银行部门过度使用杠杆而造成的累积风险，新协议引入一个简单、透明的无风险杠杆率，作为风险资本要求的可靠补充。2010 年 12 月，巴塞尔委员会公布了《巴塞尔协议Ⅲ：流动性风险衡量、标准和监测的国际框架》，作为新协议的重要组成部分。

宏观审慎管理方面，新协议强调逆周期管理，要求建立资本留存缓冲机制和逆周期资本缓冲机制。新协议重视系统重要性金融机构对其他金融机构产生的风险溢出效应和对其他经济部门造成的外部性，提升了对系统性风险的认识和金融机构相互关联性的重视，将加强系统重要性金融机构的监管纳入了巴塞尔协议Ⅲ框架。

巴塞尔协议Ⅲ在监管制度层面确立了微观审慎与宏观审慎相结合的模式，更加重视核心资本，强调预防系统性风险，扩展了商业银行风险管理覆盖的范围，增强了商业银行抵御风险的能力。然而，危机之后的金融监管不应只针对银行系统，而应涵盖整个金融领域，包括非银行机构和影子银行体系。此外，个别国家受到金融危机冲击较小，对于金融监管没有引起足够的重视，导致监管不均衡，金融全球化时代，这将会使金融风险迁移到监管相对宽松的国家或地区，爆发金融危机，从而引起全球金融动荡。

第四节　主权债务危机影响与应对

主权债务危机是政府信用危机，指一国政府不能及时履行对外债务偿付义务而使投资者面临的风险。历史上曾发生过多次主权债务危机，如 20 世纪 80 年代拉美债务危机、21 世纪初阿根廷债务危机等。2008 年 10 月，冰岛政府接管三大资不抵债的银行，使私人部门债务升级为主权债务，外债规模高达 800 亿美元，约为 GDP 的 300%。11 月，冰岛总理宣布冰岛可能面临国家"破产"，舆论为之哗然。2009 年初，东欧形势不断恶化，穆迪调降了乌克兰的主权债务评级，IMF 警告中东欧的债务问题可能引发第二波金融危机。2009 年 11 月 25 日，迪拜酋长国宣布将重组其最大的企业实体"迪拜世界"，延迟 6 月偿还其债务，出现国家债务违约现象。从东南亚金融危机开始，日本政府为应对金融危机，对市场进行干预，1997 年债务余额与 GDP 的比例首次突破 100%。此后，该数值逐年攀升，2009 年突破 200%，2010 年为 215%。2011 年 3 月日本地震灾后重建、福岛核危机处理等，都增加了日本主权债务数额。2011 年 8 月 2 日，美国共和、民主两党经过一番闹剧，在濒临主权债务违约的最后一刻，终于达成协议，分三次上调债务上限 2.1 万亿美元。虽然违约风波暂时平息，然而人们开始怀疑美国政治层面是否能够在未来达成一致，从而解决中期财政巩固问题，美国因此失去了标准普尔 3A 的主权信用评级。美国 2010 年债务余额与 GDP 的比例为 98.5%，2011 年则突破 100%。

上述主权债务危机尽管程度有轻重，但几乎都得到了控制，没有对世界经济造成严重不利影响。由于国债持有主体为国内居民和机构，日本和美国至今没有爆发主权信用危机。然而，发端于希腊的欧洲主权债务危机（以下简称"欧债危机"）却愈演愈烈，"多米诺骨牌效应"显现，危机由欧元区外围国家逐渐蔓延至欧元区核心大国如意大利和西班牙，龙头国家法国也未能幸免，德国也深受危机影响。此次欧债危机使欧洲一体化面临严峻考验，也是欧元问世以来欧元区面临的最大的解体风险。

一、欧债危机的起源、演进与影响

2009 年 11 月 5 日，希腊新总理帕潘德里欧宣布希腊年度预算赤字率为 12.7%，[①]公共债务占 GDP 的比重升至 113%，远远超过欧盟《稳定与增长公约》规定的 3% 和 60% 的趋同标准，消息一出，便引起了全球金融市场的恐慌。11 月 8 日，惠誉国际将希腊主权债务评级由 "A−" 调降至 "BBB+"，展望为 "负面"；12 月 16 日，标准普尔将希腊主权债务评级由 "A−" 调降至 "BBB+"；12 月 22 日，穆迪将希腊的主权债务评级由 "A1" 调降至 "A2"。三大评级机构相继下调希腊主权债务评级，由此拉开了欧债危机的序幕。2010 年 2 月 4 日，西班牙宣布 2010 年公共预算赤字将占 GDP 的 9.8%，引发市场恐慌，西班牙股市暴跌 6%。3 月 24 日，葡萄牙政府债务信用评级遭到惠誉国际调降，由 "AA" 级下调至"AA−"级，欧债危机开始蔓延。4 月 28 日，标准普尔宣布将西班牙的主权债务评级由 "AA+" 调降至 "AA"。8 月 24 日，标准普尔宣布将爱尔兰的主权信用评级由 "AA" 下调至 "AA−"。2011 年 10 月 4 日，穆迪宣布将意大利的主权债务评级由 "Aa2" 下调至 "A2"。2012 年 1 月 14 日，标准普尔将法国主权信用评级由最高的 "AAA" 下调至 "AA+"。

希腊的主权债务评级被屡次下调至垃圾级，葡萄牙、西班牙、爱尔兰、意大利等国的主权债务评级也遭到三大评级机构的下调，就连法国也难逃被降级的命运。葡萄牙、意大利、爱尔兰、希腊、西班牙（简称 "PIIGS"）受债务困扰最为严重，因其国家首字母组合 "PIIGS" 跟 "PIGS" 类似，因此被戏称为 "笨猪五国"。

从欧债危机的演变与发展来看，最直接的表现就是财政赤字、公共债务占 GDP 的比值处于高位，导致融资成本高昂，进入恶性循环。1991 年批准的《马斯特里赫特条约》（简称《马约》）明确了加入单一货币联盟的 5 个趋同标准，其中规定成员国政府年度财政赤字与 GDP 的比值应低于 3%，政府债务与 GDP 的比值应低于 60%。

根据欧洲统计局数据，2000~2011 年，法国和德国财政赤字与 GDP 的比值各有 7 次超出 3%，PIIGS 国家中，意大利有 9 次超出 3%；希腊和葡萄牙自加入欧元区起财政赤字占 GDP 的比重一直高于 3%；爱尔兰和西班牙自 2008 年起财政赤字远超出 3%（见表 1-3-5）。

表 1-3-5　PIIGS 国家政府财政赤字与 GDP 的比重

单位：%

年份	2000	2001	2002	2003	2004	2005	2006	2007	2008	2009	2010	2011
希腊	−3.7	−4.5	−4.8	−5.6	−7.5	−5.2	−5.7	−6.5	−9.8	−15.6	−10.3	−9.1
爱尔兰	4.7	0.9	−0.4	0.4	1.4	1.7	2.9	0.1	−7.3	−14	−31.2	−13.1
意大利	−0.8	−3.1	−3.1	−3.6	−3.5	−4.4	−3.4	−1.6	−2.7	−5.4	−4.6	−3.9
葡萄牙	−3.3	−4.8	−3.4	−3.7	−4	−6.5	−4.6	−3.1	−3.6	−10.2	−9.8	−4.2
西班牙	−0.9	−0.5	−0.2	−0.3	−0.1	1.3	2.4	1.9	−4.5	−11.2	−9.3	−8.5

资料来源：CEIC 数据库。

---

① 赤字率为政府财政赤字与 GDP 之比。2012 年 4 月 22 日，欧洲统计局宣布希腊 2009 年的赤字率为 13.6%。

　　根据欧盟统计局数据，截至 2011 年底，欧元区 17 国中有 12 个国家债务水平超过了《马约》规定的 60% 的趋同标准，包括德国、法国、意大利、西班牙等核心大国，其中德国债务占 GDP 的比重为 81.2%，法国债务余额占 GDP 的比重为 85.8%，意大利为 110.1%。德国自 2000 年以来仅有 2001 年债务余额占 GDP 的比重低于 60%，其他年份均超过 60%；法国自 2003 年突破 60% 以来，债务余额占 GDP 的比重一直高于 60%。图 1-3-7 为 2011 年底欧元区 17 国债务余额占 GDP 的比重情况。

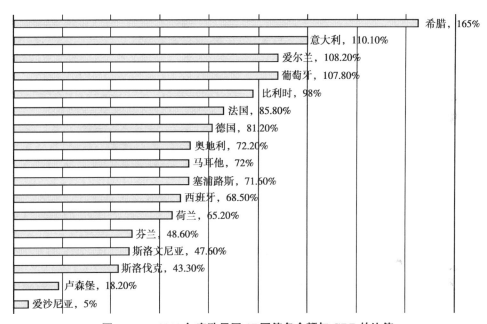

图 1-3-7　2011 年底欧元区 17 国债务余额与 GDP 的比值

资料来源：欧洲统计局。

　　表 1-3-6 为 PIIGS 国家政府债务总额与 GDP 的比值情况，除西班牙外，其他国家近几年均超过 100%，政府负债规模远超出财政负担能力，出现难以为继的局面。

表 1-3-6　PIIGS 国家政府债务总额与 GDP 的比重

单位：%

年份	2005	2006	2007	2008	2009	2010	2011	2012	2013	2014	2015
希腊	100	106	105	111	127	143	163*	161*	165*	159*	151*
爱尔兰	27	25	25	44	65	92	105	113*	118*	117*	115*
意大利	105	106	103	106	116	119	120	123*	124*	123*	122*
葡萄牙	63	64	68	72	83	93	107*	112*	115*	114*	113*
西班牙	43	40	36	40	54	61	68*	79*	84*	87*	89*

注：* 为预测值。

资料来源：IMF WEO 数据库。

图 1-3-8 显示，自 1999 年欧元诞生起，欧元区名义有效汇率指数经历了一段时间的下降后，自 2000 年 5 月开始逐渐走强。受金融危机和美元贬值的影响，欧元区名义有效汇率指数出现了波动。然而，欧债危机发生后，欧元区名义有效汇率指数不断下降，说明相对于其他主要货币，欧元在不断贬值。

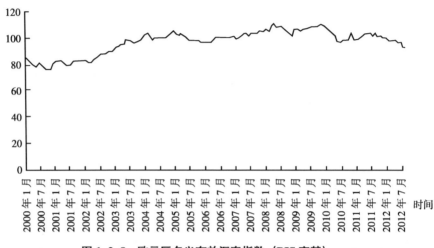

图 1-3-8　欧元区名义有效汇率指数（BIS 宽基）

资料来源：BIS 网站。

受金融危机的影响，欧元区 17 国（整体）的实际 GDP 增长率由 2007 年的 3.0%降低至 2008 年的 0.4%，2009 年经济出现衰退，增长率为-4.4%，由于欧元区应对金融危机的政策刺激，使 2010 年经济增长率回升至 2.0%。然而，受欧债危机的影响，2011 年降为 1.4%，2012 年为负增长。金融危机和欧债危机的双重影响使 PIIGS 国家实际产出远低于潜在产出水平，图 1-3-9 显示，除希腊外，PIIGS 国家从 2008 年起实际产出开始低于潜在产出。

2012 年 6 月，欧元区 17 国调和失业率水平高达 11.3%，是欧洲统计局发布泛欧元区可比较数据以来的最高值。PIIGS 国家中，希腊和西班牙失业率水平更是超过 20%，分别为 24.4%和 24.9%。过高的失业率成为影响社会稳定的不利因素。图 1-3-10 体现了金融危机以来 PIIGS 国家失业率不断攀升的趋势。

二、欧债危机的应对

从以往的历史和经验来看，应对主权债务危机无外乎如下几种方式：第一种是借新债偿旧债（Roll-over），前提是政府发行债券可持续，即该国政府在维持现有债务水平上能够继续借新债而不会出现信用危机的情形，但有可能落入债务陷阱。近期日本和美国都采取这种方式，导致国家债务率不断攀升。第二种是债务货币化，即通过制造通货膨胀或货币贬值减轻债务负担，金融危机时期，美国惯用此种手段，然而本次欧债危机中德国政府极力反对这种做法，理由是货币化带来的通货膨胀会提高危机治理成本，容易导致社会不稳定，引发动荡，还会引发道德风险，降低成员国政府削减财政赤字的动机。第三种就是依靠增加税收、削减开支、调整内部生产要素价格等措施增加偿债资金来源，在紧缩财政前提下实现经济增长，赢回市场信心，降低发债成本，目前欧元区主张采用该种策略应对主权债务危机。第四种是通过和债权人谈判，要求债权人减免部分债务，减轻债务人偿还压力，或进行债务重组，从而将债务余额水平降低到可持续水平上。

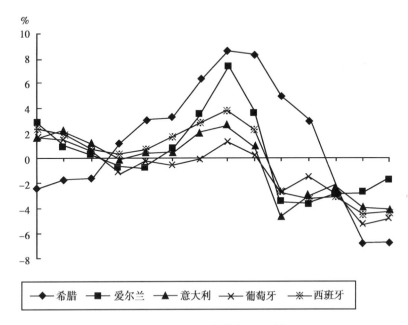

图 1-3-9　PIIGS 国家潜在 GDP 缺口

注：希腊、葡萄牙和西班牙 2011 年及以后年份为预测值；爱尔兰和意大利 2012 年及以后年份为预测值。
资料来源：IMF WEO 数据库。

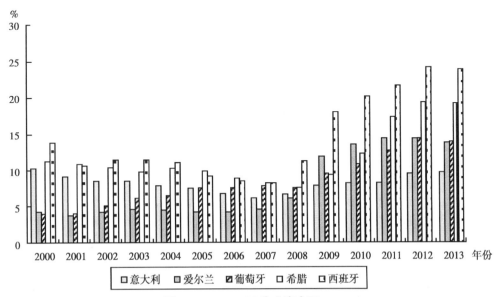

图 1-3-10　PIIGS 失业率水平

注：希腊、葡萄牙和西班牙 2011 年及以后年份为预测值；爱尔兰和意大利 2012 年及以后年份为预测值。
资料来源：IMF WEO 数据库。

1. PIIGS 国家实施紧缩措施应对危机，必要时申请救助

Rossi 和 Aguilera（2010）认为解决欧债危机有三种方案，即成员国实行财政紧缩政策、欧盟提供援助和退出欧元区，目前看来，欧盟和 IMF 提供援助相对于其他两种方案造成的损失最小，然而也以成员国紧缩财政为条件。

欧债危机以来，PIIGS 国家相继出台了财政紧缩措施，包括增加财政收入、削减公共支出、实现财政收支平衡。然而，财政紧缩措施不足以缓解危机带来的影响，成员国接受欧盟和 IMF 救助成了危机重要的解决渠道，希腊、爱尔兰和葡萄牙曾求助欧盟和 IMF 并接受救援。

表 1-3-7　欧债危机爆发以来 PIIGS 国家采取的主要应对措施及被救援方案

国别	时间	事件
希腊	2009 年 12 月至 2012 年 10 月	希腊推出多轮财政紧缩方案，应对主权债务危机并取得救援
	2010 年 4 月 23 日	希腊正式向欧盟和 IMF 申请援助
	2010 年 5 月 2 日	希腊接受欧盟和 IMF 提供的 1100 亿欧元的第一轮救援方案，其中欧盟提供 800 亿欧元，IMF 提供 300 亿欧元。由于紧缩措施得力，8 月 5 日，IMF、ECB 和 EU 追加 90 亿欧元救援资金
	2012 年 3 月 14 日	希腊接受第二轮救援方案，由欧洲央行和 IMF 共同出资，总规模 1300 亿欧元，其中 IMF 出资 280 亿欧元
爱尔兰	2010 年 11 月 16 日	爱尔兰向欧盟和 IMF 发出救援申请
	2010 年 11 月 24 日	爱尔兰政府推出四年期支出缩减计划，以应对其债务危机并取得援助
	2010 年 11 月 28 日	爱尔兰接受欧盟和 IMF 救助方案，总规模 850 亿欧元，12 月 7 日获欧盟 27 国财政部长正式批准，成为第二个接受救助的欧元区国家
葡萄牙	2010 年 5 月 13 日	葡萄牙政府宣布财政紧缩计划
	2011 年 5 月 17 日	葡萄牙接受欧盟和 IMF 救助方案，规模 780 亿欧元，成为第三个接受救助的欧元区国家
	2011 年 11 月 30 日	葡萄牙议会批准 2012 年紧缩预算方案
意大利	2010 年 5 月 25 日	意大利提出第一轮财政紧缩方案，削减预算赤字 250 亿欧元，到 2012 年赤字率削减至 2.7%，6 月 29 日获下议院批准，7 月 15 日获议会批准
	2011 年 9 月 14 日	意大利议会批准第二轮财政紧缩方案，目标节省 1240 亿欧元
	2011 年 12 月 4 日	意大利总理蒙蒂公布 300 亿欧元的财政紧缩措施，包括增税和提高退休年龄
西班牙	2011 年 1 月 29 日至 2012 年 10 月 2 日	西班牙先后推出五轮财政紧缩方案
	2012 年 6 月 10 日	欧元区财长会议批准西班牙救援方案。如果西班牙政府提出正式申请，将对其进行救助，救助规模 1000 亿欧元，西班牙有可能成为第四个接受救助的欧元区国家

2. 建立 EFSF 和 ESM 救助框架，防止危机进一步蔓延

在对希腊进行第一轮救助后，为了稳定全球金融市场，遏制希腊主权债务危机的进一步蔓延，欧盟与国际货币基金组织于 2010 年 5 月推出了总规模达 7500 亿欧元的临时救助机制，救援资金来源包括 EFSF（4400 亿欧元）、EFSM（600 亿欧元）和 IMF（2500 亿欧元）。

2010 年 5 月 9 日，欧元区 17 成员国共同决定，在欧盟财政部长理事会的框架下创立

欧洲金融稳定安排（European Financial Stability Facility，EFSF）。EFSF 作为临时性救助基金，最高可筹集资金 4400 亿欧元，旨在向申请援助并获批的欧元区成员国提供紧急贷款，以欧元区成员国的信用作为抵押发行债券融资，维护金融稳定。2011 年 10 月 27 日，欧洲理事会主席范龙佩宣布 EFSF 将进行杠杆化操作，使 EFSF 救助能力达到约 1 万亿欧元。

由欧盟委员会（EU）与国际货币基金组织（IMF）创立的欧洲金融稳定机制（European Financial Stability Mechanism，EFSM）与 EFSF 同期推出，以欧盟 27 个成员国预算做担保发行债券，在金融市场融资，最高可筹集 600 亿欧元，通过救助欧盟中经济困难的成员国以确保欧洲金融稳定。

EFSF 和 EFSM 作为权宜之计，是遏制欧债危机的临时性防火墙，由于缺乏立法基础，于 2013 年退出，取而代之的是欧洲稳定机制（ESM）。2011 年 3 月 25 日，欧盟领导人就设立 ESM 达成一致，ESM 作为欧洲地区的永久性援助基金，根据欧元区各国协定建立，由欧元区各国按比例出资，总计 7000 亿欧元，其中 800 亿欧元为实收资本，另外 6200 亿欧元为各成员国承诺的"通知即缴"资本，最高可提供 5000 亿欧元贷款，旨在对成员国提供金融救助，并保持受援国国债的可持续性，提高受援国从金融市场融资的能力，从而确保欧元区的稳定。从本质而言，ESM 是在欧盟之外建立的扮演最后贷款人角色的救助机制，能够发行 AAA 债券，并携手 IMF 帮助欧元区陷入困境的国家（刘洪钟和杨攻研，2012）。欧盟、国际货币基金组织连同欧洲央行构成欧债危机救助"铁三角"。2011 年 12 月 9 日，英国除外的欧盟 26 个成员国决定提前一年启动 ESM。

2012 年 6 月 29 日，欧盟峰会通过了"增长与就业契约"，推出 1200 亿欧元"一揽子"经济刺激计划，同时允许 ESM 直接向银行注资，购买重债国国债以降低其融资成本，有利于打破银行业危机和主权债务危机之间的恶性循环。

2012 年 9 月 12 日，德国联邦宪法法院有条件批准 ESM，意味着德国同意将提供 1900 亿欧元担保，其中 220 亿欧元以现金方式支付，欧元区最大经济体德国的裁决对于解决欧债危机，巩固欧盟一体化建设成果意义重大。

三、欧债危机的困境与利益博弈

欧元区制度存在天然的设计缺陷，即统一的货币政策和各国"松散"的财政政策，降低了各国宏观经济调控的灵活性。在应对欧债危机过程中，各成员国的利益诉求存在差异，因此主张采取的应对措施必然体现出复杂的利益博弈过程。

1. 欧元区制度设计缺陷增加危机应对难度

欧元区统一启用欧元并由欧洲央行行使中央银行职责，意味着成员国将货币主权让渡给欧洲央行，欧元区有统一的货币政策。欧洲央行的主要政策目标是保持物价和欧元币值稳定，然而法律并没有赋予欧洲央行最后贷款人角色，这意味着欧洲央行并不能像其他国家央行那样灵活使用各种货币政策工具。由于货币主权让渡造成成员国货币政策和汇率调节手段缺失，成员国只能依赖财政政策，而财政政策的主要目标是保持经济增长和充分就业，这就造成了财政政策和货币政策的不对称性。为了维持欧元区经济指标的协同，欧元区部分成员国不得不利用财政政策或银行信贷工具进行宏观经济调节，由此造成内部失衡并引发经济危机（孙杰，2011）。

没有财政的统一便存在各国财政支出超标的激励，就会存在产生主权债务危机的隐患。欧元区各成员国的货币政策被拧到一起，而财政政策却自行其是，造成成员国过度倚重财政政策"一条腿走路"的困境，结果便是公共支出过度膨胀，财政赤字飙升，进而造成债务累积和主权债务危机问题（郑联盛，2010）。

因此，要改变目前欧元区制度设计中存在的根本性缺陷，就需要各成员国进一步让渡主权，以统一各国的财政，然而，财政主权的让渡势必会引发各种政治力量的博弈，必然会遇到各种各样的阻力和困扰。

2. 增长还是紧缩，欧盟内部纷争不断

如何应对欧债危机，欧盟内部逐渐形成"紧缩派"和"增长派"两大阵营，且两派的对立越来越明显。以国际货币基金组织、欧盟、欧洲央行以及德国、法国龙头国家为主的"紧缩派"，认为实施紧缩措施和进行结构改革是应对欧债危机的正确选择。成员国稳健的财政是未来经济可持续增长的前提条件，紧缩过程虽然痛苦，但它是必经之路，因此对债务危机国的救援也以合适的紧缩方案为条件。相当一部分欧盟成员国包括英国、意大利、西班牙等核心大国属于"增长派"，认为预算赤字超标与财政纪律执行松懈并非导致欧债危机的唯一原因，欧债危机实际上是经济增长危机和信心危机，因此呼吁欧盟优先致力于经济增长，经济增长了，偿债能力自然得到提升，市场信心便会受到鼓舞，危机得以缓解。另外，紧缩带来的负面影响不可小觑，紧缩政策会使欧元区原本不景气的经济停滞不前甚至衰退。为应对欧债危机，债务危机国必须改变高福利的社会经济制度，然而社会福利支出的刚性以及消费固有的棘轮效应必将带来改革的阻力。债务危机国财政紧缩方案屡遭国民抵制，国内罢工不断，失业率居高不下，因此依靠节衣缩食渡过危机容易激发社会矛盾，增加不稳定因素。

目前看来，除了德国外，欧盟绝大多数国家的财政紧缩政策抑制了经济增长。2012年2月，欧盟12国领导人联名致信欧盟领导人，合力反对紧缩，呼吁欧盟重新平衡经济政策，控制削减支出，将经济增长置于优先位置。这说明，欧盟部分成员国对于紧缩财政应对危机的做法提出了异议和抗议，并呼吁出台新的危机应对方案。

3. 加入欧元区后，成员国区内差异扩大

造成欧债危机的直接原因是国际金融危机后欧盟经济刺激计划使得政府债务不可持续，深层次原因则是欧洲"去工业化"进程削弱了国家竞争力。PIIGS 国家中，除了意大利外，其他四国的经济发展水平明显落后于其他成员国。加入欧元区后，希腊等国家发债成本明显降低并形成发债融资依赖，然而经济结构并未进行深刻调整，没有建立起具有较强竞争力的新兴产业部门，经济发展主要依赖于房地产和旅游等周期性较强的行业，致使产业结构过于单调，经济增速乏力。与 PIIGS 国家相比，德国、瑞典等国家由于工业经济和实体经济相对发达，没有受到债务危机的严重困扰。

此外，欧元区建立以后，德国对区内一直保持贸易顺差，而 PIIGS 国家区内贸易大都为逆差。欧债危机以后，PIIGS 国家的国债收益率居高不下，而德国的国债收益率则处于较低的水平。长期政府债券收益率是指在二级市场上到期期限为10年的长期债券的综合平均收益率，按月计算，其水平高低体现了主权债务风险的大小。由图1-3-11可以看出，欧债危机发生以前，PIIGS 国家与德国的长期政府债券收益息差几乎为零，而金融危机以后尤其是 2010 年以来，收益息差逐渐扩大，2012 年第二季度，希腊与德国的收益息差高达 24%，市场认为希腊主权债务风险过大，使希腊债务融资不可持续。

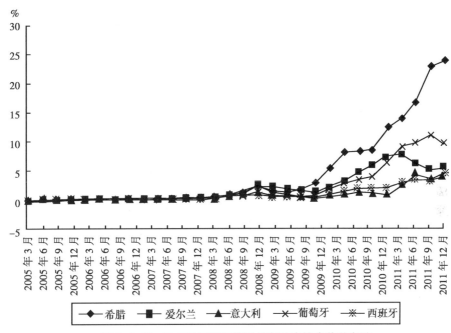

图 1-3-11　PIIGS 国家与德国长期政府债券收益息差

资料来源：CEIC 数据库。

4. 出于国家利益考虑，德国不情愿为欧债危机埋单

《马约》规定，欧盟不能强制动用其他成员国资源去救助某一成员国，欧盟成员国没有义务去救助其他国家。PIIGS 国家实行高福利体制，支出日益庞大，同时人口老龄化带来双重挑战，财政捉襟见肘，其中希腊最为典型，高工资、高公费医疗、高失业救济金远超经济发展承受水平。社会福利制度的刚性又使政府为讨选民满意而不愿冒风险调整福利水平，只能靠长期举借外债。

与之相比，德国为欧元区最大的经济体，GDP 占欧元区近三成，在应对欧债危机中起关键作用。德国主张奖勤罚懒，反对不劳而获，因此德国社会福利水平的增长速度远低于 PIIGS 国家，工人周工作时间也是欧盟最长的国家之一，金融危机爆发以前，德国名义单位劳动力成本指数明显低于 PIIGS 国家。出于保护国内纳税人的利益和国家利益，德国不肯为欧债危机埋单。

在应对欧债危机中，德国认为债务危机国应该痛定思痛，需要寻找自身的原因，趁机改革财政和调整经济结构，通过合适可行的紧缩方案，严格控制国家预算，削减财政赤字，同时态度鲜明地抵制欧元区共同债券，提倡成员国让渡部分财政主权，实施欧元区共同预算。

5. 欧洲深度一体化的实现尚需时日

尽管各种建设性的应对危机建议不断被提出和讨论，然而要真正克服欧债危机还需一段较长时期，必然经历一个长期而痛苦的调整过程。

孙杰（2011）认为，主权国家内部财政协调和地区援助容易实现，然而欧元区域财政协调则必须伴随着财政支持，即欧元区超越统一货币政策的范畴而进一步深入推进到财政管理而不仅是财政政策，财政管理最终体现为各成员国之间财政收支的统一调配和相互援助，这样欧元区将会真正实现深度一体化。然而，这样的财政一体化要在短期内实现难度很大，但可能是欧元区未来发展在理论上的答案。

第五节　国际金融体制改革对全球竞争格局的影响

本次国际金融危机促成了世界主要工业国领袖峰会（G7）向主要工业国与新兴国家的二十国集团峰会（G20）的转变，体现了国际利益的重新分配和国际竞争格局的调整，意味着在国际事务的谈判和商定中，发展中国家的角色和地位悄然发生改变，成为改变世界金融与经济格局的重要里程碑，是国际经济、政治格局走向多极化的重要标志。因此，应当视本次国际金融危机为重塑国际体系和竞争格局的重要机遇，通过国际金融体制改革逐渐改变当今国际货币体系以发达国家为主导的现状，不断满足新兴市场国家和广大发展中国家的利益诉求。

一、国际金融体系作用于全球竞争力的途径分析

一个稳健、高效的金融体系是提高国家或区域竞争力的重要前提。世界经济论坛（World Economic Forum）将量化国家竞争力所用的指标分解为要素驱动、效率驱动和创新驱动三个部分，共 12 个支柱：制度环境、基础设施、宏观经济环境、卫生和基础教育、高等教育和培训、商品市场运行效率、劳动力市场运行效率、金融市场运行效率、技术应用、市场规模、企业熟练度和创新。这 12 个指标相互联系、共同作用，决定国家竞争实力。良好的制度环境和基础设施有利于宏观经济的稳定；一个有效运转的金融市场可以提高商品和劳务市场运作效率，并可以改善资本资源配置，通过投融资渠道进入研发领域，带来产业革命和技术创新，提升国家竞争力。

1. 国际金融市场具有高效的资金配置能力

金融市场是交易金融资产并确定其价格的一种机制，在促成储蓄向投资的转化、推动资本规模的扩大和资本结构的优化、引导资金配置于更有效率的领域等方面发挥重要的作用。

借助于金融市场，可以实现资金融通。银行间可以通过同业拆放市场调剂资金丰缺；短期借贷市场可以满足企业、个人和政府短期资金周转的需要；票据市场方便了资金流通和周转；外汇市场方便进出口买卖外汇和外汇投资；债券成为政府的重要融资工具，信誉良好的公司也会发行债券融资；股票市场是公司进行直接融资的重要场所，也是科技创新型中小公司融资的重要途径；黄金市场可以用来保值增值；期货、期权市场可以规避各种金融风险等。然而，有些金融工具设计的初衷是避险、保值，却被不当使用甚至滥用，逐渐演变为投机手段，放大了金融风险，带来金融市场的动荡。

2. 科技进步和技术创新离不开金融市场的支持

科技创新推动世界进步，成为衡量国家竞争实力的重要指标。历史证明，中小公司在推动科技创新方面起到积极的作用，微软、惠普、苹果、谷歌等一流的公司都是以科技起家，发展初期，得以在创业板市场融资，由小做大，发展成为500强公司。科技同时具有高投入、高风险和高收益的特点。科技创新过程需要大量的资金投入，并存在着诸多不确定因素，极有可能导致创新失败，因此存在技术开发和市场开发双重风险。然而，一旦创新成功，必将会扩大市场份额，产生高额回报，提升企业、产业乃至国家的竞争能力。

金融市场风险与机遇并存，"高风险、高回报"是金融领域永恒的主题。风险投资作为金融形式之一，被誉为高新技术企业不可缺失的孵化器，是研发成果转变为直接生产力的重要桥梁，可以为极具潜质的高科技中小型企业研发提供资金支持。

世界经济论坛发布的《2011~2012全球竞争力报告》指出，瑞士和北欧国家持续排名靠前主要是因为这些国家创新能力强，有非常成熟的企业文化，而且监管机构透明度高，政府一直保持着健康的预算盈余和低债务。

3. 稳定的国际金融体系对于经济和社会发展至关重要

金融市场动荡，金融危机蔓延，社会产生信用恐慌，金融资产价格下跌，国内投资者变现金融资产，国际投资者撤回资金，金融机构遭到挤兑，流动性严重紧缺；实体经济的发展失去金融机构的资金支持，融资出现困境，同时，危机时期储蓄意愿增加，内需和外需均显不足，市场开始萎靡，订单减少，产品滞销，工人失业，经济发展因此进入萧条阶段，国际竞争力下降。因此，稳定的金融体系可以营造良好的投资环境，对于经济和社会发展至关重要。

二、国际金融体系改革对全球竞争格局的影响

金融危机发生后，世界经济进入调整和变革的重要时期，尽管短期内全球化和世界产业的总体分工格局不会出现大的变化，但是新兴经济体在危机之后参与国际事务的影响力和话语权显著增强，正在悄然改变着世界经济力量的基本格局。

1. 发达经济体遭受重创，但实力犹存

美国经济遭受危机重创，国内失业率居高不下，且受到主权债务危机的困扰和中期财政巩固的压力；2011年日本"3·11"大地震和海啸使得日本经济雪上加霜，8月23日日本主权信用评级遭穆迪下调更是令经济复苏步履维艰；欧元区深陷主权债务泥潭，部分国家主权信用已被降至垃圾级，危机从外围国家向核心区国家蔓延，尽管货币统一早已实现，但财政联盟却尚未达成，且难以得到欧元区核心国家尤其是德国的支持，至今没有良策解决欧债问题。

金融危机过后，一些发达国家痛定思痛，重整旗鼓，提出回归实体经济战略，重塑国内经济，避免产业"空心化"，并积极推动产业向低碳和绿色转型。2009年，美国政府提出"再工业化"战略，重视国内工业尤其是制造业的发展，先后发布《重振美国制造业政策框架》、《先进制造伙伴（AMP）计划》和《先进制造业国家战略计划》，抢占新一轮产业和科技竞争的制高点，确保其领先地位；德国政府也提出启动新一轮工业化进程的计划，重点之一是利用新能源等高新技术改造现有产业。

2. 新兴经济体复苏较快，势头良好

与发达经济体相比，新兴经济体尤其是"金砖国家"虽受经济危机影响，但复苏普遍较快，而且保持较好的发展势头，前景看好，与发达国家的实力差距继续缩小。根据高盛集团的预测，到 2040 年时，实力最强大的 4 个新兴市场国家（金砖四国）的经济规模会超过目前经济实力最为强大的 7 个工业化国家（G7）。伴随着综合国力的增强，新兴经济体争取平等地位的意识进一步上升，参与国际事务的愿望和国际影响力日益增强。

危机后战略性新兴产业的发展也将使国际竞争格局出现新的变化，在新材料、新能源等领域，技术路线变动使得行业创新模式仍有很大的不确定性，甚至一些领域的领导型企业尚未出现，新兴经济体与发达经济体在此类领域中起点差距较小，将成为未来国际竞争的焦点。

3. 多边对话机制成为发展趋势

发达国家长期主导世界经济格局已成为不争的事实。"二战"以后，发达国家尤其是美国在世界贸易组织、国际货币基金组织、世界银行等国际组织规则的制定中享有充分的话语权，尽管美国谋求主导国际事务的战略目标始终没有改变，但伴随着布雷顿森林体系的瓦解、区域经济一体化的开展以及世界贸易组织多边贸易谈判的深入推进，美国的经济地位相对下降，其主导地位开始受到挑战，单边主义开始收敛，对外战略调整和收缩成为必然。

当前金融危机是重塑国际体系和竞争格局的重要机遇，本次金融危机促成了世界主要工业国领袖峰会（G7）向主要工业国与新兴国家的二十国集团峰会（G20）的转变，意味着在国际事务的谈判和商定中，发展中国家的角色和地位悄然发生改变，成为改变世界金融与经济格局的重要里程碑，是国际经济、政治格局走向多极化的重要标志。

【参考文献】

[1] Eichengreen, B., R. Hausmann. Exchange Rates and Financial Fragility [R]. NBER Working Paper No.7418, 1999.

[2] McKinnon R., G. Schnabl. The East Asian Dollar Standard, Fear of Floating, and Original Sin[J]. Review of Development Economics, 2004 (3).

[3] Reinhart, C. M., S. R. Kenneth. Is the 2007 U.S. Subprime Crisis So Different? An International Historical Comparison [J]. American Economic Review, 2008, 98 (2).

[4] French, K. R., et al. The Squam Lake Report: Fixing the Financial System [M]. Princeton, NJ: Princeton University Press, 2010.

[5] Rajan, R.. Contagion and the Asian Crisis: Exploring the Case for A Regional Monetary Fund [R]. CIES Policy Discussion Paper, No.0002, 2000.

[6] Eichengreen, B.. Managing A Multiple Reserve Currency World, The Future Global Reserve System-An Asian Perspective 2010 [R]. Asian Development Bank Working Paper, 2010.

[7] Cohen, B. J. Dollar Dominance, Euro Aspirations: Recipe for Discord? [J]. Journal of Common Market Studies, 2009, 47 (4).

[8] Camdessus, M., A. Lamfalussy and T. Padoa-Schioppa. Reforms of the International Monetary System: A Cooperative Approach for the Twenty First Century [R]. Palais Royal Initiative Final Report, 2011.

［9］Lehar, A. Measuring Systemic Risk：A Risk Management Approach ［J］. Journal of Banking and Finance, 2005, 29（10）.

［10］Adrian, T., M. K. Brunnermeier. Covar ［R］. NBER Working Paper, No. 17454, 2011.

［11］Rossi, V., R. D. Aguilera. No Painless Solution to Greece's Debt Crisis ［R］. Chatham House Programme Paper IEPP 2010/03, 2010.

［12］张明. 次贷危机对当前国际货币体系的冲击 ［J］. 世界经济与政治, 2009（6）.

［13］金碚. 从美国金融危机看中国的产业发展 ［J］. 中国金融, 2009（1）.

［14］金碚. 国际金融危机下中国产业经济发展的思考 ［J］. 东北财经大学学报, 2009（9）.

［15］周小川. 关于改革国际货币体系的思考 ［J］. 中国金融, 2009（4）.

［16］吴弦. 金融风暴与欧盟的应对行动协调——内在动因与主要举措述析 ［J］. 欧洲研究, 2009（1）.

［17］周小川. 金融政策对金融危机的响应——宏观审慎政策框架的形成背景、内在逻辑和主要内容 ［J］. 金融研究, 2011（1）.

［18］范小云, 王道平. 巴塞尔Ⅲ在监管理论与框架上的改进：微观与宏观审慎有机结合 ［J］. 国际金融研究, 2012（1）.

［19］刘洪钟, 杨攻研. 超越紧缩——探索欧洲主权债务危机的终结之道 ［J］. 世界经济研究, 2012（4）.

［20］郑联盛. 欧洲主权债务问题：演进、影响与启示 ［R］. 中国社会科学院世界经济与政治研究所国际金融研究中心, Policy Brief, No. 2010.008, 2010.

［21］李永群, 吴乐珺, 管克江. 紧缩还是增长, 孰为欧债危机对策 ［N］. 人民日报, 2012-3-1.

［22］孙杰. 主权债务危机与欧元区的不对称性 ［J］. 欧洲研究, 2011（1）.

第四章 国际贸易框架、规则和措施的调整

第一节 国际金融危机以来国际贸易框架的调整

国际贸易框架的确立是通过国际贸易协定的签署以及相关国际组织的建立与发展而实现的。总体来看，国际贸易框架是朝着贸易自由化的大方向发展的。

一、国际贸易框架的历史沿革①

通过国际合作削减关税的历史可以追溯到 20 世纪 30 年代。1930 年，美国通过大幅度提高关税的《斯穆特—霍利法案》（Smoot-Hawley Act）使美国的经济大萧条雪上加霜。此后，美国政府意识到削减关税的重要性，从而开始推进国际贸易谈判。

早期的贸易谈判仅是双边贸易谈判。如美国与一些食糖出口国通过谈判降低食糖进口关税。但是，双边贸易谈判具有一定的局限性，如很多贸易需要两个以上的国家共同参与才能完成。

多边谈判始于"二战"后。战胜国希望建立一个主持进行国际贸易的实体——国际贸易组织（International Trade Organization），但是该设想一直受到世界上很多国家在政治上的反对。作为一种协调的结果，1947 年，23 个国家和地区签订了关税和贸易总协定（General Agreement on Tariffs and Trade，GATT）。GATT 作为一项临时性的国际协议，在 1995 年世界贸易组织（World Trade Organization，WTO）（以下简称 WTO）成立之前，一直是世界贸易的指导准则。WTO 建立后，GATT 的规则仍然具有效力，GATT 体系的基本逻辑仍被继续沿用。因此，WTO 成立之后的国际贸易框架通常也被称为 GATT-WTO 框架。②

二、现行国际贸易框架③

GATT-WTO 框架在当前的国际贸易中发挥着重要的作用。截至 2012 年 8 月 24 日的

---

①③ ［美］保罗·R.克鲁格曼，茅瑞斯·奥伯斯法尔德.国际经济学——理论与政策（第八版）[M].黄卫平等译.北京：中国人民大学出版社，2011.

② 事实上，GATT 是一项国际协议，WTO 则是一个国际组织，两者的法律属性不同。但是，本章为强调 WTO 框架下仍旧沿用 GATT 协议的基本逻辑，因此采用保罗·R.克鲁格曼和茅瑞斯·奥伯斯法尔德"GATT-WTO 框架"这一说法。［美］保罗·R.克鲁格曼，茅瑞斯·奥伯斯法尔德.国际经济学——理论与政策（第八版）[M].黄卫平等译.北京：中国人民大学出版社，2011.

统计数据显示，WTO 共有 157 个成员，其中包括美国、中国、德国、法国、日本、英国等世界重要经济体，WTO 成员的贸易总额占国际贸易的绝大部分。[①] GATT-WTO 框架与GATT 体系的主要区别在于：第一，GATT 体系建立在临时性协议之上，而 GATT-WTO 框架则建立在国际组织实体 WTO 之上。第二，GATT 体系只针对货物贸易，而 GATT-WTO框架则通过《服务业贸易总协定》（General Agreement on Trade in Services，GATS）建立了服务贸易的规则。第三，GATT 体系专注于实物贸易，而 GATT-WTO 框架则通过《与贸易有关的知识产权协定》（Agreement on Trade-Related Aspects of Intellectual Property，TRIPs）建立了知识产权的贸易规则。第四，GATT-WTO 框架建立了更为正式、有效的争端处理机制。根据 GATT-WTO 框架的争端处理机制，WTO 本身并不具有强制执行权，但却赋予诉讼国对违反规定的国家进行报复的权利。GATT-WTO 框架主要表现为以下几个方面的特征：一是实行约束性关税，二是力图防止非关税贸易干预手段，三是通过贸易谈判回合实现前面两个目标。

国际贸易谈判回合作为 GATT-WTO 框架实现贸易目标的主要手段，到目前为止共开展了九轮。其中，前五轮贸易谈判回合采取"并行式"双边协商，即一个国家同时与多个国家达成双边协议；第六轮贸易谈判回合为于 1967 年达成的肯尼迪回合，该回合将平均关税降低了 35%；第七轮贸易谈判回合为于 1979 年达成的东京回合，该回合在进一步降低关税的同时，还通过了一些控制非关税壁垒扩散的条款；第八轮贸易谈判回合为于 1994年达成的乌拉圭回合；而第九轮贸易谈判回合即多哈回合自 2001 年开始启动，至今尚未达成最终协议。

目前仍在 GATT-WTO 框架中发挥作用的是 1994 年达成的乌拉圭回合。乌拉圭回合的主要精神为：贸易自由化和行政改革。乌拉圭回合的主要贡献包括以下四个方面：第一，将国际贸易的平均关税由 6.3% 降低至 3.9%。第二，农产品在一定程度上的自由贸易。根据达成的协议，农产品出口国在 6 年内应将补贴总额削减 36%，将补贴出口总量削减21%。此外，使用进口配额保护农业的国家（如日本）应采用关税取代配额，且未来不可再提高关税。第三，纺织品和服装贸易在一定程度上的自由贸易。根据达成的协议，将终止原有的《多边纤维协定》，在 10 年内逐步取消对纺织品和服装贸易的所有数量限制。第四，制定了新的政府采购规则，为进口产品争取更多的政府采购合同。总体来看，乌拉圭回合对各国不同生产部门间的收入分配产生了强烈的影响，成本由一国中相对集中的利益团体承担，收益则由该国较为分散的大众获得。

乌拉圭回合最终能够成功达成的重要原因在于：第一，维护了世界重要经济体的整体政治利益。例如，《多边纤维协定》的终止带来中国等发展中国家服装出口的快速增长，从而引发美国服装生产者的政治不满；但是，农产品贸易自由化给美国农民带来的出口收益，以及美国服务业在 GATS 规则下所获得的自由贸易市场，有力地抵消了上述不满。当时的欧共体长期饱食农业计划带来的预算赤字苦果，却碍于农民集团的政治势力难以进行改革，而乌拉圭回合则给欧共体提供了修改该项计划的借口。中国等发展中国家能够从纺

① WTO. Understanding The WTO：The Organization ［EB/OL］. http：//www.wto.org/ english/thewto_e/whatis_e/tif_e/org6_e.htm，2012.8.24//2012.10.6.

织品和服装贸易及其他自由化中获得巨大的收益。第二，谈判破裂所带来的成本远高于接受协议的成本。乌拉圭回合最终达成的前夕，美国国内的贸易保护主义盛行，法国、日本、韩国等国家为维护本国农民的利益极力反对农产品贸易自由化。但是，总体来说，参与谈判的各国对于谈判破裂可能带来的后果有着清醒的认识，都不希望此前近半个世纪的贸易自由化进程出现严重倒退。

三、国际贸易框架调整的方向和主要内容

国际贸易框架的调整主要是通过贸易谈判回合来实现的。目前正在进行的贸易谈判回合是多哈回合。国际金融危机以来国际贸易框架的调整主要是通过多哈回合谈判来实现的。

2001 年 11 月，在卡塔尔的多哈召开的 WTO 第四次部长会议上，多哈回合正式启动。多哈部长宣言提出了谈判的总体要求，其中包括农业、服务业、知识产权等较早开始的议题。在多哈回合中，对于如何处理发展中国家在执行现有 WTO 协议时遇到的问题，部长也被赋予了决定权。多哈回合（Doha Round）的目的是通过更低的贸易壁垒及对贸易规则的修改，实现国际贸易框架的改革。多哈回合通常也被称为多哈发展议程（Doha Development Agenda），以强调其改善发展中国家贸易前景的基本目标。[1]

2001 年多哈回合启动的卡塔尔部长会议上提出了 20 个贸易领域的议题，在 2005 年香港部长会议上，对原有谈判议题进行了扩充。到目前为止，多哈回合主要涉及 36 个方面的议题，其中以农业、非农产品市场准入、服务业、规则、与贸易有关的知识产权、贸易与环境等议题最受关注。[2]

1. 多哈农业谈判

尽管乌拉圭回合对于促进农业贸易向公平竞争、减少扭曲的方向发展起到了至关重要的作用，但是其对农业贸易自由化的改革仍不够彻底。比如，GATT 1994 条款中关于农业贸易的部分，仍旧允许 WTO 成员在一定的条件下使用补贴等可能造成扭曲的非关税措施。因此，为进一步深化农业贸易自由化改革，根据乌拉圭回合中的农业协议，WTO 成员按照承诺于 2000 年开始了新农业贸易谈判。2001 年，在卡塔尔部长会议上，随着多哈回合的启动，WTO 新农业贸易谈判授权成为多哈谈判的一项核心议题。[3]

多哈农业谈判的主要目标是减少由高关税及其他贸易壁垒、出口补贴、国内支持所导致的农业贸易扭曲，关注与农业相关的社会、政治敏感问题，并满足发展中国家在农业贸易方面的需求。在多哈农业谈判中，农业贸易改革的谈判目标主要包括三个方面：市场准入、国内支持和出口补贴。[4] 多哈农业谈判原计划于 2005 年之前结束，但是到目前为止仍未达成最终协议。2004 年签署的《农业模式框架协议》是促进多哈农业谈判项进入模式谈

① WTO. The Doha Round [EB/OL]. http://www.wto.org/english/tratop_e/dda_e/dda_e.htm, 2012.10.19.
② WTO. Subjects Treated under the Doha Development Agenda [EB/OL]. http://www.wto.org/ english/tratop_e/dda_e/dohasubjects_e.htm, 2012.12.2.
③ WTO. Agriculture: Fairer Markets for Farmers [EB/OL]. http://www.wto.org/english/thewto_e/ whatis_e/tif_e/agrm3_e.htm, 2012.12.2.
④ WTO. Agriculture: Negotiating Modalities [EB/OL]. http://www.wto.org/english/tratop_e/dda_e/ status_e/agric_e.htm, 2012.12.3.

判的一项阶段性协定。此后，农业谈判进展缓慢。在国际金融危机期间，发达国家/地区与发展中国家/地区在特殊保障机制上的显著分歧导致 2008 年 7 月一揽子方案的失败。[①] 2008 年 12 月 6 日，谈判各方初步对《农业模式修正草案》达成一致。《农业模式修正草案》可以视为国际金融危机以来多哈农业谈判取得的最为重要的成果。

从《农业模式修正草案》来看，国际金融危机以来多哈农业谈判主要在以下三个方面取得了进展：[②]

（1）国内支持（Domestic Support）。第一，扭曲贸易的国内支持总量。《农业模式修正草案》中就削减扭曲贸易的国内支持总量（Overall Trade-Distorting Domestic Support，OTDS）达成初步共识。《农业模式修正草案》在对 OTDS 的计算方法进行了详细规定的基础上，提出以下的基本削减标准：OTDS 超过 600 亿美元的 WTO 成员，应削减 80%；OTDS 超过 100 亿美元但低于 600 亿美元（含 600 亿美元）的 WTO 成员，应削减 70%；OTDS 低于 100 亿美元（含 100 亿美元）的 WTO 成员，应削减 55%。根据该标准，欧盟应削减 80% 的 OTDS，美国和日本应削减 70% 的 OTDS，其他成员应削减 55% 的 OTDS。在期限方面，根据《农业模式修正草案》的规定，发达国家应在 5 年内通过"六步走"方案实现削减承诺，发展中国家则可以在 8 年内通过"九步走"方案实现削减承诺。根据这一期限规定，美国、欧盟和日本应立刻削减 25%，其他 OTDS 数额较大的发达国家也应立刻削减。

第二，分区域补贴。WTO 一般将补贴标以不同颜色的区域（Boxes），以区分其对农业贸易扭曲程度的不同。其中红色区域（Red Box）表示禁止该项补贴，黄色区域（Amber Box）表示该项补贴应暂缓，绿色区域（Green Box）表示允许该项补贴。但是，在农业贸易中不存在红色区域，而是另有一种蓝色区域（Blue Box）。可以将蓝色区域的补贴视为一种有条件的黄色补贴，即以减少扭曲为条件的农业补贴。[③] 根据《农业模式修正草案》对黄色区域补贴（Amber Box Subsidy，AMS）的规定，欧盟应削减 70% 的 AMS，美国和日本应削减 60% 的 AMS，其他国家应削减 45% 的 AMS。AMS 比例较高的发达国家，应立刻削减。根据《农业模式修正草案》对蓝色区域补贴（Blue Box Subsidy，BBS）的规定，发达国家单位农产品 BBS 比例不得超过 2.5%，发展中国家单位农产品 BBS 比例不得超过 5%。在绿色区域补贴（Green Box Subsidy，GBS）方面，就独立于农产品生产水平的收入支持补贴、发展中国家的食物储存、补贴的监测和监管等问题进行了修正。

第三，微量补贴。根据《农业模式修正草案》对微量补贴（De Minimis Subsidy，DMS）的规定，发达国家应削减 2.55% 的 DMS，发展中国家应在未来三年内削减 2/3，以 6%~7% 为目标。但是，如果补贴主要是用于农民维持生存或补足匮乏的资源等目的，则不需要进行削减。

（2）市场准入（Market Access）。①关税。根据《农业模式修正草案》提出的农产品关税削减公式，对较高的关税应实施较为严厉的削减幅度。其中，对发达国家而言，现有关

①　朱满德，程国强. 多哈回合农业谈判：进展与关键问题 [J]. 国际贸易，2011 (6).

②　WTO. Revised Draft Modalities for Agriculture [EB/OL]. TN/AG/W/4/Rev.4. http: // www.wto.org/english/tratop_e/ agric_e/negoti_e.htm，2008/12/6//2012/12/2.

③　WTO. Domestic Support in Agriculture: The Boxes [EB/OL]. http://www.wto.org/english/tratop_ e/agric_e/agboxes_e. htm，2012.12.3.

税税率在 20% 之下的应削减 50%，现有关税税率在 75% 以上的应削减 70%，平均削减幅度不应低于 54%，现有关税税率最高不能超过 100%。对发展中国家而言，各层关税削减幅度是同层次发达国家削减幅度的 2/3，且现有关税税率平均削减幅度不应低于 36%。②特殊产品。根据《农业模式修正草案》的规定，对于特殊产品可以采用较为灵活的方式。如对于一些敏感性产品，发达国家和发展中国家均可以给予其较小幅度的关税配额。

（3）出口竞争（Export Competition）。①出口补贴。根据《农业模式修正草案》，发达国家应在 2010 年底取消 50% 的出口补贴，在 2013 年底全面取消出口补贴；发展中国家全面取消出口补贴的期限可适度延长。②其他修正。包括对出口信贷、担保和保险、国际食物援助、出口国营贸易企业等内容的修改。

以上是 2008 年 12 月 6 日《农业模式修正草案》取得的主要成果。此后，多哈农业谈判的主要焦点集中在《农业模式修正草案》尚未解决的问题上，包括已达成承诺的时间进度，以及关税、关税配额、国内支持的新承诺等。

总体来看，在国际金融危机之前，多哈农业谈判虽然取得了一定的阶段性成就，但进展十分缓慢。自国际金融危机以来，多哈农业谈判各方尽管仍存在明显的分歧，但是合作的愿望更加强烈，从而促使多哈农业谈判在一定程度上得以显著推进。尽管如此，但是由于尚未签订最终的国际贸易协定，所以在承诺的实施方面仍难以得到有效保障。

2. 多哈非农产品市场准入（NAMA）谈判①

多哈 NAMA 谈判主要涉及工业品、制造业产品、纺织品、燃料和矿产品、鞋类、珠宝、林产品、渔产品、化学品等多种非农产品，NAMA 谈判所涉及的产品占到了世界货物贸易总额的近 90%。NAMA 谈判的主要目的是，减少或适当削减非农产品的高关税以及各种非关税壁垒，并特别关注发展中国家非农产品的出口利益。

NAMA 是自 2001 年多哈回合启动起就开始进行的一项核心议题。多哈 NAMA 谈判的主要进展包括 2004 年 7 月《七月框架》(The July Framework) 确立的谈判模式框架、2005 年 12 月香港部长会议上确定的进一步谈判计划、2007 年 7 月提出的谈判模式草案，以及 2008 年经 2 月、5 月、7 月、12 月四次会议而形成的《谈判模式修正案》。

从 2008 年 12 月提出的《谈判模式修正案》来看，多哈 NAMA 谈判取得的主要进展包括以下四个方面：

（1）关税削减。工业品关税削减可以使用简单瑞士公式进行计算。瑞士公式如下：②

$$t_1 = \frac{\alpha t_0}{\alpha + t_0}$$

其中，t_0 表示削减前的基础关税税率，t_1 表示削减后的最终关税税率，α 表示瑞士系数。

瑞士系数对发展中国家成员和发达国家成员有所不同。其中，瑞士系数对所有发达国家成员均取相同值 8；但对发展中国家成员则根据其灵活性取值，系数大小与灵活性成反

① WTO. Non-agricultural Market Access（NAMA）[EB/OL]. http://www.wto.org/english/tratop_e/ dda_e/status_e/nama_e. htm, 2012.12.3.

② WTO. Chairperson's Texts [EB/OL]. http://www.wto.org/english/tratop_e/markacc_e/ markacc_chair_texts07_e.htm, 2008.12.6//2012.12.3.

比，可能的取值包括 20、22 和 25。根据瑞士公式，现有关税税率越高，对其削减幅度就越大；但是对发展中国家而言，系数越大则意味着关税削减幅度越低。《谈判模式修正案》还对发展中国家瑞士系数的选取原则进行了细致的规定。

在关税削减的期限方面，发达成员以 5 年为期，发展中成员以 10 年为期，起始日为多哈结果生效的次年 1 月 1 日。

根据《谈判模式修正案》，共约 40 个成员、世界近 90% 的 NAMA 贸易同意使用瑞士公式（其他成员遵循特殊规定），其中有 4 个是新成员（Recently-Acceded Members，RAMs）。

（2）特殊规定。《谈判模式修正案》根据阿根廷、巴西、巴拉圭和乌拉圭、阿曼的特殊情况制定了特殊规定。

（3）大幅度关税削减或消除关税。就《谈判模式修正案》大幅度关税削减或消除关税的部门达成了一致，包括汽车及其零部件，自行车及其零部件，化学品，电子、电器产品，渔产品，林产品，宝石和珠宝产品，原料，运动器材，卫生保健及医药设备，手工艺品，玩具，纺织品、服装和鞋类，工业机械。

（4）新成员（RAMs）待遇。对于不使用瑞士公式的 RAMs，根据其加入 WTO 的承诺，不要求其削减关税。对于同意使用瑞士公式的 RAMs，如中国、中国台北、克罗地亚，可以获得 3 年关税削减延缓期。

以上是 2008 年 12 月 6 日 NAMA《谈判模式修正案》取得的主要成果。但是，多哈NAMA 谈判在以下方面进展缓慢：一是非关税壁垒的削减问题，二是南非关税同盟成员等特殊国家和地区不适用瑞士公式而产生的特殊规定谈判问题，三是大幅度关税削减或消除关税的时间、方式承诺谈判。

总体来看，在国际金融危机之前，多哈 NAMA 谈判虽然取得了一定的阶段性成就，但进展十分缓慢。自国际金融危机以来，多哈 NAMA 谈判各方尽管仍存在明显的分歧，但是合作的愿望更加强烈，从而促使多哈 NAMA 谈判在一定程度上得以显著推进，特别是在关税削减方面基本达成了共识。但是多哈 NAMA 谈判仍有很多重要问题尚未解决，谈判仍旧任重道远。

3. 多哈服务业谈判①

多哈服务业谈判主要涉及电信、银行、保险、建筑、配送和运输等提高整体经济功能的部门。多哈服务业谈判的总体目标是：政府在规制方面的开放、发展与透明化，同时关注最贫穷国家。多哈服务业谈判十分注重政府开放的灵活性，任何成员的政府均可以自行决定希望将哪些服务业部门以何种程度对外开放。

与农业谈判类似，服务业谈判开始的时间也较早，乌拉圭回合之后，2000 年 1 月新谈判即已启动。在 2001 年卡塔尔部长会议上，新服务业谈判也授权成为多哈回合的一项核心议题。2005 年 12 月香港部长会议上，多哈服务业谈判的一些关键原则得以确认。但是，2006 年谈判因受阻而终止。2007 年 2 月，多哈服务业谈判得以重新恢复，2008 年7 月的"信号会议"和 2009 年 3 月提交的《修正草案》是目前多哈服务业谈判取得的最主要进展。

---

① WTO. Services［EB/OL］. http：//www.wto.org/english/tratop_e/dda_e/status_e/serv_e.htm，2012.12.3.

　　但是，从目前多哈服务业谈判的进展来看，其进程远落后于农业谈判和 NAMA 谈判，目前关于谈判模式尚未达成一致，实质性进展十分缓慢。

　　4. 多哈规则谈判①

　　多哈规则谈判涉及反倾销、补贴及反补贴措施，以及区域贸易协定。多哈规则谈判的主要目标是：第一，明确并改进反倾销协议、补贴及反补贴措施。第二，在考虑发展中国家渔业部门重要性的前提下，改进 WTO 渔业补贴规则。第三，明确现行 WTO 区域贸易协定规则和程序，并予以改进。多哈规则谈判主要是在现有 WTO 相关规则基础上的调整和发展。但是，到目前为止，多哈规则谈判分歧严重，谈判尚未出现实质性进展。

　　5. 多哈知识产权谈判②

　　多哈知识产权谈判当前主要谈判内容包括：第一，葡萄酒地理标志多边注册制度；第二，葡萄酒地理标志保护程度；第三，专利申请人是否应披露其发明中原材料的来源和涉及的传统知识等三个方面的主要内容。其中，第三项内容主要涉及 TRIPs 和联合国生物多样化国际公约之间的关系问题。截至 2008 年 6 月部长小组会议，多哈知识产权谈判尚未取得实质性进展。

　　6. 多哈贸易和环境谈判③

　　多哈贸易和环境谈判主要包括三个方面的内容：第一，为环保产品和服务创造更加开放的市场；第二，在贸易和环境规则方面取得共识；第三，WTO 和多边环境协定（Multilateral Environmental Agreements，MEAs）的合作问题。截至 2008 年 6 月部长小组会议，多哈贸易和环境谈判已涉及空气污染控制、可再生能源、废物管理、水和废水处理等领域的一些重要问题，但是尚未取得实质性进展。

---

　　① WTO. Rules ［EB/OL］. http://www.wto.org/english/tratop_e/dda_e/status_e/rules_e.htm, 2012.12.3.

　　② WTO. Intellectual Property: Geographical Indications and Biodiversity ［EB/OL］. http://www.wto. org/english/tratop_e/dda_e/status_e/gi_e.htm, 2012.12.3.

　　③ 具体包括：(1) 农业 (Agriculture)；(2) 服务业 (Services)；(3) 非农产品市场准入 (Market Access for Non-agriculture Products, NAMA)；(4) 农产品及非农产品市场准入平衡 (Balance between Agriculture and NAMA)；(5) 与贸易有关的知识产权 (Trade-related Aspects of Intellectual Property Rights, TRIPs)；(6) 贸易和投资的关系 (Relationship between Trade and Investment)；(7) 贸易和竞争政策的交互影响 (Interaction between Trade and Competition Policy)；(8) 政府采购的透明度 (Transparency in Government Procurement)；(9) 贸易便利化 (Trade Facilitation)；(10) WTO 反倾销规则 (WTO Rules: Anti-dumping, GATT 第 VI 条)；(11) WTO 补贴规则 (WTO Rules: Subsidies)；(12) WTO 区域贸易协定规则 (WTO Rules: Regional Trade Agreements)；(13) 争端解决谅解 (Dispute Settlement Understanding)；(14) 贸易与环境 (Trade and Environment)；(15) 电子商务 (Electronic Commerce)；(16) 小型经济体 (Small Economies)；(17) 贸易、债务和金融 (Trade, Debt and Finance)；(18) 贸易和技术转让 (Trade and Transfer of Technology)；(19) 技术合作和能力建设 (Technical Cooperation and Capacity Building)；(20) 最不发达国家 (Least-Developed Countries)；(21) 特殊和差别待遇 (Special and Differential Treatment)；(22) 与实施有关的问题和关注 (Implementation-related Issues and Concerns)；(23) 整合框架 (Integrated Framework)；(24) 商品问题 (Commodity Issues)；(25) 一致性 (Coherence)；(26) 贸易援助 (Aid for Trade)；(27) 新成员 (Recently-Acceded Members, RAMs)；(28) 登记入册 (Accessions)；(29) GATT 1994 的履行 (Implementation GATT 1994)；(30) 卫生和植物检验检疫措施 (Sanitary and Phytosanitary Measures)；(31) 技术性贸易壁垒 (Technical Barriers to Trade)；(32) 海关估价 (Customs Valuation, GATT 第 VII 条)；(33) 原产地规则 (Rules of Origin)；(34) 横跨性议题 (Cross-Cutting Issues)；(35) 尚待解决的执行议题 (Outstanding Implementation Issues)；(36) 最后条款 (Final Provisions)。参考文献见：WTO. Trade and Environment ［EB/OL］. http://www.wto.org/english/tratop_e/dda_e/status_e/envir_e.htm, 2012.12.3.

四、国际贸易框架调整的特点

从多哈回合的进程来看，国际贸易框架调整呈现出以下特点：

1. 国际贸易框架向公平与秩序、可持续发展、贸易自由化的方向发展

在多哈回合启动之初，仅包含 20 个领域的议题。随着多哈回合的开展，目前议题已增加到 36 项。[①]

从议题的内容来看，不但涉及农产品市场准入、非农产品市场准入、关税削减与消除、倾销与反倾销、补贴与反补贴等方面的传统议题，还涉及贸易与环境、贸易与技术等很多新兴议题。此外，多哈回合对发展中国家和欠发达国家给予了特别关注，并在谈判过程中着意维护弱势成员的贸易利益。总体来看，多哈谈判正在引导国际贸易框架朝公平与秩序、可持续发展、贸易自由化的方向发展。

2. 国际金融危机前后谈判态度不同

在国际金融危机之前，多哈谈判多次中断，谈判难以取得实质性进展。国际金融危机期间，谈判各方面临多方压力，谈判的意愿重新加强，从而在一定程度上促进了谈判的发展。特别是 2008 年下半年，多哈谈判的多个议题都取得了进展，其中以农业谈判和 NAMA 谈判的进展最为显著。但是，随着国际金融危机的影响逐渐淡化，多哈谈判的进程又重新放慢。在国际金融危机前后谈判各方态度的变化，从一定程度上反映出多哈回合谈判的难度较大，虽然国际金融危机的影响使各方受到激励重回谈判桌，但是从目前的情况来看，这一激励尚不足以推动多哈回合的实质性进展。

3. 贸易团体在谈判中发挥重要作用

在多哈回合中，一个重要的特征就是贸易团体的出现。贸易团体往往由谈判过程中利益相关的多个成员组成，以实现增强话语权、提高谈判实力、争取谈判主动的效果。在多哈回合的各个议题谈判中，普遍存在多个贸易团体。从贸易团体的性质上来看，除了传统的关税同盟、区域性或地理性团体之外，还有很大一部分贸易团体是出于贸易利益考虑而在谈判过程中形成的。这类因贸易利益结合而成的贸易团体具有利益一致、结合灵活的特点，在谈判中发挥了重要作用。

表 1-4-1 是在多哈回合中存在或形成的主要贸易团体。

表 1-4-1　多哈回合中的主要贸易团体

序号	名称	性质	关注问题	含 WTO 成员数	说明
1	ACP（African, Caribbean and Pacific States）	地理性团体	农业问题	60	非洲、加勒比海和太平洋国家
2	AG（African Group）	区域性团体	普遍关注	41	WTO 的非洲成员
3	ADM（Asian Developing Members）	区域性团体	普遍关注	30	WTO 成员中的亚洲发展中成员
4	APEC（Asia-Pacific Economic Cooperation Forum）	区域性团体	普遍关注	21	亚洲太平洋经济合作论坛成员

① WTO. Subjects Treated under the Doha Development Agenda［EB/OL］. http: //www.wto.org/ english/tratop_e/dda_e/dohasubjects_e.htm.uropa.eu/eurostat, 2012.12.2.

续表

序号	名称	性质	关注问题	含WTO成员数	说明
5	EU (European Union)	关税同盟	普遍关注	28	欧盟成员
6	Mercosur	关税同盟	—	4	南方共同市场成员
7	G-90	—	普遍关注	67	AG、ACP 和 LDCs
8	LDCs (Least-Developed Countries)	—	普遍关注	33	最不发达国家
9	SVEs-农业组 (Small, Vulnerable Economies-Agriculture)	—	农业问题	15	小型、容易受到农业贸易攻击的经济体
10	SVEs-NAMA 组 (Small, Vulnerable Economies-NAMA)	—	NAMA	20	小型、容易受到NAMA贸易攻击的经济体
11	SVEs-规则组 (Small, Vulnerable Economies-Rules)	—	渔业补贴	15	小型、容易受到渔业补贴规则攻击的经济体
12	RAMs (Recent New Members)	—	普遍关注	19	1995 年后加入 WTO 的新成员，但不包含 LDCs 和 EU 成员
13	LIET (Low-income Economies in Transition)	—	农业问题	3	转型中的低收入经济体成员
14	CG (Cairns Group)	—	农业自由化	19	从事农产品出口的发展中国家成员
15	TP (Tropical Products)	—	农业问题	8	寻求热带产品更大市场准入的发展中国家成员
16	G-10	—	农业问题	9	日本、韩国、中国台北等关注农业问题的成员
17	G-20	—	农业问题	23	发展中国家成员
18	G-33	—	农业问题	46	发展中国家成员
19	Cotton-4	—	农业问题	4	西非成员
20	NAMA-11	—	NAMA	10	发展中国家成员
21	Paragraph 6 Countries	—	NAMA	12	非农产品关税削减幅度较高的成员
22	Friends of Ambition (NAMA)	—	NAMA	35	寻求关税削减最大化和完全市场准入的成员
23	FANs (Friends of A-D Negotiations)	—	反倾销	15	反倾销成员
24	Friends of Fish (FoFs)	—	渔业补贴	11	反渔业补贴成员
25	W52	—	TRIPs	109	推动知识产权谈判
26	JP (Joint Proposal)	—	地理标志	20	推动地理标志谈判

资料来源：WTO. Groups in the Negotiations ［EB/OL］. http://www.wto.org/english /tratop_e/dda_e/negotiating_groups_e. htm, 2012.12.4.

贸易团体的形成虽然为利益相关的成员在谈判中达到既定目的提供了诸多便利，但是，从另外一个角度来看，贸易团体的存在也在很大程度上导致多哈谈判中各方的关系复杂化，从而给谈判结果的最终达成带来较大难度。

图1-4-1描绘了在多哈农业谈判中各个贸易团体之间错综复杂的关系。

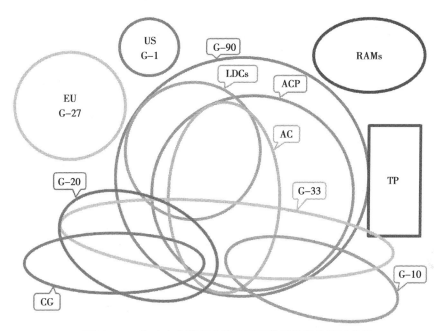

图1-4-1　多哈农业谈判中的主要贸易团体及其相互关系

资料来源：WTO. How the Agriculture Groups Intersect［R］. http://www.wto.org/ english/tratop_e/dda_e/groups_e.pdf, 2012.12.3.

五、国际贸易框架调整的原因

1. 推进贸易自由化的客观需求是国际贸易框架调整的根本原因

尽管由乌拉圭回合确立的现行国际贸易框架在农产品和非农产品市场准入，推进农业、纺织品和服装贸易等部门的自由贸易，建立透明机制方面取得了一定的进展，但是随着国际社会的进步和国际经济条件的变化，乌拉圭回合确立的国际贸易框架已经难以满足国际贸易发展的需要。一方面，已有的国际贸易框架在国际贸易实践中暴露出越来越多的问题，因此导致的国际贸易争端屡见不鲜；另一方面，国际贸易中的很多新兴问题在现有的框架下尚未得到系统解决，从而显著阻碍了与这些新问题相关的国际贸易的开展。因此，国际贸易框架的调整不但是解决现有问题的重要手段，而且是通过解决现有问题而实现贸易自由化的必经之路。

2. 世界格局的演变是推动国际贸易框架调整的重要原因

自乌拉圭回合达成至今，世界重要经济体的利益格局发生了显著的变化。一方面，发达国家仍在国际贸易中占据重要地位；另一方面，发展中国家的兴起成为经济格局演变的重要因素。而在乌拉圭回合谈判达成时缺乏对后者的充分预期。特别是自国际金融危机以来，世界上很多经济体受到危机的冲击，传统的竞争优势难以持续，新兴的竞争优势尚在形成的过程中，世界格局面临重大冲击和调整。因此，现有的国际贸易框架从长期来看已经无法适应正在演变的世界格局，从而迫切需要调整。

六、国际贸易框架调整的影响

1. 国际贸易框架调整既是世界格局演变的结果，又对世界格局的演变产生影响

一方面，世界格局的演变将影响国际贸易框架的调整；另一方面，国际贸易框架的调整也将对世界格局的演变产生影响。国际金融危机以来，世界经济的新增长点更加依赖于技术进步。国际贸易新框架引导下的新能源技术、环境保护、知识产权等的发展方向，将有力地影响该框架下各个经济体竞争优势的演进。美国等发达国家越来越强调知识产权保护、环境保护，而对于发展中国家而言，过于严厉的知识产权保护和环境保护措施，在今后一段时期内仍会成为其经济增长、国际贸易的重要阻碍。① 因此，国际贸易框架的调整结果，会对世界格局的演变产生影响。

2. 国际贸易框架调整在促进贸易自由化的同时将影响经济体内部的利益分配

国际贸易框架的调整是朝促进贸易自由化的方向进行，由此必然能带来贸易自由化的发展。但是，还需要注意的是，国家或地区作为一个经济体能够从贸易自由化中获利，但是国家内部的某些利益团体却有可能因此而受损。也就是说，国际贸易自由化的进程可能会显著影响其框架下各个经济体内部的利益分配。而国际贸易框架调整对其下经济体内部利益分配的影响，又会进一步影响各个经济体贸易政策的制定。因为与国家间的利益分歧相比，国内各种利益的冲突在贸易政策的制定过程中通常起到更大的作用。② 因此，国际贸易框架调整对经济体内部利益分配的影响不可忽略。

第二节　国际金融危机以来区域贸易规则的调整

区域贸易规则的确立主要是通过区域贸易协议的签署来实现的。区域贸易协议的直接目的和主要作用是促进区域贸易合作。国际金融危机以来，区域贸易规则通过多哈规则谈判进行调整。

一、区域贸易规则的历史沿革③

较早的区域贸易合作可以追溯到殖民时代。自 1947 年 GATT 签署和 1995 年 WTO 成立以来，区域贸易协议的演变朝着贸易协作范围日益广泛、贸易协作内容日益丰富、贸易关系日益加深的方向发展。目前，区域贸易合作领域已逐渐拓展至服务贸易、外国投资、知识产权、监管制度等多个方面。

在历史上，区域贸易协议的发展曾遇到过一些重大挫折。例如，19 世纪 70 年代的经

---

① 中国社会科学院国际金融危机与经济学理论反思课题组. 国际金融危机与国际贸易、国际金融秩序的发展方向 [J]. 经济研究，2009 (11).

② [美] 保罗·R.克鲁格曼，茅瑞斯·奥伯斯法尔德. 国际经济学——理论与政策 (第八版) [M]. 黄卫平等译. 北京：中国人民大学出版社，2011.

③ WTO. The WTO and Preferential Trade Agreements：From Co-existence to Coherence [R]. World Trade Report 2011.

济萧条使当时的欧洲双边贸易条约从扩张走向终结；20 世纪 30 年代的大萧条加速了贸易保护的扩散，增加了战争期间的敌对贸易集团数量。相反，在经济扩张时期和国际和平时期则有助于形成更为开放和包容的贸易秩序。第一波区域主义的浪潮是在 20 世纪 50 年代晚期至 60 年代，由西欧推动，目的是促进欧洲大陆整合，从而导致 1957 年欧洲经济共同体（European Economic Community，EEC）和 1960 年欧洲自由贸易区（European Free Trade Agreement，EFTA）的建立。在这一时期，还相继出现了狄龙回合（Dillon Round）和肯尼迪回合（Kennedy Round），从而促成了 GATT 关税削减及其成员的增加。"二战"后 GATT 协议发起的主要理由是，当时的国际社会普遍认为敌对贸易集团的存在是直接导致经济混乱及第二次世界大战的重要原因。第二波区域主义的浪潮是在 20 世纪 80 年代中期之前的一段时期。其间，美洲、亚洲、非洲、欧洲等多国都出现了对区域贸易协议持续增加的兴趣。在 20 世纪 80 年代中期之前的 20 多年中，逐渐形成了参与的广泛网络。第三波区域主义的浪潮自 20 世纪 90 年代起，以区域合作数量的快速增加、区域合作的范围显著扩大为特征。总体来看，区域贸易协议的发展趋势反映了世界经济整合以及全球化的发展趋势，并能从一定程度上推动全球化的发展。

二、现行区域贸易规则①

区域贸易协定是指两个或多个合作伙伴间的互惠贸易协定。在现行 GATT-WTO 框架中，除了全体成员共同签订的国际贸易协定（如 GATT、GATS、TRIPs）之外，特定情形下还允许一些成员之间签订区域贸易协定（Regional Trade Agreement，RTAs）。一般情况下，GATT-WTO 框架中的关税减让是以非歧视原则为基础的。非歧视原则是指在 WTO 的所有成员中，若一成员给予某一成员较低水平的关税待遇，则其他所有成员均同时享有同等水平的关税待遇。可见，区域贸易协定与非歧视原则存在矛盾。但是，如果区域贸易协定的签署能够促成签约成员之间的自由贸易，GATT-WTO 框架则允许其存在。依据是法律上的逻辑，即可以将区域贸易协定的覆盖区域视为一个政治实体，而非歧视原则在政治实体内部并不适用：一国可以在其边境内实行自由贸易，而国内各个城市之间的贸易不需要缴纳关税。换言之，GATT-WTO 框架允许由其任意成员组成的经济组织像一个政治实体那样，在其特定的边界内实行自由贸易。具体而言，其依据的法律文件包括：GATT 1994 第二十四条"适用的领土范围——边境贸易——关税联盟和自由贸易区"；GATS 第五条"经济一体化"；1979 年 GATT 授权条款"发展中国家的差别和更优惠待遇、互惠及充分参与"（L/4903），该授权条款被 GATT 1994 沿用至今。

根据上述条款，RTAs 主要包括自由贸易协定（Free Trade Agreement，FTA）和关税同盟（Custom Union，CU）两种形式。

1. 自由贸易协定

WTO 成员间建立自由贸易的一种最常见的形式是，通过签署自由贸易协定建立自由贸易区。通过自由贸易协定，签约各方之间相互免除关税，但签约各方皆可以各自独立地

---

① [美] 保罗·R. 克鲁格曼，茅瑞斯·奥伯斯法尔德. 国际经济学——理论与政策（第八版）[M]. 黄卫平等译. 北京：中国人民大学出版社，2011.

制定对自由贸易区之外的其他国家或地区的关税。自由贸易区在政治上较为简单，只需要签署相关协议即可，一般不涉及国家主权问题。但是在自由贸易区实际执行关税互免时却存在很多现实问题，比如，自由贸易区成员间的自由贸易需要经过复杂的海关检验，并需要有充分的文件证明贸易品的产地为自由贸易区成员而非由其他国家或地区转运而来，这就需要制定一套复杂、完备的原产地规则以确定各种贸易品是否符合自由贸易条件，这不但给自由贸易区成员海关工作造成沉重负担，而且还会在一定程度上成为自由贸易区成员间实现真正自由贸易的重大障碍。

2. 关税同盟

WTO 成员间建立自由贸易的第二种形式是成立关税同盟。在关税同盟这种形式下，签约各方统一制定对关税同盟之外的其他国家/地区的关税。关税同盟在政治上较难达成，因为关税同盟成员的部分国家主权必须交给其所属的关税同盟这个"超国家"实体，这一点在现实中实现的难度很大。但是关税同盟一旦达成，则在实际执行时较为简单：贸易品通过关税同盟的边界时，需按照统一的标准缴纳相应的关税；只要贸易品在关税同盟内部流通，则不需要再缴纳任何关税。

表 1-4-2 给出了 1958~2012 年生效且截至 2012 年 10 月仍处于有效状态的 RTAs 统计表。

表 1-4-2　1958~2012 年有效 RTAs 统计表

有效 RTAs	数量（个）	比例（%）
总计	257	100.00
按形式分：		
关税同盟	26	10.12
自由贸易协定	214	83.27
其他（如部分范围协定等）	17	6.61
按范围分：		
货物贸易协定	149	57.98
服务贸易协定	16	6.23
货物和服务贸易协定	92	35.80
按生效时间分：		
1958~1962 年	3	1.17
1963~1967 年	0	0.00
1968~1972 年	2	0.78
1973~1977 年	9	3.50
1978~1982 年	3	1.17
1983~1987 年	3	1.17
1988~1992 年	9	3.50
1993~1997 年	40	15.56
1998~2002 年	48	18.68
2003~2007 年	66	25.68
2008~2012 年	74	28.79

续表

有效 RTAs	数量（个）	比例（%）
部分重要经济体：		
美国	14	5.45
欧盟	40	15.56
德国	46	17.90
日本	13	5.06
中国	14	5.45
俄罗斯	12	4.67

注：统计日期截至 2012 年 10 月。"货物和服务贸易协定"项只统计货物贸易协定与服务贸易协定同时生效的 RTAs。对于货物贸易协定与服务贸易协定生效时间不同的 RTAs，不计入货物和服务贸易协定，而是按货物贸易协定与服务贸易协定各自的生效时间分别统计一次。

资料来源：http://rtais.wto.org.

从 RTAs 的形式上来看，自 1958 年以来生效的 RTAs 中，目前有 257 个处于有效状态，其中关税同盟 26 个，占 10.12%；自由贸易协定 214 项，占 83.27%；其他类型的 RTAs（如就部分范围签订的区域贸易协定等）有 17 项，占 6.61%。由此可见，在有效的 RTAs 中，以自由贸易协定这种形式为主。这也从一个侧面反映出 RTAs 参与各方在进行区域贸易合作的同时，在国家主权问题上仍普遍持有保守态度。

从 RTAs 涉及的范围来看，尽管仍以货物贸易协定所占比例最大，但是近年来生效的 RTAs 中，货物和服务贸易协定所占比例较大。例如，2011 年共生效 11 项 RTAs，其中 8 项为货物和服务贸易协定，占当年生效总数的 72.73%；2012 年 1~10 月共生效 10 项 RTAs，其中 8 项为货物和服务贸易协定，占当期生效总数的 80%。

从 RTAs 生效的时间来看，自 20 世纪 90 年代以来，RTAs 数量显著快速增加，特别是国际金融危机以来生效的 RTAs 数量创下历史新高。据统计，2008 年至 2012 年 10 月共生效 74 项 RTAs，占有效 RTAs 总数的 28.79%，比 1958~1997 年 40 年生效的 RTAs 总数还多 5 项。其中，2000~2012 年历年生效的 RTAs 数量如图 1-4-2 所示。从图 1-4-2 来看，国际金融危机期间是各国建立 RTAs 的高峰时期。在国际金融危机期间，RTAs 的生效数量逐年显著增加，其中，2008 年生效数量高达 17 项；而 2009 年生效 21 项，创下自 1958 年以来当年生效数量的最高纪录。而此后历年生效的 RTAs 数量则呈现逐渐减少的趋势。

从部分重要经济体的 RTAs 分布来看，德国、欧盟所属的 RTAs 数量较多，美国、日本、中国、俄罗斯所属的 RTAs 数量大致相当。图 1-4-3 给出了这些经济体有效 RTAs 的分布图。图中各经济体的 RTAs 主要覆盖与之地理位置较接近、经济或政治联系较紧密的国家或地区。但是，美国、欧盟、日本、中国、俄罗斯这五大重要经济体彼此之间并未建立任何 RTAs。

三、区域贸易规则调整的方向和主要内容

由于 RTAs 的建立需要以 GATT 相关条款为依据，所以 RTAs 的规则调整主要也是通过多哈回合的相关谈判来实现的。在多哈回合启动之前，关于 RTAs 的国际谈判一直在陆续开展，自多哈回合启动之后，关于 RTAs 的谈判即划入多哈规则谈判的一部分。谈判的

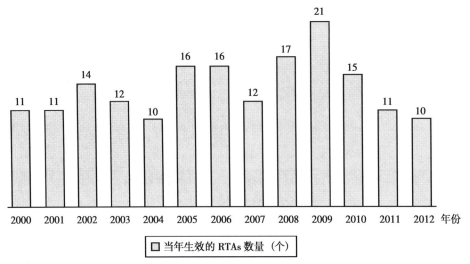

图 1-4-2　2000~2012 年历年生效的 RTAs 数量统计图

说明：统计日期截至 2012 年 10 月，图中统计的 RTAs 均在统计期内处于有效状态。对于货物贸易协定与服务贸易协定生效时间不同的 RTAs，不计入货物和服务贸易协定，而是按货物贸易协定与服务贸易协定各自的生效时间分别统计一次。

资料来源：http://rtais.wto.org.

最初截止期限是 2005 年 1 月 1 日，而非官方截止期限为 2006 年底。截至 2006 年底，尽管关于 RTAs 透明机制的谈判取得了一定的成果，但是其他谈判仍有待实质性进展。国际金融危机以来，RTAs 的数量显著增加，但是却并未因此产生对 RTAs 谈判的有效推动力量。

总体来看，根据现行 GATT-WTO 框架下的相关条款，在特定情况下，允许签署区域贸易协定。但是，对于已有 GATT 条款的解释工作十分复杂，在实践中，相关主体有时会根据不同的需要对 GATT 条款进行解释，从而给 RTAs 的实际操作带来问题。因此，对 GATT 中相关条款的标准化解释，即"明确并改进在现行 WTO 规定下 RTAs 的适用规则和程序"是多哈 RTAs 谈判的基本目标。概括来说，多哈 RTAs 谈判包括以下七个方面的具体内容：第一，WTO 对 RTAs 的基本透明度要求；第二，RTAs 的多边监察机制；第三，RTAs 适用的 WTO 特殊规则与 WTO 其他规则之间的关系；第四，RTAs 适用的 WTO 特殊规则之间的相互关系；第五，GATT 1994 第 24 条中特殊措辞的解释；第六，GATS 第 5 条中特殊措辞的解释；第七，RTAs 和多边贸易体系的相互关系。[①]

在上述七项谈判内容中，最重要的进展是 WTO 总理事会于 2006 年 12 月 14 日通过的关于建立《RTAs 新透明机制（暂行）》的决定，大体包括：[②]

1. 早期通知

WTO 成员新加入一项旨在建立 RTA 的谈判时，应向 WTO 秘书处进行通告。WTO 成

---

① WTO. Compendium of Issues Related to Regional Trade Agreements［EB/OL］. TN/RL/W/8/Rev.1. http://wto.org/english/tratop_e/region_e/region_negoti_e.htm, 2002.8.1//2012.12.7.

② WTO. Transparency Mechanism for RTAs［EB/OL］. http://wto.org/english/tratop_e/region_e/trans _mec ha_e.htm, 2012.12.7.

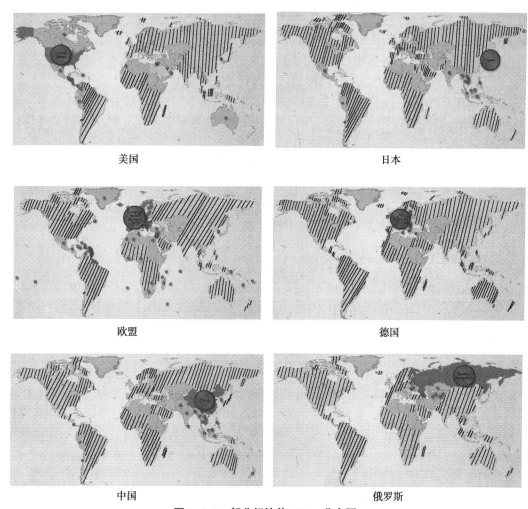

美国

日本

欧盟

德国

中国

俄罗斯

图1-4-3 部分经济体 RTAs 分布图

注：该图统计日期截至2012年10月，图中统计的 RTAs 均在统计期内处于有效状态。图中深灰色区域表示该经济体有效 RTAs 的范围，斜线区域表示 WTO 成员且不属于该经济体 RTAs 范围，浅灰色区域表示非 WTO 成员且不属于该经济体 RTAs 范围。

资料来源：http://rtais.wto.org.

员成为一项新签署 RTA 签约方时，应向 WTO 秘书处提交该 RTA 的有关信息，包括正式名称、范围、签约时间、预期生效时间、暂定时间表、相关联络点、网址以及其他自愿提供的信息。秘书处将在 WTO 网站上公布上述信息，并定期向其成员公布。

2. 通告

WTO 成员成为 RTA 成员，应尽早作出通告。签约方应说明该项 RTA 所遵循的 WTO 协议具体条款。

3. 提高透明度的程序

提高透明度的程序主要包括：WTO 成员应该在一项 RTA 通告之日起一年之内表明对该项 RTA 的态度。WTO 秘书处在得知通告后应立即制定详细的时间表。RTA 参与方应确保自通告之日起以 10 周为期，WTO 秘书处即能获取有关数据（如果 RTA 全部由发展中国家参与，则可将期限放松至 20 周）。WTO 成员关于 RTA 的反馈意见，将于 4 周内由秘书处转达至 RTA 参与方。根据相关规则，应就每项 RTA 召开正式会议。全体成员将在正式会议召开前三个工作日（至少）收到秘书处转发的上述反馈意见及 RTA 参与方的回复。

4. 后续通告及报告

任何影响 RTA 执行的变化，或是对已执行 RTA 的运作的改变，都应尽早向 WTO 通告。通告方应提供作出该项改变的概要，以及所有相关的文本、时间表、附件、协议。RTA 到期时，该 RTA 参与方应向 WTO 提供有关其贸易自由化承诺实现情况的书面报告。

据 WTO 公布的资料显示，自 2007 年以来，WTO 已依据《RTAs 新透明机制（暂行）》展开相关工作。自 2010 年 12 月起，多哈规则谈判小组启动了对《RTAs 新透明机制（暂行）》的修订程序，但是目前尚未取得实质性进展。

四、区域贸易规则调整的特点

1. RTAs 规则向程序化、透明化、规范化方向发展

RTAs 的谈判内容从现实存在的主要问题出发，向建立程序化、透明化、规范化 RTAs 机制的方向发展。从业已达成的《RTAs 新透明机制（暂行）》来看，该项机制建立了相对完善的 RTAs 的通告程序、审查程序、监督程序，并通过完善的程序设计实现了 RTAs 信息在全体 WTO 成员间的透明化，使多边贸易体系下的 RTAs 走向规范化发展的方向。这种程序化、透明化、规范化的发展方向尽管在一定程度上增加了 RTAs 参与方的工作量，但是通过相关工作，不但能够使 RTAs 参与方对其参与的 RTAs 的理解进一步深化，而且还能够显著缩减 WTO 在处理 RTAs 通告及审查时所花费的时间，切实完善对 RTAs 实施效果的评价机制。总体来看，RTAs 的程序化、透明化、规范化发展是有效提升促进贸易自由化方面的效果的重要途径。

2. 国际金融危机未能有效推动 RTAs 规则的调整

从图 1-4-2 可以看出，国际金融危机期间 RTAs 数量显著增加，但是这并未成为有效推动 RTAs 规则调整的重要力量。从 RTAs 规则调整的谈判过程和结果来看，除 2006 年 12 月达成的《RTAs 新透明机制（暂行）》之外，仍缺少实质性进展。国际金融危机以来，世界上很多国家都在急迫地寻求能够快速达成合作关系的贸易伙伴，从而以合作各方共同的力量应对国际金融危机的挑战。在这种情况下，由于已有 RTAs 规则已经相对完善，而在已有规则下的贸易合作能够有效解决很多国家的燃眉之急，从而这一时期各国关注的重点转移到建立 RTAs 上，而对 RTAs 规则的调整则被搁置。但是，从长期来看，RTAs 规则中客观存在的现实问题必将对区域贸易自由化的发展形成阻碍，因此 RTAs 规则的调整势在必行，这也是 2010 年 12 月起多哈规则小组启动新透明机制修订程序的重要原因。

五、区域贸易规则调整的原因

1. 多边框架下的区域合作日益增加，是区域贸易规则调整的直接原因

现行的国际贸易框架是多边贸易合作框架，而区域贸易合作是多边框架下的特殊情况。近年来，随着区域合作的快速增加，多边框架下区域贸易规则存在的问题也逐渐凸

显。为了促进区域贸易自由化的发展，适应多边框架的调整，区域贸易规则也需要随之调整。因此，多边框架下的区域合作日益增加是区域贸易规则调整的直接原因。

2. 区域合作格局的调整是区域贸易规则调整的深层原因

从历史上来看，较早的区域贸易规则产生于殖民国与殖民地之间，或者是影响力深远的大型帝国与其周边从属国之间。尽管区域贸易合作发展至今，已经充分体现出平等合作的基本原则，但是，能够实现合作方之间能力的结合这一特点在区域贸易合作中一直存在。因此，国际金融危机以来，世界重要经济体在危机的冲击下，迫切寻求与利益共同体的有效结合，从而共同应对危机、促进经济增长、培育新的竞争优势。尽管在国际金融危机期间，区域贸易规则的调整有所搁置，但从长远来看，由国际金融危机带来的国家格局的调整，必然带来区域合作格局的调整。因此，区域合作格局的调整是区域贸易规则调整的深层原因。

六、区域贸易规则调整的影响

1. 促进区域贸易自由化的发展

区域贸易规则调整的一个重要影响，是促进区域贸易自由化的发展。通过相关规则的调整，预期能够解决多边框架下区域贸易合作中存在的多项问题，从而提高区域贸易合作的效果，减少区域贸易合作的阻力，最终推动区域贸易自由化的发展。

2. 推动更为丰富、广泛的区域贸易合作

从区域贸易规则的调整内容来看，区域贸易合作的领域逐渐丰富，不但包括传统的货物贸易、服务贸易，还逐渐拓展至环境保护、知识产权、国际投资等多个领域；与此同时，区域贸易合作的基础也在逐渐强化，区域贸易合作已由传统的较低层次的合作逐渐向经济一体化的方向发展。此外，区域合作的地域范围也在逐渐拓展，不但存在地理范围临近的区域合作，也发展出了多种形式的跨区域合作。因此，区域贸易规则的调整将推动更为丰富、广泛的区域贸易合作。

第三节　国际金融危机以来国际贸易措施的调整

国际金融危机以来，不但国际贸易框架有所调整，而且在现行规则下国际贸易中所采取的贸易措施也在逐渐调整。

一、传统国际贸易措施的调整

传统的国际贸易措施包括关税措施以及反倾销、反补贴等非关税措施。自国际金融危机以来，关税、反倾销、反补贴等贸易措施的使用情况出现了一些调整。

1. 关税措施的调整

关税（Tariffs）是指对进口货物所征收的税款。通过对某种进口货物征收关税，不但能够提高一国政府的收入，更重要的是能够保护国内产业部门。关税是国际贸易中历史较为悠久、使用较为普遍的一种贸易保护措施。一国征收关税的早期例子，可以追溯至 19 世纪初英国为保护本国农业而征收的关税。尽管关税能够保护本国产业部门、提高本国政府收入，但是关税的征收损害了本国消费者的福利和出口国生产者的福利。尽管从理论上可以证明总是存在一个大于零的最优关税，但是过高的关税税率所导致的生产扭曲损失和消费扭曲损失、恶化关税征收国的经济条件、阻碍贸易自由化进程等结果，已经得到贸易史上多个案例的证实。因此，自 WTO 成立以来，削减关税一直是一项重要议题。多哈回合启动以来，通过农业谈判和 NAMA 谈判，已经在农产品和非农产品削减关税方面取得了一定的进展。

表 1-4-3 给出了国际金融危机前后一些年份欧盟、印度、日本、俄罗斯、美国等重要经济体的平均关税税率。

表 1-4-3　部分经济体平均关税税率（2006~2012 年）

单位：%

年份	平均关税税率——最终约束					平均关税税率——MFN 适用关税				
	欧盟	印度	日本	俄罗斯	美国	欧盟	印度	日本	俄罗斯	美国
2006	5.4	49.2	6.1	11.4	3.5	5.4	19.2	5.6	12.9	3.5
2007	—	—	—	—	—	—	—	—	—	—
2008	5.4	50.2	5.1	11.0	3.5	5.2	14.5	5.1	11.8	3.5
2009	5.5	49.0	5.4	10.8	3.5	5.6	13.0	5.4	11.4	3.5
2010	5.2	48.5	5.1	10.5	3.5	5.3	12.9	4.9	10.3	3.5
2011	5.0	48.7	4.9	9.5	3.5	5.1	13.0	4.4	10.0	3.5
2012	5.2	48.7	5.3	9.4	3.5	5.3	12.6	5.3	9.5	3.5

注：据 WTO 官方网站公布的资料显示，World Tariff Profiles 自 2006 年开始发布，其中 2007 年中断发布一年。MFN 是最惠国待遇（Most Favored Nation）的简写。

资料来源：World Tariff Profiles（2006，2008，2009，2010，2011，2012）.

从最终约束税率来看，国际金融危机前后，除印度的平均关税税率有暂时性提高之外，美国、欧盟、日本、俄罗斯等经济体的关税税率基本保持稳定。

从 MFN 适用关税税率来看，国际金融危机前后，除美国保持关税税率稳定在一个较低的水平之外，欧盟、日本、俄罗斯、印度等经济体的关税税率出现了不同程度的削减。

2. 反倾销措施的调整

根据 WTO《反倾销协定》第 2.1 条的规定，倾销是指一国以低于正常价值的出口价格在另一国销售产品。倾销在国际贸易实践中的认定过程十分复杂。概括而言，认定出口行为是否属于倾销，有以下三个方面的基本条件：第一，出口价格低于其国内市场价格；第二，出口价格低于其出口至第三国的价格；第三，出口价格低于其成本价格。如果其中至少一条得到满足，即可认为该出口行为属于倾销。[①] 反倾销措施是应对倾销这种不公平竞争行为的有效措施。简单地说，反倾销措施是一国保护其产业免受不公平竞争损害及过量

---

① 余菲. WTO 反倾销规则改革述评——以多哈发展议程反倾销规则谈判为中心 [J]. 法商研究，2009（4）.

进口损害而采取的贸易救济措施。①根据 GATT 1994 第 6 条的规定，允许 WTO 成员在遭遇倾销时，可以通过对倾销的产品征收一定数量反倾销税的方式实施贸易救济，从而维护其公平竞争秩序、保护其经济免受不公平竞争的损害。

表 1-4-4 给出了 WTO 成员在 1995~2011 年提起与实施的反倾销措施数量。

表 1-4-4　1995~2011 年反倾销措施统计表

年份	提起（项）	实施（项）	实施率（%）
1995	157	119	75.80
1996	226	92	40.71
1997	246	127	51.63
1998	266	181	68.05
1999	358	190	53.07
2000	298	237	79.53
2001	372	171	45.97
2002	315	218	69.21
2003	234	224	95.73
2004	220	154	70.00
2005	201	138	68.66
2006	204	141	69.12
2007	165	108	65.45
2008	213	139	65.26
2009	209	141	67.46
2010	171	123	71.93
2011	155	98	63.23
总计	4010	2601	64.86

注：数据统计期为 1995 年 1 月 1 日至 2011 年 12 月 31 日。

资料来源：www.wto.org.

从 WTO 成员提起的反倾销措施数量来看，自 1995 年以来，反倾销措施提起数量在一段时期内持续增加，其中，2001 年达到历史最高水平。此后，反倾销措施的提起数量经历了一个下降时期，至 2007 年达到这一时期的最低水平。但是自国际金融危机以来，反倾销提起数量重新出现阶段性增加，尽管此后反倾销提起数量逐渐回落，但是直到 2011 年，才重新降至低于国际金融危机前的水平。

从 WTO 成员实施的反倾销措施数量来看，自 1996 年以来，反倾销措施实施数量经历了一段持续上升的时期，至 2000 年达到历史最高水平。此后，反倾销措施实施数量在调整中保持了下降的趋势，至 2007 年达到这一时期的最低水平。但是自国际金融危机以来，反倾销实施数量重新出现阶段性增加，尽管此后反倾销实施数量逐渐回落，但是直到 2011 年，才重新降至低于国际金融危机前的水平。

从 WTO 成员所提起的反倾销措施的实施比率来看，反倾销措施的实施率自 1996 年以

---

① 朱钟棣，鲍晓华. 反倾销措施对产业的关联影响——反倾销税价格效应的投入产出分析 [J]. 经济研究，2004（1）.

来呈现调整性上升的趋势，至 2003 年达到历史最高水平。此后，反倾销措施实施率在调整中保持了下降的总体趋势，但是 2009 年和 2010 年出现明显反弹。

总体来看，自 WTO 成立以来至国际金融危机之前，在贸易自由化趋势的推动下，反倾销的提起数量、实施数量和实施比率均呈现出下降的趋势。但是，国际金融危机的爆发，引发了新一轮反倾销措施的提起和实施高潮。

此外，表 1-4-5 给出了自 WTO 成立以来至 2011 年底提起反倾销数量最多的前五个成员的反倾销措施统计表。

表 1-4-5　1995~2011 年反倾销措施统计表（提起最多的前五个成员）

单位：项

年份	印度		美国		欧盟		阿根廷		澳大利亚	
	提起	实施	提起	实施	提起	实施	提起	实施	提起	实施
1995	6	7	14	33	33	15	27	13	5	1
1996	21	2	22	12	25	23	22	20	17	1
1997	13	8	15	20	41	23	14	11	44	1
1998	28	22	36	12	22	28	8	12	13	20
1999	64	23	47	24	65	18	23	9	24	6
2000	41	55	47	31	32	41	43	15	15	5
2001	79	38	77	33	28	13	28	16	24	11
2002	81	64	35	27	20	25	14	22	16	9
2003	46	52	37	12	7	2	1	20	8	10
2004	21	29	26	14	30	10	12	1	9	4
2005	28	18	12	18	24	20	12	8	7	3
2006	35	16	8	5	35	12	11	5	11	5
2007	47	25	28	5	9	12	8	10	2	1
2008	55	31	16	23	19	15	19	6	6	3
2009	31	30	20	15	15	9	28	15	9	2
2010	41	32	3	17	15	5	14	15	7	2
2011	19	26	15	4	17	11	7	8	18	5
总计	656	478	458	305	437	282	291	206	235	89

注：数据统计期为 1995 年 1 月 1 日至 2011 年 12 月 31 日。

资料来源：www.wto.org.

从表 1-4-5 可以看出，尽管反倾销措施首先由发达国家提出并使用，但是印度、阿根廷等发展中国家后来居上。其中，印度已成为反倾销措施提起且实施最多的国家。此外，美国、欧盟、澳大利亚等发达经济体也提起了大量的反倾销措施。

印度是 WTO 成员中的反倾销措施使用大国。自 WTO 成立以来至 2011 年底，印度反倾销提起数量高达 656 项，占这一时期反倾销提起数量总和的 16.36%；同期印度实施 478 项反倾销措施，占这一时期反倾销实施数量总和的 18.38%。从印度的反倾销提起数量来看，2002 年达到历史最高水平，此后出现短暂下降；自 2005 年以来逐渐提高，2008 年达到这一时期的最高水平；2011 年反倾销提起数量显著回落，达到自 1998 年以来的最低水平。从印度的反倾销实施数量来看，其变化趋势与该国反倾销提起数量的变化趋势大致相同。

美国和欧盟作为反倾销措施原始规则的制定者，也是该项措施的频繁使用者。自WTO成立以来至2011年底，美国反倾销提起数量高达458项，占这一时期反倾销提起数量总和的11.42%；同期美国实施305项反倾销措施，占这一时期反倾销实施数量总和的11.73%。美国提起的反倾销数量在国际金融危机期间也有显著增加。美国自2002年以来反倾销措施提起数量逐渐减少，但作为较早爆发金融危机的国家，2007年美国反倾销提起数量出现大幅度提高，而国际金融危机期间美国反倾销实施数量的高峰则出现在2008年。

欧盟自WTO成立以来至2011年底，反倾销提起数量高达437项，占这一时期反倾销提起数量总和的10.90%；同期欧盟实施282项反倾销措施，占这一时期反倾销实施数量总和的10.84%。欧盟提起的反倾销数量在国际金融危机期间也有显著增加。欧盟除2003年和2007年之外，其他年份一直保持较高的反倾销措施提起数量。与国际金融危机前的其他年份相比，国际金融危机以来欧盟反倾销提起数量和实施数量均未出现显著增加。

与印度同为发展中国家的阿根廷也是反倾销措施的使用大国之一。自WTO成立以来至2011年底，阿根廷反倾销提起数量达到291项，占这一时期反倾销提起数量总和的7.26%；同期阿根廷实施206项反倾销措施，占这一时期反倾销实施数量总和的7.92%。阿根廷提起的反倾销数量在国际金融危机期间也有显著增加。

此外，澳大利亚也是使用反倾销措施较多的国家之一。自WTO成立以来至2011年底，澳大利亚反倾销提起数量为235项，占这一时期反倾销提起数量总和的5.86%；同期澳大利亚实施89项反倾销措施，占这一时期反倾销实施数量总和的3.42%。澳大利亚提起的反倾销数量在国际金融危机期间也有小幅增加。

图1-4-4给出了1995~2011年反倾销措施统计图（按成员分）。

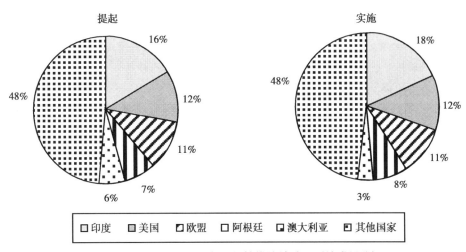

图1-4-4 1995~2011年反倾销措施统计图（按成员分）

注：数据统计期为1995年1月1日至2011年12月31日，经四舍五入处理。
资料来源：www.wto.org。

表 1-4-6 还给出了自 WTO 成立以来至 2011 年底，反倾销提起数量最多的前五个产品部门的反倾销措施统计表。

表 1-4-6　1995~2011 年反倾销措施统计表（提起最多的前五个产品部门）

单位：项

年份	贱金属及其制品		化学工业及其相关工业的产品		塑料及其制品、橡胶及其制品		机器及电气设备		纺织原料及纺织品	
	提起	实施	提起	实施	提起	实施	提起	实施	提起	实施
1995	43	49	31	19	20	10	24	8	1	4
1996	39	24	42	12	26	11	33	17	23	8
1997	64	46	21	22	36	13	34	16	8	9
1998	111	61	24	15	33	14	10	28	28	2
1999	111	85	76	15	40	27	30	4	34	21
2000	110	83	62	51	24	26	30	14	17	24
2001	138	66	67	37	56	11	24	11	27	9
2002	96	60	96	57	42	25	9	15	7	30
2003	54	65	73	68	24	48	12	8	14	2
2004	38	40	49	46	44	22	16	6	21	14
2005	37	24	37	31	37	23	17	12	27	13
2006	32	15	37	26	27	28	29	9	17	23
2007	24	10	56	26	16	7	28	19	11	17
2008	65	29	34	46	21	25	16	8	39	10
2009	45	28	47	18	31	13	21	27	20	29
2010	43	29	44	32	23	15	9	14	7	17
2011	53	21	29	28	13	12	7	6	2	2
总计	1103	735	825	549	513	330	349	222	303	234

注：数据统计期为 1995 年 1 月 1 日至 2011 年 12 月 31 日。

资料来源：www.wto.org。

从表 1-4-6 可以看出，反倾销措施提起最多的五个产品部门依次为：①贱金属及其制品部门；②化学工业及其相关工业的产品部门；③塑料及其制品、橡胶及其制品部门；④机器及电气设备部门；⑤纺织原料及纺织品部门。

贱金属及其制品部门是反倾销措施使用最多的部门。自 WTO 成立以来至 2011 年底，贱金属及其制品部门反倾销提起数量高达 1103 项，占这一时期反倾销提起数量总和的 27.51%；同期贱金属及其制品部门实施 735 项反倾销措施，占这一时期反倾销实施数量总和的 28.26%。从贱金属及其制品部门的反倾销提起数量来看，2001 年达到历史最高水平，此后持续下降，2007 年达到这一时期的最低水平；2008 年反倾销提起数量显著增加，尽管此后有所回落，但是仍远高于 2007 年的水平。从贱金属及其制品部门的反倾销实施数量来看，其变化趋势与反倾销提起数量的变化趋势大致相同。

化学工业及其相关工业的产品部门是反倾销措施使用数量居于第二位的部门。自 WTO 成立以来至 2011 年底，化学工业及其相关工业的产品部门反倾销提起数量高达 825

项，占这一时期反倾销提起数量总和的 20.57%；同期化学工业及其相关工业的产品部门实施了 549 项反倾销措施，占这一时期反倾销实施数量总和的 21.11%。从化学工业及其相关工业的产品部门的反倾销提起数量来看，2002 年达到历史最高水平，此后出现持续下降，2006 年达到这一时期的最低水平；2007 年反倾销提起数量显著增加，此后有所回落。

塑料及其制品、橡胶及其制品部门也是反倾销措施使用较多的部门之一。自 WTO 成立以来至 2011 年底，塑料及其制品、橡胶及其制品部门反倾销提起数量高达 513 项，占这一时期反倾销提起数量总和的 12.79%；同期塑料及其制品、橡胶及其制品部门实施 330 项反倾销措施，占这一时期反倾销实施数量总和的 12.69%。从塑料及其制品、橡胶及其制品部门的反倾销提起数量来看，2001 年达到历史最高水平，此后在调整中保持下降趋势，2007 年达到这一时期的最低水平；2008 年反倾销提起数量显著增加，2011 年显著回落至历史最低水平。

机器及电气设备部门也是反倾销措施使用较多的部门之一。自 WTO 成立以来至 2011 年底，机器及电气设备部门反倾销提起数量高达 349 项，占这一时期反倾销提起数量总和的 8.70%；同期机器及电气设备部门实施 222 项反倾销措施，占这一时期反倾销实施数量总和的 8.54%。从机器及电气设备部门的反倾销提起数量来看，自 2003 年以来有所回升，2006 年达到这一时期的最高水平；国际金融危机以来有所调整，尽管 2009 年数量有所回升，但是 2010 年和 2011 年都保持在较低的水平上，其中 2011 年达到历史最低水平。

纺织原料及纺织品部门也是反倾销措施使用较多的部门之一。自 WTO 成立以来至 2011 年底，纺织原料及纺织品部门反倾销提起数量高达 303 项，占这一时期反倾销提起数量总和的 7.56%；同期纺织原料及纺织品部门实施 234 项反倾销措施，占这一时期反倾销实施数量总和的 9.00%。从纺织原料及纺织品部门的反倾销提起数量来看，国际金融危机前有所下降；2008 年数量回升至历史最高水平，但是此后逐年减少、显著回调。

图 1-4-5 给出了 1995~2011 年反倾销措施统计图（按部门分）。

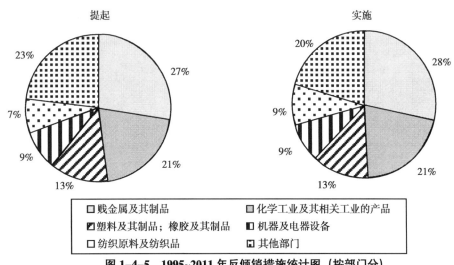

图 1-4-5　1995~2011 年反倾销措施统计图（按部门分）

注：数据统计期为 1995 年 1 月 1 日至 2011 年 12 月 31 日，经四舍五入处理。

资料来源：www.wto.org.

从上述分析可以看出，作为一种贸易救济措施，在国际金融危机期间，反倾销措施的提起和实施数量有显著增加。

3. 反补贴措施的调整

根据WTO《补贴与反补贴措施协议》的规定，认定存在补贴的基本条件包括以下三个方面：第一，某一成员方境内的政府或任何政府机构提供的财政资助；第二，GATT 1994第16条意义上的任何形式的收入支持或价格支持；第三，由此而给予的某种优惠。一般而言，补贴在货物贸易中会导致市场扭曲，从而在《补贴与反补贴措施协议》中是被禁止的。反补贴措施是应对补贴这种市场扭曲行为的有效措施。《补贴与反补贴措施协议》的第10条至第23条对WTO成员采取反补贴的依据、反补贴税的征收以及相关程序等内容进行了详细规定。

表1-4-7给出了自WTO成立以来至2011年底，WTO成员所采取的反补贴措施统计表。

表1-4-7　1995~2011年反补贴措施统计表

年份	提起（项）	实施（项）
1995	10	19
1996	7	5
1997	16	3
1998	25	6
1999	41	14
2000	18	21
2001	27	14
2002	9	14
2003	15	6
2004	8	8
2005	6	4
2006	8	3
2007	11	2
2008	16	11
2009	28	9
2010	9	19
2011	25	9
总计	279	167

注：表中数据统计期为1995年1月1日至2011年12月31日。
资料来源：www.wto.org.

从WTO成员提起的反补贴措施数量来看，自1996年以来，反补贴措施提起数量在一段时期内持续增加，其中，1999年达到历史最高水平。此后，反补贴措施的提起数量在调整中呈现下降趋势，至2005年达到历史最低水平。但是自2006年以来，反补贴提起数量重新出现阶段性增加，特别是2009年，反补贴提起数量达到这一时期的高峰。此后反补贴提起数量虽然有所调整，但2011年仍显著高于国际金融危机前的水平。

从WTO成员实施的反补贴措施数量来看，自1997年以来，反补贴措施实施数量经历了一段持续上升的时期，至2000年达到历史最高水平。此后，反补贴措施实施数量在调整中保持了下降的趋势，至2007年达到历史最低水平。但是自国际金融危机以来，反补贴实施数量显著增加，2010年达到国际金融危机以来的最高水平，尽管2011年有所回落，但是仍远高于国际金融危机前水平。

总体来看，自WTO成立以来至国际金融危机之前，在贸易自由化趋势的推动下，反补贴的提起数量、实施数量和实施比率均呈现出下降的趋势。但是，国际金融危机的爆发引发了新一轮反补贴措施的提起和实施高潮。

此外，表1-4-8给出了自WTO成立以来至2011年底，提起反补贴数量最多的前五个成员的反补贴措施统计表。

表1-4-8 1995~2011年反补贴措施统计表（提起最多的前五个成员）

年份	美国		欧盟		加拿大		南非		澳大利亚	
	提起	实施	提起	实施	提起	实施	提起	实施	提起	实施
1995	3	5	—	—	3	1	—	—	—	—
1996	1	2	1	—	—	—	—	—	—	—
1997	6	—	4	1	—	—	1	—	1	—
1998	12	1	8	2	—	—	1	—	—	—
1999	11	11	19	3	3	—	2	—	1	—
2000	7	2	—	10	4	5	6	1	—	1
2001	18	10	6	—	1	1	1	2	—	—
2002	4	10	3	2	—	—	—	2	1	—
2003	5	2	1	3	1	—	—	—	3	—
2004	3	2	—	2	4	1	—	—	—	—
2005	2	—	3	1	—	2	—	—	—	—
2006	3	2	1	—	2	—	—	—	1	—
2007	7	—	—	—	1	1	—	—	—	1
2008	6	7	2	—	3	3	2	—	2	—
2009	14	6	6	1	1	1	—	—	1	—
2010	3	10	3	3	1	1	—	—	1	1
2011	9	3	4	2	2	1	—	—	2	1
总计	114	73	61	30	27	17	13	5	13	4

注：表中数据统计期为1995年1月1日至2011年12月31日。
资料来源：www.wto.org.

从表1-4-8可以看出，反补贴措施首先由发达国家提出并使用，且目前由发达国家使用较多。其中，美国、欧盟、加拿大是反补贴措施提起最多的前三位WTO成员。此外，南非、澳大利亚等国家也提起了大量的反补贴措施。

美国和欧盟作为反补贴措施原始规则的制定者，也是该项措施的频繁使用者。自WTO成立以来至2011年底，美国反补贴提起数量高达114项，占这一时期反补贴提起数量总和的40.86%；同期美国实施73项反补贴措施，占这一时期反补贴实施数量总和的

43.71%。美国提起的反补贴数量在 2001 年达到历史最高水平，此后一直保持在一个相对较低的水平，直至 2009 年，反补贴提起数量显著增加。尽管 2010 年有所回落，但 2011 年反补贴提起数量再次反弹，超过国际金融危机前水平。从美国反补贴措施的实施数量来看，自 2003 年以来该数量一直保持在一个相对较低的水平，但 2008 年以来显著提高，其中 2010 年达到国际金融危机以来的最高水平，2011 年有所回落。

欧盟自 WTO 成立以来至 2011 年底，反补贴提起数量高达 61 项，占这一时期反补贴提起数量总和的 21.86%；同期欧盟实施 30 项反补贴措施，占这一时期反补贴实施数量总和的 17.96%。欧盟提起的反补贴数量在 1999 年达到历史最高水平，此后回落并保持在一个相对较低的水平。2009 年，受国际金融危机的影响，欧盟提起的反补贴数量较前期有所提高，尽管 2010 年和 2011 年出现回调，但是仍高于危机前水平。

加拿大也是 WTO 成员中的反补贴措施使用较多的国家之一。自 WTO 成立以来至 2011 年底，加拿大反补贴提起数量高达 27 项，占这一时期反补贴提起数量总和的 9.68%；同期加拿大实施 17 项反补贴措施，占这一时期反补贴实施数量总和的 10.18%。国际金融危机以来，加拿大的反补贴提起数量和实施数量均于 2008 年显著增加，此后有所回调。

南非是 WTO 发展中成员中提起反补贴最多的国家。自 WTO 成立以来至 2011 年底，南非反补贴提起数量高达 13 项，占这一时期反补贴提起数量总和的 4.66%；同期南非实施 5 项反补贴措施，占这一时期反补贴实施数量总和的 2.99%。自 WTO 成立以来至 2011 年底的 17 年间，南非只有 6 年提起反补贴，分别为 1997~2001 年以及 2008 年。从南非提起的反补贴数量来看，自 2002 年以来，除 2008 年外南非一直未提起反补贴。与此同时，从反补贴实施数量来看，南非只有 2000~2002 年连续三年实施反补贴措施，其余年份均未有反补贴措施得到实施。可见，南非虽然是 WTO 发展中成员中提起反补贴最多的国家，但是与美国、欧盟等 WTO 发达成员相比，其反补贴措施的使用仍有较大差距。

此外，澳大利亚也是使用反补贴措施较多的国家之一。自 WTO 成立以来至 2011 年底，澳大利亚反补贴提起数量为 13 项，占这一时期反补贴提起数量总和的 4.66%；同期澳大利亚实施 4 项反补贴措施，占这一时期反补贴实施数量总和的 2.40%。自 WTO 成立以来至 2007 年的 13 年间，澳大利亚只有 1997 年、1999 年、2002 年、2003 年、2006 年提起了反补贴，但是自 2008~2011 年，澳大利亚却连续 4 年提起反补贴，如此高频率地提起反补贴，在澳大利亚反补贴提起的历史上尚属首次。从澳大利亚反补贴实施数量来看，澳大利亚分别于 2000 年、2007 年、2010 年、2011 年各实施了 1 项反补贴措施。

图 1-4-6 给出了 1995~2011 年反补贴措施统计图（按成员分）。

表 1-4-9 还给出了自 WTO 成立以来至 2011 年底，反补贴提起数量最多的前五个产品部门的反补贴措施统计表。

从表 1-4-9 可以看出，反补贴措施提起最多的五个产品部门依次为：①贱金属及其制品部门；②塑料及其制品、橡胶及其制品部门；③烟草部门；④化学工业及其相关工业的产品部门；⑤机器及电气设备部门。

贱金属及其制品部门是反补贴措施使用最多的部门。自 WTO 成立以来至 2011 年底，贱金属及其制品部门反补贴提起数量高达 108 项，占这一时期反补贴提起数量总和的 38.71%；同期贱金属及其制品部门实施 76 项反补贴措施，占这一时期反补贴实施数量总

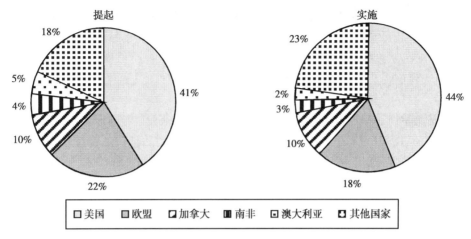

图1-4-6　1995~2011年反倾销措施统计图（按成员分）

注：数据统计期为1995年1月1日至2011年12月31日。

资料来源：www.wto.org.

表1-4-9　1995~2011年反补贴措施统计表（提起最多的前五个产品部门）

单位：项

年份	贱金属及其制品		塑料及其制品、橡胶及其制品		烟草		化学工业及其相关工业的产品		机器及电气设备	
	提起	实施	提起	实施	提起	实施	提起	实施	提起	实施
1995	—	12	—	—	8	2	1	—	—	—
1996	—	—	—	—	4	5	—	—	—	—
1997	7	—	—	—	2	2	2	—	1	—
1998	12	2	4	—	5	1	—	1	1	—
1999	20	13	7	1	2	—	—	1	1	—
2000	11	10	2	4	—	1	—	1	—	—
2001	14	6	2	1	—	—	2	—	1	—
2002	1	9	—	1	1	—	—	2	3	—
2003	3	1	—	—	1	—	4	—	1	3
2004	3	3	2	—	—	1	—	1	1	1
2005	—	1	2	—	—	—	—	—	1	1
2006	2	—	—	—	—	1	—	1	—	1
2007	3	1	2	—	—	1	1	—	1	—
2008	7	4	1	2	—	—	3	1	3	2
2009	11	3	4	1	—	—	4	2	2	2
2010	4	7	—	4	—	—	—	2	1	—
2011	10	4	2	—	—	—	3	—	2	—
总计	108	76	28	14	24	13	22	10	19	10

注：数据统计期为1995年1月1日至2011年12月31日。

资料来源：www.wto.org.

和的 45.51%。从贱金属及其制品部门的反补贴提起数量来看，1999 年达到历史最高水平，此后逐渐调整至较低水平；2008 年贱金属及其制品部门的反补贴提起数量出现反弹，至 2009 年达到国际金融危机以来的最高水平，尽管 2010 年有所回调，但 2011 年又恢复至较高水平。从贱金属及其制品部门的反补贴实施数量来看，其变化趋势与反补贴提起数量的变化趋势大致相同。

塑料及其制品、橡胶及其制品部门是提起反补贴措施数量仅次于贱金属及其制品部门的产品部门，但是其反补贴措施提起数量与贱金属及其制品部门的提起数量有显著差距。自 WTO 成立以来至 2011 年底，塑料及其制品、橡胶及其制品部门反补贴提起数量高达 28 项，占这一时期反补贴提起数量总和的 10.04%；同期塑料及其制品、橡胶及其制品部门实施 14 项反补贴措施，占这一时期反补贴实施数量总和的 8.38%。从塑料及其制品、橡胶及其制品部门的反补贴提起数量来看，1999 年达到历史最高水平，此后保持在一个较低的水平，2009 年反补贴提起数量显著增加，此后有所回调。从塑料及其制品、橡胶及其制品部门反补贴措施的实施数量来看，自 WTO 成立以来至 2011 年底，该部门分别于 1999~2002 年、2008~2010 年两个时期实施了反补贴措施，其余年份均未实施反补贴措施。其中，2010 年实施数量达到国际金融危机以来的最高水平。

烟草部门也是反补贴措施使用较多的部门之一。自 WTO 成立以来至 2011 年底，烟草部门反补贴提起数量高达 24 项，占这一时期反补贴提起数量总和的 8.60%；同期烟草部门实施 13 项反补贴措施，占这一时期反补贴实施数量总和的 7.78%。从烟草部门的反补贴提起数量来看，该部门提起的反补贴主要集中于国际金融危机之前，其中以 1995~1999 年、2002~2003 年、2006 年为提起反补贴措施的主要阶段，自国际金融危机以来烟草部门尚无反补贴措施被提起。从该部门反补贴措施的实施情况来看，2008~2011 年未实施反补贴措施。

化学工业及其相关工业的产品部门的反补贴措施提起数量也较多。自 WTO 成立以来至 2011 年底，化学工业及其相关工业的产品部门反补贴提起数量高达 22 项，占这一时期反补贴提起数量总和的 7.89%；同期化学工业及其相关工业的产品部门实施 10 项反补贴措施，占这一时期反补贴实施数量总和的 5.99%。从化学工业及其相关工业的产品部门的反补贴提起数量来看，2006~2011 年是该部门反补贴提起的集中时期，其间除 2010 年未提起反补贴外，其余各年均提起了一定数量的反补贴，特别是 2008 年、2009 年和 2011 年提起的反补贴数量显著增加。化学工业及其相关工业的产品部门反补贴措施的实施数量也表现出大致相同的规律。

机器及电气设备部门也是反补贴措施使用较多的部门之一。自 WTO 成立以来至 2011 年底，机器及电气设备部门反补贴提起数量高达 19 项，占这一时期反补贴提起数量总和的 6.81%；同期机器及电气设备部门实施 10 项反补贴措施，占这一时期反补贴实施数量总和的 5.99%。从机器及电气设备部门的反补贴提起数量来看，1997~1999 年、2001~2005 年、2007~2011 年是该部门集中提起反补贴的三个时期，其余年份则均未提起反补贴。从机器及电气设备部门的反补贴实施来看，2003~2006 年、2008~2009 年是该部门集中实施反补贴的两个时期，其余年份则均未实施反补贴措施。

图 1-4-7 给出了 1995~2011 年反补贴措施统计图（按部门分）。

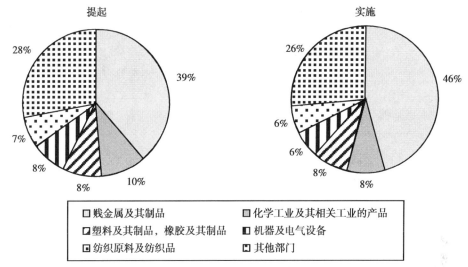

图 1-4-7　1995~2011 年反补贴措施统计图（按部门分）

注：数据统计期为 1995 年 1 月 1 日至 2011 年 12 月 31 日。

资料来源：www.wto.org.

从上述分析可以看出，作为一种贸易救济措施，在国际金融危机期间，反补贴措施的提起和实施数量有显著增加。

二、国际贸易中的新兴措施——以碳关税为例

美国、欧盟各国等发达国家自国际金融危机以来表现出对碳关税的极度热情。2009 年 11 月，法国单方面提出从 2010 年开始对在环保立法方面不及欧盟严格的国家的进口产品征收碳关税；2009 年 3 月，美国能源部部长朱棣文在美国众议院科学小组会议上称，为了避免使美国制造业处于不公平竞争状态，美国计划对进口商品征收碳关税；2009 年 6 月，美国众议院通过了《美国清洁能源安全法案》，授权美国政府今后对因拒绝减排而获得竞争优势的国家的出口产品征收"边界调节税"，即"碳关税"。此外，碳关税也获得德国环境部的支持。在哥本哈根大会上，欧盟等国重提碳关税，成为多方博弈的焦点。[①] 而对于相关典型案例的分析，对于探讨碳关税的合法性、发现碳关税征收中存在的问题有积极的作用。

1. 案例分析

以下两个案例是 WTO 运用其司法机制在国际贸易、环境保护、国际司法方面所树立的成功案例，且影响广泛深远，是当前国际环境下理解碳关税合法性的有益借鉴[②]：

（1）金枪鱼案。20 世纪 90 年代广泛使用的拖网捕鱼技术在捕获金枪鱼的同时，往往将喜好与之相伴的海豚同时捕杀。美国的《保护海生哺乳动物法》规定，海豚是濒危物种，若捕鱼时捕杀的海豚达到一定数目，根据该法应对相关商业活动及其行为主体予以制裁。

---

① 马翠萍，刘小和. GATT 第 20 条争端案例下的碳关税征收合法性分析 [J]. 国际贸易问题，2012 (3).

② 赵维田. WTO 案例研究：1998 年海龟案 [J]. 环球法律评论，2001 (2).

1991年，美国依《保护海生哺乳动物法》对墨西哥进口金枪鱼及其制品实施禁令，从而引发了第一起金枪鱼案。

墨西哥指控美国的禁令违反了GATT第11条禁止数量限制的规定。美国的辩护理由则是GATT第3条国民待遇条款与第20条（b）和（庚）项的例外条款。

美国的具体理由包括：

①GATT第3条第4款指出，"在影响其国内销售、公开发售、购买、运输、分配或使用的法律、规章与细节"等政府管理范畴，进口金枪鱼和本国金枪鱼应区别对待。同时，GATT附件9对于第3条的解释为："凡在进口的时间或地点征收或实行者，应视为属第3条所指的范围。"因此，美国在进口时实施该禁令，属于GATT框架下的合法行为。

②根据GATT第20条（乙）项，该项禁令是"为了保护（海豚的）生命"；根据GATT第20条（庚）项，该项禁令同时能"养护可用竭的天然资源"。

对于美国的上述辩护，专家组的解释为：

①进口数量限制和在进口时间、地点采取的限制措施存在区别。GATT第3条仅仅包括影响产品本身的措施，而美国实施该禁令的理由则是在捕捞金枪鱼时顺带产生的对海豚的伤害。由于美国的该条禁令并非针对金枪鱼及其相关产品本身，因此并不能由第3条进行解释。据此，专家组裁定：美国的该条禁令是按其国内相关法律所采取的管理措施，而非第3条注释所包含的国内管理范畴。

更进一步，专家组判定对金枪鱼的捕捞过程属于产品的生产过程，这一过程应区别于产品本身。由于造成环境污染的并非是产品本身，而是产品的生产或加工方式（Processes or Production Methodologies，PPM）。

同时，GATT第11条第1款规定，"任何缔约方均不得对任何其他缔约方境内产品设置或保持禁止或限制"，美国海关法指出"鱼的原产地是捕鱼船的登记国（或称船旗国）"，据此专家组判定，美国所禁止进口的属墨西哥的产品，美国对墨西哥产品的数量禁止违反了GATT规定。因此，墨西哥对于美国该项禁令违反GATT第11条的指控是成立的。

②美国不具有域外管辖权。根据哈瓦那宪章及GATT的起草记录，GATT第20条（乙）项的范围是"在进口国管辖内的、用检疫措施来保护人类、动植物的生命或健康"；即便第20条（乙）项可以解释为允许对"生命与健康"作域外管辖保护，美国的该项禁令也不是"必需的"保护措施。而GATT第20条（庚）项指出，"凡关系到可用竭的天然资源的措施，应同限制国内生产与消费一同实施"，这可以解释为："只有该生产与消费在一国管辖之内时，该国才能有效地控制一项可用竭天然资源的生产与消费。"因此，当美国实施该项禁令时，其他缔约方不得不为此牺牲其GATT权利。鉴于上述原因，对于美国以GATT第20条（乙）项和（庚）项所作的辩护，专家组已予以反对。

然而，需要注意的是，该份专家组报告在1991年9月GATT理事会讨论时未能获得通过。

由于上述专家组报告未能获得通过，美国的金枪鱼禁令得以继续实施，并进一步限制了"中介国"金枪鱼及其制品对美国的出口。由此，当时的欧共体与荷兰[①]于1992年提

---

① 代表荷属西印度洋安特里斯群岛。

出了与墨西哥同样内容的诉讼，1994年专家组作出了第二份金枪鱼案裁决报告，即第二个金枪鱼案。

在该案中，美国提出了新的辩护：美国对于其领土管辖之外的东太平洋热带区的海豚保护，是基于对人和船只的对人管辖权，因此适用于GATT第20条（庚）项。专家组对此的裁决是："美国实行的对原产国与中介国的金枪鱼及其制品的禁令，是强迫这些国家改变属它们管辖的人和事的政策，因为为了使之具有养护海豚效力，禁令才要求这种改变。既然采取的措施是为了迫使其他国家改变政策，只有发生了这种改变该措施才能发挥效力，所以这种措施的主要目的并不是第20条（庚）项意义上的养护可用竭的天然资源。"

同样，这份专家组报告亦未能获得通过。

关于金枪鱼案的争论异常激烈。一方认为美国是"举环境保护之旗，行贸易保护之实"。另一方则认为GATT的专家组把多边贸易保护体制置于与世隔绝的状态。乌拉圭回合的最终版文件中，《建立WTO的协定》序言中把"使世界资源得以充分利用"修改为了"按可持续发展的目标使世界资源获得最佳利用，力求兼顾环境保护"；"技术守则"和"卫生检疫协定"中加入了受一定限制的环境保护内容；"补贴守则"与"农产品协议"中将"环保补贴"列为可允许的范畴。

（2）海龟案。海龟作为一种濒临灭绝的珍奇动物，自20世纪70年代以来就一直受到国际社会的特别保护。1973年签订的《濒危野生动植物种国际贸易公约》中将海龟列为最高级别的受保护物种。同年，美国制定的《濒危物种法》中也指出，出海捕虾时禁止顺带捕杀海龟。为了避免对海龟的误捕误杀，美国科学家发明了一种能够在渔网装置的栅栏，该栅栏可以将海龟挡在渔网外面而海虾可以进入。为推广这种海龟逃生装置，美国于1989年在《濒危物种法》中新增了第609条款。该条款指出，对于在捕虾同时捕杀海龟的国家，将被禁止向美国进口海虾，其中：（a）项敦促美国国务院应会同商业部尽快发起关于保护海龟的双边或多边谈判；（b）项对1991年5月1日开始的含伤及海龟行为的商业性捕杀实施进口禁令，而捕虾海域无海龟出没、使用手工捕虾、拖网作业区域无海龟出没，或已安置上述海龟逃生装置的商业捕虾行为，若能出具相关证明书，则不在禁令范围之内。为保证新增条款的实施，美国又先后发布了三次相关指令，作为第609条款的实施细则。根据1996年颁布的实施细则，美国所有的进口海虾都需填报《海虾出口商申请表》作为备案，同时至少出具由美国相关部门签发的上述四种证明书之一。

受到美国《濒危物种法》第609条款及相关指令影响的海虾出口国主要包括印度、马来西亚、泰国、巴基斯坦等国家。这些国家于1996年10月8日根据WTO争端解决程序与美国进行协商未果，其后申请WTO设立审理此案的专家组。

WTO专家组的裁决为：美国《濒危物种法》第609条款及相关指令违背了WTO自由贸易规则，对多边贸易体制构成了威胁，同时亦不符合GATT 1994第20条的例外规定。专家组还重申了第二个金枪鱼案的观点，即美国不应为保护海龟等海洋生物而强迫别的国家接受某种政策。1998年7月13日，美国就专家组裁决提出上诉，1998年10月12日形成了复审报告。复审报告的结论是：美国的有关措施虽然有资格引用第20条（庚）项，但是不满足第20条引言的要求，因此不符合第20条的规定。

　　总体来看，海龟案既推翻了专家组的判定，同时又驳回了美国的辩护理由。一方面通过该判定，贸易规则与环境保护两者之间的冲突在一定程度上得到协调；另一方面使WTO 的司法机制得以丰富和发展，形成了可以引为解释 WTO 法的"解释的渊源"。

　　2. WTO 框架下碳关税的合法性分析

　　上述案例与碳关税的问题具有很大的相似性。碳关税在 WTO 框架下的合法性从很大程度上与 GATT 第 20 条一般例外条款相关。但是学术界对于碳关税征收的合法性一直存在争议。有学者指出，鉴于国际社会已对气候变化的副作用达成普遍共识，同时《斯德哥尔摩宣言》、《京都议定书》等国际条约均已为承认气候保护行为的合法化开了先河，因此，欧美各国采取以碳关税为代表的相应减排措施在 GATT 框架下（见 GATT 第 20 条）是合理、合法行为。[①] 但是，也有学者指出，单方面征收碳关税，其实质是将国内成本转嫁到被征收国，这一做法并不适用于 GATT 第 20 条的例外豁免条款，从而无法表明碳关税在WTO 框架下的合法性。[②]

　　总体来看，以碳关税为代表的国际贸易中的新兴保护措施有效地促进了环境的保护，推动了全球范围内经济的可持续发展。但是，客观来看，它也在很大程度上维护了美国等发达国家的利益，对于科学技术与制造业发展水平相对较低的发展中国家的出口带来了一些负面的影响。发展中国家除了应当在发展经济的前提下注重本国的环境保护，实现可持续发展外，还应当加大科技投入与研发，迅速提高本国的科学技术水平，在 WTO 的框架范围内实现经济的迅速发展。

三、国际贸易措施调整的特点

　　1. 关税措施不再成为国际贸易保护的有力措施

　　在当前的 WTO–GATT 框架下，受到国际贸易协定中有关规则的约束，关税措施受到了极大的束缚，不再成为国际贸易保护的有力措施。与此同时，使用关税措施可能给贸易双方带来的扭曲，也在理论界和实践中普遍得到证实。因此，在贸易自由化的大趋势下，削减关税乃至在部分产品领域消除关税已经成为国际社会的共识，很少有经济体会在国际金融危机期间通过提高关税来实现阶段性的贸易保护。

　　2. 发展中成员在反倾销措施中占有一席之地

　　尽管反倾销措施首先由发达成员提出、最初的反倾销规则也由发达成员主导，但是，随着发展中成员在国际贸易中参与程度的加深和对国际贸易规则的熟悉，发达成员在实施反倾销措施方面的优势已逐渐弱化。印度、阿根廷等发展中成员对反倾销措施的纯熟运用，从一个层面上反映出发展中成员在国际贸易中的实力在不断加强。在多哈反倾销规则的谈判中，以美国为代表的发达成员和以"反倾销之友"为代表的发展中成员构成反倾销规则谈判的主要力量，且双方立场坚定。尽管 WTO 从中极力寻求平衡但收效甚微。[③] 在这

①　Puddle K. Unilateral Trade Measures to Combat Climate Change: A Biofuels Case Study [C]. N.Z. J. Envtl. L. 2007, 99 (11).

②　李晓玲，陈雨松. "碳关税"与 WTO 规则相符性研究 [J]. 国际经济合作，2010 (3).

③　刘勇. WTO 反倾销法律制度的最新改革成果探析 [J]. 国际贸易问题，2008 (12).

种局面下，发达成员倾向于在现有规则中加入非传统因素，从而抵消自由贸易规则对其传统竞争优势的不利影响，发展中成员则主要倾向于传统意义上的自由贸易规则。[①]尽管目前反倾销规则谈判仍有待实质性推进，但是发展中成员坚持自身立场的决心和谈判的发展态势表明，反倾销规则由发达成员主导的局面不复存在，发展中成员在反倾销措施的实践和规则谈判中已占有一席之地。

3. 发达成员在反补贴措施中占据主导地位

与反倾销措施有所不同的是，在反补贴措施领域，发达国家仍旧占据主导地位。特别是美国和欧盟，仍然是反补贴措施提起和实施的最主要成员。据统计，自世界贸易组织成立以来至 2011 年底，由美国和欧盟提起的反补贴措施高达反补贴提起总数的 62.72%，由美国和欧盟实施的反补贴措施高达反补贴实施总数的 61.68%。同一时期，南非作为提起反补贴数量最多的发展中成员，其反补贴提起数仅为美国的 11.40%，反补贴实施数仅为美国的 6.85%。由此可见，尽管发展中成员开始对反补贴措施逐渐熟悉并开始使用，但是发达成员在反补贴措施中仍占据主导地位。

4. 碳关税措施的主动权成为多方博弈的焦点

新贸易保护规则的制定成为重要经济体借以争取未来竞争优势的重要方式。在全球竞争格局正在发生变化的背景下，为争取未来的主动权，贸易保护规则成为各国普遍关注的重要领域之一。重要经济体出于自身利益的需要，积极争取制定新贸易保护规则的主动权。在争取未来竞争优势的过程中，碳关税在是否能成为新贸易保护措施方面备受关注。国际金融危机以来，世界贸易组织捆绑规则对贸易保护措施的限制日益严格，直接使用关税、反倾销、反补贴等措施获得竞争优势将面临较大的国际压力。而碳关税可以从一定程度上实现对传统贸易保护措施的替代。因此，在国际金融危机发生后，美国在尚未签署《京都议定书》的情况下突然打出环保牌，其实质是想继续成为新贸易保护规则的制定者和受益方。[②]此外，全球环境保护压力的增大也是碳关税受到关注的重要原因。但是，在碳关税的合理性方面目前存在较多争议。在生产核算原则下，出口国实际上承担了进口国的碳排放责任，从权利义务对等的角度来看，碳关税的征收对出口国有失公平。[③]从对碳关税的争议来看，碳关税措施的主动权已成为多方博弈的焦点。

四、国际贸易措施调整的原因

1. 对国际重要经济体前景的不乐观预期是导致贸易保护措施调整的直接原因

据 IMF 预测，在欧洲和美国能够有效控制风险、保持经济平稳运行的前提下，2012 年全球增长率将从 2010 年的高于 5% 降至 4% 左右，其中，发达国家的实际 GDP 预期增速降至 2%，新兴和发展中经济体的增长率降至 6% 左右。[④]在对全球经济前景的不乐观预期

① 金碚. 国际金融危机后中国产业竞争力的演变趋势 [J]. 科学发展，2009（12）.

② 宏结. 从保障措施制度的演进看 WTO 多边贸易体系规则变动的内在机制——兼论保障措施制度的经济学基础 [J]. 国际贸易问题，2011（9）.

③ 张为付，杜运苏. 中国对外贸易中隐含碳排放失衡度研究 [J]. 中国工业经济，2011（4）.

④ World Economic Outlook: Slowing Growth, Rising Risks [R]. Washington D. C.: International Monetary Fund, 2011.

下，2011 年第 3 季度损害产业利益的贸易保护措施实施数比 2011 年第 2 季度高出了 12.5%。①

2. 扩大竞争优势的客观需求是导致贸易保护措施调整的重要原因

国际金融危机之后，WTO 反倾销规则成为多哈回合讨论的重要内容。因此，为在未来竞争中扩大自身的竞争优势，重要经济体在新贸易保护规则的制定上表现积极且摩擦不断。国际金融危机以来，全球产业格局发生变化，在重要经济体普遍实行提升产业竞争力战略的过程中，新兴产业将成为未来工业发展的重点，也是"再工业化"的主要对象。② 根据战略性贸易政策理论，在不完全竞争和规模经济条件下采取贸易保护措施对本国新兴产业予以扶持，是培育和增强新兴产业国际竞争力的重要手段。③ 因此，"再工业化"的客观需求成为新贸易保护兴起的重要原因。

五、国际贸易措施调整的影响

1. 国际贸易措施的调整方向有利于减少产业利益损害

新贸易保护不能脱离传统方式孤立存在，而是传统贸易规则与新兴贸易规则的结合。发达国家和发展中国家虽然存在经济利益上的博弈，但是均不会公开地赞成贸易保护主义，贸易自由化仍是未来国际贸易的客观趋势。④ 在这一趋势下，无论是传统形式的贸易保护措施还是新形式的贸易保护措施，都将以平衡贸易双方的权利和义务为核心，从经济学逻辑上来看是朝着有利于减少对产业利益损害的方向发展。⑤ 据全球贸易预警组织 GTA 统计，2011 年 3 季度 G20 国家实施的贸易措施中，36%的措施旨在限制或减轻外国商业利益损害。⑥

2. 国际贸易措施的调整方向将对新兴产业的发展产生影响

新兴产业是未来工业发展的重点，但是在新兴产业的很多领域，发达国家和发展中国家都处于刚起步的阶段。对于共同起步的新兴产业，抢先获得国际竞争优势具有重要的战略意义。根据战略性贸易政策理论的观点，发达国家倾向于采用环境保护措施等方式对新兴产业进行贸易保护。而发展中国家虽然在新兴产业上与发达国家共同起步，但是面对环境保护措施等新兴贸易保护措施则普遍不具有优势。⑦ 因此，重要经济体在新兴贸易规则上的博弈结果，将会对新兴产业的发展产生影响。

【参考文献】

[1] Puddle K. Unilateral Trade Measures to Combat Climate Change：A Biofuels Case Study. N.Z. J. Envtl.

---

① Trade Tensions Mount：The 10th GTA Report［R］. London：Centre for Economic Policy Research，2011.

② 赵刚. 美国再工业化之于我国高端装备制造业的启示［J］. 中国科技财富，2011（17）.

③ 徐丽华，冯宗宪. 战略性贸易政策理论研究最新进展［J］. 国际贸易问题，2007（4）.

④ 中国社会科学院国际金融危机与经济学理论反思课题组. 国际金融危机与国际贸易、国际金融秩序的发展方向［J］. 经济研究，2009（11）.

⑤ 宏结. 从保障措施制度的演进看 WTO 多边贸易体系规则变动的内在机制——兼论保障措施制度的经济学基础［J］. 国际贸易问题，2011（9）.

⑥ Trade Tensions Mount：The 10th GTA Report［R］. London：Centre for Economic Policy Research，2011.

⑦ 王文举，向其凤. 国际贸易中的隐含碳排放核算及责任分配［J］. 中国工业经济，2011（10）.

L. 2007, 99 (11).

［2］Trade Tensions Mount: The 10th GTA Report ［R］. London: Centre for Economic Policy Research, 2011.

［3］World Economic Outlook: Slowing Growth, Rising Risks ［R］. Washington, D C: International Monetary Fund, 2011.

［4］WTO. Agriculture: Fairer Markets for Farmers ［EB/OL］. http: //www.wto.org/eng lish/thewto_e/whatis_e/tif_e/agrm3_e.htm.

［5］WTO. Agriculture: Negotiating Modalities ［EB/OL］. http: //www.wto.org/english/tratop_e/dda_ e/status_e/agric_e.htm.

［6］WTO. Chairperson's Texts ［EB/OL］. http: //www.wto.org/english/tratop_e/markacc _e/markacc_chair_texts07_e.htm.

［7］WTO. Compendium of Issues Related to Regional Trade Agreements ［EB/OL］. http: //wto.org/english/tratop_e/region_e/region_negoti_e.htm.

［8］WTO. Domestic Support in Agriculture: The Boxes ［EB/OL］. http: //www.wto.org/english/ tratop_ e/agric_e/agboxes_e.htm.

［9］WTO. Groups in the Negotiations ［EB/OL］. http: //www.wto.org/english /tratop_e/dda_e/ negotiating_groups_e.htm.

［10］WTO. How the Agriculture Groups Intersect ［R］. http: //www.wto.org/ english/tratop_e/dda_e /groups_e.pdf.

［11］WTO. Intellectual Property: Geographical Indications and Biodiversity ［EB/OL］. http: //www.wto.org/english/tratop_e /dda_e/status_e/gi_e.htm.

［12］WTO. Non-agricultural Market Access (NAMA) ［EB/OL］. http: //www.wto.org/english/tratop_e/ dda_e/status_e/nama_e.htm.

［13］WTO. Revised Draft Modalities for Agriculture ［EB/OL］. http: // www.wto.org/english/tratop_e/agric_e/negoti_e.htm.

［14］WTO. Rules ［EB/OL］. http: //www.wto.org/english/tratop_e/dda_e/status_e/rules_e.htm.

［15］WTO. Services ［EB/OL］. http: //www.wto.org/english/tratop_e/dda_e/status_e/serv_e.htm.

［16］WTO. Subjects Treated under the Doha Development Agenda ［EB/OL］. http: //www.wto.org/ english/tratop_e/dda_e/dohasubjects_e.htm.

［17］WTO. The Doha Round ［EB/OL］. http: //www.wto.org/english/tratop_e/dda_e/dda_e.htm.

［18］WTO. The WTO and Preferential Trade Agreements: From Co-existence to Coherence ［R］. World Trade Report 2011.

［19］WTO. Trade and Environment ［EB/OL］. http: //www.wto.org/english/tratop_e/dda_e/status_e/ envir _e.htm.

［20］WTO. Transparency Mechanism for RTAs ［EB/OL］. http: //wto.org/english/tratop_e/region_e/trans _mecha_e.htm.

［21］WTO. Understanding The WTO: The Organization ［EB/OL］. http: //www.wto.org/ english/thewto_e/whatis_e/tif_e/org6_e.htm.

［22］WTO. World Tariff Profiles (2006, 2008, 2009, 2010, 2011, 2012) ［R］. www.wto.org/statistics.

［23］［美］保罗·R. 克鲁格曼, 茅瑞斯·奥伯斯法尔德. 国际经济学——理论与政策(第八版) ［M］. 黄卫平等译. 北京: 中国人民大学出版社, 2011.

［24］宏结. 从保障措施制度的演进看WTO多边贸易体系规则变动的内在机制——兼论保障措施制度

的经济学基础 [J]. 国际贸易问题, 2011 (9).

[25] 金碚. 国际金融危机后中国产业竞争力的演变趋势 [J]. 科学发展, 2009 (12).

[26] 李晓玲, 陈雨松. "碳关税" 与 WTO 规则相符性研究 [J]. 国际经济合作, 2010 (3).

[27] 刘勇. WTO 反倾销法律制度的最新改革成果探析 [J]. 国际贸易问题, 2008 (12).

[28] 马翠萍, 刘小和. GATT 第 20 条争端案例下的碳关税征收合法性分析 [J]. 国际贸易问题, 2012 (3).

[29] 王文举, 向其凤. 国际贸易中的隐含碳排放核算及责任分配 [J]. 中国工业经济, 2011 (10).

[30] 徐丽华, 冯宗宪. 战略性贸易政策理论研究最新进展 [J]. 国际贸易问题, 2007 (4).

[31] 余菲. WTO 反倾销规则改革述评——以多哈发展议程反倾销规则谈判为中心 [J]. 法商研究, 2009 (4).

[32] 张为付, 杜运苏. 中国对外贸易中隐含碳排放失衡度研究 [J]. 中国工业经济, 2011 (4).

[33] 赵刚. 美国再工业化之于我国高端装备制造业的启示 [J]. 中国科技财富, 2011 (17).

[34] 赵维田. WTO 案例研究: 1998 年海龟案 [J]. 环球法津评论, 2001 (2).

[35] 中国社会科学院国际金融危机与经济学理论反思课题组. 国际金融危机与国际贸易、国际金融秩序的发展方向 [J]. 经济研究, 2009 (11).

[36] 朱满德, 程国强. 多哈回合农业谈判: 进展与关键问题 [J]. 国际贸易, 2011 (6).

[37] 朱钟棣, 鲍晓华. 反倾销措施对产业的关联影响——反倾销税价格效应的投入产出分析 [J]. 经济研究, 2004 (1).

第五章 制造业发展战略调整及第三次工业革命

工业化是大国实现现代化的基础，没有发达的工业化，就没有国家的现代化。在全球工业化进程中，制造业在国民经济中一直起着主导作用。全球最大的 100 家跨国公司中，接近 80%都属于制造企业。制造业在国民经济发展中有着至关重要的地位，世界上所有的经济大国均是制造业强国。国际金融危机后，西方国家对制造业发展战略进行了一系列调整，这对世界经济格局的发展将产生深远影响。

第一节 西方国家制造业发展历程和成就

从 18 世纪中叶第一次工业革命，1765 年瓦特改进发明蒸汽机开始，至今已有近 250 年的历史，英国、美国、德国、日本相继成为世界经济强国。从它们的工业化历程来看，之所以能成为经济强国，一个共同的特点是它们的制造业都曾在世界制造业处于领先位置。具体来说，它们的制造业增加值都在世界制造业增加值中占有较大比重，相对于其他各国具有比较优势，制造业生产量和出口额占世界较大份额。英国、美国和日本都曾是"世界工厂"或全球制造中心，德国也拥有十分强大的制造业。制造业在一国的发展中具有举足轻重的作用，如果没有强大的制造业，就不可能成为世界经济强国。

一、英国工业化历程和成就

1. 19 世纪中期英国率先完成工业化

英国是世界近代制造业的先驱，是最早实现工业化的国家。18 世纪新航路开辟后，英国凭借殖民地贸易和航海得到了世界霸权地位，英国借助在殖民地的垄断，掠夺了大量财富，积累了大量原始资本。尽管"圈地运动"为英国提供了大量自由劳动力，但仍然无法满足猛增的市场需求。由于拥有先进的科学和发达的工场手工业，纺织业首先爆发发明创新浪潮，逐步转向采煤、冶金和运输等行业，最终形成了"第一次工业革命"（见图 1-5-1）。在以蒸汽机的大范围应用为代表的工业革命推动下，生产力得到了极大的提高，使英国从农业国变为工业国，从 19 世纪 70 年代开始，英国成为世界上首个"世界工厂"和"全球制造中心"。

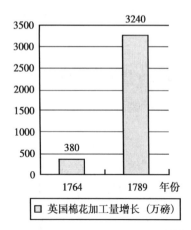
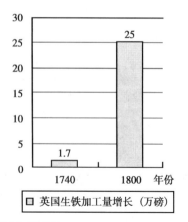

图 1-5-1　英国主要工业品产量

资料来源：笔者整理。

2. 19 世纪后期，"世界工厂" 逐渐衰落

由于英国大量资本输往海外，国内经济发展相对缓慢，英国在 1880 年和 1900 年被美国和德国赶超。1913 年，英国在世界工业生产中的比重下降到 14%，从此失去了 "世界工厂" 的地位。第一次世界大战导致英国海上霸权丧失，使其出口贸易迅速减少，逆差增大，国际市场也被美国和日本所占有。战争期间，英国变卖了 10 亿英镑的国外资产，欠美国 9 亿英镑外债，其殖民统治地位也受到动摇，开始走向衰落。"一战" 结束后，又紧接着发生了 1920~1921 年和 1929~1932 年两次经济危机，使其经济形势更加恶劣。"二战" 期间，英国受到严重打击，1/4 的财富毁于战火，出口贸易减少近 70%，向美国借债 18.4 亿英镑。

"二战" 后英国于 1945~1955 年开始经济重建，通过和美国签订财政协议和马歇尔计划，取得了比西欧国家更多的经济援助，加快了经济恢复的速度。1955~1970 年，英国的经济平稳缓慢增长，但其工业生产年均增长率落后于同期的日本、法国、德国和美国。20 世纪 70 年代以后，英国经济更加恶化，失业率上升，有些年份经济甚至出现负增长。

英国在工业革命时期以面向殖民地市场发展为主，特别是纺织业、采煤业、炼铁业、机器制造业和航海运输业尤为突出。但是经过 "二战" 后，英国失去了殖民地，轻工业比重开始下降，重工业比重在 "二战" 时超过轻工业。20 世纪 80 年代以后，电子业、石油业、化工业等新兴工业部门发展迅速，而炼铁业、航海业、采煤业、纺织业等传统工业部门逐步衰退。20 世纪以来，英国经济缓步上升，逐步向高新技术、新材料发展，但 2005 年英国的五大制造业分别是食品与饮料、化学制品、印刷、机械设备和金属制品，与国际发达经济体表现出的重工业化和高技术化特点相比，英国制造业呈现出相对较 "轻" 的特点。

3. 英国在艺术品、非电动发动机等领域有着很强的国际竞争力

英国 2010 年出口额占世界比例最大的 5 个工业行业是艺术品、珍藏品及古董，非电动的发动机及零件，其他无机化学品，印刷品，药物（包括兽医用药物），前两者的国际市场份额分别为 28.3% 和 20.5%，其余三者在 9% 左右。在 20 个优势行业中，大部分属于中等、高等技术水平的行业，而艺术品、珍藏品及古董，印刷品，珠宝及贵重材料制品属

于未确定技术水平的行业。与 1995 年相比，非电动的发动机及零件的国际市场竞争力有所提升，约 3 个百分点，几乎所有的其他工业行业的国际市场份额都有所下降。1995 年国际竞争力很强的武器和弹药，矿物油用精制添加剂、润滑油、防冻液这两个行业的国际市场份额在 15 年间从 15% 以上下降到 1.2%、3.4%，在 2010 年不再是英国的优势产品。拖拉机的国际市场份额也缩小到不足 1995 年的 50%，竞争优势明显下降。

表 1-5-1　英国 1995 年和 2010 年出口额占世界比例最大的 20 个行业

行业	技术水平	2010 年出口额占世界比例（%）	1995 年出口额占世界比例（%）	2010~1995 年的变化（百分点）
艺术品、珍藏品及古董	0	28.3	31.2	-2.9
非电动的发动机及零件	3	20.5	17.8	2.7
其他无机化学品	4	9.1	8.9	0.3
印刷品	0	9.1	11.4	-2.3
药物（包括兽医用药物）	4	8.8	13.4	-4.6
拖拉机	3	7.2	16.6	-9.3
有机无机化合物、杂环化合物、核酸	4	6.4	7.5	-1.1
香料、化妆品或盥洗用品（肥皂除外）	4	5.9	9.9	-4
珠宝及贵重材料制品	0	5.6	7.4	-1.7
杀虫剂及类似产品，零售用	4	5.5	10.9	-5.4
测量、分析及控制用仪器	4	5.4	9	-3.6
内燃活塞发动机及零件	3	4.9	6.5	-1.6
颜料、涂料、清漆及相关材料	4	4.8	7.7	-2.8
肥皂、清洁和抛光制剂	4	4.8	8.1	-3.3
客运汽车	3	4.7	4.7	-0
电影摄影和照相用品	4	4.7	10.1	-5.4
香精油、香料	4	4.5	8.9	-4.4
办公用品和文具	0	4.4	5.4	-1.1
印刷和装订机械及其零件	3	4.3	6.6	-2.3
医用和药用产品，药物除外	4	4.2	5.4	-1.1

注：技术水平中 1 表示劳动密集和资源型制造，2 表示低等技能和技术制造，3 表示中等技能和技术制造，4 表示高等技能和技术制造，0 表示未分类。[①]

资料来源：联合国贸易数据库。

二、美国工业化历程和成就

1. 19 世纪 80 年代，美国赶超英国成为世界第一工业强国

美国独立之后很长时间，仍是一个以农业为主、拥有大量手工业的国家。1790 年美国只有不到 400 万人口，分散在广阔的领土上，没有一个城市的人口超过 5 万人。其国内市

---

① 联合国贸易和发展会议将 157 个工业行业按照制造技术水平分为劳动密集和资源型制造行业、低等技能和技术制造行业、中等技能和技术制造行业、高等技能和技术制造行业、未分类共 5 类。

场狭小分散，运输条件也很差。靠着贸易保护和拿破仑战争的欧洲订货，美国本土制造业慢慢有所发展，但仍以纺织业为主。与英国相似，美国的工业革命也是从纺织业开始的。蒸汽机的引进，特别是蒸汽船的发明和铁路的发展，改善了美国市场的运输情况，在内战前40年，美国的制造业取得了长足的发展。但美国国内市场分割、劳动力不足的情况还是没有得到改善，这种情况一致持续到内战结束。美国内战虽然造成很大破坏，但毕竟解放了黑奴，建立了统一的国内市场，为全面工业化打下了基础。1865年内战结束后，美国制造业得到了长足的发展，美国社会也迅速变成一个工业社会。1860年，美国成为仅次于英国的世界第二大制造业国家，1880年首度超过英国，工业产值跃升至第一位，成为世界第一工业强国。

2. 美国目前仍是世界制造业的领导者

19世纪80年代以来，美国的经济效率、劳动生产率和技术创新一直处于世界领先地位。19世纪前50年，制造业以农产品为代表的轻型工业为主，19世纪后50年，如果按照制造业的内部变化，工业化大致可以分为四个阶段。①工业化早期（1884~1920年），以蒸汽机和电力为动力，美国建成了运输网络，资本密集型的产业得以发展。如烟草、食品、玻璃、造纸、金属、钢铁、机械制造等。②工业化中期（1920~1950年），以内燃机为动力，汽车、电气设备与化工业发展迅速。③工业化后期（1950~1990年），各部门增长速度不同。橡胶塑料工业增长的速度最快，其次是化学工业，最后是工具制造业和机器制造业。日用品轻工部门和冶金工业增长最慢。④后工业阶段（1990年以后），美国以机械设备、电子产品和运输设备为主导，通过技术创新和全球化的商业模式成为世界技术的领导者。

美国工业化早期以纺织、食品、木材等劳动力密集型的产业为主，"二战"以后，钢铁、汽车等资本密集型产业成为重心。70年代以后，伴随着新技术革命浪潮，高技术的工业比重上升，劳动密集型工业比重下降。航空航天、计算机和自动化设备等技术密集型产业逐步占据首位。

美国的工业化历程是一个由工业化早期的劳动密集型制造业，到重工业比重不断增加的资本密集型制造业，再到以知识和技术含量高的技术密集型产业转变的发展历程。2005年，美国的前五大制造业分别是通信设备、化学制品、办公设备、汽车、食品饮料，而仅通信设备这一技术密集型产业，就占制造业增加值的44.5%，处于绝对领先地位。2008年以前，美国制造业增加值一直处于世界第一，虽然2008年被中国超过，但美国仍是世界上制造业最发达和最先进的国家，一个世纪以来一直是世界制造业的领导者。制造业依然是美国经济的动力来源和竞争力体现，其核心地位没有改变。

表 1-5-2 美国制造业指标占整个国民经济的比重

年份	2000	2005	2006	2007	2008	2009
GDP（10亿美元）	9899	12580	13336	14011	14369	14119
制造业增加值（10亿美元）	1543	1624	1712	1756	1788	1779
制造业增加值占 GDP 比重（%）	15.6	12.9	12.8	12.5	12.4	12.6
总就业人数（万人）	13179	13370	13609	13760	13679	13092

续表

年份	2000	2005	2006	2007	2008	2009
制造业就业人数（万人）	1726	1423	1416	1388	1341	1188
制造业就业占总就业比重（%）	13.1	10.6	10.4	10.1	9.8	9.1

资料来源：2011 年美国统计摘要，http：//www.census.gov/compendia/statab/。

3. 美国在军工、艺术品、医疗器械等领域有着很强的国际竞争力

2010 年，武器和弹药，艺术品、珍藏品及古董，医用电子诊断设备，炸药及烟火制品，医用仪器及器械是美国国际市场份额最大的 5 个工业行业。武器和弹药，艺术品、珍藏品及古董的国际市场份额分别是 42% 和 35%，其余 3 个行业在 24% 左右。美国具有国际竞争力的行业大多属于中等和高等技术水平。与 1995 年相比，武器和弹药的国际市场竞争力有较大幅度的下降，约下降了 14 个百分点。艺术品、珍藏品及古董，炸药及烟火制品，氯乙烯聚合物或卤化烯聚合物有所上升，成为了竞争优势强的行业。与 1995 年相比，大部分工业行业的国际市场份额在下降。1995 年国际竞争力很强的飞机和相关设备、航天飞机等产品在 2010 年已不再是美国的优势产品，15 年间国际市场份额从 37.6% 下降到 5.4%。类似的还有非电动的发动机及零件、乐器及其零件和附件、唱片、磁带，这些工业行业的国际市场份额都下降了 13 个百分点以上，不再具有竞争优势。

表 1–5–3　美国 1995 年和 2010 年出口额占世界比例最大的 20 个行业

行业	技术水平	2010 年出口额占世界比例（%）	1995 年出口额占世界比例（%）	2010~1995 年的变化（百分点）
武器和弹药	0	42	56.1	−14.1
艺术品、珍藏品及古董	0	35.1	25.5	9.6
医用电子诊断设备	3	24.6	27.2	−2.6
炸药及烟火制品	4	24.3	19	5.3
医用仪器及器械	4	23.9	25	−1.1
矿物油用精制添加剂；润滑油，防冻液	4	21.8	22.9	−1.1
氯乙烯聚合物或卤化烯聚合物	4	20.9	13.8	7.1
土木工程和承包商的设备	3	18.9	25.2	−6.3
测量、分析及控制用仪器	4	18.9	25.2	−6.3
电影摄影和照相用品	4	16.1	13.4	2.7
拖拉机	3	16	15.6	0.4
农用机械（拖拉机除外）及零件	3	15.5	20.3	−4.8
塑料的废料及碎屑	4	14.8	16.9	−2.1
其他塑料，原始形态的	4	14.5	15.1	−0.6
载货用及特殊用途车辆	3	14.3	11.1	3.2
医用和药用产品（药物除外）	4	14.2	16.1	−1.9
杂类化学产品	4	14.2	17.7	−3.5
无机酸和金属的盐类及过氧盐	4	14	19.2	−5.2
其他有机化学品	4	13.9	14.8	−0.9
特定工业用的其他机械	3	13.7	15.1	−1.4

注：技术水平 1 表示劳动密集和资源型制造，2 表示低等技能和技术制造，3 表示中等技能和技术制造，4 表示高等技能和技术制造，0 表示未分类。

资料来源：联合国贸易数据库。

三、德国工业化历程和成就

1. 德国工业化的起步晚于欧洲其他发达国家

第一次工业革命的浪潮不仅深刻影响了美国，在欧洲大陆也掀起了翻天覆地的变化。尽管深受分裂割据的困扰，到了 19 世纪 30~40 年代，德国依然在第一次工业革命的冲击下，迟缓地开始了它的工业革命步伐。与工业革命早期的其他资本主义国家一样，德国的工业革命也是从纺织工业开始的。以普鲁士为例，1831 年时，它已拥有 25.2 万台麻布织机、2.2 万台毛织机、2.5 万台棉织机和 9000 台丝织机。

2. 德国工业化进程多次受到战争和危机影响

德国在开始工业革命之际，即确立了工业在国家经济中的核心地位。一直以来，无论是备战、战后重建，还是应对全球经济危机，德国始终将工业作为国家振兴的基础。德国的技术基础雄厚，尽管在两次战争中战败，资源和基础设施都被严重破坏，很长时间受到抵制，但在"二战"后不久的几十年间就从战争废墟迅速变为强大的发达国家。为了尽快摆脱落后局面，促进经济腾飞，德国各联邦政府充分发挥国家调控经济的作用，大力推进革命。第二次世界大战以后的一段时间里，德国传统产业得到调整和改造，新兴产业建立和发展，产业结构发生了较大变化。重工业、化学工业在国民经济中的比重增加，新兴工业出现并发展较快。1973 年和 1980 年，德国相继爆发了两次经济危机，其经济进入缓慢发展时期。德国对工业部门内停滞和衰退的产业进行了调整和技术改造，增大了资本密集型和技术密集型工业在产业中的比重。

3. 德国的机械制造、化学、医药等产业有着很强的竞争力

表 1-5-4 显示了德国 2010 年出口额占世界比例最大的 20 个工业行业。这些工业行业的国际市场占有率都很高，最低的是 16.4%，最高的是 38%，反映出德国具有很多很强的优势产业。其中国际市场占有率最高的 5 个工业行业是塑料单丝（截面>1 毫米）、印刷和装订机械及其零件、传动轴、客运汽车、飞机和相关设备及航天飞机，出口额占世界的比例在 22%~38%。1995 年国际市场份额最大的 5 个行业是塑料单丝（截面>1 毫米），印刷和装订机械及其零件，液体泵，非电动机械、工具和机械器械及零件，纺织及皮革用机械及零件，国际市场份额在 25%~39%。1995 年的前 20 个优势行业在 2010 年仍有 11 个位于前 20 位，塑料单丝（截面>1 毫米）与印刷和装订机械的国际市场占有率一直保持稳定，分别在 38% 和 31% 左右。公路汽车、纺织及皮革用机械及零件 1995 年的国际市场占有率在 25% 以上，到 2010 年分别下降到了 14.5%、16.2%，下降幅度约 40%。飞机和相关设备及航天飞机行业的国际市场占有率从 1995 年的 11.5% 提升到 2010 年的 22.3%，提升了约 1 倍，跃居第 5 大出口优势行业。

表 1-5-4　德国 1995 年和 2010 年出口额占世界比例最大的 20 个行业

行业	技术水平	2010 年出口额占世界比例（%）	1995 年出口额占世界比例（%）	1995~2010 年的变化（百分点）
塑料单丝（截面>1 毫米）	4	38	38.5	−0.5
印刷和装订机械及其零件	3	30.1	31.8	−1.7
传动轴	3	23.5	24.4	−0.9

行业	技术水平	2010 年出口额占世界比例（%）	1995 年出口额占世界比例（%）	1995~2010 年的变化（百分点）
客运汽车	3	22.8	20.9	1.9
飞机和相关设备、航天飞机等	4	22.3	11.5	10.8
造纸厂和制浆厂机械、制造纸制品的机械	3	21.1	21.2	-0.1
铁路车辆及相关设备	2	20.9	17.8	3.1
非电动机械、工具和机械器械及零件	3	20.4	25.6	-5.2
医用电子诊断设备	3	20.4	21.7	-1.3
液体泵	3	18.5	25.7	-7.2
管、水管、塑料软管	4	18.3	20	-1.7
食品加工机械（非家用的）	3	18.2	19.1	-0.9
适用于加工金属、切削材料的机器的零件及附件	3	18.2	19.6	-1.4
切削材料的机床	3	18.1	17.5	0.6
动力机械及零件	3	17.8	24.3	-6.5
卫生、水道、供暖设备和配件	2	17.5	18.2	-0.7
拖拉机	3	17.3	19.1	-1.8
测量、分析及控制用仪器	4	16.9	15.9	1
农用机械（拖拉机除外）及零件	3	16.7	17.9	-1.2
滚珠轴承或滚柱轴承	3	16.4	18.2	-1.8

注：技术水平 1 表示劳动密集和资源型制造，2 表示低等技能和技术制造，3 表示中等技能和技术制造，4 表示高等技能和技术制造，0 表示未分类。

资料来源：联合国贸易数据库。

四、日本工业化历程和成就

1. 日本是唯一一个在第二次世界大战前完成工业化进程的亚洲国家

日本的工业化深受德国影响。明治维新是由政府主导的资本主义改革，不过并没有实行西方民主，反而是在加强思想控制的同时，强制实行工业化的历程。从 1885 年到"一战"开始为日本工业化初始阶段。在这一阶段，日本工业迅速发展，农业也保持了较高的劳动生产率及增长率。农业持续发展不仅促进了工业生产，而且推动了大量农村劳动力转移到非农业部门，为非农产业发展提供了人员保障，1910 年以前，农业增长对 GDP 增长的贡献度接近 20%。1885~1914 年，日本 GDP 平均增长率为 2.7%。[1] 其中三次产业 GDP 增长率分别约为 1.54%、6.38% 和 3.94%（1889~1920 年），如表 1-5-5 所示。第二产业增长速度最快，并创造了该时期 GDP 增加额的一半左右。1888 年，日本三次产业的 GDP 构成为 41.5∶12.2∶46.3，到 1920 年演变为 24.7∶32.1∶43.2。

---

① [日] 西川俊作，阿部武司. 日本经济史 4：产业化的时代（上）[M]. 北京：生活·读书·新知三联出版社，1998.

表 1-5-5　日本 1889~1920 年三次产业 GDP 增长及其贡献

单位：%

年份	GDP 增长率			对 GDP 增长相对贡献度		
	第一产业	第二产业	第三产业	第一产业	第二产业	第三产业
1889~1900	1.37	6.25	3.16	17.8	31.6	50.6
1901~1910	1.66	6.44	4.55	20.8	52.4	26.8
1911~1920	1.62	6.46	4.26	11	45	44

资料来源：[日] 南亮进.日本的经济发展（修订版）[M].北京：经济管理出版社，1992. 转引自侯力，秦熠群. 日本工业化的特点及启示[J]. 现代日本经济，2005 (4).

　　日本工业化也是从食品和纺织的轻工业开始发展的。19 世纪后期日本的工业增长主要得益于轻工业的发展。20 世纪初，由于中日战争、日俄战争的爆发，军备急需扩增，特别是钢铁、造船、海运、铁路等发展迅速，新兴产业如电机、通信、汽车、化学等产业也迅速发展起来。此时的日本纺织工业较为发达，制造业由以轻工业为主而逐步转向以重工业为中心。

　　2. "二战"后日本制造业迅速发展

　　"二战"后日本经济增长势头迅猛。在 1955~1973 年，钢铁、化学等重化工业取得了连续 19 年平均 9.8%的 GDP 增长率。之后，家电、汽车、电子等新兴主导产业逐渐代替了钢铁、化学等重化工业，新兴产业不但在日本内部需求旺盛，还通过扩大出口拓展了国际需求。和美国相似，日本制造业的发展也是从劳动密集型的轻工业转变为资本密集型的重化工业，再转变为技术密集型的新兴产业。

　　1973 年，由于世界第一次石油危机，钢铁、有色金属、金属制品、化学、纸浆等原材料产业开始衰落；机械制造、精密仪器等加工组装产业得以顺利发展。这段时期，由于技术密集型产业具备能耗少、加工度高、附加值高、工艺复杂、技术要求高等特点，开始得到重点发展。到 1984 年，日本传统优势产业纺织、钢铁、化学、有色金属等比重纷纷下降，机械制造、精密仪器等加工组装产业比重上升。产业结构在此期间由资本密集型加速向技术密集型转换。电器机械生产额跃居日本制造业首位，汽车产业在国际上有很强的竞争力。1985 年 9 月五国财长会议召开，决定在两年半的时间里将日元汇率由 1 美元兑换 237 日元下降至 1 美元兑换 120 日元，使得日本制造业的劳动力成本优势迅速消失，家电和汽车产业开始向海外转移。

　　3. 日本在电影摄影和照相用品、机床、蒸汽轮机等产业有着很强的国际竞争力

　　表 1-5-6 列示了日本 2010 年出口额占世界比例最大的 20 个工业行业，其中国际市场占有率最高的 5 个工业行业是电影摄影和照相用品、切削材料的机床、水蒸汽轮机和其他蒸汽轮机及零件、特定工业用的其他机械、光学制品，出口额占世界的比例在 18%~27%。1995 年国际市场份额最大的 5 个行业是摄影仪器和设备、机动车和脚踏车、切削材料的机床、船舶及漂浮结构、光学仪器，国际市场份额在 27.6%~34.4%。这 5 个行业的市场份额在 15 年间都大幅度下降，其中摄影仪器和设备下降幅度最大，为 29 个百分点，其次是机动车和脚踏车、光学仪器，为 20.1 个百分点。

表 1-5-6 日本 1995 年和 2010 年出口额占世界比例最大的 20 个行业

行业	技术水平	2010 年出口额占世界比例（%）	1995 年出口额占世界比例（%）	1995~2010 年的变化（百分点）
电影摄影和照相用品	4	26.9	23.2	3.7
切削材料的机床	3	25.1	31.2	-6.1
水蒸汽轮机和其他蒸汽轮机及零件	3	21.8	18.7	3.1
特定工业用的其他机械	3	20.5	18.3	2.1
光学制品	4	18.1	20.4	-2.3
船舶及漂浮结构	2	16.4	29.2	-12.8
客运汽车	3	16	18.2	-2.1
录音机或放音机	4	15.6	25.8	-10.2
滚珠轴承或滚柱轴承	3	15.5	20.7	-5.1
未包覆、未镀或未涂的铁或非合金钢压延产品	2	14.8	12.8	1.9
板、片、薄膜、箔及条状塑料	4	14.7	7.8	6.9
合金钢的压延产品	2	14.5	21.5	-7
玻璃	1	14.2	13.3	0.9
钢轨及铁道铺轨用的材料、钢铁	2	13.6	11.4	2.2
内燃活塞发动机及零件	3	13.6	23.5	-10
传动轴	3	13.1	22.6	-9.5
土木工程和承包商的设备	3	12.9	14.9	-2
塑料的废料及碎屑	4	12.8	5	7.8
纺织及皮革用机械及零件	3	12	18.5	-6.5
土木工程、客运、货运、公路汽车的零件及附件	3	11.9	17.4	-5.5

注：技术水平 1 表示劳动密集和资源型制造，2 表示低等技能和技术制造，3 表示中等技能和技术制造，4 表示高等技能和技术制造，0 表示未分类。

资料来源：联合国贸易数据库。

第二节 制造业在西方国家发展战略中的地位分析

制造业对国民经济来讲有着至关重要的地位。制造业的发展是提高国家综合竞争力的核心保障、提供高质量就业岗位的根本要求、维持国家财政收入平衡的重要前提、产业技术创新的基础来源。

一、制造业的发展是提高国家综合竞争力的核心保障

制造业，尤其是装备、电子、原材料等重工业的发展往往是整个工业技术进步的来源和国家经济安全的保障，也代表了一个国家工业的整体竞争力水平。任何一个大国，都不可能在缺乏强大制造业的基础上成为世界经济强国。国际金融危机下，德国受到的冲击较小，而且很快从危机中恢复，产业国际竞争力得到了提高，其根本原因在于德国有着强大的制造业。美国《外交》杂志 2011 年发文讨论"欧洲制造业强国能给美国什么经验"，对注重制造业的"德国模式"推崇异常。中国等新兴国家依靠制造业发展经济的经验更凸显

了制造业对经济增长的重要作用。发达国家与主要国际机构以往是生产全球化的坚定支持者，如今在经济复苏步履维艰的情况下，也被迫调整立场，反思全球化背景下工业发展与经济增长的关系。2011 年 IMF 年度报告在下调未来两年发达国家经济增速的同时，特意指出工业部门生产率潜力远高于其他产业，流失工业生产的美国和欧洲只能落得衰退，制造业如果全面衰退，会严重影响西方国家的霸权。

西方国家重新认识到制造业的发展是提高国家综合竞争力的核心保障，重新拟定制造业发展战略规划，采取了一系列措施加强制造业的发展。美国重新拟定制造业发展战略规划，在救市和财政刺激方案中加大对制造业的援助力度，制订了"国家出口计划"，加大对制造业的投资力度，积极开展对外出口。英国政府和产业界也开始重新认识制造业这一基础产业的重要性。英国正在改变"重金融、轻制造"的观念，制定新的战略目标以提振制造业。英国前首相布朗表示，无论过去、现在和未来，制造业都是英国经济获得成功的关键，英国要振兴制造业，首先必须改变对制造业的偏见，并对制造业进行再认识。2009年公布的英国"制造业新战略"中提出制造业的五大竞争策略。日本将制造业作为产业政策核心，制定了《制造基础白皮书》，决心提升制造业的竞争力，加强信息家电、环境与能源、纳米与新材料、医疗与生物工程等领域的技术研究开发，拟将日本建成进行尖端技术领域的研究开发以及生产高附加值产品的据点。"法国新产业政策"中明确将工业置于国家发展的核心位置，提出了法国制造业产量的增长目标及具体措施。

二、制造业的发展是提供高质量就业岗位的根本要求

第二产业就业在西方国家仍占据重要地位。英国、美国、德国、日本等国家在很长时间以前就完成了工业化。其中，英国在 19 世纪中期率先完成工业化；日本完成工业化最晚，在 20 世纪中期完成了工业化。完成了工业化的国家，在就业结构上，往往是第三产业就业比重很高，而第二产业就业比重相对较低。例如，2008 年英国、美国、德国、日本第三产业就业比重分别为 77.32%、78.61%、68.08%、68.45%；相比之下，第二产业就业比重分别为 21.21%、19.90%、29.67%、27.35%。然而，即使第二产业就业比重不如第三产业比重高，但同样在国民经济中占有重要地位。

表 1-5-7　2008 年西方国家不同产业就业人数和比例

国家	第一产业		第二产业		第三产业	
	人数（千人）	占比（%）	人数（千人）	占比（%）	人数（千人）	占比（%）
英国	433	1.47	6253	21.21	22790	77.32
美国	2168	1.49	28922	19.90	114272	78.61
德国	872	2.25	11492	29.67	26371	68.08
日本	2680	4.20	17460	27.35	43690	68.45

资料来源：《中国人口和就业统计年鉴（2011）》。

国际金融危机下，在美国等西方国家中，制造业以及与制造业相关的物流等行业的失业率是最高的。制造业等行业的大量失业造成了一系列的社会问题。在这种情况下，美国等西方国家提出了"再工业化"战略，而"再工业化"战略在很大程度上是为了解决就业

问题。花旗集团在一份报告中称，美国的这一"再工业化"进程将可能在 2020 年之前增加多达 360 万个就业岗位，并增加美国国内生产总值 3 个百分点。同时，西方国家"再工业化"的一个重要举措是增加出口，增加出口的目的不仅是为了增加贸易收益，也同样是为了增加就业。以美国为例，奥巴马政府启动了 20 世纪 70 年代时期才有的"总统出口委员会"，专门为美国企业提供咨询服务。他表示，美国在亚洲贸易份额每增加 1%，美国就能增加 25 万~30 万个工作岗位。

在美国等西方国家中，就业岗位总体上来讲，制造业收入水平要高于服务业，因此在一定意义上讲，应当属于高质量就业。从 2012 年美国不同岗位员工工资水平比较来看，生产岗位员工的工资水平为 621 美元/周，而服务岗位员工的工资水平为 487 美元/周，生产岗位员工工资明显高于服务岗位。另外，其他属于第二产业的岗位，例如，建筑和冶炼行业、组装和维修行业等，工资水平也明显高于属于第三产业的岗位的工资水平，例如销售与行政岗位（包括销售及相关职业、办公室及支持性行政管理职业）等。制造业工资水平相对较高能够吸引更多的人才进入，形成高质量的就业群体，从而提高制造业的发展水平。西方国家"再工业化"的重要举措是加大研发和教育培训投入。如 2010~2011 年，英国政府将投入 10 亿英镑，帮助 1 万家企业培训员工，还将重点加强对核电、新能源及清洁汽车、碳捕获和储存产业的扶持，通过技术创新、人才培训、加大投入等措施创造高附加值产品。法国"新产业政策"中划拨 2 亿元用于增加就业，提升劳动力的技能。为了确保提供充足的受过科学及工程训练的工人，欧盟鼓励学生进入科学和工程领域学习，通过无息贷款等来促使国内学生接受科技教育和培训。政府与企业密切配合，确认新出现的职业技能并有针对性地提供财政激励，鼓励企业为科学技术领域的毕业生提供实习机会。此外，还鼓励高质量的国外研究生毕业后留在本国。

表 1-5-8　2012 年美国不同职业员工数量以及工资水平

职业	员工数量（单位：千人）	周工资（单位：美元）
管理、专业技术人员及相关职业	41105	1098
其中：管理、商业、金融操作	17266	1159
专业技术人员及相关职业	23839	1056
服务	15540	487
销售和行政	22726	645
其中：销售及相关职业	9251	667
办公室及支持性行政管理	13475	637
自然资源、建筑及维修岗位	10135	728
其中：农业、渔业、林业	943	417
建筑和冶炼	5090	723
组装和维修	4102	811
生产和交通运输	14072	615
其中：生产	7310	621
交通运输	6762	608

注：数据为 2012 年第 3 季度数据。
资料来源：美国劳工统计局（Bureau of Labor Statistics）。

三、制造业的发展是维持国家财政收入平衡的重要前提

西方国家在"去工业化"发展的过程中,贸易长期失衡,形成了巨额财政赤字。虽然美国可以利用美元的特殊地位来吸引投资,通过资本项目的黑字来进行弥补,通过增发货币来转嫁财政危机,但长期下去会造成严重的通货膨胀,美元的信誉最终也将被挥霍殆尽。希腊也正是因为缺乏有竞争力的制造业,造成了国家税收增长缓慢,无法弥补日益扩大的国家债务,最终形成了"主权债务危机"。冰岛在国际金融危机下,面临着国家破产的危险,其根本原因是国内缺乏真正有竞争力的制造业。近年来,为改变这种状况,冰岛大力引进电解铝、电解铜等能源密集型产业,吸引包括美国、中国在内的很多国家的直接投资,冰岛金属冶炼和加工等制造业出现了高速发展的态势。在制造业高速发展的情况下,冰岛国家财政状况已经有了明显好转。同时,制造业国际竞争力的增强有助于减少发达国家的贸易赤字。目前西方国家希望通过"再工业化",重新夺回制造业优势,再次成为工业品输出国,实现经常项目盈余,从而扭转国家财政收支长期不平衡的局面。

四、制造业的发展是产业技术创新的基础来源

在过去很长一段时间里,欧洲国家特别是英、法等国是世界上科技最发达的国家,却不是技术最先进的国家,原因是贵族化的科学研究与实际生产发生脱节,缺乏强大的制造业,导致了技术创新能力的减弱。相比之下,美国、德国却因为制造业的大发展而产生了很多发明创造。制造业的发展是产业技术创新的基础来源。因此,很多国家政府都主导推动制造业技术创新。美国政府于 1990 年、1993 年和 1997 年分别实施了"先进技术计划"、"制造业合作发展计划"和"下一代制造——行动框架"等,以推动美国制造业的进一步发展。2004 年布什总统发布"鼓励制造业创新"总统行政令推动技术进步,同年,美国国会通过了"制造技术竞争能力法",强调要通过财政支持发展新的制造技术,提高美国的制造能力。技术创新推动制造业发展,不仅对制造业本身,也对本国长期技术水平提高和经济增长起到了十分重要的作用。目前,美国制造业的单位成本正在以大于 1% 的速率下降,经济效益明显改善。另外,技术创新带来的制造业重振促进了经济增长。大量迹象表明,制造业重振了美国在国际和国内市场上的竞争力,在 20 世纪 90 年代美国强劲的经济增长中发挥了不可替代的重要作用。20 世纪 90 年代,美国制造业的年均经济增长率达 5.2%,高于美国经济增长率 2.1 个百分点,对 GDP 增长的贡献率达到 29%。

第三节　西方国家制造业发展战略及"再工业化"

近几十年来,西方国家制造业占整个国民经济的比重出现逐步降低的趋势,呈现一种"去工业化"的发展模式,但这并不意味着"去工业化"是西方国家的真正意愿。事实上,美国、欧洲、日本等西方国家从来没有放弃制造业的发展,而是始终将制造业放到国家战略的核心位置,并将发展先进制造业作为控制全球分工体系的战略制高点。国际金融危

机后，美国等西方国家纷纷提出"再工业化"的发展战略。此轮"再工业化"有着很多独特的背景和特点，其根本目的是为了维持和重塑西方国家的竞争优势，核心是制造业绿色化。

一、西方国家始终将制造业放到国家发展战略的核心位置

世界上最早开始和完成工业化的国家是英国，然后是欧洲大陆的主要国家和美国，而美国也在 19 世纪末逐渐取代英国，奠定了世界制造业霸主的地位。当时，制造业的竞争主要体现为低成本的竞争，那些能够为消费者提供价格低廉、质量稳定产品的企业，必然能够在竞争中获胜，同时企业竞争的范围也往往以国内市场为主，很少进行跨国经营。然而，进入 20 世纪 60 年代以后，随着信息技术革命的深入发展，制造业竞争的规则发生了变化。企业不但要满足低成本的要求，而且要满足消费者的个性化需求，并要对市场的变化进行快速响应。同时，企业跨国经营的成本大大降低，开始在全球范围配置资源实现全球化生产。美国受国内生产要素成本上升等因素的影响，开始将国内一些制造业转移到了日本、西德等国家，而日本、西德等国家在承接了产业转移以后，大规模引进先进技术，进行消化吸收，并发展了精益生产等新型制造模式，工业化的进程迅速加快。到了 20 世纪 80 年代，在日本、西德、法国等国家的竞争下，美国制造业的国际竞争力开始被严重削弱，在汽车、钢铁、消费类电子等领域的国际市场占有率大幅下降，工业品的进出口也出现了巨大逆差。为了重振制造业雄风，20 世纪 90 年代，美国率先提出了先进制造技术的概念，将发展制造业上升到国家战略的高度，将高新技术的研发作为发展制造业的核心，并推出了一系列促进制造业发展的计划和措施。随后，欧洲、日本以及亚洲新兴工业化国家也纷纷做出响应，推出很多中长期规划和鼓励政策，促进传统产业向先进制造业升级，希望在下一轮国际竞争中占得先机。进入 21 世纪以来，西方国家制造业发展中出现了全球化、高技术化、数字化、智能化、网络化、虚拟化、敏捷化、集成化、集群化、绿色化等特征（赵优珍，2011），在竞争范围和竞争强度上，都比传统制造业领域更为激烈。

表 1-5-9 国际金融危机前西方发达国家促进制造业发展的主要政策

	出台促进制造业发展的主要政策
美国	1990 年，美国政府推出"先进技术计划"（ATP），由政府向企业或企业与科研机构联合体提供启动资金，通过与产业界共同分担研究费用，扶持高新技术创新与产业化。 1993 年，美国政府批准了由联邦科学、工程与技术协调委员会（FCCSET）主持实施的"先进制造技术"（AMT）计划，首次提出了先进制造技术的概念，资助研究开发世界领先的先进制造技术，促进具有环境意识的制造。 1995 年，美国政府开展"下一代制造"（NGM）项目，由美国国家科学基金会和其他联邦机构资助，致力于开发一个能被广泛接受的制造企业模型，详细描述未来制造业的发展远景。 1998 年，美国政府在"下一代制造"（NGM）项目的基础上，进一步推出了"集成制造技术路线图计划"（IMTR），由美国国家科学基金会和其他联邦机构资助，开发下一代制造所需要的先进生产技术和先进经营管理模式。 2004 年，美国布什总统发布了"鼓励制造业创新"的总统行政令，要求各联邦政府帮助企业实施制造业中的创新。 2004 年，美国国会通过了《2004 年制造技术竞争能力法》，强调要通过财政支持发展新的制造技术，将制造业信息化技术列入"影响美国安全和经济繁荣"的 22 项技术之一加以重点研究开发。 2007 年，美国政府启动新的"技术创新计划"（TIP）取代"先进技术计划"（ATP），在公共资金的使用上更为谨慎，将资助范围限定为高风险、高收益的技术研究。

	出台促进制造业发展的主要政策
日本	1980 年，日本政府推出"推进创造性科学技术规划"。 1985 年，日本政府推出"促进基础技术开发税制"。 1989 年，日本政府发起建立"智能制造系统"(IMS) 计划，由欧盟、澳大利亚、加拿大、韩国、瑞士、挪威、美国等国家参与，致力于开发研究由智能机器和人类专家共同组成的人机一体化智能系统。 1995 年，日本通产省发起旨在推动基础工业发展的"新兴工业创新型技术研究开发促进计划"。 1995 年，日本政府提出"科技创新立国"战略，颁布《科学技术基本法》。 1996 年，日本政府通过《科学技术基本计划》。 2004 年，推出新产业创造战略，为制造业寻找未来战略性产业。
欧洲国家	1985 年，面对美国、日本日益激烈的竞争，西欧国家制定了一项在尖端科学领域内开展联合研究与开发的计划，即"尤里卡计划"，目标主要是提高欧洲企业的国家竞争能力，进一步开拓国际市场。经过 20 年的发展，"尤里卡计划"的成员国已由最初的 17 个增加到 36 个，包括所有的欧盟成员国和瑞士、土耳其等国。 法国在 20 世纪 50~60 年代实施了包括核电、高速列车等在内的大型战略工业发展计划。20 世纪 90 年代组织实施了一系列旨在促进高新技术产业发展的中长期计划，包括信息高速公路计划、加速互联网推广和应用的"一揽子"计划等。进入 21 世纪以来，先后推出了光电子技术发展计划、国家创新计划、国际合作创新计划等。2005 年 7 月，推出"竞争力极点"项目，即在特定的地理范围内，一些企业、培训中心和研究机构以合作伙伴的形式联合起来，共同进行以创新为特点的开发。2005 年 8 月，宣布《法国新工业政策及革新的基本方针》，同时成立工业创新署，并将推出一系列配套政策，以推动高新技术产业的发展。 德国政府 1995 年提出了实施"2000 年生产计划"，推动信息技术促进制造业的现代化和提高制造领域的研究水平；2002 年又分别推出了"IT2006 研究计划"和"光学技术–德国制造"计划，投资 30 多亿欧元，研究电子制造技术和设备、新型电路和元件、芯片系统以及下一代光学系统。

资料来源：笔者整理。

二、先进制造业是西方国家控制全球分工体系的战略制高点

　　迄今为止，世界制造业主要经历了三次大规模的产业跨国转移浪潮，其基本特征均是随着自身生产要素成本的上升，发达国家跨国公司采取"全球采购"、制造业务外包、OEM 等形式将劳动密集型产业或产业链的低端环节转移到发展中国家，而将经营重点从产品制造环节向微笑曲线的两端转移，致力于研发和品牌营销，发展技术领先、附加值高的先进制造业，从而形成了以发达国家先进制造业为主导的国际产业化分工体系。在这种体系中，发达国家引导和满足世界范围内的市场需求，掌握着制造业的核心技术，控制着世界制造业领域的技术标准、产品规范和业务流程，控制和管理加工制造环节，获取比物质产品生产多得多的利润（陈宝明，2006）。相比之下，承接产业转移的发展中国家虽然能够依靠承接发达国家产业转移提高自身制造业水平，但受自身技术水平的限制，在发达国家技术保密、专利包围、价值链不同环节交叉补贴等手段的控制和打压下，被迫锁定于价值链低端，不但容易被其他新兴国家所替代，而且会给本国的资源环境造成巨大压力。虽然发展中国家纷纷意识到，提高自主创新能力，发展先进制造业，实现产业结构调整是打破现有国际分工体系的根本途径，然而要想做到这一点却非常困难。先进制造业的发展必须建立在国家综合实力全面提高的基础上才有可能实现，这既体现在技术水平上，也体现在经营模式和管理手段上，因此需要经历一个长期培育和市场竞争的过程。

三、国际金融危机后西方国家提出了"再工业化"战略

国际金融危机发生后，美国等欧美主要发达国家纷纷再度提出"再工业化"战略，引起普遍关注和广泛讨论。事实上，"再工业化"并不是一个新问题。"再工业化"这一概念多年前就在对传统工业基地的改造和振兴中被广泛应用。学术界普遍认同"再工业化"是"一种刺激经济增长的政策，是通过政府的帮助来实现旧工业部门的复兴和鼓励新兴工业部门的增长"。每次美国经济或世界经济出现重大危机，"再工业化"便被提及，此概念的热度与经济周期呈现出高度的一致性。在国际金融危机大背景下，这一概念的再次盛行，反映了西方一些发达国家对过去那种"去工业化"发展模式的反思和重归实体经济的愿望。

1. 本轮"再工业化"有着新的背景和特征

本轮"再工业化"问题的提出，主要背景有两个：一是制造业的产业地位下降，引发了一系列问题。"二战"之后，发达国家制造业特别是传统制造业占 GDP 比重快速下降，对经济贡献率和就业吸纳能力不断降低，持续产业转移造成的"产业空心化"对进出口失衡产生重要影响。二是发展中国家逐步兴起，对发达国家形成巨大挑战。"二战"以后，许多发展中国家依托产业转移及发达国家的市场，在较短时间内实现了工业化，其中部分国家突破了"比较优势陷阱"，对发达国家制造业产业链分工优势形成严重挑战。国际金融危机之后，发达国家再度提出"再工业化"，则有着新的经济背景，即在新一轮的产业革命中占据领先地位。以信息技术为代表的第五次技术革命，并未取得与之前的技术革命同样的效果，信息技术作为主导产业带动力明显不足。而以低碳为主要特征的新兴产业刚刚兴起，发达国家之间、发达国家与发展中国家在同一起步线上展开竞争，为了在新一轮技术革命中继续占据领先地位，"再工业化"战略应运而生。

也正因如此，本轮"再工业化"呈现出来了一些新特征。第一，强化工业地位，明确发展战略。本轮"再工业化"强调重新认识制造业价值，强化提升工业地位，并第一次将"再工业化"升格为发展战略。奥巴马在 2009 年 9 月的 G20 会议上提出"可持续和均衡增长框架"建议后，美国出台了一系列以平衡增长为背景的经济复苏提振政策。最为显著和具有标志性的是 2010 年 8 月 11 日生效的《美国制造业振兴法案》。该法案旨在帮助美国制造业降低生产成本，增强国际竞争力，提振实体制造业，创造更多就业岗位。波士顿咨询集团（BCG）的一项调查显示，在一些年销售额超过 10 亿美元、总部设在美国的制造业公司中有超过 1/3 的高管计划或正在考虑将生产从中国转回美国，其中 67% 的橡胶和塑料制品企业、42% 的机械制造企业、41% 的电子制造企业、40% 的计算机制造企业、35% 的金属制品企业表示，它们期望将企业从中国回迁到美国。2012 年美国通用电气在美国肯塔基州路易斯维尔市开设了一家新工厂，这与通用在当地开设第一家工厂相隔了 50 年。由于对增加当地就业的巨大贡献，通用电气获得了肯塔基州和路易斯维尔市总共 3700 万美元的奖励，还获得了联邦减税 2480 万美元。第二，强调工业出口，消除外贸失衡。本轮"再工业化"明确，将加大出口，发展出口型产业作为工业发展的重点，力图以此推动经济增长，消除进出口失衡，减少贸易逆差。第三，更加注重巩固已有竞争优势，抢占新兴产业发展先机。一方面，加大研发投入力度，在相关财政预算和财政拨款中，加大对研

发的扶持，以继续巩固自身在工业产业链高端环节的优势地位；另一方面，依据经济发展
形势，确立了以"低碳"、"环保"为主要特征的若干新兴产业为重点发展行业，力图早日
在未来的工业革命中占据主导地位。第四，确立中小企业的主体地位。中小企业成为实施
本轮"再工业化"的主体力量，受到重点扶持。

　　2. 本轮"再工业化"的目的在于维持和重塑西方国家的竞争优势

　　近年来，随着新兴经济体的日益发展壮大，西方国家在很多传统产业的竞争优势逐步
减弱。例如，美国曾经是世界上最大的汽车制造国，汽车制造业是20世纪美国工业的支
柱和象征，然而随着日本、中国等国家的兴起，美国传统的汽车业走向了没落。美国早在
20世纪20年代就在汽车制造产业取得领先地位，其优势最初源于丰富的天然资源和国内
需求，土地便宜、城市密度低造成对汽车的大量需求。19世纪末，美国的经济已经处于世
界前列，钢铁和石油化工业的发展为汽车业的发展创造了条件。1893年福特发明了世界上
第一辆汽车，随后福特、通用汽车公司分别凭借廉价的T型车、系列产品主导了市场。从
20世纪中期开始，美国汽车企业受到了国外竞争者的威胁，三大汽车厂一直把高能耗、高
污染、高利润的多功能运动型汽车和小型轿厢车作为利润来源，当油价上涨时，这些车的
销量开始下降，70年代国内三大巨头获得政府限制进口的保护。80年代日本的本田、日
产、三菱和富士公司相继在美国设立工厂，更经济的日本汽车进入美国市场，美国汽车业
的生产率不如日本和德国，导致进口不断增加，国内市场的占有率下降，美国通用、福特
和克莱斯勒3大汽车公司逐渐失去了美国市场的中心地位。1998年，外国工厂的总产量已
赶上通用汽车在美国制造汽车的总量。1998年福特、通用公司汽车的全球总产量分别为
758.2万辆、655.6万辆，分别排在第1、2位，日本丰田公司的产量为521万辆，排在第3
位，而2009年丰田汽车的全球总产量为723.4万辆，排在第1位，福特、通用分别为
645.9万辆、468.5万辆，排在第2、4位。通用和福特公司年产量在2008年和2009年明
显下降，而日本汽车公司则保持增长（见表1-5-10）。1998年5月，德国汽车制造商戴姆
勒公司和美国第3大汽车制造商克莱斯勒公司合并，2007年7月戴姆勒—克莱斯勒公司又
将克莱斯勒公司出售给美国。受到金融危机的影响，通用公司在2009年巨额亏损，2009
年7月美国财政部接管并重组了通用公司，大幅裁员，成立了新通用公司。

表1-5-10　美国、日本、德国主要汽车制造商汽车产量及世界排名

单位：万辆

汽车制造商	1998年		2000年		2005年		2006年		2007年		2008年		2009年	
	产量	排名	产量	排名	产量	排名	产量	排名	产量	排名	产量	排名	产量	排名
美国—通用	656	2	732	2	650	3	651	4	625	4	541	4	469	4
美国—福特	758	1	813	1	910	1	897	1	935	1	828	2	646	2
日本—丰田	521	3	595	3	734	2	804	2	853	2	924	1	723	1
日本—本田	233	8	251	10	344	7	367	5	391	5	391	5	301	7
德国—大众	481	4	511	4	521	4	568	3	627	3	644	3	607	3
德国—戴姆勒*	451	5	467	5	482	5	204	13	210	13	217	12	145	12

　　*注：1998~2006年为戴姆勒—克莱斯勒公司合并后的数值，2007~2009年为戴姆勒公司的数值。企业合并使
1998~2006年与2007年以后的数值不可比。
　　资料来源：国际汽车制造商联合会。

在竞争优势逐渐减弱的情况下，西方国家提出了"再工业化"的战略，其根本目的在于维持和重塑西方国家的竞争优势。因此，政策的措施导向由强调复兴传统部门向更加注重新技术应用和新兴产业发展转变，政策的目标导向由注重经济增长向注重竞争优势转变，政策的着眼点由注重解决当前问题向占领未来发展制高点转变。对于西方国家来讲，"再工业化"的实质是产业升级，是要发展能够支撑未来经济增长的高端产业，而不是要恢复传统的制造业。短期来看，"再工业化"会造成部分制造业的回流，或者讲，从发展中国家重新回到发达国家。但长期来看，西方国家的"再工业化"不是恢复传统制造业，而是发展以绿色、高效为核心的先进制造业。因此，它们不仅不会放慢产业转移的速度，而恰恰是加快了产业的跨国转移，并且会促进高端生产性服务业的快速发展和跨国合作，这也为发展中国家提供了难得的机遇。同时，国家之间、企业之间旧的"游戏规则"可能得到根本性的重塑，西方发达国家在传统产业中建立一些新的技术标准，而只有与这些技术标准相兼容的技术才能够融入全球分工体系，苛刻环境标准下的低成本生产能力将会成为未来制造企业的必备能力。对于发展中国家来讲，利用先进制造技术改造传统产业已经成为参与国际分工体系的根本条件。换一句话讲，如果达不到"清洁"、"低能耗"等"硬标准"，企业在其他方面做得再好，也无法在竞争中胜出，或者根本就无法取得竞争的"资格"。

3. 制造业绿色化是本轮"再工业化"的核心

国际金融危机以后，西方国家为寻找支撑下一轮经济的新的增长点，纷纷把发展新能源产业、推行低碳经济，促进先进制造业的快速发展作为应对经济危机、调整经济发展战略的重要手段。奥巴马的新能源计划的一个重要内容，就是要对制造中心进行改造，实现"再工业化"，把它们变成清洁技术的领先者。欧盟委员会制定了指引欧盟未来十年发展的"欧洲 2020 战略"，提出加大在节能减排、发展清洁能源机制、发展高新技术产业，以及教育和培训等方面上的投入，加快用低碳技术改造传统产业，谋求欧洲在未来世界低碳经济发展模式中的领先和主导地位。日本出台了未来能源开拓战略，提出要建成世界第一的环保节能国家，并在太阳能发电、蓄电池、燃料电池、绿色家电等低碳技术相关产业市场上确保所占份额第一。西方国家的这种战略调整将会对全球范围内的先进制造业带来巨大的发展空间。一方面，利用信息技术和新能源技术对传统产业进行改造能够带动传统产业的优化升级，引发全球产业结构调整；另一方面，传统产业也能够为信息技术和新能源技术提供巨大的市场空间，为相关产业的发展提供巨大的发展空间。例如，汽车是美国、德国、日本等西方国家传统优势产业，然而在中国、印度等国家的竞争中，其竞争优势逐渐减弱。在"再工业化"中，美国、德国、日本等国家纷纷将新能源等绿色因素融入汽车产业，实现汽车产业的"绿色化"，使过去不具优势的产业重新具有竞争优势。

（1）美国。在个人消费领域，美国自 2009 年开始通过《能源政策法案》、《2008 紧急经济稳定法案》，对新能源汽车消费者提供税收优惠，购买电动车的消费者减免 7500 美元的税负，同时地方政府也都还有配套的免税措施，如加州政府在联邦政府的基础上再补贴 5000 美元。在这种刺激政策的激励下，2011 年纯电动汽车销量 2 万辆，全球排名第一。美国政府甚至将 2015 年的目标设定为 100 万辆 PHEV 上路。在技术研发领域，通过《2007 能源独立与安全法案》，对汽车和零部件生产商提供贷款支持和税收减免。2009 年

8月，奥巴马政府宣布拨款 24 亿美元，用于补贴新型电动汽车及其电池、零部件的研发，来自 25 个州的 48 个项目获得了这笔资金。美国汽车制造企业获得了约 40 亿美元的税收抵免和贷款担保。

表 1-5-11　国际金融危机后美国新能源汽车政策汇总

时间	美国新能源汽车产业政策
2008 年 10 月	美国"H.R. 6323 法案"内容为美国能源部提供可观的补贴，用于混合动力重型卡车的研发、生产及销售。
2008 年 12 月	14 家美国电池和先进材料企业，在美国阿冈国家实验室（Argonne National Laboratory）的支持下，成立了先进交通运输用电池生产国家联盟，以提高美国车用锂离子电池制造实力。作为美国《2008 年紧急经济稳定法案》的内容之一，从 2009 年 1 月 1 日开始，对于购买插入式混合电动汽车（Plus-In Hybrid Electric Vehicle）的消费者，将获得 2500~7500 美元的税收抵扣额度（抵扣额度根据电池系统的能量大小计算），这一法案适用于前 25 万辆购买的新能源汽车。
2009 年 4 月	奥巴马在考察位于加利福尼亚州一家电动车测试中心时宣布，美国能源部将设立 20 亿美元的政府资助项目，用以扶持新一代电动汽车所需的电池组及其部件的研发。到 2015 年美国要有 100 万辆电式混合动力车上路。为鼓励消费，购买充电式混合动力车的车主，可以享受 7500 美元的税收抵扣；同时政府还投入 4 亿美元支持充电站等基础设施建设。
2009 年 4 月	美国总统奥巴马表示，联邦政府将购买 1.76 万辆包括新能源汽车在内的节能车辆，这些车辆将由美国三大汽车厂商制造。
2009 年 5 月	奥巴马宣布了一项新的汽车排放标准，这项标准将会在 2012 年起开始实施，标准要求美国交通部将全国排放标准与现有的平均燃油排放情况结合起来监管，并要求到 2016 年美国车辆燃油经济性平均水平要达到每加仑 35.5 英里。
2009 年 7 月	美国能源部长宣布，向日产和福特公司提供 59 亿美元和 16 亿美元的贷款，它们成为研发节能汽车 250 亿美元基金的第一批受益者。而早在 2009 年 3 月，奥巴马签署生效的经济刺激计划中，就把电动车作为拯救汽车业的一张王牌。用于电动车的技术开发、生产和鼓励消费的资金高达 141 亿美元。
2009 年 8 月	美国政府宣布将向车用电池、电动驱动装置等 48 个项目提供总额 24 亿美元的补助金，希望通过政府投资加快电动汽车等新能源汽车的技术研发，提高国际竞争力。
2009 年 9 月	美国总统执行办公室、国家经济委员会和科技政策办公室联合发布《美国创新战略：推动可持续增长和高质量就业》（A Strategy for American Innovation：Driving Towards Sustainable Growth and Quality Jobs），明确提出拨款 20 亿美元，支持汽车电池技术等的研发和配件产业的发展，尽快生产出全球最轻便、最廉价和最大功效的汽车电池，使美国电动汽车、生物燃料和先进燃烧技术等站在世界前沿。
2010 年	美国首次将新能源汽车提到国家战略层面，明确提出 2015 年美国要有 100 万辆充电式混合动力车。同时，美国联邦政府将以身作则，计划到 2012 年联邦政府购车中一半是充电式混合动力汽车或纯电动汽车，从 2015 年开始联邦政府将仅采购纯电动汽车。
2011 年 12 月	美国政府将停止向电动车充电器提供减税优惠，停止了一项实施了一年多的优惠政策。此前，凡是在家里或商业场地安装充电装置的用户，美国政府均会为其提供 1000~3 万美元的信用额度。

资料来源：笔者整理。

（2）欧盟。2010 年 4 月，欧盟委员会专门公布了一份名为《清洁能源和节能汽车欧洲战略》的文件，为欧盟新能源汽车产业的发展勾勒出了政策框架。考虑到能源安全和减少温室气体的排放，欧盟制定了最详细和苛刻的汽车二氧化碳排放标准。例如，要求到 2020 年将温室气体排放量在 1990 年基础上减少 20%；到 2015 年，欧盟新车的二氧化碳排放量应逐步由 2005 年的每公里 159 克降至每公里 130 克。欧盟还希望，到 2020 年欧盟境内所有新车的二氧化碳排放量将降至每公里 95 克。由于进行了强制性的规定，欧盟 15

国尾气二氧化碳排量在 161 克以上的汽车市场份额从 1995 年的 80% 降低到了 2007 年的 35%，到 2009 年降到了 23%。

表 1-5-12　国际金融危机后欧盟新能源汽车政策汇总

时间	欧盟新能源汽车产业政策
2008 年 11 月	欧盟议会通过了《以轿车为代表的碳排放法规总体规划》，规定轿车碳排放的排放标准，2012 年要达到 130g/km，2020 年要达到 95g/km。欧盟还提出，到 2012 年，对碳超标的新出产轿车，将按超标比例递增的原则实行惩罚措施。
2008 年 11 月	欧盟、欧洲工业委员会和欧洲研究社团于 2008 年 11 月初联合制定了《2020 年氢能与燃料电池发展计划》，在燃料电池和氢能研究、技术开发及验证方面投资近 10 亿欧元，在 2020 年前实现商业化运作。
2008 年	欧盟委员提出《欧盟绿色汽车倡议》(European Green Car Initiative)，制定了 50 亿欧元的财政计划，用于支持新能源汽车技术和设备研发，减免购买新能源汽车的消费者税收，减少气、柴油汽车的使用。
2009 年	欧盟议会修改了《清洁能源车辆使用条例》，规定用户在采购公交车辆时，将车辆在整个生命周期中的能源消耗及环境污染成本考虑在内。
2009 年	欧盟委员会推出《欧盟洁净能源汽车计划》，强制成员国公共系统使用一定比例的环保型车辆，规定公共部门每年新购置或租用的重量超过 3.5 吨车辆中，有 1/4 必须是环保车。
2010 年 6 月	欧盟出台《欧洲 2020 发展纲要》中，提出《鼓励清洁能源和高效节能汽车发展》战略，提出要高效利用资源，促进新技术现代化并使交通部门尽量 "脱碳"，使用清洁能源和高效节能车辆。

资料来源：笔者整理。

（3）日本。日本十分重视新能源汽车产业的发展。日本在 1970 年的《日本汽车工业的产业规划》中，有关发展电动车的说明就占了近 1/3 的篇幅，电动车的研发成为了 "国家级" 项目。1971 年，日本开始执行 "大型设计计划"，投资 57 亿日元。国际金融危机发生以后，日本更是加大了新能源汽车产业发展的支持力度。2009 年，采取了 "举国研发体制"，投入到电动车的研发。NEDO 选定了以京都大学为核心的日本国内 7 所大学、3 家研究机构和拥有 12 家企业为 "All Japan" 执行机构的第一批成员，几乎囊括了日本汽车和电池领域产业和研发方面全部的顶尖力量。2010 年制定了《新一代汽车战略 2010》，计划到 2020 年在日本销售的新车中，实现电动汽车和混合动力汽车等 "新一代汽车" 总销量比例达到 50% 的目标，并计划在 2020 年前在全国建成 200 万个普通充电站、5000 个快速充电站。

表 1-5-13　日本政府在新能源汽车消费方面的补贴政策

补贴政策	日本新能源汽车补贴细则
换购补贴	2009 年 4 月 10 日开始消费者在更换使用了 13 年以上的旧车时，购置一辆混合动力车平均可以得到 25 万日元补贴。
政府购车补贴	所有政府机关必须全部使用 "低公害车"。对地方团体或企业法人购置 "低公害车"，也有相应的现金补助，最高可以达到同等级普通汽车价格差额的 1/2 或者车辆价格的 1/2。
对混合动力车补贴	在日本国内，丰田普锐斯的售价在 200 万~300 万日元（相当于人民币 20 万~30 万元，目前，普锐斯在国内售价在 30 万元左右），但日本政府给予消费者 20 万日元的补贴（相当于人民币 2 万元左右）。
私人购车补贴	在日本，私人购买电动车，政府补助电动车与燃油车价格差额的一半，平均约 78 万日元（约合 6 万元人民币），地方政府也相应追加补贴，如横滨市就再补助 100 万日元（约合 7.8 万元人民币）。

资料来源：笔者整理。

第四节　西方国家制造业发展战略调整的趋势分析

国际金融危机后，西方国家对制造业发展进行了一系列的战略调整，而且全球制造业的发展也呈现了很多新的形态。下一阶段，随着全球经济逐步从萧条中恢复，西方国家制造业发展战略将呈现以下几方面趋势：

一、对制造业的发展将给予越来越多的重视

先进制造业被称为人类的"首席产业"，一直以来得到了世界各国的高度重视。制造业对西方国家来讲，有着不可替代的地位。在过去几十年里，制造业在西方国家国民经济中的比重逐步下降，而服务业的比重逐步上升，但这并不是西方国家真实意志的体现。事实上，西方国家从来没有忽视过制造业的发展，甚至在绝大部分时间里，对于制造业发展的重视程度远远高于服务业。国际金融危机下，美国、欧洲、日本等很多西方国家经济发展受到了巨大的冲击，而这也使得这些国家更加清醒地认识到以制造业为核心的实体经济在国民经济中的重要地位。下一阶段，西方国家对于制造业的发展将会给予越来越多的重视。也正因如此，西方国家提出了"再工业化"的发展战略，并积极推动"第三次工业革命"。这些战略的实施将有力地促进西方国家制造业的发展。

二、提高节能环保标准将成为重塑制造业竞争优势的核心手段

"再工业化"的实质不是将过去已经失去竞争力的产业重新转移回到国内，而是将节能环保因素添加到传统产业的发展当中，从而对产业发展的规则进行重塑，使西方国家在这些产业里重新建立起新的竞争优势。过去西方发达国家已经失去竞争优势的夕阳产业在植入新能源技术后有可能变成朝阳产业，重新具有竞争优势，参与国际竞争。在新的节能环保标准下，国家之间、企业之间旧的"游戏规则"有可能得到根本性的重塑，当前的全球分工体系也将有可能出现根本性的调整。苛刻环境标准下的低成本生产能力将会成为未来制造企业的必备能力，西方发达国家在发展新能源产业时，会在传统产业中建立一些新的技术标准，而只有与这些技术标准相兼容的技术才能够融入全球分工体系。国际贸易保护在很多产业中将呈现一些新的形态。

三、推动企业商业模式创新将成为促进制造业转型发展的根本途径

"第三次工业革命"是西方国家积极推动制造业发展的重要战略，也代表了全球制造业发展的方向。然而，短期之内"第三次工业革命"难以真正实现。目前制约"第三次工业革命"实现的关键因素不是技术因素，而是企业的商业模式问题。建立在化石能源时代的企业，尚未找到能够在新能源体系下创造价值、获得盈利的商业模式。商业模式创新滞后是制约"第三次工业革命"推进的根本原因。对西方国家来讲，要推动"第三次工业革命"，改变目前全球制造业世界分工体系，就必须要推动企业进行商业模式创新，从而推

动新能源体系之下产业集聚发展机制的形成，建立起良好的产业生态。为此，西方国家政府将制定一系列的产业政策，例如，加大财政投入、加强金融支持等，推动企业商业模式创新。通过市场机制的作用，吸引更多企业进入，推动"第三次工业革命"的实现。

四、制造业本土化将成为"全球经济再平衡"战略的重要部分

国际金融危机后，西方一直盛行一种观点，即全球经济失衡是引发危机的原因之一，这主要表现为出口型经济体对美国保持大量贸易顺差，这部分顺差再回流到美国金融市场，从而助推了金融泡沫的形成（本·伯南克，2008；亨利·保尔森，2008）。为应对全球经济的失衡，美国总统奥巴马（2009）在 G20 金融峰会上呼吁，建立世界经济新框架，提议美国和欧洲等二十国集团重要成员分别改变经济政策，以实现世界经济格局再平衡。其中，美国等经常项目呈现赤字的国家需想方设法鼓励储蓄，同时大幅削减财政赤字；德国、日本、中国等主要出口国需减少对出口的依赖；欧洲需提高自身竞争力，放宽税收政策、放松用工体制。可以预见的是，在未来很长一段时间里，减少中国等新兴经济体的进口依赖，实现"全球经济再平衡"将是西方国家进行战略调整的重要部分。实现"全球经济再平衡"离不开本土制造业的发展，因此在一定程度内，推行制造业本土化将成为西方国家的重要战略选择。

【参考文献】

[1][美]杰里米·里夫金.第三次工业革命[M].张体伟，孙豫宁译.北京：中信出版社，2012.

[2][日]西川俊作，阿部武司.日本经济史4：产业化的时代（上）[M].北京：三联出版社，1998.

[3]孙林岩.全球视角下的中国制造业发展[M].北京：清华大学出版社，2008.

[4]叶连松.新型工业化与制造业发展[M].北京：中国经济出版社，2009.

[5]陈宝明.世界先进制造业创新与发展趋势及其启示[J].海峡科技与产业，2006（5）.

[6]崔建双，李铁克，张文新.先进制造模式研究综述[J].中国管理信息化，2009（8）.

[7]侯力，秦熠群.日本工业化的特点及启示[J].现代日本经济，2005（4）.

[8]胡鞍钢.从四次工业革命来看今天的绿色革命[C]."首届中国绿色发展高层论坛"会议论文.2008.

[9]黄烨菁.何为"先进制造业"？[J].学术月刊，2010（7）.

[10]金碚.国际金融危机与中国工业化形势[N].人民日报理论版，2009-6-22.

[11]金碚，吕铁，邓洲.中国工业结构转型升级：进展、问题与趋势[J].中国工业经济，2011（2）.

[12]刘戒骄.美国再工业化及其思考[J].中共中央党校学报，2011（15）.

[13]原磊."再工业化"构想[N].人民日报国际版，2008-8-10.

[14]原磊.传统制造业改造与升级[C].金碚.中国工业发展报告2011[M].北京：经济管理出版社，2011.

第六章　低碳经济与新能源产业发展战略

　　经济发展具有动态演替性，它包括经济发展主导产业的演替和经济发展主导要素的演替。一个新的经济时代必将引领着一个新的产业群的诞生，低碳经济的发展推动着新能源产业群在全球的蓬勃兴起。低碳经济最早见诸政府文件是在 2003 年的英国能源白皮书《我们能源的未来：创建低碳经济》。2006 年，《斯特恩报告》呼吁全球向低碳经济转型。2007 年 7 月，美国参议院提出了《低碳经济法案》，表明低碳经济的发展有望成为美国未来的重要战略。从国际动向看，全球温室气体减排正由科学共识转变为实际行动，全球经济向低碳转型的大趋势逐渐明晰。新能源是指新的能源利用方式，既包括风电、太阳能、生物质能等，又包括对传统能源进行技术变革所形成的新能源。新能源产业具有资源消耗低、清洁程度高、潜在市场大、带动能力强、综合效益好的优势，新能源产业是关系能源安全、经济安全、生态安全的战略性产业，也是一个市场潜力大、经济效益好、成长性高、关联度强的新兴产业，新能源已经是低碳经济时代的核心内容。随着对低碳经济认知的不断深入与全球向低碳经济转型的推进，新能源产业成为各国竞相发展的新领域和打造竞争优势的新平台。虽然当前世界各国新能源在能源中的贡献率还非常低，但是西方发达国家正在掀起以新能源和低碳技术为先导的新一轮技术革命，其目的既着眼于应对金融危机和经济困境，也致力于在能源和气候变化问题上把握主导权，加大国家间政治博弈中自身的砝码，更是在战略上抢占未来技术发展的制高点，从而为新一轮的经济增长积蓄力量，为掌握国家未来发展的主动权做好准备。

第一节　发展低碳经济与新能源产业的动机与原因

一、全球环境保护意识的不断增强是低碳经济发展的强大外部推力

　　1972 年，罗马俱乐部《增长的极限》报告的发表在全球范围内掀起了对高能耗、高污染传统工业文明和高碳经济发展模式的深刻反思。人们逐渐认识到地球大气层环境容量和化石能源利用的有限性，并为克服这种有限性积极探索和努力，最终达成的共识是：发展基于化石能源高效利用和开发可再生能源基础之上的低碳经济是未来社会的基本走向。1984 年，联合国成立了世界环境与发展委员会。1987 年，挪威女首相布伦特兰夫人以《我们共同的未来》为题，把"从一个地球到一个世界"的观点，转化为寻求人类可持续发展道路的共识。与此同时，在 20 世纪 80 年代，发达国家为应对"石油危机"一直在积

极开展节能减排活动，这种活动带来了保护环境的外部性。20 世纪 90 年代，节能减排成为制定《联合国气候变化框架公约》、《联合国生物多样化公约》以及《京都议定书》的技术基础。其中，制定于 1992 年的《联合国气候变化框架公约》是世界上第一个为全面控制二氧化碳等温室气体排放，以应对全球气候变暖给人类经济和社会带来不利影响的国际公约，也是国际社会在对付全球气候变化问题上进行国际合作的一个基本框架。全球 189 个国家的首脑达成共识，即人类活动加重温室气体排放，造成气候变化。进入 21 世纪，节能减排进一步成为应对天气变暖的"同义语"，"巴厘岛会议"、第 4 届 G20 环境问题部长级会议等，都把遏制天气变暖的主题转化为节能减排的"路线图"和"时间表"。在全球环境保护意识不断强化和联合国会议、文件积极呼吁的推动之下，西方发达国家逐步确立了向低碳经济模式转型的战略方向。

二、新能源的战略优势使其成为解决能源缺口、发展低碳经济的选择

能源是现代经济的重要支撑，是经济发展的驱动力。能源战略是国家发展战略的重要组成部分，能源方式的选择又是能源战略的核心。有关部门预测，到 2025 年，全球能源消耗量将比 2001 年增长 54%，工业国家的能源消耗量以每年 1.2% 的速度增长，包括中国、印度在内的亚洲发展中国家能源消耗量将比目前增长 1 倍，占全球能量需求增长量的 40% 和发展中国家增长量的 70%。面对全球经济和人口增长的能源需求，传统能源的日益枯竭，人类生存环境的恶化，向低碳经济转型、发展清洁可再生的新能源是人类可持续发展的唯一出路。特别是随着全球性的能源短缺、国际油价不断创出新高、燃煤火电对环境的污染和气候变暖问题日益突出，积极推进能源革命，大力发展可再生能源，加快新能源推广应用，已成为各国各地区兑现环境保护承诺、培育新的经济增长点的重大战略选择。

新能源产业与低碳经济的发展涉及多个产业部门，并将极大地改变人们传统的生产与生活方式，一旦技术上取得重大突破，新能源产业有可能创造新一轮的经济繁荣。全球金融危机的爆发，使世界各国对发展前景广阔的新能源寄予厚望，因此，美国、欧盟、日本等各大经济体均将新能源产业放在了本国经济刺激计划的重要位置，希望通过推动其发展，在有效解决经济发展过程中的能源短缺问题的同时来拉动经济复苏。

三、低碳经济和新能源产业抑或成为发达国家重塑产业优势的突破口

经过多年的"去工业化"，西方国家基本已步入后工业化社会，服务业稳居主导地位；长期以来重消费、轻生产的经济发展方式导致产业空心化现象严重；全球化又使跨国公司全球生产布局、产业向外包方向发展，空心化现象进一步加剧。20 世纪中后期开始，伴随着虚拟经济的逐年膨胀，美国的制造业逐渐萎缩。1980~2009 年，美国制造业增加值占 GDP 的比重从 21.1% 降到 12.6%，制造业就业人数占就业总人数的比重从 21.6% 降到 9.1%。欧洲金融服务业近半个世纪以来快速发展，大量制造业外迁也导致实体经济"空心化"，欧盟大部分成员国存在"去工业化"现象，西班牙、法国、英国、比利时等国尤为严重。"去工业化"不仅削弱了制造业的国际竞争力，也对国内就业产生了很大的消极影响。1996~2007 年，欧洲失去了 280 万个就业岗位。

　　国际金融危机的爆发使西方国家再次意识到发展实体经济的必要性，把重归实体经济、推进"再工业化"战略提上产业结构调整的议事日程。2009 年 11 月 2 日，美国总统奥巴马发表声明指出，美国经济要转向可持续的增长模式，即出口推动型增长和制造业增长，发出了向实体经济回归的信号，"再工业化"已成为美国重塑竞争优势的重要战略。欧盟委员会提出了欧盟工业政策的方向与目标，其重点是促进创新，提升"再工业化"进程。

　　事实上，西方国家再工业化的提出是在继续强化传统产业既有优势的同时，能够再造一个新的实体，即以新能源、新材料为代表的低碳经济形态的崛起，努力在新兴技术产业的角逐中抢占制高点。美欧等发达国家正在掀起的以新能源和低碳技术为先导的新一轮技术革命有可能使其再次领导世界产业变革潮流，在全球范围内重构产业与经济地图，以期从欠发达国家切割更多实际利益的同时，又能再次确立针对中国的竞争优势。①

第二节　发达国家发展低碳经济与新能源的主要措施及其调整

　　为促进本国低碳经济的发展，培育与发展新能源产业，西方发达国家分别采取了一系列有针对性的政策措施。在应对金融危机和全球气候变化的过程中，许多国家开始将以碳基能源为基础的经济发展模式转向发展低碳经济为特征的绿色发展模式，以可持续方式推动经济增长成为未来发展的主流。后金融危机时代必将是产业重组和布局调整的时代。面对新挑战与新机遇，许多国家抢前抓早谋划低碳产业、创新发展模式，加快低碳产业布局调整，全面提升经济运行质量。

一、美国发展低碳经济与新能源产业的主要措施及其调整

1. 金融危机以前美国的主要政策措施

　　美国在发展新能源的过程中，坚持政府牵动、市场拉动和科技推动三者联动，其中的核心环节则是政府的相关政策。政府借助税收补贴等手段，利用杠杆效应撬动社会资本在新能源领域的投资，还采取了组建公私合营企业探索清洁煤技术的商业化模式等一系列措施，推动民间参与科技开发和利用，以保持美国的创新活力和经济增长。

　　从小布什政府开始，美国就把对未来战略产业的设想纳入自己的宏观规划，并把目光锁定在以新能源为核心的新兴战略产业上。2005 年 8 月，布什政府宣布了《能源政策法》修正案。修正后的能源政策规定：从 2005 年起，美国开始实施光伏投资税减免政策：居民或企业法人在住宅和商用建筑屋顶安装光伏系统发电所获收益享受投资税减免，额度相当于系统安装成本的 30%。2007 年 12 月国会又通过《美国能源独立与安全法》，规定到 2025 年时清洁能源技术和能源效率技术的投资规模将达到 1900 亿美元，其中 900 亿美元

---

① 魏民. 世界经济步入大转型 [J]. 瞭望，2012 (2).

投入到能源效率和可再生能源领域。

奥巴马政府上台之初就将发展新能源上升至关系到国家安全和民族未来的战略高度。美国大力推进新能源产业发展之前，以影响经济发展为由，拒绝在《京都议定书》上签字。2007 年 7 月 11 日，美国参议院提出了《低碳经济法案》，表明低碳经济的发展道路有望成为美国未来的重要战略选择。奥巴马出任总统后高度重视，提出新能源政策，实施"总量控制和碳排放交易"计划，设立国家建筑物节能目标，预计到 2030 年，所有新建房屋都将实现"碳中和"或"零碳排放"；成立芝加哥气候交易所，开展温室气体减排量交易。

2. 金融危机以来美国政策措施的调整

金融危机以来，美国加快了低碳经济立法力度，相继推出了一系列法律法案，制订了促进低碳经济与新能源产业发展的具体政策措施，大力推动新能源战略，希望通过发展新能源产业重振美国经济，并把新能源产业打造成美国未来经济的新增长点。

2009 年 2 月，美国出台了《美国复苏与再投资法案》，投资总额达到 7870 亿美元；该法案以发展新能源为重要内容，包括发展高效电池、智能电网、碳储存和碳捕获、可再生能源如风能和太阳能等。在节能方面最主要的是汽车节能。

2009 年 3 月，由美国众议院能源委员会向国会提出了《2009 年美国绿色能源与安全保障法案》。该法案在"向低碳经济转型"领域明确提出：确保美国产业的国际竞争力、绿色就业机会和劳动者转型、出口低碳技术和应对气候变化四个方面的内容。该法案构成了美国向低碳经济转型的法律框架。2009 年 6 月，美国众议院通过了《美国清洁能源和安全法案》。这是美国第一个应对气候变化的"一揽子"方案，不仅设定了美国温室气体减排的时间表，还设计了排放权交易，试图通过市场化手段，以最低成本来实现减排目标。该法案规定所有电力公司到 2020 年要以可再生能源和能效改进的方式满足其电力供应的 20%，其中 15%需来自风能、太阳能等可再生能源，5%来自能效提高。

2009 年 9 月，《美国创新战略》将新能源技术开发和应用列为国家未来发展的重点领域，美国计划在未来 10 年内大力推动新能源产业发展，全面提升美国在全球新能源产业中的竞争力。

奥巴马政府提出了清洁能源计划，未来 10 年投入 1500 亿美元支持开发可再生能源和能效技术，以减少 50 亿吨二氧化碳的排放；使风能、太阳能、地热能等可再生能源成为美国经济的新引擎，夺取能源科技领域的前沿阵地。美国政府还提出《碳排放总量管制与交易法案》，通过碳排放"额度拍卖"筹措财源，促进低碳技术的开发运用。

美国除了通过立法制定能源政策引导能源的使用外，政府还在预算资金上向新能源采取倾斜措施。能源部 2010 财政年度预算案当中，有 264 亿美元用于能源部的能效与再生能源局。这项预算旨在大规模扩大使用再生能源，同时改进能源传输基础设施。消费者补贴也是新能源战略的重要组成部分。在美国，购买混合动力汽车的消费者会得到减税优惠。依据不同的新能源车型，得到的税收优惠差别从数百美元到数千美元不等。2011 年，美国政府密集出台了一系列能源资助计划，重点资助太阳能、地热能、生物质能等可再生能源和核能的先进技术研究与示范项目。

总体上看，金融危机的爆发，一方面，从根本上改变了美国政府对发展低碳经济的态度，由过去的消极对待转向积极支持与促进低碳经济的发展；另一方面，表明美国继续靠金融业和信息产业推动经济复苏和增长的可能性不大，美国试图领导一场史无前例的新能源革命，通过开发使用新能源，摆脱美国对石油的依赖，并将该产业作为未来美国实体经济发展的支撑点。

二、日本发展低碳经济与新能源产业的主要措施及其调整

1. 金融危机以前日本的主要政策措施

日本的能源资源极为贫乏，大部分能源依靠进口。日本颁布实施了一系列能源相关政策法规，一方面积极促进太阳能等新能源的开发利用；另一方面高度重视节能技术及应用，努力做到"开源"和"节流"双管齐下，既满足国内的能源需求，又在一定程度上降低了对外依存度。

早在 1974 年，日本就实施了"新能源技术开发计划"（也被称为"阳光计划"），其核心是大力推进太阳能的开发利用。1980 年，日本推出了《可替换能源法》，设立了"新能源综合开发机构"，开始大规模推进石油替代能源的综合技术开发。1992 年，日本修正了1980 年制定的《可替换能源法》，为包括太阳能光伏产业在内的替代能源发展提供了一个法律框架。而 1994 年 12 月，日本内阁会议通过"新能源基本指南"，日本第一次正式宣布发展新能源及再生能源。

1997 年 4 月，日本制定了《促进新能源利用特别措施法》，规定投入能源事业的任何人都有责任与义务全力促进新能源和可再生能源推广工作。在行政上，政府通过必要措施以加速新能源及可再生能源的推广应用。在法规上，为新能源和可再生能源进入市场创造有利条件，专门设立了低息贷款及保证，以及提供各类信息和专业技术。

2004 年 6 月，日本颁布了新能源产业化远景规划，目标是 2030 年以前，把太阳能和风能发电等新能源产业打造为产值达 3 万亿日元的支柱产业之一，石油占能源总量的比重将由现在的 50%降到 40%，而新能源将上升到 20%；风力、太阳能和生物质能发电的市场规模将从 2003 年的 4500 亿日元增长到 3 万亿日元；燃料电池市场规模到 2010 年达到8 万亿日元，成为日本的支柱产业。

2006 年 5 月，日本经济产业省编制了《新国家能源战略》，提出从发展节能技术、降低石油依存度、实施能源消费多样化等 6 个方面推行新能源战略；发展太阳能、风能、燃料电池以及植物燃料等可再生能源，降低对石油的依赖；推进可再生能源发电等能源项目的国际合作。为了提高能源的利用率，日本制订了四大能源计划，其中之一就是节能领先计划，目标是到 2030 年，能耗效率通过技术创新和社会系统的改善，至少提高 30%。2020 年要使 70%以上的新建住宅安装太阳能电池板，太阳能发电量提高到目前水平的 10倍，到 2030 年要提高到目前水平的 40 倍。

2. 金融危机以来日本政策措施的调整

金融危机以来，日本将低碳社会作为其发展方向，不断出台重大政策，将重点放在发展低碳经济上，尤其是能源和环境技术开发。日本政府希望以目前全球金融危机为契机，加快转变经济发展模式，在有效降低本国能源对外依赖度的同时，占领未来全球经济发展制高点。

2008 年 6 月，日本首相福田康夫以政府的名义提出新的防止全球气候变暖的对策，

即著名的"福田蓝图"，这是日本低碳战略形成的正式标志。它包括应对低碳发展的技术创新、制度变革及生活方式的转变，其中提出了日本温室气体减排的长期目标是：到2050年日本的温室气体排放量比目前减少60%~80%。

2008年11月，日本经济产业省联合其他三省发布《推广太阳能发电行动方案》，提出了多项促进太阳能利用的优惠政策，将太阳能发电作为日本新能源产业发展的重点。日本政府在2009年推出的经济刺激方案中重点强调了发展节能、新能源、绿色经济的主旨，其宗旨是细化2006年提出的"新国家能源战略"，如提高太阳能普及率措施、发展环保车措施、发展生物技术和产业措施等。

2009年4月，日本公布了名为《绿色经济与社会变革》的政策草案，目的是通过实行减少温室气体排放等措施，强化日本的低碳经济。这份政策草案除要求采取环境、能源措施刺激经济外，还提出了实现低碳社会、实现与自然和谐共生的社会等中长期方针，其主要内容涉及社会资本、消费、投资、技术革新等方面。此外，政策草案还提议实施温室气体排放权交易制和征收环境税等。针对低碳社会建设，日本政府也提出了非常详细的目标，即将温室气体减排中期目标定为2020年与2005年相比减少15%，长期目标定为2050年比现阶段减少60%~80%。2008年，日本提出将用能源与环境高新技术引领全球，把日本打造成为世界上第一个低碳社会，并于2009年8月发布了《建设低碳社会研究开发战略》。

在2009年颁布的《新国家能源战略》中，提出了8个能源战略重点：①节能领先计划；②新一代运输能源计划；③新能源创新计划；④核能立国计划；⑤综合资源确保战略；⑥亚洲能源环境合作战略；⑦强化能源紧急应对；⑧制定能源技术战略。具体的目标是：到2020年左右将太阳能发电规模在2005年基础上扩大20倍；建立购买家庭太阳能发电剩余电力的新制度；今后3年内在全国36000所公立中小学中集中设置太阳能发电设备；今后3~5年内将太阳能系统的价格减半。在环保汽车、绿色家电方面，3年后开始电动汽车的批量生产和销售，到2020年59%的新车为环保汽车，在世界上率先实现环保车的普及。2011年5月25日，日本受福岛第一核电站事故影响，调整能源政策，计划在21世纪20年代前期将太阳能、风能等可再生能源占总电力的比例升至20%以上；除能源领域现有两大支柱核能与化石能源外，还将新增可再生能源和能效这两大支柱。

2011年7月底，日本能源环境会议发布了重建能源环境创新战略的中期报告，作为讨论最佳能源构成和新型能源体系具体实施方案的起点。报告总结了日本大地震后面临的挑战、未来战略愿景、基本宗旨、战略议程以及重点推进领域，强调新的能源环境创新战略要建立在充分吸取福岛核电站事故的经验教训基础之上。报告指出，日本将在高安全水准的基础上继续利用核能，但会逐步降低对核能的依赖程度，未来拟建立分布式新型能源体系。报告最后指出，为确定最佳能源构成的新结构，日本政府将在六大重点推进领域确定明确的目标（使命）和近中长期优先事项（见表1-6-1）。

总体来看，日本是一个能够较好地运用产业政策的国家。在低碳经济和新能源产业发展方面，日本仍坚持政策的引导，通过政府主导推进低碳经济和新能源产业发展。

表 1-6-1　日本能源环境创新战略六大重点推进领域

推进领域	优先事项
节能：社会意识提升、生活方式改变和能源需求改革的挑战	近期：开始依靠技术和产品支撑的以消费者为中心的能源需求管理
	中期：普及以消费者为中心的能源需求管理
	长期：实现绿色创新
可再生能源：通过创新和市场扩张建立更加实用的可再生能源的挑战	近期：通过鼓励导入可再生能源使之供应多样化
	中期：通过创新和市场扩张加速导入可再生能源
	长期：实现绿色创新
化石燃料资源：通过更高效利用和加强环境友好程度战略性利用化石燃料资源的挑战	近期：稳定供应和战略性利用
	中期：加速化石燃料的清洁利用和战略性应用
	长期：实现绿色创新，推进国际化战略
核能：保持高水准安全性、减少对核能依赖的挑战	近期：保持高水准安全性利用核能，基于全国讨论决定减少对核能的依赖
	中期：在进行全国范围讨论后，采取行动减少对核能的依赖
	长期：基于全国范围辩论，做出减少对核能依赖的决策
电力系统：电力供需稳定、成本降低和风险管理的持续挑战	近期：改革传统体系，通过早于原定日程实施新体系来稳定供需，同时避免成本剧增
	中期：普及分布式新型能源体系，与集中式传统体系并存/竞争
	长期：实现分布式新型能源体系
能源与环境产业：实现强大的产业结构和创造就业机会的挑战	近期：培育跨部门全能源服务产业，能够开展所有能源业务（电力、燃气和供热）
	中期：提升跨部门（电力、燃气和供热）综合性能源产业实力
	长期：创造新的产业和就业机会

　　资料来源：国家能源局.世界主要国家能源政策动态 2011 [EB/OL]. http://www.nea.gov.cn/2012-03/20/c_131476837.htm.

三、欧盟发展低碳经济与新能源产业的主要措施及其调整

　　1. 金融危机以前欧盟的主要政策措施

　　1997 年欧盟颁布了可再生能源发展白皮书，制定了 2010 年可再生能源要占欧盟总能源消耗的 12%，2050 年可再生能源在整个欧盟的能源构成中要达到 50% 的雄伟目标。2001 年欧盟部长理事会提出了关于使用可再生能源发电的共同指令，要求欧盟国家到 2010 年可再生能源在其全部能源消耗中占 12%，在其电量消耗中可再生能源的比例达到 22.1% 的总量控制目标。

　　从 2003 年开始，欧盟就开始大力推进气候变化问题的解决进程，作为其扩大在国际事务中主导地位的博弈手段。为此，欧盟各国在新能源开发与利用领域进行了大量的投入，其相关产业化技术已经位居世界前列。新能源发展战略成为欧盟全球气候控制战略的一个重要组成部分。2006 年 3 月 8 日，欧盟委员会发表了《欧洲安全、竞争、可持续发展能源战略》，亦称《绿皮书》。虽然各国在开放本国能源市场的速度和建立欧洲统一能源监督机制方面仍存在分歧，但 25 个成员国的领导人就加强能源合作与协调、实现能源供给多元化、进一步改善能源内外市场、加强能源研发、发展可持续能源、确保能源供给安全等重大政策方面达成了共识，一致同意建立欧洲共同能源政策。

2007 年，欧盟委员会通过了欧盟战略能源技术计划，其目的在于促进新的低碳技术的研究与开发，以达成欧盟确定的气候变化目标。根据 2007 年欧盟"一揽子"能源计划，可再生能源占总能源耗费的比例将提高到 20%，煤、石油、天然气等一次性能源消耗量将减少 20%，生物燃料在交通能源消耗中所占比例将提高到 10%。为了支持上述一系列目标的实现，欧盟进一步提出新能源的综合研究计划，该计划包括欧洲风能、太阳能、生物能、智能电力系统、核裂变、二氧化碳捕集、运送和贮存等一系列研究计划。其重点包括：大型风力涡轮和大型系统的认证（陆上与海上）、太阳能光伏和太阳能集热发电的大规模验证、新一代生物柴油、第 IV 代核电技术、零排放化石燃料发电、智能电力系统与电力贮存等。

2. 金融危机以来欧盟政策措施的调整

金融危机爆发之后，欧盟为了强化其在新能源领域已经获得的相对优势，进一步加大了政策支持力度。为此，欧盟制订了发展低碳经济的政策框架，出台了一系列政策措施和指导性文件，并且加大了欧盟统一市场的建设力度。

2008 年 12 月，欧盟最终就欧盟能源气候"一揽子"计划达成一致，形成了欧盟的低碳经济政策框架。批准的"一揽子"计划包括欧盟排放权交易机制修正案、欧盟成员国配套措施任务分配的决定、碳捕获和贮存的法律框架、可再生能源指令、汽车二氧化碳排放法规和燃料质量指令 6 项内容。计划中制定的具体措施可使欧盟实现其承诺的"3 个20%"：到 2020 年将温室气体排放量在 1990 年基础上减少至少 20%，将可再生清洁能源占总能源消耗的比例提高到 20%，将煤、石油、天然气等化石能源消费量减少 20%。

2009 年 1 月 26 日，由德国、西班牙和丹麦发起的国际新能源组织在德国波恩成立。该机构正式成为可再生能源的"新代言人"，其宗旨是在全世界工业化国家和发展中国家扩大使用新能源。该组织将致力于推动全球性的能源结构转型，扩大新能源的使用量，同时帮助发展中国家获取技术，建立自己的新能源工业。2009 年 3 月 9 日，欧盟委员会宣布，欧盟将在 2013 年之前投资 1050 亿欧元支持欧盟地区的"绿色经济"，促进就业和经济增长，保持欧盟在"绿色技术"领域的世界领先地位。

欧盟委员会 2009 年 11 月 17 日发表公报，认为欧洲议会通过欧盟能源气候"一揽子"计划将帮助欧盟向低碳经济发展，增强欧盟的能源安全；指出欧盟议会通过的能源气候"一揽子"计划已经成为具有法律约束力的法规，作为世界上第一个在法律上承诺大幅度强制减排的地区。事实上，欧盟能源气候"一揽子"计划将引导欧盟向低碳经济发展，可以鼓励开拓创新，提供新的商机，创造更多的就业机会，从而提高欧盟产业的竞争力。

欧盟委员会 2010 年 4 月 28 日在布鲁塞尔提出了一项鼓励发展清洁能源汽车（以电动车为主）和节能汽车的战略，旨在推动欧盟清洁节能交通系统的建立，减少汽车排放污染，提高欧盟汽车业在绿色节能领域的技术水平。

欧盟委员会 2010 年 11 月 10 日发布了未来十年欧盟新的能源战略——《能源 2020：有竞争力、可持续和确保安全的发展战略》。根据新的战略，欧盟未来 10 年将从五大重点领域着手确保欧盟能源供应：第一，建设"节能欧洲"，以交通和建筑两大领域为重点推动节能革新，促进能源行业的竞争，提高能源效率。通过节能行动，实现欧盟国家平均家庭每年节约 1000 欧元的能源费用。第二，推进欧盟能源市场一体化进程，制定统一的能源政策,在未来5年内完成泛欧能源供应网络的基础设施改造,主要是成员国内部以及成员国与成员国之间的天然气管道建设、供电网络建设、新能源网络建设,把欧洲所有地区纳入统一的能源供应网。第三,制定和完善"消费者友好型"能源政策,为全体欧洲人提供安全、可靠、负担得起的能源。第四,确保欧盟国家在能源技术与创新中的全球领先地位。第五,强化欧盟能源市场的外部空间,把能源安全与外交相结合,对外用一个声音说话,与主要能源伙伴开展合作,并在全球范围内促进低碳能源技术的应用。

此外,欧盟为发展节能环保和新能源产业,致力于建设统一的市场,为相关产业发展创造条件,以法律法规保障产业发展。《欧盟能源政策绿皮书》提出,要求强化对欧盟能源市场的监管,要求各成员国开放能源市场,制定共同能源政策。为了实现环保和减排目标,欧盟制定了一系列法律法规。例如,以《报废电子电器设备指令》和《关于在电子电气设备中限制使用某些有害物质指令》为代表的环保指令等。在促进绿色产业发展方面,欧盟实行灵活的市场机制与严格的法律制度相结合,在鼓励低碳发展的政策上不断推陈出新,制订了很多具有法律约束力的计划,以保证欧盟节能与环保目标的实现。

四、英国发展低碳经济与新能源产业的主要措施及其调整

1. 金融危机以前英国的主要政策措施

英国是低碳经济的领头羊。2003年英国政府发表《我们能源的未来:创建低碳经济》白皮书,从英国对进口能源高度依赖和作为《京都议定书》缔约国有义务降低温室气体排放的实际需要出发,着眼于降低对化石能源依赖和控制温室气体排放,提出了英国将实现低碳经济作为英国能源战略的首要目标。

继2003年能源白皮书之后,英国政府于2006年10月发布《气候变化的经济学:斯特恩报告》,对全球变暖的经济影响做了定量评估。《斯特恩报告》认为,应对全球变暖的挑战目前技术上是可行的,在经济负担上也比较合理;行动越及时,花费越少。如果现在全球以每年GDP 1%的投入,即可避免将来每年GDP 5%~20%的损失。

2007年6月英国出台的《气候变化法案》使它成为世界上第一个对碳排放立法的国家。2007年出台的英国建筑能源法规要求英国2013年以后所有公共支出的项目、住房必须达到零能耗,这归结起来叫第六级标准,任何私人的建筑都必须在2020年后达到零能耗。

2. 金融危机以来英国政策措施的调整

从2008年金融危机爆发以来,英国加快了向低碳经济转型的步伐。

2008年5月,英国首相布朗指出,低碳技术是继蒸汽机、内燃机和微处理器之后第四次技术革命,英国希望能够率先在碳捕集和封存技术上成为全球商业化规模示范的国家之一,也希望在近海风电装机容量方面占据世界领先地位。

2009年6月布朗首相就英国提出的全球气候融资方案的新条例发表了演讲,同时英国政府还发布了名为《通往哥本哈根之路》的战略性文件,表明了英国在整个全球协议中的基本原则,并呼吁发达国家和发展中国家为达成"目标远大,行之有效,公平公正"的协议而一起努力。2009年7月,英国发布了英国低碳转型计划,这是一个涵盖各经济领域的战略计划,将有助于引领英国进入低碳生活,并利用低碳经济带来的种种益处。这项

经济计划的核心是要让英国成为一个更清洁、更环保、更繁荣的国家，确保英国已经为未来的诸多机遇做好准备。

英国是首个自行设定具有法律约束力的"碳预算"国家，根据《气候变化法案》，温室气体的排放量每 5 年有一个限制。英国出台了《英国气候变化战略框架》，提出了全球低碳经济的远景设想；公布了《英国低碳工业战略》，提出了一系列积极的政府干预措施，支持应对气候变化至关重要的行业。2009 年 7 月 15 日，英国又发布了《英国低碳转换计划》、《英国可再生能源战略》，标志着英国成为世界上第一个在政府预算框架内特别设立碳排放管理规划的国家。

2011 年 3 月，英国能源与气候变化部发布了"碳行动计划草案"，重点是低碳经济的就业和经济发展机遇，以及帮助英国免受未来能源价格冲击的政策，强调了英国经济需要作出的三个重大变化：发电方式将从化石燃料向低碳替代能源转变；在家庭和企业供热方式方面，对于远离集中供热的燃气锅炉的家庭，可以使用低碳替代品如热泵；在公路运输方面，减少汽油和柴油发动机的排放和转向电动汽车等替代技术。同时，英国公布了世界上首个低碳热能激励计划"可再生热能激励计划"，对生物质燃烧器、太阳能热水器及地源热泵等项目提供支持。政府计划投资 8.6 亿英镑，预计到 2020 年增加至 45 亿英镑，以激励新的热能市场。2011 年 7 月，英国能源与气候变化部发布了"英国可再生能源发展路线图"，阐述了英国可再生能源行动计划，确定了到 2020 年的发展目标：可再生能源满足 15% 的能源需求，同时逐步降低可再生能源成本，提高其市场份额。

五、德国发展低碳经济与新能源产业的主要措施及其调整

1. 金融危机以前德国的主要政策措施

在构建低碳经济发展的法律框架方面，德国是欧洲国家中构建低碳经济建设法律框架最完善的国家之一。1971 年德国公布了第一个较为全面的《环境规划方案》，1972 年德国重新修订并通过了《德国基本法》，赋予政府在环境政策领域更多的权力。德国于 1972 年制定了《废弃物处理法》，1986 年将其修改为《废弃物限制及废弃物处理法》，经过在主要领域的一系列实践后，1996 年德国又提出了新的《循环经济与废弃物管理法》，2002 年出台了《节省能源法案》，将减少化石能源和废弃物处理提高到发展新型经济的思想高度，并建立了系统配套的法律体系。为开发新能源，德国于 2000 年颁布《可再生能源法》，并于 2004 年、2008 年分别进行了修订。

德国积极开发并利用低碳经济技术。自 1977 年始，德国先后出台了 5 期能源研究计划，以达到保护气候的目的。而 2005 年开始实施的能源计划，以提高能源利用效率和开发利用新能源为重点。2006 年 8 月德国推出了第一个涵盖所有政策范围的"高技术战略"，用以持续加强创新力量，在未来的全球技术市场上占据前列。

煤炭在德国中长期能源利用中将继续发挥重要作用，必须发展效率更高、能应用清洁煤技术的发电站。为此，德国政府将发展低碳发电站技术作为减少二氧化碳排放量的关键。通过调整产业结构，建设示范低碳发电站，加大资助发展清洁煤技术、收集并存储碳分子技术等研究项目，已达到大幅减少碳排放的目的，并积极推广"热电联产"技术，减少热量流失，为发电企业带来额外供暖收入。

此外，德国积极运用经济手段刺激低碳经济的发展。生态税是德国改善生态环境和实施可持续发展计划的重要政策。德国生态税自 1999 年 4 月起分阶段实行，主要征税对象为油、气、电等产品。税收收入用于降低社会保险费，从而降低德国工资附加费，既可促进能源节约、优化能源结构，又可全面提高德国企业的国际竞争力。

2. 金融危机以来德国政策措施的调整

国际金融危机爆发以来，德国进一步明确和提升了低碳经济的战略地位，将其作为调整经济结构、刺激经济复苏、抢占竞争制高点的支柱产业和新的经济增长点。德国政府将保护气候、发展低碳经济列入其可持续发展战略；同时，德国制订了低碳经济发展的整体规划和专业规划，为低碳经济的发展指明了方向，提供了保障。德国把大力发展新能源作为基本国策，制订了一系列相关的规划，指导和促进了新能源领域的一系列创新研究。德国明确提出发展低碳经济的重点领域和支柱产业，并以此为龙头，推动整个低碳经济产业链的协调发展。

德国发展低碳经济的主要政策有三项：一是推动新能源汽车的发展。近年来，德国凭借在可再生能源领域的领先技术，全力推动新能源汽车的发展，新能源汽车产业链已经初现端倪。汽车行业的转型又带动了整个德国发展方式的转变。德国政府于 2009 年 8 月颁布了"国家电动汽车发展计划"，目标是至 2020 年使德国拥有 100 万辆电动汽车。二是大力发展可再生能源。德国可再生能源产业快速发展，已成为新的经济增长点。2009 年可再生能源的销售额达到 290 亿欧元，可再生能源占德国发电总量的 15%。德国新能源企业每年产值达到 250 亿欧元，创造的就业岗位超过 25 万个。三是大力投资气候变化研究。应对气候变化是德国科研政策的一个重点，德国政府计划在未来 6 年里投资 20 亿欧元，用于应对气候变化技术研究。德国还在互联网上对公众开放气候变化预测图，任何人都能在图上方便地查到截至 2100 年德国各地气候变化预测结果，便于公众和决策者分析利用。

2009 年 3 月，德国政府通过了《新取暖法》，扶持重点逐渐向新能源下游产业转移。2009 年德国环境部公布了发展低碳经济的战略文件，强调低碳经济为经济现代化的指导方针，强调低碳技术是当下德国经济的稳定器，并将成为未来德国经济振兴的关键，为了实现传统经济向低碳经济转轨，德国计划到 2020 年用于基础设施的投资至少要增加 4000 亿欧元。

六、西方发达国家发展低碳经济和新能源产业的特点

西方发达国家在发展低碳经济和新能源产业的过程中，坚持政府推动、市场拉动和科技推动三者联动。政府在将新能源开发确定为国家发展战略后，综合运用金融、法律、经济、科技等多种手段，在每个环节上扎实推进，形成了国家发展战略—科技研发—市场应用的完整链条，从而实现预期目标。从发达国家发展低碳经济和新能源产业的发展历程及其近来的进展可以发现，这些政策和措施具有一些共性特征。

1. 因地制宜选择产业发展重点

从西方发达国家低碳经济和新能源产业发展实施的具体内容看，一般都在规划中明确了本国新能源产业发展重点、发展目标及扶持手段等。发达国家的实践表明，一国现有的

产业基础、科技资源和技术积累是本国选择新能源产业重点发展领域的重要依据。在此基础上，还要综合考虑全球科技和产业发展的大趋势、产业自身的发展潜力、未来产业分工格局等因素。唯此，才能确定不同发展阶段的重点领域。

2. 政府积极推动产业发展

西方发达国家崇尚市场的力量，但是在低碳经济和新能源产业发展过程中也面临市场的局限性问题。新能源产业在成长初期，一般都面临市场发育不足、成本高企、竞争力弱等问题，如果没有针对性政策扶持而任由其在市场竞争中自生自灭，新能源产业很有可能被激烈的市场竞争扼杀在摇篮中而难以成为参天大树。因此，要使新能源产业更快发展，需要充分发挥政府"有形之手"的作用，通过价格、税收等手段扩大新能源产业市场空间，进一步完善有关的市场环境和政策环境，通过这些政策措施，扩大市场需求，推动新能源产业的发展。如美国对具有国家战略价值的新兴产业投入巨资，除了政府财政直接投资，还通过税收补贴等手段撬动社会资本，鼓励民间的科技计划。

3. 创新投融资支持方式

从近年来世界主要发达国家培育和发展战略性新兴产业的政策取向来看，各国纷纷采取直接投入资金等手段加大力度支持本国和本地区重点领域的研发和产业化。本轮金融危机之后，主要发达国家的投融资政策表现出一些新的特征和趋势，集中表现为三个方面：一是资金投入的领域更加集中；二是投入力度大幅提升；三是战略计划或专项行动计划中纷纷明确点出未来一段时间计划投入的具体金额数量。

4. 大力培育技术创新能力

一般来讲，科学革命导致技术革命，然后才出现产业革命。技术创新和应用是新能源产业发展的驱动力。新能源产业作为技术产业，其发展离不开科技的引领作用。在金融危机的背景下，有不少国家不仅没有减少新能源产业研发的投入，反而有所增加。各国通过大力培育新能源企业的技术创新能力，引导企业加大技术研发投入，突破核心技术瓶颈，形成持续创新能力。

5. 积极引导和培育消费需求

新能源产业尚处于成长阶段，面临潜在市场空间巨大、现实市场拓展艰难的共性问题。西方国家不仅注重基础研发和技术转化，还非常注重消费市场的培育和引导。西方发达国家在发展新能源产业的过程中，都十分重视通过各种措施和手段，拉动内外部需求，培育新兴产业市场并营造良好的市场竞争环境。这主要包括以下几个方面：一是通过财政补贴、政府采购等手段，启动并培育新兴产业市场；二是通过试点示范，在新能源产业发展初期就开始培育相应的消费群体，启动市场；三是利用政府财政资金，促进新能源产业产品在更广泛消费群体中的普及；四是利用技术标准、提高关税以及政治影响等手段方法保护国内市场；五是政府通过相关措施，鼓励本国企业走出去，开拓国际市场；六是通过建立健全新能源产业市场的相关法律和标准体系，完善市场环境。

表 1-6-2　主要国家发展新能源产业特点

	特　征
美国	崇尚战略前瞻为导向，加大政府投入与支持，鼓励民间广泛参与为支撑
日本	强调技术创新的推动作用，致力于激发新的市场需求，积极出台有关鼓励政策
欧盟	以发展低碳经济为主要目标，强调绿色技术的创新与投资，构建统一市场

资料来源：笔者整理。

需要说明的是，在当前传统的化石能源尚未枯竭的情况下，新能源并未完全替代传统的化石能源成为主流。此外，由于风能、太阳能等新能源利用的地域性和不可移植性特点，使得此类能源的开发和利用要体现因地制宜而不能一味照搬模仿。西方发达国家对各种新能源采取"摸着石头过河"的办法进行筛选，以便找出最有效率、最有经济价值和商业开发价值的品种，同时也在寻找符合各自国情的最佳能源组合方式。[①]

第三节　全球低碳经济与新能源产业发展的成效分析

一、发达国家低碳经济模式基本形成

低碳经济是一种正在兴起的经济形态和发展模式，包含低碳产业、低碳技术、低碳城市与低碳生活等一系列新内容。它通过大幅度提高能源利用效率，大规模使用可再生能源与低碳能源，大范围研发温室气体减排技术，建设低碳社会，维护生态平衡。发展低碳经济既是一场涉及生产方式、生活方式、价值观念、国家权益和人类命运的全球性革命，又是全球经济不得不从高碳能源转向低碳能源的一个必然选择。发达国家的低碳经济发展路径已较为完善，也取得了较好的成效。

1. 具备完善的低碳经济的法律体系和严格的行为规范

发达国家比较注重发展低碳经济的法律规范，由国家制定和执行的社会行为规范在促进低碳经济推行的过程中发挥了极为重要的作用。各国都制定了可行性强的法律规范，出台专门性立法文件，成立具有法律地位的低碳经济执行委员会。在多数此类法律条文中，各国都制定了清晰而明确的中长期减排目标；引入新的排放贸易体系；建立新的温室气体排放机制，并对温室气体的排放进行严格监督。还有一系列关于节能的法律促使各个企业关注能源的消耗量，通过强有力的法律手段，推动了各项节能措施的实施，严格控制各行业和全社会对能源需求的增长。有些国家制定了节能法，并将节能作为政府能源开发利用的一贯政策，规定新能源消耗比例逐年减少的政策目标，扶植重点逐渐向新能源下游产业转移。从各行业企业到普通公民都要以国家制定的低碳经济法律法规为行动指南，形成整个社会共同应对能源短缺与环境恶化的整体机制，全社会共同努力建立低碳社会模式。

---

① 廖先旺. 能源枯竭预期影响大 [N]. 人民日报，2008-6-30.

2. 制定详尽的实施细则，低碳经济支持措施落实到位

发达国家在建立基本法律的基础上，逐步形成了一系列可操作性强的实施细则，将低碳理念付诸实践。英国制订了低碳转换计划和可再生能源战略的国家战略文件，英国能源、商业和交通等部门分别公布了一系列配套方案，这些规范文件的出台落实了发展低碳经济的战略构想，形成了发展低碳经济的行动路线图。为保障低碳经济的落实，发达国家不断完善法律法规，并制定了与之配套的详尽的政策措施，建立能源指定工厂制度，严格监督指定工厂的节能行动，要求这些工厂必须完成节能的义务，定期报告能源使用状况。有些国家建立了能源管理师制度，要求在节能工作中要有相关的能源管理师的配备，监督落实能源法律法规。有些国家推行了节能产品领跑者制度，根据产品技术进步不断修订标准值，逐步促进产品能源消耗率的降低。低碳经济的推行离不开可再生资源的发展，发达国家出台了一系列文件，并采取了与法律配套的支持措施，以保证低碳模式的推行。这些配套措施主要包括：环保政策的严格、有力执行，对环境污染少的企业给予适当奖励与肯定，对于污染严重的企业给予严厉惩罚或撤销；制定各行业能源有效利用战略，严格控制各行业能源消耗量，促进能源消耗量的逐步减少；进一步扩大可再生资源的使用范围，支持可再生资源与新能源的开发利用，形成全社会认可新能源、利用新能源的氛围；可持续利用生物智能，促进生物智能的有效利用和开发，使生物智能成为高效节能的新出路；在汽车领域促进汽车业改革创新，开发汽车排放量减少的技术，及时进行环保教育、资格认定等方面的措施。

3. 形成有力执行机制，利益导向明确

法律与配套措施的有效落实，关键在于执行是否得力。发达国家都十分注重提升低碳经济发展的执行力，形成强有力的执行机制。其中执行最为有力的是在气候变化法案中嵌入约束性强的执行机制。为了实现各种法案中的目标，各国采取了一系列强制性手段，加强了对矿产资源开发企业和高耗能高污染企业的强力约束。有些国家的矿山已经部分关闭停产，主要依靠进口供给所需资源。一些国家制定了"污染者支付原则"，这一原则规定防治污染的费用和因污染造成环境损害的费用由造成污染的企业承担，并利用财政税收的调节作用，鼓励企业开展节能减排。为了实现从传统经济向绿色经济转轨，有些国家计划增加政府对环保技术创新的投资，并鼓励私人投资。出台的一系列激励措施规定，任何企业团体、任何个人开发的可再生能源项目，都会得到政府的资金补贴，对于一些大的可再生资源项目，政府一定要给予优惠贷款。同时还出台了一些鼓励利用可再生资源发电的措施，只要利用可再生资源发电的都可得到政府补贴。许多国家的风能发电和太阳能的开发利用都得益于这些政策措施的出台与执行。

二、国际金融危机加速全球新能源产业持续高速发展

新能源利用技术已经取得了长足发展，并在世界各地形成了一定规模，生物质能、太阳能、风能以及水力发电、地热能等的利用技术已经得到了应用。全球新能源产业的发展蒸蒸日上，其中并网光伏发电增长最快，其后依次是生物柴油、风能和地热采暖，增长率均在20%以上。

1. 世界光伏市场持续高速发展

从 2003 年到 2010 年，特别是 2008 年以后，世界光伏产业发展迅速，这得益于世界严峻的能源形势和生态环境（地球变暖）形势、法规政策的推动、技术水平的提高。2010 年世界光伏系统的年安装量为 18.2GWp，比 2009 年（7.9GWp）同比增长 130%。2010 年世界光伏发电累计装机容量 46.9GWp，比 2009 年（26.8GWp）同比增长 75%。具体如图 1-6-1 所示。2011 年全球光伏行业虽然笼罩在阴霾之中，但是全年的数据统计还是令人欣慰，据统计，2011 年全球新增光伏装机 27.79GW，同比 2010 年的 17.5GW，大幅增长 58.8%，创造新的历史纪录。其中，意大利以创纪录的 9GW 安装量问鼎 2011 年全球光伏装机市场，德国 7.5GW 位居第二，美国 3.2GW 位居第三，中国 2.6GW 位居第四。

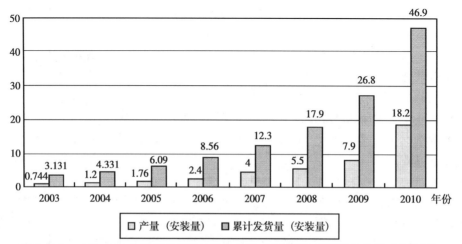

图 1-6-1　2003~2010 年世界光伏系统的年产量（安装量）和累计发货量（安装量）
资料来源：中国太阳能协会。

据统计，最近 10 年（截止到 2010 年），世界范围内太阳能电池的平均年增长率为 49.5%，最近 5 年平均年增长率为 55%（截止到 2010 年）。2010 年光伏行业的太阳能电池年产量增长 118%，达到 27.4GW。虽然没有 2010 年发展速度那样迅猛，但 2011 年全球太阳能光伏电池产量仍达到了惊人的 37.2GW，相比上一年提升了 36%。根据最新出版的 NPD Solarbuzz 光伏设备季度报告指出，2011 年中国大陆和中国台湾太阳能电池厂商保持优势地位，在前十名中占据了八席。前十大太阳能电池厂商的产量占据了全球总产量的 40%，这一占比与 2010 年相比下降了 4 个百分点。自 2009 年以来，中国太阳能电池产量一直居于全球首位，产量占全球 40% 以上。

2. 风电行业产业规模持续扩大

风电行业的真正发展始于 1973 年的石油危机，美国、西欧等发达国家为寻求替代化石燃料的能源，投入大量经费，用新技术研制现代风力发电机组，20 世纪 80 年代开始建立示范风电场，成为电网新电源。近年来，风电发展不断超越其预期的发展速度。2010 年，全球风电累计装机容量达 196.6GMW，同比增长 24%，增长速度有所放缓。2011 年全球风电装机容量实现 21% 的增长，新增装机增长达到 6%，全球累计风电装机达到 238GMW。

2001~2011 年全球年均增长达到 28%。就全球新增装机容量来看，从 1999 年开始，每年新增装机容量开始大幅增加，1999 年全球风电新增装机容量为 4033MW，增加幅度高达 84%，2008 年和 2009 年风电新增装机容量分别达到 27261MW 和 38312MW，增长幅度分别为 38% 和 41%。而 2010 年世界风电新增装机容量为 37642MW，同比下降 2%。1996~2010 年全球风电新增与累计装机容量如图 1-6-2 所示。

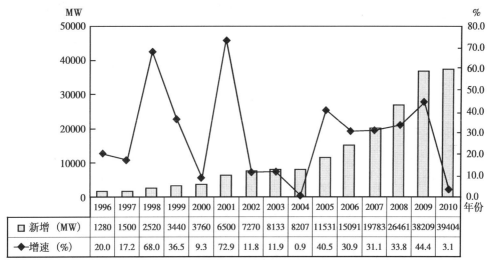

	1996	1997	1998	1999	2000	2001	2002	2003	2004	2005	2006	2007	2008	2009	2010
□ 新增（MW）	1280	1500	2520	3440	3760	6500	7270	8133	8207	11531	15091	19783	26461	38209	39404
◆ 增速（%）	20.0	17.2	68.0	36.5	9.3	72.9	11.8	11.9	0.9	40.5	30.9	31.1	33.8	44.4	3.1

图 1-6-2　全球风电新增装机变化趋势图及全球风电累计装机容量变化图
资料来源：中国资源综合利用协会可再生能源专业委员会。

3. 生物质能产业经营渐成规模

生物质能常用于发电、供热，部分作为交通液体生物燃料。许多国家制订了生物质能开发研究的相关计划，如日本的阳光计划、印度的绿色能源工程、美国的能源农场和巴西的酒精能源计划。目前，国外的生物质能技术和装置多已达到商业应用程度，实现了规模化产业经营。据统计，目前美国 20% 的玉米和巴西 50% 的甘蔗被用于制造燃料乙醚，欧盟 65% 的菜籽和东南亚 30% 的棕榈油被用于制造生物柴油。生物质能发电技术包括直燃或混燃（煤炭或天然气）固体生物质能发电、城市有机废物发电、沼气发电和液体生物燃料。

截至 2011 年底，世界生物质发电装机容量约为 7200 万千瓦，同比增长 9.1%。固体生物质发电量约占所有生物质发电量的 88.3%。美国是世界上生物质发电装机容量最多的国家，其他生物质发电装机容量较多的地区、国家分别为欧盟（领先的国家依次为德国、瑞典、英国）、巴西、中国、印度、日本。非洲大部分产糖国家发展以蔗渣为燃料的热电联产电厂。

截至 2011 年底，美国生物质发电装机容量约为 1370 万千瓦，同比增长 3%。2011 年固体生物质发电量约为 567 亿千瓦时。截至 2011 年底，欧盟生物质发电装机容量约为 2620 万千瓦，固体生物质发电量约为 699 亿千瓦时。该地区生物质发电装机容量最多的国家依次为德国、瑞典、芬兰、英国、荷兰、波兰、意大利、丹麦、奥地利。截至 2011 年底，巴西生物质发电装机容量约为 890 万千瓦，同比增长 14%，其中 730 万千瓦来自利用蔗渣发电的热电联产电站。中国生物质发电装机容量约为 440 万千瓦，同比增长 10%。印度生物质发电装机容量约为 380 万千瓦。日本固体生物质发电装机容量约为 330 万千瓦。

4. 全球核电发展近年有所下滑

当今世界大约 1/6 的电力供应来自核能发电，全球有 30 个国家使用核电，它们拥有 442 个核电机组。其中美国 104 个，法国 58 个，日本 54 个，俄罗斯 32 个，韩国 21 个，印度 20 个，英国 19 个，加拿大 18 个，德国 17 个，乌克兰 15 个，中国 13 个。2010 年核电装机容量前三位为美国、法国与日本，核电发电量分别占其全国总发电量的 20%、74% 和 29%，德国、韩国和乌克兰则分别占其发电量的 28%、32% 和 48%，而中国仅占 1.8%。2010 年世界核电总共贡献了全球发电总量的 13.5%。2011 年世界核能发电量为 2.6487 万亿千瓦时，同比下降 4.3%。自 2006 年峰值之后呈下降趋势。发达国家的核能发电量同比下降 6.4%，且仍将延续下降趋势。2011 年日本的核能发电量为 1629 亿千瓦时，较 2010 年的 2924 亿千瓦时下降 44.3%，德国同比下降 23.2%，美国下降 2.1%，印度下降 39.6%，中国则增长 16.9%，全世界整体呈下降趋势。

三、关键和核心技术取得突破性进展

1. 晶体硅电池仍是目前太阳能电池的主导技术

晶体硅太阳能电池是目前技术最成熟、应用最广泛的太阳能光伏产品，尽管晶体硅太阳能电池在全球太阳能电池市场所占份额呈现下降趋势，但是根据 Isuppli 预测分析，至少在 2020 年之前，晶体硅太阳能电池仍然占据着光伏市场的主导地位，市场上生产和使用的太阳能光伏电池大多数是用晶体硅材料制造。EPIA 统计数据显示，2006 年晶体硅太阳能电池占全球太阳能电池 93% 的市场份额，2007 年全球晶体硅电池产量占光伏电池总产量的 87.4%，2009 年占 82% 的市场份额。

晶体硅电池最主要的可替代产品是薄膜电池，其最大优势在于成本低廉以及应用范围广阔，最大劣势在于转换效率较低和产品寿命衰减问题。晶体硅电池产业化应用的光电转换效率平均可达 16%，而非晶薄膜电池仅有 7%，碲化镉薄膜电池相对较高，也仅达到 10% 左右，限制了薄膜电池的大规模应用。同时，薄膜电池的寿命衰减较为严重，无法长期使用，由此造成后续维护、更新成本大幅提高。近年来，随着技术的进步，上述缺陷逐步得到克服，薄膜电池投资规模呈现高速增长趋势，EPIA 预测 2013 年和 2014 年全球薄膜电池组件占市场总量的比例将达到 25%，Isuppli 预测分析，到 2020 年，全球 50% 的年光伏发电装机总量将是薄膜电池。

2. 风电产业关键技术日益成熟

近年来，世界风电产业发展迅速，风电产业关键技术日益成熟，单机容量 5MW 陆上风电机组、半直驱式风电机组开始使用，直驱式风电机组已经广泛应用，目前国际上主流的风力发电机组已达到 2.5~3MW，采用的是变桨变速的主流技术，欧洲已批量安装 3.6MW 风力发电机组，美国已研制成功 7MW 风力发电机组，而英国正在研制巨型风力发电机组；欧洲规模化海上风电及相关电网布局开始建设，并在知识型产品如风况分析工具、机组设计工具和工程咨询服务等方面具有明显的国际竞争优势。综观世界风电产业发展现状，风力发电技术将呈现如下发展趋势：开发更先进的风况分析系统；研制大容量、高可靠性、低成本风力发电机组以及轻量型、高可靠性的海上风力发电机组；风力发电方式将以陆上风力发电为主，并积极拓展海上风力发电。

目前大型风电机组研制已经取得显著进展。瑞能（Repower）5MW 和 6MW，阿海珐与德国 Bard 的 5MW，Enercon 的 4.5MW 和 6MW 风机已经开始批量生产并投入运行，西门子 3.6MW、华锐风电 5MW 风电机组也已宣布下线。此外，维斯塔斯也宣布其 6MW 风电将下线，美国 Clipper 甚至已开始了 10MW 风机的研发，而中国如金风科技、湘电等一批企业纷纷进入风机大型化的竞争行列。

英国已经成为海上风电市场的领头羊，装机容量达 1819MW，其次是丹麦（832MW）、荷兰（246MW）、比利时（195MW）、德国（168MW）、瑞典（163MW）等。中国仍是除欧洲以外唯一的海上风电装机国，在 2010 年上海东海大桥项目第二项装机 39MW。与此同时，国内首批海上风电项目特许权招标工作于 2010 年 5 月正式启动，标志着海上风电在中国的发展进入"加速期"。具体如图 1-6-3 所示。

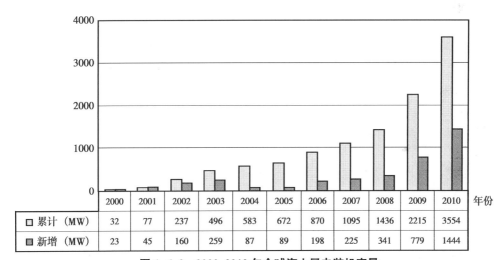

年份	2000	2001	2002	2003	2004	2005	2006	2007	2008	2009	2010
□ 累计（MW）	32	77	237	496	583	672	870	1095	1436	2215	3554
■ 新增（MW）	23	45	160	259	87	89	198	225	341	779	1444

图 1-6-3　2000~2010 年全球海上风电装机容量

资料来源：中国资源综合利用协会可再生能源专业委员会。

四、低碳经济和新能源产业对各国经济产生了深刻影响

1. 相关投资对产业发展与就业增长做出了重要贡献

在传统产业受到冲击的情况下，作为低碳经济主要承载产业的新能源可以成为新的经济增长点，对各国扩大内需、拉动投资与增加就业发挥着重要作用。发展低碳经济吸纳的巨大投资及其创造的就业岗位将成为拉动各国内需的重要因素之一。

2011 年 7 月 20 日，欧盟委员会发布了 2012 年 70 亿欧元的科研资助计划，这一计划预期可在短期内创造近 17.4 万个工作岗位，并在未来 15 年拉动 GDP 增长达 800 亿欧元和新增近 45 万个就业机会。该计划提出了 48 个项目招标，包括三个主题：可再生能源［光伏、光热发电（CSP）、风能、生物能、太阳能热利用］，碳捕集与封存/洁净煤技术，智能电网及智能城市或社区，其他主题领域如能效、研究基础设施、新材料、交通运输等部分

项目也涉及能源相关研究。其中能源招标计划预算有 3.14 亿欧元，预计将有近 800 家单位（包括 160 家中小企业）参与其中。即使非欧盟国家不作出新的排放承诺，欧盟国家通过实施相应的宏观和微观经济政策，坚定不移地追求 30% 的减排目标，也有望在未来 10 年内将欧盟国家的投资总额从占 GDP 的 18% 提升至 22%，整个欧盟平均每年的 GDP 增长率提高 0.6%，使欧盟区域内新增就业岗位近 600 万个。

据计算，2008 年德国各类可再生能源设施建设工程实际投资总额 131 亿欧元，相当于德国 GDP 的 0.54%，其中光伏、风电、生物质取暖、太阳能取暖、地热、生物质发电、水电分别在工程总量中占 47.3%、17.5%、11.4%、11.1%、8.4%、3.8%、0.5%。而各类可再生能源设施营业（能源销售）总额为 157 亿欧元，相当于德国 GDP 的 0.65%。其中，生物燃油、生物质发电、风电、光伏太阳能、生物固体燃料取暖、水电分别占到营业总额的 22.3%、22.2%、20.4%、13.4%、13.4%、8.3%。所有由可再生能源部门运营和投资产生的营业总额为 288 亿欧元，相当于当年德国 GDP 的 1.2%。2004 年德国可再生能源部门雇员总数为 16.05 万人，2008 年上升到 27.80 万人。

开发绿色能源已成为奥巴马政府经济刺激计划的重要内容之一，今后 10 年内，美国将每年投资 150 亿美元，创造 500 万个新能源、节能和清洁生产就业岗位，将美国传统的制造中心转变为绿色技术发展和应用中心等。日本《绿色经济与社会变革》政策草案旨在通过实行削减温室气体排放等措施，强化日本低碳经济；草案如能获得通过并实施，将使日本环境领域的市场规模增加到 2020 年的 120 万亿日元，相关就业岗位也将大大增加。

2. 新能源产业拉动了其他相关产业的发展

新能源产业是资金技术密集型行业，其产业链较长，涉及产业较多。发展新能源产业不仅可以促进本行业的发展，而且对产业链上其他产业产生较大的促进作用，与新能源密切相关的交通运输、制造装备和技术服务等产业的规模和技术水平亦能得到有效推动，从而形成一个规模庞大的产业集群。新能源产业的崛起将引起电力、IT、建筑业、汽车业、新材料行业、通信行业等多个产业的重大变革和深度裂变，并催生一系列新兴产业。这种显著的技术扩散和经济乘数效应使新能源产业有可能成为未来经济发展中的主要增长点。对其他产业发展的直接拉动表现为多个方面：一是拉动上游产业如风机制造、光伏组件、多晶硅深加工等一系列加工制造业和资源加工业的发展。二是促进智能电网、电动汽车等一系列输送与终端产品的开发和发展。三是促进节能建筑和带有光伏发电建筑的发展。在新兴产业的影响下，全球主流消费市场正在向健康、节能、环保、低碳和个性化、智能化等方向发展，新的技术和创意正在推动形成一些新的消费热点。

五、能源消耗大国对石油的依赖弱化

当今世界，能源的战略地位和作用日益凸显，成为国家经济和社会发展的命脉。能源尤其是石油对国家经济发展的瓶颈制约日益显现，保障能源安全已经成为维护经济安全、政治安全乃至国家安全，实现经济可持续发展的必然要求。2011 年，中国大陆一次能源消费占世界消费总量的 21.3%，居第 1 位（不包括香港、台湾和澳门地区）；美国为 18.5%，居第 2 位。能源的大量消费与国内能源储量的缺乏，迫使能源消费大国不得不从国外大量进口能源产品，其中石油成为主要的国际能源贸易产品。从石油对外依存度看，日本石油对外依存度达 97%，印度原油对外依存度达 70%，中国石油对外依存度已经超过 55%；美国石油净进口量为世界第一，但近几年来，石油对外依存度从 63% 下降到 53%。由于能源消耗大国对石油进口具有很强的依赖性，因此，国际石油市场的风吹草动都会对能源消耗大国产生显著影响，如何有效降低对石油进口的依赖、保障国家能源安全，已经成为国际能源消耗大国亟待解决、迫在眉睫的难题。

随着节能减排技术的突破，以及新能源利用的进展，基于低碳经济模式的世界各国对石油的依赖将进一步下降。石油的紧缺与价格的持续上涨，推动着石油消耗大国早在 20 世纪中期就已经开始着手寻找可以替代石油的新能源。随着新能源利用技术的不断进步，新能源已经在国际能源消费中占据越来越重要的位置。节能减排、低碳技术与新能源利用技术的发展，在很大程度降低了能源消耗大国对传统能源尤其是石油进口的依赖。

2011 年全球一次能源消费增长 2.5%，与过去 10 年平均水平基本持平，远低于 2010 年 5.1% 的增长率；其中全球石油消费增长下滑，同比仅增长 0.7%，低于历史平均水平。而在新能源中，尽管全球生物燃料生产停滞不前，微增 0.7%，是自 2000 年以来的最低增幅，但可再生能源发电增长超过了平均水平，达到了 17.7%，其中，风电增长了 25.8%，在可再生能源发电中所占比例首次过半，太阳能增幅达 86.3%。在各国新能源利用政策的推动下，新能源消耗在全球能源消耗中的占比明显上升。2011 年，全球可再生能源提供了全球能源消费量的 20%，其中传统生物质能消费和水电占据主导地位，新兴的可再生能源，包括风电、太阳能利用、地热能、生物质能发电和生物燃料以及海洋能，仍处于从属地位。其中，传统生物质能主要用于炊事和采暖，约占 10%。由于生物质能源开始更有效的利用或被其他更先进的能源方式替代，消费比例不断下降。其他新兴的可再生能源占全部能源消费的比例约为 2.6%，所占比例还很低，主要分布在欧洲、美国和中国三大地区。在政策的鼓励和扶持下，我国新能源领域取得了举世瞩目的成就，截至 2011 年年底，我国水电、风电、核电、生物质液体燃料等非化石能源生产量占当年一次能源消费总量的 8.3%，这大大减轻了我国对石油等传统能源的依赖。

六、推动全球增长模式的转变

低碳经济的发展可逐步降低经济增长对传统能源的依赖程度，提高资源利用效率和清洁化水平，减少经济增长的能源成本和环境成本，有助于实现经济的可持续快速增长。从历史上几次大的经济周期和规律看，世界经济都是以基本资源和能源的改变，以及若干标志性新兴产业兴起为核心特征，最终引发全球各国物质资本、人力资本的流动，形成新的产业结构和增长模式，并推动在这些方面具有优势的国家的发展，重构世界经济格局。20 世纪 90 年代，克林顿政府重点推动美国半导体、计算机、通信、环境保护、咨询软件工业及服务业等高科技产业和知识密集型产业发展，同时对计算机程序、电子机器人、人工智能等领域的合作与开发给予扶持，有效促进了美国以信息产业为主的新兴产业蓬勃发展，同时也构建了美国的信息技术优势。如今，西方发达国家把绿色、低碳技术及其相关产业化作为突破口，促进自身经济结构的调整，希望通过新能源等新兴产业的发展带动下一轮经济增长，打造低碳经济社会。在当前的全球能源变革中，以低碳排放为特征的新能源被认为是能够同时解决金融危机和气候危机的战略性支点，因而成为新一轮国际竞争的制高点，未来全球经济的增长无疑也将围绕新能源产业发展来寻找新的发展道路，打造新的增长模式。德国一个气候变化研究机构发布的研究报告指出，欧盟如果设定更高的中长期温室气体减排目标，将能引导其成员国进入一种既能让经济和就业受益又能促进温室气体减排的崭新发展模式。

第四节　低碳经济与新能源产业展望

一、新能源成本不断下降

随着新能源技术不断成熟和推进，未来新能源成本将呈现不断下降的态势。

不同机构对太阳能电池组件价格预测虽不尽相同，但总体趋势却一直呈现下降的态势。日本新能源·产业技术综合开发机构（NEDO）在其研究报告（PV Road Map Toward 2030）中预测，2010年日本光伏发电成本将下降到23日元/kWh（折合人民币1.53元/kWh），2020年光伏发电成本下降到14日元/kWh（折合人民币0.93元/kWh），2030年光伏发电成本下降到7日元/kWh（折合人民币0.47元/kWh）。德意志银行在其报告"Solar PV Industry Outlook and Economics"中预测，到2016年无论晶体硅还是碲化镉太阳电池的发电成本都将下降到0.15美元/kWh（折合人民币1.02元/kWh）。欧洲光伏工业协会（EPIA）和绿色和平组织（Green Peace）预测，到2015年光伏电价将下降到0.16欧元/kWh（折合人民币1.5元/kWh）左右，2020年下降到0.11欧元/kWh（折合人民币1.0元/kWh）左右。世界光伏第一大厂Q.CELLS预测意大利光伏电价2019年达到0.1欧元/kWh（折合人民币1.0元/kWh），德国光伏电价2020年达到0.16欧元/kWh（折合人民币1.5元/kWh）。

综合以上4家国外研究机构及光伏企业对光伏发电成本的预测，并网光伏发电成本在2015~2017年将达到0.15美元/kWh（折合人民币1.02元/kWh）。常规电价2000年以来以每年4%的幅度上涨，而在今后10年内将以5%~7%的速度上涨，电价将从2006年的0.086美元/kWh（折合人民币0.58元/kWh）上涨到2019年的平均0.16美元/kWh（折合人民币1.06元/kWh）。光伏的发电成本有望在2016~2017年达到0.14美元/kWh（折合人民币0.95元/kWh），与常规电价一致。

国际能源署在其发布的风能技术路线图预测，陆上风能投资的成本将从2010年的170万美元/MW降至2030年的140万美元/MW及2050年的130万美元/MW，总成本降幅为23%；运维成本到2030年将降低17%，到2050年降低23%。海上风能特别是深海风能，成本削减有可能更快，其投资成本到2030年会降低27%，到2050年会降低38%；运维成本到2030年将降低25%，到2050年降低35%（见图1-6-4）。

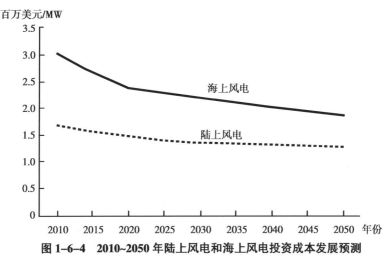

图 1-6-4　2010~2050 年陆上风电和海上风电投资成本发展预测

资料来源：IEA. Technology Roadmaps – Wind Energy, 2009.

二、新能源产业应用前景广阔

1. 光伏产业

当前，光伏市场的发展在很大程度上都是依赖于一些国家的政策扶持，这种扶持机制已经列入相关国家法律。这种扶持计划的介入、修改或退出都会在很大程度上影响光伏市场及产业的发展。欧洲光伏工业协会（EPIA）于 2010 年 4 月初发布报告认为，全球光伏市场的前途是光明的，在政策驱动的情况下，2014 年全球光伏装机容量单年可突破 30GW（见表 1-6-3）。

表 1-6-3　EPIA 对世界光伏市场发展的预测（政策驱动模式）

年　份	2007	2008	2009	2010	2011	2012	2013	2014
欧盟（MW）	1806	5252	5618	8715	8405	9690	11795	13475
中国（MW）	20	45	160	600	1000	1250	1800	2500
日本（MW）	210	230	484	1200	1800	2000	2200	2400
美国（MW）	207	342	477	1000	2000	3000	4500	6000
其他国家或地区（MW）	188	413	477	1200	2200	3150	4300	5600
全球（MW）	2431	6282	7216	12715	15405	19090	24595	29975
欧盟占全球的比率（%）	74.3	83.6	77.9	68.5	54.6	50.8	48.0	45.0
全球增长率（%）	—	158.4	14.9	76.2	21.2	23.9	28.8	21.9

资料来源：EPIA. Global Market Outlook for PV till 2014, May 2010.

IEA 预计，未来 10 年政府出台有效的政策以促进太阳能发电的发展至关重要。拥有丰富太阳能资源的地区需要在适当时间出台着眼长远、可预计的太阳能激励措施，来维持早期的部署并提高太阳能光伏（PV）和聚光型太阳能热发电（CSP）技术的竞争力。这些激励措施还应随着时代的前进而不断更新，从而推动创新和技术改进。

随着有效政策的及时出台，到 2020 年许多地区的住宅和商用建筑的 PV 应用将实现电网平价（即与零售电价相当）。到 2030 年在太阳能资源最好的地区的 PV 将具有竞争力，能够提供 5% 的全球电力。当 PV 技术逐渐成熟成为主流技术时，并入电网和管理以及储能成为了关键问题。PV 产业界、电网运营商和公用事业单位需要开发新的技术和策略，以将大量的光伏电力并入灵活、高效和智能的电网。到 2050 年，PV 能够提供超过 11% 的全球电力。具体如图 1-6-5 所示。

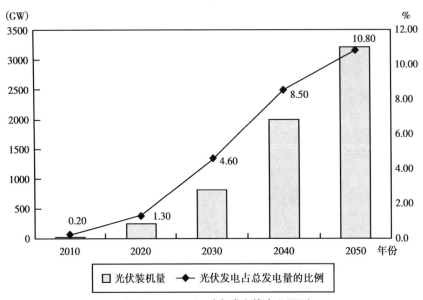

图 1-6-5　IEA 对全球光伏产业预测

资料来源：IEA.Technology Roadmaps – Solar Photovoltaic Energy，2010.

2. 风电产业

随着各国政府，特别是资源消耗大国的政府对可再生能源的日益重视，风能发展的前景将越来越广阔。风电已成为除水电外技术最成熟、产业化规模最大的可再生能源，是许多国家可持续发展战略的重要组成部分。国际能源署、欧盟、美国、英国等国际组织和国家均已经提出了短则至 2020 年、长则至 2050 年的风能技术路线图，对未来数十年的风能技术与产业发展进行了规划部署。按照 GWEA《世界风电展望 2008》报告的分析预测，即便在国际能源署对全球能源市场潜力最保守估计的情景下，风电在 2030 年也将占到全球电力供应的 5%，到 2050 年则达到 6.6%。而中等情景预测下，这两个比例将达到 15.6% 和 17.7%。在最乐观的情景下，这两个比例则高达 29.1% 和 34.2%。预测结果显示，风电不但能够满足全球未来 30 年对清洁的、可再生电力的需求，而且其对供电系统的渗透还将随着高能效技术的实现得以持续增长。2009 年 11 月，国际能源署（IEA）发布了《风能技术路线图》，预计到 2030 年，全球风电装机容量将超过 1000GW，生产约 2700TWh 的电量，相当于全球电力生产的 9%；到 2050 年，全球风电装机容量将超过 2000GW。具体预测如图 1-6-6 所示。要求在未来 40 年，每年需新增 47GW 的装机容量，届时可以生产约 5200TWh 的电量，相当于全球电力生产的 12%，实现每年减少 28 亿吨二氧化碳当量排放的目标。为达成上述目标，在 2010~2050 年，将需要投资约 3.2 万亿美元，年均投资将较 2008 年增长 75%，增加到 810 亿美元。

　　国际能源署在其发布的风能技术路线图中预测，到 2020 年，首先经合组织欧洲国家依然是风电的领先市场，其次是美国和中国；到 2030 年，中国风力发电量将超过美国（分别为 557TWh 和 489TWh），经合组织太平洋地区将成为一个重要市场，发电量达 233TWh；到 2050 年，中国将以 1660TWh 的发电量领先，其次是经合组织欧洲国家和美国。

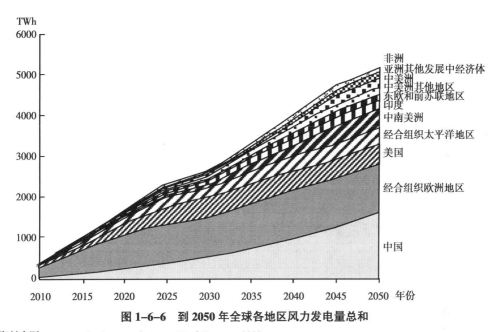

图 1-6-6　到 2050 年全球各地区风力发电量总和

资料来源：IEA. Technology Roadmaps – Wind Energy，2009.

3. 核能

　　历史经验表明，自从 1951 年 12 月 20 日美国开启人类和平利用核能的先河以来，每一次重大安全事故均会导致核能发展陷入停滞或萎缩。福岛核事故的发生也在很大程度上影响了全球核电的发展。《世界能源展望 2011》报告显示，日本福岛核事故将导致 2035 年全球核能发电量下降 15%。2010 年 6 月，国际能源署（IEA）和 OECD 核能署（NEA）联合发布了 2050 年技术路线图系列报告中的核能技术路线图。报告预计到 2050 年，全球将有 25% 的电力由核电提供，这一扩张计划将使得未来 40 年内核电装机容量达到现有容量的 3 倍以上。福岛核事故的发生，也许会在一定程度上影响这一发展目标的实现。但和一年前比较，世界各国的核能安全状况已有了改善，核电发展重新被提上议程。

　　目前，只有意大利、瑞士和德国这三个国家宣布不再使用核能。意大利在切尔诺贝利核事故之后就已放弃核能；德国将在 2022 年之前全面弃核。瑞士则将在 2034 年前逐步关闭其境内的 5 个核电站。日本计划关闭其境内的最后 54 座核电站，但这项举措不太可能是永久的，最近有两座已重新启动。但更多国家表现出了对发展核电的兴趣，国际原子能机构指出，在 2011 年，有大约 60 个国家向该机构表示，它们有兴趣考虑引进核电。美国已经正式宣布新建核电站，政府担保业主 80 亿美元开始建设沃特电站，包括 2 台 AP1000 的核电机组。英国在最新的能源规划中全力支持发展核电，提出了雄心勃勃的核电建设计划，准备新建总装机达 1600 万千瓦的核电站，政府决定要在 2050 年之内重新建设 22 座反应堆，以替代目前正在运行的 20 个反应堆。俄罗斯已成为继美国、法国和日本之后装机容量居世界第四的核电大国；目前俄罗斯国内共有 33 座核反应堆，在建的核反应堆还有 11 座，国内 18% 的电力供应来自核电，预计到 2020 年俄罗斯的核电装机将在当前的基础上翻一番。俄罗斯核电企业也积极在土耳其、尼日利亚、哈萨克斯坦、匈牙利等国抢占市场。近日白俄罗斯和俄罗斯签订白俄罗斯境内首座核电站的建设合同。印度核电公司日前与美国西屋电气公司签署谅解备忘录，印度计划到 2030 年时将核电占总电量比例提高到 13%，到 2050 年时核电能力超越中美两国成为世界第一。立陶宛议会投票批准了委托日立公司在国内建造核电站的议案，该核电站计划于 2021 年开始运转。此外，韩国、孟加拉国、印度尼西亚、泰国、越南、菲律宾、阿联酋、马来西亚和缅甸等国也纷纷规划自己的核电项目。近期捷克、白俄罗斯、阿联酋等国家都启动或开始建设一批核电站项目。2012 年，根据全国民用核设施综合安全检查情况报告，我国目前已拥有 15 台在运核电机组，总装机容量约为 1250 万千瓦；在建核电机组 26 台，装机容量约 2760 万千瓦；到 2020 年，我国的电力、核电装机容量要达到 4000 万千瓦，核电在中国有广阔的空间和发展的余地。

三、低碳经济和新能源产业将推动全球技术竞争格局的重构

后国际金融危机时代，世界经济仍处于动荡、调整之中，全球科技领域的竞争格局也在不断变化。新兴经济体科技实力不断增强，传统科技强国更加强调科技创新，国际科技体系日益朝多极化发展。尽管美国、日本和欧洲的很多国家仍然高居全球竞争力排名榜单的前列，其整体竞争力并未真正下降；在科技领域，目前西方发达国家仍占据主导地位，具有显著优势。但 20 世纪 90 年代以来，随着新兴大国的崛起，发达国家和发展中国家之间的国力差距不断缩小，世界竞争格局的多极化趋势日益明晰。与此同时，科学技术和创新的中心也逐渐从西方向东方转移，科技竞争格局呈现多极化趋势。近年来，中国、印度、巴西、俄罗斯等一些新兴国家作为多极化世界中不断跃升的增长极，对世界科技的贡献率总体呈上升趋势。相对于研发投入的增长而言，新兴经济体专利产出的增长更为迅速，而发达国家的专利产出增长率相对下降。新兴国家日益成为创新活动的中心，创新能力不断增强。根据世界经济论坛 2010 年 9 月最新发布的全球竞争力报告，韩国、中国、巴西、印度尼西亚、印度和俄罗斯等国的创新能力均有提升。

发展低碳经济已经成为当今世界各国角力的焦点。尽管发展中国家在低碳经济领域整体上处于更加不利的竞争地位，但一些发展中大国站在战略高度，对低碳经济重点产业的关键技术进行了大规模投资，以中国为代表的一些发展中大国甚至在新能源等领域走在了世界的前列。发展中国家对低碳经济的重视，以及在相关技术与产业普及上的积极努力，在很大程度上加快提升了发展中国家在低碳经济领域的国际竞争力，改变了长期以来发达国家占据绝对优势的全球技术竞争格局。

新能源是我国经济全面可持续发展的关键"燃料"，也是我国企业最能建立全球竞争优势的新兴领域。与欧美国家不同，我国还没有形成完全依赖于石油基础的经济投资，完全有能力开辟另外的道路而跨越到能源利用的新时代。迅速探索并成功运用基于新能源的

商业和经济模式，尽快大力发展太阳能、风能、生物质能以及水力、氢等燃料资源，越早远离石油经济的陷阱，中国企业就越能更快地成为世界新能源开发运用的领导者。事实上，我国已经具备在新能源领域构建全球技术竞争优势与产业竞争优势的良好基础。据统计，截至 2011 年 5 月，全球新能源产业中涉及光伏发电、风力发电、生物质能发电技术的全球专利申请分别为 84827 件、20276 件和 8078 件，其中我国相应技术领域的专利申请分别为 15749 件、6707 件和 2250 件，专利授权分别为 9491 件、3528 件和 748 件。我国在上述三大新能源领域的专利申请中，近 5 年的专利申请量占其全部申请量的比例分别达到 82.3%、87.1% 和 86.9%，这充分表明我国新能源产业近年来得到了快速发展。

目前，各国新能源利用道路上的主要障碍是大型风力发电机组制造技术、光电转换效率技术、新能源材料技术、储能技术与智能电网等关键技术的缺乏。目前我国企业与科研机构正集中相关领域的科研力量，加大上述关键技术领域的科研投入，力争率先在上述关键技术领域取得重大突破，从而打破发达国家在先进技术上的垄断优势，重构世界技术竞争格局，实现我国从风电设备与光伏发电设备制造大国向新能源技术强国的转变。

四、低碳经济和新能源产业将促进国际规则的演变

低碳经济的发展，必将引起国际产业扶持政策与贸易规则的变化。新能源产业的发展需要和传统的化石能源争夺市场空间。在新能源产业尚不具备成本竞争优势的条件下，要想把它作为带头产业，唯一的办法是制定更加严格的全球温室气体排放和环境保护规则，提高化石能源的外部成本。美国大力推进新能源产业发展之前，以影响经济发展为由，拒绝在《京都议定书》上签字。然而，奥巴马上台后，一改过去布什政府的能源政策，在新能源、环保政策方面较为高调，还表示将在未来 10 年投入 1500 亿美元资助替代能源的研究，减少 50 亿吨二氧化碳的排放。他还承诺要通过新的立法，使美国温室气体排放量到 2050 年之前比 1990 年减少 80%。正在拟定的《京都议定书》第二个协议中，发达国家一个主要目标是要求把中国和印度等大国加进去，因为只有世界各国尤其是能源消费大国参与，新能源产业才能获得巨大的市场空间，才能凸显发达国家新能源技术优势。

此外，低碳经济的发展使得发达国家可以通过建立所谓的碳排放体系和强制性征收碳税来削弱发展中国家劳动密集型产品与高能耗产品的低价优势，进一步恶化发展中国家的贸易地位。

五、低碳经济和新能源产业将使发展中国家面临更为严峻的挑战

1. 发展中国家产品出口面临更大的压力

过去发展中国家经济的相对竞争优势是产品的廉价，这种产品廉价的源泉在于劳动力价格、原材料价格、资源价格、能源价格和环境治理成本的低廉。全球低碳经济与新能源产业的迅猛发展有可能从两个方面对发展中国家的这一优势带来冲击：一方面，未来碳减排和能源结构的多元化将会降低石油天然气的价格，再加上各国政府对低碳产品、新能源提供了大量的政府补助，有可能使西方产品中所包含的能源成本降低，从而抵消发展中国家产品中能源成本的优势；另一方面，西方国家在完成了国内市场的改造之后，可能会对高碳区国家的出口产品采取歧视政策，征收额外的碳关税。比如，在《美国清洁能源安全

法案》中就设置了高碳区进口商品碳费补差制。如果美国政府的补偿不足以消除美国企业的不利竞争状态，总统可以建立一个"边界调整"项目，要求外国制造商和本国进口商偿付进口产品与美国本土产品中碳减排费用的差价。这一措施将给发展中国家产品的出口带来新的麻烦，严重削弱发展中国家产品的价格优势。

2. 发展中国家能源结构转型成本增加

欧盟和日本在节能和新能源开发方面都经历了较长时间的摸索，技术比较成熟，成本相对较低，而发展中国家的低碳经济刚刚起步。发展中国家不仅低碳消费意识薄弱，在节能技术与风力发电、太阳能、生物能、地热能利用等方面与世界领先国家相比，也存在不小的差距。譬如，我国虽然是太阳能电池生产大国，但产品的原材料和终端市场两头在外，核心技术大都掌握在发达国家公司手里，因而在太阳能的利用方面处于较为被动落后的局面。在新能源研发方面，发展中国家均面临着自主研发能力很弱，新能源产业关键技术、材料和装备都依赖进口的现实问题；发展中国家在实施能源结构转型的过程中，不得不花费高昂的代价从发达国家购买技术和关键装备，这势必会大大增加中国等发展中国家能源结构转型的成本。

3. 发展中国家地缘政治格局将发生变化

欧、美、日低碳经济发展战略将使世界地缘政治格局发生变化。当前的世界地缘政治格局从某种意义上说就是一种能源政治格局，以中东、里海周边、中西非、南中国海等为代表的全球热点和冲突高发地区，实际上就是能源和资源争夺的战场。一旦可以普遍使用新能源替代石化能源，那么以俄罗斯、中东、中南美国家为代表的油气出口国，其地缘政治地位将受到严重削弱，而只有 1500 万人口的哈萨克斯坦却占有全世界铀储量的 15%，在未来世界能源版图上的战略地位必将获得提升。世界力量重组、地缘政治格局的根本性改变很可能因新能源革命而起。如何适应这种地缘政治变化而作出新的战略调整，将是摆在发展中国家面前的一项新课题。

【参考文献】

[1] 孙西辉. 低碳经济时代的美国新能源战略析论 [J]. 理论学刊，2011 (9).

[2] 史丹. 国际金融危机之后美国等发达国家新兴产业的发展态势及其启示 [J]. 中国经贸导刊，2010 (3).

[3] 郑胜利. 主要经济体经济发展战略取向及其对我国战略性新兴产业发展的启示 [J]. 中国发展观察，2010 (10).

[4] 彭金荣，李春红. 国外战略性新兴产业的发展态势及启示 [J]. 改革与战略，2011 (2).

[5] 于新东，牛少凤. 全球战略性新兴产业发展的主要异同点与未来趋势 [J]. 国际经贸探索，2011 (10).

[6] 姜江. 世界战略性新兴产业发展的动态与趋势 [J]. 中国科技产业，2010 (7).

[7] 刘东国. 日欧美新能源战略及其对中国的挑战 [J]. 现代国际关系，2009 (10).

[8] 史丹. 发达国家新能源产业发展的新态势 [J]. 决策与信息，2010 (10).

[9] 陈伟. 日本新能源产业发展及其与中国的比较 [J]. 中国人口·资源与环境，2010 (6).

[10] 刘卫东. 锁定新能源产业的美国布局，新能源利用全面铺开 [J]. 瞭望，2010 (9).

[11] 陈柳钦. 国内外新能源产业发展动态 [J]. 发展研究，2011 (8).

[12] 宋玮. 新能源产业是我国新增长方式的制高点 [N]. 上海证券报，2009-9-12.

[13] 张玉臣，彭建平. 欧盟新能源产业政策的基本特征及启示 [J]. 科技进步与对策，2011 (6).

[14] 宾建成. 国际战略性新兴产业发展趋势与中国对策 [J]. 亚太经济，2012 (1).

第二部分　全球产业分工模式的演变

第一章 国际分工格局的历史演变

国际分工并不是一个静态的状态，而是一个不断发展变化的动态过程。它所反映的除了生产力的发展水平之外，还会将国与国之间的关系表现出来。国际分工格局就是这样一种格局，它除了是一种静态的分工体系之外，还能够决定国家与国家之间在分工中的关系以及不同国家在国际分工中获得的利益大小。随着时间的推移，国际分工格局的嬗变和更迭将呈现更为繁复的变化。

产生国际分工格局的前提在于国际贸易的大发展，大规模的国际性贸易开始于 15 世纪的新航路开辟之后。最初的国际性贸易是殖民者们在欧洲、南美洲和非洲之间进行的贸易。而在 18 世纪随着工业革命的开始，国际分工格局也发生了相应的变化。工业革命的发祥地——英国成为了最主要的受益国。在这个生产力急速发展的时期，英国的经济学家们提出了与重商主义截然不同的理论——以亚当·斯密和李嘉图为代表的自由主义经济学。19 世纪是自由主义经济学在国际分工理论当中取得垄断性地位的一个世纪。根据比较优势理论，先发的工业化国家有充分的理由发展工业，向其他国家输出工业制成品，而后发国家则必须生产农产品和工业原料。在 19 世纪的国际分工格局中，以英国为代表的先发资本主义国家成为了国际分工的主导者。

之后，主要发生在德国和美国的第二次科技革命推动国际分工格局发生深刻变化。在第二次科技革命中，电力、化学、内燃机等新技术的发展改变了生产力的格局，进而逐渐改变了当时的国际分工格局。原有国际分工格局中居统治地位的英国在新的国际分工格局中的垄断地位逐渐被美国、德国等新兴国家所取代。

在新技术革命条件下形成的国际分工格局有着其自身的特征。国际分工格局几乎涵盖了所有的国家，在"二战"结束之后，尤其是"冷战"结束之后，世界上几乎所有的国家都参与到了国际分工格局当中，这是之前的国际分工格局从来没有出现过的现象。随着参与国家的增多，国际分工格局发生了新的变化。以东亚国家为主的新工业化国家兴起成为国际分工格局的显著变化之一。这一变化也推动着传统的垂直型产业间国际分工体系逐渐瓦解，产业内和产品内国际分工占主导地位的格局逐步确立起来。

2008 年以来，金融危机的深化已经成为了全球经济运行最主要的背景。在这一背景下，国家之间的贸易摩擦和产业政策正在深刻地改变已有的国际分工格局。各国为了摆脱危机而确立的刺激经济以及扶植新兴产业的政策将使得国际经济形势发生新的变化。这一方兴未艾的变化值得进一步关注。

第一节　国际分工的内涵与类型

对国际分工格局历史和现实进行研究的基础在于如何认识国际分工格局的形成原因。生产力作为国际分工格局变化的最主要推动力已经为多数学者所认同，经济全球化的深化也在国际分工格局的变化当中扮演了一个重要的角色（詹丽靖，2006）。张二震（2003）认为，李嘉图的比较成本理论是国际贸易学说总体系建立的标志，这一理论也被称为"国际贸易不可动摇的基础"。但是随着国际分工的深化，这些理论在深化的同时也被质疑。如三边信夫（1989）曾指出，若从规模经济效益上考虑，建立在赫克歇尔—俄林定理上的国际分工不一定能保证资源的最佳分配，而协议型国际分工才能决定资源的最佳分配。

由于生产力的相对发展水平不同，国际分工有着不同的表现形式。垂直分工一直是国际分工格局中非常重要的一种分工方式。垂直分工是发达国家主导，发展中国家处于从属地位的一种分工方式（顾书桂，2002）。尽管垂直分工对于发展中国家而言可以带来一定的收益，以中国为例，郭炳南等（2011）的实证研究认为，垂直专业化分工比一般贸易模式对促进经济增长有更大的作用，而且垂直专业化分工更能促进经济的长期增长。同时，垂直型经济分工还将提高工资的平均水平，即制造业部门的垂直专业化程度与全员劳动生产率对行业的工资收入提升具有促进作用，而且前者在资本密集型行业中对制造业部门工资收入增长的正向作用比在劳动密集型行业中更大（殷宝庆，2012）。但是这种分工形式对于发展中国家而言也有可能带来危机。发展中国家将在参与垂直型经济分工中处于低层次地位，在要素收益中也处于不利地位（冯艳丽，2004）。胡春力（1999）在分析垂直分工与东南亚经济危机之时指出，垂直分工有可能给东南亚国家带来了对外资过度的依赖。在这样的情形下，发展中国家的民族资本就无法良性地发展。

另外一种重要的分工方式就是水平型国际分工。杨曦宇（2001）对水平型分工的具体实现形式进行了阐述。他认为，一般而言，水平型经济分工出现在经济发展水平比较类似的国家之间，而跨国企业则是实现水平分工的主要力量，股权并购是实现水平分工的主要手段。水平分工是一种相对平等的国际分工形式，它将有助于各个参与国的经济发展。

而从另外一个方向进行分类，国际分工又可以分为产业间分工、产品间分工和产品内分工。在生产力高速发展的当代，产品内分工已经成为了最主要的分工形式之一。产品内国际分工现象可以被描述为"分割价值链"，即不同国家在同一价值链上进行分工的形态。对于产品内国际分工的产生原因，张纪（2007）认为，决定工序和流程分工的基础仍然是各国在特定工序和流程生产上的比较优势，同时交易成本的降低也构成了产品内国际分工产生的条件。对于产品内分工的效应，胡昭玲（2007）的实证研究认为，产品内国际分工将提高一国的劳动生产率，而这种积极作用在资本密集型行业和出口密集度高的行业更为明显。至于产品内国际分工对于收入分配的影响，孙文远等（2012）认为，短期内产品内国际分工对于收入分配的影响将趋于扩大；而从长期来看，产品内国际分工对于收入分配的影响将趋于收敛。到了某一临界值之后，产品内国际分工会减缓收入分配恶化。

以垂直专业化的产品内分工为主要分工形式的当今国际分工格局也在面临着变化。随着金融危机的进一步深化，严重依赖外需的东亚模式也面临着一定的危机。对于此，多数研究认为中国应对加工贸易的出口结构进行调整，促进产业升级，积极参与产业链上游的国际竞争（侯增艳，2009）。这种产业升级同时被认为需要国家和市场的双重支持才能完成（袁奇，2006）。

一、国际分工的内涵

追溯国际分工发展的历史，当生产力的发展足够支持人们进行远洋航行时，贸易就会突破大洲和陆地的界限，变为国家与国家之间的国际贸易。然而每个国家并不可能每一种商品都可以生产，必须与其他国家进行贸易才可以实现优势互补。在这样的国际分工格局当中，每个分工的参与者在经济上与其他参与者既有联系也有分工。而在经济全球化发展的今天，几乎没有一个国家可以孤立地进行经济活动，必须进入国际分工格局参与国际贸易。所以国际分工格局扮演了一个越来越重要的角色。

国际分工实际上就是指世界各国之间的劳动分工，它是国际贸易和各国经济联系的基础。这种分工形态不仅仅是国家与国家之间的经济联系，还跟国际格局相关。国际分工格局只可能是国际政治经济格局的一个附属产物，不可能独立于国际政治经济格局而存在。

国际分工是社会分工的深化。而生产力的发展又在历史上扮演了影响分工形态变迁最重要的因素。生产力每一次的跃进带来的都是国际分工格局的变化。而在国际分工格局的变迁史当中，三次科技革命起到了非常重要的作用。科技革命带来的新型生产设备以及新式的生产方法都给国际分工格局带来了重要的变化。而在当代，物联网和3D打印技术又作为技术革新的代表正在改变着人类的生产方式，作为新生产力的代表，这将是新的国际分工格局得以建立的技术基础。

生产力的提高是分工发展的前提条件；反之，分工又有利于提高工作的熟练程度，改进技术及提高劳动效率。生产力和分工水平有着相互促进的关系。这就是为什么社会分工的深入在资本主义社会形态中表现得尤为明显。随着工业革命带来的工业化以及生产力的提高，社会分工才最后发展成为国际分工。

将一个国家作为一个国际贸易和国际分工的参与者整体来看，生产力的进步导致的结果是某些产业的生产能力或生产过程需要跨越一国疆域限制，变为多个国家同时提供原料和市场的生产过程。换言之，即一国内部已有的部分无法完全满足生产的需要，产业的生产过程从一国内部的社会分工向国际范围延伸。同时，技术进步和劳动生产率提高的结果同样包括产品的生产能力不能完全被国内市场所容纳，需要国外的市场需求。这样的廉价产品只有走向世界市场才能完全满足市场的需求。

同时，国际分工也是经济体当中的微观单位——企业要获取更多的利润的结果。作为生产力发展的结果，企业为了追求更多的经济利益而扩大生产，并不一定以国家的边界作为需求和供给的界限。一个企业为了追求成本最低和收益的最大化，往往是以全世界作为其市场和原料来源地，这在一定程度上也推动了国际分工格局的形成。目前在经济全球化当中作为中坚力量的跨国企业，都将全世界作为本企业的原料产地和销售市场。这也是当今的国际分工格局能够形成的重要原因。

二、国际分工的类型

随着生产力的发展和社会分工的进一步推进，国际分工格局发生了变化。在一定的生产力和分工深度条件下，会有相应的国际分工格局出现。国际分工格局变化的动力机制无疑是生产力和社会分工深化的程度。然而，在同一时点，由于不同地区和不同产业内部的生产力和分工深化程度的不同，不同产业会出现不同的国际分工格局类型。即在 A 产业的国际分工格局为垂直型经济分工，在 B 产业的国际分工格局为水平型经济分工。同时，从不同的角度来观察，国际分工格局可以有不同的类型。

1. 垂直型、水平型和混合型分工

（1）垂直型分工。垂直型分工出现的条件是，发展中国家由于隐蔽性失业的存在而拥有的近乎无限供给的劳动力和丰富的自然资源，以及发达国家对工业制成品生产技术的垄断。在垂直型经济分工中，发达国家对发展中国家的投资是通过这样的分工格局实现其生产成本的降低，并不通过垂直分工的格局向发展中国家迁移技术。简单的非熟练劳动也可以参与技术密集产品的生产，但只是限定在低附加值工序。技术转移和扩散存在着人为障碍，技术交易的非市场化体制所造成的技术垄断，是受资国总是处于从事低附加值生产的分工地位的原因之一。

"二战"结束后，垂直型经济分工的形态从产业间逐渐转移到产业内和产品内。这样，发达国家就从从事工业制成品的生产转变为在产业链的顶端进行生产。发展中国家进行农产品、矿产品等初级产品的生产，而发达国家进行工业制成品的生产，这样形成的是不同产业之间的垂直分工，即资源性的初级产品与工业加工性的制成品之间的垂直分工形式。

而随着生产力的进一步发展，产业内垂直分工逐渐变为了产品内的垂直分工，产品内的垂直分工主要表现在，在产品的产业链当中，发达国家主要从事该产品当中技术密集工序的生产，而发展中国家从事该产品当中劳动密集工序的生产。这样，在同一产品的生产工序当中，最终形成了产品内的劳动密集工序与技术密集工序在不同国家之间的分工格局。技术密集的工序留在发达国家内部完成，如新技术的开发和样式的设计，而劳动密集的工序则在发展中国家完成。这就是目前的国际分工格局当中组装工序在发展中国家、研发工序在发达国家的形式，也是新的非熟练劳动换技术的分工格局。刘利民（2011）在对中国各行业垂直专业化指数的具体计算过程中发现，中国的多数工业制成品产业的垂直专业化分工程度已经超过了 20%，尤其是在一些资本密集型的产业当中，垂直专业化指数更高，如图 2-1-1 所示。同时，在全球化推进的过程中，作为垂直型经济分工重要一环的中国各产业的平均垂直专业化水平在 1992~2009 年实现了较大的提高，如图 2-1-2 所示。

垂直型经济分工在一定程度上推进了发展中国家的经济增长。最典型的例子就是人们所熟悉的"东亚模式"。"东亚模式"当中又以新加坡为最成功的例子。新加坡通过垂直分工的机遇，将以劳动密集型产业为主的产业结构发展成了以技术密集型和资本密集型产业为主的产业结构。同时政府长期坚持盈余预算，有着非常充分的外汇储备。在亚洲金融危机爆发的 1997 年底，新加坡外汇储备高达 836 亿美元，相当于新加坡一年的国内生产总值。除此之外，新加坡有完善的金融体系和监管机制，新加坡金融市场对外开放开始于

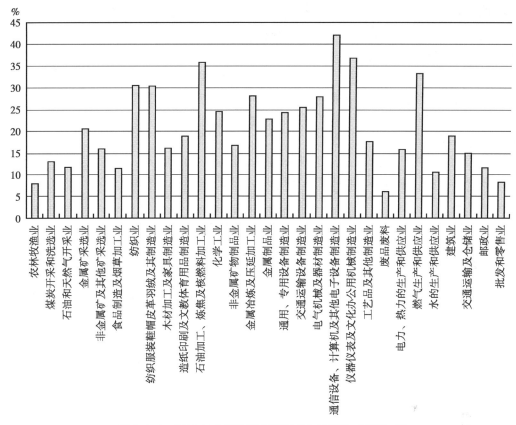

图 2-1-1　2009 年中国分行业垂直专业化指数（VSS）值

资料来源：刘利民，崔日明.我国各行业国际产品内贸易发展水平——基于垂直专业化指数法的测算 [J].国际贸易，2011（4）.

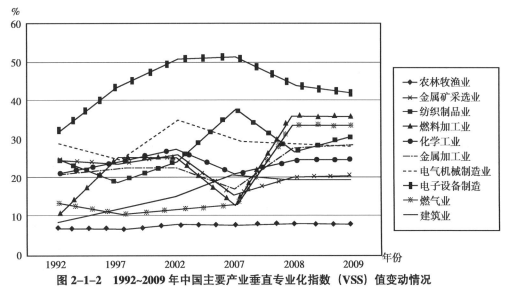

图 2-1-2　1992~2009 年中国主要产业垂直专业化指数（VSS）值变动情况

资料来源：刘利民，崔日明.我国各行业国际产品内贸易发展水平——基于垂直专业化指数法的测算 [J].国际贸易，2011（4）.

20 世纪 70 年代中期以后，它是东南亚金融自由化最早和金融监管最健全的国家。

　　垂直分工对于发展中国家而言最主要的积极影响是三个方面，即技术外溢、规模经济与产业升级。郭炳南（2011）认为国际垂直专业化比率对技术进步的影响系数显著为正，这一比率对技术进步的影响系数达 0.90。同时，进口能促进技术进步，其影响系数为 0.18，即进口存在着非常显著的技术溢出效应。另外，国内的研究与开发提高本国的技术吸收能力，国内产业技术的配套水平能够与垂直专业化分工形成有效的协同力，从而促进本国企业的技术进步。

　　以中国为例，由于生产力与发达国家相比水平较低，中国参与了垂直分工以发展本国的贸易。从图 2-1-3 可以看出，1980~2010 年，中国出口产品中初级产品所占的比例越来越低，由 1980 年的 50.3%降至 2010 年的 5.2%，而工业制成品所占的比例从 49.7%增加到了 94.8%。这说明在参与垂直分工的过程中，中国实现了一定程度的产业升级，初级产品出口占比越来越小，工业制成品出口占比则不断增加。

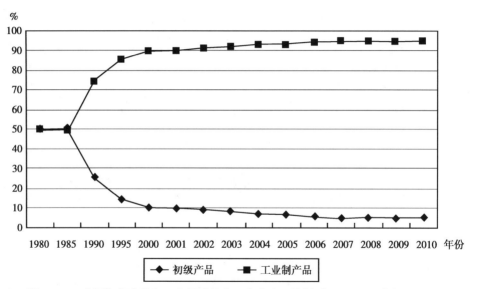

图 2-1-3　中国初级产品和工业制成品出口占总出口比例（1980~2010 年）

资料来源：《中国统计年鉴（2011）》。

　　除此之外，发展中国家可以从垂直分工当中得到直接的贸易利得。根据王中华和梁俊伟（2011）的计算，中国工业行业基于垂直专业化分工的贸易附加值在 1990~2007 年均有不同程度的显著增长。而具体到行业中，资本（技术）密集型行业的贸易利益的绝对值有了较大幅度的提升。而参与国际垂直专业化分工的程度相对较低的产业在国际贸易中的利益绝对值提升则较为缓慢。同时，垂直型经济分工还可以降低单位产出劳动力成本，其中劳动密集型产业单位产出劳动力成本下降的程度较大（王昆，2010）。这是因为参与到垂直分工当中，先进的技术和管理方式的引进可以提高生产效率，因而降低了单位产出的劳动力成本。而技术密集型产业中熟练劳动力人数较多，因而劳动力成本下降较少。

　　而对于发展中国家的经济增长，国际垂直化经济分工也有一定的积极影响。这是因为在垂直专业化分工中，发展中国家将参与到国际贸易当中。这就是 Robertson 等（1937）

提出的对外贸易是"经济增长的发动机"命题，认为对外贸易尤其是出口的增长可以带动本国经济增长。对 1981~2009 年中国的经济数据进行分析的结果是，中国的加工贸易出口与一般贸易出口均能促进经济增长，加工贸易每增长 1% 时，经济增长就可以增长 3.89%；一般贸易出口增长 1% 时，经济增长 1.87%，两者对经济增长的促进作用相差近 2 个百分点（郭炳南等，2011）。这是因为国际垂直专业化分工会通过技术外溢、产业升级及规模经济效应对经济增长产生更强烈的长期影响。

　　然而，垂直型的经济分工对于发展中国家而言也蕴含着一定的风险。在垂直型经济分工中，产品生产过程被分割开，发达国家在发展中国家进行垂直投资的目的是利用发展中国家的廉价劳动力来降低其技术密集型产品的成本，因而在发展中国家，主要的产业仍然局限在组装加工方面。发展中国家很难学习发达国家的先进技术，主要的核心技术仍然被发达国家所控制。

　　王中华和梁俊伟（2011）的计算还发现，在国际分工格局的垂直型经济分工中，中国的工业出口产品价值中至少有近 2/3 的价值被其他国家获得，这使得中国并没有从巨额的顺差中获得相应的实际利益，中国贸易附加值比重的增长率远远低于贸易量和贸易顺差的增长率。而中国的状况并不是发展中国家当中的特例。大多数发展中国家与中国一样，一般只在劳动力成本方面具有明显的比较优势，因而采取加工贸易的方法来参与国际垂直分工。虽然在长期的发展中，发展中国家的出口结构得到了一定程度的优化，但发展中国家的加工贸易中相当大的部分仍是低技术的劳动密集型产品，高技术产品出口额占比仍然偏低。

　　垂直型经济分工对于发展中国家而言往往还会成为企业向社会进行成本转嫁的分工方式。参与到这一分工当中的发展中国家都面对成本的转嫁，在垂直分工体系下初级要素密集型产品的国际价格竞争中，成本转嫁是发展中国家企业的最优选择，这种企业向社会的成本转嫁行为还可以增加出口创汇和贸易盈余，并增加就业水平（韩忠亮，2011）。因而发展中国家企业大多选择向社会转嫁成本，这就导致了发展中国家内部的诸多问题，使得发展中国家的经济增长趋于贫困化，工人工资长期保持低水平，并限制了生产效率的提高。这就是表 2-1-1 当中劳动力成本差距的重要成因。

表 2-1-1　发展中国家与发达国家劳动力成本比较

国家	工资率（A）	劳动生产率（B）	相对劳动力成本（A/B×100）
美国	100	100	100
日本	62.6	67.8	92.3
韩国	27	43.9	61.5
菲律宾	8.6	15.9	53.8
印度尼西亚	4.6	6.6	69.2
印度	3.1	2.9	107.7
中国	2.1	2.7	76.9

资料来源：李淑梅. 垂直专业化分工下的制造业产业升级 [J]. 社会科学家，2009（12）.

　　如果我们考虑在垂直型经济分工中发达国家企业的投资动机，同样可以发现垂直分工当中的一些问题。在发展中国家进行投资的动机往往是占领当地市场。例如，1990年日本贸易振兴会对日本企业在海外投资的动机进行了调查，动机为"在当地出售产品、占领当地市场"的企业数占全部384家企业的35.7%，动机为"占领海外市场提供生产基地"的企业数占21.4%，动机为"把当地作为成品的组装基地"的企业数占21.6%。[①] 可见，发达国家通过垂直分工占领发展中国家的市场是最主要的动机，在这种市场中，发展中国家的企业并不能得到良好的成长空间。

　　在这种市场空间狭小又没有自有核心技术的情况下，发展中国家的企业除了发展劳动密集型产业之外，只剩下进入资本市场和房地产市场等虚拟产业，通过资金的运作来保证资本的收益这一种途径来发展经济了。虚拟经济在垂直分工下的出现和发展，是在垂直型经济分工中需要特别注意的问题。

　　一般而言，发展中国家工业化的起步阶段都只有发展劳动密集型产业的能力，因而劳动密集型产品的供给弹性很大，因为供应劳动密集型产品的国家很多。但是这些产品的需求弹性相对来说很小，所以在劳动密集型产业中容易形成供过于求和恶性竞争的局面。在这些产品的主要市场上，发展中国家的各种产品并没有足够强的竞争力，因而其利润率也被无限压低了。在这样的情况下，发展中国家的资本就只好进入虚拟产业当中，最终导致的是泡沫经济。

　　这样的例子在发展中国家中并不少见，1997~1998年亚洲金融危机的重要原因之一就是包括房地产市场和证券市场在内的虚拟经济投资过于膨胀。作为具有逐利性的资本，当其在实体经济内部可以得到足够多的利润的时候，一般并不会选择进入虚拟产业中谋求利润。这就是为什么即使是发达国家，当其制造业产品有竞争力，实体经济也拥有较高的收益率之时，虚拟经济的资金运作相对而言并不十分活跃；只有当产能过剩，利润率下跌至无法忍受的程度，而且投资可以进入的实体经济领域非常少的时候，资本才开始进入仅靠资金运作就可以完成且风险相对而言比较大的虚拟经济领域，以致形成一定程度的经济泡沫。虽然一定程度的经济泡沫并不一定有害，然而当虚拟经济发展到过度的程度，和实体经济的发展程度脱节时，经济泡沫就会成为威胁一国经济安全的重要不稳定因素。一个非常明显的例子是日本的泡沫经济。日本在20世纪80年代之前一直是世界上最重要的加工业工厂，实体经济非常发达。在这段时期内，日本制造的各种商品的销路非常好，日本的国内资本通过实体经济获得了足够的利润率，因而并没有多少资本选择进入证券市场和房地产市场。然而在80年代之后，日本制造业出现了资本过剩的情形，无力再去开发新产品，同时，美日广场协议的签订导致日元汇率的升高也使得日本产品失去了在国际市场上的竞争力，此时美国又频繁向日本发难，制造贸易摩擦争端。在这些因素的共同作用下，已经无法在实体经济上获得以往的利润的日本资本，开始进入虚拟经济当中，推高了日本虚拟资产的价格，最后形成了巨大的经济泡沫以及日本经济在90年代所遭遇的"失去的十年"。

　　在90年代亚洲金融危机时，导致经济运行出现严重问题的虚拟经济泡沫，正是由于

①　胡春力. 垂直分工与东南亚金融危机 [J]. 宏观经济研究，1999（1）.

发达国家主导的垂直型经济分工中处于从属地位的东南亚各国的实体经济发展动力不足。东南亚各国所处的地位，导致其主要产业以及经济增长过分依赖发达国家的投资和垂直的技术转移，限制了经济的发展空间和实体经济利润率的稳定和进一步的提高，这导致东南亚国家的国内资本不得不最后进入虚拟资本市场以谋求更高的利润率。

垂直型经济分工可能带来的另外的负面影响是收入差距的增加。这是因为在垂直型经济分工当中，不论发达国家还是发展中国家都减少了非技术劳动力密集型的生产活动，技术型劳动力相对于非技术劳动力的收益率都会提高，致使收入差距扩大。从郭炳南（2011）对中国工业行业层面的计量分析结果来看，国际垂直专业化程度的提高确实加大了中国工业行业熟练与非熟练劳动力工资收入差距，其影响系数达 1.412，且非常显著。这样，中国工业行业以劳动力比较优势参与到国际垂直型经济分工当中时，中国工业行业的收入差距可能会越来越大。

（2）水平型经济分工。水平型经济分工是相对于垂直型经济分工而言的另外一种经济分工类型，与主要是经济发展水平相差较大的国家组成的垂直型经济分工不同，水平型经济分工主要是指经济发展水平相同或接近的国家（如发达国家以及一部分新兴工业化国家）之间在工业制成品生产上的分工。当代发达国家的相互贸易主要是建立在水平型分工的基础上的。水平分工可分为产业内水平分工与产业间水平分工。前者又称为"差异产品分工"，是指同一产业内不同厂商生产的产品虽有相同或相近的技术程度，但其外观设计、内在质量、规格、品种、商标、牌号或价格有所差异，从而产生了分工和相互交换，它反映了寡头企业的竞争和消费者偏好的多样化、细分化需求。随着科学技术和经济的发展，工业部门内部专业化生产程度越来越高。

规模经济被认为是形成水平型经济分工，引起产业内贸易的主要原因。所谓内部规模经济，是指个别厂商单位产出量与单位成本之间具有的反向关系。厂商的平均成本曲线是一条先下降后上升的 U 形平均成本线，当成本随着产量下降时，厂商实现的是内部规模经济；当成本随着产量上升时，表示厂商的内部规模不经济；平均成本曲线最低点对应的产量水平称之为有效规模。在不完全竞争市场下，同一类产品之间存在着差异性，如果将这种具有差异性的产品放到不同的国家生产，使得不同国家的不同企业生产各自擅长的产品，这样便可以更好地实现规模收益。即使产品之间不存在这种差异性，将不同的国家以分工和贸易的方式联结在一起，也可以有效提高厂商的生产规模，以降低产品的平均成本。以电子产品生产业为例，在没有产业内水平分工下，美国和欧洲都生产笔记本电脑和平板电脑，以满足国内消费者的不同需求，由于受本国市场需求数量的限制，两国厂商生产的笔记本电脑和平板电脑的数量可能都处于内部规模经济中，但是没有达到有效规模。假如美欧两方进行产业内水平分工，欧洲生产平板电脑并出口到美国，美国专门生产笔记本电脑并出口到日本。那么，两国厂商所面临的需求数量上升了，平均成本曲线将位于最低点的有效规模处。

与垂直型经济分工不同，在水平型经济分工中，参加分工的各个国家都有类似的产业结构和技术水平。这些国家进行水平分工的原因在于，它们可以根据各自较为擅长的各个工序或产品实现生产的专业化，以节约费用提高利润。比较典型的水平型经济分工是发达国家之间在某些产业的生产专业化协作。尤其在高科技产业中，如在飞机制造业当中，不论该飞机是哪个发达国家的品牌，其零部件都可能由全世界几十个国家生产出来。而发展中国家之间也可以实现水平型分工，这将有利于发展中国家相互利用彼此的优势产业和资源，同时可以帮助它们摆脱发达国家主导的垂直型经济分工。

垂直型经济分工追求的是比较成本和比较利益，所引起的商品、生产要素和劳务的国际贸易是国家之间经济联系的最初阶段，不涉及所有权变更的国际资本流动也只是实现了浅表层次的国际分工，而跨国公司主导的、以控制所有权为特征的国际直接投资才使得国际分工进一步深化。水平型经济分工主要是通过股权式并购和非股权联系的跨国战略联盟这两种形式来实现的。通过这种手段，发达国家及其跨国企业可以提高国际竞争力，在国际竞争中处于更加有利的地位，实现股权式并购和非股权联系的企业战略联盟。[①] 这也意味着水平型经济分工在国际分工格局当中进一步发展。

一般而言，水平型经济分工是在竞争和摩擦下形成的，其出现的原因并不在于经济要素的丰裕与否或者生产力水平的高低，而是表现了具有一定市场力量的企业在国际分工中的竞争结果。由于在垄断竞争市场上，每个企业都有一定的差别性的产品，因而每个企业都有可以决定市场需求的力量。

跨国公司是实现水平经济分工的重要力量，它们在企业内部实现了水平分工，而这恰恰是在国际范围内实现的。这样，本来是国际贸易和国际分工变成了一个跨国公司自身内部的分工，交易内部化降低了企业的成本，同时使得水平分工在企业内部实现了。

尽管大多数垂直型的经济分工是由直接投资形成的，但是直接投资同样也可以形成水平型的经济分工。发达国家不仅向发展中国家进行投资，同时也向发达国家进行投资，实现优势互补的水平分工。这样的水平分工将以专业化生产和协作作为核心，并不以一国支配另一国作为分工的前提。在水平型经济分工中各国在生产方面是依赖关系而不是支配与被支配的关系，在合作当中完成着经济合作和分工协作，因而它们之间的地位是平等的。

（3）混合型国际分工。混合型国际分工即垂直型和水平型混合起来的国际分工。从一个国家来看，它在国际分工体系中既参与"垂直型"的分工，也参与"水平型"的分工，例如，德国是混合型国际分工的代表，它对发展中国家是垂直型的，而对其他发达国家是水平型的。

由于生产力发展和分工水平的不均衡，同一国家可能参与的不仅仅是垂直型经济分工，同时还参与了水平型经济分工。例如，发展中国家一般而言会参与同发达国家的垂直型经济分工，处于从属地位，同时还会参与经济发展水平类似的发展中国家的水平型经济分工；而发达国家除了参与同发展中国家的垂直型经济分工之外，还会参与发达国家之间的水平型经济分工。

混合型国际分工往往是由一国的相对经济发展水平不同导致的，当一国与其他国家的相对经济发展水平较低或较高时，该国都有可能选择垂直型经济分工作为其参与国际分工的形式。而当一国与其他国家的经济发展水平类似时，则倾向于参与水平型经济分工。但是一国的相对经济发展水平是不确定的，因而发达国家和发展中国家都有可能既参与垂直

① 杨曦宇. 试论经济全球化进程中的国际垂直分工和水平分工 [J]. 经济师，2001 (2).

型经济分工又参与水平型经济分工，现实中的大多数国家都正在参与混合型经济分工而不是纯粹的水平分工或者垂直分工。

2. 产业间分工、产业内分工和产品内分工

（1）产业间分工。不同产业部门之间生产的分工专业化，也可以更进一步地理解为劳动密集型工业、资本密集型重化工业以及技术密集型工业不同产业之间的分工。一般来说，产业间经济分工是指一个国家或地区在一段时间内，同一产业部门产品只出口或只进口的现象。在这样的分工格局当中，同一产业产品基本上是单向流动的。

产业间经济分工建立在三个重要的基础上：市场上的产品是无差别的，并不存在产品之间规格、型号、质量的差异；消费者在产品同质的条件下不存在偏好差异；产业间经济分工中的各个产业不存在规模经济。这种分工形式适用最传统的国际分工理论进行解释。

产业间经济分工一般而言都是垂直型经济分工，由于生产力发展程度不同，不同国家之间在不同产业上有着比较优势。指导产业间分工的经济学理论从斯密的绝对优势理论发展为李嘉图的比较优势理论后，又在新古典主义经济学者赫克歇尔和俄林的进一步发展下变为了生产要素禀赋理论。赫克歇尔和俄林的理论则研究每个国家拥有的生产要素的丰裕或者贫乏，生产要素禀赋指的是各国生产要素的拥有状况。当一国的某种生产要素比较充足时，这种生产要素的价格就会相对便宜一些；反之，一国的某种生产要素比较贫乏时，其价格就相对昂贵。当存在不同的生产要素禀赋比率时，一国不同产业的比较成本就会出现差异。那么，一国应该出口成本较低的产品，即主要使用较充裕的生产要素的产品，而进口外国生产成本较低的产品，这种产品主要使用这个国家比较稀缺的生产要素生产。

不论是李嘉图的理论还是赫克歇尔—俄林的理论，实质上都支持国际分工中形成产业间经济分工。然而，由于不同国家经济发展水平和劳动生产率存在着"先发"的不同，产业间分工存在着一定的不平等。一般而言，发达国家可以更多地在产业间分工中获利，而发展中国家则陷入了所谓的"比较利益陷阱"当中，尤其是进入国际分工格局较早的拉美国家，则是"比较利益陷阱"的重灾区。

所谓的"比较利益陷阱"，是指在劳动密集型产品和技术密集型产品的贸易中，以劳动密集型和自然资源密集型产品出口为主的国家总是处于不利地位。"比较利益陷阱"主要可以分为两种类型：初级产品比较利益陷阱和制成品比较利益陷阱。初级产品比较利益陷阱，是指发展中国家认为本身的比较优势在于丰富的劳动力和自然资源，所以，发展中国家只使用本国较为丰富的劳动力资源和自然资源优势参与国际分工。但是，仅利用这样的资源参与国际分工，一般而言发展中国家处于被支配地位，在国际贸易中获利并不丰富。这是因为劳动密集型产品和自然资源密集型产品的附加值相对较低，而发达国家生产的工业制成品则有相对较高的附加值。工农产品之间附加值的"剪刀差"使得发展中国家处于不利的地位。同时，由于发展中国家主要出口的初级产品的需求弹性小，容易受到国际市场上各种变化的影响，从而导致国民收入减少。如图 2-1-4 所示，在 2000~2006 年，拉美国家主要初级产品的出口额都实现了一定程度的增加，而原油、金属矿和铜的增加速度更快。在参与国际分工格局 200 年后，拉美国家的产业结构和商品出口结构不仅没有得到改变，反而更加强化。

"比较利益陷阱"中所说的制成品比较利益陷阱则是指发展中国家使用进口替代战略，

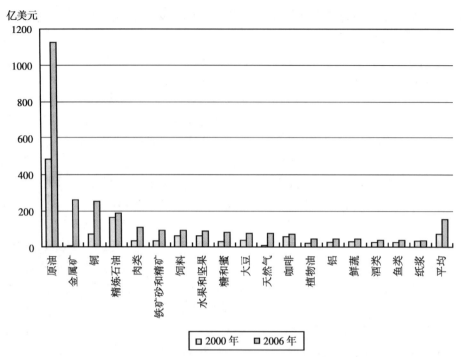

图 2-1-4　拉美国家主要出口商品的出口额

资料来源：赵丽红. 比较利益原则与拉美国家的发展悖论 [J]. 拉丁美洲研究，2011 (1).

通过建立和发展本国的制造业和其他工业，替代过去的工业制成品的进口，以带动经济增长和国民收入的增加，实现本国的工业化和产业结构的升级，以期平衡本国的国际账户。但由于核心技术被发达国家掌握，发展中国家只能依靠模仿技术来改善其在国际分工中的地位。一般而言，这种进口替代型战略也无法改变发展中国家的从属地位，只会让发展中国家过度依赖技术引进，而自身的自主创新能力却仍然保持原状，无法发挥后发优势，这就是所谓的制成品比较利益陷阱。

产业间经济分工尽管有着充分的理论基础，但一般而言，产业间经济分工对于发达国家是有利的，却不利于发展中国家，这是任何一个发展中国家在参与产业间经济分工之前必须考虑的一点。

（2）产业内经济分工。在产业间分工中，一国同一产业产品基本上是单向流动，一国进口或出口一种产业的产品；而产业内分工中同一产业的产品是双向流动的，即一国既进口又出口同一产业的产品。产业内分工主要是工业产品中同属于某一产业的不同产品间的分工。

传统的产业间经济分工一般是通过分别处于不同国家的企业的分工来完成，而产业内经济分工需要的交换则通过内部和外部两个市场来实现。内部市场是指企业内部的市场，而外部市场则是指企业外的市场。由于跨国公司扮演的角色越来越重要，因而内部市场的主要表现形式就是跨国企业的内部化交易机制。与此相对应的买卖双方独立进行交易所形成的市场称为外部市场。

具体来看，以产业内的垂直分工为例，如果垂直分工发生的话，参与分工的每个厂商将选择对应的平均成本曲线的有效规模，即平均成本曲线最低点的位置来进行生产，整个产品的生产成本将达到最低，产品各个工序的规模经济效益完全体现出来。如果某个国家的某个厂商完成全部的生产工序，那么该厂商只能选择一个生产工序有效规模来组织生产，这样，其他所有的生产工序都会偏离有效规模，继而增加企业的生产成本。如果能够进行产业内垂直分工，那么企业将获得潜在利益。

产业内分工生产的产品具有多样化的特点。在这些产品中，既有劳动密集型产品，也有资本密集型产品；既有标准技术产品，也有高技术产品。可以实现产业内分工的产品必须满足两个条件：一是在效用上有一定的替代性，二是这些产品在生产的时候需要比较类似的生产要素的投入。这样的产品可以通过产业内分工的形式实现国际分工。

（3）产品内分工。产品内分工是垂直专业化分工的结果。垂直专业化分工的出现是科技进步的结果，科技进步为垂直专业化分工提供了可能并降低了垂直专业化分工的成本。某一特定产品的技术和工艺本身就具有一定的可分性，技术进步使得产品的生产环节更加细化。产品的某一零件或某一工序已经可以不分生产地点同时实现标准化的生产。那么，为了实现生产成本的降低，产品的工序就根据不同国家生产要素禀赋的不同而分配在不同的国家。这种垂直专业化分工的主要特点是一国向他国进口中间品作为本国产品的投入品，并利用进口的中间品生产加工后出口至第三国，第三国再将进口品当作中间品投入，这样的过程一直持续到最终产品出口至最终目的地为止。

产品内分工使"特定产品生产过程的不同工序通过空间分散化展开为跨区域或跨国性生产链条或体系"，从而使更多国家和地区的企业得以融入国际分工体系，更进一步地深入到经济全球化过程中（田文，2005）。产品内经济分工比产业间经济分工和产业内经济分工深入，它将更有利于不同国家利用比较优势。产品内经济分工是一种特殊的经济国际化过程或分工结构，其核心内涵是特定产品生产过程中不同工序、不同区段在空间上分散化展开，分布到不同区域，每个国家专业化于产品生产价值链的特定环节，最终形成跨区域或跨国家的生产链节体系。产品内分工的复杂程度还和产品的技术相关，一种产品的生产工序越复杂，产品内分工就越有可能出现。

产品内分工本身也是比较优势原理和规模经济的一种产物。发达国家和发展中国家在国际分工的价值链中的角色并不相同。发达国家拥有的资本和技术比较优势使得它们能够在全球资源整合中占据有利的优势，同时将主要生产制造环节转移到发展中国家。这也就解释了为什么在产品内分工中，发展中国家以加工贸易作为主要形式。生产工序在地理上的集中帮助处于价值链不同位置的企业产生大规模生产的经济效益。这是经济规律对产品内分工的推动力。产品内分工在亚洲最为发达，以 1992 年为基期，2006 年区域内零部件出口总额增加了 6.91 倍。[①] 亚洲地区内部贸易的增加主要得益于发达国家与发展中国家之间的零部件贸易。

产品内分工已经成为了发展中国家参与国际分工的一种重要形式。在全球产业链迁移的过程中，中国大陆已经承接了劳动密集型工序的转移。为了实现成本最小化，外商直接投资也越来越多地集中在了中国。这使得中国实现了长期的贸易顺差。实证分析结果也证

---

① 刘重力，陈静，Somnath Sen，白雪飞.东亚垂直分工网络与技术梯度研究 [J]. 世界经济研究，2009 (6).

　　明了产品内分工对中国的贸易顺差的积极影响。中国参与产品内分工的程度提高 1%，则外贸顺差增加 1.478%（宋红军，2011）。

　　产品内分工对中国工业整体的生产率水平也有积极影响。这种积极影响在不同的行业中是不同的。以中国的产业为例，产品内分工对资本密集型行业生产率水平的影响系数为4.94，对劳动密集型行业生产率水平的影响系数为 3.48。[①] 这说明在国际分工条件下，发展中国家可以通过产品内经济分工提高资本密集型行业的生产率。这样，发展中国家就有机会通过参与产品内分工的价值链实现生产率的提高，继而实现产业升级。

　　但是在产品内分工中，不同国家之间所处的地位亦不相同。尽管参与国家同时处于一个产业链当中，但是所处的工序不同，能够在这一分工中获得的附加价值也不同。微笑曲线试图说明的是，在产品内分工当中，不同工序面对的产品附加值和利润空间是不同的。处于产业链上游的企业能够获得更高的附加值，因而技术发达、创新能力强且规模较大的经济体，其垂直专业化水平相对更低（文东伟，2011）。

　　国家参与产品内分工在另外一方面也会增加该经济体对国际原材料和零部件市场的依赖程度和国际竞争力水平。参与产品内分工水平较高的国家（地区）和行业，其出口规模虽然可能比较庞大，但这并不一定意味着该国能够在国际分工中获得相应的利益。发展中国家高技术制造业的出口规模虽然在迅速扩大，但主要是高科技产品的零部件的出口和加工产品的出口。发展中国家技术和资本的缺失，使得发展中国家对于国外需求和技术非常依赖。这也造成了发展中国家出口中的一些问题。

　　以中日电气及电子类产品内贸易为例，可以观察产品内经济分工的一些特征。表 2-1-2的数据表明，作为发展中国家的中国对日本的零部件竞争力水平较低，这是中国在中日贸易中所具有的组装优势的结果。因而在这个具体的产品内贸易结构当中，中国只具有分工链的下游组装优势。在产业价值链当中，日本的公司占据了上游研发、核心零部件的生产环节，它们可以利用自身的地位和比较优势来提高自身生产的产品的价格。在产业链下游的中国企业只能接受这种不平等的交易，因为中国企业在这个产品内分工的体系当中只具有组装的比较优势。在产品内经济分工的利益分配体系中，一般而言，一国产品的附加值与其拥有的高质量、高层次要素的数量正相关，拥有高质量要素的国家能够在这个体系当中获得更多的利益。而中国等发展中国家则主要以劳动力的组装优势参与分工处于低附加值产品的提供商的地位，因而能够获取的利益极为有限。

表 2-1-2　中国电气及电子类产品零部件在日本市场的生产和组装优势

分类号	优势类别	1997 年	1998 年	1999 年	2000 年	2001 年	2002 年	2003 年	2004 年	2005 年	2006 年	2007 年	2008 年
762.11	生产优势	0.163	0.248	0.126	0.436	0.696	0.857	1.464	2.197	2.128	5.674	19.77	35.19
	组装优势	0.082	0.02	0.077	0.005	0.024	0.079	0.223	0.203	0.106	0.055	0.016	0.035
762.22	生产优势	19.552	32.235	11.064	14.232	11.137	5.083	7.987	7.042	27.268	12.819	8.436	12.12
	组装优势	0.015	0.013	0.065	0.002	0.003	0.004	0.049	0.007	0	0.001	0.004	0.007
764.91	生产优势	0.243	0.346	0.273	0.241	0.341	1.277	0.969	1.432	0.952	0.583	—	—
	组装优势	2.916	1.672	1.842	1.472	1.83	1.068	1.184	1.072	1.04	1.001	—	—

[①] 胡昭玲. 产品内国际分工对中国工业生产率的影响分析 [J]. 中国工业经济，2007 (6).

续表

分类号	优势类别	1997年	1998年	1999年	2000年	2001年	2002年	2003年	2004年	2005年	2006年	2007年	2008年
764.92	生产优势	1.035	2.581	1.633	0.696	0.798	1.123	1.009	0.56	1.122	0.828	1.838	2.371
	组装优势	17.873	10.548	13.385	12.955	15.04	8.544	7.163	6.053	6.987	6.946	5.503	6.348
764.93	生产优势	1.261	1.168	0.854	0.872	2.086	1.541	0.985	0.878	0.807	0.906	1.082	1.295
	组装优势	5.318	6.768	6.913	6.045	3.763	3.294	4.106	4.218	3.244	3.055	2.613	2.9
764.99	生产优势	3.125	3.938	4.007	3.586	3.719	6.126	6.312	4.559	2.75	1.877	2.99	3.274
	组装优势	13.632	9.302	8.619	7.81	7.868	6.398	4.574	3.783	3.856	4.614	1.873	1.565
771.29	生产优势	1.236	2.263	2.134	1.459	1.448	1.549	1.522	1.264	1.341	1.405	1.646	1.241
	组装优势	16.136	14.849	9.778	8.361	8.609	6.47	5.343	5.482	4.278	4.673	3.182	2.809
772	生产优势	0.301	0.347	0.359	0.294	0.348	0.362	0.376	0.408	0.454	0.537	0.78	0.822
	组装优势	6.223	6.316	6.379	6.501	7.034	5.909	4.775	4.68	5.622	5.856	4.924	5.171
773	生产优势	1.01	1.337	1.315	1.23	1.247	2.075	2.217	2.21	2.137	3.083	4.382	4.106
	组装优势	2.441	1.932	2.092	2.104	1.76	1.45	1.111	1.022	1.114	1.083	0.84	0.93
775.49	生产优势	0.213	0.277	0.449	0.283	0.312	0.871	0.425	0.266	0.521	0.632	0.98	0.732
	组装优势	1.35	0.505	1.26	3.743	3.026	3.495	3.693	3.211	4.226	4.083	3.959	5.084
775.79	生产优势	20.61	22.559	8.163	2.79	3.707	4.751	4.107	7.647	10.44	14.019	21.71	24.98
	组装优势	1.597	2.036	1.744	3.215	1.661	1.075	1.042	0.543	0.49	0.382	0.263	0.579
775.81	生产优势	17.912	15.743	15.857	20.158	12.717	17.513	26.182	18.363	24.74	21.561	25.77	27.34
	组装优势	1.785	1.285	0.616	0.138	0.17	0.155	0.051	0.104	0.077	0.093	0.079	0.067
775.88	生产优势	0.435	0.45	0.216	0.248	0.384	0.638	0.625	0.714	0.794	0.779	1.956	2.677
	组装优势	0.56	0.397	0.831	1.14	1.029	0.779	0.715	0.972	2	2.552	2.028	1.909
775.89	生产优势	2.052	2.668	2.22	2.556	3	4.085	4.865	6.103	8.211	10.121	16.12	16.18
	组装优势	5.096	5.126	4.007	3.526	2.46	1.722	1.271	1.344	1.985	1.292	0.805	0.716
776	生产优势	0.109	0.118	0.119	0.163	0.154	0.153	0.162	0.211	0.243	0.286	0.364	0.354
	组装优势	2.785	3.327	3.822	3.365	4.102	4.487	4.271	3.723	3.906	3.898	3.565	3.84
778	生产优势	0.246	0.253	0.241	0.2	0.219	0.277	0.28	0.302	0.338	0.349	0.482	0.552
	组装优势	4.52	4.713	5.337	4.622	4.863	4.914	4.803	5.213	5.741	5.906	5.349	5.89
813	生产优势	3.591	3.392	3.488	5.693	7.04	8.584	8.317	8.484	10.945	10.435	12.88	13.13
	组装优势	0.332	0.486	0.273	0.152	0.089	0.099	0.092	0.246	0.235	0.181	0.145	0.208
中间品	生产优势	0.35	0.414	0.381	0.348	0.447	0.523	0.494	0.486	0.493	0.558	0.736	0.787
	组装优势	3.846	3.999	4.305	3.82	4.187	4.151	3.949	3.71	3.836	3.861	3.433	3.672

资料来源：张乃丽，刘兴坤，李红燕. 中日电气及电子类产品内贸易指数分析 [J]. 现代日本经济，2010 (3).

那么，产品内分工对于中国而言同样是一把"双刃剑"。中国的高技术制造业参与国际产品内经济分工，尽管一方面增加了中国同世界的经济联系，但是这种处于产业链附加值最少一个环节的参与方式产生的原因也是中国当前科技研发投入不足、自主创新能力不强、科学技术落后以及人力资本缺乏的结果。因而，中国这种参与产品内分工的方式导致的结果是中国粗放型的经济增长方式，由于核心技术的缺失，中国的生产和组装工序必须依靠国际市场上的技术。从这个角度来理解，中国大量消耗人力和物质资源的增长方式也和产品内分工的体系有一定的关系。

第二节　国际分工发展的历史回顾

国际分工格局是指国与国之间生产专业化协作过程中所形成的分工结构和形式。自产业革命和机器大生产建立至今历经 200 多年的演进，国际分工先后经历了三种主要的分工形态，即由传统工业制成品与农矿业（初级产品）之间的产业间分工和工业内部各产品部门之间的产业内分工，深入到同一产品不同价值链增值环节上的产品内分工不断深化和螺旋上升的过程。

一、传统垂直型国际分工时期（1760~1945 年）

最初的国际贸易是西欧国家与其殖民地国家进行的贸易，这种贸易是垂直型经济分工，由西欧国家主导，而其殖民地国家属于从属地位。直到"二战"之前，这种垂直型的国际分工体系虽然受到美国、德国和日本等后发国家一定程度的挑战，但是并没有瓦解，成为统治国际贸易长达数百年的分工方式。直到"二战"之后，殖民体系瓦解，传统垂直型的国际分工才宣告结束。这种分工形式的主要内容和特点有：

（1）国际分工在不同产业间进行，发展中国家从事资源类初级产品的生产，发达国家从事制成品的生产。在比较优势的理论中，发展中国家的比较优势被认为是劳动力资源和自然资源，因而发展中国家从事劳动密集型和资源密集型产业，而发达国家则从事资本密集型和技术密集型的产业。

（2）产业边界是清晰的。这种分工一般而言是产业间的分工，因而这种分工拥有相当清晰的产业边界。在这种分工格局中，不同产业是分工的界线。

（3）国际分工以垂直分工为主。由于这种国际分工格局从一开始就是由发达国家主导，殖民地国家参与的，因而这种分工格局出现了垂直型经济分工的各种特征。

（4）这种国际分工是一种不平等、不公平的国际分工，导致发展中国家贸易条件的恶化和产业结构的僵化。由于这种国际分工格局由发达国家主导，发展中国家在这一格局中能够获得的利益相对来说是非常小的，甚至有可能陷入一定的陷阱当中，无法实现本国的良性发展。在这样的分工体系中，发达国家可以凭借其定价权、垄断地位和制定规则的优势进行不平等的贸易，通过垄断价格在不等价交换中获取超额利润。尽管发展中国家可以利用初级产品的自然优势同发达国家进行贸易，获得一定的收入，并以发达国家工业制成品的市场为身份，通过进口得到本国所需的先进技术设备，从而促进本国经济的发展。因此，一些发展中国家选择了进口替代型的发展战略，通过对于一些产品的替代进口，发展本国的民族工业。采用这样的方式，发展中国家将试图摆脱单一的经济状态，减少对发达国家的依赖程度。但是，总的来说，这一时期的主导力量仍然是发达国家。

二、产业内（产品间）分工时期（"二战"结束至 20 世纪 80 年代末）

生产力的发展使得产业间经济分工发展为产业内经济分工。产业内经济分工不同于产业间经济分工之处在于，产业内经济分工是国际分工格局在分工程度进一步深化下的结果。

（1）国际分工过渡到产业内分工或产品间分工，即在同一产业内部由于产品差异产生了分工和贸易往来，由此形成了产品专业化。产业内分工主要可分为同质产品的产业内分工、不同质产品的产业内分工。其中，同质产品产业内分工是指两国之间发生具有完全替代性的同质产品的分工，主要发生在发达国家之间；不同质产品的产业内分工是一种产业内垂直分工，主要发生在发达国家与发展中国家之间（发达国家从事资本、技术密集型产品的生产，发展中国家主要从事劳动密集型产品）。

（2）产业边界仍然比较清晰。尽管产业内分工相较产业间分工的产业边界而言已经比较模糊，但是产业内分工仍然有一定的产业边界的痕迹。产业内分工无法消解所有的产业边界。

（3）国际分工以水平分工为主，但垂直分工仍占重要地位。随着生产力的发展，经济发展水平相近的国家之间的水平分工在国际分工格局当中越来越重要。因为产业内分工意味着分工的参与者必须有类似的生产能力，它们的产品才可以在国际市场上有相似的竞争力。但是垂直分工仍然有自身的地位，并没有完全消失。

三、以产业链分工和模块化分工为主的新国际分工时期（20 世纪 90 年代以来）

随着生产力的进一步发展和社会分工水平的提高，产业链分工和模块化分工已经成为当今国际分工格局的主流。产品内分工已经代替了产业内分工成为最主要的分工形式。

（1）国际分工呈现出产业间分工、产业内分工、产品内分工与产业链分工并存的多层次、多样化的形态，产业链分工和模块化分工成为国际分工的重要方式。

（2）垂直分工与水平分工并存。产品内经济分工更要求水平型经济分工的出现，在同一产业链当中，水平分工可以比垂直分工使得产品更加完善，因而水平分工和垂直分工共存。

（3）国际分工的深度和广度大大拓展，分包活动的普遍性使得越来越多的独立厂商被卷入跨国公司主导的国际分工网络体系中。跨国公司作为国际直接生产性投资的主要力量，已经在国际范围内逐步建立了其公司内部的国际分工体系，形成了公司内市场。同时，作为经济全球化的主导力量，跨国公司在本公司之外还建立了由它们主导的分工体系，利用这种体系，跨国公司将可以更好地实现产品内分工的格局。

（4）在这种分工格局下，具有知识密集的产品设计、研究开发、管理服务、营销和品牌管理等优势的国家，依靠控制专利、标准和品牌，通过价值链布局，在生产过程而不是流通过程中就已实现垄断性收益分配，超国界配置全球要素的能力成为确保国际分工收益的重要依托。发达国家在这个阶段仍然主导了国际分工格局，并从这种格局当中获利。发展中国家尽管也可以在这种格局中得到一定的发展，但主导权仍然在发达国家当中。

四、评价

随着国际分工的进一步发展，自由主义经济学在国际分工领域也不断推进着新理论的出现。古典学派的李嘉图认为国际贸易是比较成本的差异导致的结果，新古典学派的赫克歇尔和俄林认为是生产要素的资源禀赋的差异导致的。比较成本理论认为，由于不同国家生产不同的产品存在着劳动生产率的差异（或成本的差异），因此，各国应分工生产各自具有相对优势（即劳动生产率较高或成本较低）的产品。生产要素的资源禀赋论认为，由于各个国家的资源禀赋存在着差异，有的国家劳动力资源丰裕，有的国家自然资源丰裕，有的国家则资本资源丰裕，各个国家分工生产使用本国最丰裕生产要素的产品，则每个国家都可以在国际分工格局当中获得应有的利益。

　　显然，国际贸易是每个国家都必须参加的一种经济活动，也就是说，每个国家都需要加入国际分工格局当中，而参与国际分工的好处是什么？发展中国家能否在国际分工格局当中取得符合本身的利益？这些问题得到了自由主义经济学理论的支持，它们认为由于比较优势的存在，不论是发达国家还是发展中国家都可以在国际分工格局当中获得一定的利益。同时，还有人认为发展中国家可以通过参与国际分工实现本国跨越式发展的"雁行战略"。这些理论认为，发展中国家可以通过"出口导向型"的发展模式参与国际分工，继而通过本国的资源优势得利，最终实现经济发展水平的提高。具体说来，有这样一些原因：

　　通过参与国际贸易，发展中国家可以更好地接触到以空前的速度和规模流动的各种生产要素。例如，在当今的国际分工格局当中，发展中国家可以获得足够的资本，这就是为什么大多数发展中国家选择加入国家分工格局的原因。发达国家对发展中国家的投资规模不断扩大，达到了相当高的水平，这成为了生产要素在不同国家之间流动的主要形式。这种方式将加速生产要素向收益率最高的国家流动，实现经济效益的最大化。

　　国际分工格局推动了国际产业结构的升级调整。每个国际分工格局当中的参与者都必须调整和升级本国的产业结构，而资本的逐利性也决定了每个国家都会选择最适合本国的产业，继而实现每个国家最合理的产业结构。

　　最为重要的是，科学技术将会通过国际分工格局快速地传播，这同时也将推动发展中国家生产力的发展。作为第一生产力的科学技术会跟随跨国公司传播到其母国之外的发展中国家。发展中国家可以根据自身的需要，学习发达国家和跨国企业当中的先进科学技术。

　　尽管古典主义和新古典主义经济学家提出了各种各样的方式对已有的国际分工体系进行合法性的阐述，然而在这样的理论框架下本应该没有任何缺陷的国际分工格局仍然存在着一定的问题：首先在于先发国家和后发国家之间的关系。尽管古典主义经济学家们声称按照他们的理论所进行的国际分工和贸易将会使每个参与者都获益，然而事实却是只有西方先发国家——尤其是古典主义的发源地英国在国际分工中获益了。完成了国内市场统一的后发国家在进入这个体系时，对这一体系的观察角度全然不同。参与国际分工，在国际分工格局中能够获得一定的利益。但是对于发展中国家而言，参与全球化仍然是一把"双刃剑"。正如上文提到的依附理论和世界体系理论对国际分工体系的批判，发展中国家参与全球化有可能陷入"比较利益陷阱"和始终处于不发达国家状态的困境。这也是全球化带来的负面影响。

　　市场经济的缺陷在全球化日益扩展的今天显得更加明显，随着市场经济制度在世界范围内的确立，市场经济固有的缺陷如滞后性、盲目性和自发性更为明显。一国市场的不稳定将会引起全球范围内的市场波动，尤其是像美国这样的发达资本主义国家。这样，发展中国家的经济稳定性就会受到世界其他国家经济的不稳定性的威胁。

在全球化当中起到重要作用的跨国资本和跨国企业，其目的往往只有追求经济方面的利润。这样，在发展中国家实现垂直型经济分工时，这些资本有可能因其逐利性导致社会问题和生态环境问题。

同时，根据世界体系理论和依附理论的观点，国际分工格局中存在着"中心—半外围—外围"的结构。资本主义的国际分工格局存在的不平等交换是它可以继续存在的重要原因之一。这种结构为：最上层是主要生产高利润、高技术、高工资的多样产品的中心国，最下层是主要生产低利润、低技术、低工资且种类不多产品的外围国，介于其间的则是相对于中心处于外围位置、相对于外围则俨然中心、兼具被剥削与剥削者角色的半外围国家。世界体系的这种三级结构避免了两极分化可能造成的尖锐对立。每个国家在世界体系中的位置并不是一成不变的。核心国家可能下降为半外围国家，半外围国家可能下降为外围国家，外围国家可能上升为半外围国家，半外围国家可能上升为核心国家。要维持这一世界体系的成立，核心国家、半外围国家和外围国家的角色都需要有国家扮演，不可能所有国家都同时是富裕的核心国家。世界体系理论并不认为所有的国家都可以在国际贸易中获利，这种世界体系发展下去的动力在于核心国家和外围国家之间的不等价交换和剥削。主要的发达国家居于体系的"中心"，一些中等发达程度的国家处于体系的"半边缘"，而发展中国家只能处于体系的"边缘"。"中心"拥有生产和交换的双重优势，对"半边缘"和"边缘"进行经济剥削，维持自己的优越地位；"半边缘"既受"中心"的剥削，又反过来剥削更落后的"边缘"，而"边缘"则受到前两者的双重剥削。

在这种结构下，发展中国家并不能够得到长足的发展，反而与发达国家的差距越来越大。在发达国家主导的国际分工格局当中，作为"外围"的发展中国家并没有办法变为发达国家，它们只是为发达国家提供廉价的劳动力、原件和初级产品（主要是农产品、矿产品及劳动密集型产品），受到这种垂直型经济分工中发达国家的剥削。

第三节　国际金融危机前国际分工的特点

20世纪90年代以来，随着跨国公司全球网络的逐步建立，国际分工格局已经出现了迥异于原有分工格局的特点。其中最为明显的是，产品内分工已经成为了最主要的分工形式，而垂直分工和水平分工则同时存在。产品内分工的发展，使得当代的国际分工根据价值链的不同环节、区段或工序，分布于不同国家，形成模块化生产，然后按照产品生产的特定要求对这些标准模块进行组合而完成产品生产。发展中国家主要从事低附加值、低科技含量、劳动密集型的环节、区段或工序，发达国家主要从事高端（高附加值、高科技含量、知识密集型）环节、区段或工序。这样，在产业链和价值链的国际分工体系中，全球生产网络建立了起来。

全球生产网络中的参与主体仍然是民族国家，在这种新的生产网络当中，农业国和工业国的双重国际分工格局已经转变为了发达国家、新兴工业化国家（地区）和其他发展中国家的三重国际分工格局，类似于世界体系理论当中的"中心—半边缘—边缘"的格局。在这个生产网络当中，处于不同地位的国家承担起全然不同的责任，并共同支撑全球生产网络的运行。全球生产网络的建立也是技术、信息、人才和创新机制等知识性要素的作用趋于增强的结果。这些要素在不同的产业当中积聚，最后导致建立了不同的工序。这些工序组成了全球生产价值链，形成了一个遍及全球的生产网络。另外，国际全球生产网络产生的原因还在于，产品内分工的出现和发展，使得传统的单一工厂进行生产的方式已经完全不能适应竞争的需要。市场的巨大压力使得生产和经营不得不逐步演变成在全球范围内的活动，这些活动正在日益建立一个几乎能够渗透到世界每一个角落的生产和销售的巨大网络。

随着国际分工格局的进一步深化，不同国家之间的贸易关系也在发生着一定的变化。如图 2-1-5 所示，1996~2011 年，发达国家的进出口总额占比不断下降，而新兴工业化国家则不断上升，已经成为全球生产网络当中极为重要的一个部分，而其他发展中国家的对外贸易也在不断增长。这是当今国际分工格局不可忽视的一个现状。

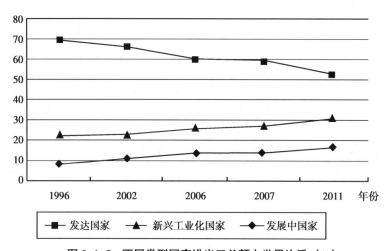

图 2-1-5　不同类型国家进出口总额占世界比重（%）

资料来源：根据 United Nations Commodity Trade Statistics Database 数据整理。

但是，在这种生产网络当中，不同国家出口产品的技术含量是不同的，每个国家在国际分工格局当中的利益也不相同。如图 2-1-6 所示，发达国家的出口产品含有更高的技术含量，而发展中国家出口品的技术含量虽然在 1996~2009 年的时间中得到了一定的提升，但是与发达国家仍然有一定的距离。这也是目前的全球生产网络当中不可忽视的一个问题。

但是，从各国出口产品技术含量的测度情况来看，发展中国家已经在出口产品的技术含量上实现了一定的提高，尽管在总量上还处于劣势。例如，中国出口产品的技术含量增长了 85.7%，印度增长了 106.2%，南非增长了 89%，而美国只增长了 52.7%，日本增长了 45.6%。这说明在国际分工格局这个动态的系统当中，不同国家的地位在不断地变化，而发展中国家通过参与全球生产网络，其出口结构和分工地位也有一定的提高。

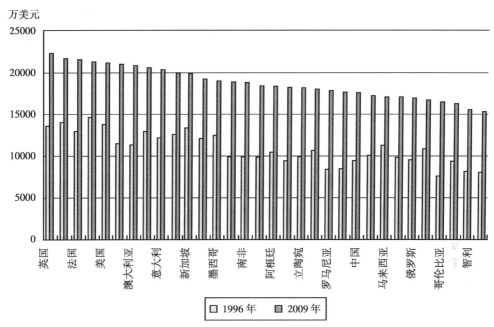

图 2-1-6　各国出口产品技术含量的对比情况

资料来源：马淑琴. 中国出口品技术含量测度及其差异分析 [J]. 国际贸易问题，2012（9）.

表 2-1-3　不同国家类型不同生产阶段产品贸易竞争指数（TC）

产品		2000 年			2010 年		
		发达国家	新兴工业化国家	其他发展中国家	发达国家	新兴工业化国家	其他发展中国家
初级产品		−0.37	−0.18	0.55	−0.3	−0.1	0.62
中间产品	半成品	0	0	−0.1	0.01	0.02	−0.09
	零部件	0.05	−0.05	−0.25	0.06	0	−0.28
最终产品	资本品	0.05	0.12	−0.46	0.09	0.15	−0.53
	消费品	−0.08	0.32	−0.09	−0.09	0.3	−0.04

资料来源：根据 United Nations Commodity Trade Statistics Database 数据整理。

　　表 2-1-3 也反映了这一变化，新兴工业化国家已经在最终产品的出口方面拥有了较高的产品贸易竞争指数，而其他发展中国家的主要竞争力仍然集中在初级产品上。发达国家对发展中国家的贸易优势已经逐步缩小。但是发展中国家的发展也是不平衡的，新兴工业化国家在国际分工格局中的地位已经明显优于其他发展中国家。新兴工业化国家已经摆脱了主要进行初级产品出口的阶段，但是其他的发展中国家仍然需要依靠出口初级产品来参与国际分工。这也是所谓三重国际分工格局的体现。

　　发达国家的优势地位在当今的全球生产网络当中受到了一定的挑战，尤其是来自于新兴工业化国家的挑战。新兴工业化国家依靠垂直专业化分工吸收了发达国家一部分的先进技术，改变了主要依靠初级产品出口的贸易方式，向更有利于本国利益的分工地位进一步转化。

　　但是总的来看，在国际分工格局当中拥有绝对性优势的仍然是发达国家，这种优势地位的产生是发达国家控制和垄断核心技术的结果。新兴工业化国家在国际分工格局中的优势仅仅是在低附加值的劳动密集型最终消费品的组装生产环节上，在高附加值和高技术含量的零部件等生产环节则存在明显的劣势。[①] 在全球生产网络当中，作为发展中国家的新兴工业化国家如果仍然继续依靠加工贸易参与国际分工，虽然能够改善自身的贸易条件，但仍然存在陷入这样的分工地位而无法进一步提高的可能。其他的发展中国家则仍然处在出口初级产品的阶段，在国际分工格局当中的劣势更加明显。

一、价值链国际分工体系的建立和外包的不断强化

在当今的国际分工格局当中，外包的性质已成了离岸外包。发达国家正在不断地将它们的生产工序外包给其他国家：西欧国家将业务向东欧前苏联阵营国家外包，因为这些国家工人素质高且工资相对较低；日本为了应对世界市场的竞争，也开始将业务外包给其他国家。印度作为一个发展中国家已经成为世界上最主要也是最成功的服务外包接包国，其服务外包总额占全球外包市场的 46%。根据 NASSCOM 公布的数据，2008~2009 财政年度，印度 IT-BPO 的销售收入达到了 588 亿美元，出口达到了 463 亿美元，国内 IT-BPO 销售收入为 125 亿美元，其 IT-BPO 接包规模居世界第一位。而中国的服务外包承接开始较晚，目前只占全球市场的 5%。但据毕马威的预计，未来 5 年中国服务外包市场将保持 26% 的年增长率。

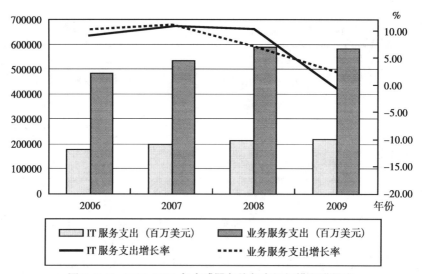

图 2-1-7　2006~2009 年全球服务外包市场规模和增长率

资料来源：王晓红. 全球服务外包发展现状及最新趋势 [J]. 国际贸易，2011 (9).

如图 2-1-7 所示，至 2009 年，全球服务外包总量为 8099.1 亿美元，相当于 2006 年的 1.2 倍。在这个总量当中，IT 服务支出为 5885 亿美元，业务服务支出为 2214.1 亿美元，分别相当于 2006 年的 1.2 倍。[②] 其中，全球离岸 IT 服务外包市场总规模达 603 亿美

① 李生明，王岳平. 新国际分工格局下不同类型国家国际分工地位 [J]. 国际经贸探索，2010 (6).
② 王晓红. 全球服务外包发展现状及最新趋势 [J]. 国际贸易，2011 (9).

元，未来几年将保持 15% 以上的增长速度。据预计，2013 年全球离岸服务外包市场的市场规模将达到 4185.4 亿美元。

发展中国家将越来越多地承接发达国家的服务外包，这是在制造业劳动密集工序向发展中国家转移之后另外的产业转移。2010 年，发达国家中 25% 的传统工作向印度、中国和俄罗斯三个金砖国家转移。而在全球 1000 强企业中，还有 2/3 的企业尚未利用服务外包，这对于发展中国家来说又是一个广阔的市场。

除了服务外包的迅速发展之外，外包发展的另外一个表现是，在最近十多年的时间里零部件贸易得到的发展，其增长速度大大超过世界贸易平均水平，1992~2003 年，零部件出口贸易额由 4100 亿美元增至 10400 亿美元，年均增幅达到 14%，而同期世界出口贸易额的平均增幅仅为 9%。对于此，Yeats（1998）对零部件贸易的统计结果表明，1995 年全球工业制成品外包的规模超过 8000 亿美元，在机械与交通运输类商品中，发展中国家生产并出口的零部件超过 1000 亿美元，约占国际外包业务量的 20%。Molnar 等（2007）基于广义经济分类（Broad Economic Categories，BEC）标准测算了 OECD 国家的国际外包规模，结果显示，1992~2004 年以中间品进口额度量的国际外包规模增长了将近 20%，发展中国家承接的外包业务比重从 15% 上升到 25%，中国、东盟以及中东欧地区是发展中国家最主要的外包承接方。

从这些数据可以看出，以发达国家为基地的跨国公司正在把非核心的生产、营销、物流、研发乃至非主要框架的设计活动，都分包给成本更低的发展中国家的企业或专业化公司去完成。通过这样的外包活动，在国际分工格局当中形成了一个非常明显的产业链结构，这将减少跨国公司的固定投入成本。这种外包活动同时也是充分利用资源的一种体现，发展中国家相对廉价的劳动力资源得到了利用。这种外包过程从产品价值链看，跨国公司所控制的价值增值环节集中于少数具有相对竞争优势的核心业务，而把其他低增值部分的生产加工外包给较不发达国家的供应商。

外包最为明显的例子就是 IT 产业的零件生产，全球 IT 产业的零部件企业绝大部分都集中在亚洲，尤其是东亚和东南亚地区。对于跨国公司而言，芯片在日本设计，芯片的制造放在韩国或中国台湾，普通零部件在泰国或马来西亚生产，然后统统集中到中国内地组装成最终产品，再分销到全球各地的市场，这样的布局是最合理的，不仅生产效率最高，而且总成本（包括运输物流成本）最低。所以，日本、韩国、中国（包括大陆和台湾）加上东盟一些国家，形成了一个内部关系更为紧密的地缘经济体。在这个价值链当中，技术研发由美国和日本等发达国家完成，中国台湾地区、泰国和韩国等地为价值链提供原材料和零部件，而中国和一些东盟国家将零部件进行加工装配后出口到发达国家。这也可以解释为什么中国对发达国家的出口绝大多数属于加工贸易。

外包贸易是产品内国际分工的一种体现，产品内经济分工已经成为了当今世界最主要的分工形式。同一产品内部在产业链当中的分工构成了主要的生产分工关系，并开始影响大多数发展中国家参与国际分工的方式。发展中国家已经不再像之前那样是发达国家的原料产地，而是成为了发达国家产品的组装地。发达国家和发展中国家之间主要分工关系已经转移到了同一产业链上的分工关系，而不是其他所存在过的任何关系。这样的关系应该引起足够的重视，并采用新的角度去观察和研究。

二、跨国公司成为当代国际分工的主体

跨国公司在国际分工和贸易中占主导地位。作为分工的领导者和组织者，跨国公司出于资源优化配置的考虑，根据不同生产环节的要素密集型特点，在全球范围内寻找最优越的区位进行相关的产品价值链环节的生产布点。它们固然不同于国家政府，但能够推动国际分工深入发展，也可以组织协调国际分工，有时甚至能为一个国家所不能为。国际分工由产业间的分工转向产品内分工，跨国公司通过全球生产网络将全球资源整合到国际分工体系中来，形成基于分工网络的共同利益。在从传统的产业间分工、产业内分工向产品内不同工序、区段、环节和流程分工转变的过程中，产品的价值链被分解了，国与国之间的优势更多地体现为价值链上某一特定环节的优势。

跨国企业之所以可以构成国际分工格局当中一种重要力量，在于企业降低了交易成本，减少了这种成本对协调分工的阻力。跨国公司是企业内部化过程跨越国界的产物。跨国公司使得国际间的分工与协作在一定程度上转变为企业内部的分工与协作，这样市场的壁垒和障碍对国际分工的妨碍就被跨国公司克服了。跨国公司让一些不可分割的合成资源在全球范围内实现其价值，从而减少了无形资产等通过市场转移所要蒙受的价值损失。

由于跨国公司在国际分工当中的作用越来越重要，公司国际分工体系的建立和公司内国际贸易的发展已经成为当前国际分工格局当中非常重要的特点。跨国公司为了避免不同国家的子公司之间进行自我竞争，形成一个功能互补的国际企业集团，必然要求分处不同国家的子公司之间在生产销售上进行专业化分工。公司内国际分工体系的建立为公司内国际贸易的发展创造了条件，而公司内国际贸易正是子公司之间功能互补的表现，同时还可以利用转移作价的手段套取不同国家经济政策差别的收益。

当今国际经济活动的核心和国际分工的实际主角已经成为了跨国公司。2011年跨国公司的全球外国直接投资创造了7万亿美元的附加值，约占全球GDP总量69.66万亿美元的1/10，同时，其全球销售额高达28万亿美元，其现金储备估计达到了4万亿~5万亿美元，外国子公司在世界各地雇用的员工总数约为6900万。① 跨国公司在国际分工格局当中对FDI的影响最大，它们之间的巨额并购交易（交易值在30亿美元以上）的数量从2010年的44宗增至2011年的62宗，从而刺激跨国并购价值在2011年增长了53%，达到5260亿美元，这推动了2011年全球FDI流量的增长。

在某些产业当中，全球一体化的生产体系导致核心跨国公司或跨国垄断巨头的控制更为加强，这也使目前的国际分工超越了产业和国家的边界，而转向了企业内部、产品内部。例如，世界汽车工业中，前6家整车企业在全球所占有的市场份额为60%，前16家零部件企业在全球市场所占有的销售额为40%。② 显然，一个全球性的汽车工业大体系正处在这些跨国公司的直接控制之下，并按照它们的意愿向前推进。

对于不同的国家而言，国际分工只是发生在最终产品之间，而国际贸易则成为国际分工实现的唯一途径。在目前的国际分工格局当中，跨国公司的不同之处在于，当跨国公司

①② UNCATD. World Investment Report 2012.

进入区域一体化甚至全球一体化经营阶段时，跨国公司的分公司、子公司将在其内部的体系当中保持高度一体化的联系。跨国公司依据不同区位建立在要素密集度之上的比较优势，将生产活动和其他功能性活动进行更加细密的专业化分工。但是跨国公司体系仍然在全球市场上进行销售。跨国公司的生产和销售体系将在全球范围内形成完整的体系。

由于跨国公司的很多子公司都在发展中国家，因此跨国公司成为发达国家对发展中国家的直接投资执行者，它们的选择将对发展中国家的经济有着重大影响。对中国而言，跨国公司也正在扮演一个越来越重要的角色。自 2006 年以来，中国已经成为第三大 FDI 流入国，位居发展中国家的首位。已有 470 家世界 500 强公司在华投资，这些公司的涉足领域主要集中于金融、电子、通信、计算机、汽车、生活日用品等行业。截止到 2010 年，外商在华投资金额累计已超过 1 万亿美元，全国新批设立外商投资企业 27712 家，当年实际使用外资金额为 1160.11 亿美元，同比增长 9.72%。① 在中国跨国公司的投资已经从 80 年代初期到 90 年代中期的劳动密集型行业，转向大规模资本投资。跨国公司基于其全球化战略考虑，以长期占领国际和中国市场作为目标，主要投向中国较为薄弱的资本和技术密集型行业，并且具有明显的竞争优势。

三、分工机制协议化

所谓分工机制协议化，是指当代国际分工由自发型国际分工向协议型国际分工的转变。国际分工不但需要国际协调，而且需要国际协调发挥经常性和制度性的作用。20 世纪 90 年代以来，随着经济全球化程度的加深，国家之间的经济依赖程度越来越大，国家之间经济政策的协调就成为必然，通过国际协议来安排本国的分工格局和贸易格局及国内市场开放进程的做法越来越普遍，各种各样的国际条约和协定对于国际分工和国际贸易的影响也越来越大。比较重要的国际贸易协议有《清迈协议》、《北美自由贸易区协定》和《马拉喀什建立世界贸易组织协定》。这些协议以法律文件的形式将国际分工格局规定在更为清晰的框架中，促进了国际分工格局的进一步深化。

自发型国际分工是指完全依靠各国企业之间的自由竞争机制和经济活动的内在规律的自发调节而形成的国际分工格局。而协议型国际分工是指国家政府之间通过签订双边条约或多边条约的方式来安排相互之间进出口商品的流量、流向和结构而形成的国际分工格局，协议型国际分工是当代国际市场上非常普遍的现象。② 世界上并不存在完全自由竞争的市场，国家和政府在国际分工格局当中起着非常重要的作用。自发型国际分工是自由市场的结果，而国家参与调整国际分工格局则会出现协议型国际分工。这是国际分工格局进一步深化的必然结果。

协议型分工机制的一个主要表现就是在国际分工和世界经济发展的过程中应需而生的国际经济组织。生产力和分工的发展，需要适应生产力需要的协调机制作为市场有效运转的保证。在古典自由主义的理论当中，市场就已经是协调劳动分工最有效的机制了。但现实当中的市场是不完全的，因而必须通过一定的协议来保证市场运行的效率。

① 魏子力，齐月，冯媛. 跨国公司在我国的发展以及未来发展趋势的预测 [J]. 中国外资，2012（8）.
② 温太璞. 当代国际分工的变化和竞争优势的来源 [J]. 经济师，2001（7）.

在国际分工格局当中，参与者一般以主权和国家边界作为区分彼此的方式。当分工的发展要求经济活动超越狭隘的国内市场的范围时，在国际范围内规范市场参与者的行为同样需要合适的规则。这就是一些国际间双边或多边协议应运而生的最主要原因。这些协议也是全球经济一体化的重要内容。

四、区域性经济集团的出现

生产力的发展和社会分工程度的深化导致的结果是国家经济集团的发展，区域经济集团内部的成员国之间相互开放市场，实行贸易自由化，这样的区域经济集团发展的结果是相对独立的地区性国际市场的出现，以及地区内国际分工体系的确立。区域性国家经济集团的出现使得集团内部的每一个成员国都加入了更加专业化的分工格局。但是，区域性的国家集团能够作为一个整体参与到国际分工格局当中，不仅在国家集团内部，同时在更大的国际市场中实现生产要素的优化配置。

区域性国家经济集团出现的一个重要原因就是在现代国际分工的条件下，为了增进资源配置的效率，需要增强要素在地域上的流动性，使得在一定的区域范围内，一定的生产要素可以自由地流动。尽管在国际范围内，生产要素的流动所受到的限制越来越小，但国际市场因为国界而导致的一定的分割，以及各国之间政策的差异等因素，仍然会限制要素在国际范围内的流动。因而地区一体化的方式可以分步骤地解决市场的统一问题。地区一体化为要素的流动提供了充分的条件，实现了区域内部的规模经济，而且让这些受专用性约束的生产要素拥有了更为广阔和开放的流动空间，从而减少了国际贸易当中的成本。

同时区域性国家经济集团的出现还与贸易壁垒和贸易摩擦有关。为了对抗其他国家的贸易壁垒和贸易摩擦，地理位置相近或产业结构有互补性的国家为了加强自身之间的经济联系并对抗其他国家的贸易政策，会结成一个国际贸易方面的集团。在集团内部，各国之间关税水平较低，可以实现自由的贸易；而在集团外部，国家的力量又可以实现联合，将自身的利益最大化。

欧盟是区域性国家经济集团当中最有代表性的一个，它在国际分工体系中正在扮演一个越来越重要的角色。从外国直接投资流入量来看，欧盟已经成为了第一大经济体。如图2-1-8所示，全球外国直接投资流出量年平均值为 12955 亿美元，欧洲外国直接投资流出量年平均值为 7372 亿美元，欧洲联盟外国直接投资流出量年平均值为 6664 亿美元，占全球流出量的 51.44%，占欧洲流出量的 90.40%。[①] 欧盟已经成为世界经济体系当中非常重要的一极。

产业结构上具有互补性或相似性的国家组成区域性的国家经济集团对于参与者和全球分工而言都是有益的，但是也存在区域性国家经济集团内部利益分配不公的问题。杨勇和张彬（2011）对非洲一些区域性国家经济集团的研究证明，由于南南型区域性国家经济集团成员国之间的贸易、投资等自由化水平很低，所以制度性的经济一体化安排并没有促进成员国的经济增长。这一点是发展中国家在加入区域性国家经济集团时所需要考虑的。

---

① 尧晓. 欧盟国家对外贸易发展状况分析 [J]. 黑龙江对外经贸，2011（11）.

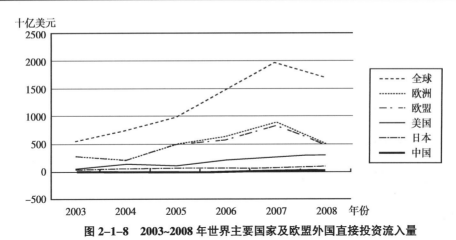

图 2-1-8　2003~2008 年世界主要国家及欧盟外国直接投资流入量

资料来源：尧晓. 欧盟国家对外贸易发展状况分析［J］. 黑龙江对外经贸，2011（11）.

五、有形产品的生产向无形产品的生产深化

随着生产力的不断发展，第三产业在每个国家和经济体中都扮演着越来越重要的角色。之前所有的国际分工中，生产的产品都是有形商品。但是，随着服务贸易和技术贸易的迅速发展，无形商品的国际贸易已经成为了国际分工格局当中非常重要的一环。特别是随着《服务贸易总协定》的签订，世界各国特别是发达国家之间对服务贸易和技术贸易越来越重视。服务业的大发展已经成为了当今国际经济发展的趋势。第三产业将代替第二产业成为最主要的支柱产业，无形商品和服务的国际竞争越来越激烈。在国际分工格局上，无形产品和服务将逐渐成为最主要的流动品。

服务业国际分工的出现和迅速发展是世界产业结构升级的产物。国际贸易促进了服务行业的跨国界提供，也带动了本土相关服务行业的发展，逐步形成了服务业的国际分工。由各国经济能力增长所带动的产业升级使得世界产业结构发生大规模的调整，产生了对服务业更大规模的需求，使全球服务性产业的贸易总额有了高速增长的潜力。服务业可划分为运输业、旅游业、其他贸易三部分。"二战"以前，服务贸易的主要项目是劳工的输出。"二战"以后，随着第三次产业革命的完成，以及电信、金融、运输、旅游和各种信息产业、知识技术等的迅速发展，服务业快速向这些领域扩展。

20 世纪 70 年代以来，服务贸易越来越自由化，服务贸易的范围不断扩大，服务贸易在世界贸易当中所处的地位也越来越高。世界服务贸易总额在 1970 年为 710 亿美元，而到 1980 年则猛增至 3830 亿美元，10 年间增长了 5 倍多。如图 2-1-9 所示，1980 年以后，国际服务贸易一直保持大约 5% 的年平均增长率，是同期货物贸易年平均增长率的 2 倍。1993 年，世界服务贸易额达到 19016 亿美元，在全球贸易总额中的比重超过 1/4。2010 年世界服务贸易总额达到 72037 亿美元。

在无形贸易分工中的无形资本能发挥更大的作用，如品牌、信誉等。服务贸易与货物贸易有本质上的差别。货物贸易主要是所有权的变化，而服务贸易则主要是一种经济契约或社会契约的承诺与实施活动，其竞争力的主要决定因素是顾客满意度。与货物商品一

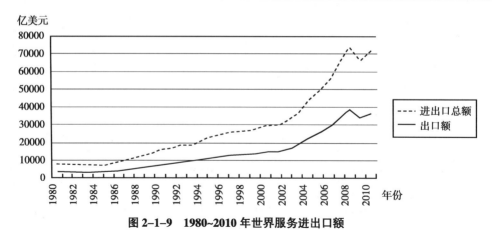

图 2-1-9　1980~2010 年世界服务进出口额

资料来源：中国服务贸易统计（2011），http：//tradeinservices.mofcom.gov.cn/c/2012-06-13/98568.shtml.

样，服务也是在提供商品，不过是无形的，货物商品可首先直接给感官以刺激。经济全球化的时代背景下，发达国家的跨国银行、电信、咨询和运输物流公司的竞争力远高于发展中国家的同类行业，因而在国际服务业分工中也占据主导地位。

　　虽然发展中国家的服务贸易规模与发达国家相比较小，但 90 年代以来，它们的服务贸易已经有了明显上升。亚洲尤其是东亚的服务贸易发展尤为迅速。近年来，发展中国家的出口领域有了新的扩大，如新加坡在医疗保健、数据处理、金融服务等领域竞争力较强，韩国目前已经成为世界建筑工程承包服务的主要出口国之一，印度在这个领域发展也很快。国家工程项目迅速发展和技术革命加速发展的趋势，促使发展中国家尽力发挥较为廉价的熟练劳动力的优势参与竞争。

　　发展中国家也积极参与到服务的进出口当中。如图 2-1-10 所示，以中国为例，2000年以来，中国的服务进出口总额实现了快速的增长，仅在 2008 年因金融危机出现一定的下滑。至 2010 年，进出口总额已经达到了 3624 亿美元的总量。尽管在世界服务贸易中中国占比仍然不大，但是服务贸易，即无形商品的贸易已经成为中国参与国际分工的一种重要形式。

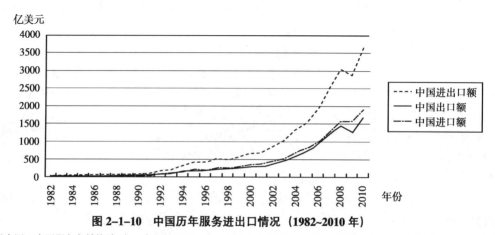

图 2-1-10　中国历年服务进出口情况（1982~2010 年）

资料来源：中国服务贸易统计（2011），http：//tradeinservices.mofcom.gov.cn/c/2012-06-13/98568.shtml.

　　虽然发展中国家在无形产品的国际分工格局当中占据了一席之地，但是发达国家仍然是无形产品的主要贸易国。如图 2-1-11 所示，2010 年的服务贸易总金额统计中，美国以近 9000 亿美元的服务贸易总金额成为了服务贸易的第一大国，而中国位居第四。发达国家仍然是服务贸易的主要进出口国。发展中国家虽然在服务贸易中实现了一定的进步，但是和发达国家相比仍然有不小的差距。

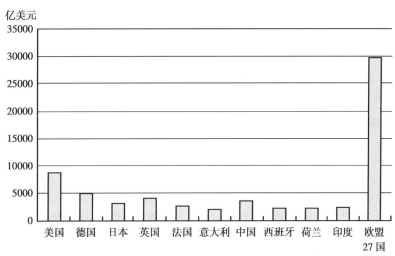

图 2-1-11　2010 年世界主要国家服务贸易总金额

资料来源：中国服务贸易统计（2011），http：//tradeinservices.mofcom.gov.cn/c/2012-06-13/98568.shtml.

【参考文献】

［1］Ohlin B.，Robertson D. H.，Hawtrey R. G. Alternative Theories of the Rate of Interest：Three Rejoinders［J］. The Economic Journal，1937，47（187）.

［2］Yeats A. Just How Big Is Global Production Sharing？［J］. World Bank Policy Research Working Paper，1998（1871）.

［3］Molnar M.，Pain N.，Taglioni D. The Internationalisation of Production，International Outsourcing and Employment in the OECD，2007.

［4］Ando Mitsuyo. Fragmentation and Vertical Intra-Industry Trade in East Asia［J］. The North American Journal of Economics and Finance，2006（3）.

［5］Balassa B. Trade Liberation and Revealed Comparative Advantage［J］. The Manch Ester School of Economic and Social Studies Journal，1965（2）.

［6］Bhagwati Jagdish，Panagariya Arvind，Srinivasan T.N. The Outsourcing［J］. The Journal of Economic Perspectives，2004（4）.

［7］詹丽靖. 国际分工理论述评［J］. 资料通讯，2006（7）.

［8］张二震. 国际贸易分工理论演变与发展述评［J］. 南京大学学报（哲学·人文科学·社会科学版），2003（1）.

［9］顾书桂. 经济全球化与中国的竞争优势［J］. 东南大学学报（哲学社会科学版），2002（6）.

［10］郭炳南. 中国参与国际垂直专业化分工的经济效应研究［D］. 上海：华东师范大学商学院博士学位论文，2011.

［11］殷宝庆. 论国际垂直专业化分工的工资效应——基于浙江制造业数据的实证分析［J］. 企业经济，

2012（4）.

　　［12］冯艳丽. 论发展中国家在当代国际分工格局中的地位［J］. 生产力研究，2004（1）.

　　［13］胡春力. 垂直分工与东南亚金融危机［J］. 宏观经济研究，1999（1）.

　　［14］顾书桂. 垂直分工与发展中国家的经济全球化——兼评东亚模式的局限性［J］. 南京大学学报（哲学·人文科学·社会科学版），2003（2）.

　　［15］杨曦宇. 试论经济全球化进程中的国际垂直分工和水平分工［J］. 经济师，2001（2）.

　　［16］张纪. 产品内国际分工的内在动因——理论模型与基于中国省际面板数据的实证研究［J］. 数量经济技术经济研究，2007（12）.

　　［17］胡昭玲. 产品内国际分工对中国工业生产率的影响分析［J］. 中国工业经济，2007（6）.

　　［18］孙文远，裴育. 产品内国际分工对收入分配的影响研究［J］. 华东经济管理，2012（1）.

　　［19］侯增艳. 产品内分工与贸易的决定因素——基于贸易理论和不完全契约理论相结合的分析［D］. 天津：南开大学经济学院博士学位论文，2009.

　　［20］袁奇. 当代国际分工格局下中国产业发展战略研究［M］. 成都：西南财经大学出版社，2006.

　　［21］刘利民，崔日明. 我国各行业国际产品内贸易发展水平——基于垂直专业化指数法的测算［J］. 国际贸易，2011（4）.

　　［22］王中华，梁俊伟. 垂直专业化、贸易增长与福利——基于中国工业行业数据的分析［J］. 首都经济贸易大学学报，2011（4）.

　　［23］王昆. 垂直专业化、成本优势与产业竞争力［J］. 兰州商学院学报，2010（5）.

　　［24］郭炳南，刘霁雯，陈春林. 垂直专业化分工与中国经济增长——基于一般贸易模式的比较［J］. 云南财经大学学报，2011（2）.

　　［25］韩忠亮. 成本转嫁与"国际贸易悲剧"［J］. 经济科学，2011（4）.

　　［26］田文. 产品内贸易模式的决定与利益分配研究［J］. 对外经济贸易大学学报，2005（5）.

　　［27］宋红军. 产品内分工对中国外贸顺差的影响分析［J］. 首都经济贸易大学学报，2011（2）.

　　［28］文东伟. 经济规模、技术创新与垂直专业化分工［J］. 数量经济技术经济研究，2011（8）.

　　［29］杨勇，张彬. 南南型区域经济一体化的增长效应——来自非洲的证据及对中国的启示［J］. 国际贸易问题，2011（11）.

　　［30］刘甜甜. 产品内国际分工的运行机制研究［D］. 长春：吉林大学经济学院博士学位论文，2009.

　　［31］宋玉华. 当前中国面临的国际经济环境［J］. 国际问题研究，2002（3）.

　　［32］张苏. 国际分工理论流派及其综合［J］. 中央财经大学学报，2008（8）.

　　［33］金泓汛. 日本国际分工理论的发展［J］. 日本问题，1990（5）.

　　［34］高越，高峰. 垂直专业化分工及我国的分工地位［J］. 国际贸易问题，2005（3）.

　　［35］高谦，何蓉. 跳出比较利益的"理论陷阱"［J］. 甘肃社会科学，1998（1）.

　　［36］李淑梅. 垂直专业化分工下的制造业产业升级［J］. 社会科学家，2009（12）.

　　［37］何河，周长富，王月. 要素分工、贸易顺差及贸易收益分析［J］. 首都经济贸易大学学报，2011（3）.

第二章　国际分工格局演进的动力机制

第一节　国际分工研究的视角

自产业革命和机器大生产至今历经 200 多年的演进，国际分工先后经历了四种主要的分工形态，即由传统工业制成品与农矿业（初级产品）之间的产业间分工，工业内部各产品部门之间的产业内分工，进而深入到同一产品不同价值链增值环节上的产品内分工，再转向服务业与制造业之间的现代产业间分工不断深化和螺旋上升的过程（见图 2-2-1），即传统产业间分工、产业内分工、价值链分工、现代产业间分工。针对不同类型国际分工形成的动因（基础），国际分工理论按照不同的研究视角形成了不同的分工理论。

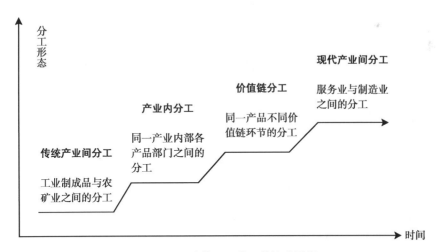

图 2-2-1　当代国际分工的演进历程

资料来源：胡超. 新形态国际分工与国际经济失衡研究 [D]. 暨南大学博士论文，2011.

一、世界体系视角的国际分工理论

"世界体系视角"是指在分析国际分工格局时，把世界生产体系作为一个整体考察，旨在发现这一体系结构的变化规律。世界体系理论是对依附理论的一个发展。20 世纪 70 年代，伊曼纽尔提出了一个以世界体系为分析单位、以"核心—半外围—外围"为基本结构的"世界体系"理论,对依附理论进行了发展(伊曼纽尔,1990、1999)。在世界体系论学者看来,16世纪开始形成的资本主义世界体系是第一个市场贸易充分发展且经济势力支配一切的世界经济,在这个体系中不同的地区执行不同的经济职能,这样就构成了世界体系的三级结构:最上层是主要生产高利润、高技术、高工资的多样产品的中心国,最下层是主要生产低利润、低技术、低工资且种类不多产品的外围国,介于其间的则是相对于中心处于外围位置,相对于外围则俨然中心、兼具被剥削与剥削者角色的半外围国家。这种三级结构避免了两极分化可能造成的尖锐对立,从而巩固了世界体系。各国在世界体系内的位置会有所变动,即核心可能下降为半外围,外围可能上升为半外围,半外围可能上升为核心。资本主义体系本身的结构始终是有升有落,但不可能所有的国家都同时"发展"为国强民富的中心国。与自由贸易理论所主张的贸易对交换双方均有利的观点不同,世界体系理论认为,资本主义世界体系之所以能够发展,其根本动力在于存在着不等价交换和剥削(张宇,2004)。

二、市场视角的国际分工理论

"市场视角"是指分析国际分工的逻辑起点是存在跨越国界的"自由市场",国家与国家之间的绝对成本差异、比较成本差异、资源禀赋差异、要素禀赋差异带来的分工好处,可以通过"市场机制"得以实现。魁奈、萨伊、斯密、李嘉图、赫克歇尔、俄林、底西特等人是这一流派国际分工理论的重要代表人物。魁奈第一个提出了"普通自由贸易"的概念(李斯特,1841)。他提出,所有国家的商人是处于一个商业联邦之下的,这是国际分工具有必要性的重要基础。萨伊在《实用政治经济学》中进一步阐述了这个概念。斯密、李嘉图进一步分析了不同国家分工贸易得以展开的理论基础。斯密的贡献一是绝对优势说,二是论证了"分工受到市场范围的限制"(斯密,1776)。李嘉图(1817)针对斯密的绝对优势理论指出,国际分工与国际贸易不仅仅取决于各国生产成本的绝对差异,而且取决于生产成本的相对差异。赫克歇尔、俄林等人对李嘉图理论进行了很大的深化和扩展,提出了H-O理论/HOS理论,其重要结论是,随着国际贸易的进行,各国的要素相对价格将一致,即要素价格均等化理论。不过新李嘉图主义者(Ian Steedman,1979; Dixit,1981; Js Metcalfe & IanSteedman,1981)主张重新回归到李嘉图传统,即主张用李嘉图的比较优势理论来解释国际贸易和国际分工。可以归于这一流派的国际分工理论还有Dixit-Stiglitz新贸易理论(Dixit,Stiglitz,1977),该理论重点探讨了规模经济和多样化消费之间两难冲突过程中形成的对国际分工和贸易的影响。

三、国家视角的国际分工理论

"国家视角"是指分析国际分工时,核心概念是"国家利益",基本内容是如何利用国家主权影响国家参与国际分工的方式、程度以及策略。李斯特(1789~1846)是这一流派的重要代表。李斯特认为,"在斯密理论中,有个人利益,有世界利益,就是不提民族国家。实际是利用个人,摧毁国家,让英国控制世界"。他认为斯密主义抹煞了国家和国家利益的原则,甚至完全否定了国家和国家利益的存在。"然而在个人利益与世界利益之间有一个中介者、调解者,这就是民族国家"。"个人主要依靠国家并在国家范围内获得文化、生产力、安全和繁荣，同样地，人类的文明只有依靠各个国家的文明和发展才能设想，才有可能"（李斯特，1841）。李斯特认为，即使是参与国际分工，也必须是由国家引导的。李斯特把国家发展分为原始未开化时期、畜牧时期、农业时期、农工业时期、农工商业时期，而参与国际分工的次序分为三个阶段：第一阶段：以农业参与国际工业—农业贸易。"国家由未开化阶段转入畜牧、转入农业，进而转入工业与海运事业的初期发展阶段时"，"实现这种转变的最迅速有利的方法是对先进的城市和国家进行自由贸易"，"输出农产品、输入工业品"，使本国脱离未开化状态，并求得农业的发展。第二阶段：保护国内贸易。李斯特认为，一个国家在农业、工业、社会、政治上已经有了充分的发展，而仍然以农产品和原料与国外交换工业品，那么它在这些方面的发展程度越高，通过国外贸易在改进国内社会状况方面所得的利益将越少，在比它先进的工业国家与它的优势竞争中所受到的损害也越大。这就要用国际贸易限制政策，促进本国工业发展。第三阶段：回到国际贸易。也就是国家的精神与物质资本以及技术能力与进取精神不断提高，工业有了相当力量，已经没有任何理由害怕国外竞争时，重新回到国际分工格局中来（李斯特，1841）。

四、企业视角的国际分工理论

"企业视角"是指重点考察"企业内分工"、"企业机制"对国际分工的影响。海默是这一理论流派的重要开拓者。在一篇开创性的论文中，海默探讨了跨国企业如何进行国内、国外投资风险权衡，从参与国内分工走向国际分工，实现"企业特定优势"的条件（Hymer，1960）。海默的论证方法被称为"市场不完全分析法"。弗农提出的产品生命周期模型利用市场不完全分析法论述了跨国公司如何根据产品的市场性质调整国际分工战略（Vernon，1966）。海默、弗农的观点受到小岛清的批评（小岛清，1987）。小岛清认为，海默的垄断优势论和弗农的产品生命周期理论都是建立在垄断优势基础之上的，只能解释美国跨国公司的对外投资行为，并不具备普遍意义。他指出，现有的跨国公司理论忽略了对宏观经济因素的分析，尤其忽略了国际分工原则的作用。他运用赫克歇尔—俄林的资源禀赋原理分析日本的对外直接投资，提出了边际产业扩张理论。这一理论认为，对外直接投资应从对投资国家来说已经成为或即将成为比较劣势的产业，即边际产业依次进行，资本密集型产业和技术密集型产业由于技术含量高，应该在国内组织生产，这样的直接投资可以扩大投资国与被投资国的比较成本差距，为投资国创造出新的比较成本优势，从而可以扩大对有比较优势的中间产品的出口，扩大投资国的对外贸易。投资国与东道国的技术差距越小，国际直接投资所导致的技术转移就越容易移植、普及和固定下来，从而可以把东道国没有发挥的潜在优势挖掘出来，扩大两国间的比较成本差距，从而创造更多的国际贸易机会。邓宁是这一理论流派的重要思想家。他提出的折衷范式是对当前企业视角的国际分工理论的综合，涵盖了垄断优势理论（Hymer，1960）、内部化理论（Buckly 和 Casson，1976、1988；Rugman，1980）、区位理论（Dunning，1958）、投资发展路径理论（Dunning，1981、1988、1993、2001；Narula，1996）等主要分支理论。邓宁重点分析了跨国企业的三种优势对参与国际分工的影响。这三种优势分别是：所有权特定优势、企业内部化激励优势、区位特定优势。

五、个人分工视角的国际分工理论

杨小凯、黄有光等人创立的新兴古典微观经济学对马歇尔（1920）形式化的古典经济学进行了创新：用"既是消费者又是生产者的个人"替代"纯消费者和纯生产者"。这种替代在他们的分工理论中贯彻始终，我们可以在这个意义上说新兴古典分工理论是个人视角的分工理论。关于这一论断还可以从其分工理论框架中得出来：第一层次：个人技术、偏好、禀赋初始分布、游戏规则的分析；第二层次：个人分工决策（条件是第一层次）；第三层次：个人分工决策相互作用形成的均衡结果；第四层次：这种均衡的福利意义（杨小凯、黄有光，1999）。这四个层次都是基于个人视角的。该理论试图从交易效率视角为国内分工和国际分工（与贸易）提供一个统一的解释，并论证了分工水平提高如何产生内生比较利益，从而导致收入的差别；这一过程中，欠发达国家的国际贸易条件有可能恶化，但其从分工中得到的好处及人均真实收入却会上升（Cheng，Sachs 和 Yang，2000；张定胜，2000）。

通过对国际分工理论的梳理，推进分工格局演进的力量主要体现在产品本身的可分解性，不同环节投入要素密集度的差异，通信、交通运输技术和贸易自由化带来的交易效率的提高和交易成本的下降，规模经济效应的发挥，以及跨国公司在全球范围内的有效组织和实施五个方面。

第二节　影响分工格局演进的力量

一、推进分工格局演进的力量

1. 产品本身的可分解性

从产品的构造角度看，产品大致可分为模块型构造和集成型构造（Integral Architecture）两大类。不同的产品构造意味着不同的可分解性，其进行跨国生产的可能性就存在较大的差别。在这两大类产品构造中，模块型构造的产品在产品内国际分工中运用得最为普遍，典型的如电脑及零配件以及各种电子产品。一个非常重要的原因就是电脑及零配件以及各种电子产品本身的自然属性使得其可以被分解成一个个标准的模块化部件，进而将不同的部件分散到全球不同国家和地区进行生产，最后再组装。如苹果第五代的整个生产过程就分别被分解到美国、日本、韩国、中国台湾、中国大陆等国家和地区。由于集成型构造的产品不像模块化构造产品一样可以分解为一个个标准化的界面，其跨国界和地区生产可能会受到一定的限制，但在某些集成型构造产品的生产上也并不是完全不可以采用产品内分工的形式，如各种机械机床，同样也可以在全球不同国家和地区进行分工生产，只是这两种产品构造所对应的分工模式和分工组织结构存在着较大的差别。因此，产品构造的自然属性决定了其可分解性的差异，其参与国际产品内分工的可能性、强度和深度也就存在显著差异。这种构造上的可分解性正是决定产品内分工能否进行的前提性、根本性因素。

2. 不同生产环节的要素投入密集度的差异

H-O 理论说明，一国在由其丰裕要素禀赋生产的产品上具有比较优势，应当出口由其丰裕要素生产的产品，进口其本国稀缺要素生产的产品。同理，在产品内分工情况下，整件的产品往往根据价值增值的大小被分解为不同的生产环节，而不同的生产环节又具有不同的要素密集型特征。如上下游环节的设计研发、销售、品牌等多属于技术和知识密集型，而中间环节的加工、组装等属于劳动和资本密集型，两者间存在着显著的要素投入差异。产品内国际分工越细、越深，中间产品的专业化生产程度越高，中间产品生产中投入的要素也就越专门化。一方面，来源于要素的异质性优势，某个国家在某个生产工序上具有优势，并将在国际分工中进行这种专门化生产。另一方面，因特定技术属性，生产过程的不同工序可能存在不同的有效规模。不同生产工序有效规模差异越大，越有可能通过国内或产品内国际分工节省成本和提升效率。如果不同生产区段对应的有效规模存在显著差别，那么采用早年福特式空间集中的一体化生产方式，也只能依据个别关键生产环节的有效规模作为整个生产系统的设计规模，其他有效规模较大的生产环节不能充分获取规模经济利益。产品内国际分工提供了摆脱这一约束的途径。通过产品内国际分工，把对应不同有效规模的产出区段分离出来，安排到不同空间场合进行生产，从而达到节省平均成本和提升资源配置效率目标。实际上，不同工序既可能存在规模经济差异，也可能具有要素投入比例差异，通常是特定工序的投入品要素比例决定了产品内国际分工的国别结构，正因如此，由跨国公司所主导的产品内分工就可以将不同的生产环节分布在全球具有不同要素禀赋的国家和地区进行生产，从而达到生产的最优化配置。Grossman 和 Helpman（2002）认为，如果这种国家（地区）之间的要素密集度差异消失了，或者不同国家（地区）之间实现了要素价格均等化，不再存在成本差异，则产品内分工也就没有存在的理由了。经验事实也确实如此，在苹果产品的生产中，具有劳动密集要素的中国承担了产品的加工组装环节的生产，而具有技术和资本密集型的韩国、日本则承担了关键零部件的生产，美国则承担了研发和销售渠道部分的生产环节。

3. 交易效率的提高和交易成本的下降

交易成本可分为内生交易成本和外生交易成本（Williamson，1975；North，1937、1960），但由于内生交易成本不易测度，因此一般主要分析外生交易成本，亦即交易中的运输成本、信息成本以及贸易壁垒等对产品内分工的影响。交通运输工具的发达，尤其是航运技术和国际货运能力的大大提高，使产品内分工的跨国物流成本得到了显著的降低。Lall，Albaladejo 和 Zhang（2004）认为不同生产环节的要素密集度差异是导致不同产业产品内分工的重要因素，只有当低成本要素价格节省的生产成本足以抵消运输费用和协调费用时，产品内国际分工才会有利可图。显然，在要素相对价格不发生改变的情况下，仅仅是运输成本的降低也可能是促进产品内分工的因素。Jones 和 Kierzkowski（2000、2004）认为，科学技术进步以及贸易服务成本的下降（主要包括通信、运输和金融服务）导致了垂直一体化生产过程被分割为相互独立的片断并进入国际市场。国际贸易运输成本下降来自两方面：远洋运输费用的降低和运输质量的提高，特别表现为大宗货物运输费用大幅下降和运输时间的节省；航空运输成本下降，为国际贸易提供了新的运输手段。

（1）从 20 世纪 80 年代初至 90 年代中期，海洋运输单位成本降低了约 70%。当代海洋运输效率的提高不仅表现在运价降低，还表现为运输质量的提高。运输质量的提高指的是运输速度加快、手续的便捷和运输破损率的大幅下降，原因在于最近几十年来以集装箱为载运工具的国际海运货物数量快速增长，集装箱货物运量在整个海运贸易中的比重已经从 60 年代的 12%~14%上升到目前的 23%左右。从 20 世纪 60 年代后期开始的集装箱化运输方法，使远洋运输船队速度平均加快一倍，到 1998 年远洋运输平均每次货物运输时间减少到 20 天左右。

（2）航空运输成本下降。航空运输单位成本降低了约 90%，国际货物运输越来越依赖空运，其中特快专递服务（如隔夜或两日送达）也在迅速增长，航空运输成本的大幅下降促进了国际工序分工。衔接不同工序间国际分工所发生的零部件和中间产品运输，可能由于两种原因而倾向于利用航空运输。首先，厂商为了保证生产运行的稳定性，需要用库存来应对生产过程中可能发生的扰动。扰动发生率具有随机性，但扰动发生平均值与上下游供应商或加工商供货运输时间存在正向关系。垂直专业化需要通过全球供应链衔接不同生产区段，内部运输距离很长，如果扰动发生平均值与供货运输时间存在正向关系，库存成本与扰动发生平均概率也存在正相关。由于较快运输可能较多地节省库存成本，这类零部件和中间产品运输的"时间差"对"价格差"可能有较高替代率，因而给定航空与其他运输手段的运价、运时差异，更有可能采用航空运输。其次，垂直专业化产品大都是制成品，很多制成品因为终端市场需求变动快而折旧率较高，缩短运输时间比较有利于节省折旧成本，因而更有机会采用航空运输手段。

另外，当代信息革命及信息交流成本的大幅度降低，使得跨国公司能够以较低的通信成本与全球各地生产工序厂家联络，增强了不同工厂生产之间的协调，极大地推动了垂直专业化发展。信息技术进步还使得跨国公司能够处理和分析大量的数据，从而加强了全球生产网络的管理。电子数据交换（EDI）系统使得日常交易的处理实现了自动化，因而极大地降低了采购的成本。同时，信息技术还极大地降低了发现和评估潜在供应商的成本。另外，不可忽视的是，经济全球化的深入和贸易自由化谈判所达成的协议极大地推动了全球贸易的自由化程度，货物贸易壁垒的显著下降也是促进产品内分工在全球开展的重要因素。如作为多边贸易组织，GATT/WTO 多边贸易谈判使发达国家的制成品的平均关税水平从 40%左右下降到目前的 3%~4%。随着中国、越南等广大发展中国家相继加入所带来的货物贸易自由化水平的提高，更是明显促进了产品内分工的形成。Hummels 等（1998、1999、2001）认为产品内分工之所以在全球范围内迅速推广开来，主要是因为贸易壁垒（关税和运输成本）的不断下降，贸易壁垒的下降激励了跨国公司将不同要素投入比例的生产阶段配置到不同的国家和地区。

4. 规模经济效应的发挥

因技术特性的差异，不同的生产环节（工序）一般存在不同的有效规模，即最佳生产规模。不同生产环节（工序）的有效规模差异性越大，则越有可能采取产品内分工。因为将所有生产环节（工序）集中在一家企业完成，就只能够按照某一个环节（工序）的最佳规模生产，其代价是牺牲了其他环节（工序）的最佳生产规模，因此也就不可能实现所有环节（工序）的规模生产和发挥规模经济效应。而通过国际分工将具有不同生产规模的环节（工序）分离出来，安排到不同的生产空间进行生产，从而达到所有环节（工序）均为最优规模下生产的可能性。现实应用中，比较典型的如服装、电子及汽车等产业的零部件生产和终端产品生产都存在明显的规模经济现象（Ruane 和 Goerg，1999；Bair 和 Gereffi，2001；Hum Phrey 和 Memedovic，2003）。Krugman（1995）通过研究规模经济的外部经济、产业关联、战略性互补等效应，证明了分工对于扩大产业规模、实现规模报酬递增的重要影响。阿林·杨格（1928）认为，分工可以实现更高程度的管理专业化，促进产业更好地进行地理分布，更充分地实现资本化和迂回生产方式。施蒂格勒（1975）从产业生命周期角度解释了分工产生的规模报酬递增，认为年轻产业对于现存经济系统来说是陌生的，所需要的新材料、专业化设备必须自己设计和制造，当具有一定规模时，再将上述工作移交给专业化厂商去完成，产业规模得以扩大。

5. 技术创新能力提高

各国加速知识积累以及生产设备、交通通信等生产工具的改进和创新将会促进国际分工。Becker 和 Murphy（1992）认为，分工由工人掌握的知识数量所决定。更多的专家带来社会知识增长和国家进步，同时又增加了知识投资的福利，实现了经济的持续发展。盛洪（1994）认为，分工和专业化为大批量生产采用机器提供了前提，迫使人们研制开发新机器和新设备，不仅提高了行业劳动生产率，也使新机器设备的生产形成了独立的分工领域。

6. 国际直接投资的发展

1960 年，Hymer 提出的垄断优势理论体现出发达国家在国际分工中的优势地位。20世纪 70 年代中后期，小岛清的比较优势投资理论解释了发达国家与发展中国家之间以垂直分工为基础的投资。20 世纪 60~70 年代，Vernon 的产品生命周期理论解释了国际分工前提下企业对外直接投资中的梯度转移，认为当产品进入标准化阶段时，发展中国家的低成本优势成为投资的最佳区位。

7. 跨国公司的组织和实施

通过跨国公司的有效组织和实施，有力地推动了国际分工的演进。在国际分工的深化过程中，跨国公司发挥着越来越大的作用，跨国公司的对外投资和贸易加强了国际间的经济联系。跨国公司在世界范围内进行资源的优化配置，逐渐把不同国家企业的生产经营活动纳入其内部管理活动中，使垂直分工、水平分工和混合分工等分工形态并存发展。首先，跨国公司需要去发现和利用各种信息，并对各种信息进行筛选进而在全球范围内选取能实现不同环节（工序）最有效生产的国家和地区，而这与交易成本的下降以及不同国家和地区的要素禀赋有着密切联系。其次，跨国公司需要将不同的生产环节（工序）进行划分，制定统一的技术标准，便于各个环节（工序）的衔接，这又牵涉到产品的分解性。最后，跨国公司还要扮演资源整合和生产网络协调的角色，从而将整个生产网络的各个环节（工序）能够有效地组织起来，这也是通信、运输技术所带来的协调成本降低的结果，这种全球化生产所涉及的管理和协调成本是影响跨国公司组织有效产品内国际分工的关键因素。因此，作为国际分工的组织和实施者，跨国公司在全球范围内配置资源的过程中，企业的传统边界日益模糊，甚至被打破（张为付，2009）。

除上述所归纳的推动力外，其他方面的因素也会对国际分工的形成起到积极的促进作用，如各国的产业政策。Kimura 等（2003）分析了日本企业之所以能够在东亚国际生产

（分销）网络的形成中取得巨大成功，而拉美没有建立重要的产业集群和形成有效的垂直生产链的差异时指出，一个非常重要的原因就是中国和东盟诸国在 20 世纪 90 年代实行了出口导向的发展战略，并制定了一系列有利于投资和产业集聚的产业政策，吸引了国外投资者在其国内建立国际生产（分销）网络。Lall、Albaladejo 和 Zhang（2004）也认为东亚国家在全球生产网络里面超过其他区域国家的重要原因在于东亚国家的产业政策，以及多边贸易协调政策的促进作用等。

二、阻碍全球分工演进的因素

1. 贸易分工格局锁定

Krugman（1987）首次明确提出这一思想，认为发展中国家会在国际贸易分工中被锁定于低技术水平的生产。Lucas（1988）则进一步指出初始要素禀赋会锁定贸易模式，具有较高初始知识存量的发达国家会在动态均衡中比发展中国家取得更快的技术进步和收入增长。Stokey（1991b）认为，由于国际贸易对发展中国家产生低质量产品的锁定效应，从而进口而不是试图生产高质量产品，因此是抑制全球分工演进的因素。Young（1991，1993）则通过引入"产品生命周期"说明，开放经济中的国际产业转移和产品生命周期使干中学效应较强的阶段处于发达国家，而干中学效应较弱的标准化阶段才被转移到发展中国家，造成后者获取的技术进步有限。Grossman 等（1990，1991a），Matsuyama（1992）、Lucas（1993），Mano（2003）等文献也总体认为，虽然贸易会通过模仿、外溢等途径对发展中国家的技术进步起到推动作用（相比较于封闭经济），但是从长期发展过程看，开放经济会强化不发达国家落后的原有比较优势，使之专业化生产技术含量较低、质量较差的产品，从而对其长期技术进步产生抑制，会进一步阻碍全球分工演进的动态演进。

2. 交易成本的约束

约束专业化分工的跨国交易成本中包括各国对国际贸易设置的关税和非关税壁垒。在垂直专业化分工生产中，产品需要若干次地进出海关，所以即便是稍微高一点的关税也可能大大阻碍全球垂直专业化分工生产网络的建立。Hanson，Mataloni 和 Slaughter 发现，对于来自美国母公司的中间产品投入与其在国外的子公司的销售总额之间的比例（这是直接衡量垂直专业化分工的指标之一）而言，关税水平是一个重要的决定因素。高关税往往带来较低程度的垂直专业化分工生产，其弹性系数介于 2 和 4 之间。

3. 地区经济发展战略的双重影响

发达国家与发展中国家在不同时期出台的产业政策及经济政策将对国际分工产生双重影响。特别是投资政策与出口加工政策能够直接影响其在全球工序生产网络中的参与程度。垂直专业化分工是和外国直接投资密不可分的。20 世纪 80 年代以前许多发展中国家有诸多的对外国直接投资的限制，80 年代以后才逐渐减少了对外国直接投资的限制，转而实施禁入目录限制。此外，"二战"结束后，很多发展中国家实行进口替代战略，这类政策虽能一度刺激民族工业增长，但或迟或早都会面临深层困难。在东亚小国和地区，内部市场规模小，进口替代矛盾更为尖锐，大约从 20 世纪 60 年代前中期开始改变战略，朝出口导向方向转变。东盟国家和部分拉美国家采取了不同种类的以鼓励出口加工为目标的经济政策，对垂直专业化的发展发挥了积极促进作用。

第三节 国际分工格局的动态演进机制

纵观历史，每一次重大技术革命都将带来国际分工的重大变化，而每一次国际分工的发展必将带来全球生产力的重大飞跃和新兴产业的大力发展，也由此而产生新的国际分工体系，为后发国家带来新的竞争优势。当前，由信息技术革命所导致的新一轮国际分工从内容到形式都发生了深刻变化。尤其是国际服务外包的迅速发展，使发展中国家能够更高层次、更宽领域地参与国际分工，由此改变发达国家与发展中国家的垂直分工格局。在分工的演进中，很难对某一时期的分工形态作一个具体精准的划分，各种分工形态之间往往是"你中有我，我中有你"，现实世界的国际分工格局已经形成一个复杂的、多层次的、多边交叉叠加的立体结构，呈现出动态演进的状况（汪斌，2006），各种分工形态均可能存在于一国所参与的国际分工之中。总体上，国际分工形态是沿着传统产业间—产业内—产品内（价值链）—现代产业间的路径演进的，是一个连续、不断深化、否定之否定、螺旋式上升的过程。概括而言，国际分工格局的动态演进机制可以用图 2-2-2 示意。

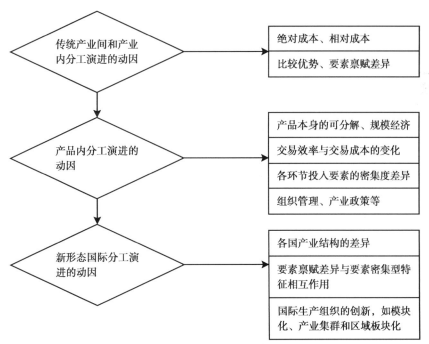

图 2-2-2 国际分工格局的动态演进机制

资料来源：作者根据相关资料整理。

【参考文献】

[1] Buckley P.J., Casson M. The Future of the Multinational Enterprise [M]. London, Macmuan, 1976.

［2］Cheng, W., Sachs, J. and Yang, X. An Inframarginal Analysis of the Ricardian Model ［J］. Review of International Economics, 2000 (8).

［3］Dixit, Avinash K. and Joseph E. Stiglitz. Monopolistic Competition and Optimum Product Diversity ［J］. American Economic Review, 1997 (67).

［4］Dunning, J.H. International Production and the Multinational Enterprise ［D］. London, Alien & Unwin, 1981.

［5］Hymer, S.H. The International Operations of National Firms: A Study of Direct Foreign Investment ［M］. Cambridge, MA: MIT Press, 1960.

［6］Rugman, A.M. Internalization as A General Theory of Foreign Direct Investment: A Reapp raisal of the Literature ［J］. Weltwirtschaftliches Archiv, 1980 (116).

［7］Sachs, Yang and Zhang. Patterns of Trade and Economic Development in the Model of Monopolistic Competition ［J］. Review of Development Economics, 2001 (5).

［8］Vernon, R. International Investment and International Trade in the Product Cycle ［J］. Quarterly Journal of Economics, 1966 (80).

［9］Yang, Xaokai. A New Theory of Demand and the Emergence of International Trade from Domestic Trade ［J］. Pacific Economic Review, 1996 (1).

［10］Yang, Xaokai. Development, Structure Change, and Urbanization ［J］. Journal of Development Economics, 1991 (34).

［11］Grossman, G.M. and E. Helpman. Integration versus Outsourcing in Industry Equilibrium ［J］. the Quarterly Journal of Economics, 2002, 117 (1).

［12］Arndt, S.W. Globalization and the Open Economy ［J］. North American Journal of Economics and Finance, 1997, 8 (1).

［13］Hummels, D., J.Shi and K. M.Yi. The Nature and Growth, of Vertical Specialization in World Trade ［J］. Journal of International Economies, 2001 (54).

［14］Kohler, W. International Outsourcing and Factor Prices With Multistage Production ［J］. The Economic Journal, 2004 (114).

［15］Baldwin, R.E. and R. N.Franeis. Offshoring: General Equilibrium Effects on Wages, Production and Trade ［D］. Centre for Economic Performance (The London School of Economics and Political Science). Discussion Paper, 2007.

［16］Hummels, D., D.Rapo Port and K. M.Yi. Vertical Specialization and the Changing Nature of World Trade ［J］. Federal Reserve Bank of New York Economic Policy Review, 1998 (11).

［17］Kimura, F. and A. Mitsuyo. Fragmentation and Agglomeration Matter: Japanese Multinationals in Latin America and East Asia ［J］. North American Journal of Economics and Finance, 2003 (14).

［18］马克思. 资本论（第 1 卷）［M］. 北京：人民出版社，1975.

［19］胡超. 新形态国际分工与国际经济失衡研究 ［D］. 暨南大学博士论文，2011.

［20］李嘉图. 政治经济学及赋税原理 ［M］. 北京：商务印书馆，1976.

［21］李斯特. 政治经济学的国民体系 ［M］. 北京：商务印书馆，1997.

［22］特奥托尼奥. 帝国主义与依附 ［M］. 北京：社会科学文献出版社，1999.

［23］冼国民. 跨国公司与当代国际分工——对企业内部国际分工的剖析 ［M］. 天津：南开大学出版社，1994.

［24］亚当·斯密. 国民财富的性质和原因的研究 ［M］. 北京：商务印书馆，1972.

［25］杨小凯，张永生. 新贸易理论、比较利益论及其经验研究的新成果：文献综述 ［J］. 经济学季

刊，2001（1）.

[26] 伊曼纽尔. 历史资本主义 [M]. 北京：社会科学文献出版社，1999.

[27] 林光彬. 新自由主义私有化理论研究 [D]. 中国人民大学博士论文，2005.

[28] 曹明福，李树民. 全球价值链分工的利益来源：比较优势、规模优势和价格倾斜优势 [J]. 中国工业经济，2005（10）.

[29] 刘万锋. 中国与美国和东亚国家贸易差额联动关系的实证分析：1993~2005[J]. 财贸经济，2008（8）.

[30] 卢锋. 产品内分工——一个分析框架 [R]. 北京大学中国经济研究中心讨论稿系列，No. C2004005.

[31] 孙文远，魏昊. 产品内国际分工的动因与发展效应分析 [J]. 管理世界，2007（2）.

[32] 汪斌. 中国产业：国际分工地位和结构的战略性调整 [M]. 北京：光明日报出版社，2006.

[33] 蒲华林. 产品内国际分工与贸易——基于中国贸易增长的经验研究 [D]. 暨南大学博士论文，2009.

[34] 张捷. 产品构造、文化禀赋与分工组织——水平分工格局下贸易的形成机制初探 [J]. 新政治经济学评论，2007，3（3）.

第三章 国际分工参与者的地位和角色

第一节 全球商品贸易主要参与者的地位与角色

一、研究方法说明

1. 选取的经济体

在研究中，我们选取中国（中国大陆）、日本、韩国、美国、欧盟（欧盟 27 国）5 个经济体为研究对象。这 5 个经济体贸易量大，是全球贸易的主要组成部分。根据世界贸易组织的统计，2010 年货物贸易中进出口排名前 10 位的国家（地区），基本出自上述 5 个经济体。

从出口来看，2010 年，中国、美国、德国位居前三位，出口额均超过 1 万亿美元，均占全球份额 8% 以上；从进口来看，位居前三位的是美国、中国、德国，总份额接近全球的三成。无论是进口还是出口，中国、日本、韩国、美国、欧盟 5 个经济体均占重要份额。上述经济体是全球货物贸易格局中的重要参与者。

2. 国际贸易商品分类

国际贸易标准分类是用于国际贸易商品的统计和对比的标准分类方法。《国际贸易标准分类》的制定要追溯到 20 世纪上半叶。1920 年国际联盟成立，着手制定国际贸易名词术语和商品统计目录。它在 30 年代出版了《关税名词草案》，并在此草案的基础上，修订成为各成员国共同使用的《国际贸易统计商品目录简编》。第二次世界大战结束后，51 个国家共同创建了联合国。为对世界贸易进行统计和分析，由联合国统计委员会对上述商品目录简编进一步修订，于 1950 年制定完成《国际贸易标准分类》（以下简称《标准》）。该《标准》共分 10 个部门、50 个大类、150 个中类和 570 个细类，作为各国际机构做贸易统计报告和对世界贸易进行系统分析的共同基础。该《标准》于 1951 年由联合国经济和社会理事会推荐给各成员国使用，自 1951 年颁布实施以后，进行了数次修订，除门类框架不动以外，其他类目随着层次的增加变动也相应扩大。根据联合国编制的《国际贸易标准分类》（修订 4）（SITC4），国际货物贸易主要分为以下 10 个部门：

表 2-3-1　《国际贸易标准分类》(修订 4) 的货物贸易分类法

第 0 部门——食品和活动物
活动物，第 03 类动物除外
肉及肉制品
乳制品和禽蛋
鱼 (非海洋哺乳动物)、甲壳动物、软体动物和水生无脊椎动物及其制品
谷物及谷物制品
蔬菜及水果
糖、糖制品及蜂蜜
咖啡、茶、可可、香料及其制品
牲畜饲料 (不包括未碾磨谷物)
杂项食用品及其制品
第 1 部门——饮料及烟草
饮料
烟草及烟草制品
第 2 部门——非食用原料 (不包括燃料)
生皮及生毛皮
油籽及含油果实
生胶 (包括合成胶及再生胶)
软木及木材
纸浆及废纸
纺织纤维 (不包括毛条及其他精梳毛条) 及其废料 (未加工成纱或织物的)
粗肥料，第 56 类所列的除外，及原矿物 (煤、石油及宝石除外)
金属矿及金属屑
未另列明的动物及植物原料
第 3 部门——矿物燃料、润滑油及有关原料
煤、焦炭及煤砖
石油、石油产品及有关原料
天然气及人造气
电流
第 4 部门——动植物油、脂和蜡
动物油脂
未加工的、已提炼的或精制的非挥发性植物油脂
已加工的动植物油脂，未另列明的不适宜食用的动植物蜡及动植物油脂的混合物或产品
第 5 部门——未另列明的化学品和有关产品
有机化学品
无机化学品
染色原料、鞣料及色料
医药品
香精油和香膏及香料；盥洗用品及光洁用品
肥料 (第 272 组所列除外)
初级形状的塑料
非初级形状的塑料
未另列明的化学原料及其产品
第 6 部门——主要按原料分类的制成品
未另列明的皮革和皮革制品，以及裘皮
未另列明的橡胶制品
软木及木材制品 (家具除外)
纸、纸板以及纸浆、纸和纸板的制品
纺织纱 (丝)、织物、未另列明的成品及有关产品
未另列明的非金属矿产品
钢铁

有色金属
未另列明的金属制品
第7部门——机械及运输设备
动力机械及设备
特种工业专用机械
金属加工机械
未另列明的通用工业机械和设备及其未另列明的机器零件
办公用机器及自动数据处理设备
电信、录音及重放装置和设备
未另列明的电力机械、装置和器械及其电器零件（包括家用电器设备的未另列明的非电动部件）
陆用车（包括气垫式车辆）
其他运输设备
第8部门——杂项制品
预制建筑物；未另列明的卫生、水道、供暖和照明设备及配件
家具及其零件；床上用品、床垫、床垫支架、软垫及类似填制的家具
旅行用具、手提包及类似容器
各种服装和服饰用品
鞋类
未另列明的专业、科学及控制用仪器和装置
未另列明的摄影仪器、设备和材料以及光学产品
未另列明的杂项制品
第9部门——《国际贸易标准分类》未另分类的其他商品和交易
未按品种分类的邮包
未按品种分类的特种交易和商品
非合法货币的铸币（金币除外）
非货币用黄金（金矿砂及精矿除外）

在上述10个部门中，可以将第0部门和第1部门的商品作为食品饮料烟草类，将第2部门、第3部门、第4部门的商品视为原材料类，将第5部门、第6部门、第7部门、第8部门、第9部门的商品视为工业制成品及其他类。相对而言，食品饮料烟草类偏向于劳动密集型产业，原材料类偏重于资源密集型产业，工业制成品及其他类偏重于资本密集和技术密集。

《国际贸易标准分类》与《商品名称及编码协调制度》有着对应关系。《商品名称及编码协调制度》是由海关合作理事会（现名世界海关组织）主持制定的一部供海关、统计、进出口管理及与国际贸易有关各方共同使用的商品分类编码体系，即HS编码，全称为《商品名称及编码协调制度的国际公约》（International Convention for Harmonized Commodity Description and Coding System）。HS编码是系统的、多用途的国际贸易商品分类体系，它除了用于海关税则和贸易统计外，在运输商品的计费、统计、计算机数据传递、国际贸易单证简化以及普遍优惠制税号的利用等方面，都提供了一套可使用的国际贸易商品分类体系。

3. 指标说明

（1）显性比较优势（Revealed Comparative Advantage，RCA）。显性比较优势指数测度产品出口的比较优势，该指数是美国经济学家贝拉·巴拉萨提出的一个具有较高经济学分析价值的比较优势测度指标，已经被世界银行等国际组织和国内外学者广泛运用。显性比较优势指数是一个国家某种产品的出口额占该产品全球出口的比重与该国全部产品总出口

额占全球出口总额比重的比值。显性比较优势指数的计算公式为：

$$RCA_{ij} = \frac{X_{ij}/X_{it}}{X_{wj}/X_{wt}}$$

其中，X_{ij} 是 i 国 j 产品出口额，X_{it} 是 i 国全部产品总出口额，X_{wj} 是 j 产品全球出口额，X_{wt} 是全球出口总额。

为了使对比较优势的研究更加细化，本章将参照日本贸易振兴协会（JETRO）设定的判断产品显性比较优势强弱的分界标准：当 RCA≥2.5 时，表示该产品具有强的比较优势；当 1.25≤RCA<2.5 时，表示具有显著的比较优势；当 0.8≤RCA<1.25 时，表示该产品具有平均的比较优势；当 RCA<0.8 时，表示该产品具有比较劣势。

（2）贸易竞争指数（Trade Competitive Index，TC）。贸易竞争指数又称水平分工度指标，它用来反映一国生产的一种商品相对于世界市场上供应的他国同种商品来讲，是处于生产效率的竞争优势还是劣势以及劣势的程度。其计算公式为：

$$TC_i = (X_i - M_i)/(X_i + M_i)$$

其中，TC_i 为第 i 种商品的贸易竞争指数，X_i 为第 i 种商品的出口额，M_i 为第 i 种商品的进口额。为了深入分析不同经济体各类商品对外贸易竞争力情况，本章将 $-0.1 \leq TC_i \leq 0.1$ 的产品认为是竞争力中性的产品；将 $0.1 < TC_i \leq 0.5$ 的产品认为是具有弱竞争比较优势的产品，将 $0.5 < TC_i \leq 1$ 的产品认为是具有强竞争比较优势的产品；同样地，将 $-1 \leq TC_i < -0.5$ 的产品认为是具有强竞争比较劣势的产品，将 $-0.5 \leq TC_i < -0.1$ 的产品认为是具有弱竞争比较劣势的产品。

二、国际贸易总体格局简析

在划分的 10 个部门中，不同种类的商品贸易额有较大差异。以 2010 年中国的出口贸易为例，从价值方面衡量，占主要地位的是机械及运输设备、杂项制品、按原料分类的制成品这三个部类的商品，总价值约占出口总额的 90%。其他 7 个部门划分下的商品居于次要地位。其他 4 个经济体也有类似情况，贸易价值的很大部分集中于第 7 部门（机械及运输设备）。

对比表 2-3-2、表 2-3-3 可以看出，对于第 0 部门、第 1 部门，也就是食品、饮料及烟草类商品，除中国在食品和活动物类商品具有弱竞争优势，以及欧盟在饮料及烟草具有强竞争优势外，基本都处于竞争劣势，尤其是日、韩、美三国更为突出。对于第 2 部门、第 3 部门、第 4 部门的商品，除美国在非食用原料上具有竞争优势外，基本上均处于竞争劣势，而且多数是强比较劣势。而在第 5 部门至第 9 部门中，情况与之相反，主要呈现为美国不具有竞争优势，而其他 4 个经济体多数处于比较优势之中。

由此看来，总体情况是，这 5 个贸易量较大的经济体在食品、饮料及烟草以及原材料上普遍处在竞争劣势中，而在工业制成品等产品中普遍具有竞争优势。美国的情况稍有例外，多数商品均呈竞争劣势状态。一方面，美国是全球数一数二的贸易大国；另一方面，在多数商品上，它的出口大于进口。在这种粗略的分组中，没有明显的比较优势类型的商品。与之相比，其他 4 个经济体在资本和技术密集型产业上普遍具有竞争比较优势，在劳动密集、资源密集型产业普遍具有竞争比较劣势。

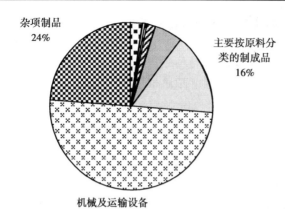

杂项制品
24%

主要按原料分
类的制成品
16%

机械及运输设备
48%

- ▨ 食品和活动物
- ▨ 饮料及烟草
- ▨ 非食用原料（不包括燃料）
- ▨ 矿物燃料、润滑油及有关原料
- ▨ 动植物油、脂和蜡
- ▨ 未另列明的化学品有关产品
- ▨ 主要按原料分类的制成品
- ▨ 机械及运输设备
- ▨ 杂项制品
- ▨ 其他商品和交易

图 2-3-1　2010 年中国出口商品的价值量比较

资料来源：中国金融贸易网，http://www.sinotf.com/GB/Tradedata/。

表 2-3-2　各经济体具有竞争比较优势的商品

部门	货物分类	中国	日本	韩国	美国	欧盟
0	食品和活动物	0.31	−0.86	−0.61	0.05	−0.15
1	饮料及烟草	−0.12	−0.82	0.08	−0.52	0.52
2	非食用原料（不包括燃料）	−0.90	−0.67	−0.69	0.46	−0.31
3	矿物燃料、润滑油及有关原料	−0.75	−0.88	−0.58	−0.64	−0.66
4	动植物油、脂和蜡	−0.92	−0.82	−0.90	−0.01	−0.36
5	未另列明的化学品和有关产品	−0.26	0.13	0.09	0.03	0.26
6	主要按原料分类的制成品	0.31	0.26	0.04	−0.26	0.04
7	机械及运输设备	0.17	0.48	0.36	−0.24	0.12
8	杂项制品	0.54	−0.18	0.20	−0.38	−0.19
9	其他商品和交易	−0.85	0.56	0.32	0.31	0.02

注：表中深灰色表示"强竞争比较优势"，浅灰色表示"弱竞争比较优势"。
资料来源：根据 UN Comtrade 网站数据计算整理。

表 2-3-3　各经济体具有竞争比较劣势的商品

部门	货物分类	中国	日本	韩国	美国	欧盟
0	食品和活动物	0.31	−0.86	−0.61	0.05	−0.15
1	饮料及烟草	−0.12	−0.82	0.08	−0.52	0.52
2	非食用原料（不包括燃料）	−0.90	−0.67	−0.69	0.46	−0.31
3	矿物燃料、润滑油及有关原料	−0.75	−0.88	−0.58	−0.64	−0.66
4	动植物油、脂和蜡	−0.92	−0.82	−0.90	−0.01	−0.36
5	未另列明的化学品和有关产品	−0.26	0.13	0.09	0.03	0.26
6	主要按原料分类的制成品	0.31	0.26	0.04	−0.26	0.04
7	机械及运输设备	0.17	0.48	0.36	−0.24	0.12
8	杂项制品	0.54	−0.18	0.20	−0.38	−0.19
9	其他商品和交易	−0.85	0.56	0.32	0.31	0.02

注：表中深灰色表示"强竞争比较劣势"，浅灰色表示"弱竞争比较劣势"。
资料来源：根据 UN Comtrade 网站数据计算整理。

通过计算各经济体 10 个部门的显性比较优势也可得到类似的结果（见表 2-3-4）。中日韩在第 0~4 部门均具有比较劣势，在第 7 部门均具有显著比较优势。即在机械及运输设备领域有显著比较优势，在食品、饮料及烟草领域具有比较劣势。美国在这种比较优势下依然是不具有明显规律性的。欧盟在饮料及烟草、化学品有关产品上具有显著比较优势，在食品、原材料方面具有比较劣势。采用 RCA 指标计算的结论与采用 TC 指标计算的大致相同。

表 2-3-4　2010 年各部门产品显性比较优势

	中国	日本	韩国	美国	欧盟
第 0 部门	0.450	0.089	0.145	1.118	0.699
第 1 部门	0.149	0.105	0.268	0.528	1.963
第 2 部门	0.181	0.347	0.297	1.563	0.610
第 3 部门	0.143	0.143	0.586	0.533	0.443
第 4 部门	0.056	0.041	0.028	0.834	0.563
第 5 部门	0.476	0.873	0.901	1.269	1.444
第 6 部门	1.200	0.986	0.986	0.711	0.952
第 7 部门	1.371	1.649	1.570	0.974	1.167
第 8 部门	2.124	0.674	0.890	0.930	0.909
第 9 部门	0.019	1.228	0.133	2.097	0.955

资料来源：根据 UN Comtrade 网站数据计算。浅灰色表示具有比较劣势，深灰色表示具有显著比较优势，无底色表示比较优势中性。

三、主要经济体在全球贸易发展格局的地位

1. 中国

中国的货物进出口自 2002 年以来持续保持快速增长的势头，除 2009 年有一定回落之外，其他年份均呈现出较大幅度的增长。中国一直以来呈现出口大于进口的态势，贸易顺差自 2004 年以来逐年增大，2009 年出现回落，到目前保持在一个稳定状态。总的来说，"入世"十年，中国发展成为世界贸易大国，进出口都保持了较快的增长，出口的增速大于进口增速，受经济危机影响，出现了一定程度回落。

从贸易额来看，中国的出口主要集中于第 6 部门（主要按原料分类的制成品）、第 7 部门（机械及运输设备）、第 8 部门（杂项制品），这三个部门总份额占近 90%（见表 2-3-5）。除第 9 部门（其他商品和交易）外，其他各部门增长水平较为接近，由于贸易在 2009 年受经济危机影响出现较大幅度的回落，2009~2010 年出口增长水平较高，在 30% 左右，2006~2010 年平均增长在 10% 左右。进口额最多的是第 7 部门（机械及运输设备）产品，占总量的 39.4%（见表 2-3-6）。各部门 2009~2010 年进口增长水平较高，2006~2010 年平均水平大部分在 10%~20%，食品、饮料、烟草、原材料的进口增长较快，制成品增长相对较为稳定，其他商品和交易呈现大幅增长。

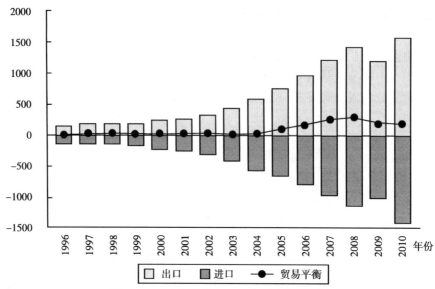

图 2-3-2　中国的进出口变化（十亿美元）

资料来源：UN Comtrade。

表 2-3-5　按部门分类的中国出口情况

单位：百万美元

国际贸易标准分类	2010 年	平均增长率（%）		2010 年占比（%）
		2006~2010 年	2009~2010 年	
总额	1578193	13	31.3	100
0+1	43068.9	12.5	25.8	2.7
2+4	11990.1	9.9	41.2	0.8
3	26717.1	10.7	31.1	1.7
5	87555.7	18.4	41.2	5.5
6	249180.7	9.3	34.9	15.8
7	781265	14.4	32.2	49.5
8	376949	12.2	26.1	23.9
9	1466.4	10.8	-10	0.1

资料来源：UN Comtrade。

从出口情况来看，中国出口居前的商品主要是《国际贸易标准分类（SITC）》中的第 7 部门（机械及运输设备）的商品，前十位的非第 7 部门商品只有液晶装置、光学仪器及器具类的商品（SITC 编号 871，HS 编号 9013）。排名前两位的出口商品，数量上明显领先后几类产品，分别是自动数据处理设备及其部件和有线电话、电报设备（见表 2-3-7）。

表 2-3-6　按部门分类的中国进口情况

单位：百万美元

国际贸易标准分类	2010 年	平均增长率（%）		2010 年占比（%）
		2006~2010 年	2009~2010 年	
总额	1394200	15.2	38.6	100

续表

国际贸易标准分类	2010 年	平均增长率（%）		2010 年占比（%）
		2006~2010 年	2009~2010 年	
0+1	24003.8	21.4	43.1	1.7
2+4	219712.8	26	47.8	15.8
3	188456.7	20.6	52	13.5
5	149328.7	14.4	33.4	10.7
6	131045.2	10.8	21.6	9.4
7	550003.9	11.4	34.7	39.4
8	113213.4	12.2	33.3	8.1
9	18435	73.6	457.6	1.3

资料来源：UN Comtrade。

　　从进口情况来看，中国主要进口的也是第 7 部门（机械及运输设备）商品。第 2 部门、第 3 部门、第 8 部门的商品也有排进进口前十的品类。较为突出的是排名前 4 的商品，2010 年进口额均达到 500 亿美元以上，分别是电子集成电路、原油、铁矿及其精矿、光学仪器和装置（见表 2-3-8）。

表 2-3-7　中国 2008~2010 年排名前十的出口商品

单位：十亿美元

HS 编码	产品说明 2007 年	价值			单位价值				SITC 编码
		2008 年	2009 年	2010 年	2008 年	2009 年	2010 年	单位	
	所有商品	1430.7	1201.6	1578.2					
8471	自动数据处理设备及其部件；其他税目未列明的磁性或光学阅读机	105.7	101.6	139.1	84.6	87.7	93.3	美元/单位	752
8517	电话机，包括用于蜂窝网络或其他无线网络的电话机	89.9	86.5	106	—	—	—	—	764
8528	监视器及投影机，未装有线显示接收装置；电视接收装置，不论是否装有无线电收音装置	35.2	26.7	31.9	122.7	100.2	116.6	美元/单位	761
8473	专用于或主要用于税目 84.69 至 84.72 所列机器的零件、附件（罩套、提箱及类似器除外）	32	26.2	31.3	26	26.9	31.1	美元/千克	759
8542	集成电路	24.7	23.6	29.6	—	—	—	—	776
8901	巡航船、游览船、渡船、货船、驳船及类似的客运或货运船舶	17.2	23.9	35.2	8.7	12.2	16.7	美元/单位	793
9013	其他税目未列明的液晶装置；激光器，但激光二极管除外	23.6	20.3	27.9	—	—	—	—	871
8541	二极管、晶体管及类似的半导体器件	17	15.5	32	—	—	—	—	776
8443	用于税目 84.42 的印刷版（片）、滚筒及其他印刷部件进行印刷的机器	19.9	17.1	23.6	—	—	—	—	726
8504	变压器、静止式变流器（如整流器）及电感器	16.7	14.7	20.2	—	—	—	—	771

资料来源：UN Comtrade。

表 2-3-8　中国 2008~2010 年排名前十的进口商品

单位：十亿美元

HS 编码	产品说明 2007 年	价值			单位价值				SITC 编码
		2008 年	2009 年	2010 年	2008 年	2009 年	2010 年	单位	
	所有商品	1132.6	1005.6	1394.2	—	—	—	—	
8542	集成电路	130.6	120.8	158	—	—	—	—	776
2709	石油原油及从沥青矿物提取的原油	129.3	89.3	135	0.7	0.4	0.6	美元/千克	333
2601	铁矿砂及其精矿，包括焙烧黄铁矿	60.7	50	79.1	0.1	0.1	0.1	美元/千克	281
9013	其他税目未列明的液晶装置；激光器，但激光二极管除外	48.5	38.3	51.4					871
8471	自动数据处理设备及其部件；其他税目未列明的磁性或光学阅读机	22.8	21.8	26.9	43.6	37.6	37.6	美元/单位	752
2710	石油及从沥青矿物提取的油类，但原油除外	30.2	17	22.3	0.8	0.5	0.6	美元/千克	334
1201	大豆，不论是否破碎	21.8	18.8	25.1	0.6	0.4	0.5	美元/千克	222
8517	电话机，包括用于蜂窝网络或其他无线网络的电话机	18.9	19.1	22.5	—	—	—	—	764
8703	主要用于载人的机动车辆（税目 87.02 的货品除外），包括旅行小客车及赛车	14.1	1.4	28.9	35.3	34.6	36.4	千美元/单位	781
8541	二极管、晶体管及类似的半导体器件	16.7	15.6	22.3	—	—	—	—	776

资料来源：UN Comtrade。

2. 美国

1996~2010 年，美国的贸易量稳中有升，出口额相对平稳，进口额提升幅度较大，总体呈现贸易逆差逐步加大趋势（见图 2-3-3）。受经济危机影响，2009 年贸易量有较大幅度下降。2006~2010 年，美国的出口额平均年增长 5.3%，进口额平均年增长 0.6%。

美国的出口贸易较为突出的是第 7 部门（机械及运输设备）的产品，占 35.2%，其他部门产品水平相差不大。近些年增长最快的是第 9 部门（其他商品和交易），其次是第 3 部门（矿物燃料、润滑油及有关原料）。美国的进口贸易中占分量最大的依然是第 7 部门（机械及运输设备），占 37%。此外，较大的是第 3 部门（矿物燃料、润滑油及有关原料）和第 8 部门（杂项制品），分别占 18.4% 和 15.3%（见表 2-3-9、表 2-3-10）。

从细分商品种类来考察，美国出口前十的商品中，有 6 项属于第 7 部门的商品，其余分属第 3 部门、第 5 部门、第 8 部门、第 9 部门。2010 年出口额超 500 亿美元的两类是：未按品种分类的特种交易和商品；石油及自含沥青矿物中提取的油（原油除外）。在进口前十的商品中，多数是属于第 3 部门、第 7 部门的商品。排在前六位（2010 年进口额超过 500 亿美元）的是：原油；小汽车和其他主要为客运而设计的汽车；石油及自含沥青矿物中提取的油（原油除外）；有线电话、电报设备；自动数据处理设备及其部件；未按品种分类的特种交易和商品（见表 2-3-11、表 2-3-12）。

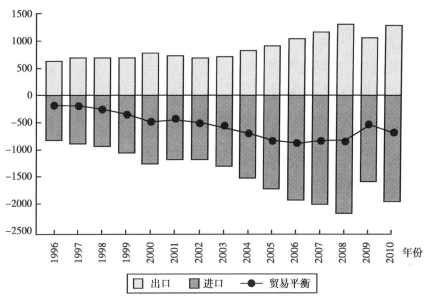

图 2-3-3　美国的进出口变化（十亿美元）

资料来源：UN Comtrade。

表 2-3-9　按部门分类的美国出口情况

单位：百万美元

国际贸易标准分类	2010 年	平均增长率（%）		2010 年占比（%）
		2006~2010 年	2009~2010 年	
总额	1277109	5.3	20.9	100
0+1	88113.4	10.4	15.1	6.9
2+4	85504.5	13.1	31.2	6.7
3	80728.2	23.3	47.5	6.3
5	188729.8	8.7	18.4	14.8
6	119486.9	3.7	26.3	9.4
7	449129.5	-2.4	22.4	35.2
8	133791.4	3.6	11.7	10.5
9	131625.3	33.6	10.2	10.3

资料来源：UN Comtrade。

表 2-3-10　按部门分类的美国进口情况

单位：百万美元

国际贸易标准分类	2010 年	平均增长率（%）		2010 年占比（%）
		2006~2010 年	2009~2010 年	
总额	1966497	0.6	22.8	100
0+1	92004.7	4.6	11.8	4.7
2+4	34806.6	-0.8	32.9	1.8
3	362637	1.2	29.9	18.4
5	177010.4	4.8	15	9
6	203215.4	-3.5	28.1	10.3

续表

国际贸易标准分类	2010年	平均增长率（%）		2010年占比（%）
		2006~2010年	2009~2010年	
7	728142.8	0.1	25.4	37
8	300110	0.8	16.7	15.3
9	68569.8	1.5	7	3.5

资料来源：UN Comtrade。

表2-3-11　美国2008~2010年排名前十的出口商品

单位：十亿美元

HS编码	产品说明 2007年	价值			单位价值				SITC 编码
		2008年	2009年	2010年	2008年	2009年	2010年	单位	
	所有商品	1299.9	1056.7	1277.1	—	—	—	—	
9999	未指定类的商品	37.4	105.5	113.7	—	—	—	—	931
2710	石油及从沥青矿物提取的油类，但原油除外	51.8	36.5	53.7	—	0.5	0.6	美元/千克	334
8703	主要用于载人的机动车辆（税目8702的货品除外），包括旅行小客车及赛车	50.7	28.4	39.3	—	16.8	18.4	千美元/单位	781
8542	集成电路	41.7	30.1	37.6	—	—	—	—	776
8708	机动车辆的零件、附件、税目8701至8705所列车辆用	31.7	23.7	32.6	—	441.5	402.8	美元/单位	784
8471	自动数据处理设备及其部件；其他税目未列明的磁性或光学阅读机	23.7	20.3	23.9	—	164.1	167.2	美元/千克	752
3004	由混合或非混合产品构成的治病或防病用药品	18.8	22.5	23.1	—	—	—	—	542
8517	电话机，包括用于蜂窝网络或其他无线网络的电话机	21.7	19.2	23.4	—	—	—	—	764
9018	医疗、外科、牙科或兽医用仪器及器具	20.1	20.1	22	—	—	—	—	872
8802	其他航空器；航天器及其运载工具、亚轨道运载工具	48.4	2.5	1.805	—	9.1	5.2	美元/单位	792

资料来源：UN Comtrade。

表2-3-12　美国2008~2010年排名前十的进口商品

单位：十亿美元

HS编码	产品说明 2007年	价值			单位价值				SITC 编码
		2008年	2009年	2010年	2008年	2009年	2010年	单位	
	所有商品	2164.8	1601.9	1966.5	—	—	—	—	
2709	石油原油及从沥青矿物提取的原油	363.4	200.6	266.6	—	0.4	0.6	美元/千克	333
8703	主要用于载人的机动车辆（税目8702的货品除外），包括旅行小客车及赛车	127.9	82.2	116.8	—	19.1	20.4	千美元/单位	781
2710	石油及从沥青矿物提取的油类，但原油除外	90.3	54.6	69.3	—	0.5	0.6	美元/千克	334

续表

HS 编码	产品说明 2007 年	价值			单位价值				SITC 编码
		2008 年	2009 年	2010 年	2008 年	2009 年	2010 年	单位	
8517	电话机，包括用于蜂窝网络或其他无线网络的电话机	61.2	59.3	71.9	—	—	—	—	764
8471	自动数据处理设备及其部件；其他税目未列明的磁性或光学阅读机	57.5	54.3	71.4	—	119.6	131.9	美元/单位	752
9999	未指定类的商品	64.3	55.3	56	—	—	—	—	931
3004	由混合或非混合产品构成的治病或防病用药品	43.2	45.4	49.9	—	267.6	254.3	美元/千克	542
8708	机动车辆的零件、附件、税目 8701 至 8705 所列车辆用	41.9	29.9	43.4	—	—	—	—	784
8528	监视器及投影机，未装有线显示接收装置；电视接收装置，不论是否装有无线电收音装置	40.3	33.5	35.8	—	203.3	213.8	美元/单位	761
2711	石油气及其他烃类气	36.8	17.9	20.1	—	0.4	0.4	美元/千克	343

资料来源：UN Comtrade。

3. 欧盟

欧盟的贸易发展在 2008 年达到高峰，2009 年出现回落，一直以来均表现为贸易逆差。从出口来看，2006~2010 年保持了年均 5.2% 的增长水平，主要出口第 7 部门（机械及运输设备）产品，2010 年第 7 部门产品出口占总出口的 42.1%。从进口来看，2006~2010 年年均增速 3.9%，主要进口第 7 部门（机械及运输设备）、第 3 部门（矿物燃料、润滑油及有关原料）的产品。

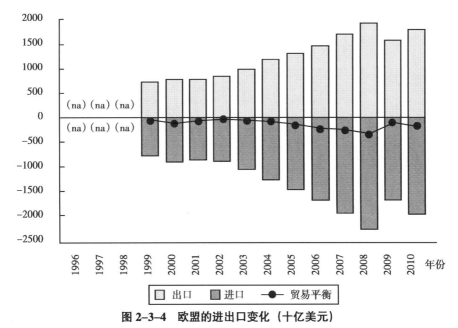

图 2-3-4　欧盟的进出口变化（十亿美元）

资料来源：UN Comtrade。

表2-3-13　按部门分类的欧盟出口情况

单位：百万美元

国际贸易标准分类	2010年	平均增长率（%）		2010年占比（%）
		2006~2010年	2009~2010年	
总额	1784926	5.2	12.4	100
0+1	100611.2	8.5	14.1	5.6
2+4	48445.3	9	26.9	2.7
3	93882.3	6.9	25.2	5.3
5	300412.6	7.9	11.3	16.8
6	223562.8	2.4	15.1	12.5
7	751875.9	4.7	19.1	42.1
8	182378.5	3.2	11.1	10.2
9	83757.5	5	-34.5	4.7

资料来源：UN Comtrade。

表2-3-14　按部门分类的欧盟进口情况

单位：百万美元

国际贸易标准分类	2010年	平均增长率（%）		2010年占比（%）
		2006~2010年	2009~2010年	
总额	1975722	3.9	15.9	100
0+1	106603.6	5.8	4.2	5.4
2+4	92801.7	4.4	40.1	4.7
3	461268.2	3.5	24.3	23.3
5	175620.2	6	13.2	8.9
6	204641.9	0.9	28.3	10.4
7	586651.8	3.8	23.2	29.7
8	267638.2	4.4	7	13.5
9	80496.1	3.9	-35.2	4.1

资料来源：UN Comtrade。

从细分的层面看，欧盟出口的产品中，居于前十位的主要是第7部门的产品。总体来看，2010年出口额超过500亿美元的产品有四项，分别是：未按品种分类的特种交易和商品；小汽车和其他主要为客运而设计的汽车；药物；石油及自含沥青矿物中提出的油。在进口方面，数量较大的是第3部门和第7部门的商品。2010年进口额超过500亿美元的产品有：原油；未按品种分类的特种交易和商品；天然气；石油及自含沥青矿物中提出的油；自动数据处理机及其设备。

表2-3-15　欧盟2008~2010年排名前十的出口商品

单位：十亿美元

HS编码	产品说明 2007年	价值			单位价值			单位	SITC 编码
		2008年	2009年	2010年	2008年	2009年	2010年		
	所有商品	1928.6	1588.6	1784.9	—	—	—	—	—

续表

HS 编码	产品说明 2007 年	价值			单位价值			单位	SITC 编码
		2008 年	2009 年	2010 年	2008 年	2009 年	2010 年		
9999	未指定类的商品	92.5	119.9	71.2	—	—	—	—	931
8703	主要用于载人的机动车辆（税目 87.02 的货品除外），包括旅行小客车及赛车	102.7	66.7	101.2	17.5	19.4	23.6	千美元/单位	781
3004	由混合或非混合产品构成的治病或防病用药品	79.8	82.2	87.4	140.1	144.3	140.1	美元/千克	542
2710	石油及从沥青矿物提取的油类，但原油除外	94.5	61	78.5	0.8	0.5	0.7	美元/千克	334
8802	其他航空器；航天器及其运载工具、亚轨道运载工具	38.4	35.7	40.3	8.3	13.3	13	美元/单位	792
8708	机动车辆的零件、附件、税目 87.01 至 87.05 所列车辆用	37.4	27.2	38.9	11.2	11.5	10.7	美元/千克	784
8517	电话机，包括用于蜂窝网络或其他无线网络的电话机	38	27.1	31.8	—	—	—	—	764
8411	涡轮喷气发动机，涡轮螺桨发动机及其他燃气轮机	30.5	30.6	32.4	—	—	—	—	714
7102	钻石，不论是否加工，但未镶嵌	19.3	13.5	19.8	126.6	110.5	126.4	美元/克拉	667
8479	本章其他税目未列明的具有独立功能的机器及机械器具	19.6	15.7	16.5	—	—	—	—	728

资料来源：UN Comtrade。

表 2-3-16　欧盟 2008~2010 年排名前十的进口商品

单位：十亿美元

HS 编码	产品说明 2007 年	价值			单位价值			单位	SITC 编码
		2008 年	2009 年	2010 年	2008 年	2009 年	2010 年		
	所有商品	2284.9	1704.7	1975.7	—	—	—	—	—
2709	石油原油及从沥青矿物提取的原油	396	225.6	292.7	0.7	0.4	0.6	美元/千克	333
9999	未指定类的商品	92.9	113.9	69.8					931
2711	石油气及其他烃类气	98.2	64.4	69.2	0.6	0.4	0.4	美元/千克	343
2710	石油及从沥青矿物提取的油类，但原油除外	82.3	53.9	70.1	0.9	0.5	0.7	美元/千克	334
8471	自动数据处理设备及其部件；其他税目未列明的磁性或光学阅读机	52.1	43.3	52.1	97.5	100.8	115.1	美元/单位	752
8517	电话机，包括用于蜂窝网络或其他无线网络的电话机	52.3	43.1	55	—	—	—	—	764
8703	主要用于载人的机动车辆（税目 87.02 的货品除外），包括旅行小客车及赛车	44	30.6	29.1	12.9	13.3	13.1	千美元/单位	781
3004	由混合或非混合产品构成的治病或防病用药品	31.5	34.3	33.6	222.3	220.3	211.9	美元/千克	542

续表

HS 编码	产品说明 2007 年	价值			单位价值				SITC 编码
		2008 年	2009 年	2010 年	2008 年	2009 年	2010 年	单位	
8411	涡轮喷气发动机，涡轮螺桨发动机及其他燃气轮机	24.2	24.5	24.7	—	—	—	—	714
8541	二极管、晶体管及类似的半导体器件	20.3	17.8	35	—	—	—	—	776

资料来源：UN Comtrade。

4. 日本

日本的贸易在 2003 年、2004 年开始了一段新的增长，在 2008 年达到一个顶峰后，2009 年出现较大幅度萎缩，一直以来，保持着较平和的贸易顺差水平。日本的出口主要依赖第 7 部门（机械及运输设备）的产品，该部门产品 2010 年出口占总量的 59.5%，增速较快的是第 3 部门（矿物燃料、润滑油及有关原料）产品，2006~2010 年年均增长达到 21.9%。

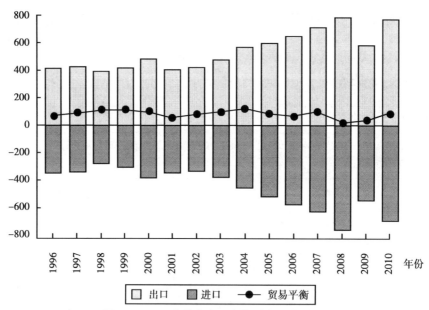

图 2-3-5　日本的进出口变化（十亿美元）

资料来源：UN Comtrade。

表 2-3-17　按部门分类的日本出口情况

单位：百万美元

国际贸易标准分类	2010 年	平均增长率（%）		2010 年占比（%）
		2006~2010 年	2009~2010 年	
总额	769839.4	4.5	32.6	100
0+1	4615.5	10.8	18.5	0.6
2+4	10997.3	8.7	22.1	1.4
3	13037.6	21.9	23.8	1.7
5	78452.3	7.9	27.7	10.2

续表

国际贸易标准分类	2010 年	平均增长率（%）		2010 年占比（%）
		2006~2010 年	2009~2010 年	
6	99801.7	7.7	33.4	13
7	458062.6	2.7	35.6	59.5
8	58417.8	2.6	31.1	7.6
9	46454.6	8.7	19.9	6

资料来源：UN Comtrade。

表 2-3-18　按部门分类的日本进口情况

单位：百万美元

国际贸易标准分类	2010 年	平均增长率（%）		2010 年占比（%）
		2006~2010 年	2009~2010 年	
总额	692620.6	4.6	25.5	100
0+1	59245.5	4.9	10.7	8.6
2+4	56354.9	7.1	46.2	8.1
3	198624.3	5.3	30.3	28.7
5	60792.5	10.5	24.9	8.8
6	58768.6	2.1	32.6	8.5
7	161354.6	3.3	27.2	23.3
8	84471	1.7	10.5	12.2
9	13009.1	7.4	17.6	1.9

资料来源：UN Comtrade。

从细分的产品类型来看，出口前十位中的产品主要是第 7 部门的产品。较为突出的是小汽车和其他主要为客运而设计的汽车，2010 年出口额达到 900 亿美元。进口产品中，居于前列的是第 3 部门的产品。2010 年原油进口额达 1058 亿美元，天然气进口额达 483 亿美元，是进口中排名前两位的产品。

表 2-3-19　日本 2008~2010 年排名前十的出口商品

单位：百万美元

HS 编码	产品说明 2007 年	价值			单位价值				SITC 编码
		2008 年	2009 年	2010 年	2008 年	2009 年	2010 年	单位	
	所有商品	781412	580719	769839	—	—	—	—	
8703	主要用于载人的机动车辆（税目 87.02 的货品除外），包括旅行小客车及赛车	115440	62268	90379	16	16.5	18.1	千美元/单位	781
9999	未指定类的商品	36873	34259	40037	—	—	—	—	931
8542	集成电路	32875	27430	34533	—	—	—	—	776
8708	机动车辆的零件、附件、税目 87.01~87.05 所列车辆用	29431	24657	35073	11.1	11.8	12.4	美元/千克	784
8901	巡航船、游览船、渡船、货船、驳船及类似的客运或货运船舶	19226	21615	25592	—	27.9	33.1	美元/单位	793

续表

HS 编码	产品说明 2007 年	价值			单位价值				SITC
		2008 年	2009 年	2010 年	2008 年	2009 年	2010 年	单位	编码
8443	用于税目 84.42 的印刷版（片）、滚筒及其他印刷部件进行印刷的机器	17742	13140	15204	—	—	—	—	726
8486	二极管、晶体管及类似的半导体器件	13706	8260.4	19071	—	—	—	—	776
2710	石油及从沥青矿物提取的油类，但原油除外	16971	9360.6	11643	0.9	0.5	0.7	美元/千克	334
8541	二极管、晶体管及类似的半导体器件	11263	8879.9	12396	—	—	—	—	776
8525	无线电广播、电视发送设备，不论是否装有接收装置或声音的录制、重放装置	12488	8969.5	9318.1	—	270.4	280.6	美元/单位	764

资料来源：UN Comtrade。

表 2-3-20　日本 2008~2010 年排名前十的进口商品

单位：百万美元

HS 编码	产品说明 2007 年	价值			单位价值				SITC
		2008 年	2009 年	2010 年	2008 年	2009 年	2010 年	单位	编码
	所有商品	762534	5519848	692621	—	—	—	—	
2709	石油原油及从沥青矿物提取的原油	155474	79974	105775	0.8	0.5	0.6	美元/千克	333
2711	石油气及其他烃类气	56596	36644	48278	—	—	—	—	343
2701	煤、煤砖、煤球及用煤制成的类似固体燃料	29469	22052	23946	—	0.1	0.1	美元/千克	321
8542	集成电路	20721	16299	20413	—	—	—	—	776
2710	石油及从沥青矿物中提取的油类，但原油除外	23350	12726	18744	0.9	0.5	0.7	美元/千克	334
8471	自动数据处理设备及其部件；其他税目未列明的磁性或光学阅读机	14024	11346	14464	126.4	118.8	136.6	美元/单位	752
2601	铁矿砂及其精矿，包括焙烧黄铁矿	13215	8692.1	15316	0.1	0.1	0.1	美元/千克	281
9999	未指定类的商品	11949	10239	11965	—	—	—	—	931
8517	电话机，包括用于蜂窝网络或其他无线网络的电话机	10327	10267	13444	—	—	—	—	764
2603	铜矿砂及其精矿	10037	8229.6	11705	2	1.7	2.2	美元/千克	283

资料来源：UN Comtrade。

5. 小结

在分析主要经济体具有贸易优势部门的基础上，我们进一步研究了细分的商品领域，探究了各经济体贸易量较大的商品，从中分析国际分工格局概况。

中国、美国、欧盟、日本这四大经济体具有一些共同特征，在进口方面，都大量进口油气资源。中国主要出口数字通信设备，进口原材料类的原油和铁矿石、制成品类的电子集成电路和光学仪器及装置。美国重要的进出口产品中都含有石油，重要的进口产品还包括制成品中的数字通信设备以及小汽车，还有资源类的原油。欧盟重要的出口品是小汽车、药物、石油，重要的进口品除油气资源外还有数字通信设备。日本最重要的出口产品是小汽车。在这几个经济体中，美国和欧盟在进口方面有较大的相似性，中国的主要产品也与欧盟、美国的主要进口品相对应。从这几大经济体的贸易情况来看，资源类产品、信息化时代下的信息通信设备以及汽车是最为重要的贸易品类型。

表 2-3-21　各经济体进出口的主要产品

经济体	主要出口产品	主要进口产品
中国	(7) 自动数据处理设备及其部件； (7) 有线电话、电报设备	(7) 电子集成电路； (3) 原油； (2) 铁矿及其精矿； (8) 光学仪器和装置
美国	(9) 未按品种分类的特种交易和商品； (3) 石油及自含沥青矿物中提出的油（原油除外）	(3) 原油； (7) 小汽车和其他主要为客运而设计的汽车； (3) 石油及自含沥青矿物中提出的油（原油除外）； (7) 有线电话、电报设备； (7) 自动数据处理设备及其部件； (9) 未按品种分类的特种交易和商品
欧盟	(9) 未按品种分类的特种交易和商品； (7) 小汽车和其他主要为客运而设计的汽车； (5) 药物； (3) 石油及自含沥青矿物中提出的油	(3) 原油； (9) 未按品种分类的特种交易和商品； (3) 天然气； (3) 石油及自含沥青矿物中提出的油； (7) 自动数据处理设备及其部件； (7) 有线电话、电报设备
日本	(7) 小汽车和其他主要为客运而设计的汽车	(3) 原油； (3) 天然气

注：产品前数字表明在 STIC 中的所属部门。
资料来源：根据 UN Comtrade 数据整理。

第二节　全球服务贸易主要参与者的地位与角色

一、研究方法说明

1. 选取的经济体

在研究中，我们选取中国（中国大陆）、日本、印度、美国、欧盟（欧盟27国）5个经济体为研究对象。这5个经济体贸易量大，是全球服务贸易的主要组成部分。根据世界贸易组织的统计，2010年服务贸易中进出口排名前10位的国家（地区）基本均出自上述5个经济体。

表 2-3-22　2010 年世界服务贸易前十位出口和进口国家（地区）

单位：亿美元

排名	出口国家（地区）	金额	比重（%）	增长率（%）	排名	进口国家（地区）	金额	比重（%）	增长率（%）
1	美国	5150	14.1	8	1	美国	3580	10.2	7.0
2	德国	2300	6.3	2	2	德国	2560	7.3	1.0
3	英国	2270	6.2	0	3	中国	1920	5.5	22.0
4	中国	1700	4.6	32	4	英国	1560	4.5	-1.0
5	法国	1400	3.8	-1	5	日本	1550	4.4	6.0
6	日本	1380	3.8	9	6	法国	1260	3.6	0.0
7	西班牙	1210	3.3	-1	7	印度	1170	3.3	—
8	新加坡	1120	3.0	20	8	荷兰	1090	3.1	1.0
9	荷兰	1100	3.0	0	9	意大利	1080	3.1	1.0
10	印度	1100	3.0	—	10	爱尔兰	1060	3.0	2.0

资料来源：国际贸易统计数据库（International Trade Statistics Database），WTO。

从出口来看，2010 年美国、德国、英国和中国位居前四位，出口额占全世界服务贸易出口额的 31.2%；从进口来看，位居前四位的是美国、德国、中国、英国，总份额为全球的 27.5%。无论是进口还是出口，中国、日本、印度、美国、欧盟 5 个经济体均占重要份额，它们的进出口服务贸易占世界总服务贸易额的 65.88%。上述经济体是全球服务贸易格局中的重要参与者。

表 2-3-23　2010 年世界主要国家（地区）服务贸易占比情况

单位：亿美元

国家/地区	金额	占比（%）
美国	8730	12.12
德国	4860	6.75
英国	4190	5.82
中国	3260	4.53
法国	2950	4.10
日本	2640	3.66
荷兰	2380	3.30
印度	2210	3.07
世界	72037	100.00

资料来源：国际贸易统计数据库（International Trade Statistics Database），WTO。

2. 服务贸易分类

乌拉圭回合服务贸易谈判小组在乌拉圭回合中期审评会议后，加快了服务贸易谈判进程，并在对以商品为中心的服务贸易分类的基础上，结合服务贸易统计和服务贸易部门开放的要求，在征求各谈判方的提案和意见的基础上，提出了以部门为中心的服务贸易分类方法，将服务贸易分为 12 大类。分别如下：

（1）商业性服务。它是指在商业活动中涉及的服务交换活动，服务贸易谈判小组列出了 6 类这种服务，其中既包括个人消费的服务，也包括企业和政府消费的服务。

专业性（包括咨询）服务。专业性服务涉及的范围包括法律服务、工程设计服务、旅游机构提供服务、城市规划与环保服务、公共关系服务等；专业性服务中包括涉及上述服务项目的有关咨询服务活动；安装及装配工程服务（不包括建筑工程服务），如设备的安装、装配服务；设备的维修服务，指除固定建筑物以外的一切设备的维修服务，例如成套设备的定期维修、机车的检修、汽车等运输设备的维修等。

计算机及相关服务。这类服务包括计算机硬件安装的咨询服务、软件开发与执行服务、数据处理服务、数据库服务及其他。

研究与开发服务。这类服务包括自然科学、社会科学及人类学中的研究与开发服务等。

不动产服务。指不动产范围内的服务交换，但是不包含土地的租赁服务。

设备租赁服务。主要包括交通运输设备，如汽车、卡车、飞机、船舶等，以及非交通运输设备，如计算机、娱乐设备等的租赁服务。但是，不包括其中有可能涉及的操作人员的雇用或所需人员的培训服务。

其他服务。指生物工艺学服务；翻译服务；展览管理服务；广告服务；市场研究及公众观点调查服务；管理咨询服务；与人类相关的咨询服务；技术检测及分析服务；与农、林、牧、采掘业、制造业相关的服务；与能源分销相关的服务；人员的安置与提供服务；调查与保安服务；与科技相关的服务；建筑物清洁服务；摄影服务；包装服务；印刷、出版服务；会议服务；其他服务；等等。

（2）通信服务。通信服务主要指所有有关信息产品、操作、储存设备和软件功能等服务。通信服务由公共通信部门、信息服务部门、关系密切的企业集团和私人企业间进行信息转接和服务提供。主要包括：邮电服务；信使服务；电信服务，其中包含电话、电报、数据传输、电传、传真；视听服务，包括收音机及电视广播服务；其他电信服务。

（3）建筑服务。建筑服务主要指工程建筑从设计、选址到施工的整个服务过程。具体包括：选址服务，涉及建筑物的选址；国内工程建筑项目，如桥梁、港口、公路等的地址选择等；建筑物的安装及装配工程；工程项目施工建筑；固定建筑物的维修服务；其他服务。

（4）销售服务。它是指产品销售过程中的服务交换。主要包括：商业销售，主要指批发业务；零售服务；与销售有关的代理费用及佣金等；特许经营服务；其他销售服务。

（5）教育服务。指各国间在高等教育、中等教育、初等教育、学前教育、继续教育、特殊教育和其他教育中的服务交往。如互派留学生、访问学者等。

（6）环境服务。主要包括：污水处理服务；废物处理服务；卫生及相似服务等。

（7）金融服务。主要指银行和保险业及相关的金融服务活动。包括：①银行及相关的服务；银行存款服务；与金融市场运行管理有关的服务；贷款服务；其他贷款服务；与债券市场有关的服务，主要涉及经纪业、股票发行和注册管理、有价证券管理等；附属于金融中介的其他服务，包括贷款经纪、金融咨询、外汇兑换服务等。②保险服务，包括货物运输保险，其中含海运、航空运输及陆路运输中的货物运输保险等；非货物运输保险，具体包括人寿保险，养老金或年金保险、伤残及医疗费用保险、财产保险服务、债务保险服务；附属于保险的服务，例如保险经纪业、保险类别咨询、保险统计和数据服务；再保险服务。

（8）健康及社会服务。主要指医疗服务、其他与人类健康相关的服务；社会服务等。

（9）旅游及相关服务。主要指旅馆、饭店提供的住宿、餐饮服务、膳食服务及相关的服务；旅行社及导游服务。

（10）文化、娱乐及体育服务。主要指不包括广播、电影、电视在内的一切文化、娱乐、新闻、图书馆、体育服务，如文化交流、文艺演出等。

（11）交通运输服务。主要包括：货物运输服务，如航空运输、海洋运输、铁路运输、管道运输、内河和沿海运输、公路运输服务，也包括航天发射以及运输服务，如卫星发射等；客运服务；船舶服务（包括船员雇用）；附属于交通运输的服务，主要指报关行、货物装卸、仓储、港口服务、起航前查验服务等。

（12）其他服务。

3. 指标说明

除了本章第一节介绍的显性比较优势（RCA）与贸易竞争指数（TC）两个指标外，在服务贸易方面，本章还选择国际市场占有率指标来说明。国际市场占有率是衡量一国服务贸易国际地位的一个重要指标，即该国服务出口占世界服务总出口的比例，它反映了一国服务出口的整体竞争力。而每一类的服务贸易占有率，即一个国家的某一类服务贸易出口额占世界该类服务贸易总出口额的比例。

二、服务贸易总体格局简析

对比表 2-3-24 和表 2-3-25 可以看出，对于建筑服务贸易领域，中国具有较强的竞争比较优势，欧盟、日本在该领域也有较弱的竞争比较优势，而印度在该领域具有较弱的竞争比较劣势，其他为竞争中性。对于计算机及信息服务领域，中国在该领域具有较强的竞争比较优势，欧盟在该领域的竞争优势也在提高，但目前具有较弱的竞争比较优势，而日本在该领域具有较强的竞争比较劣势，美国在该领域具有较弱的竞争比较劣势，印度由于没有数据而无法进行比较。在通信服务贸易领域，中国和美国具有较弱的竞争比较优势，而日本在该领域具有较弱的竞争比较劣势。在其他商业服务贸易领域，同样是中国和美国具有较弱的竞争比较优势，而其他四个经济体多数处于竞争中性，印度缺乏数据。在交通服务贸易领域，印度具有较强的竞争比较劣势，美国处于竞争中性，其他三个经济体具有较弱的竞争比较劣势。在旅游服务贸易领域，美国和印度具有较弱的竞争比较优势，而其他三个经济体具有较弱的竞争比较劣势。在保险服务贸易领域，欧盟为竞争中性，印度具有较弱的竞争比较劣势，而其他三个经济体均具有较强的竞争比较劣势。在金融服务贸易领域，美国具有较强的竞争比较优势，欧盟和日本具有较弱的竞争比较优势，印度具有较弱的竞争比较劣势，中国为竞争中性。在专利与特许权服务贸易方面，中国和印度具有较强的竞争比较劣势，欧盟具有较弱的比较劣势，日本和美国具有较弱的竞争比较优势。在个人、文化与消闲服务贸易领域，日本具有较强的竞争比较劣势，中国和印度具有较弱的竞争比较劣势，欧盟为竞争中性，而美国具有较强的竞争比较优势。政府服务方面，日本具有较弱的竞争比较优势，欧盟为竞争中性，其他三个经济体均为弱竞争比较劣势。

对此表 2-3-24 和表 2-3-25 可以看出，时于建筑服务贸易领域；除中国外，美国、日本、欧盟在该领域也有较弱竞争比较优势。

表 2-3-24　5 个经济体 2010 年和 2011 年服务贸易 TC 指数（一）

国家和地区	中国		印度		日本		美国		欧盟	
年份	2010	2011	2010	2011	2010	2011	2010	2011	2010	2011
交通	−0.298	−0.386	−0.556	−0.530	−0.088	−0.127	−0.050	−0.038	−0.479	−0.49451
旅游	−0.090	−0.198	0.142	0.118	−0.357	−0.425	0.240	0.266	−0.438	−0.43138
通信	0.035	0.237	0.083	0.069	−0.165	−0.125	0.150	0.227	0.016	0.041
建筑	0.482	0.595	−0.308	—	0.149	0.174	0.052	—	0.210	0.217
保险	−0.802	−0.710	−0.475	−0.405	−0.684	−0.611	−0.618	−0.579	0.066	0.065
金融服务	−0.021	0.070	−0.061	−0.123	0.068	0.102	0.656	0.658	0.371	0.359
计算机及信息	0.515	0.519	—	—	−0.547	−0.558	−0.169	−0.221	0.350	0.371
特许权使用费和牌照费	−0.880	−0.893	−0.900	—	0.174	0.205	0.487	0.498	−0.121	−0.110
其他商业服务	0.282	0.241	—	—	0.041	−0.006	0.232	—	0.064	0.070
个人、文化和娱乐服务	−0.502	−0.434	−0.165	—	−0.725	−0.718	0.735	—	−0.015	0.058
政府服务	−0.092	−0.223	−0.183	−0.172z	0.183	0.230	−0.306	—	−0.120	−0.082

注：表中深灰色表示"强竞争比较优势"，浅灰色表示"弱竞争比较优势"。

资料来源：根据 UN Comtrade 网站数据计算整理。

表 2-3-25　5 个经济体 2010 年和 2011 年服务贸易 TC 指数（二）

国家和地区	中国	中国	印度	印度	日本	日本	美国	美国	欧盟	欧盟
年份	2010	2011	2010	2011	2010	2011	2010	2011	2010	2011
交通	−0.298	−0.386	−0.556	−0.530	−0.088	−0.127	−0.050	−0.038	−0.479	−0.49451
旅游	−0.090	−0.198	0.142	0.118	−0.357	−0.425	0.240	0.266	−0.438	−0.43138
通信	0.035	0.237	0.083	0.069	−0.165	−0.125	0.150	0.227	0.016	0.041
建筑	0.482	0.595	−0.308	—	0.149	0.174	0.052	—	0.210	0.217
保险	−0.802	−0.710	−0.475	−0.405	−0.684	−0.611	−0.618	−0.579	0.066	0.065
金融服务	−0.021	0.070	−0.061	−0.123	0.068	0.102	0.656	0.658	0.371	0.359
计算机及信息	0.515	0.519	—	—	−0.547	−0.558	−0.169	−0.221	0.350	0.371
特许权使用费和牌照费	−0.880	−0.893	−0.900	—	0.174	0.205	0.487	0.498	−0.121	−0.110
其他商业服务	0.282	0.241	—	—	0.041	−0.006	0.232	—	0.064	0.070
个人、文化和娱乐服务	−0.502	−0.434	−0.165	—	−0.725	−0.718	0.735	—	−0.015	0.058
政府服务	−0.092	−0.223	−0.183	−0.172	0.183	0.230	−0.306	—	−0.120	−0.082

注：表中深灰色表示"强竞争比较劣势"，浅灰色表示"弱竞争比较劣势"。

资料来源：根据 UN Comtrade 网站数据计算整理。

通过计算各经济体 11 个服务贸易领域的显性比较优势也可得到基本类似的结果（见表 2-3-26）。但是从 RCA 指数的结果看，中国在其他商业服务贸易方面具有强竞争比较优势，而在计算机及信息服务方面变为显著竞争比较优势，与 TC 指数有点出入，但基本类似。印度的结果出入较大，印度在保险服务贸易、金融服务以及交通服务贸易方面两者计算的结果相差较大。日本的计算结果除了政府服务方面其他都基本类似。采用 RCA 指标计算的结论与采用 TC 指标计算的结论大致相同。

表 2-3-26　5 个经济体 2010 年和 2011 年服务贸易显性比较优势（RCA）指数

国家和地区	中国	中国	印度	印度	日本	日本	美国	美国	欧盟	欧盟
年份	2010	2011	2010	2011	2010	2011	2010	2011	2010	2011
交通	2.163	2.070	1.528	1.854	1.064	0.965	0.470	0.483	1.002	1.003
旅游	2.410	2.273	1.359	1.497	0.300	0.223	0.747	0.738	0.815	0.818
通信	0.649	0.827	0.062	0.063	0.169	0.161	0.634	0.669	1.178	1.191
建筑	7.673	7.266	0.506	—	2.435	2.330	0.145	—	0.934	0.892
保险	1.067	1.944	2.007	2.729	0.340	0.412	0.949	0.939	1.111	1.069
金融服务	0.241	0.129	1.984	1.885	0.283	0.286	1.266	1.238	1.127	1.145
计算机及信息	2.141	2.440	—		0.105	0.104	0.335	0.323	1.214	1.194
特许权使用费和牌照费	0.175	0.155	0.049	—	2.426	2.342	2.036	2.039	0.832	0.811
其他商业服务	3.132	3.016	—		0.940	0.915	0.600	—	1.059	1.079
个人、文化和娱乐服务	0.137	0.141	0.681	—	0.072	0.067	1.703	1.607	1.058	1.109
政府服务	0.681	0.449	0.631	0.730	1.000	1.158	1.397	—	0.665	0.670

注：表中深灰色表示"强竞争比较优势"，浅灰色表示"弱竞争比较优势"。
资料来源：根据 UN Comtrade 网站数据计算整理。

下面进行各类服务贸易国际市场占有率的计算。5 个经济体交通服务贸易在世界市场的占有率为 63.14%，其中，欧盟在交通服务贸易领域占有率为 43%，美国占 8.9%，中国只占 4.3%，仅为欧盟的 10%，不足美国的 1/2。5 个经济体旅游服务贸易在世界市场的占有率为 57.1%，其中，欧盟在旅游服务贸易领域占有率为 35%，美国占 14.2%，中国只占 4.8%，不足欧盟的 1/7，基本为美国的 1/3。5 个经济体通信服务贸易在世界市场的占有率为 66.5%，其中，欧盟在通信服务贸易领域占有率为 51%，美国占 12.1%，印度占 1.5%，中国只占 1.3%，仅高于日本，只有欧盟的 1/40、美国的 1/10。5 个经济体建筑服务贸易在世界市场的占有率为 70.3%，其中，欧盟在建筑服务贸易领域占有率为 40%，美国占 2.8%，印度占 0.6%，日本占 11.5%，中国占 15%，不足欧盟的 1/2，但居第二位。5 个经济体保险服务贸易在世界市场的占有率为 71.92%，其中，欧盟在保险服务贸易领域占有率为 48%，美国占 18%，印度占 2.2%，日本占 1.6%，中国占 2.1%，仅高于日本，基本为欧盟的 1/24，为美国的 1/9。5 个经济体专利及特许权服务贸易在世界市场的占有率为 63.56%，其中，欧盟在计算机及信息服务贸易领域占有率为 52.4%，美国占 6.4%，日本占 0.5%，中国占 4.3%，仅高于日本，基本为欧盟的 1/12，接近于美国。印度的计算机及信息服务贸易数据缺。5 个经济体专利及特许权服务贸易在世界市场的占有率为 86.25%, 其中, 欧盟在专利及特许权服务贸易领域占有率为 35.93%, 美国占 38.7%, 日本占 11.22%, 中国占 0.35%, 印度占 0.05%, 仅高于印度, 基本为欧盟的 1/100、美国的 1/110、日本的 1/32。5 个经济体其他商业服务贸易在世界市场的占有率为 67.75%, 其中, 欧盟在其他商业服务贸易领域占有率为 45.74%, 美国占 11.39%, 日本占 4.34%, 中国占 6.26%, 仅高于日本 (印度数据缺), 基本为欧盟的 1/7、美国的 1/2。这 5 个经济体个人、文化及娱乐服务贸易在世界市场的占有率为 79.4%, 其中, 欧盟在个人、文化及娱乐服务贸易领域占有率为 45.68%, 美国占 32.37%, 日本占 0.33%, 印度占 0.75%, 中国占 0.27%, 基本为欧盟的 1/170、美国的 1/120。5 个经济体政府服务贸易在世界市场的占有率为 61.02%, 其中, 欧盟在政府服务贸易领域占有率为 28.73%, 美国占 26.55%, 日本占 3.68%, 印度占 0.69%, 中国占 1.36%, 仅高于印度, 基本为欧盟的 1/20、美国的 1/20、日本的 1/2。5 个经济体金融服务贸易在世界市场的占有率为 76.7%, 其中, 欧盟在金融服务贸易领域占有率为 48.67%, 美国占 24.06%, 日本占 1.31%, 印度占 2.2%, 中国占 0.48%, 基本为欧盟的 1/100、美国的 1/50、日本的 1/3、印度的 1/5。

图 2-3-6 表示 5 个经济体在每个服务贸易领域的变化趋势。从图中可以看出, 在交通服务贸易领域, 中国在 2008 年之前一直处于上升趋势, 2008 年以后开始下降, 但一直处于美国和日本之下, 高于欧盟和印度。美国自 2004 年以来一直处于上升趋势, 日本自 2008 年之后稍有下降, 低于美国。

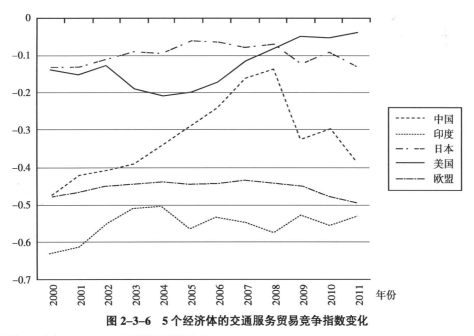

图 2-3-6 5 个经济体的交通服务贸易竞争指数变化

资料来源: 根据 UN Comtrade 网站数据计算整理。

　　如图 2-3-7 所示，在旅游服务贸易方面，中国在 2006 年以后开始下降，下降幅度也相对较大，2006 年和 2007 年之后美国和印度分别超过中国，日本基本上处于上升趋势，欧盟较为平稳。

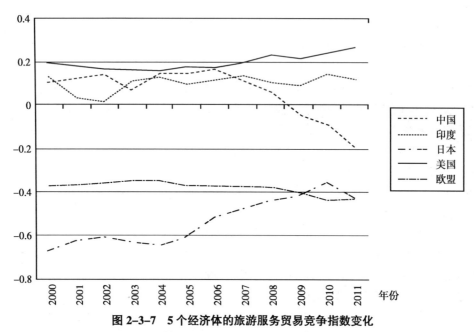

图 2-3-7　5 个经济体的旅游服务贸易竞争指数变化

资料来源：根据 UN Comtrade 网站数据计算整理。

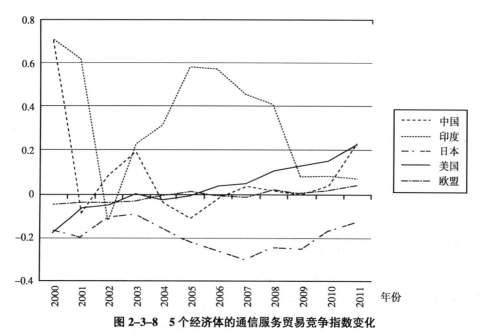

图 2-3-8　5 个经济体的通信服务贸易竞争指数变化

资料来源：根据 UN Comtrade 网站数据计算整理。

　　如图 2-3-8 所示，在通信服务贸易方面，除了欧盟波动相对较小外，其他 4 个经济体波动都比较大，尤其是中国和印度，中国在 2001 年时急速下滑，2011 年又急剧上升，印度在 2002 年和 2009 年急剧下滑，美国在 2004 年以后就超过中国，日本相对而言一直处于劣势。

　　如图 2-3-9 所示，在建筑服务贸易方面，欧盟、日本和美国都比较平稳，变化较大的依然是中国和印度，中国在 2008 年以后就一直高于其他 4 个经济体。

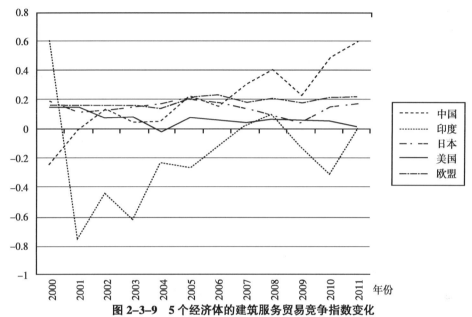

图 2-3-9　5 个经济体的建筑服务贸易竞争指数变化

资料来源：根据 UN Comtrade 网站数据计算整理。

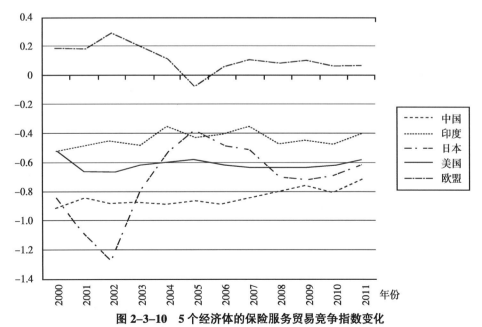

图 2-3-10　5 个经济体的保险服务贸易竞争指数变化

资料来源：根据 UN Comtrade 网站数据计算整理。

　　如图 2-3-10 所示，在保险服务贸易方面，中国自 2003 年之后就一直处于 5 个经济体的最后一位，但也一直处于上升趋势，欧盟明显具有相对优势，印度次之，日本波动较大，美国也较平稳。

　　如图 2-3-11 所示，在金融服务贸易方面，中国和印度交织变化，最有竞争优势的依然是美国，其次是欧盟，再次是日本，日本一直处于下降趋势。

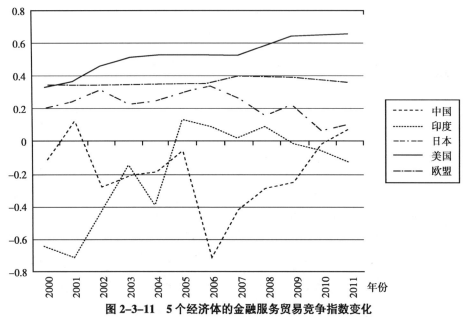

图 2-3-11　5 个经济体的金融服务贸易竞争指数变化

资料来源：根据 UN Comtrade 网站数据计算整理。

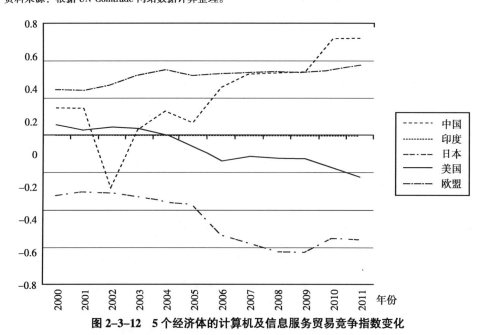

图 2-3-12　5 个经济体的计算机及信息服务贸易竞争指数变化

资料来源：根据 UN Comtrade 网站数据计算整理。

如图 2-3-12 所示，在计算机及信息服务贸易方面，中国自 2009 年之后，就处于 5 个经济体之首，但由于印度的数据短缺，无法比较，欧盟一直处于缓慢上升趋势，美国和日本处于下降趋势。

如图 2-3-13 所示，在专利与特许权服务贸易方面，美国具有比较强的竞争优势，中国处于 5 个经济体之末，印度变化较大，2011 年急剧上升，欧盟和日本一直处于缓慢上升趋势。

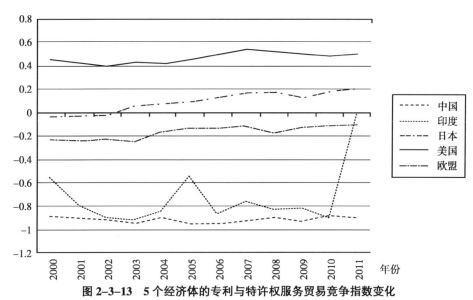

图 2-3-13　5 个经济体的专利与特许权服务贸易竞争指数变化

资料来源：根据 UN Comtrade 网站数据计算整理。

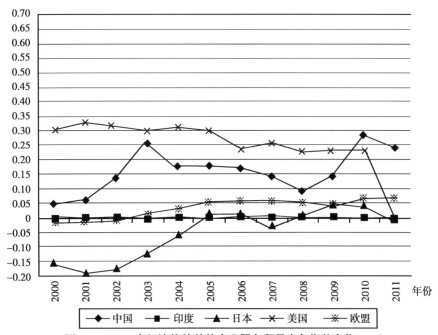

图 2-3-14　5 个经济体的其他商业服务贸易竞争指数变化

资料来源：根据 UN Comtrade 网站数据计算整理。

　　如图 2-3-14 所示，在其他商业服务贸易方面，美国在 2009 年之前一直处于 5 个经济体之首，2009 年之后，中国处于 5 个经济体之首，欧盟处于缓慢上升趋势，日本波动较大，但基本处于上升趋势，印度数据短缺。

　　如图 2-3-15 所示，在个人、文化及消闲服务贸易方面，日本一直处于 5 个经济体之末，中国和印度的变化趋势基本相似，欧盟一直处于缓慢上升趋势，美国处于下降趋势，但美国一直处于 5 个经济体之首。

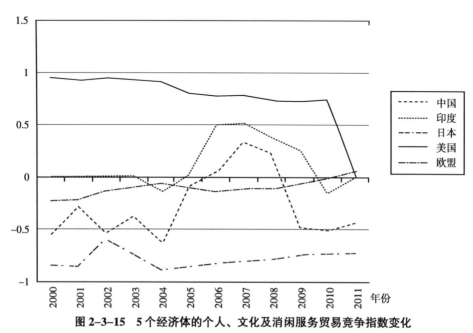

图 2-3-15　5 个经济体的个人、文化及消闲服务贸易竞争指数变化

资料来源：根据 UN Comtrade 网站数据计算整理。

　　如图 2-3-16 所示，5 个经济体的政府服务贸易中，欧盟和美国变化趋势相似，自 2008 年之后处于上升阶段，印度一直处于下降趋势，中国和日本有升有降，波动相对较大，但日本的竞争优势略强。

三、主要经济体服务贸易发展状况

1. 中国

　　中国服务贸易发展起步较晚，自 20 世纪 90 年代后，中国服务贸易飞速发展，增速超过同期世界服务贸易的增速。从服务贸易差额分项统计情况看，中国的服务贸易逆差主要集中在运输服务逆差和其他服务逆差。从运输服务看，由于服务一直处于逆差状况，因此其 TC 指数为负，处于竞争劣势。这主要是由于随着远洋集装箱运输和航空运输的盛行，对运输工具要求越来越高，因此运输服务也越来越偏向于资本密集型，甚至是技术密集型。而中国在资本和技术方面的基础一向比较薄弱。在其他服务贸易方面，从发展趋势看，逆差在不断增加，其他服务从要素密集度角度分析属于资本、技术和人力资本密集型产品，这也是中国的薄弱环节。

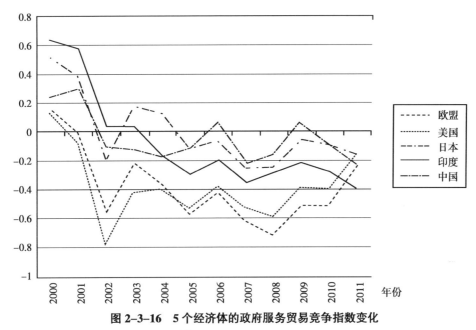

图2-3-16　5个经济体的政府服务贸易竞争指数变化

资料来源：根据 UN Comtrade 网站数据计算整理。

从表 2-3-27、表 2-3-28 以及图 2-3-17 可知，中国目前在建筑服务、其他商业服务和计算机及信息服务方面具有竞争优势，尤其是在建筑服务贸易方面，这也属于劳动密集型产品。同时，中国传统服务和现代服务的差距一直在拉大，这说明中国的服务贸易结构没有得到明显的优化，目前仍是以传统服务为主，服务贸易的发展水平还比较低，服务贸易的结构亟待提高。

表 2-3-27　中国服务贸易竞争优势指数

年份	运输	旅游	通信	建筑	保险	金融	计算机与信息	专利与特许权	其他商业服务	个人文化消闲	政府服务
2000	-0.478	0.106	0.695	-0.246	-0.916	-0.112	0.146	-0.882	0.048	-0.536	0.244
2001	-0.419	0.122	-0.092	-0.010	-0.845	0.125	0.144	-0.893	0.059	-0.282	0.296
2002	-0.408	0.139	0.078	0.128	-0.879	-0.276	-0.279	-0.918	0.134	-0.528	-0.105
2003	-0.395	0.068	0.198	0.043	-0.872	-0.210	0.031	-0.941	0.254	-0.350	-0.117
2004	-0.341	0.147	-0.035	0.046	-0.883	-0.190	0.133	-0.900	0.178	-0.622	-0.168
2005	-0.297	0.148	-0.109	0.231	-0.858	-0.047	0.063	-0.943	0.177	-0.070	-0.115
2006	-0.241	0.165	-0.017	0.146	-0.883	-0.719	0.260	-0.940	0.169	0.062	0.067
2007	-0.160	0.111	0.041	0.298	-0.844	-0.415	0.326	-0.920	0.141	0.346	-0.216
2008	-0.134	0.061	0.019	0.406	-0.804	-0.285	0.328	-0.895	0.091	0.243	-0.160
2009	-0.328	-0.048	-0.005	0.235	-0.753	-0.248	0.337	-0.925	0.144	-0.482	0.061
2010	-0.298	-0.090	0.035	0.482	-0.802	-0.021	0.515	-0.880	0.282	-0.502	-0.092
2011	-0.386	-0.198	0.237	0.595	-0.710	0.070	0.519	-0.893	0.241	-0.434	-0.223

资料来源：根据 UN Comtrade 网站数据计算整理。

表 2-3-28　中国服务贸易 RCA 指数

年份	运输	旅游	通信	建筑	保险	金融	计算机与信息	专利与特许权	其他商业服务	个人文化消闲	政府服务
2000	0.535	1.693	2.008	0.976	0.211	0.039	0.367	0.048	1.189	0.024	0.469
2001	0.683	1.893	0.389	1.306	0.407	0.051	0.433	0.067	1.252	0.063	0.677
2002	0.805	2.071	0.774	1.771	0.235	0.024	0.532	0.074	1.418	0.061	0.502
2003	0.982	1.605	0.753	1.639	0.287	0.063	0.726	0.053	1.993	0.062	0.401
2004	1.202	2.002	0.427	1.575	0.340	0.031	0.849	0.089	1.888	0.064	0.366
2005	1.356	2.109	0.408	2.296	0.561	0.041	0.857	0.052	1.912	0.208	0.436
2006	1.653	2.236	0.518	2.038	0.445	0.033	1.137	0.063	2.083	0.190	0.461
2007	2.045	2.133	0.709	3.152	0.594	0.039	1.351	0.090	2.390	0.388	0.407
2008	2.157	2.128	0.805	4.728	0.829	0.053	1.563	0.132	2.449	0.499	0.490
2009	1.721	2.274	0.647	4.812	0.999	0.085	1.674	0.099	2.589	0.120	0.720
2010	2.163	2.410	0.649	7.673	1.067	0.241	2.141	0.175	3.132	0.137	0.681
2011	2.070	2.273	0.827	7.266	1.944	0.129	2.440	0.155	3.016	0.141	0.449

资料来源：根据 UN Comtrade 网站数据计算整理。

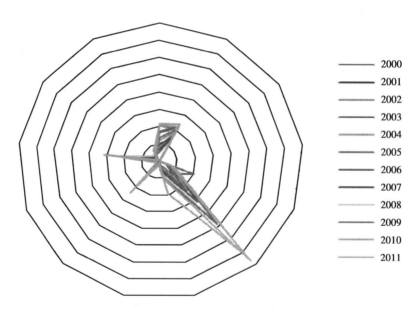

图 2-3-17　中国 2000~2011 年的各种服务贸易 RCA 指数

资料来源：根据 UN Comtrade 网站数据计算整理。

2. 美国

美国自 1981 年以来，服务贸易就以资本密集型服务占主导地位，20 世纪 90 年代以后，新技术革命带来的信息时代以及高新技术向经济生活的全方位渗透为美国服务贸易打开了新局面。科学技术革命也加快了美国的劳动力和高素质科技人员的国际流动，特别是专业技术人员和高级管理人员，这也推动了服务贸易的出口。从具体部门来看，运输服务在服务贸易总出口中的占比在 20 世纪 90 年代后基本保持稳定，波动不大。旅游服务出口占比也一直保持稳定状态（除了 2001 年），其他服务出口份额在 20 世纪 90 年代后稳步增长，已取代传统服务部门成为美国服务贸易出口中新的领军项目。从产品要素密集度分析，20 世纪 90 年代后，美国的服务贸易仍以资本密集型为主，表现为资本密集型服务在总的服务贸易出口中的比重仍较高，劳动密集型服务所占的比重逐年下降，技术人力资本密集型服务呈稳步上升态势。其中的专利与特许权、个人文化与消闲服务等在服务总出口中的比重都有较大幅度的增长，这反映了技术和人力资本密集型服务的竞争优势不断增强。

总体来说，20 世纪 90 年代以后，美国的服务贸易整体发展水平较快，服务贸易结构也实现了优化以及高级化。

表 2-3-29　美国服务贸易竞争优势指数

年份	运输	旅游	通信	建筑	保险	金融	计算机与信息	专利与特许权	其他商业服务	个人文化消闲	政府服务
2000	−0.131	0.187	0.179	0.656	−0.513	0.536	0.550	0.448	0.168	0.960	0.060
2001	−0.139	0.171	−0.062	0.666	−0.66	0.551	0.502	0.422	0.2	0.964	−0.027
2002	−0.116	0.157	−0.054	0.602	−0.66	0.62	0.561	0.394	0.214	0.959	−0.163
2003	−0.163	0.155	−0.001	0.606	−0.617	0.663	0.527	0.423	0.202	0.944	−0.248
2004	−0.171	0.15	−0.025	0.701	−0.598	0.67	0.515	0.418	0.2	0.897	−0.253
2005	−0.172	0.164	−0.009	0.794	−0.583	0.657	0.514	0.447	0.178	0.758	−0.181
2006	−0.151	0.163	0.043	0.508	−0.575	0.538	−0.14	0.504	0.196	0.836	−0.231
2007	−0.106	0.19	0.043	0.555	−0.612	0.51	−0.08	0.535	0.223	0.825	−0.28
2008	−0.082	0.231	0.104	0.059	−0.629	0.571	−0.126	0.523	0.226	0.741	−0.346
2009	−0.046	0.210	0.128	0.06	−0.63	0.642	−0.117	0.499	0.227	0.719	−0.327
2010	−0.050	0.240	0.15	0.052	−0.618	0.656	−0.169	0.487	0.232	0.735	−0.306
2011	−0.038	0.266	0.227	NA	−0.579	0.658	−0.221	0.498	NA	NA	NA

资料来源：根据 UN Comtrade 网站数据计算整理。

表 2-3-30　美国服务贸易 RCA 指数

年份	运输	旅游	通信	建筑	保险	金融	计算机与信息	专利与特许权	其他商业服务	个人文化消闲	政府服务
2000	0.698	1.106	0.649	0.310	0.747	1.166	0.753	2.694	0.744	1.938	1.170
2001	0.643	1.029	0.694	0.392	0.646	1.192	0.677	2.599	0.782	2.136	0.952
2002	0.617	0.942	0.611	0.416	0.522	1.233	0.622	2.605	0.768	2.066	0.765
2003	0.538	0.839	0.583	0.285	0.577	1.208	0.570	2.453	0.665	1.959	0.763
2004	0.497	0.800	0.505	0.225	0.687	1.263	0.475	2.256	0.614	1.742	0.958
2005	0.484	0.804	0.448	0.125	0.813	1.174	0.462	2.249	0.582	1.688	1.194
2006	0.473	0.771	0.548	0.145	0.807	1.132	0.408	2.296	0.575	1.929	1.377
2007	0.450	0.743	0.544	0.169	0.751	1.092	0.392	2.294	0.572	1.945	1.394
2008	0.441	0.763	0.556	0.187	0.846	1.108	0.345	2.163	0.566	1.756	1.210
2009	0.472	0.747	0.584	0.216	0.950	1.272	0.365	2.027	0.613	1.917	1.411
2010	0.470	0.747	0.634	0.145	0.949	1.266	0.335	2.036	0.600	1.703	1.397
2011	0.483	0.738	0.669	#VALUE!	0.939	1.238	0.323	2.039	—	1.607	—

资料来源：根据 UN Comtrade 网站数据计算整理。

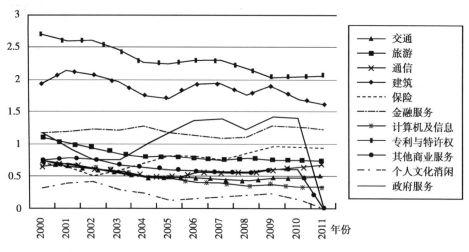

图 2-3-18　美国 2000~2011 年的各种服务贸易 RCA 指数变化

资料来源：根据 UN Comtrade 网站数据计算整理。

3. 欧盟

欧盟在各个服务贸易项目中除了运输、旅游、专利及特许权和政府服务四个项目外，其他的项目竞争优势均为正，而为负的四个项目数值都较小。旅游的 TC 指数从 2009 年才开始变为负数，主要受到金融危机的影响，运输服务方面一直处于竞争劣势，政府服务方面从 2003 年才开始下降，2011 年有所回升，但仍处于竞争劣势。专利与特许权一直在上升，中间有波动，但波动不大。从产品要素分析角度看，欧盟的资本密集型产品还是处于优势，其次是技术、人力资源密集型产品，建筑属于劳动密集型产品，在欧盟也一直具有竞争优势。欧盟在通信服务和计算机及信息服务方面出口占比超过 51%，具有较强的竞争力，在保险服务、金融服务、个人文化及消闲服务以及其他商业服务方面出口占比都超过了 46%，也具有较强的竞争力。总体而言，欧盟的服务贸易结构相对较优。

表 2-3-31　欧盟服务贸易竞争优势指数

年份	运输	旅游	通信	建筑	保险	金融	计算机与信息	专利与特许权	其他商业服务	个人文化消闲	政府服务
2000	-0.478	0.106	-0.046	0.169	0.194	0.353	0.247	-0.226	-0.020	-0.224	0.027
2001	-0.419	0.122	-0.037	0.166	0.179	0.349	0.236	-0.248	-0.013	-0.217	0.074
2002	-0.408	0.139	-0.037	0.163	0.295	0.341	0.272	-0.230	-0.011	-0.121	0.226
2003	-0.395	0.068	-0.032	0.162	0.206	0.345	0.321	-0.248	0.011	-0.094	0.212
2004	-0.341	0.147	-0.005	0.135	0.110	0.352	0.348	-0.165	0.030	-0.060	0.040
2005	-0.297	0.148	0.014	0.213	-0.072	0.348	0.314	-0.134	0.051	-0.097	-0.039
2006	-0.241	0.165	-0.009	0.226	0.052	0.358	0.328	-0.137	0.057	-0.138	-0.041
2007	-0.160	0.111	-0.008	0.190	0.102	0.400	0.332	-0.117	0.056	-0.109	-0.086
2008	-0.134	0.061	0.020	0.206	0.087	0.391	0.341	-0.170	0.053	-0.092	-0.128
2009	-0.328	-0.048	0.006	0.177	0.098	0.387	0.339	-0.135	0.042	-0.061	-0.120

续表

年份	运输	旅游	通信	建筑	保险	金融	计算机与信息	专利与特许权	其他商业服务	个人文化消闲	政府服务
2010	−0.298	−0.090	0.016	0.210	0.066	0.371	0.350	−0.121	0.064	−0.015	−0.120
2011	−0.386	−0.198	0.041	0.217	0.065	0.359	0.371	−0.110	0.070	0.058	−0.082

资料来源：根据 UN Comtrade 网站数据计算整理。

表 2-3-32　欧盟服务贸易 RCA 指数

年份	运输	旅游	通信	建筑	保险	金融	计算机与信息	专利与特许权	其他商业服务	个人文化消闲	政府服务
2000	1.001	0.966	1.014	1.229	1.026	1.153	1.179	0.575	1.097	0.766	0.802
2001	1.022	0.964	1.105	1.269	1.204	1.160	1.233	0.581	1.170	0.873	0.876
2002	1.033	0.985	1.142	1.225	1.440	1.175	1.294	0.597	1.180	0.856	1.025
2003	1.066	1.041	1.211	1.327	1.413	1.203	1.378	0.647	1.203	0.989	0.968
2004	1.081	1.020	1.230	1.153	1.302	1.218	1.402	0.744	1.218	1.047	0.983
2005	1.067	0.984	1.241	1.200	1.077	1.221	1.347	0.751	1.216	1.034	0.833
2006	1.071	0.975	1.193	1.136	1.190	1.231	1.307	0.733	1.189	0.911	0.802
2007	1.072	0.968	1.189	1.086	1.220	1.265	1.311	0.750	1.188	0.920	0.812
2008	1.064	0.938	1.179	0.990	1.177	1.262	1.298	0.812	1.162	0.955	0.780
2009	1.061	0.896	1.156	0.976	1.139	1.182	1.269	0.870	1.125	0.976	0.718
2010	1.002	0.815	1.178	0.934	1.111	1.127	1.214	0.832	1.059	1.058	0.665
2011	1.003	0.818	1.191	0.892	1.069	1.145	1.194	0.811	1.079	1.109	0.670

资料来源：根据 UN Comtrade 网站数据计算整理。

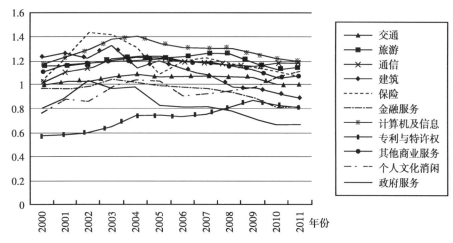

图 2-3-19　欧盟 2000~2011 年的各种服务贸易 RCA 指数变化
资料来源：根据 UN Comtrade 网站数据计算整理。

4. 日本

从日本服务贸易竞争优势指数及 RCA 指数来看，其各个服务项目的竞争优势整体较弱，TC 指数除了建筑、专利与特许权、政府服务和金融服务以外均为负数。但是这并不表明日本的服务就落后，日本的建筑服务业是日本国内优势产业之一，从 20 世纪 90 年代建筑服务出口也一直处于顺差状态，具有较强的国际竞争力。值得一提的是日本的金融服务，2000 年之后，日本金融服务贸易竞争优势显著增强，并呈稳步递增态势。在专利与特许权服务方面，日本的优势仅次于美国，居世界第二。2004 年，专利与特许权服务首次出现顺差，这反映了日本制造业的全球化发展。另外，日本在政府服务这一项目上也有一定的竞争力。日本在 1990 年以前主要是传统服务贸易，1990 年以后转向现代服务贸易为主，20 世纪 90 年代以后，资本密集型服务的出口占比非常高，表明了日本在技术、人力资本密集型服务方面还有很大空间。

表 2-3-33　日本服务贸易竞争优势指数

年份	运输	旅游	通信	建筑	保险	金融	计算机与信息	专利与特许权	其他商业服务	个人文化消闲	政府服务
2000	−0.156	−0.81	−0.167	0.188	−0.842	0.207	−0.323	−0.037	−0.157	−0.833	−0.115
2001	−0.139	0.171	−0.197	0.114	−1.080	0.244	−0.303	−0.030	−0.189	−0.844	−0.182
2002	−0.116	0.157	−0.104	0.126	−1.267	0.315	−0.306	−0.028	−0.174	−0.581	−0.247
2003	−0.163	0.155	−0.092	0.148	−0.810	0.228	−0.324	0.054	−0.124	−0.742	0.143
2004	−0.171	0.15	−0.155	0.177	−0.526	0.248	−0.354	0.070	−0.058	−0.875	0.281
2005	−0.172	0.164	−0.219	0.205	−0.369	0.305	−0.367	0.093	0.015	−0.840	0.170
2006	−0.151	0.163	−0.254	0.184	−0.487	0.346	−0.527	0.129	0.015	−0.806	0.133
2007	−0.106	0.19	−0.300	0.131	−0.507	0.265	−0.576	0.165	−0.028	−0.786	0.100
2008	−0.070	−0.441	−0.242	0.096	−0.689	0.156	−0.615	0.168	0.008	−0.777	0.048
2009	−0.124	−0.419	−0.253	0.042	−0.712	0.225	−0.627	0.126	0.044	−0.733	0.157
2010	−0.088	−0.357	−0.165	0.149	−0.684	0.068	−0.547	0.174	0.041	−0.725	0.183
2011	−0.127	−0.425	−0.125	0.174	−0.611	0.102	−0.558	0.205	−0.006	−0.718	0.230

资料来源：根据 UN Comtrade 网站数据计算整理。

表 2-3-34　日本服务贸易 RCA 指数

年份	运输	旅游	通信	建筑	保险	金融	计算机与信息	专利与特许权	其他商业服务	个人文化消闲	政府服务
2000	1.614	0.203	0.531	4.099	0.147	0.621	0.699	2.619	1.189	0.106	0.666
2001	1.530	0.203	0.447	3.263	−0.079	0.606	0.574	2.745	1.041	0.116	0.571
2002	1.460	0.205	0.451	2.842	−0.185	0.647	0.411	2.507	1.024	0.281	0.480
2003	1.422	0.188	0.338	2.501	0.148	0.619	0.307	2.632	0.892	0.113	0.816
2004	1.385	0.202	0.190	3.186	0.412	0.628	0.234	2.566	0.897	0.049	1.120
2005	1.359	0.206	0.144	2.766	0.386	0.610	0.227	2.534	0.969	0.065	0.891
2006	1.281	0.241	0.132	2.878	0.554	0.598	0.161	2.681	0.954	0.084	0.744
2007	1.184	0.231	0.145	2.615	0.384	0.454	0.130	2.626	0.842	0.084	0.655
2008	1.140	0.244	0.145	2.716	0.244	0.394	0.102	2.568	0.939	0.079	0.736
2009	0.997	0.255	0.156	2.737	0.234	0.404	0.096	2.163	1.042	0.087	0.793
2010	1.064	0.300	0.169	2.435	0.340	0.283	0.105	2.426	0.940	0.072	0.797
2011	0.965	0.223	0.161	2.330	0.412	0.286	0.104	2.342	0.915	0.067	0.858

资料来源：根据 UN Comtrade 网站数据计算整理。

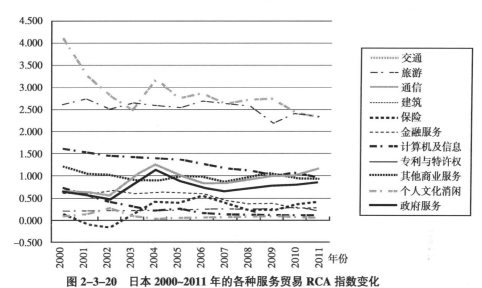

图 2-3-20　日本 2000~2011 年的各种服务贸易 RCA 指数变化

资料来源：根据 UN Comtrade 网站数据计算整理。

5. 印度

印度由于数据不全，以现有数据分析来看，在其他商业服务和旅游服务方面具有较强的竞争力，金融服务方面具有很强的竞争优势，建筑方面也具有一定的竞争力。从现有数据分析，印度还是以资本密集型服务的出口为主，技术、人力资本密集型的服务也具有相对的竞争优势，劳动密集型的稍弱。

表 2-3-35　印度服务贸易竞争优势指数

年份	运输	旅游	通信	建筑	保险	金融	计算机与信息	专利与特许权	其他商业服务	个人文化消闲	政府服务
2000	-0.630	0.125	0.702	0.596	-0.520	-0.645	NA	-0.548	NA	NA	0.385
2001	-0.611	0.031	0.611	-0.757	-0.484	-0.707	NA	-0.790	NA	NA	0.273
2002	-0.550	0.019	-0.125	-0.444	-0.458	-0.411	NA	-0.890	NA	NA	0.146
2003	-0.510	0.109	0.227	-0.628	-0.481	-0.142	NA	-0.916	NA	NA	0.149
2004	-0.503	0.123	0.308	-0.232	-0.350	-0.397	NA	-0.841	NA	-0.143	0.003
2005	-0.565	0.095	0.579	-0.270	-0.425	0.136	NA	-0.531	NA	0.029	-0.175
2006	-0.534	0.116	0.565	-0.124	-0.412	0.095	NA	-0.866	NA	0.494	-0.267
2007	-0.547	0.132	0.462	0.017	-0.359	0.022	NA	-0.753	NA	0.502	-0.136
2008	-0.573	0.104	0.407	0.089	-0.470	0.095	NA	-0.824	NA	0.370	-0.130
2009	-0.527	0.089	0.074	-0.126	-0.449	-0.013	NA	-0.812	NA	0.272	-0.281
2010	-0.556	0.142	0.083	-0.308	-0.475	-0.061	NA	-0.900	NA	-0.165	-0.183
2011	-0.530	0.118	0.069	NA	-0.405	-0.123	NA	NA	NA	NA	-0.172

资料来源：根据 UN Comtrade 网站数据计算整理。

表 2-3-36　印度服务贸易 RCA 指数

年份	运输	旅游	通信	建筑	保险	金融	专利与特许权	个人文化消闲	政府服务
2000	0.526	0.658	0.078	1.483	0.916	0.252	0.089	—	1.964
2001	0.551	0.621	0.140	0.187	0.921	0.289	0.041	—	1.533
2002	0.635	0.575	0.089	0.600	0.680	0.522	0.020	—	0.890
2003	0.684	0.751	0.094	0.640	0.683	0.276	0.022	—	0.549
2004	0.794	0.875	0.087	1.010	1.370	0.205	0.036	0.130	0.617
2005	0.922	0.984	0.110	0.558	1.752	0.583	0.125	0.315	0.528
2006	1.085	1.037	0.132	0.836	1.649	0.966	0.034	0.773	0.398
2007	1.076	1.121	0.116	0.805	1.807	1.042	0.078	1.139	0.426
2008	1.184	1.124	0.110	0.702	1.707	1.308	0.062	1.540	0.517
2009	1.462	1.164	0.070	0.776	1.743	1.293	0.081	1.051	0.560
2010	1.528	1.359	0.062	0.506	2.007	1.984	0.049	0.681	0.631
2011	1.854	1.497	0.063	—	2.729	1.885	—	—	0.730

资料来源：根据 UN Comtrade 网站数据计算整理。

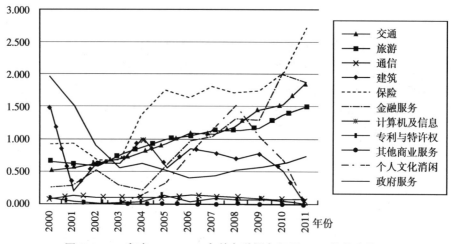

图 2-3-21　印度 2000~2011 年的各种服务贸易 RCA 指数变化

资料来源：根据 UN Comtrade 网站数据计算整理。

第三节　跨国公司的地位与角色

　　跨国公司的发展促进了国际贸易和世界经济的增长，使发达国家的产品能够通过对外直接投资的方式在东道国生产并销售，从而绕过了贸易壁垒，提高了其产品的竞争力。跨国公司对外直接投资和私人信贷，补充了发展中国家进口资金的短缺；跨国公司的资本流入，加速了发展中国家对外贸易商品结构的变化；跨国公司控制了许多重要的制成品和原料贸易；跨国公司控制了国际技术贸易；在世界科技开发和技术贸易领域，跨国公司，特别是来自美国、日本、德国、英国等发达国家的跨国公司，发挥着举足轻重的作用。目前，跨国公司掌握了世界上 80%左右的专利权，基本上垄断了国际技术贸易；在发达国家，大约有 90%的生产技术和 75%的技术贸易被这些国家最大的 500 家跨国公司所控制。许多专家学者认为：跨国公司是当代新技术的主要源泉。因此，课题组对 2012 年世界500 强企业进行了简单分析。

一、行业分布

在 2012 年世界 50 强跨国公司中，从事银行与保险的企业 15 家，从事炼油、采矿、原油等能源行业的企业 15 家，从事车辆与零部件行业的企业 7 家，从事电子、电气设备行业的企业 5 家，从事一般商品零售、食品、批发等综合商业行业的企业 4 家，从事电信行业的企业 3 家，从事公共设施行业的企业 1 家。汽车生产、电子与电气设备生产、计算机办公设备生产均属于高技术性制造业，如考虑到美国通用电气的多元化有较大比重属于制造业，世界前 50 强中则共有 13 家（其中汽车业 7 家）企业都属于高技术性制造业，占26%。这证明了高技术性制造业对全世界的重要性，包括为人们的生活提供汽车、电子电器和供办公生产的计算机办公设备与电子及电气设备等。炼油与原油生产的企业在世界前50 强中有 15 家，占 30%。从近几年排名情况看，每年都比较稳定地有一定数量的该类企业进入世界前 50 强。有意思的是，这些炼油与原油生产企业不是产生在世界主要的产油国，而是集中分布在石油消费国。这充分说明，在世界范围内，石油是目前重要的战略资源，是世界各大国抢夺的焦点，是能源问题的核心。如果考虑到还有一家电力企业（中国国家电网）进入世界前 50 强，那么，中国进入前 50 强的 3 家公司则全部为能源类企业，这进一步说明能源是全球性大问题。

二、地区分布

由 500 强跨国公司区域分布来看，世界 500 强跨国公司主要分布于北美、欧盟、东亚三个地区，2012 年其数量分别为 146 家、152 家、160 家，占 500 强跨国公司总量的91.6%。北美的企业数量稍有减少，欧盟的企业数量基本保持稳定；东亚地区中国、韩国500 强企业数量逐年增加。

从纵向看，2001 年以来的世界 500 强中，除中国异军突起外，长期是美、日、欧三大板块称雄。然而，到 2011 年，中国排名大幅上升，跻身四强，列于第二位。从某种意义上说，中国增加的 60 多家企业是从美、日、欧这三家蛋糕里切出来的。

在 2001 年世界 500 强企业中，美国、日本分别占有 186 席和 105 席，欧盟主要国家（德、意、英、法、荷、瑞士、瑞典、西班牙）占有 143 席，可谓旗鼓相当。而美国、日本、欧盟三强之和为 434 席，占了 500 强企业数量的 86.8%，主导着世界经济的基本格局，其余席位则相对比较分散，其中，亚洲（主要是东亚地区）进入 500 强的企业数量呈增长趋势，到 2001 年为 25 家，约占总量的 5%。

虽然目前美国仍然拥有数量最多的入围企业，但在过去 10 年里，美国上榜企业数量减少的幅度在各国中也居首位。今年有 132 家上榜企业以美国为总部所在地，比上年减少了一家。值得注意的是，这是美国上榜企业连续第 10 年减少。10 年前，美国有 197 家公司上榜，其上榜企业的收入占到了当时 500 强企业总收入的 42%。在这之前，美国企业的数量不断增加，由 1995 年的 149 家到 1998 年的 175 家，2002 年更达到 197 家，占全部数量 1/3 以上。与此相当的是，美国超巨型企业的竞争力也在不断增强，世界排名前 100 强企业中，美国企业的数量 1995 年为 22 家，1998 年为 32 家，2001 年达到 37 家，在 2001 年世界 500 强前 5 位企业中，美国占据前 4 位，美国通用汽车公司、沃尔玛、埃克森石油都上升至前列。

日本企业在世界 500 强中的数量由 1995 年的 147 家下降至 1998 年的 114 家，2001 年则下降到 105 家，现在下降到 68 家。1995 年以后日本上榜企业数量逐年下降，2012 年首次被中国内地企业超过。日本上榜企业数量的变化与其整个国家的经济状况密切相关。"二战"结束后到 20 世纪 90 年代初之间的这段时期，是"日本的战后经济奇迹"时期，这期间日本以让全世界惊异的速度实现了经济的迅速腾飞。不过，随着日本资产价格泡沫的破裂，在 1995 年世界前 100 强企业中，日本企业几乎占一半（41 家），2001 年则减少到 22 家，现在基本被挤出了前 10 强。不过日本在高新技术制造业方面仍然占有绝对优势，在前 50 强中占 5 家，美国则有 4 家，德国有 3 家，韩国有 1 家。

欧洲入围企业数量由于债务危机的作用也有所减少，2012 年共有 161 家企业入围，去年则为 172 家。英、法、德三强实力明显高于其他各国，其企业数量之和长期保持在 100 家以上，占 500 强中欧盟企业数量的 80% 左右，三强的企业数量总体上差距不大，基本都保持在 33~40 家。在世界 500 强中，德国企业所占数量由 1995 年的 42 家下降到 2001 年的 34 家。虽然过去了 10 年，德国仍有 32 家企业上榜，可见德国企业经济的稳定性非常强。而法国也有 32 家，英国则有 27 家，明显比德国下降幅度大。

三、国际化程度

随着经济全球化的发展，跨国公司的国际化程度不断深化与提高，2009 年，据统计，在 451 家世界 500 强跨国公司中，海外分支机构总数高达 211916 家，平均每家公司达到 470 家，生产、研发、市场、资产、雇员的国际化趋势日益显著，本章拟用海外销售额占总销售额的比值表示跨国公司的国际化水平。

2009 年的统计数据显示，不同行业和国家世界 500 强跨国公司的国际化程度差异较大。电子、电器设备以及食品、饮料等行业的国际化程度普遍较高，发达国家 500 强跨国公司的国际化程度高于发展中国家。世界 500 强跨国公司海外销售额与总销售额的比例均值为 0.478。医药、化学品、建材玻璃以及食品、饮料、烟草行业的国际化程度普遍较高，而电信、商品零售、工程与建筑施工行业的国际化程度相对较低。

另外，同一行业在不同国家国际化程度亦有所差别，如汽车、零部件行业，美国 500 强跨国公司海外销售额与总销售额的比例为 0.584，德国为 0.684，日本为 0.44，中国则为 0.171。电子、电气设备行业美国的比值为 0.547，而日本为 0.394。

【参考文献】

[1] Rashid A. I. Economic Growth, Foreign Trade and Trade Policy in Japan [J]. The World Economy,

1995，18（2）.

[2] WTO. International Trade Statistics 2009 ［M］. WTO Publications，2009.

[3] WTO. International Trade Statistics 2010　［M］. WTO Publications，2010.

[4]［美］迈克尔·波特.国家竞争优势 ［M］. 李明轩，邱如美译.北京：华夏出版社，2002.

[5] 范云芳. 论价值链国际分工 ［J］. 中国流通经济，2008（3）.

[6] 许坚. 经济全球化条件下中国在国际分工中的定位 ［J］. 世界经济与政治论坛，2002（2）.

[7] 洪银兴. 从比较优势到竞争优势：兼论国际贸易的比较利益理论的缺陷 ［J］. 经济研究，1997（6）.

[8] 张幼文. 从廉价劳动力优势到稀缺要素优势——论"新开放观"的理论基础 ［J］. 南开学报，2005（6）.

[9] 龚震. 我国加工贸易产业链延伸的困境 ［J］. 经济导刊，2006（4）.

[10]张二震，安礼伟. 国际分工新特点与我国参与国际分工新思路 ［J］. 经济理论与经济管理，2002（12）.

[11]王佃凯. 比较优势陷阱与我国贸易战略选择 ［J］. 经济评论，2002（2）.

[12]赵文丁. 新型国际分工格局下我国制造业比较优势 ［J］. 中国工业经济，2003（8）.

第四章　世界产品空间结构的演化

从世界经济的发展看，经济增长绩效很好的国家，无论是发达国家如美国，还是后起之秀如亚洲"四小龙"，抑或是新兴发展中国家如马来西亚等，无一例外都遵循一个原则，那就是按照自身经济体的比较优势，选择适合的产品，发展优势产业或者承接国际产业转移进而培育相应的竞争优势，实现资本积累和经济起飞，最终在国际市场上争得一席之地。相反，那些不遵循比较优势理论而采用赶超战略，强行推动非优势产业优先发展的国家，经济则往往会偏离要素禀赋结构所决定的最优产业结构，进而拖累资本积累和经济发展速度。因此，经济发展要严格遵循每个阶段要素禀赋结构所决定的比较优势。

哈佛大学 Hausmann 和 Klinger 教授于 2006 年提出了"能力理论"，即一种产品只有当其必需的能力都具备时才有可能被生产出来。在此基础上，Hausmann 等在 2007 年进一步提出比较优势演化理论，认为一个国家的比较优势能够通过一个国家生产的产品结构而体现出来。拥有更多能力、多样化程度更高的国家与拥有能力较少的国家相比，能够生产的产品种类就越多，产品的复杂度也更高。此外，能力的种类越多，能力的不同组合就越多，拥有能力较多的国家就更容易组合或者发展新产品所需的新能力，比较优势演化更快，经济增长绩效越好。Hidalgo 则在 2011 年的论文中证明了能力的积累具有凸性特征，也就是能力越多的国家享有的能力积累的红利就越大。根据比较优势演化理论，一个国家的产品结构在很大程度上反映了该国的要素禀赋结构和生产技术结构，产品之间的联系基于生产这些产品所需的某些能力的相似性，各国不是生产它们所需的产品，而是根据产品空间结构和自身能力生产它能够生产的产品。简言之，每个国家都会选择生产并出口其具有比较优势的产品，经济体之间经济绩效的差异主要由产品空间的稀疏程度、空间中心位置的高生产率产品与外围低生产率的产品之间的距离所决定的。不同国家在产品空间结构中的位置决定了一个国家产业升级的方向、路径以及未来经济增长的绩效。

第一节　全球产品空间结构

一、方法和数据说明

为了描绘出产品空间结构图，首先要计算一个国家在不同产品上的比较优势。借鉴 Hausmann 等在 2007 年提出的方法，利用联合国 SITC rev. 3 的五位码产品（SITC rev. 3 共有 4000 多种，减去 1~4 位代码的产品，将五位码单独抽取出来为 3118 种产品）的出口数

据，计算出各个国家每种产品的显性比较优势，即 RCA 指数。为避免混淆，以 M_{ipt} 来测度一个国家出口某种产品的能力，如果一个国家在生产和出口某种产品上具有显性比较优势，就代表该国在世界范围内具有生产该种产品的比较优势和能力：设定如果 $RCA_{ipt} > 1$，则 $M_{ipt} = 1$；反之，如果 $RCA_{ipt} \leqslant 1$，则 $M_{ipt} = 0$。其中，i 代表国家，p 代表产品，t 代表时间。这样能得到关于国家和产品的 0-1 矩阵。根据 Hausmann 等（2007）关于 $proximity_{AB} = min\{P(A|B)，P(B|A)\}$ 的定义，结合上面得出的 0-1 矩阵，计算出产品之间的接近度矩阵。借助网络软件，根据产品之间的接近度就能够描绘出产品空间图。纵向观察一个国家的产品在空间结构图中分布的变化，能够看出该国比较优势的演化过程；横向对比不同国家产品在空间结构中的位置，可以观察出国家产品空间分布的差异、国家之间生产产品种类的区别，而发达国家的产品空间结构能够给欠发达国家的产业升级提供参考。

关于数据与指标的说明：第一，在计算 RCA 指标时，我们采用的是各国五位码产品的出口商品数据，该数据并不包括服务业数据，这样可能会导致部分发达国家指标的测度值偏小；第二，我们采用的是出口数据，并不是各产品的增加值数据，要寻找一个能够反映世界上所有国家五位码产品的生产结构的细分数据，困难是显而易见的，这里用出口数据也是退而求其次之举。出口数据显然不能够反映一个国家生产结构的全部，但是在所有国家都选取同样数据的基础上，能反映出国家之间在这些产品类别上的一些共同趋势或者典型特征，对产业竞争力的分析有一定的参考价值。以上数据和指标上的不足，我们在下一步的研究中会尽量避免。

二、世界产品空间的结构及其演化

在比较优势演化理论中，产品空间是国家比较优势演化路径的基础，一个国家产品在其中的位置影响着产业升级方向和经济发展绩效。本章首先绘制了世界产品空间图，并对其结构特征加以分析。

1. 产品空间结构的图形特征

使用 UN Comtrade 数据库 2009~2011 年世界各国出口数据，按照前述方法构建了世界产品空间结构图。[①] 为减少不同年份贸易条件差异可能产生的干扰，使用期间各年的出口数据，分别计算产品两两之间的接近度，然后通过平均得到最终产品接近度，形成产品接近度矩阵，以此为基础构建产品空间结构图。通过对空间结构图的观察和相关数据的分析，得出了产品空间结构一系列特征和演化趋势。

（1）产品网络空间呈现出显著的中心—边缘特征，机电、化学和仪器仪表等高端制造业产品位于中心，农牧渔产品和矿产采掘等初级产品位于外围。根据 2009~2011 年的数据，绘制产品网络空间图（见图 2-4-1）。通过空间图可以看出，如果将产品空间看成是一座山脉，则机电、仪器仪表等资本、技术密集型产品位于空间图中心，化工产品位于中心附近，上述产品紧密相连，共同构成了产品空间的"主峰"；农牧渔、矿产采掘等初级

---

① 产品空间结构图中，以 SITC rev.3 的五位码产品作为节点，以产品接近度矩阵中的元素，即产品两两之间的接近度为基础，构建节点之间的连接（边），为体现所有产品之间有效连接，首先绘制连接所有产品节点的最大生成树，在此基础上取接近度大于特定阈值（0.55）的边，加入到最大生成树中，形成最终的产品空间图。构成最大生成树必需的边以外的、小于特定阈值的接近度暂不加以考虑。

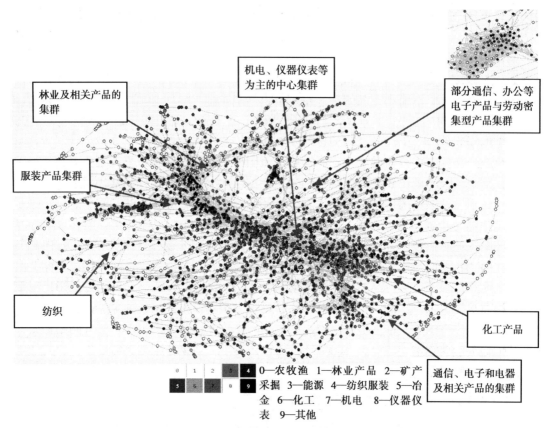

图 2-4-1　2009~2010 年世界产品空间结构

产品则构成网络空间的外围，位于"山脚"下；其他中间产品则形成由"山脚"向"主峰"攀登的一道道"山脊"。

（2）服装、电子等产品在中心聚集区外，形成相对独立的聚集区。在产品空间的中心主峰之外，服装、林木和部分电子产品为主形成了相对独立的集群，构成主峰之外独立小山峰。第一，服装产品彼此之间紧密相连，在局部形成了一个高度密集的集群；第二，林木产品与相关产品在局部形成了一个相对密集的集群；第三，部分通信、电子和电器产品从机电产品的集群中分离出来，与部分仪器仪表类产品结合，形成了一个相对紧密的集群，分布于产品空间"主峰"的一侧；第四，特别值得注意的是，一些通信办公电子类产品进一步分离出来，在产品空间的外围，与部分木材加工、纸制品、服装制造等传统劳动密集型产品相连接，组成了高度密集的独立集群。

2. 产业内部连通性和外部连接性

为了进一步分析不同产业在产品空间分布上的关系，认识产品空间中产品集群的形成机理，本章引入了产业内部连通度和产业外部连接度这两个指标。其中，产业内部连通度（IIC）是指一个产业内产品之间相互连接形成的边数的均值，其定义公式为：

$$HC(H) = \frac{|E_{H-inner}|}{|V_H|} \tag{1}$$

式（1）中，H 代表一个特定的产业，$E_{H-inner}$ 为产业内产品之间连接形成的边，$|E_{H-inner}|$ 为产业内产品之间连接形成的总边数，V_H 为产业内产品形成的节点，$|V_H|$ 为产业内产品节点总数。

产业外部连接度（OIC）是指一个产业内的产品与产业外产品形成连接的边数的均值，其定义公式为：

$$OIC(H) = \frac{|E_{H-outer}|}{|V_H|} \tag{2}$$

式（2）中，H 代表一个特定的产业，$E_{H-outer}$ 为该产业内产品与产业外产品连接形成的边，$|E_{H-outer}|$ 为此类边的总数，V_H 为产业内产品形成的节点，$|V_H|$ 为产业内产品节点总数。根据上述定义，产业内部连通度（IIC）反映产业内部产品连通性，指标数量越高，表明产业内不同产品的连通性越强；产业外部连接度（OIC）反映产业内部产品与其他相邻产品之间的连通性，指标数量越高，表明产业内产品与其他产业产品之间的连通性越强。

本章将 SITC rev.3 五位码产品划分为 10 个产业，[①] 使用前述 2009~2011 年世界产品空间的接近度矩阵，取其中接近度大于特定阈值（0.55）作为边，分别测算了同期上述 10 个产业的内部连通度（IIC）和外部连接度（OIC），结果见表 2-4-1 和图 2-4-2。

表 2-4-1 10 个产业连通性指标

产业	产业内连通度（IIC）	产业外连接度（OIC）
农牧渔业	0.3600	0.7124
林业相关产品	0.4000	1.9538
矿产采掘	0.0519	0.3377
能源产品	0.0333	0.4000
纺织服装	1.6532	0.6792
冶金	0.3972	1.3879
化工产品	0.7219	1.0041
机电产品	1.1336	1.3948
仪器仪表	0.4683	2.0794
其他	0.5368	1.8506

资料来源：根据 UN Comtrade 数据计算。

从各产业内部连通度来看，纺织服装、机电和化工产业最高，这表明上述产业内产品相互连通性较强，具备在产品空间结构中形成以行业为中心的集群的条件。同时从行业外部连接度来看，除纺织服装产业外，各产业的外部连接度均高于内部连通度，表明不同行业产品连接呈现出"犬牙交错"的特征，产品集群多是由相关产业产品彼此"镶嵌"而成。

为了更加具体地反映产品连接关系，本章对机电、化工等产业做了进一步细分，计算了产业内部连通度和产业外部连接度指标，结果见图 2-4-3 至图 2-4-6。

---

① 分别为农牧渔产业、林业（包括原木、木材、造纸和纸制品）、矿产采掘业、能源产业、纺织和服装制造业、冶金产业、化工产业、机电产业、仪器仪表行业和其他。

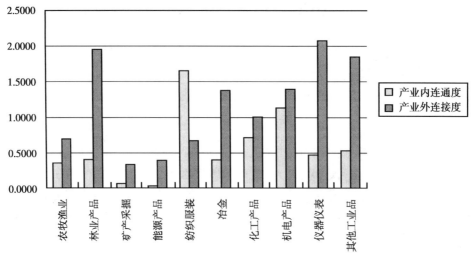

图 2-4-2　10 个产业的连通性

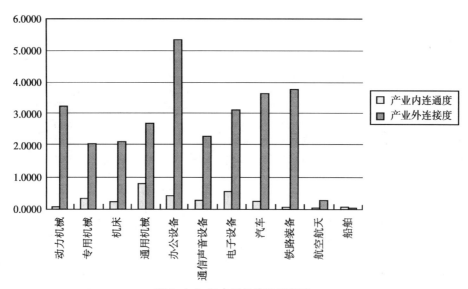

图 2-4-3　机电细分产业连通性

从对各细分行业连通性的分析可以看出，细分产业内部连通度均大大低于其所属产业，外部连接度则普遍高于所属产业。此外，除服装、农药和船舶产业外，其他细分行业外部连接度均大大高于内部连通性。由此可以看出，在将产业作进一步细分后，各细分产业不仅没有呈现出独立聚集的趋势；相反，不同产业产品连接的"犬牙交错"以及产品集群中各产业彼此"镶嵌"的特征更加明显。

3. 产品空间结构的演化

依据同样的方法绘制构建了 1992~1994 年、1999~2011 年、2004~2006 年三期产品空间结构图（见图 2-4-8），与 2009~2011 年产品空间结构图进行比较，分析产品空间结构的演化。

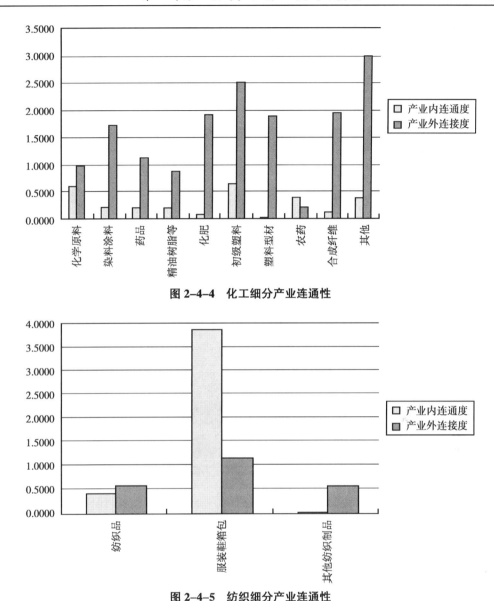

图 2-4-4 化工细分产业连通性

图 2-4-5 纺织细分产业连通性

（1）产品空间基本结构具有一定的稳定性。通过对以上各年度产品空间结构图的观察，可以发现近 20 年世界产品空间结构总体上具有一定的稳定性。首先，一直保持了以机电、仪器仪表和化工产业为中心，初级产品为边缘的结构特征；其次，纺织服装产品和部分电子产品为主形成的产品集群同样存在于各期产品空间结构中（在图 2-4-8 中纺织服装产品集群使用粗线椭圆形标出，部分电子产品集群使用细线椭圆形标出）。

（2）产品空间的整体连通性呈现出下降的趋势。通过对各年度的产品空间结构图的观察，可以发现，1992~2010 年，产品空间的整体连通性呈现下降的趋势，具体表现为产品空间中心集群的密度降低，中心集群与边缘产品的连接带变得逐步稀疏。为了印证这一观察结果，本章在同样的接近度阈值（0.55）下，计算了各年度世界产品空间的内部连通度

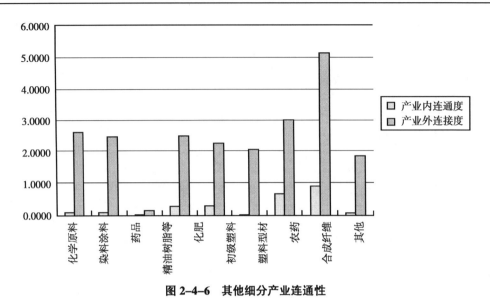

图 2-4-6　其他细分产业连通性

(IWC),[1] 计算结果见表 2-4-2 和图 2-4-7。

表 2-4-2　1992~2010 年世界产品空间内部连通度变化趋势

年份	产品空间整体连通度	年份	产品空间整体连通度
1992 年	6.4330	2002 年	1.4240
1993 年	6.4330	2003 年	1.4339
1994 年	4.2790	2004 年	1.4339
1995 年	3.1559	2005 年	1.8272
1996 年	2.7258	2006 年	1.3817
1997 年	2.2050	2007 年	1.3197
1998 年	2.2368	2008 年	1.4827
1999 年	1.6555	2009 年	1.4397
2000 年	1.5090	2010 年	3.0093
2001 年	1.5558	2011 年	2.4391

资料来源：根据 UN Comtrade 数据计算。

　　从表 2-4-2 和图 2-4-7 可以看出，世界产品空间内部连通度在 1992~2008 年大幅度下降，从 6.4 一路下降到 1.4 左右，此后虽然在 2010 年有一定程度的回升，但在 2011 年又下降到 2.4 左右。

　　（3）部分产品在产品空间结构中的位置发生了较大变化。在产品空间基本结构保持稳定的同时，随着技术的发展，有些产品在空间中所处的位置发生了演变。以部分通信、办

---

　　① 产品空间的内部连通度（IWC）定义公式与产业内部连通度相似，将产品空间的全部产品作为一个整体，计算产品相互连接形成的边数的均值。

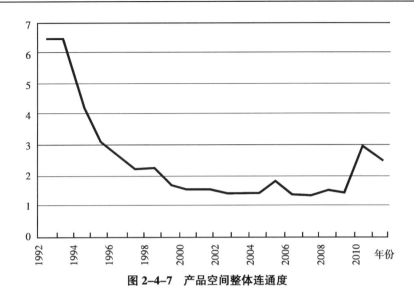

图 2-4-7 产品空间整体连通度

公电子类产品①为例，从图 2-4-9 可以看出，这些产品在 1992~2011 年，其空间分布发生了较大变化（其在各期产品空间结构图中的位置用黑色加以标识）。在 1992~1994 年作为相对高端的技术密集产品，主要位于产品空间中心区域；而随着产品生命周期的演进，这些产品生产技术日渐成熟，逐步从中心区域分离出来，最终在 2009~2011 年扩散到产品空间的外围，与木材加工、纸制品乃至服装制造等传统劳动密集型产品相连接，组成了高度密集的集群。

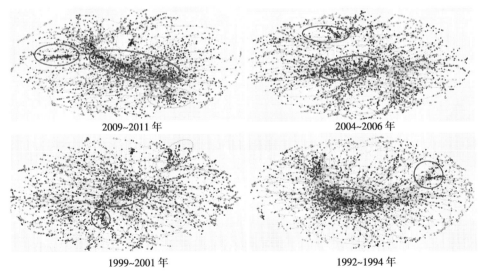

| 2009~2011 年 | 2004~2006 年 |
| 1999~2001 年 | 1992~1994 年 |

图 2-4-8 各期世界产品空间结构比较

---

① 包括 SITC rev.3 编号为 72681、72831、73178、74423、75115、75118、75132、75133、75134、75135、75192、7521、7591、76333、76382、76383、76413、76415、76419、76482、76491、77314、77315、77641、77643、77645、77649、78436、78621、79281、79282、79329 的 32 种产品。

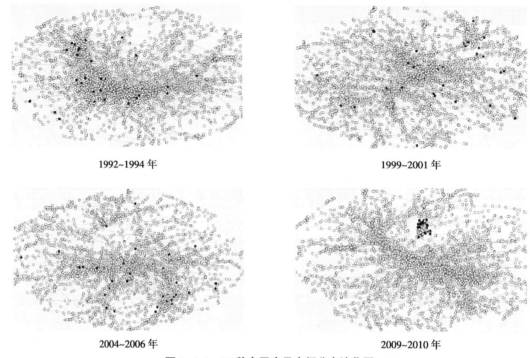

1992~1994 年　　　　　　　　　　　　　　1999~2001 年

2004~2006 年　　　　　　　　　　　　　　2009~2010 年

图 2-4-9　32 种电子产品空间分布演化图

第二节　产品空间演化的国家差异

一国具有相对比较优势（RCA 大于 1）的产品是国家出口竞争力的表现，反映了一个国家的要素禀赋。将具有比较优势产品放在产品空间结构之中，分析不同国家比较优势产品的空间分布，有助于系统研究国家比较优势差异及其演化趋势。

本章根据出口数据测算其出口产品的相对比较优势指标（RCA），取该指标大于 1 的产品作为该国具有比较优势的产品，将产品的位置在各期世界产品空间结构中用黑色加以标识，形成国家比较优势产品的空间分布图，用于研究不同国家比较优势产品空间分布和演化趋势。为了减小不同年度贸易条件的差异可能产生的干扰，真实反映一国的比较优势，本章确定特定时期内一国比较优势产品的标准为：在该时期结束之前的连续 5 年之中，该产品有 4 年以上 RCA 大于 1。图 2-4-10 至图 2-4-20 给出了部分国家和地区各期的比较优势产品的空间分布。从不同国家的比较可以看出，发达的工业化国家的比较优势产品数量较多，且在空间中心区域密度较高；其他国家随着工业化发展水平的降低，比较优势逐步向边缘扩散，比较优势产品数量也逐步减少。

通过将四个不同时期比较优势产品空间分布加以比较，可以研究各国比较优势产品的演化规律。从对图 2-4-10 至图 2-4-20 的观察可以看出：第一，一国比较优势产品的形成与既有比较优势产品分布有密切关系，工业化发展需要依托现有比较优势，通过比较优势产品演化，实现产品结构的调整和升级，不能一蹴而就。第二，近 20 年来，东亚"四小龙"和其他东南亚国家比较优势产品由空间外围向中心区域的不断演进，比较优势产品在中心区域密度不断增加，为经济发展增添了动力。第三，从现有结构分布图来看，希腊和阿根廷等国家比较优势产品数量较小，空间分布边缘化，比较优势向中心区域演进长期停滞，这会在很大程度上阻碍经济的发展，并带来一定的经济风险。第四，从我国比较优势产品空间分布来看，目前正依托传统的服装纺织和电子电器等优势产业，进一步向产品空间中心区域演进。我国比较优势结构和演进路径与东南亚国家相似，而与其他金砖国家有较大区别。

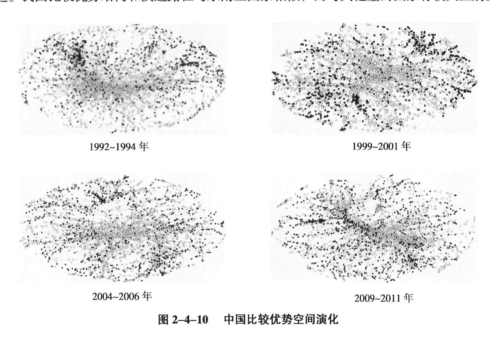

1992~1994 年　　　　　　　　　　1999~2001 年

2004~2006 年　　　　　　　　　　2009~2011 年

图 2-4-10　中国比较优势空间演化

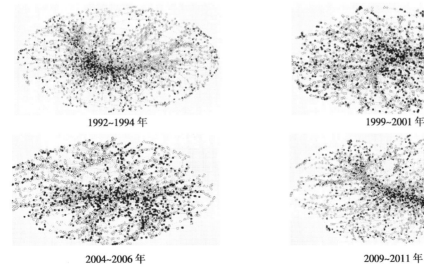

1992~1994 年　　　　　　　　　　1999~2001 年

2004~2006 年　　　　　　　　　　2009~2011 年

图 2-4-11　美国比较优势空间演化

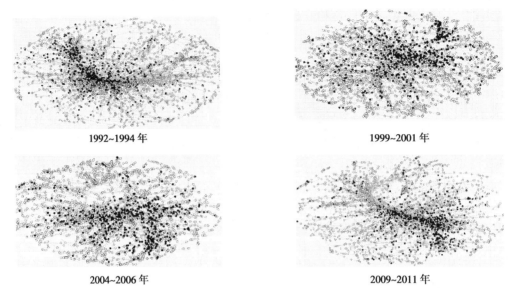

1992~1994 年　　　　　　　　　1999~2001 年

2004~2006 年　　　　　　　　　2009~2011 年

图 2-4-12　日本比较优势空间演化

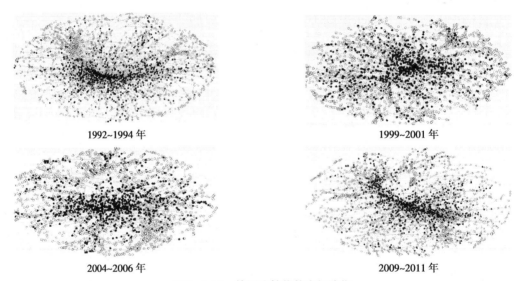

1992~1994 年　　　　　　　　　1999~2001 年

2004~2006 年　　　　　　　　　2009~2011 年

图 2-4-13　德国比较优势空间演化

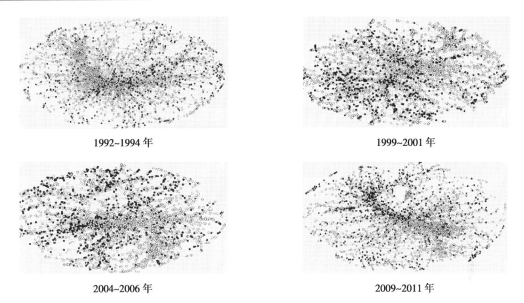

1992~1994 年　　　　　　　1999~2001 年

2004~2006 年　　　　　　　2009~2011 年

图 2-4-14　西班牙比较优势空间演化

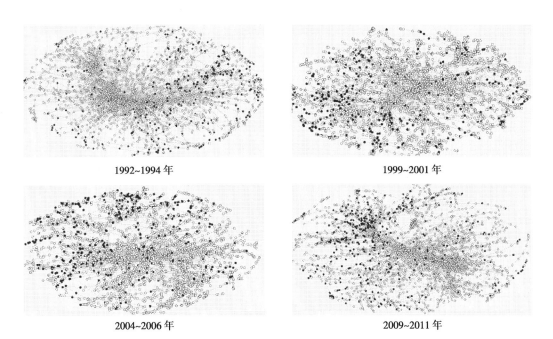

1992~1994 年　　　　　　　1999~2001 年

2004~2006 年　　　　　　　2009~2011 年

图 2-4-15　希腊比较优势空间演化

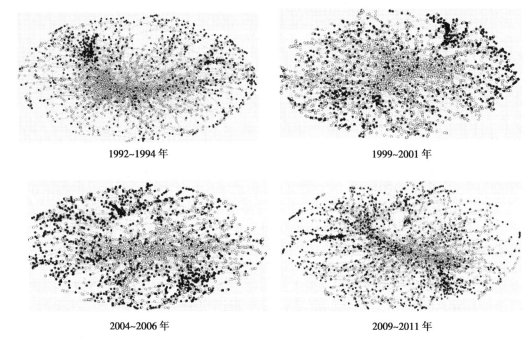

1992~1994 年　　　　　　　　　　　　　1999~2001 年

2004~2006 年　　　　　　　　　　　　　2009~2011 年

图 2-4-16　东南亚国家比较优势空间演化

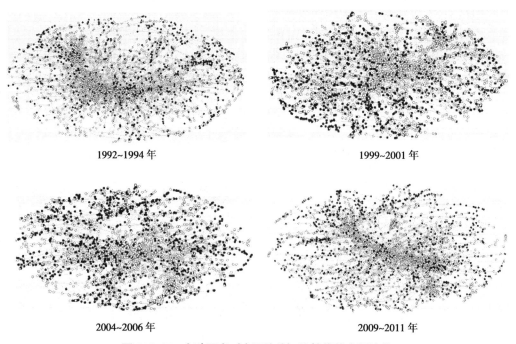

1992~1994 年　　　　　　　　　　　　　1999~2001 年

2004~2006 年　　　　　　　　　　　　　2009~2011 年

图 2-4-17　金砖国家（中国除外）比较优势空间演化

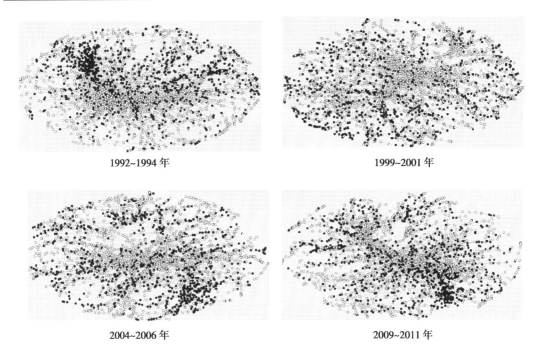

1992~1994 年　　　　　　　　　　　　1999~2001 年

2004~2006 年　　　　　　　　　　　　2009~2011 年

图 2-4-18　东亚"四小龙"比较优势空间演化

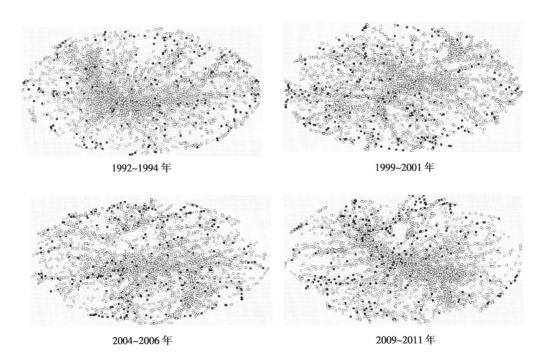

1992~1994 年　　　　　　　　　　　　1999~2001 年

2004~2006 年　　　　　　　　　　　　2009~2011 年

图 2-4-19　阿根廷比较优势空间演化

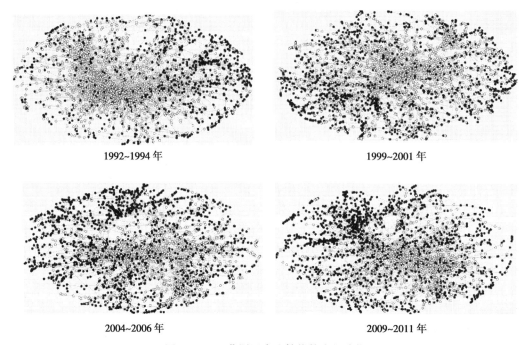

1992~1994 年　　　　　　　　　　　　　　　1999~2001 年

2004~2006 年　　　　　　　　　　　　　　　2009~2011 年

图 2-4-20　非洲国家比较优势空间演化

第三节　产品空间连通性的变化

为了进一步分析一个国家比较优势产品之间的相互关系及其在产品空间中的结构特征，本节计算了国家比较优势产品的内部连通度、比较优势产品密度和外部连接度。

一、国家比较优势产品的内部连通度（ICC）

国家比较优势产品的内部连通度是指一国具有比较优势产品之间相互连接形成的边数的均值，反映了一个国家具有比较优势产品所处区域的空间密集程度，其定义公式为：

$$ICC(C) = \frac{|E_{C\text{-inner}}|}{|V_C|} \tag{3}$$

式（3）中，C 代表一个特定的国家，$E_{C\text{-inner}}$ 为该国具有比较优势产品之间连接形成的边，$|E_{C\text{-inner}}|$ 为比较优势产品之间连接形成的边的总数，V_C 为该国家比较优势产品形成的节点，$|V_C|$ 为比较优势产品节点总数。

二、国家比较优势度（CAD）

考虑到部分国家比较优势产品数量较少，但位于产品空间密集区，由此导致 ICC 指标较高，无法充分反映国家产业竞争力。因此，进一步引入国家比较优势度（CAD）指标。

该指标在各国 ICC 指标的基础上，乘以该国比较优势产品总数占世界产品总数的比例作为权重，其表达式为：

$$CAD(C) = ICC(C) \times \frac{M_c}{M_T} \tag{4}$$

式（4）中，C 代表一个特定的国家，ICC(C) 表示该国比较优势产品内部连通度，M_c 表示该国比较优势产品总数，M_T 表示世界产品总数。

三、国家比较优势产品外部连接度（OCC）

国家比较优势产品外部连接度是指一国具有比较优势的产品与不具有比较优势产品形成连接的边数的均值。根据比较优势演化理论，其代表一国比较优势向其他产品演化的空间，其定义公式为：

$$OCC(C) = \frac{|E_{C-outer}|}{|V_C|} \tag{5}$$

式（5）中，C 代表一个特定的国家，$E_{C-outer}$ 为该国具有比较优势产品与不具有比较优势产品连接形成的边，$|E_{C-outer}|$ 为此类边的总数，V_C 为该国家比较优势产品形成的节点，$|V_C|$ 为比较优势产品节点总数。

使用前述 2009~2011 年世界产品空间的接近度矩阵，取接近度大于特定阈值（0.55）作为边，测算了各国比较优势产品的内部连通度（ICC）、比较优势度（CAD）、外部连接度（OIC），结果见表 2-4-3。

表 2-4-3　部分国家比较优势产品指标

比较优势度排名	国家	比较优势产品数量	比较优势度	内部连通度	外部连接度
1	德国	1043	0.57541	1.682646	0.549377
2	意大利	1176	0.48623	1.261054	0.727041
3	奥地利	757	0.385902	1.554822	0.97358
4	中国	1067	0.34623	0.989691	0.592315
5	日本	660	0.335738	1.551515	0.898485
6	美国	998	0.335082	1.024048	0.734469
7	法国	927	0.324918	1.06904	0.993528
8	捷克共和国	661	0.323934	1.494705	0.912254
9	波兰	673	0.300984	1.364042	0.863299
10	西班牙	899	0.26918	0.913237	0.934372
52	加拿大	452	0.076393	0.515487	1.064159
57	柬埔寨	62	0.058033	2.854839	3.532258
133	中非共和国	8	0.000328	0.125	0.625
134	埃塞俄比亚	82	0.000328	0.012195	0.292683
135	冈比亚	32	0.000328	0.03125	0.28125
136	基里巴斯共和国	9	0.000328	0.111111	2.333333
137	利比亚	8	0.000328	0.125	0.125
138	新喀里多尼亚	16	0.000328	0.0625	0.0625

续表

比较优势度排名	国家	比较优势产品数量	比较优势度	内部连通度	外部连接度
139	尼日尔	36	0.000328	0.027778	0.083333
140	苏里南	34	0.000328	0.029412	0.352941
141	汤加	24	0.000328	0.041667	0.666667
142	瓦努阿图共和国	17	0.000328	0.058824	0.470588

数据来源：欧盟统计局，http：//ec.europa.eu/eurostat。

从表2-4-3得出的结果来看，第一，比较优势度（CAD）的高低在一定程度上反映了国家的产业结构以及工业水平的高低。比较优势度排名前10位的国家主要为发达的工业化国家，其比较优势产品数量多，位于产品空间中心集群，彼此之间相互连接紧密，国家比较优势度（CAD）的指标数量较高；而后10位均为发展中国家，工业化程度很低，比较优势产品数量很少，其主要出口资源性初级产品，产品之间连接稀疏，因而国家比较优势度（CAD）的指标数量较低。第二，就各国比较优势产品内部连通度而言，部分国家如柬埔寨等，工业处于发展起步阶段，出口产品集中于服装等劳动密集型产品集群，导致比较优势产品内部连通度也较高。相反，部分国家由于幅员辽阔，生产产品种类较多，且不同区域之间资源禀赋存在一定差异，从而会拉低比较优势产品的内部连通度，例如美国、加拿大等国家产品内部连通度指标相对较低。第三，就比较优势外部连接度而言，该指标数值越高，表明一国具有比较优势的产品与其他产品连接较多，比较优势演化空间更为广泛。从表2-4-3中各国该指标数值来看，众多发展中国家比较优势产品内部连通度和外部连接度也较低，表明这些国家在升级产品结构、实施比较优势演进的过程中将面临许多困难。第四，就中国的情况而言，到2011年比较优势度排名世界第4位，超过了众多发达国家，这在一定程度上反映了我国制造业大国的地位。同时，我国比较优势产品内部连通度不高，在0.98左右，说明我国不同地区之间的产品结构存在一定差异。此外，比较优势产品外部连接度也已经低于1，在今后实施比较优势演进继续向更高端产品升级过程中将面临一定的挑战，现有部分产品面临升级瓶颈。

第四节　产品空间结构分析的基本结论

一、促进比较优势向核心区域演进，实现产品结构升级，是后发国家实现工业化的努力方向

从产品空间结构以及不同国家比较优势产品的分布中可以看出，产品空间具有明显的中心—边缘特征，位于中心区域的产品具有资本密集型特征，技术复杂，是发达工业化国家比较优势所在，是其强大的工业能力的集中体现。而欠发达国家比较优势位于产品空间外围，多为资源密集型和劳动密集型产品，体现了其较弱的工业竞争力。为提高国家工业能力，实现经济发展和赶超，需要不断优化产品结构，使比较优势产品向核心区域靠拢。

这正是东亚"四小龙"等成功新兴工业化国家走过的历程，也是其他后发国家需要努力的方向。反之，如果国家比较优势产品数量较小，空间分布边缘化，比较优势演进停滞，会在很大程度上阻碍经济的发展，并带来一定的经济风险。

二、遵循自身比较优势，从既有比较优势产品向空间中相邻近产品逐步演进，是国家实现产品结构升级的现实选择

产品空间结构中不同产品连接形成的边，表明产品在同一国家具有比较优势的概率较高，对要素禀赋要求更为接近。根据比较优势理论，充分利用国家要素禀赋优势，从现有的比较优势的产品向邻近的产品演进，是实现产品结构的现实选择。在升级过程中可充分利用产品连接密集的集群，快速实现比较优势在集群内扩充，在短时间内实现国家工业规模的大幅提升。

三、跨产业升级在产品结构升级过程中具有重要意义

从产品空间图形特征和产业连通性数据可以看出，不同产业产品连接"犬牙交错"，产品集群中各产业彼此"镶嵌"。这表明同一产业产品之间对要素禀赋要求具有很大差异，而不同产业的特定产品之间可能更为接近。因此，一个国家在产品结构升级过程中，难以固守一个产业，独立实现由劳动密集型产品向资本密集型或技术密集型产品的演进，而是需要根据要素禀赋现状，充分发挥跨产业升级的潜力，在不同产业之间交叉迂回，最终实现产品结构全面升级的目标。

四、研究产品空间结构的特征及其演变，有利于产业发展战略规划和政策的制定

从上述分析来看，在近 20 年的时间里，世界产品空间结构保持着总体稳定，这为运用空间结构理论，制定长远规划，指导国家产品结构升级奠定了基础。同时，部分产品由于产品技术生命周期的演化等原因，在空间结构中的位置会发生突变，及时捕捉发现这种变化，有利于企业、地区和国家适时地调整发展战略和产业政策，适应这种变化，捕捉产业发展机遇，避免升级滞后带来的损失。

【参考文献】

[1] Kevin M. Murphy, Andrei Shleifer, Robert W. Vishny. Industrilization and Big Push [J]. The Journal of Political Economy Volume, 1989, 9 (5).

[2] Hausmann, Ricardo, and Bailey, Klinger. The Evolution of Comparative Advantage: the Impact of the Structure of the Product Space [R]. CID Working Paper, No.106.

[3] Hausmann, Ricardo, and Bailey Klinger. The Structure of Product Space and Evolution of Comparative Advantage. [R]. CID Working Paper, No.146.

[4] The Economist. The Global Revival of Industrial Policy, 2010–8–5.

[5] UNDP. Human Development Report 2013. Published for the United Nations Development Programme.

[6] 丹尼·罗德里克. 相同的经济学，不同的政策处方 [M]. 北京：中信出版社，2009.

[7] 林毅夫. 新结构经济学 [M]. 北京：北京大学出版社，2012.

［8］郭克莎. 工业化新时期新兴主导产业的选择［J］. 中国工业经济，2003（2）.

［9］刘世锦. 让高增长行业起作用［J］. 管理世界，2003（2）.

［10］李文军. 我国高增长行业的判别与分析［J］. 经济研究参考，2006（28）.

［11］周叔莲，吕铁，贺俊. 我国高增长行业的特征及影响分析［J］. 经济学动态，2008（22）.

［12］张其仔，郭朝先，白玫. 协调保增长与转变经济增长方式关系的产业政策研究［J］. 中国工业经济，2009（3）.

［13］张其仔. 比较优势的演化与我国产业升级路径的选择［J］. 中国工业经济，2008（9）.

第五章 发达国家"再工业化"和新工业革命对国际分工格局的影响

金融危机之后，发达国家普遍陷入失业率上升、信贷增长乏力和财政状况恶化的困境。为尽快走出金融危机阴影，恢复国内经济增长，降低失业率，美国等发达国家先后抛出"再工业化"计划。在"再工业化"浪潮中，发达国家促进工业发展，调整经济结构，提高实体经济比例，鼓励制造企业"回归"国内，从这个角度看，"再工业化"是对"去工业化"的反思与纠正。同时，在"再工业化"浪潮中，发达国家进一步加强技术、品牌、专利、标准等无形资产对经济增长的推动作用，升级产业结构，启动新的技术革命，发展高附加值新兴产业，淘汰低技术含量、资源浪费和环境污染的传统产业，从这个角度看，"再工业化"是"去工业化"的延续与升级。"再工业化"虽不会改变全球分工格局的基本特征，但是在一定程度上和一段时期内会对部分行业的国际产业转移、发展中国家新兴产业发展和全球研发活动分工产生一定影响。

第一节 发达国家继续主导全球国际分工

一、发达国家仍主导全球制造业分工

近 30 年来，以中国、印度、巴西为代表的发展中国家制造业发展提速，制造业规模和工业品出口规模已经超过美、日、欧等发达国家。尽管面对发展中国家制造业高速增长的挑战，发达国家制造业占世界总值的比重有所下降，但是在不少重要的制造业部门中仍占较大的比重。根据联合国工业发展组织的统计，工业发达国家制造业增加值占世界总值的比重从 2000 年的 74.3% 下降到 2005 年的 69.4%，而发展中国家制造业增加值占世界总值的比重则从 2000 年的 24.3% 增加到 2005 年的 29.0%。但是，2000~2006 年，发达国家在其他运输设备、广播电视和通信设备、电气设备、碱金属、机械和装备等高增长行业中仍然保持较高比重。例如，全球广播电视和通信设备制造业增加值中，美国占到了 69.1%，远高于其他发达国家和发展中国家。即便是碱金属制造等传统基础工业，发达国家也占有相当大的比重（见表 2-5-1）。同时，还必须认识到，中国等发展中国家增加值占比的迅速提高在很大程度上要归功于发达国家跨国公司的海外工厂，发展中国家制造业真实的竞争力并没有那么高。可见，发达国家从来没有放弃制造业的发展，"去工业化"是区域性和行业性的，从某种意义上讲也不存在"再工业化"的问题。此外，从发达国家

制造业竞争力情况看：发达国家制造业占 GDP 的比重、工业制成品占全部出口的比重等指标虽然与发展中国家差距不大，但是人均增加值、高技术产品比重等质量性指标远高于发展中国家（见表 2-5-2）。按照工业竞争力指数（CIP）的评估，2005 年全世界 122 个主要国家和地区的工业竞争力指数排名中，日本排名第 3，德国排名第 6，美国排名第 11，英国排名第 15，中国排名第 26，巴西排名第 38，印度排名第 54。在排名前十位的国家中，除了新加坡、韩国和中国台湾地区外全部为发达国家。可见，虽然工业和制造业在发达国家国民经济中的比重不断下降，但其国际竞争力依然远远高于发展中国家，发达国家仍然是制造业强国。金融危机之后，发达国家加大了对国内制造业的扶持力度，进一步提高制造业的国际竞争力水平，制造业国际分工在相当长时间内仍然以发达国家为主导。

表 2-5-1　高增长行业各国增加值占全球比重（2006 年）

单位：%

	第 1 位	第 2 位	第 3 位	第 4 位	第 5 位
其他运输设备（ISIC35）	中国（34.1）	美国（20.4）	巴西（6.3）	日本（5.8）	英国（4.8）
广播电视和通信设备（ISIC 32）	美国（69.1）	日本（10.1）	中国（6.8）	韩国（4.8）	中国台湾（1.7）
电气设备（ISIC 31）	中国（28.2）	日本（19.1）	美国（11.9）	德国（10.3）	印度（2.9）
碱金属（ISIC27）	中国（23.8）	日本（19.0）	美国（10.9）	德国（4.9）	韩国（3.4）
机械和装备（ISIC 29）	日本（21.5）	美国（16.7）	德国（12.2）	中国（11.0）	意大利（4.8）

资料来源：UNIDO 数据库。

表 2-5-2　部分发达国家和发展中国家制造业情况（2005 年）

单位：%

	人均制造业增加值#	人均工业制成品出口	制造业占 GDP 比重	工业制成品占全部出口比重	中高技术占全部制造增加值比重	中高技术出口占全部制成品出口比重
美国	5528.1	2707	15.0	88.7	55.7	72.1
日本	8474.1	4387	21.7	94.2	56.9	82.0
德国	5179.0	10900	21.7	92.0	61.1	71.9
英国	3706.7	5464	13.6	85.6	56.1	65.4
中国	495.9	556	34.1	95.1	46.9	57.5
印度	83.0	82	14.1	87.3	39.3	22.6
巴西	748.7	463	20.4	72.8	33.5	47.9

注：# 按照 2000 年美元。
资料来源：UNIDO 数据库。

金融危机的爆发反映出美欧等发达国家过度依赖金融业和国内消费拉动经济增长的弊端，为应对金融危机挑战，发达国家实施了一系列的产业政策，刺激本国经济，平衡贸易逆差，这在一定程度上会增强发达国家对制造业国际分工的主导作用。例如，奥巴马总统上任之后，美国联邦政府提出经济转向出口推动和制造业推动，推出"出口倍增计划"等计划，旨在提高工业产品出口，创造国内就业岗位；英国政府为促进制造业发展，组建"以技术与创新为核心的精锐组织"，旨在使英国在全球市场抢占主导性地位；法国公布一系列重振工业生产力政策，创建 2 亿欧元基金用以支持法国企业将制造基地搬回国内，并大力促进化学、软件、食品、电子等领域的企业加强合作，推动产业融合发展。这些政策措施能够在一定时期内一定程度上改变发达国家经济发展方式，提高制造业在发达国家经济中的比重，同时也增强对全球制造业分工的影响：发展本国制造业将影响以出口导向为特征的发展中国家制造业发展，刺激出口将加大国际工业品出口市场竞争，鼓励本国跨国公司制造业务回归将对发展中国家吸引外商直接投资产生影响。

二、服务业是发达国家经济恢复的主要动力

按照经济发展的客观规律，在工业化完成之后，一个国家经济的进一步发展主要将依靠服务业的发展，服务业的产值、出口、就业人数都将超过工业，成为国民经济的支柱产业。例如，根据世界银行的统计，服务业占美国经济总量的比重1981年为63%，1990年为75%，2000年以后基本稳定在77%；而工业的占比从1981年的34%下降至1990年的28%，再进一步下降至2000年的23%。金融危机之后，发达国家"再工业化"的政策虽然聚焦于制造业，但同时也增强了对第三产业的扶持力度。再工业化不但不会制约发达国家服务业的发展，还可能催生一些新的高端生产性服务业，促进服务业的升级。例如，自实施"再工业化"计划以来，美国大部分传统实体行业就业人数的增长十分缓慢，而旅游业、教育业、保健行业和娱乐业的就业回升却十分明显。可见，美国等发达国家的比较优势集中于服务业，金融危机之后，无论是国民经济的恢复、失业率的下降，还是消费信心的恢复，出口的增长都需要借助于服务业的首先振兴和升级，带动制造业的发展。另外，大多数发展中国家服务业发展水平滞后于其制造业，特别是在现代服务业领域还处于发展初期阶段，难以在国际市场与发达国家竞争。例如，根据统计，美国制造业90%左右的产业价值来自工业设计，而在中国，工业设计的价值可能只被挖掘了不到1%。2010年中国全社会物流总费用占GDP的比例高达17.8%，超出美、日、欧发达国家的比例近一倍。可见，相当长一段时期内，在服务业的全球分工格局中，发达国家在技术研发、品牌营销、法律咨询、金融服务继续占有主导地位，这些行业也是发达国家最具有比较优势的行业，是发达国家应对金融危机，恢复本国经济增长的主要动力。

第二节　技术密集型和劳动集约型产业分工格局的变化

一、技术密集型和劳动集约型行业向发达国家"回归"

目前，发达国家制造业主要集中于成套设备、核心元器件等领域，工业产品生产和出口中，汽车、计算机、机械装备、电子元器件、武器、生物制品、医疗设备所占的比重较大，这些产品具有不同的技术演进规律和产品架构特征，但都属于技术密集型和劳动密集型行业。金融危机之后，发达国家为了恢复经济，促进就业，加大了对制造业的扶持力度，具有比较优势的汽车制造、装备制造、电子信息、生物医药等行业出现向国内"回归"的迹象。当然，"再工业化"浪潮下的"回归"是有范围、有条件和阶段性的。首先，

将劳动密集型制造业搬回国内，既不符合发达国家比较优势和产业环境，也降低生产要素在全球的配置效率。相比较，技术密集型和劳动集约型制造业"回归"本国的可能性更大。其次，高新产业向国内"回归"的必要条件是中低端传统产业的加快转出。发达国家发展高新技术产业需要优化国内外资源配置，只有加快中低端传统产业向国外转移，再工业化提出的鼓励实体经济发展的优惠政策才能够聚焦于高附加值、高素质劳动需求的高新产业。最后，发达国家促进本国制造业的"回归"不可能是一个长期政策。标准化和劳动力成本上升共同导致了以加工组装为特点的传统模块化制造业不断由发达国家向发展中国家转移，而发达国家更专注于高技术产业和服务业的发展，这是当前国际分工和国际贸易的基本格局，也是各国比较优势的反映和国际市场竞争的结果。发达国家政府过度干预的结果将降低资源配置效率，影响国际贸易对世界经济增长的促进作用。因此，随着全球经济复苏，发达国家就业率上升，消费信心恢复，发达国家促进制造业"回归"的政策将减弱直至终结。

二、低技术含量和劳动密集型行业继续向发展中国家转移

发达国家推进"再工业化"，采取多种政策手段鼓励本国制造业回归，但这并不会影响低技术含量和劳动密集型行业由发达国家向发展中国家转移的大趋势。普通服装、纺织品、家用电器、普通手机、玩具、普通工具、家具等产业的制造环节技术含量低、附加值小、劳动密集度高，回归发达国家本土的可能性非常小，此类行业的国际分工格局以及由发达国家向发展中国家进一步转移的趋势不会改变。首先，发达国家"制造业回归"政策的重点是将代表未来技术发展方向的高技术产业迁回国内，"回归"计划不可能是整个制造业的回归，无论政府还是企业，都没有动力将低端制造业搬回国内。其次，发达国家并不适合发展劳动密集型产业。据国际劳工组织统计，2000 年美国与中国平均工资差别 26 倍，2008 年两者工资差别为 10 倍。如果产品制造环节增加值不高，高昂的用工成本是发达国家制造企业难以承担的。再次，中国、印度、巴西等发展中国家是全球潜力最大、增长最快的市场，且消费结构集中于规模化生产的中低端产品。发达国家跨国公司为了接近市场，向这些国家大量转移低端制造业。在金融危机中，这些境外企业稳定的收益反哺境内亏损，在一定程度上缓解了金融危机的影响。金融危机之后，中国等新兴经济体需求增长的势头不减，将进一步促进相关制造业的转移。最后，发达国家在向外转移制造业的同时，供应链系统也随之转移到境外，国内低端制造业发展相应的技能培训、机械维修体系已经不健全，产业结构和配套环境不适合低端制造业发展。

尽管很多发达国家都提出鼓励制造业"回归"的相关政策，但是从实际情况看，这并没有逆转国际产业转移，特别是低技术含量和劳动密集型行业由发达国家向发展中国家转移的趋势。以中国为例，根据中国商务部的统计，金融危机爆发之后的各年份中：2007 年全国新设外商投资企业同比下降 8.69%，实际利用外资同比增长 13.8%；2008 年全国新设外商投资企业下降 27.35%，实际利用外资增长 23.58%；2009 年全国新设外商投资企业下降 14.83%，实际利用外资下降 2.56%；2010 年全国新设外商投资企业增长 16.94%，实际利用外资增长 17.44%；2011 年新设外商投资企业增长 1.12%，实际利用外资增长 9.72%。可见，自金融危机爆发以来，中国每年新设外商投资企业数量减少（这一现象在

金融危机之前就已经出现），实际利用外资金额的增长速度也有所下降，但除了 2009 年，利用外资金额还是处于增长区间，中国各地区并没有出现因为发达国家"再工业化"造成的外商企业大规模退出的情况。在外商直接投资项目中，制造业合同项目和实际使用外资金额占全部合同项目和使用外资金额的比重大致为 40% 和 50%，组装加工仍然是中国吸引外商直接投资的主要部门。

三、全球研发活动分工格局出现新变化

表面上看，发达国家"再工业化"强调制造业回归，提高实体经济占国民经济的比重，但是这种回归和产业结构变化是以技术创新为前提和基础的。金融危机后，各种"再工业化"计划中都包含了大量促进技术创新的内容。并且发达国家在金融危机之后推出技术政策与金融危机之前奉行的市场化的技术战略相比较，更注重对未来技术的储备和对顶层技术的攻克，这将对全球研发活动的国际分工产生影响。第一，发达国家和发展中国家可能形成按不同技术应用时间分工的研发分工格局。金融危机之后，发达国家会制定更为长远和更细致的技术路线图，研发活动的重点是未来技术；发展中国家基础技术薄弱难以胜任对未来技术的研发，传统行业技术改造仍然是国家工业技术进步的主要形式。第二，发达国家和发展中国家可能形成不同层次的研发分工格局。一方面，金融危机之后发达国家政府加大对产业技术框架设计、产品技术路径选择等顶层技术研发的支持力度。同时，顶层技术研发成果往往又与技术专利和技术标准结合在一起，成为发达国家跨国公司保持竞争优势、获得垄断利润的新手段。另一方面，随着发展中国家研发实力的增强、研发体系的完善，较为低端的研发活动向发展中国家转移加快，发展中国家承担了越来越多的成熟技术的改进、新产品开发、工艺改进以及中试等研究开发活动。第三，发达国家和发展中国家可能形成不同行业领域的研发分工格局。金融危机后，发达国家支持新兴产业发展的产业政策、消费政策将加快储备技术的产业化步伐，新兴产业领域研发活动将不断加强；由于发展阶段的原因，发展中国家传统产业、新兴产业的传统部分占工业的主导地位不可能在短期内被替代，虽然很多发展中国家政府都注重新兴技术的研发，但企业的研发活动仍然主要服务于能快速转换为利润的项目，整体上看，对传统领域的研发投入大于新兴领域。综上，金融危机之后，受发达国家"再工业化"浪潮的影响，国际研发活动分工格局将发生改变，可能形成发达国家注重未来技术发明、发展中国家注重成熟产业化技术改进，发达国家注重高端顶层设计、发展中国家专注中低端技术研发，发达国家注重新兴产业技术研发、发展中国家注重传统产业技术改进的分工格局。

第三节　发达国家加快部署新兴产业影响发展中国家产业升级

金融危机之后，各发达国家都将产业政策的重点聚焦于新一代信息技术、新能源、生物、航空航天、海洋、环保等新兴产业。从产业演进的角度看，发达国家在金融危机后的

"再工业化"是在上一次工业化基础上，适应新技术、新市场的产业结构调整升级，是以信息技术的迅速发展为依托，大力发展适应未来技术发展方向和市场需求变化趋势的新兴产业。一方面，借助日新月异的技术孕育新的产业；另一方面，利用高新技术推动产业结构转型，促进传统产业的升级改造，提高国内经济结构抵御金融风险的能力。此轮"再工业化"与其说是一种向实体经济的"回归"运动，不如说是一种实体经济的"重塑"运动。金融危机爆发之后，主要发达国家展开了对未来主导产业选择的激烈竞争，通过战略部署，推动节能环保、新能源、信息技术、生物等新兴产业发展，力图通过这些新兴产业的发展刺激实体经济增长，形成新的主导产业（见表2-5-3）。例如，美国政府于2009年颁布的《振兴美国制造业框架》十分强调新能源、航天航空、宽带网络、干细胞的技术开发和产业发展，积极推行"绿色经济复苏计划"，促进"绿色技术"革命；日本把重点放在信息技术应用、新型汽车、低碳产业、新能源（太阳能）等新兴行业上；欧盟旨在促进"绿色技术"和其他高技术的发展，并决定在2013年之前投资1050亿欧元用于刺激"绿色经济"发展；英国在2009年颁布了《构建英国的未来》和《英国低碳转换计划》，提出要着手建设"明天的经济"，并正式启动向低碳经济转型。

表2-5-3　金融危机之后主要发达国家关于新兴产业发展的相关法案和计划

国别或地区	时间	相关法案和计划	重点领域
美国	2009年2月	《美国复兴与再投资法》	新能源、环保
	2009年6月	《美国清洁能源安全法案》	新能源
	2009年9月	《美国创新战略》	清洁能源、先进汽车技术、健康
	2009年12月	《重整美国制造业框架》	高技术清洁能源、生物工程、航空、纳米、智能电网
日本	2009年3月	《信息技术发展计划》	信息技术
	2009年4月	《第四次经济刺激计划》	环保
	2009年12月	《面向光辉日本的新成长战略》	环保产业、电力汽车、医疗、文化旅游、太阳能
英国	2009年6月	《构建英国的未来》	低碳经济、生物产业、生命科学、数字经济
	2009年7月	《英国低碳经济转换计划》（配套方案：《可再生能源战略》、《低碳工业战略》、《低碳交通战略》）	低碳经济
欧盟	2009年4月	《发展"环保型经济"计划》	绿色产业

资料来源：作者整理。

　　新兴产业的快速发展需要具备两个条件：一是研究开发力度和效率足以提供产业发展的技术；二是存在对新产业产品的需求。美国是全球第一个提出信息革命的国家，日、欧等发达国家的信息技术水平也远高于世界平均水平。美国虽然在新能源、新能源汽车领域的战略布局晚于日欧，甚至晚于中国等发展中国家，但是储备了大量新兴产业发展所需的基础知识和通用技术，在政策的支持下，新兴产业能够迅速发展起来。新兴产业发展初期，技术研发和市场开拓成本高，产品价格一般高于同类传统产品，发达国家人均可支配收入高，社会保险和消费信贷体系完善，即便是金融危机对消费造成严重冲击，美、日、欧仍然是全球人均消费最高的国家。新兴产业产品，特别是中高端产品的最初市场在发达国家的可能性较大，我国电子信息、新能源等新兴行业也将市场瞄准了发达国家。总体上看，发达国家新兴产业的发展在技术供给和市场需求方面的条件优于发展中国家，金融危机之后，发达国家政府加快新兴产业部署，这会对发展中国家相关产业的发展造成巨大压力，新兴产业的全球分工格局也会向发达国家有所转移。

第四节 新工业革命对国际分工的影响

第一次工业革命是 18 世纪晚期制造业的"机械化"所催生的"工厂制"，彻底涤荡了家庭作坊式的生产组织方式；第二次工业革命是 20 世纪早期制造业的"自动化"所创造的"福特制"，流水生产线使得"大规模生产"成为制造业的基本生产组织方式，产品的同质化程度和产量"双高"。金融危机前后，人类迎来的第三次工业革命是制造业的"数字化"，这是自流水线发明以来对制造业投入材料、生产装备以及辅助技术最彻底的一次变革（见表 2-5-4），以此为基础的"大规模定制"（Mass Customerization）成为未来的主流生产方式，这也是此轮发达国家"再工业化"的重要特征。第三次工业革命是生产方式"巨变"，当前脱胎于制造业"自动化"和"大规模生产"的国际分工体系将可能被扬弃，取而代之的新国际分工可能更有助于发达国家重拾制造业竞争力，发展中国家的既有竞争优势岌岌可危。

表 2-5-4　三次工革命技术基础比较

	新生产投入（材料）	新生产装备	新生产辅助技术（交通、通信、基础设施）
第一次工业革命	熟铁	蒸汽机	蒸汽轮、火车；邮政；铁路、运河
第二次工业革命	钢铁	生产流水线	汽车、飞机；电话、电报；公路、高速公路、机场、港口形成的交通网络
第三次工业革命	复合材料、纳米材料	工业机器人、3D 打印机	新能源汽车；数字远程通信；信息网络

资料来源：作者整理。

首先，第三次工业革命将重塑国家间比较优势。其一，终端产品的竞争优势来源不再是同质产品的低价格竞争，而是通过更灵活、更经济的新制造装备生产更具个性化、更高附加值的产品。发展中国家通过低要素成本大规模生产同质产品继而降低产品成本的既有比较优势将有可能失势。如果发展中国家的低要素成本比较优势不能在未来产品差异化制造中重新占据一席之地，将失去高附加值终端产品的竞争优势。其二，支撑制造业"数字化"的新型装备同时也是保持终端产品制造优势的基础。然而，这些新型制造装备属于技术密集型和资本密集型产品，更符合发达国家的比较优势。就中国的情况而言，低劳动力成本比较优势主要反映在制造环节，而在第三次工业革命浪潮中，随着制造本身重要性的下降，中国现有的低成本劳动力比较优势将被削弱。20 年前，宏碁创始人施振荣提出"微笑曲线"理论，指出了制造环节在价值链中的利润比重存在下降的趋势，而现在，随着第三次工业革命的到来和深入发展，制造不仅是利润比重继续下降，甚至存在完全退出的可能。例如，3D 打印机的发明和不断改进在为用户提供前所未有消费体验的同时，也将改变工业生产的组织结构。随着 3D 打印机的大型化和集成化，"制造"可能在不久的未来将不需要在工厂中完成。同时，就制造本身而言，随着技术标准化和组件模块化发展，核心、关键零部件生产成本和利润占整个制造环节成本和利润的比重将不断提高，装配、组装的成本和利润占比将不断下降，这将对以装配、组装为重点的中国制造业造成巨大冲击。例如，售价 499 美元的 iPad，制造环节的劳动成本只有 33 美元，而中国承担的装配环节的成本只有 8 美元。因此，第三次工业革命不仅削弱了发展中国家的传统比较优势，而且强化了发达国家的比较优势，"中心—外围"的世界产业体系被进一步固化。

其次，第三次工业革命重塑国家间利益分配机制。第三次工业革命浪潮不仅使生产关系发生转变，也会引发分配方式的革新。其一，价值链中生产制造环节低附加值的格局可能发生改变。当前生产制造环节附加值低的主要原因是依靠大量低成本的劳动力从事简单重复劳动，进入门槛较低。这一模式在第三次工业革命中将难以为继，生产制造环节有更多、更高效、更智能的资本品和装备产品参与，不仅要完成简单重复性的任务，还要完成更为灵活、更为精密的任务，生产制造环节的利润更高，这也是部分高端制造业回流至发达国家的重要因素。其二，第三次工业革命强化了服务业对制造业的支撑作用，而由于生产性服务业在很大程度上是由专业技能人员组成，所提供服务的价值更高，行业的进入门槛更高，从业人员谈判能力更高，使得服务业在分配中所占的份额更大。因此，随着制造业和相关专业服务业向发达国家进一步集中，发达国家更具备条件享受国家间的产业结构调整的"结构红利"。

最后，发展中国家面临经济增长点断档的风险。一方面，发展中国家比较优势集中于成本占比不断下降的制造环节。第三次工业革命的一个特征是普通制造占产品总成本的比重将进一步下降，所需的劳动力数量也将大幅减少，发展中国家在劳动密集行业的优势将逐渐丧失。另一方面，发展中国家产业工人要符合第三次工业革命的要求尚需时日。例如，中国制造业生产线上有全世界规模最大、技艺最高、纪律最优的"流水线型"工人，这也是在过去 20 余年中国成为全球制造中心、世界工厂的最根本条件。但是在第三次工业革命中，随着工厂生产自动化程度不断加强，个性化定制比重不断提高，我们更需要能够看懂图纸、理解订单要求、调整机器参数、修正错误误差的"创造型"工人。从目前的情况看，中国等发展中国家产业工人人力资源现状还不能适应新兴产业发展的要求，这也是发展中国家普遍存在的潜在的经济增长断档风险。

第五节　应对"再工业化"和"第三次工业革命"的政策重点

虽然发达国家的"再工业化"并没有对国际分工变化趋势造成重大影响，"第三次工业革命"也尚未完全到来，但是，从长期看，发达国家产业政策调整和技术革命将对国家间的比较优势，第二、三产业的关系，世界经济地理和国家间收益分配机制产生深远的影响，也将不可避免对发展中国家产业的高端和低端环节都带来巨大的挑战。中国等发展中国家需要制定相应的政策措施，在"巨变"之前提前做好准备。

第一，突破支撑制造业发展的关键技术。目前中国在制造业领域的研究和开发已有一定的基础，取得了一些成就，但是与国外先进技术相比仍有不小差距。例如，在代表第三次工业革命发展方向的快速成型技术、工业机器人技术、新材料技术等关键技术领域，中国的技术成熟度和产业化进程都与发达国家存在显著差距。必须加强对关键技术的突破和产业化的政策支持，一般的产业政策、科技创新政策和战略性新兴产业发展专项政策应该向这些方面倾斜。第二，充分重视市场需求（特别是国内市场）在未来产业发展中的重要作用。要利用好中国居民消费能力和消费层次的双"提升"有利条件，将"大规模定制"与促进新兴产业成长、启动"内需"有机结合起来，通过应用示范、用户体验和会展等形式提升国内外消费者对中国新兴产业技术和产品的认知度。第三，转变人才资本开发思路。一方面，发达国家"再工业化"和"第三次工业革命"对全球制造业从业人员提出了更高的要求，新兴产业创造的新就业岗位尤其针对于专业技术人员和服务人员，这就要求各国的人力资本开发进行相应调整，满足未来产业用工所需。另一方面，已有研究表明，人力资本的积累也是有效提升研发投资效率的重要因素。中国专业性人力资本积累底子薄、速度慢。并且，制约高端人才流动的制度性因素较多，可能影响中国制造业在"再工业化"浪潮和"第三次工业革命"中的转型和升级。因此，有必要从基础教育、高等教育和职业培训等进行全方位的调整，改革限制高端人才流动的不合理因素。

【参考文献】

[1] 金碚，刘戒骄.美国"再工业化"的动向 [J].中国经贸导刊，2009（22）.

[2] 宾建成.欧美"再工业化"趋势分析及政策建议 [J].国际贸易，2011（2）.

[3] 周民良.再工业化：中国产业发展的战略选择 [J].管理世界，1995（4）.

[4] 佟福全.美国的"再工业化"战略 [J].世界经济，1982（7）.

[5] 彼得·F.德拉克，沈锦昶.美国的"再工业化"[J].外国经济参考资料，2011（10）.

[6] 中国社会科学院工业经济所课题组.第三次工业革命与中国制造业的应对战略 [J].学习与探索，2012（9）.

[7] The Economist. Manufacturing：The Third Industrial Revolution [EB/OL]. http：//www.economist.com/node/21553017.html，2012-04-21.

第六章　下一波新兴经济体国家产业竞争力

一个国家的产业竞争力水平与其经济体制、产业结构、知识与技术创新、人口规模与结构、自然资源禀赋、资本规模、国际贸易与投资等密切相关。目前，中国经济的国际地位和竞争力都处于关键的变化时期，与下一波新兴经济体的产业合作与竞争对中国产业发展的影响将越来越突出。为此，我们将近些年来经济发展水平不高但经济相对快速增长，对世界经济影响不太大但经济开放程度较高，未来经济增长潜力和产业竞争力比较突出的发展中经济体界定为下一波新兴经济体，并选择亚洲的越南、印度尼西亚、马来西亚、泰国、菲律宾，拉美的洪都拉斯、巴拿马，北美的哥斯达黎加、尼加拉瓜等国家作为代表，分析了这些国家的经济发展状况和产业结构特点，并将其国家产业竞争力与中国的产业竞争力做了对比研究。

第一节　下一波新兴经济体的经济发展状况

本节对下一波新兴经济体的概念进行简单的讨论，并选择了部分代表性国家，从人口、经济、与国际市场关系等方面描述这些国家的基本状况。

一、下一波新兴经济体的界定

在 20 世纪 80 年代早期，人们开始使用"新兴工业化经济体"一词来形容几个快速增长且实行了诸多自由化政策的亚洲和拉美经济体。多年之后，作为世界银行集团成员之一的国际金融公司率先提出了"新兴市场"的概念，意指发展中国家内部少数规模中等和收入较高的经济体。随着时间的推移，"新兴市场"涵盖的国家或地区范围逐步扩展，"新兴工业化经济体"和"新兴市场"两个概念也被涵盖范围更广的"新兴经济体"所取代（张宇燕、田丰，2010）。此外，还有部分学者或研究机构根据不同国家集团的特征进行划分，英国《经济学家》曾将新兴经济体分成两个梯队：第一梯队为中国、巴西、印度和俄罗斯，也即早期的"金砖四国"；第二梯队包括墨西哥、韩国、南非、波兰、土耳其、哈萨克斯坦、埃及等"新钻"国家。而亚洲开发银行（Asian Development Bank，ADB）则将东南亚国家联盟的 10 个经济体以及中国大陆、中国香港、中国台湾和韩国均划分在东亚新兴经济体内。[①] 根据国际货币基金组织（International Monetary Fund，IMF）的划分标准，"金砖国家"（中国、俄罗斯、印度、巴西、南非）是典型的新兴经济体。这些对新兴经济体的界定方式虽然同样存在划分标准简单或功能性过于突出等问题，但却因简洁明了、特色鲜明等优点而被广泛接受。

由此不难发现，有关新兴经济体的界定并无统一标准。不同国家在不同发展阶段可能有着相似或相异的经济、社会或是政治特征。有的国家在某一阶段根据某一标准（如人均GDP）划分属于新兴经济体范畴，但随着经济的不断发展和进步，在另一时段其早已超越了新兴经济体的范畴而须被划分至发达经济体中（如当初的亚洲"四小龙"）。因此，新兴经济体的界定仍面临着划分标准、范围、时效性等问题，下一波新兴经济体的界定就更为宽泛和具有争议性。一般认为，这些经济体当前的经济增速要快于世界平均水平，但其产业结构却多集中于劳动密集型的低端制造业或中低端制造业，随着世界经济的发展进步、国际贸易范围的不断扩大以及国际分工的持续深化，它们正在承接或吸引某些传统的、新兴的、潜在的甚至是衰落的产业从发达经济体或新兴经济体向其逐步转移。

本章在借鉴前人相关研究的基础上，尽量兼顾概念的普适性、时效性和研究的可操作性，并考虑各经济体的特殊性和地理平衡等因素，将下一波新兴经济体界定为近些年来经济发展水平不高但经济相对快速增长，对世界经济影响不太大但经济开放程度较高，且未来经济增长潜力和产业竞争力比较突出的发展中经济体。[②] 具体而言，这些经济体不属于发达国家，但也不属于最不发达国家行列；近十年来经济增速远超世界经济平均增速，有的甚至超过其他所有类型经济体的增速；人均收入水平属于中上等或中下等；经济具有较高的开放度等。诸如此类的国家有亚洲的越南、印度尼西亚、马来西亚、泰国、菲律宾，拉美的洪都拉斯、巴拿马，北美的哥斯达黎加、尼加拉瓜等，它们很可能成为世界经济在某领域快速增长的新亮点，对未来世界经济的稳步增长起到不可忽视的促进作用。本章以这些国家为代表分析下一波经济体的经济状况和产业竞争力。

二、国民经济状况

从人口规模来看，代表性下一波新兴经济体的人口规模普遍较小，占世界总人口的比重较小。2011 年，上文所列举的代表性下一波新兴经济体人口总量约为 5.5 亿人，约占世界总人口的 7.9%（详见表 2-6-1）。其中，印度尼西亚的人口最多，约为 2.4 亿人；其次为菲律宾，人口约为 0.95 亿人；越南第三，约为 0.88 亿人。相较于亚洲国家，拉美和北美国家的人口规模更小，洪都拉斯相对最多，也只有 800 万人左右；尼加拉瓜人口约为600 万人；哥斯达黎加约为 500 万人；巴拿马的人口最少，仅有约 400 万人。总体而言，这些国家人口规模不大，占世界人口的比重较小。

从国内生产总值（GDP）来看，代表性下一波新兴经济体的 GDP 逐步走高，个别经济

---

① 亚洲开发银行（Asian Development Bank，ADB）于 2009 年 12 月 15 日发布的《亚洲经济监测》(Asia Economic Monitor)。

② 虽然"下一波新兴经济体"或"潜在新兴经济体"等概念被越来越多的使用，但目前仍没有公认和明确的定义，甚至连"新兴经济体"的内涵和外延也存在很大争议。本章的研究目的不在于对这些概念进行专门的探讨，主要是以此来概括部分具有增长潜力或者可能在部分产业领域与中国展开广泛竞争与合作的发展中国家和地区。

表 2-6-1　代表性下一波新兴经济体 2011 年人口规模

单位：百万人

国家	人口数量	国家	人口数量
越南	87.84	洪都拉斯	7.75
马来西亚	28.86	巴拿马	3.57
泰国	69.52	哥斯达黎加	4.73
印度尼西亚	242.33	尼加拉瓜	5.87
菲律宾	94.85	总计	545.32

　　资料来源：世界银行 WDI 数据库。

体的经济增长异常迅猛。2000~2011 年，印度尼西亚的经济增长最快，年均 GDP 高达
3916.7 亿美元；其次为泰国，其年均 GDP 达到 2083.7 亿美元；马来西亚紧随其后，年均
GDP 达到 1658.5 亿美元；菲律宾的年均 GDP 约为 1177.6 亿美元；越南的年均 GDP 约为
655.9 亿美元，详见图 2-6-1。相比较而言，北美和南美下一波新兴经济体的年均 GDP 普
遍排名靠后，其中，哥斯达黎加的年均 GDP 最高，但也仅为 242 亿美元；巴拿马的年均
GDP 为 179.9 亿美元；洪都拉斯的年均 GDP 为 111 亿美元；尼加拉瓜的年均 GDP 最低，
约为 67.8 亿美元。尽管如此，这并不意味着拉美下一波新兴经济体的经济状况不如亚洲，
造成这一现象的原因可能在于拉美国家的人口和国家规模相对较小，而经济总量一般与人
口数量存在正向相关性，因而造成其国民经济总量较小。

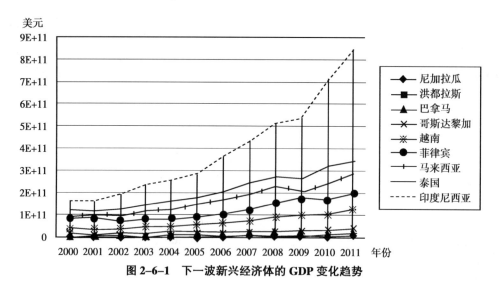

图 2-6-1　下一波新兴经济体的 GDP 变化趋势

　　资料来源：世界银行 WDI 数据库。

　　从人口年均增长率来看，下一波新兴经济体的人口年增长率均呈逐年下降态势。
2000~2012 年，泰国的人口增长率下降最为明显，年均增长率仅为 0.87；其次是越南，年
均增长率为 1.13；印度尼西亚为 1.15；菲律宾为 1.87；马来西亚为 1.91，详见图 2-6-2。
相对于亚洲下一波新兴经济体，拉美和北美国家的人口增长率整体要更快一些。其中，洪
都拉斯的增长最快，人口年均增长率达到 2.01，从图中也可以看出，其人口年增长率基本

稳定在 2% 左右；其次为哥斯达黎加，人口年均增长率约为 1.72；巴拿马为 1.71；尼加拉瓜为 1.35。从长远看，在技术和创新等没有质的提升的前提下，人口年增长率的普遍下降可能会使这些国家的人口红利消失，反而不利于其国民经济的增长。但从当前发展趋势来看，随着其经济实力不断增强，反而使其人均 GDP 及人均收入等指标有所提升。

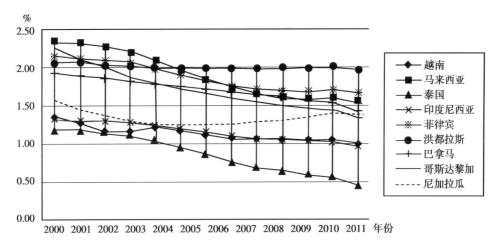

图 2-6-2 下一波新兴经济体人口年增长率的变化趋势

资料来源：世界银行 WDI 数据库。

从 GDP 增速来看，下一波新兴经济体的增速明显高于世界平均增速。1991~2011 年全球经济增速平均为 2.69%（详见图 2-6-3 和图 2-6-4）。其中，中高收入国家 GDP 平均增速为 5.04%，中低收入国家为 4.98%，中等收入国家为 5%，低中收入国家为 4.85%，低收入国家为 4.18%，而高收入国家仅为 2.1%。从下一波新兴经济体 GDP 的平均增速来看，其明显要高于世界 GDP 的平均增长速度。其中，越南的增速最高，达 7.35%，巴拿马为 5.97%，马来西亚为 5.88%，印度尼西亚为 4.91%，哥斯达黎加为 4.79%，菲律宾为

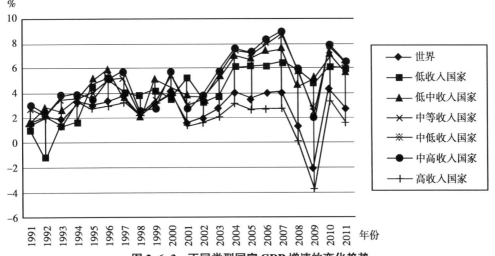

图 2-6-3 不同类型国家 GDP 增速的变化趋势

资料来源：世界银行 WDI 数据库。

3.84%，洪都拉斯为 3.7%，尼加拉瓜为 3.28%。近 20 年来，高收入国家的人均 GDP 水平虽一直高于世界平均水平，但 GDP 增长速度却低于世界平均水平。中等收入国家及新兴经济体的快速发展对世界经济的增长尤其是近五年的增长贡献巨大。

相对于 1997 年的东南亚金融危机，本次爆发的国际金融危机对东亚地区下一波新兴经济体 GDP 增速的负面影响似乎要少一些，但对拉美、北美及南美等地区下一波新兴经济体的影响要更大一些。由于经济体影响力较小及地理等原因，1997 年东南亚金融危机期间，拉美地区除了洪都拉斯的 GDP 增速下降 2%外，其他三国的 GDP 增速基本均保持正常，而亚洲地区的下一波新兴经济体 GDP 增速均大幅下滑甚至为负，其中，印度尼西亚 GDP 增速由 1997 年的 4.7%下滑至 1998 年的-13.1%，泰国也由 1997 年的-1.4%下滑至 1998 年的-10.5%。爆发于 2008 年的全球金融危机对各国经济增长均有显著负面影响，但对拉美地区的影响似乎更大一些。2008~2009 年，除了巴拿马 GDP 增速仍保持为正但同比也下降 6.2%外，其他三国的 GDP 增速均由正转负，经济增速不进反退。本次危机对东亚地区影响相对较弱，除了马来西亚和泰国的 GDP 增速由正转负外，其他几个下一波新兴经济体的 GDP 均保持正增长速度。其中，越南的 GDP 增速仅下降了 1 个百分点，并在国际金融危机爆发后的 2009 年仍保持了 5.3%的高速增长。

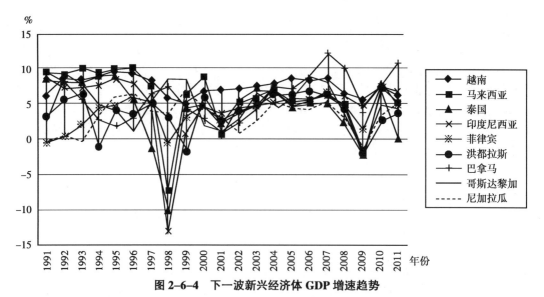

图 2-6-4　下一波新兴经济体 GDP 增速趋势

资料来源：世界银行 WDI 数据库。

从人均 GDP 水平来看，下一波新兴经济体的人均 GDP 增长迅速，并正在或已接近世界平均水平。根据世界银行最新统计数据（详见图 2-6-5 和图 2-6-6），1991~2011 年全球 6 种不同类型国家的人均 GDP 均保持增长趋势，高收入国家人均 GDP 一直远高于世界平均人均 GDP 水平。尽管全球经济在 2008 年遭受国际金融危机及欧债危机等多重不利影响，高收入国家人均 GDP 在 2009 年曾一度下滑至 36822 美元，但随着全球经济的回稳提升，其在 2011 年仍达到 41063 美元，远高于全球人均 GDP10035 美元的水平。

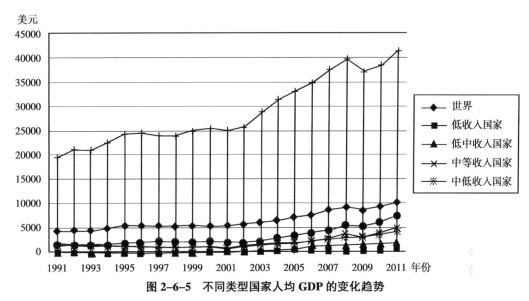

图 2-6-5　不同类型国家人均 GDP 的变化趋势

资料来源：世界银行 WDI 数据库。

与世界人均 GDP 水平相比，下一波新兴经济体的人均 GDP 增长比较迅速。其中，2011 年马来西亚人均 GDP 已达到 9977 美元，巴拿马为 7498 美元，哥斯达黎加为 8647 美元，均接近或正在接近世界人均 GDP 水平。另外，洪都拉斯、尼加拉瓜、印度尼西亚、菲律宾等国人均 GDP 水平虽仍然偏低，但受本次国际金融危机的影响较小，且均持续保持着良好的增长势头。

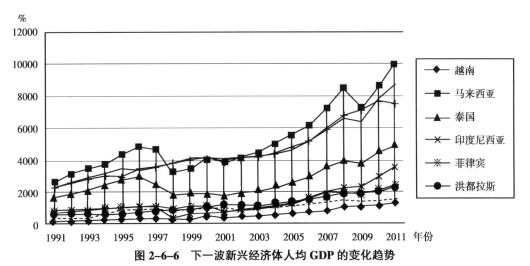

图 2-6-6　下一波新兴经济体人均 GDP 的变化趋势

资料来源：世界银行 WDI 数据库。

综上可见，下一波新兴经济体人口年增长率普遍呈现持续下降的趋势，国内生产总值（GDP）却保持强劲增长，其增速明显高于世界平均增速，有部分国家的增速甚至高于所有类型国家的增速。在这两方面因素的共同作用下，其结果必然是下一波新兴经济体人均

GDP 水平和国民总体生活水平的显著提升，事实也确实如此。根据前文分析，下一波新兴经济体人均 GDP 水平正在或已接近世界平均水平，这为下一波新兴经济体持续稳定发展和进步打下了良好的经济基础。

三、对外经济关系

从对外贸易总额对比来看，下一波新兴经济体基本保持逐年增长态势，部分经济体对外贸易发展迅猛（详见图 2-6-7）。在这些国家中，越南的对外贸易增长最快，从 2000 年的 350.8 亿美元猛增至 2011 年的 2203.1 亿美元，增长了 5 倍多，这与越南政府近些年来的经济改革密切相关。2001 年越共九大确定建立社会主义定向的市场经济体制，2006 年越共十大提出全面推进革新事业，使越南早日摆脱欠发达状况，经过 20 多年的革新，越南经济增长较快，经济总量不断扩大，三次产业结构趋向协调，对外开放水平不断提高，基本形成了以国有经济为主导、多种经济成分共同发展的格局。到 2010 年，越南国内生产总值比 2000 年翻了一番多，现在已与世界上 150 多个国家和地区保持贸易往来，这也是其对外贸易迅猛发展的原因所在。印度尼西亚、泰国和尼加拉瓜的对外贸易也增长较快，2000~2011 年其对外贸易额分别增长了 2.68 倍、2.37 倍和 2.02 倍。对外贸易额增长最慢的是菲律宾，12 年间仅增长了 0.54 倍，年均对外贸易额基本保持在 1000 亿美元左右。造成这一现象的原因可能与其长期倚重矿产、原材料等传统商品出口有关，而矿产与原材料等受国际大宗商品价格波动的影响较大。在近几年，其虽加强了对国内产业的转换升级，加大了成衣、电子产品、工艺品、家具、化肥等中低技术产品的出口，但对外贸易总体增长仍不太明显。

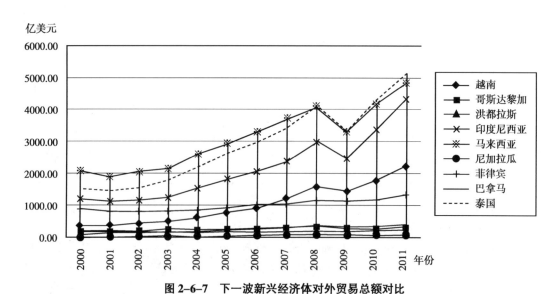

图 2-6-7　下一波新兴经济体对外贸易总额对比

资料来源：根据世界银行 WDI 数据库整理而得。对外贸易总额包含了货物和服务出口，具体又包括商品、货运、保险、运输、旅游、版税、特许权费，以及通信、建筑、金融、信息、商务、个人和政府服务等其他服务。但雇员薪酬和投资收入和转移支付不包括在内，下同。

　　从经济开放度来看，下一波新兴经济体的经济开放度普遍较高，总体上保持在50%以上。一般认为，如果一国的贸易依存度达到30%~100%，那么该国可被划到中等贸易依存度国家行列。从统计结果来看（详见图2-6-8），下一波新兴经济体的贸易依存度普遍超过50%，其中，越南、洪都拉斯、马来西亚、巴拿马、泰国的对外贸易依存度超过100%，其他3个国家哥斯达黎加、尼加拉瓜、菲律宾的对外贸易依存度均超过50%，印度尼西亚最低，但年均也达到58%。这说明下一波新兴经济体由于国土面积、人口及经济规模等较小而普遍采取了出口导向型的外向性经济发展战略，其经济开放度较高，对国际商品市场的依存度也较高。这一发展战略的优点是国际贸易伙伴国的强大内需是其对外贸易和国民经济持续增长的动力所在；缺点是这种发展模式受外部环境波动影响较大，如近期发生的国际金融危机和欧债危机等，作为其主要贸易伙伴的发达经济体国内需求锐减，这必然对其出口贸易和国民经济增长带来不少冲击。

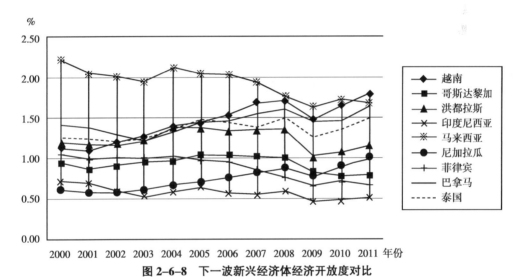

图2-6-8　下一波新兴经济体经济开放度对比

注：经济开放度以各国的对外贸易依存度来衡量，其计算公式为：对外贸易依存度＝（进口总额+出口总额）/GDP。
资料来源：世界银行WDI数据库。

　　从FDI净流入来看，下一波新兴经济体吸引FDI净流入的能力在不断增强。在6种类型的国家群体中，高收入国家的FDI净流入始终处于最高水平（详见图2-6-9和图2-6-10），2011年达到9800.3亿美元，这与发达经济体稳定的政治和经济环境、完善的制度体系及良好的信用环境和基础设施等密切相关。此外，中低收入国家、中等收入国家及中高收入国家也是吸引FDI净流入的主力，其明显要高于低中收入国家和低收入国家吸引FDI的水平。

　　从下一波新兴经济体吸引FDI净流入水平来看，印度尼西亚在近几年拔得头筹，2011年其吸引FDI净流入高达181.6亿美元；其次为马来西亚，吸引FDI净流入120亿美元；泰国和越南吸引FDI净流入虽有所下降，但在2011年也分别达到77.8亿美元和74.3亿美元；菲律宾吸引FDI净流入的水平较低，仅为18.7亿美元，这可能与其国内政局不太稳定有关。在拉美地区，巴拿马吸引FDI净流入最高，为32.6亿美元，哥斯达黎加为21.8

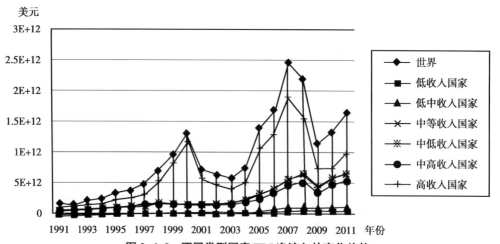

图 2-6-9　不同类型国家 FDI 净流入的变化趋势

资料来源：世界银行 WDI 数据库。

亿美元，洪都拉斯为 10.4 亿美元，尼加拉瓜最低，为 9.7 亿美元。相对于亚洲的下一波新兴经济体，拉美等国规模较小，市场容量也较小，这可能是造成其吸引 FDI 净流入相对较少的原因之一。

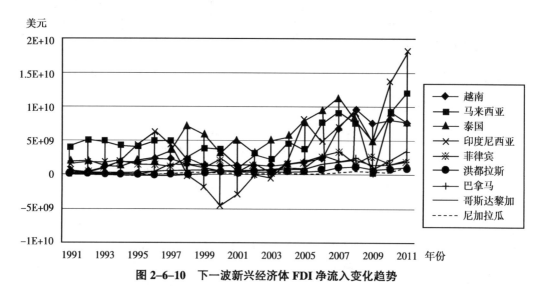

图 2-6-10　下一波新兴经济体 FDI 净流入变化趋势

资料来源：世界银行 WDI 数据库。

从 FDI 净流入占 GDP 的比重来看，下一波新兴经济体 FDI 净流入占国内 GDP 的比重总体呈现逐年增大的趋势（详见图 2-6-11）。虽然受到 2008 年国际金融危机的影响，各国吸引的 FDI 占国内 GDP 的比重有所下降，但自 2009 年至今，随着各国出台一系列应对措施开始生效，该比重也开始再次呈现稳步上升趋势。从图 2-6-11 中可以看出，巴拿马的 FDI 净流入占 GDP 的比重一直较高，在 2011 年该比重创金融危机后的新高，达到 12.2%，仅次于 2006 年的 17.1%。巴拿马无重工业，工业基础薄弱，主要集中于食品加工、服装加工、造纸、皮革等。其经济重点是服务业，以金融、贸易和旅游业为主。巴拿马在 1999 年 12 月底从美国手中全面接管巴拿马运河所有土地、建筑、基础设施和所有的管理权后，对外资、旅游、贸易等的依赖度更强。因而，其 FDI 净流入占 GDP 的比重一直较高。越南、洪都拉斯和尼加拉瓜的 FDI 占 GDP 的比重也较高，年均分别为 5.7%、5.6% 和 5.2%。印度尼西亚的占比相对最低，年均仅达到 0.72%，尽管如此，这并不意味着其吸引外资的能力较弱。根据前文分析，印度尼西亚吸引 FDI 净流入额在近几年一直保持第一，GDP 增长也是最快的国家之一。其 FDI 净流入占 GDP 的比重很低极有可能是 GDP 的增速远大于吸引 FDI 净流入的增速造成的。

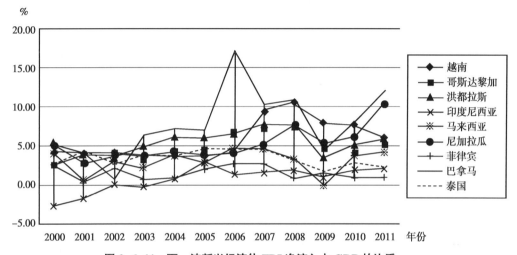

图 2-6-11　下一波新兴经济体 FDI 净流入占 GDP 的比重

资料来源：世界银行 WDI 数据库。

此外，部分非洲国家近年来的经济发展也取得了相当好的成绩，可能成为下一波新兴经济体中的一员。但与此同时，受政局长期动荡、战乱不断等影响，非洲的部分国家国民经济增长缓慢甚至倒退，发展前景不是非常稳定。以人均 GDP 变化趋势为例，在国际金融危机爆发前的 2005 年，非洲 35 个国家中有 9 个国家（南非是金砖国家之一，不在考虑之内）的人均 GDP 超过中国，分别是塞舌尔、毛里求斯、加蓬、博茨瓦纳、突尼斯、阿尔及利亚、纳米比亚、摩洛哥和利比亚，详见图 2-6-12。而到了 2011 年，人均 GDP 高于中国的国家只有博茨瓦纳、毛里求斯、加蓬和塞舌尔（由于战乱，利比亚缺失 2010 年和 2011 年数据）。由于大部分非洲国家的数据可获得性较差或者样本区间较短，本章难以对其进行更为详细的分析。总体上，虽然非洲部分国家的经济发展较快，但由于其优势产业主要集中于初级产品、原油和矿产等，产业结构相对单一，就资本和技术生产要素而言基本不具有比较优势，因此，本章后续研究不再赘述。

综上，本章从人口规模、宏观经济、对外贸易及吸引外资等方面对下一波新兴经济体的发展做了分析，结果发现：下一波新兴经济体人口规模普遍较小，占世界总人口的比重较小，人口年增长率均呈明显的逐年下降态势。其 GDP 总量却呈逐年走高之势，个别经济体的经济增长异常迅猛，且 GDP 增速明显高于世界平均增速，有的甚至高于所有类型

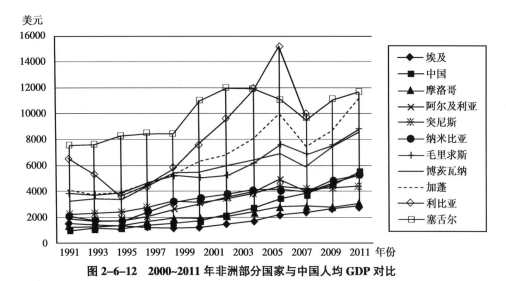

图 2-6-12　2000~2011 年非洲部分国家与中国人均 GDP 对比

资料来源：世界银行 WDI 数据库。

国家的增速。人口规模较小，年增长率下降，再加上 GDP 总量增长和增速均较快，其结果必然是下一波新兴经济体人均 GDP 的快速增长，其正在或已接近世界平均水平。从对外经济程度来看，下一波新兴经济体的对外贸易额基本保持逐年增长态势，部分经济体对外贸易发展迅猛。以对外贸易依存度衡量的经济开放度普遍较高，总体达到 50% 以上。下一波新兴经济体吸引 FDI 净流入的能力在不断增强，FDI 净流入占其国内 GDP 的比重总体呈现逐年增大的趋势。

第二节　下一波新兴经济体的产业结构特征

本节将从两大方面对下一波新兴经济体产业竞争力特征展开研究：一是基于农业、工业、服务业三大产业分别占 GDP 的比重来分析下一波新兴经济体的产业结构特点；二是从对外贸易的角度，通过计算下一波新兴经济体对外贸易商品种类的国际市场占有率和显示性比较优势，来深入挖掘贸易产品背后相应各产业的竞争力特点。

一、基于三大产业结构的分析

根据三大产业占国内生产总值（GDP）的比重大小排序，下一波新兴经济体的服务业占比最高，其次为工业，农业占比最低（详见图 2-6-13、图 2-6-14 和图 2-6-15）。2000~2011 年，下一波新兴经济体农业占 GDP 的比重平均约为 12.9；工业占 GDP 的比重平均约为 34%；服务业等占 GDP 的比重最高，平均约为 53.1%。相对于农业和工业，下一波新兴经济体的服务业占比更高，产业优势更为明显。这是因为：一方面，由于这些国家经济和人口规模较小，国土面积不大，导致农业占比较低；另一方面，这些国家的国民经济均缺乏重工业等的支撑，旅游、加工贸易、金融咨询、信息物流等就成为其经济发展的主要动力，因而，总体上看，下一波新兴经济体国民经济中各产业的比重呈现出服务业最高、工业次之、农业最低的局面。

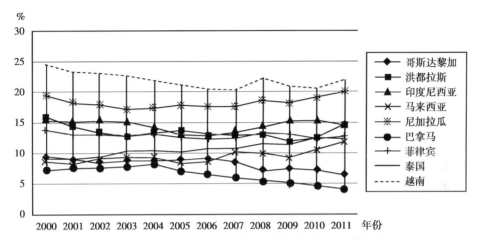

图 2-6-13　下一波新兴经济体农业增加值占 GDP 的比重

资料来源：世界银行 WDI 数据库。农业对应《国际标准行业分类》第 1~5 项，包括林业、狩猎和渔业以及作物耕种和畜牧生产。增加值来源是根据《国际标准行业分类》（ISIC）（修订本第 3 版）确定。增加值为所有产出相加再减去中间投入得出的部门净产出。这种计算方法未扣除装配式资产的折旧或自然资源的损耗和退化。下表同。

从农业占 GDP 比重的走势分析，下一波新兴经济体的农业占比总体呈现逐步走低的趋势。除了马来西亚和泰国外，2000~2011 年其他几个国家的农业占比总体均在下降，尽管这种趋势并不十分明显。

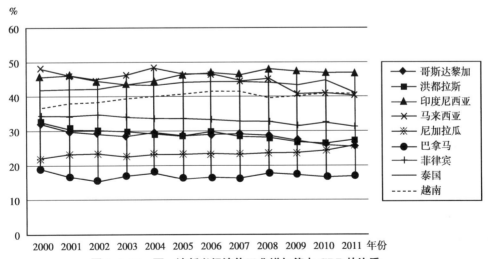

图 2-6-14　下一波新兴经济体工业增加值占 GDP 的比重

资料来源：世界银行 WDI 数据库。工业与 ISIC 第 10~45 项相对应，并包括制造业（ISIC 第 15~37 项）。其中包括采矿业、制造业、建筑业、电力、水和天然气行业中的增加值。

从工业占 GDP 比重的走势分析，下一波新兴经济体的工业占比总体涨跌互现。其中，哥斯达黎加、洪都拉斯、马来西亚、巴拿马和菲律宾呈现下降趋势，而印度尼西亚、尼加拉瓜和越南呈上升趋势，泰国则基本保持不变。

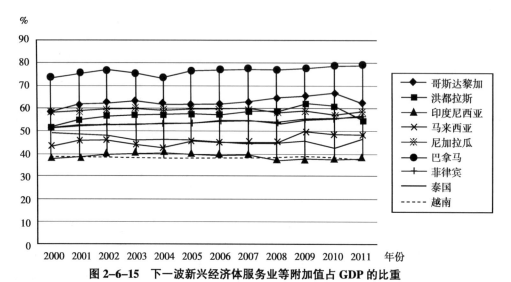

图 2-6-15　下一波新兴经济体服务业等附加值占 GDP 的比重

资料来源：世界银行 WDI 数据库。服务业与 ISIC 第 50~99 类相对应的服务，包括产生附加值的批发和零售贸易（包括酒店和饭店），运输、政府、金融、专业和个人服务，例如教育、医疗卫生及房地产服务。此外，还包括设算银行利息、进口税以及国家编纂机构发现的统计偏差和指标调整。

从服务业等占 GDP 比重的走势分析，各国服务业在国民经济中的比重明显较高，总体呈温和上升态势。2000~2011 年，巴拿马的服务业占比最高，高达 76.6%，这与其特殊的地理和历史因素有关。由于巴拿马的建立和贸易都和美国有着重要联系，且从 1907 年就开始使用美元作为流通货币，是世界上第一个在美国以外使用美元作为法定货币的国家，所以，巴拿马经济的支柱产业是服务业，尤以金融、旅游和贸易为主。其次是哥斯达黎加为 63.1%，尼加拉瓜为 58.4%，洪都拉斯为 57.5%。在亚洲国家中，菲律宾最高，约为 53.7%；越南最低，约为 38.2%。总体上，亚洲下一波新兴经济体服务业占 GDP 的比重比南美和北美经济体偏低，其服务产业结构调整在未来还有很大的上升空间。

二、基于对外贸易产品的产业结构分析

为进一步分析下一波新兴经济体的产业竞争力，本节从对外贸易角度，根据 HS 码（1996 版）的商品分类（共 22 类 98 章），采用了相关国家 2011 年出口至美国以及美国本国的贸易数据，分别计算了各国在美国市场上的国际市场占有率和显示性比较优势（RCA），结果详见表 2-6-2 和表 2-6-3。

表 2-6-2　2011 年下一波新兴经济体国家各类产品的国际市场占有率[①]

国家	哥斯达黎加	马来西亚	泰国	印度尼西亚	菲律宾	巴拿马	尼加拉瓜
1	0.0001	0.1958	0.0868	0.0002	0.0146	0.0000	0.0109
2	0.0005	0.1742	0.0069	0.0043	0.2741	0.0071	0.0316
3	0.0002	0.1139	0.0048	0.0041	0.3688	0.0134	0.0149
4	0.0001	0.1168	0.0018	0.0055	0.5973	0.0253	0.0024
5	0.0000	0.0013	0.0000	0.0004	0.8857	0.0000	0.0000
6	0.0023	0.0088	0.0001	0.0023	0.1652	0.0000	0.0348
7	0.0011	0.0082	0.0000	0.0004	0.0000	0.0000	0.0276
8	0.0042	0.0436	0.0706	0.0042	0.0000	0.0004	0.1542
9	0.0043	0.0655	0.0995	0.0040	0.0003	0.0016	0.1950
10	0.0024	0.0189	0.0374	0.0013	0.0003	0.0008	0.0092
11	0.0008	0.0022	0.0268	0.0021	0.0251	0.0004	0.0124
12	0.0006	0.0007	0.0116	0.0011	0.0210	0.0033	0.0221
13	0.0000	0.0003	0.0071	0.0018	0.0545	0.0034	0.0551
14	0.0000	0.0000	0.0006	0.0001	0.0050	0.0002	0.0072
15	0.0013	0.0012	0.0016	0.0006	0.0063	0.0012	0.0090
16	0.0002	0.0001	0.0000	0.0000	0.0000	0.0000	0.0001
17	0.0007	0.0002	0.0000	0.0001	0.0001	0.0003	0.0007
18	0.0012	0.0003	0.0163	0.0001	0.0120	0.0011	0.0021
19	—	0.0025	0.1330	0.0005	0.0905	—	0.0260
20	0.0003	0.0003	0.0097	0.0001	0.0112	0.0009	0.0000
21	0.0000	0.0013	0.0271	0.1410	0.0594	0.0040	0.0000
22	—	0.0001	—	0.0158	—	0.0006	0.0000

资料来源：根据 UN Comtrade 数据库数据整理而得。国际市场占有率计算公式为：市场占有率=2011 年某国某产品出口总额/当年美国该产品的进口总额。其中，空格表示 2011 年该国没有该类商品出口至美国。由于 2011 年 UN Comtrade 数据库中无越南和洪都拉斯出口产品数据，故在表中没有报告。商品分类依据 1996 年版的 HS 码（详见附录一）。下表同。

　　由表 2-6-2 可以看出，由于经济规模较小，下一波新兴经济体国家 2011 年对美出口商品的市场占有率普遍不高，但从具体分类来看，初级产品和低端制造品的市场份额则相对要高一些。一方面，由于这些经济体大都为发展中国家，且经济总量相对较小，所以在美国市场的出口贸易中占比较小；另一方面，在当前的对美贸易中，这些经济体大多处于国际贸易产业链的低端，出口货物主要集中于初级产品或劳动密集型的低端加工产品，如马来西亚出口排名前四位的货物主要集中于第 1 类至第 4 类，包括活动物-1，植物产品-2，动植物油脂等-3，食品、饮料及烟草等-4，其中排名第一的为第 1 类产品（活动物和动物产品），约占 2011 年美国市场该类产品进口的 19.6%；在菲律宾的出口产品中，市场占有率较高的商品则主要集中于第 2 类至第 6 类（植物产品、动植物油脂、食品饮料、

　　[①] 由于 2011 年 UN Comtrade 数据库中尚未补充越南和洪都拉斯的贸易数据，所以表 2-6-2 中暂未计算这两个国家的国际市场占有率和 RCA 指标。

矿产品、化工产品），其中，出口的矿产品占当年美国市场的 88.6%。再如，尼加拉瓜出口排名靠前的商品主要集中于第 8 类和第 9 类（革、毛皮制品及箱包等，木及制品及编织品等），其中木及制品及编结品等的出口约占美国市场的 19.5%。

为比较各国贸易产品相应产业的比较优势，本节还计算了各贸易产品的显示性比较优势（RCA）指标（详见表 2-6-3）。显示性比较优势由巴拉萨（Balassa，1965）提出，它是衡量一国产品或产业在国际市场竞争力最具说服力的指标之一。巴拉萨认为国家在产业或产品贸易上的比较优势，可以用 a 产业或产品在该国出口中所占的份额与世界贸易中该产业或产品总出口额的份额比来表示：

$$RCA_{ia} = \frac{X_{ia}/X_{it}}{X_{wa}/X_{wt}}$$

其中，RCA_{ia} 表示某国 i 在 a 产业或产品上的显示性比较优势，X_{ia} 表示国家 i 的 a 产业或产品在 t 时期的出口额，X_{it} 表示国家 i 在 t 时期的总出口额；X_{wa} 表示 a 产业或产品 t 时期对世界市场的总出口额，X_{wt} 表示世界市场在时期的总出口额。一般而言，$RCA_{ia} > 1$ 表示该商品在国家的出口比重大于在世界的出口比重，该国的此产品在国际市场上具有比较优势，即具有一定的国际竞争力；$RCA_{ia} < 1$ 表示该商品在国际市场上不具有比较优势，国际竞争力相对较弱；RCA_{ia} 接近 1 则表示各国在该商品上的相对优势难分伯仲（范爱军，2002；魏浩等，2005；樊纲等，2006）。

表 2-6-3 2011 年下一波新兴经济体国家各类产品的显示性比较优势（RCA）

国家	哥斯达黎加	马来西亚	泰国	印度尼西亚	菲律宾	巴拿马	尼加拉瓜
1	0.21	20.26	16.84	0.11	0.38	0.02	1.46
2	0.89	18.02	1.34	2.71	7.07	6.89	4.21
3	0.34	11.79	0.93	2.55	9.51	12.89	1.99
4	0.24	12.08	0.35	3.45	15.40	24.40	0.32
5	0.03	0.13	0.01	0.27	22.83	0.00	0.01
6	3.88	0.91	0.01	1.42	4.26	0.00	4.63
7	1.83	0.85	0.00	0.22	0.00	0.00	3.69
8	7.16	4.51	13.70	2.64	0.00	0.41	20.57
9	7.28	6.78	19.32	2.51	0.01	1.50	26.00
10	4.04	1.96	7.25	0.83	0.01	0.82	1.22
11	1.39	0.22	5.19	1.30	0.65	0.41	1.66
12	0.96	0.08	2.25	0.68	0.54	3.21	2.94
13	0.05	0.03	1.38	1.13	1.41	3.30	7.34
14	0.00	0.00	0.11	0.05	0.13	0.18	0.96
15	2.18	0.12	0.30	0.39	0.16	1.12	1.21
16	0.32	0.01	0.00	0.02	0.00	0.04	0.02
17	1.18	0.02	0.01	0.07	0.00	0.25	0.10
18	1.97	0.03	3.17	0.07	0.31	1.10	0.28
19	—	0.26	25.81	0.28	2.33	—	3.47
20	0.45	0.03	1.87	0.08	0.29	0.87	0.00

续表

	哥斯达黎加	马来西亚	泰国	印度尼西亚	菲律宾	巴拿马	尼加拉瓜
21	0.04	0.13	5.26	88.45	1.53	3.84	0.00
22	—	0.01	—	9.93	—	0.62	0.00

资料来源：根据 UN Comtrade 数据库数据整理而得。

由表 2-6-3 结果可见，下一波新兴经济体对美出口的商品中，初级产品及低端产业制造品的显示性比较优势明显，该结论基本与表 2-6-2 中的结果一致。马来西亚出口至美国的商品中，显示性比较优势较大的前四种均为第 1 类至第 4 类产品，其中，第一类产品的显示性比较优势最大，为 20.3。泰国对美出口商品中显示性比较优势最大的为第 19 类产品（武器、弹药及零部件等），约为 25.8，这与该商品在美国市场的占有率高度一致。菲律宾对美出口商品中显示性比较优势最高的前五位仍是第 2 类至第 6 类商品，其中第 5 类商品的显示性比较优势最大，为 22.8，这与表 2-6-1 中的市场占有率高度相关和一致。巴拿马对美出口商品的显示性比较优势较为明显的是第 3 类和第 4 类，其中第 4 类商品的显示性比较优势最高，为 24.4。尼加拉瓜对美出口商品中显示性比较优势明显的主要为第 8 类和第 9 类，其中第 9 类的显示性比较优势最高，为 26.0。基于以上分析结果不难发现，下一波新兴经济体对美出口商品具有的显示性比较优势与其在美市场占有率高度正相关，且大部分出口商品都集中于低技术产业或中低技术产业的制造品。

综上，从三大产业结构来看，下一波新兴经济体国民经济中服务业占比最高，工业占比次之，农业占比最低，且亚洲国家的第三产业占比明显低于南美和北美地区国家的相应比重。这表明，下一波新兴经济体的产业结构总体较为合理，但个别国家仍有改善余地，如越南的农业占比相对较高，而服务业占比较低，未来可适当增大服务业比重而减少农业的占比。从对外贸易商品相应产业的竞争力来看，无论是国际市场占有率还是显示性比较优势指标，均显示下一波新兴经济体对美出口商品中，初级产品和低端产业制造品的竞争力相对要高一些。这一结果基本与对外贸易中比较优势理论的预期相符。原因在于这些国家整体的技术研发和创新能力较低，缺乏重工制造业和对精密仪器、高科技产品等的研发能力，因而造成其对美出口中初级产品和低端制造品占比较大。此外，即使有的国家部分出口技术含量较高的产品，这也可能与发达国家在国际垂直贸易中的制造业转移有关。因此，总体而言，下一波新兴经济体的产业结构正趋于变得更为合理，但出口商品产业的竞争力仍主要集中于初级产品及低端制造业产品。

第三节　下一波新兴经济体与中国产业竞争力的比较

一般认为，经济发展水平越是相近的国家，竞争关系越强；经济发展水平差异越大，互补关系就越强。基于发展阶段的差异，下一波新兴经济体的产业结构特征和发展路径与中国改革开放初期的产业发展有些许相似。在国际贸易中，中国的出口也曾并正在经历从初级产品、低技术产品到中低技术产品，再到中高技术产品、高技术产品的发展历程，伴随着贸易结构的这种变化，中国的产业结构也在不断调整和优化。早期依靠劳动力成本低、能源资源丰富、自然环境宽松等条件曾使中国在国际贸易出口加工和低端制造业领域长期占据优势地位。但随着经济社会发展水平的提高，包括劳动力、原材料、能源、土地等在内的生产要素价格开始不断上涨，中国长期依赖的低要素成本的比较优势正在逐步丧失（张湘赣，2011）。并且，随着越来越多的发展中国家参与到国际分工，很多产业也开始从中国向下一波新兴经济体转移，此时，对中国与下一波新兴经济体国家的产业竞争力进行对比研究，不仅有利于加快中国产业结构调整，淘汰落后低端产业，而且对优化产业结构升级、提升中国产业的整体国际竞争力具有重要意义。

一、中国与下一波新兴经济体产业竞争力的纵向比较

参照经济合作与发展组织（OECD）、江静和路瑶（2010）、邱斌等（2012）、陈丰龙和徐康宁（2012）、洪世勤和刘厚俊（2013）等的行业分类方法，本节将制造业分为四大类：低技术产业（包括食品饮料、木材加工、纺织服装、皮革加工、造纸印刷行业）；中低技术产业（包括石油加工、塑料和橡胶、非金属矿物、基础金属及其压延金属制造业）；中高技术产业（包括化学及化工、未分类的机械与设备、电器设备及器具、机动车辆以及未分类的运输设备）；高技术产业（主要包括医药、办公及电子计算机、无线电通信设备、医疗及精密光学仪器、航空航天设备制造业等）。

本部分仍以美国市场替代国际市场，对从联合国商品贸易统计数据库（UN Comtrade）中选取的 2000~2011 年美国、中国及下一波新兴经济体进出口贸易数据进行整理，对比研究中国与下一代新兴经济体国家在美国市场上的产业竞争力变化、产业转移及产业发展趋势等。

从各国的低技术产业竞争力来看，2000~2011 年中国的低技术产业竞争力基本稳定在 2 左右，属于中国的传统优势产业。但自 2003 年开始，该产业的竞争力指数开始下降至 2 以下，虽在近两年又回升至 2 以上，但仍能看出中国的低技术产业竞争力优势正在消失，部分低技术产业可能正在向国外其他低成本国家发生转移，见图 2-6-16。与下一波新兴经济体相比，除马来西亚外，中国在该产业领域的竞争力优势并不明显。其中，洪都拉斯低技术产业的显示性比较优势除在个别年份低于 2 外，其余时间基本都处于 3~6 的范围内；尼加拉瓜除了 2003 年和 2005 年外，其低技术产业竞争力在其他年份均处于 2~6 的范围内，相对于中国，其竞争力优势明显；越南在 2006 年前低技术产业竞争力并不明显，但在 2006 年之后，则基本都处于 2~5 的范围内，优势明显上升。目前，部分低技术产业向越南等国转移的迹象已经比较明显，中国相当一部分的鞋类、纺织类、加工类等低端制造业也正逐步转向越南等下一波新兴经济体国家。

究其原因：首先，这些产品大多以劳动密集型产品为主，附加值和技术含量低，缺乏核心技术和自主品牌，主要靠廉价和数量扩张来抢占国际市场。中国这些行业出口多以传统的低端或中低端产品为主，资源要素投入大，物质资源损耗多，科技进步贡献率低，在较大的资源环境压力下难以为继。其次，随着中国经济的高速发展和城镇化进程的快速推进，"刘易斯拐点"在中国开始显现，劳动力无限供给的时代即将结束，人口红利逐渐消

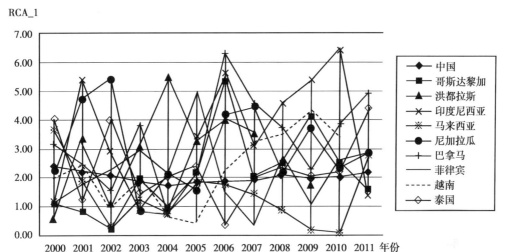

图 2-6-16　2000~2011 年各国与中国的低技术产业对比（用显示性比较优势衡量）

资料来源：根据 UN Comtrade 数据库数据整理。RCA_1 表示低技术行业的显示性比较优势。低技术产业包含食品饮料、木材加工、纺织服装、皮革加工、造纸印刷行业。其中，在计算 RCA_1 时，洪都拉斯缺少 2008 年、2010 年、2011 年贸易数据；越南缺少 2011 年贸易数据。

失，劳动力成本开始大幅攀升。① 近年来，中国沿海地区频繁出现的招工难和涨薪潮，已迫使部分规模偏小、劳动密集型企业关停，规模较大的企业和部分外资企业开始向人力资源成本相对较低的东南亚国家迁移。再次，廉价低端的制造品受国家市场环境影响较大，在当前国际经济条件下，大量贸易顺差容易引起贸易对象国的刁难和报复，引发贸易保护主义和贸易摩擦。最后，基于中国自身的发展阶段和现实状况，低端制造产业向下一波新兴经济体发生转移也是产业结构调整、优化产业升级的自然过程。

从各国的中低技术产业竞争力来看，2000~2011 年中国在中低技术产业的竞争力均小于 1，但 2004 年以前均在 0.5 以上，之后便逐渐下降至 2011 年的 0.38，符合衰落产业的部分特征。这说明中国在该产业并不具有比较优势，且国际竞争力呈逐步下降态势，详见图 2-6-17。与下一波新兴经济体相比，大部分国家在该产业的竞争力虽也不太明显，但在某些年份，其竞争力仍大于 1。如越南在 2003 年前基本在 0.5 以上，随后有所下降，但后来又回升，直到 2011 年的 0.87；菲律宾在该产业的竞争优势似乎要明显一些，有 5 年的竞争力大于 1。尽管如此，总体上看，中国与下一波新兴经济体在该产业领域的竞争力似乎难分胜负。

对中国而言，一方面是资源紧缺，人力成本和原材料价格上涨；另一方面却是国内部分制造业面临产能过剩和产品价格下跌的问题，这在钢铁行业表现尤甚。铁矿石资源短缺和钢材供大于求使炼钢变得无利可图，许多中国钢铁企业生存堪忧。此外，由于中低技术产业包含了石油化工等高耗能、高污染行业，资源消耗严重，环境污染问题突出。再加上中国长期处于低要素价格状态，如土地、人力、环保、资金等使用成本较低，这也间

_____

① 根据中国国家统计局最新统计数据，2012 年中国 15~59 岁劳动年龄人口在相当长时期里第一次出现了绝对下降，比上年减少 345 万人，预示着中国人口红利消失的拐点已在 2012 年出现，将对经济增长产生显著影响。

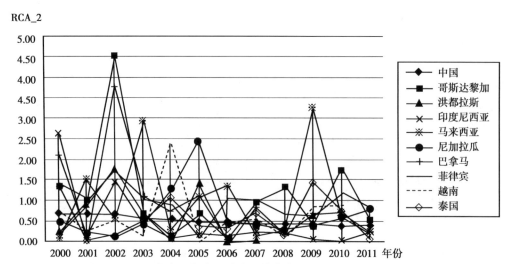

图 2-6-17　2000~2011 年各国与中国的中低技术产业对比（用显示性比较优势衡量）

资料来源：根据 UN Comtrade 数据库数据整理。RCA_2 表示中低技术行业的显示性比较优势。其中，中低技术产业包含石油加工、塑料和橡胶、非金属矿物、基础金属及其压延金属制造业。在计算 RCA_2 时，洪都拉斯缺少 2008 年、2010 年、2011 年贸易数据；越南缺少 2011 年贸易数据。

接导致中国迅速成为二氧化碳的排放大国。据统计，2011 年中国环境污染造成的损失（财产性损失和健康损失）在 2.35 万亿~2.82 万亿元，占当年国内生产总值（GDP）的 5%~6%。[1] 展望未来，中国国民经济的健康可持续性发展，必然要求加快淘汰"两高一低"等产业，而鼓励和支持新能源、节能环保、通信技术、生物医药等高新技术产业的投入和研发。

从各国的中高技术产业竞争力来看，2000~2011 年中国在中高技术产业的竞争力优势非常明显，尤其自 2003 年以来，每年在该产业的竞争力均大于 1，且基本呈现逐年走高的趋势，这是典型的新兴优势产业，详见图 2-6-18。在下一波新兴经济体中，很少有国家的中高技术产业竞争力指数大于 1。2000~2011 年，洪都拉斯、印度尼西亚、尼加拉瓜、越南等国在中高技术产业的竞争力均没有超过 1，而哥斯达黎加、马来西亚、菲律宾、泰国等国也仅有某一年的产业竞争力大于 1。这说明在总体上，中国在该产业的国际竞争力优势明显，且有逐步加强之势。

从各国的高技术产业竞争力来看，中国仅在 2000 年和 2001 年在高技术产业领域竞争力指数大于 1，2001 年后该指数则基本保持在 0.7~1，单从指数大小来看，中国在该产业领域的竞争优势似乎并不明显，但从长远来看，高技术行业必然属于中国的潜在优势产业，详见图 2-6-19。在下一波新兴经济体中，哥斯达黎加有 5 年在该产业竞争力指数超过 1，印度尼西亚的有 3 年超过 1，越南的有 4 年超过 1，泰国的有 5 年超过 1，从数值对比上看，下一波新兴经济体在该产业的竞争力似乎高于中国，但从产业长期发展趋势来看，高技术产业竞争力超过 1 的年份大多在 2005 年之前，而近几年的优势似乎并不明显，且大多数年份该产业的竞争力指数甚至小于 1。

---

① 梁嘉琳（原环保总局副局长）. 去年中国环境污染损失超 2 万亿 [J]. 经济参考报，2012-3-13.

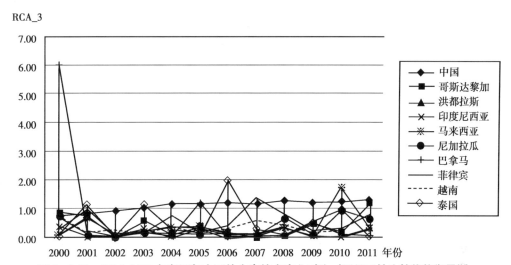

图 2-6-18　2000~2011 年各国与中国的中高技术产业对比（用显示性比较优势衡量）

资料来源：根据 UN Comtrade 数据库数据整理。RCA_3 表示中高技术行业的显示性比较优势。其中，中高技术产业包含化学及化工、未分类的机械与设备、电器设备及器具、机动车辆以及未分类的运输设备。在计算 RCA_3 时，洪都拉斯缺少 2008 年、2010 年、2011 年贸易数据；越南缺少 2011 年贸易数据。

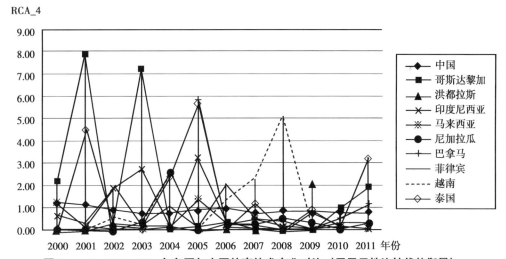

图 2-6-19　2000~2011 年各国与中国的高技术产业对比（用显示性比较优势衡量）

资料来源：根据 UN Comtrade 数据库数据整理。RCA_4 表示高技术行业的显示性比较优势。其中，高技术产业包含医药、办公及电子计算机、无线电通信设备、医疗及精密光学仪器、航空航天设备制造业等。在计算 RCA_4 时，洪都拉斯缺少 2008 年、2010 年、2011 年贸易数据；越南缺少 2011 年贸易数据。同时，巴拿马在 2000 年、2001 年、2003 年和 2004 年无高技术产品出口至美国，越南在 2000 年也无高技术产品出口美国。

二、中国与下一波新兴经济体产业竞争力的横向比较

为进一步剖析近几年中国与下一波新兴经济体在四大产业的竞争力优势，现将计算所得的各产业显示性比较优势指数根据年份整理如下（详见表 2-6-4）。

表 2-6-4　2006~2011 年中国与下一波新兴经济体四大产业的显示性比较优势对比

年份	产业分类	中国	哥斯达黎加	洪都拉斯	印度尼西亚	马来西亚	尼加拉瓜	巴拿马	菲律宾	越南	泰国
2011	低技术产业	2.16	1.62	—	1.37	2.73	2.82	4.91	2.82	—	4.40
	中低技术产业	0.38	0.54	—	0.28	0.19	0.80	0.27	0.82	—	0.10
	中高技术产业	1.23	1.18	—	0.29	0.18	0.60	0.08	0.78	—	0.00
	高技术产业	0.78	1.97	—	0.07	0.03	0.28	1.10	0.31	—	3.17
2010	低技术产业	2.04	2.55	—	6.41	0.09	2.30	3.87	2.56	3.38	2.19
	中低技术产业	0.38	1.76	—	0.04	0.64	0.60	0.76	1.22	0.87	0.74
	中高技术产业	1.19	0.11	—	0.00	1.73	0.90	0.07	0.33	0.25	0.96
	高技术产业	0.82	1.01	—	0.07	0.22	0.02	0.54	0.35	0.09	0.11
2009	低技术产业	1.96	4.12	1.77	5.39	0.18	3.70	2.25	1.08	4.37	2.05
	中低技术产业	0.40	0.36	0.63	0.07	3.25	0.35	0.68	0.62	0.84	1.41
	中高技术产业	1.18	0.48	0.15	0.07	0.01	0.12	0.50	0.15	0.15	0.51
	高技术产业	0.76	0.03	2.02	0.80	0.01	0.25	0.04	0.00	0.14	0.91
2008	低技术产业	2.10	2.51	—	4.56	0.87	2.23	3.73	2.75	3.48	2.34
	中低技术产业	0.42	1.33	—	0.29	0.29	0.28	0.17	0.64	0.13	0.13
	中高技术产业	1.26	0.03	—	0.33	0.42	0.65	0.09	0.77	0.36	0.04
	高技术产业	0.84	0.01	—	0.00	0.08	0.51	0.01	0.33	5.09	0.00
2007	低技术产业	1.93	2.05	3.55	3.13	1.47	4.48	4.56	0.31	3.24	2.00
	中低技术产业	0.46	0.95	0.04	0.25	0.16	0.39	0.83	1.02	0.55	0.65
	中高技术产业	1.19	0.04	0.11	0.13	0.18	0.07	0.02	1.32	0.56	0.29
	高技术产业	0.76	0.05	0.02	0.17	0.49	0.23	0.10	0.51	2.32	1.17
2006	低技术产业	1.86	5.36	4.05	5.63	1.73	4.17	6.35	1.49	2.25	0.32
	中低技术产业	0.48	0.07	0.05	0.14	1.36	0.45	0.01	1.05	0.51	0.31
	中高技术产业	1.16	0.11	0.78	0.08	0.07	0.06	0.00	0.38	0.27	1.91
	高技术产业	0.95	0.32	0.00	0.32	0.21	0.17	0.01	2.08	1.38	0.00

资料来源：根据 UN Comtrade 数据库数据整理而得。其中，洪都拉斯缺少 2008 年、2010 年、2011 年贸易数据；越南缺少 2011 年贸易数据。

　　基于表 2-6-4 的结果，以 2011 年为例，中国的低技术产业在四大分类产业中保持传统领先优势，但与大多数下一波新兴经济体（哥斯达黎加和印度尼西亚除外）相比，这种优势反而成为中国的劣势。而在中高技术产业，中国不仅具有大于 1 的显示性比较优势，且基本远超所有下一波新兴经济体国家在该产业的比较优势。在中低技术产业，与中国相比，哥斯达黎加、尼加拉瓜和菲律宾在该产业的比较优势明显，而其他下一波新兴经济体的比较优势不足。在高技术产业，哥斯达黎加、巴拿马和泰国的显示性比较优势比中国要高，可能是发达国家的高技术产业制造对这些国家部分转移所致。其他年份的研究结果与 2011 年大同小异。

　　综上可得出以下结论：①中国在低技术产业虽仍保有优势，但这种优势正在部分减弱。由于中国面临自然资源短缺、劳动力成本大幅攀升、持续贸易顺差、汇率升值压力以及自身产业结构调整升级的需要，一些低端制造产业已经开始向越南、马来西亚、印度尼西亚等下一波新兴经济体转移，伴随着这些产业的转移，下一波新兴经济体正借助国内生产要素低成本优势等因素，逐步扩大在低技术产业的竞争优势。②在中低技术产业领域，中国与下一波新兴经济体的竞争优势似乎都不明显，中国在该产业的国际竞争力呈明显的逐步下降态势，对中国来说属于典型的衰落产业。该产业涵盖了石油化工、塑料和橡胶、非金属矿物、基础金属及其压延金属制造业等，基本属于高耗能、高污染或技术含量相对较低的行业，产能过剩问题突出，不仅增大了环境保护的成本，而且给国内环境治理带来了很大的困难和压力，应当在产业结构调整的过程中逐步升级，否则难逃惨遭淘汰的厄运。③在中高技术产业领域，中国的竞争优势非常明显，且基本呈现逐年走高的趋势，属于典型的新兴优势产业。而对于下一波新兴经济体来说，这似乎是它们的劣势所在。其大部分国家的竞争力指数甚至没有超过 1，且在近几年仍未有赶超的趋势，可见，在短期内这些产业还难以向下一波新兴经济体转移。④在高技术产业领域，中国的竞争优势虽不明显，但近十年基本保持稳步提升，所以从长远来看，高技术行业必然属于中国的潜在优势产业。对下一波新兴经济体而言，其在高技术产业领域的竞争优势虽在有些年份甚至超过了中国，但这可能与发达国家将部分高端技术产品的制造转移至其国内，再经由国际贸易垂直专业化分工和加工再出口有关。

第四节　结　论

综上分析，下一波新兴经济体的经济发展迅速，产业结构总体较为合理，但产业竞争力整体不强，产业结构调整仍有优化空间，具体结论如下：

（1）从经济发展程度来看，下一波新兴经济体人口规模不大且年增长率普遍呈持续下降趋势，国内生产总值（GDP）保持强劲增长，其增速明显高于世界平均增速，部分国家的增速甚至高于所有类型国家的增速。在这两方面因素的共同作用下，下一波新兴经济体人均 GDP 水平和国民总体生活水平显著提升，下一波新兴经济体人均 GDP 水平正在或已接近世界平均水平，这为下一波新兴经济体持续稳定发展和进步打下了良好的经济基础。从对外经济发展程度来看，下一波新兴经济体的对外贸易额基本保持逐年增长态势，部分经济体对外贸易发展迅猛。以对外贸易依存度衡量的经济开放度普遍较高，总体保持在 50% 以上。下一波新兴经济体吸引 FDI 净流入的能力在不断增强，FDI 净流入占其国内 GDP 的比重总体呈现逐年增大的趋势。以上表明，下一波新兴经济体的经济开放度较高，吸引外资能力在逐渐增强，经济总体实力在不断提升。

（2）从三大产业结构分析，下一波新兴经济体国民经济中服务业占比最高，工业次之，农业最低，且亚洲国家的第三产业占比明显低于南美和北美地区国家的相应比重。这表明，下一波新兴经济体的产业结构总体较为合理，但个别国家仍有改善的余地，如越南的农业占比相对较高，而服务业占比较低，未来可适当增大服务业比重而减少农业的占比。此外，造成这一产业结构的原因还可能在于这些国家经济和人口规模较小，国土面积不大，农业占比较低；同时，其国民经济缺乏重工业和高新技术产业等的支撑，这导致其国民经济对旅游、金融咨询、加工贸易、信息物流等服务产业的依赖性较大，从而在总体上出现相对合理的产业结构特征。

（3）从对外贸易商品相应产业的竞争力来看，无论是国际市场占有率还是显示性比较优势指标，均显示下一波新兴经济体对美出口商品中，初级产品和低端产业制造品的竞争力相对要高一些。这一结果基本与对外贸易中比较优势理论的预期相符。原因在于这些国家整体的技术研发和创新水平较低，没有重工制造业支撑，且缺乏对精密仪器、高科技产品等产业的研发投入和能力，而其国内相对廉价的劳动力、土地资源和丰富的矿产资源使其相对于美国在初级产品和低端制造领域具有一定比较优势。即使有的国家部分出口技术含量较高的产品，也可能与发达国家在国际垂直贸易分工中的制造业转移有关。总体而言，下一波新兴经济体的国内产业结构正趋于合理，但出口商品产业的竞争力不高，主要集中于初级产品及低端制造业产品。

（4）中国与下一波新兴经济体的产业竞争力相比：①中国在低技术产业虽仍保有优势，但这种优势正在部分减弱，下一波新兴经济体正借助国内生产要素低成本优势等因素，逐步扩大在低技术产业的竞争优势。②中国和下一波新兴经济体在中低技术产业的竞争力都不太强，而且中国在该产业的国际竞争力呈明显的逐步下降态势。③中国在中高技术产业领域的竞争优势非常明显，且基本呈现逐年走高的趋势，但下一波新兴经济体竞争力较弱，似乎是其短板产业。④在高技术产业领域，中国的竞争优势基本保持稳步提升，下一波新兴经济体在高技术产业领域的竞争优势虽在有些年份甚至超过了中国，但其离真正实现在该产业领域的核心竞争力还有很长一段路要走。

【参考文献】

［1］Asian Development Bank. Asia Economic Monitor［R］. Asian Development Bank，2009（12）.

［2］Balassa，Bela. Tariff Protection in Industrial Countries：An Evaluation［J］. Journal of Political Economy，1965，73（6）.

［3］张宇燕，田丰. 新兴经济体的界定及其在世界经济格局中的地位［J］. 国际经济评论，2010（4）.

［4］范爱军. 中国各类出口产业比较优势实证分析［J］. 中国工业经济，2002（2）.

［5］魏浩，毛日昇，张二震. 中国制成品出口比较优势及贸易结构分析［J］. 世界经济，2005（2）.

［6］樊纲，关志雄，姚枝仲. 国际贸易结构分析：贸易品的技术分布［J］. 经济研究，2006（8）.

［7］张湘赣. 产业结构调整：中国经验与国际比较——中国工业经济学会 2010 年年会学术观点综述［J］. 中国工业经济，2011（1）.

［8］江静，路瑶. 要素价格与中国产业国际竞争力：基于 ISIC 的跨国比较［J］. 统计研究，2010（8）.

［9］邱斌，叶龙凤，孙少勤. 参与全球生产网络对我国制造业价值链提升影响的实证研究——基于出口复杂度的分析［J］. 中国工业经济，2012（1）.

［10］陈丰龙，徐康宁. 本土市场规模与中国制造业全要素生产率［J］. 中国工业经济，2012（5）.

［11］洪世勤，刘厚俊. 出口技术结构变迁与内生经济增长：基于行业测度的实证研究［J］. 世界经济，2013（6）.

［12］梁嘉琳. 原环保总局副局长：去年中国环境污染损失超 2 万亿［N］. 经济参考报，2012（3）.

第七章 贸易保护主义对国际分工格局的影响

20世纪80年代以来，新贸易保护主义兴起，一些国家采用各种贸易保护措施作为保护本国产业和报复他国的重要手段，贸易保护成为全球经济一体化进程中难以消除的恶瘤。虽然全球一体化和贸易自由化是世界经济发展的大趋势，贸易保护不会改变国际分工的基本格局和发展方向，但是金融危机之后，发达国家政策制定者为了转移国内经济增速下降、失业率居高不下造成的矛盾，倾向于实施更加严格的贸易保护措施；一些发展中国家为保护本国制造业的发展，也采取更加严格的进口政策。同时，影响自由贸易发展的非经济因素长期存在，这些都会在一定程度上对国际分工格局的优化造成不利影响。

第一节 贸易保护不会改变国际分工格局发展的大趋势

受各种因素的影响，贸易保护主义在近十年有所抬头，金融危机之后有进一步加强和扩散的趋势，在未来相当长一段时间也不可能完全消失，贸易保护必定是世界经济活动的组成部分。但是，还没有哪个国家和地区在打开国门，融入全球经济之后，因为贸易保护的原因而主动关闭国门，脱离全球经济一体化，重新回到自给自足的经济发展模式上；也没有哪个国家和地区实施一项长期的、绝对的限制进出口政策，完全禁止商品的跨国境流动。这说明国际贸易虽然在一定程度上对国内不具备比较优势的产业造成伤害，但是自由贸易带来的好处远远大于弊端，融入全球经济、参与国际分工、进口优质和紧缺的国外制造产品、出口具有比较优势的产品是所有致力于发展国内经济的国家政府所一贯坚持的贸易政策。因此，经济全球化和贸易自由化是世界经济发展的长期趋势，全球制造业特别是劳动密集型制造业向发展中国家转移，发展中国家产业升级、国际分工地位改善是国际分工体系发展的大势所趋，尽管金融危机之后自由贸易受到一些阻碍，但贸易保护主义过去不会，现在和未来也不会对这一长期趋势产生根本性影响。

第一，经济全球化和贸易自由化是大势所趋，国际产业分工必将进一步深化。国际产业分工的出现和加强有两方面的原因：一是各个国家和地区之间由于自然条件、人口多寡、技术水平差异所形成的比较优势不同，使得产业在各个国家和地区进行分工能够从整体上降低生产成本，这是国际分工出现的环境条件；二是跨国公司的兴起、经济全球化的深入发展以及信息技术的突破和运用使得跨越国界的低成本高效率分工协作成为可能，这是国际分工的技术条件。国际产业分工的环境条件长期存在，而技术条件在近几年不断加强。技术进步使得信息交流、远洋运输的成本不断下降，跨国分工合作的经济性不断提高。一些复杂产品（例如大飞机）能够由几十个国家的工厂提供零部件，在一个工厂进行总装，再销售到世界各地。即便是一些架构比较简单的电子产品，其零部件也来自多个国家的供应商。在经济全球化和贸易自由化大趋势下，国际产业分工技术条件的增强将进一步稳固建立在比较优势理论上的国际产业分工发展方向，贸易保护不可能对这一发展方向产生根本性影响。例如，2009 年，中国钢铁工业出口遭遇来自欧美多个国家极为严厉的贸易保护的严重冲击，美国在一年时间里先后发起 6 次针对中国钢铁产品的反倾销、反补贴合并调查，涉及包括混凝土结构用钢绞线、钢格板、钢丝层板、钢绞丝、无缝碳钢、合金钢标准管、管线管、压力管等产品，涵盖几乎所有中国对美出口钢铁产品。除美国之外，欧盟对中国的无缝钢铁管做出税率高达 39.2% 的反倾销终裁，阿根廷对中国出口的管道附件和滚子链做出最低限价的反倾销裁决，同时，土耳其也对中国出口的铰接链进行反倾销立案调查，加拿大对中国出口的石油管材进行反倾销和反补贴调查，墨西哥对中国出口的无缝钢管进行反倾销立案调查，澳大利亚重新启动对原产于中国空心结构钢材的反倾销调查，哥伦比亚对中国出口的管件发起反倾销调查。从实际情况看，中国钢铁产品对美国、加拿大、墨西哥、澳大利亚和欧盟的出口自 2009 年以来严重受阻，钢坯及粗锻件和钢材的出口金额分别下降了 98.3% 和 64.3%，2010 年，钢坯及粗锻材、钢材出口金额显著回升 263.9% 和 65.3%，2011 年和 2012 年 1~9 月，钢坯及粗钢锻材出口下降，但钢材出口继续回升。总体上看，中国钢铁工业出口数量下降是国际金融危机导致的全球经济疲软、中国国内产业结构调整和全球贸易保护主义抬头共同导致的，并非完全是主要出口国贸易保护增强造成的。中国钢铁工业目前仍然具有很显著的国际比较优势，在出口下降的情况下，中国钢铁产量继续增长，淘汰落后产能和产业升级稳步推进，钢铁产业实际的国际竞争力其实是有所提高的，钢铁在未来仍然是中国重要的出口产品。此外，随着国际分工关系越来越多地表现为企业与企业之间、企业内部各分支机构之间的关系，跨国公司成为国际分工的重要载体。在这种情况下，贸易保护的滥用将首先伤害跨国公司的利益，被伤害国的报复行为往往也首先针对跨国公司业务，而这些跨国公司可能就来自于发起贸易保护的国家。随着国际分工主体的变化，各个国家在实施贸易保护时不得不考虑本国跨国公司的利益，跨国公司在促进国际产业分工深化发展的同时，也成为抑制贸易保护的重要力量。

第二，发达国家加强贸易保护不会减缓制造业从发达国家向发展中国家转移的步伐。一方面，制造业由发达国家向发展中国家转移是各国发挥比较优势的必然选择。发达国家在技术、资本、高端人力资源上具有更大的优势，拥有更多的世界知名品牌、技术专利和标准；发展中国家在普通劳动力上具有更大的优势，土地、财税政策更优惠。按照比较优势理论，发展中国家理应承接发达国家制造业转移。另一方面，产业组织的垂直解体为国际产业转移创造条件，减弱贸易保护对产业转移造成的影响。随着跨国公司业务的不断剥离，相对利润较低的生产环节（例如制造）将会不断转移到发展中国家，而相对利润较高的环节（例如设计和总装）会保留在企业内部，这虽然在一定程度上恶化了发展中国家在国际分工中的不利地位，但也为发展中国家的技术引进、经济发展提供了契机。发展中国家能够承接大量外包项目，实施技术赶超和自主战略的后起国家也不需要突破整个生产流程，而只需要集中力量掌握核心部分即可。随着跨国公司在国际分工中的主体地位不断加强，产业在国际间的转移在很多时候属于跨国公司战略选择的结果，国际间的生产联系并不一定通过外部市场建立，国际产业分工的实现方式从单纯依赖外部市场上的国际贸易分工，转向外部市场与内部市场并存的多元格局。贸易保护对某一企业内部市场交易的制约作用小于对外部市场的制约作用，同时跨国公司也能够通过调整内部分工等临时措施回避贸易保护，减弱贸易保护对以跨国公司为载体的国际产业转移的影响。

第三，全球和区域性贸易组织将削弱贸易保护对自由贸易的影响。世界贸易组织（WTO）在促进成员国之间实现非歧视、市场开放、公平贸易的贸易自由化起到重要作用。WTO 之外，全球还有上百种类型的区域性组织，这些组织在实现区域内贸易自由化进程中同样起到关键性作用。近年来，在各种区域性组织中，由发展中国家发起和主导的组织越来越多，对全球贸易和世界经济的影响也不断增强（如表 2-7-1 所示），反映了发展中国家在国际贸易交往中的地位不断提高。例如，成立于 1989 年的亚太经济合作组织（APEC）虽然由美、澳、加、日等发达国家发起，但目前已经发展成为发展中国家参与最多、影响力最大的区域性贸易组织。自成立以来，APEC 致力于促进亚太及周边各个国家和地区的经济合作和经贸往来，并在区域内建立一个自由化程度更高的市场。金融危机之后，面临贸易保护主义抬头的国际环境，在 2012 年举行的 APEC 第 20 次领导人非正式会议的主要目的就是在消除妨碍贸易的壁垒和瓶颈的同时，推动本地区建立更加紧密的经济联系。根据会议公报，在 2015 年底前，APEC 各方应避免为投资、货物和服务贸易增设新的壁垒，不实施新的出口限制措施，在各领域不实施包括刺激出口措施在内的违反世界贸易组织规则的举措。

表 2-7-1　主要由发展中国家组成的区域性组织

区域性组织	主要参与国家
77 国集团	阿根廷、巴西、印度、印度尼西亚、伊朗、柬埔寨、古巴等 132 个国家
亚太经济合作组织	澳大利亚、加拿大、中国、中国香港、印度尼西亚、日本、韩国、马来西亚、墨西哥、菲律宾、俄罗斯、中国台湾、泰国、美国、日本等 21 个国家和地区
加勒比海共同体	安提瓜和巴布达、巴哈马、巴巴多斯、多米尼加、牙买加、海地、圭亚那、格林纳达等 15 个国家
阿拉伯国家联盟	科威特、卡塔尔、阿拉伯联合酋长国、巴林岛、阿曼、沙特阿拉伯 6 个国家
非洲统一组织	阿尔吉尼亚、中非、埃及、利比亚、尼日利亚、肯尼亚、赞比亚、安哥拉、南非等 53 个国家
东南亚国家联盟	文莱、柬埔寨、印度尼西亚、老挝、马来西亚、缅甸、新加坡、泰国、越南等 10 个国家
美洲国家组织	阿根廷、玻利维亚、巴西、加拿大、智利、古巴、哥斯达黎加、危地马拉、海地、牙买加、墨西哥、巴拿马、秘鲁、美国、乌拉圭、委内瑞拉等 35 个国家
海湾阿拉伯国家合作委员会	阿拉伯联合酋长国、阿曼、巴林、卡塔尔、科威特、沙特阿拉伯、约旦、摩洛哥 8 个国家
上海合作组织	中国、哈塞克斯坦、吉尔吉斯斯坦、俄罗斯、塔吉克斯坦、乌兹别克斯坦 6 国

资料来源：作者整理。

第四，发展中国家之间的贸易保护不会阻碍发展中国家之间展开更为深入的分工协作。随着越来越多的发展中国家参与全球经济一体化，加入到国际分工体系，发展中国家之间在国际市场的竞争更加激烈，发展中国家之间的贸易保护也不断升级，尤以针对中国的贸易保护最为频发。由于发展中国家产品往往技术含量不高，产品附加值低，比较优势集中于廉价劳动力、廉价土地成本和更低的环保要求，因此发展中国家间的贸易保护主要针对中低端的工业制成品和原材料产品。发展中国家面临相似的发展和贸易环境，虽然存在竞争关系，但在经济关系上合作而非敌对是发展的大趋势。首先，发展中国家组建区域性贸易组织，加强彼此间的联系，共同应对挑战，这将在区域范围内降低贸易保护主义对各国经济造成的不利影响，合作而非敌对才是发展国家贸易关系和分工关系发展的大趋势。中国正在努力参与到非洲统一组织、东南亚国家联盟、阿拉伯国家联盟等以发展中国家为主的区域性贸易组织中，这将加强中国与相关国家的贸易往来，建立对话机制，逐步消除与这些国家之间的贸易保护措施，使得中国与这些国家能够更好地发展自己有比较优势和竞争优势的产业。其次，发展中国家之间的对外直接投资也更加频繁，各国经济交流和相互依托关系增强，这也是降低发展中国家之间贸易保护的重要保障。以中国为例，截止到 2010 年，中国对亚洲（除中国香港、中国澳门、日本、韩国和新加坡）、拉丁美洲和非洲的直接投资存量达到 760 亿美元，占全部对外直接投资存量的 23.95%，这比 2005 年提高了 600 多亿美元，特别是对非洲的直接投资存量 5 年增长了 7 倍多，增长速度仅次于大洋洲。[①] 相应的，2010 年，中国吸引亚洲（除中国香港、中国台湾、中国澳门、日本、韩国和新加坡）、非洲和拉丁美洲实际对外直接投资合计 165 美元，占全部实际外商投资额的 15.60%，较 2005 年提高了 30 亿美元。

第五，发达国家对新兴产业的贸易保护难以阻止发展中国家发展新兴产业、优化国际分工地位的步伐。21 世纪以来，特别是金融危机之后，发达国家强化国内产业政策，纷纷推出国家层面的产业技术路线图和重点扶持的产业发展方向。作为促进新兴产业发展一揽子政策的组成部分，对新兴产业部门和相关产品的贸易保护也有所加强，技术壁垒、绿色壁垒等贸易保护手段被广泛应用于新兴产业，这对发展中国家发展新兴产业、改善在国际分工中的地位造成不利影响。例如，2008 年以来，中国光伏产业遭受到来自欧美较为严厉的贸易保护政策。但是，下一代电子信息、生物、新能源、新能源汽车等新兴产业技术路线尚未确定，消费市场尚未成熟，包括发展中国家在内的所有经济体都有抢占未来产业制高点的机遇。例如，传统汽车产业的核心部件、关键专利、技术标准、工艺规则、产品品牌等要素和环节几乎全部被发达国家汽车企业所掌握和生产，发展中国家企业很难实现突破。但对于新能源汽车的研发和生产，发展中国家在部分关键领域的技术实力和生产能力能够达到甚至超过发达国家水平。因此，虽然发达国家对新兴产业领域基础知识和共性技术的掌握强于发展中国家，但发展中国家在国内消费带动、政府先期采购、扶持政策制定等方面比发达国家更具优势。可以预见，新兴产业国际分工的发展方向不会是发达国家垄断研发、营销等技术密集高端环节，发展中国家只能承担制造等劳动密集低端环节的简单格局，发展中国家在制造优势的基础上将承担更多价值链高端环节。例如，中国在移动通信、数字电视、跨平台数字传输等领域的技术研发和市场开拓取得了瞩目的成就。以TD—SCDMA 为基础的 TD-LTE-Advance 标准成为国际标准，提升了中国通信产业在 4G时代的国际竞争力；由上海交通大学和清华大学共同开发的自主高清电视标准已经在全国推广。与传统产业比较，中国企业在新兴产业领域的国际竞争力起步更高，提升更快，华

---

① 中国对大洋洲直接投资存量 5 年提高了 12 倍，这主要是受对澳大利亚矿业投资力度加大的影响。

为、联想、中兴等新兴产业领域的企业正在成为中国最有竞争力的企业。2012年，美国政府对华为、中兴进行多轮调查，严重影响了中国企业"走出去"的步伐，但这同时也是这些企业国际竞争力提升的反映。可见，发展中国家在新兴产业领域的崛起，形成发达国家、发展中国家在价值链上交织的国际分工体系有助于消除一般贸易主义的影响，遏制技术壁垒等新贸易保护的滥用。

第二节　贸易保护对国际分工格局深化的不利影响

尽管贸易保护不会改变经济全球化的大趋势，但是，金融危机之后，很多国家加大了对进口商品的限制，全球贸易保护主义盛行，贸易摩擦和贸易战的频率增多、危害加深，对已经衰退的世界经济造成冲击。贸易保护主义可能在短时期内对全球化发生逆转，使参与经济全球化的国家，特别是实物产品和最终产品出口大国蒙受伤害。贸易保护还可能恶化发展中国家的低价无序竞争，妨碍发展中国家引进外资，阻碍劳动者的跨国境流动，对国际分工的深入发展和分工格局的优化造成不利影响。此外，一些非经济不利因素出现，使得国际贸易发展的不确定性增强。

第一，全球贸易保护增强了发展中国家之间的低价无序竞争。发展中国家出口产品集中于价值链低端，且长期采取低成本、低价格策略以抢占国际市场，容易造成低价恶性竞争。金融危机之后，发达国家消费信心下降，进一步对发展中国家出口产品产生降价压力。出口产品价格的下降又导致贸易条件恶化，引发更多贸易争端。新贸易保护主义兴起以来，技术壁垒、绿色壁垒等新贸易保护手段得到广泛使用，这会对发展中国家出口制造业造成更大的降价压力，进一步恶化在中低端市场的低价无序竞争。例如，根据美国智库的研究报告，如果美欧发达国家按每吨二氧化碳征收30美元关税，就相当于对中国出口的全部制造产品加征26.1%的关税，这将使中国制造业出口总值下降20.8%，国民生产总值下降3.7%。中国等发展中国家要维持出口的增长速度，保障出口对国民经济的拉动作用，就需要进一步压低制造成本，降低出口产品价格，国际出口市场无序低价竞争可能因为新贸易保护手段的使用而进一步恶化。

第二，贸易保护妨碍发展中国家引进外资。国际分工格局的优化建立在国际产业转移的基础上，跨国公司对外投资、发展中国家引进外资能够促进发达国家和发展中国家在国际分工中发挥各自的比较优势。金融危机之后，发达国家陷入财务危机，跨国公司适应本国产业政策和贸易政策调整，向国内迁回部分制造业的同时采取更加谨慎的对外投资策略。根据联合国贸发会议的统计，2008年全球FDI流量为1.66万亿美元，同比下降15%，同时跨国并购交易也下降29%。主要发达经济体跨国公司对外投资意愿也减弱，2008年增加投资额超过30%的企业比例从2007年的32%下降为21%，减少投资的企业比例由10%提高为16%。在发达国家对外投资额下降的同时，很多国家为应对金融危机挑战放宽外资准入，对国际产业转移和FDI资金展开激烈争夺，这进一步增大了发展中国家引进外资的难度。以中国为例，在金融危机影响最严重的2009年1~8月，受贸易保护主义增强和引进外资市场竞争加剧的影响，中国新批设立外商独资企业 14131 家，同比下降 24.82%；实际利用外资金额 558.67 亿美元，同比下降 17.52%。

第三，贸易保护不利于劳动者的跨国境流动。劳动者的跨国境流动也是国际分工的重要组成部分，发展中国家劳动者向发达国家流动有助于发达国家降低制造业成本，但是会对发达国家本国劳动者就业造成冲击。金融危机之后，与限制外国进口产品一样，限制外籍劳工流入和就业也成为发达国家保护本国产业和本国劳动者就业的重要手段。美、欧等发达国家政府要求企业在经营困难时首先裁掉外籍员工，在招聘新员工时也首先选择本国国籍劳动者。在一系列政策影响下，发达国家外籍劳工就业环境恶化，金融危机之后已经出现大批来自发展中国家的劳工返回本国的现象。例如，美国政府在金融危机之后要求接受政府救助的银行等金融机构在招聘时首先考虑美国国籍的申请者，外国雇员的比例要控制在 15%以内；英国正在酝酿设定外籍工人在英国的居留时限；宝马、西门子等德国企业已经开始裁掉外籍劳工。

第四，区域性贸易组织为了自身利益阻碍全球化分工进程。成立区域性贸易组织是为了促进区域范围内的贸易往来，降低和消除贸易保护的影响，但是各种区域贸易组织之间，特别是组织核心成员之间为了自身利益，可能会将贸易保护由单个国家行为转变为多个国家参与的集体行为。例如，为了促进东亚地区的贸易往来，中、日、韩三国在 2002 年提出了"中日韩自由贸易区"的设想，如果这一自由贸易区能够建成，将覆盖超过 15 亿人口的大市场，成为全球最大的自由贸易区，中、日、韩三国乃至亚洲的整体经济福利都会显著提高。但是，为了遏制东亚特别是中国经济地位的提升，美国在 2011 年积极推进跨太平洋伙伴关系协议（Trans-Pacific Partnership Agreement，TPP），试图加强对亚太地区跨国贸易的影响力。未来一段时间，类似于 TPP 的区域性贸易组织的数量将更多，作用将更大；在国际贸易纠纷中，单边贸易纠纷比重将下降，多边贸易纠纷比重将上升。

第五，自由贸易受到非经济因素的影响增多。虽然和平和发展是当今世界的两大主题，但是影响和平和发展的政治、军事、宗教因素还很多，自第二次世界大战以来世界没有一天是真正安宁的。为世界各国经济增长提供石油能源的中东地区同时也是全球最不稳定的地区，自 20 世纪 70 年代以来，这一地区先后爆发十余次大规模战争，严重影响世界能源价格的稳定。21 世纪恐怖主义盛行，美国的反恐战争虽达到一些既定目标，但并没有消灭恐怖主义，反而埋下了更严重的隐患。亚丁湾、马六甲地区海盗猖獗，成为印度洋海运的重要威胁。2012 年，中、日在钓鱼岛问题上的冲突升级，日本的"购岛"行为严重违背两国之前在钓鱼岛问题上达成的共识，作为世界第二和第三大经济体，又是东亚近邻，中日争端将对亚洲甚至全球贸易造成深远影响。

第三节　应对贸易保护与优化国际分工地位的政策建议

20 世纪 80 年代末新贸易保护主义开始盛行，对我国出口贸易造成不利影响。金融危机之后，发达国家、新兴工业化国家和部分发展中国家为保护本国工业，保障国内就业，缓解执政压力，纷纷提高贸易保护程度，世界经济几乎陷入贸易保护漩涡之中。在世界经济波动和增长停滞期间，中国经济迅速崛起，在 20 世纪 90 年代亚洲金融危机和 2008 年全球金融危机中一枝独秀，加入世界贸易组织之后融入世界经济的程度加深，制造业"世界工厂"的地位进一步加强，几乎所有的发达国家和越来越多的发展中国家都将中国作为最重要的出口贸易竞争对手，各种类型的贸易保护政策纷纷指向中国。金融危机爆发之前，1995~2008 年中国共遭遇 612 起反倾销案件，占 14 年里全球反倾销案件总和的 27.88%，排名第二的韩国占全球的比重为 6.83%，比中国低 21.05 个百分点。金融危机爆发之后，全球贸易保护主义进一步升温，全球贸易环境愈发模糊难辨。根据中国商务部的统计，2009 年共 20 个国家和地区对中国发起"两反两保"贸易救济调查 107 起，涉案金额近 120 亿美元；2010 年，中国遭受"两反一保"调查 66 起，涉案金额 71.4 亿美元。可以预计，"十二五"时期以及更长的时间里，中国仍然将是遭到贸易调查最多、受贸易保护主义伤害最大的国家。"十一五"以来，中国政府开始大力推动新型工业化建设，在全国范围调整产业结构、构建现代产业体系、发展新兴产业、改造升级传统产业、淘汰落后产能、治理产能过剩，政策的重点从提高规模、保证增速向提高增长质量和竞争力的方向调整。随着工业国际竞争力的提升，中国应对贸易保护的能力增强，参与国际分工的位势将得到改善：产业结构的调整、低技术含量、低附加值产品比重的下降有助于消除关税、反倾销等传统贸易保护手段对中国出口的影响；技术创新、抢占价值链高端、掌握核心技术标准、培育国际品牌有助于突破绿色壁垒、技术壁垒等新贸易保护手段对中国经济的影响。全球保护升级是我国从"工业大国"向"工业强国"转型阶段的客观环境，国际分工地位的提高也有助于提高中国工业抵抗贸易保护的能力，应对全球贸易保护升级与改善中国在国际分工格局中位势的目标是一致的。

首先，抓紧产业升级、调整出口结构。劳动密集型行业从发达国家向发展中国家转移是客观趋势，中国作为全球劳动力供给最丰富的发展中大国在这一过程中必将获得发展的动力。但是，这一产业转移的过程是有限的，也是分阶段的。近年来东南亚国家凭借更低廉的劳动力成本获得越来越多的来料加工订单，对中国外向型低端加工装配制造业造成巨大威胁。同时，由于产品同质程度高，劳动密集型行业也是遭到贸易保护最频繁的行业。一方面竞争加剧，另一方面遭遇贸易保护最严重，在中低端环节继续依靠规模扩张的发展道路难以为继，中国必须抓紧产业结构优化升级，调整出口商品结构，提高商品的技术水平，增强商品的国际市场竞争力，只有这样才能应对贸易保护挑战，提升国际分工地位。

其次，积极利用各种多边国际组织和对话机制削弱贸易保护主义的影响。作为世界贸易组织成员，中国应积极参与各类多边贸易谈判，参与多边贸易规则的制订和修改，利用有效的多边贸易规则约束和抵制新贸易保护主义行为，通过交流和谈判，营造一个良好的国际贸易环境。同时，以务实外交为指导思想，加强国际间的沟通和协调，争取西方国家尽快承认中国的市场经济地位。

再次，积极推进与主要贸易国家建立自由贸易区。建立和加入自由贸易区有利于规避区域性贸易壁垒，区域贸易组织还能够协调各个国家参与国际分工的方式和重点，实现区域内优势互补。近年来，中国已经同巴基斯坦、新西兰、新加坡、智利等国签署了自由贸易区协定，与澳大利亚、海湾合作组织、南部非洲关税同盟等签订自由贸易区的谈判正在推进，与韩国共建自由贸易区也取得重大进展。与主要贸易伙伴，特别是发达国家签订自由贸易区协定可以在小范围内有效降低贸易冲突，创造一个稳定的出口环境，同时，也有助于在区域范围内优化国际分工格局。

最后，建立贸易壁垒预警与快速反应系统。目前，国际贸易环境错综复杂，单个企业难以准确预测贸易争端发生的时间，判断其危害程度：一方面，贸易保护的目的更加多元化，除保护国内产业和就业等传统目的，政治、军事、民族、宗教、文化等因素也加入其中。另一方面，贸易保护的手段越来越丰富，技术壁垒、绿色壁垒、劳工标准等非关税保护替代传统关税、补贴政策成为主要的贸易保护手段，使得贸易保护更加隐蔽。政府应建立多角度、多层次、多渠道的贸易壁垒预警机制和快速反应系统，定期发布出口商品价格的预警信息，帮助和指导国内企业冲破贸易保护主义障碍，实现由被动接受向主动对应的转变。

【参考文献】

[1] 梅新育. 全球贸易保护主义风潮及其应对 [J]. 国际贸易，2009 (3).

[2] 李建萍. 新金融危机期间的贸易保护：国外研究综述 [J]. 西部论坛，2011 (2).

[3] 陈秀莲. 全球金融危机下的贸易保护主义——理论与实证分析 [J]. 世界经济研究，2010 (10).

[4] 潘士远. 内生无效制度——对进入壁垒和贸易保护的思考 [J]. 经济研究，2008 (9).

[5] 渠慎宁，杨丹辉. 贸易保护的周期性变化——美国的经验分析及金融危机的影响 [J]. 世界经济研究，2009 (10).

第八章　低碳经济与全球产业分工

近百年来，全球气候系统性的变暖已经成为不争的事实，并威胁到人类社会的可持续发展（IPCC，2007）。全球气候变暖很可能会带来灾难性的后果，如果全球平均温度增幅超过 1.5~2.5℃（与 1980~1999 年相比），所评估的 20%~30%的物种可能面临的灭绝风险增大；如果全球平均温度升高超过约 3.5℃，模式预估结果显示，全球将出现大量物种灭绝（占所评估物种的 40%~70%）（IPCC，2007）。全球气候变暖的主要原因是人类活动（特别是化石能源的使用）所导致的温室气体排放和温室气体浓度增加已经成为世界的共识。面对气候变化问题的严重性和紧迫性，世界各国纷纷采取行动，建立了全球应对气候变化的机制，促进了一系列国家政策的出台。比较有代表性的有：1992 年，通过以降低人类活动对气候系统的影响、协调国际社会减缓气候变化行动为目标的《联合国气候变化框架公约》（UNFCCC）；1997 年，149 个国家和地区的代表在日本东京召开《联合国气候变化框架公约》缔约方第三次会议，通过以量化温室气体减排义务为主要内容的《京都议定书》（Kyoto Protocol）等（中国科学院可持续发展战略研究组，2009）。最近的是 2011 年 12 月 11 日，《联合国气候变化框架公约》第 17 次缔约方会议暨《京都议定书》第 7 次缔约方会议在南非德班闭幕，大会通过决议，建立德班增强行动平台特设工作组，决定实施《京都议定书》第二承诺期并启动绿色气候基金。可以说，发展低碳经济（Low Carbon Economy）作为保障能源安全、应对气候变化的基本途径正逐渐取得全球越来越多国家的认同（中国科学院可持续发展战略研究组，2009）。低碳经济的发展必将对世界经济发展产生深刻的影响，带来产业发展方向的重大转变和调整。虽然中国目前还不用承担二氧化碳减排的强制性义务，但是中国政府做出承诺，到 2020 年单位国内生产总值二氧化碳排放比 2005 年下降 40%~45%。此外，全球低碳经济还会通过碳税、碳排放权交易等不同的作用机制对中国的产业产生影响。

目前对低碳经济的研究重点主要放在如何减少二氧化碳排放以减轻温室气体效应对地球的影响，从而实现人类的可持续发展上，包括具体的政策、机制及其对经济发展的可能影响。如果按技术对经济增长的贡献以及涉及的范围来划分，可以分为通用目的技术（General Purpose Technology，GPT）与特定技术（Specific Technology，ST）。通用技术涉及的范围广，对经济的影响广泛而深远，代表着能够改变居家生活和企业商业行为的变化，它具有以下三个特征：①广泛性：通用目的技术应该被扩散至大部分领域；②改进性：通用目的技术应该随着时间会变得更好，持续降低其用户的成本；③创新增值：通用目的技术应该使得发明和生产新的产品或过程变得更容易（Bresnahan 和 Trajtenberg，1996）。20 世纪的通用目的技术是电力和信息技术（Desmet 和 Rossi-Hansberg，2009），而低碳技术有望成为 21 世纪的通用目的技术，必将对整个经济和社会生活的各个方面产生深刻的影响。由于工业是能源消耗和二氧化碳排放的主要部门，也是推动能源革命的主要技术部门，因此低碳经济发展对工业的影响将最为显著。但是对于这些影响是什么、机制是怎样的、后果如何却一直缺乏必要的研究。

第一节　低碳经济与碳减排的主要政策手段

一、低碳经济

　　"低碳经济"的概念最早正式出现在 2003 年的英国能源白皮书《我们能源的未来：创建低碳经济》中，但是对低碳经济的关注可以追溯到 1992 年的《联合国气候变化框架公约》和 1997 年的《京都协议书》乃至更早。英国《能源白皮书》指出，英国将在 2050 年将其温室气体排放量在 1990 年的水平上减排 60%，从根本上把英国变成一个低碳经济的国家。2006 年，由世界银行前首席经济学家尼古拉斯·斯特恩牵头所做的《斯特恩报告》指出，全球以每年 GDP1% 的投入，可以避免将来每年 GDP 5%~20% 的损失，呼吁全球向低碳经济转型。发达国家大力发展经济，一方面的确有助于减少二氧化碳等温室气体的排放、防止气候变暖；另一方面也有其私心在里面，就是当发达国家在其世界经济主导地位遭受新兴国家挑战后，试图抓住低碳经济这一契机，利用自己的科技优势重建国际经济秩序（周毅，2010）。发达国家甚至以限制碳排放为由将气候变化与贸易挂钩，通过征收碳关税将低碳经济转变为实施贸易保护主义的一个新的借口。国际金融危机爆发以来，以美国为首的发达国家更是将发展新能源产业和低碳经济作为应对危机、重新振兴经济的重大战略。例如，2009 年 6 月 22 日，《美国清洁能源安全法案》在众议院获得通过，授权美国政府从 2020 年起对不接受污染物减排标准的国家征收碳关税，一国进入美国市场的产品是否被征收碳关税取决于该国能否通过其减排措施与美国具有可比性的测试（潘辉，2011）。维持美国产业的国际竞争力、重塑美国全球经济领导地位是美国征收碳关税和发展低碳经济的重要政策目标之一（蒋姮，2011）。2009 年，欧盟提出将航空业纳入碳排放交易体系，从 2012 年起，所有欧盟和进入欧盟空域的国际航空公司将被分配一定的温室气体排放限额，排放总量低于限额的航空公司可出售限额剩余部分，而排放总量超标的则必须购买超出限额的部分。

二、碳减排的主要措施

　　《联合国气候变化框架公约》（UNFCCC，2007）将温室气体减排的政策工具分为：财政政策工具（碳税、资源和能源价格及形成机制）、市场工具（如排放权交易）、资源性减排措施、管制与标准制定（效率标准、环保标准）、环境教育（公众认知）、技术研发（能源效率、替代能源科技、碳捕获封存技术）等；UNDP（2008）将碳减排政策工具分为：法规和标准、税收和收费、资金激励、可交易的许可证、自愿协议、信息化手段、研究与开发、非气候政策等。国际上的这些碳减排措施可以划分为基于价格的市场手段和强制性措施两类（周宏春，2012），其主要内容具体如下：

（1）促进低碳技术研发。美国的《美国创新战略：促进可持续增长和提供优良的工作》（2009 年 9 月）和《重整美国制造业框架》（2009 年 12 月），英国的《构筑英国的未来》（2009 年 6 月），日本的《面向光辉日本的新成长战略》（2009 年 12 月），韩国的《新增长动力规划及发展战略》（2009 年 1 月）都不约而同地将低碳经济、清洁能源作为未来产业发展的重点和振兴经济的重要力量。我国《"十二五"国家战略性新兴产业发展规划》将节能环保产业、新能源产业作为我国战略性新兴产业培育和发展的重点，关键技术的开发和产业化又是其中的重要任务。

（2）碳税。碳税制度最早由芬兰于 1990 年开始实施，此后瑞典、挪威、荷兰、丹麦、斯洛文尼亚、意大利、德国、英国、瑞士等也相继开征碳税（李艳君，2010）。碳税是以减少二氧化碳的排放为目的，对化石燃料（如煤炭、天然气、汽油和柴油等）按照其碳含量或碳排放量征收的一种税（财政部财政科学研究所课题组，2009）。碳税制度能够将企业消费化石能源产生的碳排放成本内部化，促使企业在为减排付出成本和纳税之间作出权衡，根据自身的技术特征、成本结构来决定碳排放的规模。碳税通过推动化石能源使用的成本上涨，从而达到减少化石能源使用和碳排放的目的。

（3）排放权交易。为了通过市场化的手段减少碳排放，监管机构创造了一种新的资产类型——碳排放配额，即在一年时间内允许产生规定数量的温室气体。超排放的企业可以向其他企业购买配额或者对减排项目进行投资，从而抵消超额排放（Hoffman 和 Twining，2009）。《联合国气候变化框架公约》和《京都议定书》提供给发达国家三种履行减排义务的方式：一是国际排放权交易（International Emission Trading，IET），具有减排义务的发达国家之间可以相互转让它们的排放权配额；二是联合实施机制（Joint Implementation，JI），发达国家从其在具有减排义务的其他发达国家投资的节能减排项目中获得减排信用，以抵减其减排义务；三是清洁发展机制（Clean Development Mechanism，CDM），是发达国家出资帮助发展中国家发展减排项目并从中获得经核证的排放量。这些履行排放义务的方式催生出了一个以二氧化碳排放权为主的碳交易市场（陈柳钦，2010）。我国《"十二五"控制温室气体排放工作方案》（国发［2011］41 号）也提出开展碳排放权交易试点，探索建立碳排放交易市场。

（4）管制政策。主要是通过配额制度、强制技术标准、法律和行政法规等强制手段对二氧化碳排放水平和能源利用效率进行控制，许多国家都设定了减排目标及相应的标准要求企业采取行动加以实现（周宏春，2012）。中国政府承诺，到 2020 年单位国内生产总值二氧化碳排放比 2005 年下降 40%~45%；通过大力发展可再生能源，到 2020 年中国非化石能源占一次能源消费的比重达到 15%左右。为了完成这一约束性指标，中国政府将减排目标作为约束性指标纳入国民经济和社会发展中长期规划，并制定相应的国内统计、监测、考核办法。

（5）碳标签。碳标签是将商品生产过程中所排放的温室气体量在产品标签上用量化的数据表示出来，告知消费者该商品的碳信息。碳标签起源于英国，目前已成为全球性潮流。例如，沃尔玛要求其 10 万家供应商必须完成商品碳足迹验证并贴上碳标签；国际标准化委员会关于"碳足迹"标签的国际标准 ISO14067 已完成草案的拟定并计划于近期发布实施。碳标签将会引导那些关注环境问题的消费者选择低碳商品，从而达到减排的目的。

第二节　低碳化对竞争力的影响

化石能源的使用过程中伴随着温室气体的排放，而温室气体的排放会对全球环境造成损害，即化石能源的消费具有全球性的负外部性，但是目前的能源价格几乎未反映其负外部性。据美国科学院 National Research Council（2010）估算，2005 年能源的隐藏成本高达1200 亿美元，并且认为这一数值大大低估了实际的损害。随着减少温室气体排放成为世界的共识以及越来越多的碳减排措施的出现和广泛实施，世界许多国家（特别是发达国家）已经开始要求企业承担其相应的碳排放代价。如果说以前碳排放的数量是通过影响能源消耗的多少进入企业的成本函数的话（一定的化石能源消费对应着相应数量的碳排放，碳排放量大意味着能源消耗大，能源消耗大意味着生产过程中的能源成本高），那么随着减排政策的实施，碳排放权已经成为从一种可无限获得的公共物品变为一种商品并具有了价格属性。碳价格会随着供给规模和市场需求规模的相互作用发生变化（如图 2-8-1 所示），从而影响到企业的生产成本和竞争力，引导企业的投资和生产决策。

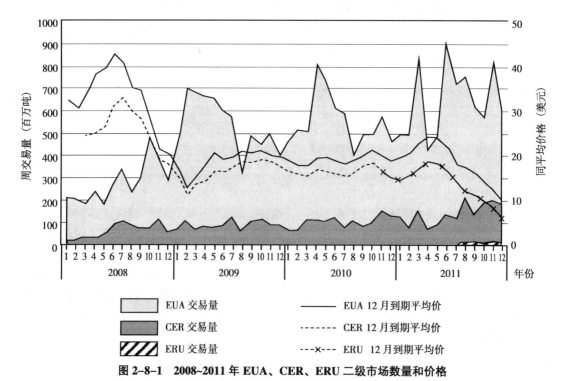

图 2-8-1　2008~2011 年 EUA、CER、ERU 二级市场数量和价格

注：EUA，European Union Allowance，欧盟排放许可；CER，Certified Emission Reduction，经证明的减少排放；ERU，Emission Reduction Unit，排放减少单位。

资料来源：World Bank. The State and Trends of the Carbon Market 2012 [R]. Washington DC，May 2012.

一、碳价值链

任何产品或服务的生产都涉及相当多的活动，例如原材料的采购、产品的设计、产品的生产、最终产品的分配和销售，从获取原材料开始到最终产品的分配和销售的过程，被称为垂直链条（贝赞可等，1999）。随着原材料输入后沿着垂直链条流动，到转变为最终产品，并辅之以各种支持性活动，价值被创造出来，因而商品和服务沿着垂直链条从原材料转变为最终产品的过程同时就是一系列价值增加的过程。同时，价值创造的过程也是能源消耗与二氧化碳排放的过程，从生产到使用再到售后服务和回收处理的每一个环节都伴随着二氧化碳的产生，我们称之为"碳价值链"。

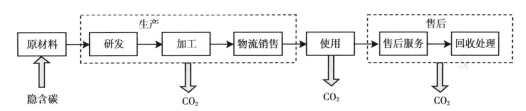

图 2-8-2 碳价值链/产品全生命周期的二氧化碳流动

资料来源：作者绘制。

既有的研究很少从产品的全生命周期考察二氧化碳的排放及其影响，相近的研究是隐含碳和碳足迹的概念。隐含碳（Embodied Carbon）最早是在 1974 年国际高级研究机构联合会（IFIAS）能源分析工作组一次会议上被提出，是指产品或服务生产过程中的加工、制造、运输等整个生产过程中的二氧化碳排放量（邓小华、周婧，2011）。虽然该理论号称采用生命周期评价的方法（刘强等，2008），但是它并没有涵盖产品的整个生命周期及产品的使用和售后阶段的碳排放情况。碳足迹（Carbon Footprint）的概念来源于生态足迹（Ecological Footprinting），代表与人类生产或消费活动相联系的与气候变化有关的气体排放量，但是对如何测定碳足迹的数量没有一致意见，其范围从直接的二氧化碳排放到全生命周期的二氧化碳排放。碳足迹更多的是一种确定和衡量温室气体排放碳当量的一种方法或技术（于小迪等，2010）。Wiedmann 和 Minx（2007）将碳足迹定义为"某一活动直接或间接引起的或者产品生命周期中积累的全部数量的二氧化碳排放的一种测量方法"，其涵盖范围包括个人、居民、政府、公司、组织、过程、产业领域等，产品包括商品和服务，所有直接排放（现场的、内部的）和间接排放（内涵的、上游的、下游的）都应加以考虑。本章考察的重点是企业，从产品全生命周期（包括原料、生产、运输、使用和回收）的二氧化碳排放视角来考量低碳经济的影响。

二、低碳价值与企业的低碳竞争力

在传统的价值链中，企业的利润来源于生产过程中价值的增值，企业的边际收益=价格−边际成本，即 $MR = P - MC$，企业的总利润=销售额−总成本，即 $\pi = pQ - TC$。为简化分析，考虑产品生命周期只包括生产与消费两个过程的情况。如果考虑用户的使用成本 C_u，产品的销量是用户使用成本的函数，使用成本越高，销量越小，即 $\pi = pQ\,(C_u) - TC$。

在能源消费的外部性被关注之前，企业只需要考虑作为自己生产原料的能源消耗以及用户在使用本企业产品过程中能源消耗所产生的成本，而无需关注由于能源消耗所带来的二氧化碳排放成本。例如，作为消费者，在使用家电、汽车时都会考虑到在整个使用周期内的能耗差异带来的支出变化，因此，企业也会将降低用户使用产品过程中的能耗作为提高产品竞争力的重要手段。

但是在低碳经济下，由于政府征收碳税或者采取碳排放权交易制度，二氧化碳排放成本将进入企业的利润函数。如果只考虑生产过程，则有 $\pi = pQ - TC - C_p$，它是指生产过程中的碳排放成本。如果企业的碳排放多，则会被征收更高的碳税，或者需要向其他企业购买碳排放配额或"碳抵消额度"：对减排项目（几乎总是在较不发达的国家）进行投资（Hoffman 和 Twining，2009），如果企业的碳排放少，则被征收的碳税少，或者能够通过出售多余的碳排放权而获得收入，即 C_p 为负。可以看到，在低碳经济条件下，"低碳"成为企业价值的一个新的来源。特别是对于那些目前经济效益不太好的替代能源技术能够通过出售碳排放权而实现盈利。如果考虑用户（主要是企业用户）的使用过程，则用户的总成本不仅包括产品的价格、纯使用成本，而且还要包括二氧化碳成本，设为 C_{uc}（把用户想象成下游的一家生产企业会更好理解）。如果使用过程中碳排放 C_{uc} 减少，用户可以由此增加收益；反之，如果用户使用过程中碳排放 C_{uc} 增加，则用户的收益减少。因此，碳排放成本成为影响下游用户购买行为的重要因素，从而影响到上游企业的生产活动。这时，生产企业的利润函数为 $\pi = pQ(C_p, C_{uc}) - TC - C_p$，$\partial\pi/\partial C_p < 0$，$\partial\pi/\partial C_{uc} < 0$。如果用户的总成本因使用过程中的碳排放少而增加，有助于增加生产企业的销量，进而增加生产企业的利润；反之，如果用户的碳排放成本增加，则会减少生产企业的利润。可见，无论是生产过程还是使用过程中的碳排放变化，都会影响到生产企业的利润。如果生产企业能够降低其产品整个生命周期中的二氧化碳排放，那么它的产品比竞争对手更具吸引力（更低的价格、更低的使用成本或者两者的综合优势），表现出更强的市场竞争力。这种来自于低碳排放能力的竞争力可以称为"低碳竞争力"。

在政府推动降低碳排放和消费者低碳意识崛起的驱动下，越来越多的企业开始采取措施减少温室气体排放。OECD（2010）的一项调查表明，企业降低碳排放的动机包括：降低能源成本、改善公司形象、预期的规制、对消费者需求的响应、商业机会、对股东需求的响应、减少对化石燃料的依赖、限制风险、目前的规制、对客户公司的响应、来自雇员的压力、改善融资渠道等。可见，降低碳排放已经影响到企业发展的各个方面，成为企业竞争力的重要来源。

三、低碳经济与产业的低碳竞争力

1. 碳泄漏与产业竞争力

最早从低碳视角关注产业竞争力的是碳泄漏（Carbon Leakage）理论。碳泄漏理论是污染避难所效应的深化发展。所谓污染避难所效应，是指当一个国家采取严厉的环境管制时，相对于没有采取环境管制的国家，该国的产业竞争力会下降，污染密集企业会转移到环境标准相对较低的国家或地区（张志辉，2005）。碳泄漏是指如果一个国家采取二氧化碳减排措施，该国国内的一些产业（特别是高耗能产业）可能会转移到其他未采取二氧化

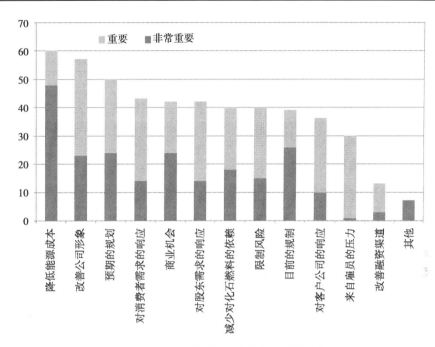

图 2-8-3　企业减少温室气体排放的动机

资料来源：OECD. Transition to a Low-carbon Economy: Public Goals and Corporate Practices［EB/OL］. OECD Publishing, http://dx.doi.org/10.1787/9789264090231-en, 2010.

碳减排措施的国家。碳泄漏之所以产生，是由于一个国家（通常是发达国家）对能源使用和二氧化碳排放进行一定程度的限制，会造成该国有关商品的生产成本和价格提高，进而使没有采取相应减排政策国家的贸易条件得到改善，即减排国家的产业竞争力相对于未减排国家的竞争力下降。未减排国家会由于贸易条件改善而扩大能源密集型产品的生产和出口，减排国家的能源密集型产业为了规避碳排放规制政策会出现向未减排国家的产业转移，同时未减排国家的能源利用效率有可能低于减排国家，这些因素都可能造成碳排放的增加，在一定程度上抵消减排国家的努力（林伯强、李爱军，2010；薛进军，2011）。由于《京都议定书》对发达国家和发展中国家规定了"共同但有区别的责任"，即发达国家承担强制减排义务，而发展中国家不承担强制减排义务，因此会造成《京都议定书》附件 1 所列国家（也就是《气候框架公约》附件 1 所列的 37 个需承担减排义务的国家，主要是发达国家）的碳排放减少，附件 2 国家（不承担减排义务的国家）的排放量增加，从而降低碳排放的效应。例如，2007 年欧盟委员会制定了 2020 年温室气体排放比 1990 年下降 20% 的单边减排目标，这一单边减排政策有可能会危及欧盟能源密集产业的竞争力，同时能源密集型产业向外部转移会降低该政策的环境效果（Alexeeva-Talebi 等，2008）。联合国政府间气候变化专家委员会（IPCC，2007）的第四版评估报告表明，由于可能发生的一些碳密集产业向附件 2 国家转移，以及价格变化对贸易流向的影响，在无技术转让与扩散、无国际排放贸易等假设条件下，通过高碳产业的重新分布导致的碳泄漏率可能为 5%~20%（邓小华、周婧，2011）。

2. 边境调节措施与产业竞争力

由于《京都议定书》"共同但有区别的责任"原则在发达国家与发展中国家之间造成不对称的减排义务，使发达国家的产业竞争力受到削弱，发达国家为了消除单边碳减排造成的不利影响，从避免本国产业处于不公平竞争和减少碳泄漏的考虑出发采取了边境调节措施。边境调节在实践中主要包括两种类型：一种是边境税调节（Border Tax Adjustments，BTA），根据进口产品的碳含量以及按本国生产水平所可能产生的碳排放成本来对进口产品进行征税以及对出口商品的国内税抵扣；另一种是一体化排放交易（Integrated Emission Trading，IET），要求外国生产者按照本国的水平，根据产生的排放为其进口商品购买排放许可（Alexeeva-Talebi 等，2008；申萌、方钶，2010）。

碳关税是继环境壁垒后的又一种新兴贸易壁垒——碳壁垒。由于二氧化碳减排问题关涉人类生存问题，因而相对于其他贸易保护手段，碳关税具有更强的"合理性"（林伯强、李爱军，2010）。对碳关税的支持主要来自于欧盟和美国等发达国家，他们希冀通过征收碳税避免在减少碳排放方面无所作为的国家的环境倾销，从而保证公平竞争（张丽，2011）。实际上早在 1997 年，美国参议院就通过了《伯德·哈格尔决议》，要求美国政府不得签署同意任何"不同等对待发展中国家和工业化国家的、有具体目标和时间限制的条约"，因为这会"对美国经济产生严重的危害"。美国奥巴马政府之所以重提碳关税，其意图就在于增加国际气候谈判的筹码，并通过振兴绿色产业带动经济的复苏。碳关税受到发展中国家的普遍反对，认为发达国家一方面使用发展中国家消耗大量资源、能源生产的最终产品从而减少了本国的碳排放；另一方面要对发展中国家征收"碳关税"是不公平的，碳关税是"以环境保护之名，行贸易保护之实"，违反了世界贸易组织的自由贸易原则和"最惠国待遇"原则以及《京都议定书》中"共同而有区别的责任"原则（陈光普、高文书，2011），会引起国际贸易中的报复性反击，不利于国际贸易的健康发展。如果发达国家实施碳关税，毫无疑问将使发展中国家出口商品（特别是高耗能产品）的竞争优势被削弱甚至发生逆转。

3. 碳足迹与产业竞争力

碳壁垒不仅来源于直接设立的碳关税壁垒，两国间生产某一产品平均碳足迹的差异也能够造成产业竞争力的差异，形成事实上的碳壁垒。如前所述，企业的成本包括生产成本和碳成本，用户的成本包括使用成本和碳成本。因此，如果一国的产品在使用阶段的碳排量大，那么就会增加用户的总成本，相对于使用阶段碳排放量小的产品就缺乏竞争力。发达国家由于普遍实施了碳税或碳排放权等减排手段，因此企业必须将产品全生命周期的碳成本纳入其总成本中加以考量。假设发展中国家的产品（生产设备、汽车、办公设备等）出口到发达国家市场作为生产企业的生产资料加以使用，如果发展中国家产品的能耗高、碳排放量大，那么就会增加发达国家生产企业的碳成本，抵消发展中国家产品的价格优势。如果碳成本大到一定程度，就会完全抵消产品的成本优势，从而输掉与发达国家高价但低碳产品的竞争。例如，在电力设备生产领域，我国国内火电设备制造企业通过国外公司的技术转让掌握了 600MW 超临界机组、300MW 大型循环流化床电站锅炉、9E 和 9F 系列燃气轮机的制造能力和部分技术。国外企业之所以愿意向中国转让先进技术，重要原因之一就是碳足迹差异造成的产业竞争力差异。虽然中国的发电设备可能价格更低，但是效率更高、能耗更低，从而二氧化碳排放更少的国外发电设备能够降低发电企业的综合成本，因此更具吸引力。这样，发达国家的发电设备制造企业在技术上虽然仅领先一代，但是仍能树立起限制中国发电设备进入的"碳壁垒"。凭借"碳壁垒"的技术转让不但让发达国家能够获得中国市场，而且能够避免本国市场丧失之虞。

4. 先行优势、锁定效应与产业竞争力

迈克尔·波特（2002）在《国家竞争优势》一书中指出，丰富的资源或廉价的成本往往造成低效率的资源配置，而不利因素反而能刺激产业的创新。因此，一个国家的竞争优势可以从不利的生产要素中生成，并且不利生产要素使企业的竞争优势升级更能持续。率先行动常常能够获得正的经济利润，即先行者优势。先行者优势有三个主要来源：技术领先、资产先占以及买方的转换成本。技术领先来源于学习或经验曲线的优势、专利或R&D 竞赛中的成功；资产先占是指控制已存在的稀有资产，包括投入要素（如资源、过程投入品甚至地理空间）及对工厂和设备的投资（作为对进入者的威胁）（Lieberman 和 Montgomery，1998）。虽然从目前看，发达国家与发展中国家之间不对称的减排义务使得发达国家的产业竞争力受到削弱，但正是因为如此，减排义务迫使发达国家政府先于发展中国家向低碳经济转型，投巨资于低碳技术，大力发展低碳产业，发达国家的企业也有更强的动力降低碳排放。因此，发达国家的首先行动使它们在低碳技术、低碳产业方面形成了较强的竞争优势，发达国家的企业也具有更低的碳排放水平。发达国家正在推动建立低碳的经济秩序，发展中国家承担碳减排义务也是大势所趋。发展中国家不仅会由于先行者优势的存在而在全球低碳竞争中处于下风，而且会被长期锁定在这一状态。基础设施、机器设备及个人大件耐用消费品的使用期限都在 15 年乃至 50 年以上，不大可能轻易被废弃。特别是中国现在处于重工业高速增长的阶段，例如到 2030 年将新增发电能力 126 万兆瓦的发电站，其中 70%为高碳排放的燃煤电站（庄贵阳、谢倩漪，2009）。锁定效应的存在使得发展中国家向低碳经济转换需要付出极高的成本，进而被锁定在碳密集投资中而丧失产业竞争力。

5. 小结：低碳经济对世界分工格局的影响

总体上看，在当前的低碳经济条件下发达国家的产业竞争力受到削弱，其高耗能、高碳排放产业存在向发展中国家转移的趋势，发展中国家的企业还能够通过清洁发展机制从碳排放交易中获益。但是从长远来看，在全球范围发展低碳经济是大势所趋，发达国家由于碳减排的约束率先行动，更可能在未来的全球低碳经济秩序中抢占先机，在低碳技术、低碳产业领域获得明显的优势。

第三节　低碳化对产业发展的影响

历史上数次重大的经济革命都是在新的通信技术和新的能源系统结合之际发生的，互联网技术和可再生能源的结合构成第三次产业革命的基础，可再生能源的转变、分散式生产、储存、通过能源互联网实现分配和零排放的交通方式构成新经济模式的五个支柱（里夫金，2012)。为了减少温室气体的排放，人类社会必须由建立在碳排放基础上的发展模式转向低碳的发展模式，降低碳强度可以通过两种方法的组合来加以实现：①降低能源强度，使用更少的能源投入来生产单位的经济产出；②脱碳（decarbonization），降低能源组合中碳基燃料（Carbon-based Fuels）的比重（Lester 和 Hart，2011）。在这一过程中，既要有生活方式的改变，更要有对相关技术、基础设施及产业的巨额投入，在需求和供给的相互作用和协同演进下催生出新的产业并逐步成长为经济的支柱产业。

一、低碳技术的研发产业

低碳经济的核心就是低碳技术，为了实现向低碳经济的转型，世界各国特别是发达国家的政府、传统能源公司和能源设备制造商以及一些新兴企业正加大对低碳技术研发的投资，低碳技术研发已经成为规模可观的新兴产业。从图 2-8-4 可以看到，IEA 成员国政府能源 R&D 预算在 20 世纪 90 年代曾高达 190 亿美元（2008 年价格 PPP 美元），1998 年之后政府能源 R&D 支出开始恢复增长，2008 年达到 120 亿美元（2008 年价格 PPP 美元），政府能源 R&D 支出占全部 R&D 的比重接近 4%。尽管私人领域的能源 R&D 投资数据非常难以获得，但是有限的统计表明，私人领域对低碳能源 R&D 投入的规模仍然非常可观。2009 年，全球私人低碳能源 R&D 投资规模接近 150 亿美元，其中总部位于欧洲、中东和非洲的公司占了一半以上。OECD/IEA（2010）认为，应对气候变化和能源安全的挑战需要显著增加全球能源 R&D 投资，目前的能源投资尚有非常巨大的缺口，OECD/IEA（2009）建议能源 R&D 支出提高到目前的 2~10 倍。除低碳能源的研发外，与低碳发展相关的其他产业也需要向低碳转型进行 R&D 投资。可见，低碳的研发产业具有非常大的规模和发展潜力。

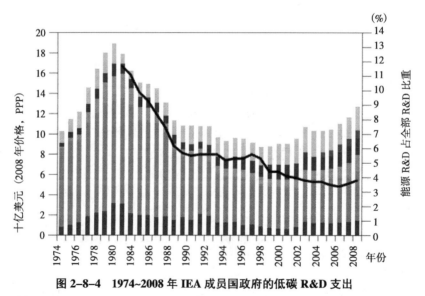

图 2-8-4　1974~2008 年 IEA 成员国政府的低碳 R&D 支出

注：PPP = Purchasing Power Parity.

资料来源：OECD/IEA. Energy Technology Perspectives 2010：Scenarios & Strategies to 2050 [R]. OECD/IEA，2010.

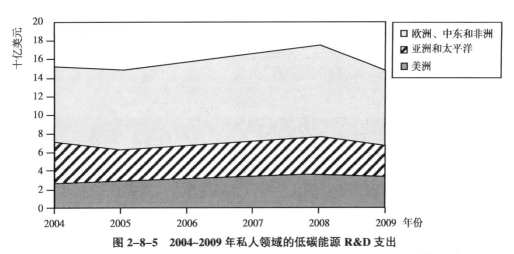

图 2-8-5 2004~2009 年私人领域的低碳能源 R&D 支出

资料来源：OECD/IEA Energy Technology Perspectives 2010：Scenarios & Strategies to 2050 [R]. OECD/IEA，2010.

二、低碳能源产业

减少温室气体排放最重要的手段是用可再生能源替代能够产生温室气体的化石能源，因此，低碳能源的技术创新和产业发展成为各国降低温室气体排放强度、减少温室气体排放的重点，各国都在大力发展以生物质能、风能、太阳能、氢能为代表的可再生清洁能源。特别是近年来，随着技术的突破、成本的降低以及政府支持力度的加大，太阳能、风能的增长非常迅速。根据国际能源署的数据，2009 年世界全部一次能源供给量为12169Mtoe，其中 13.1%即 1589Mtoe 来自于可再生能源；在可再生能源供给中，生物燃料和垃圾占 75.9%，水电占 17.7%，地热占 3.9%，风能占 1.5%，太阳能和潮汐能占 1.0%。在可再生能源中，太阳能光伏和风能的增长最为迅速，1990~2009 年的年均增速分别达到43.5%和 25.1%（OECD/IEA，2011）。再以光伏发电为例，根据国际半导体设备暨材料协会的数据，2011 年，全球光伏装机容量增长 53.13%，达到 60529kW，是 2000 年的 41.49倍，2001~2011 年复合增长率为 37.72%。欧洲光伏产业协会（EPIA）于 2009 年底制定了2020 年中长期光伏产业规划，提出到 2020 年，欧盟 27 国光伏装机容量三种情景的发展目标：基本发展模式：100GW，光伏发电占欧洲电力总需求的 4%；加速发展模式：200GW，光伏比重达到 6%；理想发展模式：400GW，光伏比重达到 12%。2010 年 7 月，美国参议院批准了"千万屋顶计划"，计划 10 年内在全国推广 40 GW 太阳能发电系统，使美国成为世界最大的太阳能发电市场。日本计划在 2020 年光伏装机容量达到 2005 年（1.4GW）的 20 倍即 28GW，2030 年为 40 倍，即 56GW。如果世界光伏发展规划目标得以实现，那么到 2020 年，全球光伏发电装机容量将超过 500GW，有望达到 1000GW。

三、碳汇产业

应对全球变暖除了减少温室气体排放量之外，还可以通过增加自然碳汇抵消中短期内

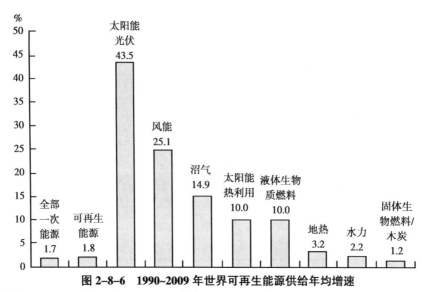

图 2-8-6　1990~2009 年世界可再生能源供给年均增速

资料来源：IEA. Renewables Information 2011 [M]. OECD/IEA, 2011.

无法避免化石能源消费所带来的温室气体排放。所谓碳汇，是从大气中清除二氧化碳的过程、活动或机制。增加碳汇的主要措施包括利用植物的光合作用增加生态系统对二氧化碳的吸收和储存，从而降低二氧化碳在大气中的浓度。生物固碳主要包括植树造林、控制热带雨林焚毁而少向大气中排放的温室气体、退耕还林还草以增加草地土壤的固碳量、通过对农业土地进行保护性耕作从而防止土壤中的碳流失（中国科学院可持续发展战略研究组，2009）。2003 年 12 月召开的《联合国气候变化框架公约》第九次缔约方大会正式将造林、再造林等林业活动纳入碳汇项目。与传统的林业产业相比，森林碳汇的交易成为新的价值来源。相比于工业减排，森林碳汇成本更低而副作用最少，具有良好的发展前景。

四、碳捕获与封存产业

在煤炭、天然气仍然被广泛使用的情况下，将发电过程中产生的二氧化碳如何进行收集、储存在气候政策中变得非常重要。碳捕存（CCS）技术就是将大型点源燃烧室中的废气捕获，从中将二氧化碳分离出来，将其存储在已耗竭的油气藏、沿海或近海的深含盐层等地下的地质储层中。使用 CCS 电厂的二氧化碳净排放仅为不使用的 10%~20%。2004 年之前，在挪威（近海）、加拿大和阿尔及利亚分别有三个大型二氧化碳捕存项目投入运行，2006 年总部设在英国的碳捕存协会（CCSA）正式成立（周冯琦，2009）。随着碳捕存技术的进步，碳捕存将会获得更大的发展前景。尽管目前碳捕存仍非常昂贵，发展中国家难以承受，但它是潜在的碳排放权证的重要来源，碳捕存项目可以通过排放权交易获得相应的补偿。

五、传统产业的低碳化

以高耗能产业为代表的传统产业的整个价值链环节都具有降低碳排放的巨大潜力，因此传统产业的低碳化改造应该从减少产品全生命周期内的能源消耗和二氧化碳排放的角度全面考量。传统产业的低碳化改造既包括钢铁、有色、建材、石化等能源密集型和碳排放密集型产业，也包括其他非碳排放密集型产业；不仅包括产品的生产过程和工序中、运输过程等全价值链的能耗和碳排放的降低，而且还包括针对产品使用过程中碳排放的改进，例如不断降低汽车的油耗、家电的电耗等；不仅包括既有产品的改造和升级，而且还包括全新的、能够实现相同功能的低碳产品的创新与对既有产品的替代，例如新能源汽车替代化石能源汽车、LED 照明取代白炽灯照明灯等。在低碳经济时代，传统产业的低碳化改造是保持和增强一国产业竞争力所必需的。低碳化改造不仅使传统产业/产品在低碳经济时代仍然能够保持活力，甚至会在此过程中创造出新的产业发展空间。

六、低碳设备产业

低碳设备是低碳经济发展的物质基础，无论是低碳能源产业、碳捕存产业还是传统产业的低碳化都要有先进的低碳设备作为支撑，因此低碳设备产业将会成为低碳经济的重要支柱。低碳设备包括低碳技术的研发设备、可再生能源的生产设备、提高能源利用效率的设备以及生产上述设备的设备。可以看到，在风电和光伏发电装机容量高速增长背后的是光伏组件和风机生产规模的快速扩张，而光伏组件的生产又是以新型西门子成套设备为基础，常规能源发电效率的提升也要以循环流化床锅炉、超超临界机组、整体煤气化联合循环发电系统等先进的低碳设备为基础。可以说，低碳设备产业的水平决定了一国低碳经济和低碳竞争力的水平。

七、低碳服务和低碳金融

在节能减排的趋势推动下，一批专业化的低碳服务公司应运而生，帮助企业提供低碳咨询和解决方案服务，其中最有代表性的是节能服务公司（Energy Service Companies，ESCO）。节能服务公司是一种基于合同能源管理机制运作的、以营利为直接目的的专业化公司，它们与用户签订能源管理合同，为用户提供能源效率审计、节能项目设计、融资、原材料和设备采购、施工、监测、培训、运行管理等服务，并以节能效益分享方式回收投资和获得合理利润。节能服务公司一方面能够大大降低用能单位节能改造的资金和技术风险，另一方面能够充分调动用能单位节能改造的积极性。节能服务公司从最初的工业节能改造领域已扩展到建筑、交通等领域，成为全世界范围内广泛采用的低碳商业化运作模式。低碳服务产业目前的市场规模已经非常可观，据《关于加快推行合同能源管理促进节能服务产业发展的意见》（国办发 ［2010］ 25 号），2009 年全国节能服务公司达 502 家，完成总产值 580 多亿元，形成年节能能力 1350 万吨标准煤。

碳排放权交易是应对气候变化的重要政策工具，在减排目标的约束下，碳排放权成为一种稀缺资源，从而就具有了商品属性。2011 年，全球碳市场各种交易活动的交易总量达到 103 亿吨二氧化碳当量，交易金额达到 1760 亿美元，即使在全球经济低迷的情况下碳市场总值仍增长了 11%。麦肯锡公司预测，全球碳排放交易量到 2020 年可能增加到至少 8000 亿美元，甚至可能会高达 2 万亿美元（Hoffman 和 Twining，2009）。中国企业已经从低碳经济中获得巨大的直接收益，据联合国 CDM 执行理事会（EB）的信息显示，截止到 2009 年 11 月 25 日，中国已注册项目 671 个，占 EB 全部注册项目总数的 35.15%，已获得核发 CER1.69 亿吨，占核发总量的 47.51%，项目数和减排量均居世界首位。交易量的增加使投资者以及保险公司、对冲基金等金融机构对碳交易表现出浓厚的兴趣，碳金融（碳排放配额以及在此基础上的衍生产品）已经成为与传统证券不同的新资产类别。欧洲排放权交易计划自 2005 年 1 月实施以来，已经有奥地利能源交易所、芝加哥气候交易所（CCX）、欧洲气候交易所（ECX）、欧洲能源交易所（EEX）、温室气体交易所（GHGX）、北欧电力库、碳交易所、Powernext Carbon、Sendeco2 等交易所开始提供碳交易服务（拉巴特、怀特，2010）。

第四节　低碳转型与中国的产业竞争力

一、中国的低碳竞争力

随着气候变暖受到越来越多的关注以及碳税和排放权交易等减排政策的广泛采用和实行，向低碳技术、低碳产业转型将成为决定国家产业竞争力的关键。那些能够以更低的排放强度生产产品和服务的国家，其产品会产生更高的利润，因为假设至少有一个碳排放的隐含价格，它们就会享有更低的生产成本（The Climate Institute and E3G，2009）。如果企业为减少成本而贪图眼前利益，不能尽快向低碳转型，那么将来我们的产业将会丧失竞争力，特别是那些能源密集型行业会受到更大的影响。

一国低碳竞争力的综合表现是碳生产率。碳生产率是单位 GDP 二氧化碳排放的倒数，即单位二氧化碳排放的 GDP 产出水平。由于发达国家较早地向低碳经济转型，并且其已进入后工业化阶段，高能耗、高排放产业的比重低，因此总体上来看，发达国家的碳生产率明显处于世界领先水平。从图 2-8-7 中可以看到，尽管中国等发展中国家的碳生产率有较大提高，但仍与日本、欧盟、美国等发达国家和地区存在相当大的差距。世界资源研究所WRI 对各国各部门碳排放的统计表明，中国的出口商品中所含的碳排放量是最高的（李艳君，2010）。因此，实施碳关税对中国产业发展的影响将尤为显著。虽然目前碳关税还没有普遍实施，但是实施碳关税很可能成为未来的趋势，中国的产业竞争力将会因此受到削弱。从操作层面看，中国的出口产品是否被征收碳关税取决于三个条件：中国是否有大量的能源密集型产品出口到征收碳关税或能源消费税的国家；中国是否对这些产品提供了政府补贴从而使其具有相对国外产品的能源成本优势；中国是否有可能采用但却没有采用相应的限制政策减少二氧化碳的排放（薛进军，2011）。中国主要高耗能产业的能源效率明显低于发达国家，因此如果按照实际消耗能源征收碳税则要高于世界平均水平。如果按照美国标准和欧洲标准，中国黑色金属冶炼及压延加工业、非金属矿物制品业、造纸及纸制品业、有色金属冶炼及压延加工业四大高耗能产业每年需要多支付数十亿美元，即使在中碳税情景下，也会大幅度压缩甚至抵消出口企业的利润（详见表 2-8-1）。据沈可挺（2010）的测算，每吨碳 30 美元或 60 美元的关税率可能使中国工业部门的总产量下降 0.62%~1.22%，使工业品出口量下降 3.53% 和 6.95%，同时使工业部门的就业岗位数减少 1.22% 和 2.39%。

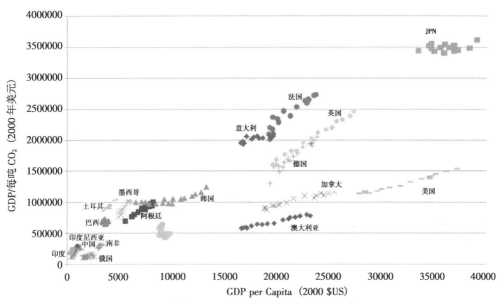

图 2-8-7　不同国家的碳生产率比较

资料来源：The Climate Institute and E3G. G20 Low Carbon Competitiveness［R］. Vivid Economics，2009.

表 2-8-1a　按照美国碳税标准中国能源密集型产品出口可能被征收的碳税

单位：百万美元

	美国方案一	美国方案二	美国方案三	美国方案四	美国方案五
黑色金属冶炼及压延加工业	184.17	750.38	1125.57	5.19	3.30
非金属矿物制品业	39.43	139.64	209.46	1.77	0.61
造纸及纸制品业	16.42	61.48	92.22	1.12	0.27
有色金属冶炼及压延加工业	119.82	550.83	826.24	2.07	2.42

资料来源：薛进军. 低碳经济学［M］. 北京：社会科学文献出版社，2011.

表 2-8-1b　按照欧洲碳税标准中国能源密集型产品出口所可能被征收的碳税

单位：百万美元

	丹麦方案	德国方案	德国制造业方案	瑞典方案	瑞典制造业方案	英国方案
黑色金属冶炼及压延加工业	2154.49	492.85	296.61	733.07	22.6	167.25
非金属矿物制品业	643.99	146.3	89.35	280.05	20.57	70.90
造纸及纸制品业	298.84	68.39	41.24	103.42	3.39	24.32
有色金属冶炼及压延加工业	4578.63	1048.09	630.63	1542.63	43.60	353.22

资料来源：薛进军. 低碳经济学［M］. 北京：社会科学文献出版社，2011.

中国低碳竞争力与发达国家的差距不只是体现在表现为综合指标的碳生产率方面，而是低碳技术、低碳装备、低碳市场、低碳意识、低碳管理等全方位的差距。以作为战略性新兴产业的低碳产品制造产业——光伏产业为例，尽管中国光伏组件的生产规模已经居于世界第一位，但是技术差距很大，核心专利、关键设备受制于国外公司，生产能耗和成本居高不下，生产过程的环境污染严重，市场主要依靠出口。在这种情况下，一旦国际光伏市场需求增速下滑、国际贸易保护主义抬头，就对中国的光伏产业造成沉重打击，曾经风光无限的赛维、尚德等公司也从云端跌落。在低碳技术、低碳市场等方面的差异将最终决定未来碳生产率的高低和低碳竞争力的强弱。

二、中国工业低碳转型的重要意义

第一，发展低碳经济是可持续发展的内在要求。改革开放以来特别是重新重工业化以来，中国对能源和资源性产品的需求快速增长，污染物排放快速增加，给资源和环境造成巨大压力。中国面临的环境压力包括两个方面：一是国内环境容量的实际承载能力。如果按照当前的技术水平和发展模式，中国环境容量难以持续容忍这样大的污染排放。二是环境压力来自于国际社会节能减排的压力。按照世界银行的数据，中国 2009 年的能源消费量达到 22.57 亿吨油当量，超过美国的 21.63 亿吨油当量，成为世界第一大能源消费国，占世界能源消费量的比重达到 19.15%。由于中国的能源消费结构以煤为主，二氧化碳排放早在 2005 年就已经超过美国成为世界第一，2008 年二氧化碳排放量 70.32 亿吨，是美国的 1.29 倍，占世界的 21.92%。按照现价美元衡量，中国单位 GDP 能耗和单位 GDP 的二氧化碳排放是世界平均水平的 2 倍以上，按购买力平价衡量也接近世界平均水平的两倍。在全世界主要国家都向低碳经济转型的环境下，发展低碳经济对中国也具有战略性的意义。

第二，发展低碳经济能够创造新的经济增长点。产能过剩问题在我国长期存在，特别是国际金融危机以来，由于出口增长放缓、国内固定资产投资减速以及启动内需乏力；中国产能过剩问题凸显并从传统产业扩展到一些新兴产业。低碳经济的兴起意味着经济范式的转变，低碳产业具有非常广阔的前景，不但包括实体经济，还包括服务与虚拟经济；不仅包括与低碳直接相关的新能源、碳捕存等产业，还包括与低碳间接相关的传统产业的改造、低碳设备的制造等产业。未来低碳产业的高速增长将开启新的投资机会，创造新的产业增长点，成为中国未来经济增长的主要推动力，并促进中国产业结构的优化升级，减缓中国传统产业的产能过剩问题。

第三，发展低碳经济有利于增强中国的产业竞争力。随着低碳经济在世界范围内的广泛接受和发展，低碳已经成为决定产业竞争力和经济效益的重要组成部分。一方面，低碳意味着成本优势、符合用户需求，具有更强的市场竞争力；另一方面，低碳能力也意味着在低碳产业中具有较强的竞争力。尽管中国目前尚不承担强制减排义务，然而一旦中国需要履行减排义务或者发达国家开始征收碳关税，那么中国制造业的总体生产成本必然被推高。与其因被征收碳税或购买碳配额而被动地增加成本，还不如主动推动低碳经济的发展。目前低碳技术尚处于变革时期，有利于后发国家的技术赶超。发达国家在低碳经济上起步不久，中国与发达国家的差距不太显著，因此如果加大投入、促进低碳技术加快应用和低碳市场的发展，中国有可能在低碳产业领域实现跨越式发展。

三、政策建议

面对低碳经济的大潮，中国一方面要及早行动，大力推动低碳经济发展，实现产业的低碳转型；另一方面要协调好经济发展与节能减排的关系，避免因发展低碳经济对中国产业竞争力和经济发展的过大冲击，因为"如果过分强调减排而使经济增长速度下降，有可能使中国重蹈20世纪70年代后日本应对石油危机而造成的长期经济低速增长和产业空洞化的覆辙"（薛进军，2011）。在推动低碳经济发展方面应重点做好以下几个方面的工作：

第一，加强低碳技术的研发。美、日、欧等发达国家都高度重视低碳技术的研发，试图通过低碳技术的开发利用以占领国际竞争的制高点。中国应该将低碳技术的研发作为国家创新目标的重中之重，进一步加大对该领域 R&D 的公共支持力度。在低碳技术的选择上，既要着眼于近期有望实现产业化的太阳能发电、风能发电、智能电网、电动汽车等技术，又要密切关注氢能源、聚热式太阳能发电、核聚变等前瞻性技术。可以将低碳技术作为国家创新体系改革的试点，以企业为核心带动技术的发展，科研机构着重于基础科学和产业共性技术的研究，企业着重于面向产业化的技术研究，并实现产学研之间的合理分工与合作。

第二，支持低碳应用市场的发展。产业的发展最终需要市场需求的带动，尽管低碳产品价格高的现实使得我国低碳市场的规模滞后于发达国家，但是过度依赖于国外市场会受制于人，太阳能光伏制造业近期的波动就反映了这一点。我国碳生产率低既反映了碳竞争力的落后，同时也代表着广阔的市场空间。我国低碳应用市场的规模能够为技术的产业转化提供必要的支撑。要根据政府财政收入状况适度加大对新能源、节能减排等领域产品应用的补贴支持力度，扩大政府采购规模，同时完善法律法规，为低碳产品的采用创造良好的制度环境，例如光伏发电、风力发电的无条件、优先上网，完善建筑节能标准和规范等。

第三，建立促进低碳发展的激励机制。发展低碳经济市场机制是核心，行政机制则起辅助作用，这既是发达国家低碳经济发展的成功经验，也是市场经济的必然要求。低碳经济的投入巨大，单靠政府的支持是远远不够的，必须将低碳经济的发展与企业的利益紧密联系起来。通过将碳价格体现在企业的生产成本中，企业出于增强竞争力和增加利润的考虑才会主动推动低碳技术的发展，提高生产和消费活动的能源利用效率，创造新的低碳产品等。中国当前应加快推进碳税和排放权交易的试点，在此过程中积累管理经验，制定适合中国国情的低碳发展市场制度。

【参考文献】

[1] IPCC. Climate Change 2007: The Physical Science Basis [M]. Cambridge: Cambridge University Press, 2007.

[2] Bresnahan, T. F., and M. Trajtenberg. General Purpose Technologies: Engines of Growth?[J]. Journal of Econometrics, Annals of Econometrics, 1996.

[3] Desmet, K., Rossi-Hansberg, E. Spatial Growth and Industry Age [J]. Journal of Economic Theory, 2009.

[4] National Research Council of the National Academies. Hidden Costs of Energy: Unpriced Consequences of Energy Production and Use [M]. The National Academies Press, 2010.

[5] Wiedmann, T., Minx, J. A Definition of Carbon Footprint [R]. ISAUK Research & Consulting, Research Report, 2007.

［6］Alexeeva-Talebi, V., Lschel, A., Mennel, T. Climate Policy and the Problem of Competitiveness: Border Tax Adjustments or Integrated Emission Trading? ［EB/OL］. ZEW Discussion Paper, No. 08-061. http://papers.ssrn.com/sol3/papers.cfm?abstract_id=1266084.

［7］Lieberman, M. B., Montgomery, D. B. First-mover Advantages ［J］. Strategic Management Journal, 1998.

［8］Lester R. K., Hart, D. M. Unlocking Energy Innovation: How America Can Build a Low-Cost, Low-Carbon Energy System ［M］. Boston: MIT Press, 2011.

［9］OECD/IEA. Energy Technology Perspectives 2010: Scenarios & Strategies to 2050 ［R］. OECD/IEA, 2010.

［10］OECD/IEA. World Energy Outlook 2009 ［EB/OL］. http://www.iea.org/publications/freepublications/publication/weo2009.pdf.

［11］OECD/IEA. Renewables Information 2011 ［EB/OL］. http://wds.iea.org/wds/pdf/DOCUMENTATION_RENEWABLES_2011.pdf.

［12］The Climate Institute and E3G. G20 Low Carbon Competitiveness 2009 ［EB/OL］. http://www.e3g.org/images/uploads/G20_Low_Carbon_Competitiveness_Report.pdf.

［13］中国科学院可持续发展战略研究组. 2009 中国可持续发展战略报告——探索中国特色的低碳道路 ［M］. 北京: 科学出版社, 2009.

［14］周毅. 低碳: 从技术、经济到国际政治 ［J］. 城市问题, 2010 (8).

［15］潘辉. 美国碳关税政策的政治经济学分析——基于美国国内利益集团与政府博弈的视角 ［J］. 亚太经济, 2011 (3).

［16］蒋姮. 美国碳关税的现状、前景及对策 ［J］. 国际经济合作, 2011 (3).

［17］周宏春. 低碳经济学: 低碳经济理论与发展路径 ［M］. 北京: 机械工业出版社, 2012.

［18］李艳君. 世界低碳经济发展趋势和影响 ［J］. 国际经济合作, 2010 (2).

［19］财政部财政科学研究所课题组. 中国开征碳税问题研究 (详细的技术报告) ［R］. 2009 年 9 月.

［20］Hoffman, N., Twining, J. 从低碳经济中盈利 ［R］. 麦肯锡季刊, 2009 年 9 月.

［21］陈柳钦. 低碳经济发展的金融支持研究 ［J］. 当代经济管理, 2010 (8).

［22］［美］戴维·贝赞可, 戴维·德雷诺夫, 马克·尚利. 公司战略经济学 ［M］. 武亚军译. 北京: 北京大学出版社, 1999.

［23］邓小华, 周婧. "低碳"内涵的国际贸易相关问题研究 ［J］. 国际商务——对外经济贸易大学学报, 2011 (5).

［24］刘强, 庄幸, 姜克隽, 韩文科. 中国出口贸易中的载能量及碳排放量分析 ［J］. 中国工业经济, 2008 (8).

［25］于小迪, 董大海, 张晓飞. 产品碳足迹及其国内外发展现状 ［J］. 经济研究导刊, 2010 (19).

［26］张志辉. "污染避难所假说"的研究进展 ［J］. 学海, 2005 (2).

［27］林伯强, 李爱军. 碳关税对发展中国家的影响 ［J］. 金融研究, 2010 (12).

［28］申萌, 方钊. 气候政策的边境税收调节措施与 WTO 规则的相容性分析 ［J］. 国际经济合作, 2010 (4).

［29］张丽. 低碳贸易壁垒的缘起发展以及现状研究 ［J］. 黑龙江对外经贸, 2011 (1).

［30］陈光普, 高文书. 碳关税: 对中国的影响及其应对 ［J］. 时代经贸, 2011 (4).

［31］［美］迈克尔·波特. 国家竞争优势 ［M］. 李明轩, 邱如美译. 北京: 华夏出版社, 2002.

［32］庄贵阳, 谢倩漪. 低碳经济转型的国际经验与发展趋势 ［J］. 载王伟光, 郑国光. 应对气候变化报告 (2009): 通向哥本哈根 ［A］. 北京: 社会科学文献出版社, 2009.

[33] [美] 杰里米·里夫金. 第三次工业革命——新经济模式如何改变世界 [M]. 北京：中信出版社，2012.

[34] 周冯琦. 上海可持续发展研究报告 2009：低碳经济专题研究 [M]. 上海：学林出版社，2009.

[35] [美] 索尼亚·拉巴特，罗德尼·R. 怀特. 碳金融——碳减排良方还是金融陷阱[M]. 王震等译. 北京：石油工业出版社，2010.

[36] 薛进军. 低碳经济学 [M]. 北京：社会科学文献出版社，2011.

[37] 沈可挺. 碳关税争端及其对中国制造业的影响 [J]. 中国工业经济，2010 (1).

第三部分　竞争优势转型对中国产业竞争力的影响

第一章 中国产业国际竞争力现状分析

2001 年 12 月，中国正式成为世界贸易组织（World Trade Organization，WTO）成员，作为世界贸易组织成员，中国始终坚守并履行加入世界贸易组织所做的承诺，倡导开放自由的贸易政策，积极融入国际和区域贸易合作。加入世界贸易组织对中国经济增长、产业升级和产业国际竞争力产生了积极而深远的影响，中国经济融入全球经济体系的步伐明显加快。

加入世界贸易组织十多年以来，中国经济快速发展，对外贸易快速增长，目前中国已成为世界第二大经济体、世界第一大出口国和第二大进口国，中国产业国际竞争力显著增强，中国企业应对国际挑战的能力大幅提升。同时，中国对外贸易结构发生了巨大变化，中国企业面临的国际竞争环境也发生了深刻变化。在当今世界经济一体化的背景下，中国产业能否打造并提升其国际竞争力，立足国内市场进而开拓国际市场是影响中国经济发展全局的重要问题。因此，有必要对中国目前产业国际竞争力的现状和变化趋势进行深入研究分析。

第一节 中国产业的比较优势分析

一、产品进出口总额变化

加入世界贸易组织以后，中国对外贸易快速增长。2001~2011 年，中国出口增长了 6.135 倍，年均增长 21.7%。2010 年全年，中国出口、进口和进出口总额分别比 2009 年增长了 31.3 个百分点、38.8 个百分点与 34.7 个百分点，超过 2008 年全球金融危机前的水平，2011 年中国对外贸易继续保持大幅度的增长，全年出口 18986.0 亿美元，进口 17434.6 亿美元，进出口总计 36420.6 亿美元，与 2010 年相比分别增长 20.3%、24.9% 和 22.5%，贸易总额创出历史新高（见图 3-1-1）。目前中国已成为世界第二大经济体、世界第一大出口国和第二大进口国，贸易总量世界第一。

在中国出口的产品中，制成品的出口额占据较大比重，且增长较快，2001~2010 年，制成品出口额由 2001 年的 2661.0 亿美元增长到 2010 年的 15777.6 亿美元，增长了 5.26 倍，年均增长 22.61%，快于全部商品年均 21.9% 的增长速度（见表 3-1-1）。中国制成品出口占中国商品出口的比例逐步提高，从 2001 年的 88.6% 提升到 2010 年的 93.6%。中国加入世界贸易组织后制造业的比较优势逐年增强，中国制成品的出口增长是推动中国贸易出口增长的中坚力量。

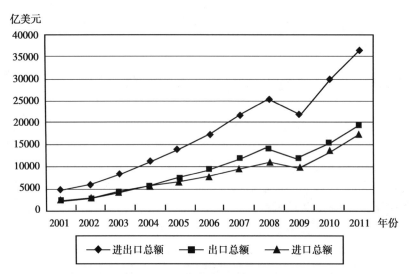

图 3-1-1 2001~2011 年中国进口、出口与进出口总额历年变化

资料来源：2001~2010 年数据来自《中国统计年鉴》，2011 年数据来自海关统计资讯网。

表 3-1-1 2001 年和 2010 年中国商品的进出口变化

中国商品出口	出口额（10 亿美元）		年均增长率（%）	各行业占总出口比重（%）		相对出口优势指数		平均出口增长率优势指数	国际市场占有率（%）	
年份	2001	2010	2001~2010	2001	2010	2001	2010	2001~2010	2001	2010
全部商品	266.1	15777.6	21.9	100.0	100.0	1.00	1.00	0.0	4.3	10.6
农产品	16.6	51.6	13.4	6.2	3.3	0.70	0.36	−8.8	3.0	3.8
食物	14.2	44.2	13.4	5.3	2.8	0.74	0.37	−8.5	3.2	4.0
燃料及矿产品	13.0	48.1	15.6	4.9	3.0	0.39	0.15	−4.2	1.7	1.6
燃料	8.4	26.7	13.7	3.2	1.7	0.33	0.11	−5.6	1.4	1.1
制成品	235.8	1476.5	22.6	88.6	93.6	1.21	1.40	0.7	5.2	14.8
（一）钢铁	3.2	39.6	32.5	1.2	2.5	0.55	0.88	20.2	2.4	9.4
（二）化学成品及有关产品	13.4	87.5	23.2	5.0	5.5	0.52	0.48	2.1	2.2	5.1
1. 医药品	2.0	10.7	20.6	0.7	0.7	0.35	0.22	−1.4	1.5	2.3
（三）机械和运输设备	94.9	781.1	26.4	35.7	49.5	0.89	1.45	5.0	3.8	15.4
1. 办公设备和电子产品	52.3	449.3	27.0	19.6	28.5	1.44	2.64	6.3	6.2	28.0
（1）EDP 和办公设备	23.6	206.0	27.2	8.9	13.1	1.65	3.57	7.7	7.1	37.9
（2）电信设备	23.8	180.4	25.3	8.9	11.4	2.05	2.93	4.7	8.8	31.1

中国商品出口	出口额（10亿美元）		年均增长率（%）	各行业占总出口比重（%）		相对出口优势指数		平均出口增长率优势指数	国际市场占有率（%）	
年份	2001	2010	2001~2010	2001	2010	2001	2010	2001~2010	2001	2010
（3）集成电路和电子元件	4.9	62.9	32.7	1.9	4.0	0.48	1.24	8.7	2.1	13.1
（4）汽车产品	1.9	28.0	34.9	0.7	1.8	0.08	0.24	15.5	0.3	2.6
（四）纺织品	16.8	76.9	18.4	6.3	4.9	2.62	2.89	−3.8	11.3	30.7
（五）服装	36.7	129.8	15.1	13.8	8.2	4.39	3.48	−7.0	18.9	36.9
商业服务	32.9	170.0	20.0	100.0	100.0	1.00	1.00		2.2	4.6
交通运输	4.6	34.2	24.9	14.1	20.1	0.61	0.95	8.6	1.4	4.4
旅游	17.8	45.8	11.1	54.1	26.9	1.73	1.06	−7.8	3.8	4.9
其他商业服务	10.5	90.2	27.0	31.8	53.1	0.70	1.00	5.9	1.6	4.6

资料来源：根据 WTO International Trade Statistics 各年数据计算。

从制成品出口的分项产品看，2010年，占商品出口总额比例最高的是机械和运输设备（一分位产业），2010年出口7811亿美元，占商品出口总额的49.5%，紧随其后的分别是服装（8.2%）、化学成品及有关产品（5.5%）、纺织品（4.9%）。从增长速度看，2001~2010年，中国制成品出口年均增长22.6%，而高于这个平均速度的大类产业和分项产业有汽车产品（34.9%）、集成电路和电子元件（32.7%）、EDP和办公设备（27.2%）、机械和运输设备（一分位产业，26.4%）。中国商业服务出口在2001~2010年也保持了快速增长，从2001年的329亿美元增长到2010年的1700亿美元，年均增长20.0%，比商品贸易出口21.9%的年均增速略低。

二、目标行业出口占全部商品总出口的比重

一个国家某行业出口额占该国全部商品总出口的比重是衡量该行业比较优势最直接的指标。如果一国某产品出口占总出口份额大，就认为该产品具有较强的比较优势。

从表3-1-1的计算结果可以看出，加入世界贸易组织以来，中国机械和运输设备占全部商品出口的比重从2001年的35.7%上升至2010年的49.5%，其中EDP和办公设备、电信设备、集成电路和电子元件都有较大的提升，而纺织品和服装则从2001年的6.3%和13.8%下降至2010年的4.9%和8.2%，农产品、燃料及矿产品占出口的比重也大幅度下降，这表明随着中国的经济增长、产业升级和技术进步，中国传统的劳动密集型产业的比较优势正趋于减弱，而资本和技术密集型产业的比较优势逐渐增强。

三、出口增长率优势指数

出口增长率优势指数是指将一定时期目标产品出口增长率与该国所有商品总的贸易增长率相比较，从而确定何种产品的出口增速更快，更具有竞争力。出口增长率优势指数反映产品出口比较优势的变化情况。我们计算了中国产品2001~2010年各行业的出口增长率

优势指数各年度的平均值，如表 3-1-1 所示。

表 3-1-1 的计算结果表明，加入世界贸易组织以来，中国制成品出口增长速度一直都快于所有商品出口总额的平均增长速度，即中国制成品出口的比较优势越来越强，其中，钢铁、汽车产品、办公及电子设备、机械和运输设备的比较优势增长明显。农产品、燃料及矿产品的出口增长速度与全部商品相比则为负值，表明中国农产品、燃料及矿产品的比较优势正在逐渐减弱。传统的劳动密集型产业如纺织品、服装业等在加入世界贸易组织十年以来的出口增长率优势指数在大多数年份也为负值，表明这些行业的比较优势正在减弱，这与前面的分析结论是一致的。

四、相对出口优势指数

相对出口优势指数也称为"显性比较优势指数"（RCA），是指一个国家某种产品的出口值占该国出口总值的份额与该种产品的世界出口总值占所有产品的世界出口总值的份额的比率。相对出口优势指数反映出一个国家某类商品（或服务）的比较优势以及竞争优势所形成的结果，所以是产业国际竞争力强弱的重要衡量指标之一。

根据日本贸易振兴协会（JETRO）的标准，如果 RCA>1，则表示一国某产业（或产品）在世界经济中具有显性比较优势，其数值越大，显性比较优势越明显。如果 RCA>2.5，则具有极强的竞争优势；若 1.25<RCA<2.5，则具有较强的竞争优势；若 0.8<RCA<1.25，则该行业具有较为平均的竞争优势；如果 RCA<0.8，则不具有竞争优势。总体来说，若 0<RCA<1，则表示该国某产业（或产品）具有比较劣势，其数值越是偏离 1 而接近于 0，比较劣势越明显。

本章计算了 2001~2010 年 10 年来的中国产品出口优势指数，从表 3-1-1 中可以看出，加入世界贸易组织以来中国制成品相对出口优势指数一直在增长，2010 年已经达到 1.40，从整体来看，中国制造业的国际竞争力已经居于较强的竞争优势。2010 年，中国具有极强的竞争优势的产品有（按 RCA 值从高到低）：EDP 和办公设备、服装、电信设备、纺织品；具有较强的竞争优势的有：机械和运输设备（一分位产业）、集成电路和电子元器件；有较为平均的竞争优势的有：钢铁、商业服务；不具有竞争优势的有：农产品、燃料及矿产品、汽车产品、化学及有关产品。

第二节　中国产业的竞争优势分析

一、国际市场占有率

很多经济学家普遍认为，产品市场占有率是产业竞争力强弱最直接的衡量指标。加入世界贸易组织以来，中国产品国际市场占有率大幅提升，中国出口产品的国际市场占有率从 2001 年的 4.3% 上升到 2010 年的 10.6%。2001~2010 年，中国工业制成品的国际市场占有率从 2001 年的 5.2% 上升到 2010 年的 14.8%，由于工业制成品的出口数额巨大，占出口总额的比重高，因此工业制成品国际市场占有率的提升是推动中国产业国际竞争力提升的主要动力。

分产业看，到 2010 年，中国服装业、纺织品、EDP 和办公设备、电信设备的国际市场占有率都在 30% 以上，具有很强的国际竞争力。2010 年，商业服务出口的国际市场占有率为 4.6%，大大低于商品市场 10.6% 的占有率。

从增长幅度看，加入世界贸易组织以来，中国出口产品中的 EDP 和办公设备、电信设备、集成电路和元器件等办公和电子设备的国际市场占有率增长幅度非常大。虽然中国汽车产品的国际市场占有率较低，但加入世界贸易组织十多年以来，中国汽车产品的国际市场占有率从 2001 年的 0.3% 上升到 2010 年的 2.6%，提升速度较快。服装和纺织品等劳动密集型产品的国际市场占有率也保持着高速增长，服装和纺织品的国际市场占有率分别从 2001 年的 18.9% 和 11.3% 增长到 2010 年的 36.9% 和 30.7%，表明中国服装和纺织品的竞争优势有大幅度的提升。

二、贸易竞争力指数

贸易竞争力指数也称"贸易特化系数"，通常是指一个国家某产品净出口额与该产品贸易总额的比例，用来衡量一国某产品的国际竞争力。贸易竞争力指数反映一个国家某产业是净出口国还是净进口国，以及净进口或者净出口的相对规模。若该比值为正，表明是净出口国，该类产品的生产效率高于国际水平，具有较强的出口竞争力；反之，贸易竞争力指数为负，即净进口则意味着出口竞争力较弱。比值越接近 1，说明国际竞争力越强。

根据本章计算的 2001~2010 年中国主要出口产品的贸易竞争力指数，加入世界贸易组织以来，中国多数产品特别是多数制成品的贸易竞争力指数总体呈上升趋势，说明中国产品出口竞争力逐步提升。到 2010 年，中国出口产品中贸易竞争指数大于 0.5 的有服装（0.96）、纺织品（0.63）、电信设备（0.64）、EDP 和办公设备（0.57），这些行业都有很强的国际竞争力。

第三节　中国产业国际竞争力综合评价

衡量产业国际竞争力的指标有多种，不同的指标从不同的侧面反映中国产业国际竞争力状况。本节在金碚、李钢和陈志（2006）研究方法的基础上，整合多个指标建立一套综合评价体系，以 2001 年制成品为基础，测算加入世界贸易组织以来中国产业国际竞争力的变化趋势。

一、综合评价体系和计算方法

本节用以评价中国产业国际竞争力的综合指标体系如表 3-1-2 所示。

1. 基础指标

表 3-1-2 将产业国际竞争力分为比较优势和竞争优势两大类因素。比较优势使用目标

表 3-1-2　产业国际竞争力综合评价体系

目标层	因素层		基础指标	计算公式	变量解释	权重
产业国际竞争力	比较优势权重 1/2	静态	目标行业出口占该国商品总出口的比重	X_i/X_0	X_i 为中国第 i 种商品出口额；X_0 为中国商品出口总额	1/8
			相对出口优势指数	$\dfrac{X_i/X_0}{X_{wi}/X_{w0}}$	X_i 为中国第 i 种商品出口额；X_0 为中国商品出口总额；X_{wi} 为世界第 i 种商品出口额；X_{w0} 为世界商品出口总额	1/8
			出口增长率优势指数	$(g_i - g_0) \times 100$	g_i 为中国第 i 种商品出口增长率；g_0 为中国商品出口总额增长率	1/8
			相对出口优势指数变化率	$\dfrac{A_i - A_{i-1}}{A_i}$	A_i 为相对出口优势指数当年值；A_{i-1} 为相对优势指数上一年的值	1/8
	竞争优势权重 1/2	静态	国际市场占有率	X_i/X_{wi}	X_i 为中国第 i 种商品出口额；X_{wi} 为世界第 i 种商品出口额	1/8
			贸易竞争指数	$\dfrac{X_i - M_i}{X_i + M_i}$	X_i 为中国第 i 种商品出口额；M_i 为中国第 i 种商品进口额	1/8
			国际市场占有率提升速度	$\dfrac{A_i - A_{i-1}}{A_i}$	A_i 为第 i 种商品国际市场占有率当年值；A_{i-1} 为国际市场占有率上一年的值	1/8
			贸易竞争指数提升速度	$\dfrac{A_i - A_{i-1}}{A_i}$	A_i 为第 i 种商品贸易竞争指数当年值；A_{i-1} 为相应商品贸易竞争指数上一年的值	1/8

行业出口占该国商品总出口的比例、相对出口优势指数、出口增长率优势指数和相对出口优势指数变化率四个指标来衡量，其中前两个指标属于静态指标，后两个指标属于动态指标。竞争优势使用国际市场占有率、贸易竞争力指数、国际市场占有率提升速度和贸易竞争指数提升速度四个指标来衡量，其中前两个指标属于静态指标，后两个指标属于动态指标。每个指标和因素的权重各占 1/8。

2. 基础指标指数

本节以 2001 年中国制成品国际竞争力综合指数为基期，设其国际竞争力综合指数值为 100，以此为基础计算 2010 年中国各行业国际竞争力综合指数。然后，根据公式①与公式②计算出各指标值。其中，出口增长率优势指数、贸易竞争指数、相对出口优势指数变化率、国际市场占有率提升速度、贸易竞争指数提升速度按公式①计算，其他指数按公式②计算。

A 指标 2010 年指数 =（A 指标 2010 值 – A 指标 2001 年制成品值）+ 100　　　　①

B 指标 2010 年指数 =（B 指标 2010 值 ÷ B 指标 2001 年制成品值）× 100　　　　②

3. 因素指数

将各基础指标指数乘以该指标的权重，相加得到各因素指数。

4. 综合指数

将各因素指数乘以各自的权重，相加即得到产业国际竞争力综合指数。

二、中国产业国际竞争力综合指数

表 3-1-3 列出了中国产业国际竞争力综合指数。

表 3-1-3　2010 年中国各产业国际竞争力指数

2010 年中国产业国际竞争力指数（以 2001 年制成品为基期）	比较优势指数		竞争优势指数		综合指数		提升幅度（%）
	2001	2010	2001	2010	2001	2010	2001~2010
全部商品	98.7	98.7	95.6	125.9	97.2	112.3	15.59
农产品	64.7	56.9	89.4	93.1	77.1	75.0	-2.65
食物	66.3	56.8	90.4	94.0	78.3	75.4	-3.79
燃料及矿产品	58.9	56.0	83.0	82.4	70.9	69.2	-2.44
燃料	57.6	52.4	81.6	80.3	69.6	66.3	-4.69
制成品	100.0	105.1	100.0	146.2	100.0	125.6	25.62
（一）钢铁	52.8	77.9	86.3	119.0	69.6	98.4	41.45
（二）化学成品及有关产品	62.9	63.9	85.6	99.6	74.2	81.7	10.14
1. 医药品	58.2	52.8	82.1	86.2	70.1	69.5	-0.94
（三）机械和运输设备	80.3	93.9	93.4	148.8	86.8	121.3	39.75
1. 办公设备和电子产品	88.6	111.9	104.0	209.6	96.3	160.8	66.98
（1）EDP 和办公设备	91.4	127.1	109.2	257.1	100.3	192.1	91.55
（2）电信设备	98.5	111.0	117.5	224.4	108.0	167.7	55.30
（3）集成电路和电子元件	56.6	82.7	84.7	137.9	70.7	110.3	56.04
（4）汽车产品	54.9	57.8	76.5	87.4	65.7	72.6	10.46
（四）纺织品	105.1	110.1	129.2	222.3	117.2	166.2	41.86
（五）服装	143.0	121.3	165.7	252.5	154.3	186.9	21.11
商业服务	98.7	98.7	85.6	97.0	92.2	97.9	6.17
交通运输	70.7	78.3	81.4	95.9	76.0	87.1	14.52
旅游	101.0	75.1	93.5	98.6	97.2	86.8	-10.71
其他商业服务	71.5	86.9	82.5	95.5	77.0	91.2	18.42

从表 3-1-3 可以得到以下几点结论：

（1）中国产业国际竞争力明显提升。以 2001 年制成品国际竞争力为基准数，中国加入世界贸易组织以来，全部出口产品的国际竞争力综合指数从 2001 年的 97.2 提升到 2010 年的 112.3，与 2001 年相比有 15.59% 的提升。

（2）中国制造业竞争优势的增强是推动中国产业国际竞争力提升的主要动力。不同行业在加入世界贸易组织后竞争力的变化各不相同，中国制成品国际竞争力有 25.62% 的提升，其中，EDP 和办公设备、电信设备、集成电路和电子元件、钢铁和纺织品的国际竞争力有超过 40% 的提升，服装行业有 21.11% 的提升，这些行业的提升都快于中国产业整体国际竞争力的提升速度。

（3）服装和纺织品等劳动密集型产业仍然保持着很强的国际竞争力。从 2010 年各产业国际竞争力指数值看，虽然服装和纺织品等劳动密集型产业的比较优势有所下降，但是仍然保持着很强的国际竞争力，丰富的劳动力资源仍然是中国竞争优势的源泉。

（4）中国的产业结构正在转型升级。中国的优势产业正从传统的劳动密集型产业向资本密集型和技术密集型产业转变，传统劳动密集型产业比较优势在下降，而技术和资本密集型产业的比较优势在上升。中国在服装和纺织品等劳动密集型产业保持强大的国际竞争力的同时，在 EDP 和办公设备、电信设备和机械运输设备等一些技术和资本密集型的产业也具备了较强的国际竞争力。

第四节　对一些重大问题的判断

1. 中国制造业国际竞争力全球第一

加入世界贸易组织以来，中国制造业出口快速增长，制成品出口额占世界制成品出口总额的比重也在逐年上升，通过融入产业国际分工和世界生产制造体系，中国已经成为世界工厂和全球制造中心。2010 年，中国制造业出口总额达 14769 亿美元，占世界制造业出口总额的 14.8%，居世界第一位，从总量意义上看，可以说中国制造业的国际竞争力排在全球第一位。

中国制造业竞争力的增强是推动产业国际竞争力提升的主要动力。在制成品出口额大幅度增长的推动下，加入世界贸易组织以来，中国产品在世界市场上的占有率增长迅速。因为有着广阔的潜在市场需求、相对充裕的人力资本、较低的资源成本和稳定的政治环境，中国在多数影响制造业竞争力的因素方面都具备优势，在未来的一段时间里，中国的制造业将保持全球竞争力最强的地位，世界制造业的重心将继续向中国等新兴市场转移。

2. "市场经济国家"地位的获得将使中国产业国际竞争力实现新飞跃

加入世界贸易组织以来，中国对外贸易迅速发展，但与此同时，贸易摩擦不断加剧，中国成为世界上遭遇反倾销数量最多的国家，而中国在国际贸易中频繁遭受反倾销的主要原因就是"非市场经济地位"问题。据商务部统计，截至 2011 年 11 月，全球已有包括俄罗斯、巴西、新西兰、瑞士、澳大利亚在内的 81 个国家承认中国的市场经济地位；而目前中国的主要贸易对象——美国、欧盟和日本都不承认中国的市场经济地位，它们利用中国的"非市场经济地位"，不断发起反倾销贸易调查，反倾销等不公平的贸易环境已成为制约中国对外贸易发展的关键性问题。

按照世界贸易组织的规则，中国加入世界贸易组织 15 年后，即 2016 年，不论中国是否符合美、日、欧对市场经济的定义，都将自动获得完全市场经济地位。中国获得市场经济地位后，世界贸易组织框架下对中国特定的贸易摩擦手段即将失效，中国将获得公平的贸易地位，这将进一步激发中国经济增长的潜力，使中国产业国际竞争力产生一次新的飞跃。

3. 中国产业国际竞争力提升的动力将从数量型人口红利向质量型人口红利转变

一直以来，人口红利被认为是中国经济增长的重要动力，随着中国人口出生率的下降，人口红利即将达到极值并开始下降，未来，中国产业国际竞争力提升的动力源泉将从"数量型人口红利"向"质量型人口红利"转变。从历次人口普查数据来看，以学历水平衡量的劳动力素质有大幅度的提升。第六次人口普查与 2000 年第五次全国人口普查相比，每 10 万人中具有大学文化程度的人数由 3611 上升为 8930；具有高中文化程度的人数由 11146 人上升为 14032 人；具有初中文化程度的人数由 33961 人上升为 38788 人；仅具有小学文化程度的人数由 35701 人下降为 26779 人；文盲率的人数由 6.72% 下降为 4.08%，下降了 2.64 个百分点。而 1982 年，每十万人中仅有 599 人具有大学文化程度，6622 人具有高中文化程度，17758 人具有初中文化程度，35377 人具有小学文化程度，文盲和半文盲人口占总人口的比例为 23.5%。可以说，改革开放 30 多年来劳动力素质大幅提升。中国劳动力素质的快速提升为中国产业的转型升级，进而为出口产品的升级提出可能性。如果这样，中国产业的比较优势应从低端的劳动密集型行业转变为中高端的劳动密集型产业。但实际上中国产业并没有随中国劳动力升级而升级。本节计算了中国工业产品的"学历"水平，[①]从图 3-1-2 中可能看出中国工业产品的"学历"水平并没有大幅提高。本节不讨论造成"劳动力素质升级速度快于产业升级速度"的原因，仅想指出目前劳动力素质已经为中国产业升级作了最重要的人力资本的准备；改革开放 30 多年来中国劳动力素质的大幅提升，为中国产业升级打下了坚实的基础，在高质量的人力资本推动下，未来中国制成品的出口增长将由传统的数量扩张向速度、质量、效益协调发展转变，由主要依靠增加物质资源消耗向主要依靠科技进步、提高劳动者素质、管理创新转变。质量型的人口红利将进一步推进中国产业结构调整，实现中国产业国际竞争力的提升从数量型向质量型、从粗放型向集约型的战略性转变。

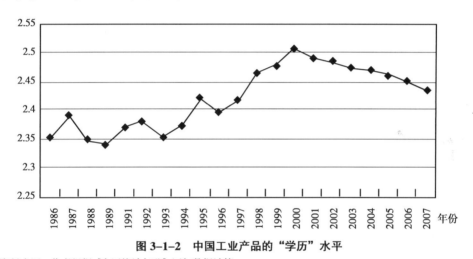

图 3-1-2　中国工业产品的"学历"水平

资料来源：作者根据《中国统计年鉴》历年数据计算。

4. 中西部地区崛起和基础设施的改善将推动中国产业国际竞争力大幅提升

加入世界贸易组织十多年以来，中国深入地参与国际产业分工，积极承接国际制造业产业转移，进出口贸易额增长迅速。但是当前中国出口来源地多数集中在东部地区，经过改革开放 30 多年的发展，中国东部地区在劳动力、土地和原材料等方面都面临着越来越显著的约束，东部地区出口贸易产业面临转型和升级的压力。未来随着中国中西部地区基础设施的大幅度改善，中国东部地区的很多出口贸易产业将向中西部地区梯度转移，从而形成新的增长极，推动中国产业国际竞争力的提升。

[①] 中国工业产品的"学历"水平是指中国工业产品的平均学历水平。其计算公式为：$\sum_{i=1}^{n} \alpha_i \times E_i$，其中，$\alpha_i$ 为第 i 个行业增加值占工业增加值的比例，E_i 为第 i 个行业员工的平均学历水平。对学历的五个等级（初中及以下、高中、大专、本科、研究生及以上）分别以 1、3、5、7、9 进行赋值，从而可以算出每个行业员工的平均学历水平。

中国产业国际竞争力处于第二次快速提升的前夜。中国产业国际竞争力还有很大的提升空间，未来中国将加快转变产业结构发展方式，以技术改造和自主创新为中心，以市场为导向，促使出口贸易走上内生驱动、自主增长的轨道，打造世界品牌，提升中国制造的品质，从贸易大国走向贸易强国。

【参考文献】

[1] Porter, M. E. The Competitive Advantage of Nations [M]. New York: Free Press, 1998.

[2] Hickman. International Productivity and Competitiveness [M]. Oxford: Oxford University Press, 1992.

[3] Lall, S. Competitiveness, Technology and Skills [M]. Northampton: Edward Elgar Publishing, 2001.

[4] WTO. International Trade Statistics 2001-2011 [EB/OL]. http://www.wto.org.

[5] UNIDO. Industrial Development Report 2002-2005 [EB/OL]. http://www.unido.org.

[6] 金碚. 中国工业国际竞争力——理论、方法与实证研究 [M]. 北京: 经济管理出版社, 1997.

[7] 金碚. 竞争力经济学 [M]. 广州: 广东经济出版社, 2003.

[8] 蔡昉, 王德文, 王美艳. 工业竞争力与比较优势——WTO 框架下提高我国工业竞争力的方向[J]. 管理世界, 2003 (2).

[9] 李钢, 董敏杰. 中国与印度国际竞争力的比较与解释 [J]. 当代亚太, 2009 (5).

[10] 汪琦. 我国对美日欧出口增长因素和产业竞争力——基于固定市场份额模型的分析 [J]. 世界经济研究, 2005 (12).

[11] 张金昌. 国际竞争力评价的理论和方法研究 [D]. 北京: 中国社会科学院研究生院, 2001.

[12] 金碚, 李钢, 陈志. 加入 WTO 以来中国制造业国际竞争力的实证分析 [J]. 中国工业经济, 2006 (10).

[13] 金碚, 李钢. 企业创新与企业竞争力 [J]. 经济学动态, 2006 (10).

[14] 金碚, 李钢, 陈志. 中国制造业国际竞争力现状分析及提升对策 [J]. 财贸经济, 2007 (3).

[15] 李钢, 董敏杰, 金碚. 比较优势与竞争优势是对立的吗?——基于中国制造业的实证研究 [J]. 财贸经济, 2009 (9).

[16] 李钢, 沈可挺, 郭朝先. 中国劳动密集型产业竞争力提升出路何在——新《劳动合同法》实施后的调研 [J]. 中国工业经济, 2009 (9).

[17] 李钢. 新二元经济结构下中国工业升级路线 [J]. 经济体制改革, 2009 (5).

第二章 中国比较优势的演化

第一节 中国出口产品的技术含量的变化

当前全球产业分工的一个重要特点就是产业链分工。由于信息技术的发展、交通运输成本和合作成本的降低以及模块化设计的出现，一种产品的生产可以分为一系列不同的生产环节，这些不同的生产环节又可以分散到不同的活动中，在这种情形下，仅用总量上的国际市场难以全面反映一个国家的产业竞争力状况。德罗克等（Dedrick 等，2010）在研究 iPod 产业链时发现，在 iPod 的销售价格构成中，美国占 1/4，这主要是因为美国提供了软件和设计、市场知识、知识产权、系统集成、成本管理技能和高价值的品牌。另外 1/4 被地区分销商和零售商拿走，其他一半为产品生产厂家所分享，生产零部件的东亚公司占有 11%，另外的 37% 由原材料及劳动成本构成。我国的装配活动所占有的增加值不足零售价的 2%。总体国际市场占有率无法反映一国在产业链条中创造附加价值的能力。总体贸易竞争力指数也不能全面反映这一事实，如美国的总体贸易竞争力指数为负，要低于很多国家，但其创造附加价值的能力并不像贸易竞争力指数那样弱。

一种类型的产品可以分为很多环节，但这些环节的价值实现还是需要交易来进行，这在国际贸易中表现为两种形式：一种就是从国外进口产品，经过加工组装再出口；还有一种就是生产一种产品，出口到国外，由国外进行进一步的集成、加工等。后者无法通过贸易竞争力指数反映其产品内贸易情况。此外，如果一个国家高技术产品的出口量不高，但因为技术含量较低的产品出口量很大，贸易竞争力指数也会较高。所以，贸易竞争力指数并不能完全反映一国在全球产业分工体系中的位置。

为了解决总体国际市场占有率和总体贸易竞争力指数在反映一国产业竞争力方面的不足，一些学者和机构开始运用增加值的方法，计算各国的出口占全球出口市场的份额，以此指标计算，我国的市场占有率虽然增长很快，但并没有超过美国，由此反映出的产业竞争力水平低于传统的总体市场占有率指标所反映的产业竞争力水平。这个指标从另一个方面衡量了产业竞争力，也可以将其视为一国提升产业竞争力水平的方式。目前这个方法的应用还存在数据上的约束，现有的一些计算还是建立在一些假定的基础之上。由于这种方法正在不断发展和改进当中，所以，本章暂时没有采用这种方法，而是采用了计算产品技术含量和产品空间结构以及更为细致的产品市场占有率与贸易竞争力指数的方法来分析我国在全球产业分工体系中的位置。一般而言，一国生产的产品技术含量越高，其创造附加价值的能力就越强，所以，只要产品分类足够细致，一国创造附加价值的能力仍可以通过产品的技术含量、产品的市场占有率及产品的贸易竞争力指数对一国在全球产业分工中的位置进行判断。

如何对产品的附加值和技术含量加以量化，衡量一个国家的出口技术含量水平，是了解国家产业竞争力现状、研究产业升级和产品结构调整的重要前提。Hausmann 等（2007）提出了 PRODY 和 EXPY 指标对此加以衡量。其中，PRODY 使用一种产品所有出口国人均GDP 的加权平均数来衡量一种产品的附加值或生产率，EXPI 指标是一国所有出口产品PRODY 指标的加权平均，其中权数表示产品出口总额占该国全部产品出口总额的比重。为了测算一国出口产品的技术含量，本章采用了这种方法。

在测算上述指标过程中，出口数据选用 UN Comtrade 数据库中 SITC rev3 五位码产品[①]1992~2010 年的出口数据，人均 GDP 数据选用世界银行 World Development Indicators（WDI）数据库中以美元 2000 年不变价格计算的各国人均 GDP 年度数据。考虑到各国人均GDP 指标会随着经济发展不断变化，同时 UN Comtrade 数据库中不同年份涵盖的国家数量不同，依据各年数据分别计算产品 PRODY，会使该指标受国家 GDP 自身变化以及不同发展水平国家比重变化的干扰，无法持续有效地反映产品的内在特征。为解决这一问题，本节首先选取 2008~2010 年这三个年度，将上述年度中 UN Comtrade 和 WDI 数据库中均包含的国家（共 139 个国家）作为样本，计算产品 PRODY 指标并加以平均，作为产品的基准 PRODY 值。计算结果表明，我国 EXPY 指标呈现出一定程度的增长，世界排名在 2005年之后开始跻身于世界前 40 名，略高于全球平均水平，但仍处于 30 名之外，略高于印度、巴西、南非等国，与美、日、德、法、英等国仍有较大差距（见图 3-2-1、图 3-2-2）。从变化趋势看，国际金融危机发生后，部分国家出口产品的技术含量出现下降，我国出口产品的技术水平却并没有出现劣化现象。

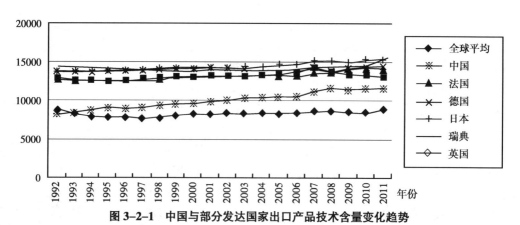

图 3-2-1　中国与部分发达国家出口产品技术含量变化趋势

资料来源：根据 UN Comtrade 数据计算。

---

① TIC rev 3 共有 4000 多种，减去 1~4 位代码的产品，将 5 位码单独抽取出来为 3118 种产品。

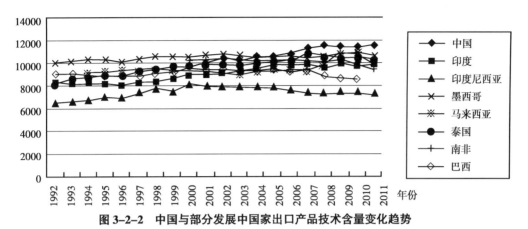

图3-2-2 中国与部分发展中国家出口产品技术含量变化趋势

资料来源：根据 UN Comtrade 数据计算。

第二节 中国产品空间的演进

为研究最近20年中国比较优势演化的趋势，本节分别构建了1992~1994年、1999~2001年、2004~2006年和2009~2011年4个时期的中国比较优势空间分布图，见图3-2-3（中国具有比较优势的产品空间位置用黑色加以标识）。从图中可以看出：第一，从我国比较优势产品空间分布来看，目前正依托在服装纺织和电子电器产品集群上的传统优势，进一步向产品空间中心区域演进；第二，我国比较优势向产品空间中心区域演进趋势明显，特别是2006年以后，我国的比较优势向机电、化工等产业的演化有明显的加速趋势；第三，对于一些处于边缘区域的劳动密集型产品，我国的比较优势已经出现退化的现象。

从图3-2-3中可以看出，目前，我国比较优势产品在中心集群中已经具有一定密度，说明我国工业化发展已经取得较大进展。同时还存在着大量空白，表明我国工业化发展仍存在巨大空间，产品结构升级任务繁重。通过进一步分析图中产品可以发现，除传统的服装和纺织产业外，我国比较优势向机电和化工等高端产业演进的趋势明显。从表3-2-1可以看出，我国服装和纺织产业在国际贸易中仍占据绝对优势，具有比较优势产品占该产业全部产品总量的比重高达74.57%，同时机电产业、仪器仪表和化工产业的比较优势也越发突出，具有比较优势的产品占产业全部产品的比重分别达到了35.64%、31.75%和28.83%。对表3-2-1的十大类产业进一步细分后，表3-2-2给出了各细分产业中中国具有比较优势产品的数量及其占该产业全部产品总量的比重。

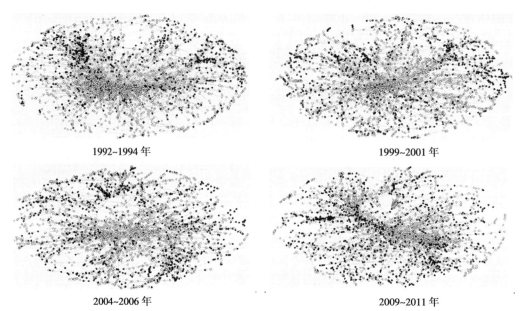

1992~1994 年　　　　　　　　　　　　1999~2001 年

2004~2006 年　　　　　　　　　　　　2009~2011 年

图 3-2-3　中国产业空间的演化

资料来源：根据 UN Comtrade 数据计算。

表 3-2-1　中国比较优势产品分产业划分情况

产业名称	中国比较优势产品数量	占 SICT rev.3 全部该产业产品比例（%）
农牧渔	88	16.76
林业	20	15.38
矿产采掘	11	14.29
能源产品	6	20.00
纺织服装	258	74.57
冶金	44	20.56
化工	141	28.83
机电	232	35.64
仪器仪表	40	31.75
其他工业产品	227	49.13

资料来源：根据 UN Comtrade 数据计算。

表 3-2-2　各细分产业中中国具有比较优势产品的数量及其占该产业全部产品总量的比重

产业名称	产业细分名称	细分产业比较优势产品数量	占 SICT rev.3 该细分产业全部产品的比例（%）
农牧渔	畜牧及养殖产品	15	14.15
	渔业及养殖	21	29.17
	农业种植产品	46	17.16
	饮料制造	1	7.69
	卷烟	0	0.00

续表

产业名称	产业细分名称	细分产业比较优势产品数量	占 SICT rev.3 该细分产业全部产品的比例（%）
农牧渔	食品制造	2	11.11
	食用油	3	6.98
林业及有关产品	原木	1	5.56
	纸浆及废纸加工	1	7.14
	木材加工	6	19.35
	造纸	2	4.88
	纸制品	10	38.46
矿产采掘	非金属矿产原料	11	26.83
	金属矿产采掘	0	0
能源产品	煤炭	3	37.50
	原油	3	23.08
	天然气	0	0.00
纺织服装	纺织品	126	69.23
	服装、鞋和箱包制品	105	86.07
	其他纺织制品	27	64.29
冶金	钢铁	29	21.17
	银	0	0.00
	铜	3	21.43
	镍	0	0.00
	铝	4	44.44
	锌	1	20.00
	锡	0	0.00
	其他有色金属	0	0.00
	废旧金属	0	0
化工	化学原料	83	41.50
	染料、涂料等着色剂	10	30.30
	药品	14	31.11
	精油、树脂、香料、洗涤剂等	2	7.69
	化肥	4	19.05
	初级形态塑料	3	5.56
	塑料型材	4	17.39
	农药	1	20.00
	合成纤维	6	33.33
	其他	14	21.88
机电	动力机械设备	16	36.36
	专用机械设备	27	23.48
	机床和金属成型设备	16	22.86
	通用工业机械设备	53	34.87
	办公设备	10	37.04
	通信和声音记录复制设备	23	63.89

续表

产业名称	产业细分名称	细分产业比较优势产品数量	占 SICT rev.3 该细分产业全部产品的比例（%）
机电	电子设备和部件	65	51.18
	汽车	14	34.15
	铁路运输装备	1	10.00
	航空航天装备	0	0.00
	船舶	7	43.75
仪器仪表		40	31.75
其他工业制品	建材	15	31.25
	玻璃	16	51.61
	陶瓷	5	100.00
	金属制品	78	65.55
	橡胶制品	8	25.81
	皮革、皮毛	5	23.81
	家具和其他家居设备	30	76.92
	乐器及音响设备	8	40.00
	其他	62	41.89

资料来源：根据 UN Comtrade 数据计算。

第三节　我国潜在比较优势产业分析

在现有产品空间结构下，根据比较优势演化理论，从我国现有比较优势产品出发，其最有潜在比较优势的产品应是在产品空间中与其邻近度最高的产品，因为这两种产品生产所需的能力差异最少，从此种产品跳到彼种产品，升级的成本最少，在两种产品价格既定的情形下，企业所获利润最大。这是总的指导原则，在具体操作上，潜在比较优势的产业需要根据以下三个原则进行选择：

第一，目前不具有很强的比较优势，就是显性比较优势指数小于 1。在具体操作上，要求这种产业 2000~2011 年均不具有比较优势。

第二，目标产业的技术含量高于演化起点产业的技术含量。从比较优势演化的趋势看，一个国家的经济要不断发展，其产业演进的方向应是从相对技术含量低的产品向技术含量高的产品演进，所以，根据产品邻近性原则选择出来的具有潜在演进潜力的产品集中，必须将比原有产品技术低的产品删除。就理论上而言，产业演化也可能会出现从高技术含量向低技术含量退化的情况，但这种变化无需新的能力建设，会造成能力闲置，所以，从企业的角度而言，除非经济发生重大衰退，否则就不可能作出这种决策。

如何判断一种产品技术含量的高低呢？Hausmann 等（2007）提出了 PRODY 测度指标。其中，PRODY 使用一种产品所有出口国人均 GDP 的加权平均数来衡量一种产品的附加值，根据这一测算方法，穷国比较优势集中的产品，PRODY 数值较低，表明该产品附加值较低；相反，富国比较优势集中的产品，PRODY 数值较高，表明该产品技术含量较高。本节选用 UN Comtrade 数据库中 SITC rev3 五位码产品的出口数据，人均 GDP 数据则选用世界银行 World Development Indicators（WDI）数据库中以美元 2000 年不变价格计算的各国人均 GDP 年度数据 5 位码产品的 PRODY 值。作为未来有潜在优势的产品必须满足的条件之一就是，目标产品的 PRODY 大于演化起点产品。

第三，要满足临界跳跃距离，用邻近性测量。筛选潜在比较优势产业还需要设定企业的跳跃距离。Hidalgo（2007）在构建全球产品空间图时，采用的距离是 0.55，因为按这个距离绝大多数国家都可能顺利地实现升级。本节同样把 0.55 作为首要标准筛选潜在优势产业。

根据上述方法对我国具有比较优势演进潜力产品进行预测，得到 77 种具有比较优势演进潜力的产品，并绘制了比较优势演进趋势预测图。从图中可以看出，今后一个时期我国具有比较优势演进潜力的产品更多地集中于空间中心区域。表 3-2-3 进一步给出了上述产品在各产业中的分布，可以看出我国比较优势演进将集中于机电、化工行业。

表 3-2-3 我国具有比较优势演进潜力产品的比重

产业名称	具有升级潜力的产品数量
农牧渔业	7
林业及有关产品	5
矿产采掘	0
能源产品	0
纺织服装	2
冶金	3
化工产品	18
机电产品	31
仪器仪表	6
其他工业制品	5

资料来源：根据 UN Comtrade 数据计算。

第四节　对识别结果的进一步讨论

对于依据现有产品空间对潜在优势产业进行甄别所得到的结果有没有意义或者说有没有价值呢？要回答这个问题虽然并不容易，但我们还是力图通过两种方法，为这个问题找到初步的答案：一种就是要比较我们所预测的演化方向是否符合经济发展的总体方向，另一种就是要分析所预测的产品近几年显性比较优势的走向。

研究产品空间的演化方向，就是要考察我国产业未来的产品空间是不是与发达国家越来越相似。本节根据出口数据测算其出口产品的相对比较优势指标（RCA），取该指标大于 1 的产品作为该国具有比较优势的产品，将产品的位置在各期世界产品空间结构中用黑色加以标识，形成国家比较优势产品的空间分布图，用于研究不同国家比较优势产品的空间分布和演化趋势。为了减小不同年度贸易条件的差异可能产生的干扰，真实反映一国的比较优势，本节确定特定时期内一国比较优势产品的标准为：在该时期结束之前的连续 5 年之中，该产品有 4 年以上 RCA 大于 1。图 3-2-4 至图 3-2-6 给出了美国、日本、德国等各时期比较优势产品的空间分布。从这些国家的产品空间图可以看出，发达的工业化国家比较优势产品数量较多，且在空间中心区域密度较高。图 3-2-7 是我国近期潜在优势产业在全球产品空间图中的位置，不难发现，这些产品绝大多数处于中间位置。所以，预测的潜在优势产业与比较优势演进的总体方向有一致性。

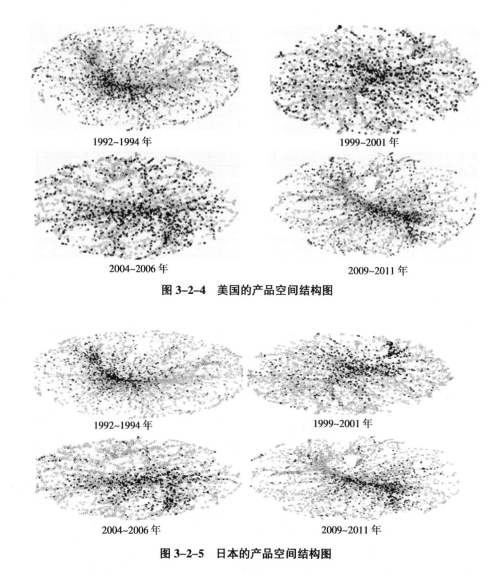

1992~1994 年　　　　　　　　　　　　　1999~2001 年

2004~2006 年　　　　　　　　　　　　　2009~2011 年

图 3-2-4　美国的产品空间结构图

1992~1994 年　　　　　　　　　　　　　1999~2001 年

2004~2006 年　　　　　　　　　　　　　2009~2011 年

图 3-2-5　日本的产品空间结构图

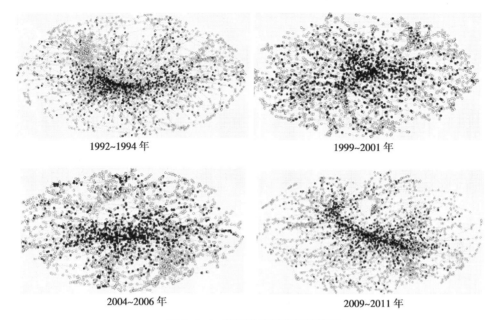

1992~1994 年　　　　　　　　　　　　1999~2001 年

2004~2006 年　　　　　　　　　　　　2009~2011 年

图 3-2-6　德国的产品空间结构图

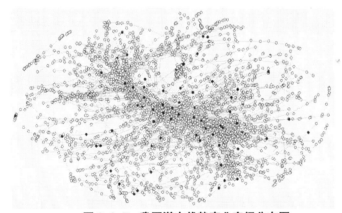

图 3-2-7　我国潜在优势产业空间分布图

资料来源：根据 UN Comtrade 数据计算。

　　一个产业作为潜在优势产业，如果用显性比较优势进行衡量，则总体趋势应是趋于增长的。把潜在优势产业的显性比较优势指数进行比较，可以发现预测到的这类潜在比较优势产业，按其显性比较优势指数变化可以分为两种类型：一种是比较优势是近几年来趋于上升，另一种是近几年有所下降。在上升的产品中，又可分为显性比较优势指数很低和显性比较优势指数相对较高两类。在下降的产业中，也可以分为两类：一类是过去有明显的比较优势，现在下降了；另一类是本来就没有比较优势。从潜在优势产业的显性比较优势指数的变化看，绝大多数是上升的，但部分潜在优势产业当前的显性比较优势指数还很低。这在一定程度上表明，利用产品空间理论，可以发现比仅利用显性比较优势指数的变化发现潜在优势产业难以发现的一些潜在产业。

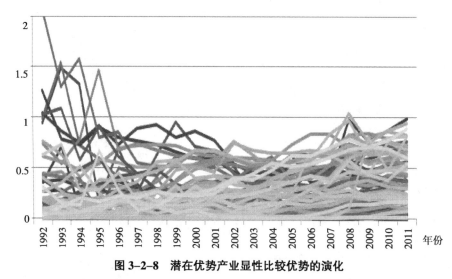

图 3-2-8　潜在优势产业显性比较优势的演化

资料来源：根据 UN Comtrade 数据计算。

　　邻近距离临界值的设定对于潜在优势产业的预测会产生直接影响。如果临界值设定为 0.2，潜在的优势产业数量就是增加到 559 类；其值设定如果超过 0.7，则我国将不再有潜在优势产业的存在。饶有趣味的是，从变化趋势来看，0.55 俨然是一个拐点，越过此点，临界值增加，挤出的潜在优势产业随之成倍下降。由于 0.55 代表了绝大多数国家产业升级的临界值，所以，这一现象表明，我国的产业升级能力并没有超越全球的平均水平。如果把临界值的设定作为可以被选择的变量，这一趋势的政策含义就是，我国的产业升级幅度如果由于某种外在因素的冲击，步子迈得过大，就会产生断档现象。在现阶段，我国产业升级最适宜采取小步快走的策略，如此经济就能保持平稳增长。

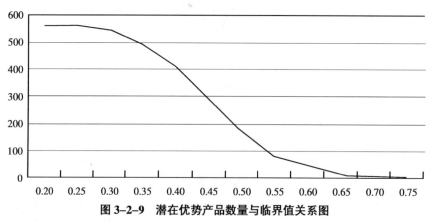

图 3-2-9　潜在优势产品数量与临界值关系图

资料来源：根据 UN Comtrade 数据计算。

【参考文献】

［1］Dedrick，J.，K.L. Kraemer and G. Linden. Who Profits from Innovation in Global Value Chains? A

Study of the iPod and Notebook PCs [J]. Industrial and Corporate Change，2010，19 (1).

　　[2] Marcel P. Timmer, Abdul Azeez Erumban, Bart Los, Robert Stehrer, Gaaitzen de Vries. Slicing Up Global Value Chains，Paper prepared for the 32nd General Conference of The International Association for Research in Income and Wealth，Boston，USA，August 5-11，2012，Session 8.

第三章 产品空间的复杂性与经济增长

在索罗—斯旺的新古典增长模型的框架下，经济增长是由物质资本、劳动力与技术驱动的，而物质产品本身所包含的知识的作用却没有受到应有的重视。近年来，在知识内生化的新增长理论的启示下，研究国际贸易与经济增长的学者开始关注知识和能力对国家或地区经济增长的影响。Hausmann 和 Klinger（2006）提出了产品空间结构与比较优势演化理论，强调产品是个人和组织运用生产性知识生产出来的，产品本身反映了经济行为主体所具备的这种生产能力，对国家和地区而言，经济发展和结构转换的本质是该国和地区的企业发现其擅长生产的产品并学习和积累生产这种产品能力的过程。Hidalgo et al.（2007）以及 Hidalgo 和 Hausmann（2009）则进一步上升到国家层面，首次强调了经济复杂度的重要性。他们认为经济复杂度是由国家和地区生产性产出的组合构成，反映了国家和地区所拥有并整合的知识结构。经济复杂度与经济体生产出来的产品内嵌的多种有用的生产性知识密切相关，经济体复杂程度的高低由它们拥有的知识结构和整合知识的能力的高低所决定。对于经济复杂度高的经济体，它们能将生产复杂产品所必需的庞大的相关生产性知识整合起来，生产出多样化的、复杂的知识密集型产品，而对经济复杂程度低的经济体，在其能力集合中缺乏这些知识或者整合这些知识的能力，因而只能生产出很少且很简单的产品，不能生产出相同的复杂产品。

基于知识和能力的网络理论，Hidalgo et al.（2009）将国家的能力与生产的产品联系起来，认为经济复杂度是国家生产多样化产品尤其是更多更复杂产品的能力的反映，经济体生产结构的整体复杂程度与其增长绩效有着密切的关系。作为尝试，他们首先运用跨国截面数据对国家经济复杂度与经济发展绩效之间的关系进行了实证分析，指出国家经济复杂度的不同是造成各国经济发展绩效差异的主要原因。

第一节 计量模型

一、实证模型设定

已有的关于经济体的经济复杂度与经济增长之间关系的实证研究都是以跨国的截面数据集来进行经济计量分析，但是，就本章研究对象和数据样本而言，省级层面的截面样本显然不能得到有意义的计量结果和实证结论。为了扩大样本容量，本章构建了包括 2002~2007 年全国 31 个省（直辖市、自治区）的平衡面板数据集，这样能够很好地刻画不同时间不同地区经济复杂度对经济增长的动态影响。为了检验地区经济复杂度对经济增长的影响，我们需要建立一个经济增长影响因素的函数。根据 Hidalgo et al. (2007) 和 Hidalgo et al. (2009) 对经济复杂度的定义，参考以往经济增长的研究文献，并在充分考虑模型可能存在的遗漏变量、多重共线性以及变量内生性三个问题的基础上，结合数据样本的结构和特征，本章设定如下的经济计量模型：

$$\text{lnrpgdp}_{it} = \alpha + \beta eci_{it} + \delta X_{it} + \zeta_i + \zeta_t + \varepsilon_{it} \tag{1}$$

在计量模型（1）中，i、t 分别表示省（直辖市、自治区）以及年份。lnrpgdp_{it} 表示年地区实际人均 GDP 的对数形式，eci_{it} 表示地区经济复杂度指数，X_{it} 表示一系列影响地区经济增长的其他解释变量向量和控制变量，并用来控制企业未观测到的年份和省（直辖市、自治区）特征的异质性，ε_{it} 表示随机误差项。为了准确反映地区经济复杂度与经济增长之间的关系，避免遗漏变量造成的内生性问题，根据已有的研究结果，控制变量主要包括外商直接投资、制度、贸易开放度、基础设施状况、人力资本、城市化水平等一系列控制变量。鉴于地区和时间未观测的异质性显然会影响地区经济增长，与随机扰动项存在相关关系，本章选择固定效应模型来估计。

二、关键指标测算、数据说明及描述性统计

1. 地区经济复杂度的度量

根据 Hidalgo et al. (2007) 的产品空间与比较优势演化理论，出口产品空间结构在很大程度上反映了一国和地区的要素禀赋结构和生产技术结构，产品之间的联系是基于生产这些产品某些能力和特征的相似性，每个国家不是需要什么就能生产什么，而是根据产品空间结构和能力来生产它们能够生产的产品。简言之，各国和地区应该专业化生产并出口其具有比较优势的产品，各国经济绩效的差异主要由其产品空间中心位置的高生产率产品与外围的低生产率产品之间的联结（Connectedness）所决定。Lall et al. (2006) 认为收入水平越高的经济体，出口的产品越"复杂"（Complexity/Sophistication），基于经济体的收入信息，他们提出了分别测度出口产品复杂度和经济体出口的综合技术复杂度的度量指标，即出口产品复杂度得分（Product Sophistication Scores，PSS）和经济体综合复杂度指数（Technological Sophistication Index，TSI）。由于 Lall et al. (2006) 以某种产品的出口额占世界总出口额的比重作为权重，忽略了国家之间规模的差异以及世界市场规模的影响，可能高估了大国的作用，而忽略了小国具有比较优势的产品出口，并且对实际人均进行加权平均，可能得到"高收入国家出口的复杂程度高的产品"这一有偏结论。

为修正 Lall et al. (2006) 因权重选择而得到的有偏的测度指标，Hausmann et al. (2007) 提出了两个简单的测度产品复杂度和经济复杂度的指标，即 PRODY 和 EXPY 指数。具体而言，产品复杂度（PRODY）代表与产品相关的收入水平，它是以每个国家该种商品的出口额占全世界该商品出口总额的份额即各个国家出口产品的显示性比较优势（RCA）作为权重，来对出口某种产品的所有国家的人均 GDP 进行加权计算得到该种产品的复杂度。经济复杂度（EXPY）代表与一国出口商品结构相关的生产率水平，它是在产品复杂度指数的基础上，进一步以各个国家每种产品的出口占其总出口的份额为权重，来对该国所有出口产品复杂度进行加权平均，从而得到该国出口"一篮子"产品的复杂程度。

　　然而，与 Lall et al.（2006）提出用实际人均 GDP 来计算所存在的缺陷一样，Haus-mann et al.（2007）运用出口数据与实际人均 GDP 的信息来计算 PRODY 和 EXPY 仍存在种种问题，例如，忽略产品质量的差异，在标准越粗的产品分类标准下，类型和质量不同的产品越容易划分在同一产业内。此外，该指标仍然忽略经济体规模不同的影响，对于小的开放经济体来说，它们更可能只专业化生产某几种产品，其比较优势更容易受到外部冲击的影响，并且在计算 PRODY 时，不同经济体的权重仍然都是一样的。更为严重的是，根据收入信息计算的这两种指标仍然出现了"高收入国家出口复杂程度高的产品，出口复杂程度高的产品的国家是高收入国家"的循环结论。针对指标的不足，Hidalgo et al.（2009）借鉴社会网络的术语和方法，剔除了测度产品复杂度与经济复杂度的收入信息，将国家出口某种产品的显示性比较优势指数 $RCA_{c,p}$ 视为连接国家及其出口产品之间的一个网络，其中，p 代表产品，c 代表国家。在此基础上，运用社会网络理论中反射的方法（Method of Reflections），仅利用各国出口产品的显示性比较优势指数（RCA）的信息，Hidalgo et al.（2009）得到新的测度产品复杂度与经济复杂度的指标，分别为迭代 n 次的 $k_{p,n}$ 和 $k_{c,n}$，n 为偶数，这两个指标的详细计算过程及定义见 Hidalgo et al.（2009），这里不再赘述。

　　针对运用出口数据和收入信息计算产品复杂度与经济复杂度的种种缺陷，类似 Hidalgo et al.（2009）的处理方法，基于《中国工业企业数据库》827 个四位码行业的统计数据，通过将企业层面的数据加总到行业层面，本章首次从生产角度测度了我国地区生产结构的产品复杂度与经济复杂度。在控制地区的经济规模和产品市场规模的情况下，区位商（Location Quotient, LQ）是反映在全国范围内某地区生产某种产品是否具有比较优势的统计指标，其定义和计算公式也与 RCA 指数类似。在这里，首先定义地区生产某种产品的区位商为地区生产某种产品的增加值占地区生产总值的比重与全国该产品的增加值占全国国民生产总值的比重之比，具体计算公式如下：

$$LQ_{c,p,t} = \frac{WAD_{c,p,t} / \sum_p VAD_{c,p,t}}{\sum_c VAD_{c,p,t} / \sum_{c,p} VAD_{c,p,t}} \tag{2}$$

　　其中，$LQ_{c,p,t}$ 表示 t 年 c 地区 p 产品的区位商，$VAD_{c,p,t}$ 则表示 t 年 c 地区生产的 p 产品创造的增加值。视区位商（$LQ_{c,p}$）为连接地区及其生产的产品之间的一个网络，在此基础上，接下来分两步来计算产品复杂度与经济复杂度。

　　首先，若 $LQ_{c,p,t}$ 大于或等于某一特定的临界值 LQ*，则设定 $LQ_{c,p,t} = 1$；反之，若低于该临界值，则 $LQ_{c,p,t} = 0$。根据 Hidalgo et al. 基于知识和能力的产品空间和比较优势演化理论的假定以及区位商的特征，设定 LQ* = 1，那么 $LQ_{c,p,t} \geq 1$ 时，则意味着相对全国其他地区，t 年 c 地区生产 p 产品具有显示性比较优势，则该地区拥有生产该产品的能力，为避免混淆，将其计数为 $M_{c,p,t} = 1$，否则 $M_{c,p,t} = 0$。然后，将该地区生产的区位商大于或等于 1 的产品数据加总起来，视为区位商网络中地区的连接（Connectedness）或度（Degree）的数目 $k_{c,t}$，用 $k_{c,t} = \sum_p M_{c,p,t}$ 表示，地区 c 的度数 $k_{c,p}$ 数目还表示地区 c 的生产结构的多样化程度，用地区生产的优势产品的数量来度量。类似地，定义区位商网络中生产某种优势产品的地区的数目为该种产品的普遍性，用 $k_{p,t} = \sum_c M_{c,p,t}$ 表示。

其次，运用反射的方法，利用网络结构中地区多样化和产品普遍度的信息对彼此相互进行迭代修正，在初始国家多样化与产品普遍度以及收敛条件的约束下，得到如下两组向量组合 $\overrightarrow{k_{c,t,n}}$ 和 $\overrightarrow{k_{p,t,n}}$，其中，n 为迭代次数。为何采用这种反射的方法呢？根本原因在于充分利用网络结构中的信息来对彼此进行修正，以得到更为准确的度量地区经济复杂度与产品复杂度的指标。

$$
\left\{
\begin{aligned}
& k_{c,t,n} = \frac{1}{k_{c,t,0}} \sum_p M_{c,p,t} k_{i,t,n-1} (n \geqslant 1) \\
& k_{p,t,n} = \frac{1}{k_{p,t,0}} \sum_c M_{c,p,t} k_{c,t,n-1} (n \geqslant 1) \\
& k_{c,t,0} = \sum_i M_{c,p,t} \\
& k_{p,t,0} = \sum_c M_{c,p,t}
\end{aligned}
\right.
\tag{3}
$$

$$
\text{s.t.}
\left\{
\begin{aligned}
& k_{c,t,n} = k_{c,t,n-1} \\
& k_{c,i,n} = k_{c,i,n-1}
\end{aligned}
\right.
\tag{4}
$$

根据 Hidalgo et al.（2009）对迭代后向量组中元素的定义，运用产品复杂度进行修正后的 $k_{c,t,1}$ 是地区生产产品的平均复杂程度，该值越高，该地区生产结构所具备的特殊能力就越多，则表明地区经济复杂度越高；反之则相反。因此，在这种意义上，产品平均复杂度 $k_{c,t,1}$ 即为该地区生产结构综合复杂度的一个度量。设定 $eci_{it} = k_{c,t,1}$，在这里，i 与 c 是等价的，均表示同一地区，t 代表时间，1 为迭代次数。

2. 数据说明、变量定义及描述性统计

本章进行经济计量分析所采用的数据主要来源于《中国统计年鉴》、《中国工业企业统计数据库》、《中国市场化指数：各地区市场化相对进程 2009 年报告》以及国家统计数据库年度专题统计数据，分析对象为中国 31 个省（直辖市）、自治区，样本期为 2002~2007 年。[①]

计算地区经济复杂度指数（ECI）的数据则来源于《中国工业企业统计数据库》，该数据库包含了 827 个四位码行业的 40 多万家工业企业，是包含企业样本最详细、行业分类最细、涵盖的统计信息最全面的数据库。一般而言，行业分类越细，行业内企业的共性也就越多。为了从生产的角度计算地区经济复杂度，需要运用地区产业甚至产品层次的信息，这是本章选择该数据库作为计算地区经济复杂度指数的初衷。虽然该数据库没有包括服务业和农业的数据，但是由于中国地区之间的差距 80% 以上源于工业部门（彭国华，2005），因此，从样本选择的角度而言，选取该数据库来测度地区经济复杂度是适宜的。

常用的地区经济增长水平的测度指标主要有 GDP、人均 GDP 及其增长率等指标。本章选择地区实际人均 GDP 的对数（lnrpgdp）作为地区经济增长水平的测度指标，地区人均 GDP 数据取自《中国统计年鉴》，并以 2002 年为基期的地区 GDP 平减指数折算成实际

[①] 2002 年以后，我国行业分类采用新的分类标准 GB/T4754—2002，选取 2002~2007 年为样本期，保证了行业分类以及统计指标经济含义的一致性。

值。制度变量表示各地区的制度环境因素，由 $market_{it}$ 表示，使用樊纲等（2010）发布的 2002~2007 年各地区的市场化指数来测度。

贸易开放度（$open_{it}$）表示各地区与国外市场的经济联系，用地区出口贸易总额占 GDP 的比重来衡量；外商直接投资（fdi_{it}）表示各地区实际使用的外商投资总额。交通基础设施以各地区公路里程（万公里）来度量，用 $road_{it}$ 来表示；而信息化基础设施则用地区长途光缆线路长度（万公里）来衡量，由 $cable_{it}$ 表示；城市化水平则以各地区城镇人口占全部人口的比重来度量，由 $city_{it}$ 表示。以上变量资料来源于历年《中国统计年鉴》。

根据人力资本内生经济增长模型，人力资本是技术内生的重要表现形式，也是技术进步的重要载体，常用的测度指标有公共受教育支出、受教育年限、各教育层次的在校生数量、文盲率等（Barro et al.，2004）。本章选取地方财政支出中的教育经费支出（亿元）/GDP 的比重作为衡量人力资本的指标，由 edu_{it} 表示，取自国家统计数据库年度专题统计数据。

本章构建了 2002~2007 年中国 31 个省（直辖市、自治区）的平衡面板数据，各变量的描述性统计结果列在表 3-3-1 中。

表 3-3-1　变量说明及描述性统计表

	变量名称	变量符号	Obs	均值	标准差	最小值	最大值
被解释变量	实际人均 GDP 的对数形式	lnrpgdp	186	9.18	0.53	8.09	10.64
复杂度变量	地区经济复杂度	eci	186	23.32	1.70	20.04	27.22
制度变量	市场化指数	market	186	6.32	2.10	0.63	11.71
城市化水平变量	城市化率（%）	city	186	41.48	15.56	0.00	84.50
贸易开放变量	出口占 GDP 的比重	open	186	0.02	0.02	0.00	0.12
外商直接投资变量	实际利用 FDI 总额（亿美元）	fdi	186	25.87	37.53	0.03	218.92
交通基础设施变量	公路里程（万公里）	road	186	7.75	5.12	0.63	23.87
信息基础设施变量	长途光缆线路长度（万公里）	cable	186	2.02	1.09	0.06	5.59
人力资本变量	教育经费支出/GDP（%）	edu	186	0.06	0.51	0.01	6.94

三、实证策略

本章关注地区经济复杂度对经济增长的影响，因此，在实证分析中，我们的策略是，首先，控制其他影响地区经济增长的因素，考察地区经济复杂度到底对经济增长有何种效应。其次，对计量分析识别的相关关系进行稳健性分析。为了达到可靠一致的结果，本章还需要处理以下问题：

1. 变量之间严重的多重共线性问题

根据本章的实证模型设定，模型中包括很多的变量，在经验分析时，常会遇到解释变量过多产生的共线性问题，也即坏的控制变量问题，因此，为克服严重的多重共线性问题引起的估计偏差，在计量分析时，本章首先选取针对性较强的重要的解释变量，通过辅助回归法和计算它们的方差膨胀因子，以识别和剔除存在严重共线性的控制变量，使得实证模型（1）中的控制变量不再包含存在严重的多重共线性的变量。根据 Hidalgo et al.（2009）等人的研究以及本章检查变量多重共线性发现，人力资本投资以及外商直接投资与地区经济复杂度存在高度相关关系，因此，在本章后面的回归过程中，将舍弃这些变量。

2. 内生性问题

很多政治经济变量与经济增长之间存在相互影响的互为因果关系，也可能重要的变量没有包括在实证模型中而产生遗漏变量问题，这种联立方程偏误与遗漏变量均会导致内生性问题的出现。为了修正内生性问题，本章采用 Arellano 和 Bover（1995）、Blundell 和 Bond（1998）提出的系统广义矩方法（System-GMM）。系统广义矩方法修正了差分广义矩估计（Difference-GMM）由于滞后项和随后的一阶差分项之间存在的弱相关性所产生的弱工具变量问题，在解决窄面板模型（宽截面 N 短时期 T）中变量的内生性问题上得到了广泛的应用。该方法能够充分利用短时间大截面的动态面板数据的水平信息和差分信息，比差分广义矩方法更为有效，由于充分利用滞后被解释变量与随机扰动项的正交条件（Orthogonality Condition），因而它能获得更多额外的工具变量，能够克服由联立方程偏误（Simultaneity Equations Bias）与遗漏变量引起的内生性问题，得到更为精确、有效且一致的估计量。此外，系统广义矩方法本身还可以作为识别计量回归结果稳健性的一种手段。

第二节　实证结果分析

一、整体回归结果分析

在控制地区和时间的异质性的情况下，表 3-3-2 报告了全样本的地区经济复杂度与经济增长关系的计量结果。考虑到改革开放之后尤其是 21 世纪以来中国不同地区之间和不同产业之间的发展差异性越来越大，为了克服可能存在而又无法识别的异方差或自相关问题，一般会采用广义最小二乘法来进行修正，但该方法在宽面板数据模型（大时间 T 小截面 N）情形下更为实用，对于像本章这样的窄面板模型，通常采用固定效应 Driscoll-Kraay 标准误差来得到稳健的估计值，表 3-3-2 中得到的估计系数均为 Driscoll-Kraay 标准误差修正的稳健估计值。

表 3-3-2　地区经济复杂度对经济增长的影响

	(1)	(2)	(3)	(4)	(5)	(6)
被解释变量	lnrpgdp	lnrpgdp	lnrpgdp	lnrpgdp	lnrpgdp	lnrpgdp
eci	0.102***	0.021*	0.021*	0.022*	0.020*	0.019*
	(0.006)	(0.009)	(0.009)	(0.009)	(0.007)	(0.007)
market		0.070***	0.070***	0.074***	0.066***	0.063***
		(0.007)	(0.008)	(0.009)	(0.009)	(0.010)
city			0.000	0.000	−0.000	−0.000
			(0.001)	(0.000)	(0.000)	(0.000)
open				−1.284*	−0.995	−0.902
				(0.602)	(0.586)	(0.603)

续表

被解释变量	(1) lnrpgdp	(2) lnrpgdp	(3) lnrpgdp	(4) lnrpgdp	(5) lnrpgdp	(6) lnrpgdp
road					0.004*	0.004*
					(0.001)	(0.001)
cable						0.011
						(0.010)
_cons	6.793***	8.258***	8.256***	8.223***	8.300***	8.316***
	(0.147)	(0.171)	(0.173)	(0.169)	(0.139)	(0.144)
时间固定效应	控制	控制	控制	控制	控制	控制
地区固定效应	控制	控制	控制	控制	控制	控制
N	186	186	186	186	186	186
adj. R-sq	0.541	0.849	0.848	0.853	0.865	0.866

注：*、**、*** 分别表示通过显著性水平为5%、1%和0.1%的统计检验。

我们最关心的是地区经济复杂度对经济增长的影响，表3-3-2报告的回归结果显示，地区的经济复杂度与地区经济增长之间呈现出稳定、显著的正向关系，这表明，在经济复杂度越高的地区，其经济发展绩效越好，地区经济复杂度每提高1%，地区实际人均GDP能够提高2%左右，由此可见经济复杂度提升对于地区经济增长的重要作用，这与本章的理论分析与研究假说是一致的。Jarreau 和 Poncet（2012）从出口商品结构的角度讨论了中国地区出口复杂度的提高对省区经济绩效之间的关系，发现地区出口结构复杂度与地区经济增长之间存在高度的正相关关系，而地区出口结构与生产结构存在高度关联关系，这意味着出口等外部因素可能通过影响生产结构的复杂度来间接影响地区经济增长。地区经济复杂度与经济增长之间可能存在一种自我强化关系：经济发展水平高的地区容易吸引生产要素、资源以及知识的聚集，产生外溢效应，便于微观主体利用这些要素、知识和外溢效应，生产更多更复杂的产品，从而提高地区生产结构的整体复杂度；而经济复杂度越高的地区，生产者掌握更多的技能和知识，能够很好地将生产性知识整合起来，生产出更多高生产率的产品，从而促进地区经济的持续增长。

不同省区的市场化指数也显著为正，这意味着市场化程度越高的地区，经济发展更为迅速，这与樊纲等（2010）的研究结论一致。城市化率的系数基本在零左右摆动，中国地区的城市化水平与地区实际人均GDP之间并不呈现出稳定、显著的正向关系，城市化率的提高并没有显著提高地区的人均GDP水平。以往的研究也支持城市化水平与经济增长之间并没有呈现出显著的正向关系（战明华等，2006）。地区贸易开放度的系数为负，但统计上并不显著，表明地区贸易开放度对经济增长没有明显的作用。回归结果还显示，地区交通基础设施的发展对经济增长作用非常显著，而信息化基础设施对地区的经济发展呈现出弱的正向促进作用，这个结果在某种意义上印证了Emurger（2001）实证研究得到的结果。

二、分区域回归结果分析

接下来，我们将全部省份分为东、中、西部，进一步考察地区经济复杂度对经济增长的影响，在这部分中，我们主要关心地区经济复杂度对经济增长的影响，因为其他变量的系数与全部地区回归的结果基本相似。在包括全部控制变量的情形下，东部地区的经济复杂度（eci）的系数为 0.010，表明东部地区经济复杂度对东部经济增长发挥了正面影响，但统计上不太显著。中部地区经济复杂度对西部经济增长之间存在弱的正相关关系，系数为 0.014，表明中部地区经济复杂度每提高 1 个单位，中部地区经济增长也相应增加 1.4%。再来看西部地区，地区经济复杂度的系数为 0.020，标准误差系数为 0.012，显示西部地区经济复杂度与经济增长之间也仅存在弱的正相关关系。

表 3–3–3　分地区经济复杂度对经济增长的影响

被解释变量	(1)　east	(2)　central	(3)　west	(4)　East–Cen	(5)　Cen–West
	lnrpgdp	lnrpgdp	lnrpgdp	lnrpgdp	lnrpgdp
eci	0.010	0.014	0.020	0.023*	0.016*
	(0.010)	(0.012)	(0.012)	(0.010)	(0.008)
market	0.050***	0.059***	0.065*	0.057***	0.060***
	(0.009)	(0.005)	(0.022)	(0.014)	(0.006)
city	0.000	0.003	0.001	0.003	0.000
	(0.000)	(0.005)	(0.001)	(0.001)	(0.000)
open	0.105	−3.589	1.357	0.545	−0.635
	(0.612)	(2.533)	(0.953)	(2.743)	(0.443)
road	0.003**	0.001	0.010*	0.003	0.002**
	(0.001)	(0.001)	(0.003)	(0.002)	(0.001)
cable	0.009	0.027	−0.009	0.007	0.017
	(0.011)	(0.027)	(0.017)	(0.016)	(0.008)
_cons	9.032***	8.137***	7.908***	7.891***	8.694***
	(0.181)	(0.315)	(0.231)	(0.200)	(0.158)
时间固定效应	控制	控制	控制	控制	控制
地区固定效应	控制	控制	控制	控制	控制
N	66	48	72	120	114
adj. R–sq	0.896	0.925	0.865	0.867	0.909

注：*、**、*** 分别表示通过显著性水平为 5%、1% 和 0.1% 的统计检验。

经济复杂度对东部、中部、西部地区经济增长的影响不显著，可能的原因有：①东部与西部地区样本较多，而中部地区样本相对较少，存在有限样本偏差；②测量误差，本章计算地区经济复杂度的数据主要是利用第二产业的数据，这有可能低估东部与西部地区的经济复杂度，高估中部地区的经济复杂度。为此，我们分别将东部和中部、中部与西部地区合并回归，然后再来考察地区经济复杂度对经济增长的影响。表 3–3–3 中第（4）列是东部与中部地区合并的回归结果，第（5）列是中部与西部地区合并的回归结果。可以看到，控制变量的符号和显著性没有发生根本性变化，与表 3–3–2 回归结果基本相同。在包括全部控制变量的情况下，第（4）列的经济复杂度的系数为 0.023，在统计上也是显著的，这表明经济复杂度对东部与中部地区经济增长有积极作用，而第（5）列的经济复杂度系数为 0.016，表明经济复杂度对中部与西部地区的经济增长也发挥着正面影响。通过上述计量分析，我们发现，经济复杂度对中国各地区的经济增长均起着重要作用，但对不同地区的影响程度是存在差异的，对东中部地区而言，经济复杂度的影响更大，而对西部地区的影响相对较小，这意味着理论解释基本上是成立的。

三、稳健性检验

以上固定效应模型回归只是初步识别了地区经济复杂度与经济增长之间的关系，因为在度量地区经济增长时，本章使用的是对数形式的地区实际人均 GDP，因此，前文识别的相关关系可能是由于本章地区经济增长的测度指标的特殊性而存在。为此，本章选取地区人均 GDP 的增长率来对地区经济复杂度与经济增长的关系进行再次识别。从图 3-3-1 显示的地区实际人均 GDP 与地区人均 GDP 的增长率的相关图来看，两者存在高度相关关系，说明选取地区人均 GDP 的增长率来测度地区经济增长在一定程度上是合理的，并且也是可行的。

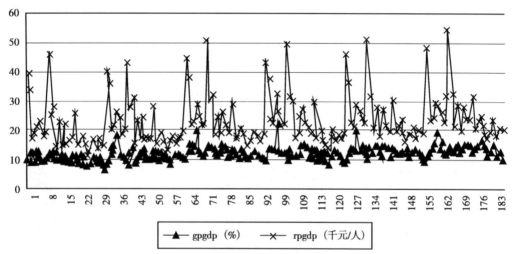

图 3-3-1　地区人均 GDP 增长率与地区实际人均 GDP 的相关图

为了检验地区经济复杂度与经济增长之间关系的稳健性，运用地区经济复杂度与人均 GDP 的增长率，对实证模型（1）进行了再一次回归，表 3-3-4 报告了回归结果。运用地区人均 GDP 的增长率来度量地区经济增长以后，地区经济复杂度（ECI）系数的符号依旧为正，并且比表 3-3-2 中的系数有显著的提高，统计显著性增强。此外，在加入其他控制变量后，经济复杂度与地区经济增长之间依然存在稳健的相关关系，符号没有较大的变化，并且其他控制变量与经济增长之间的关系均没有发生显著变化。以表 3-3-4 中的第（6）列为例，回归系数由原来的 0.019 提高到现在的 0.844，t 值由原来的 2.37 上升到现在的 3.51。这表明地区经济复杂度确实与地区经济增长之间存在稳定正相关关系，地区经济复杂度的提高有利于提高地区的经济发展水平。毫无疑问，这表明了表 3-3-2 识别的经济关系是稳健可靠的。

表 3-3-4　稳健性检验

	（1）	（2）	（3）	（4）	（5）	（6）
	gpgdp	gpgdp	gpgdp	gpgdp	gpgdp	gpgdp
eci	1.747***	0.874***	0.854***	0.915***	0.898***	0.844**
	(0.249)	(0.206)	(0.209)	(0.231)	(0.244)	(0.240)

续表

	(1)	(2)	(3)	(4)	(5)	(6)
	gpgdp	gpgdp	gpgdp	gpgdp	gpgdp	gpgdp
market		0.746***	0.900***	1.097***	1.040***	0.841*
		(0.202)	(0.218)	(0.224)	(0.264)	(0.315)
city			−0.028	−0.026	−0.027	−0.027
			(0.024)	(0.022)	(0.022)	(0.023)
open				−62.228*	−60.128*	−54.021
				(24.994)	(25.704)	(27.760)
road					0.027	0.016
					(0.057)	(0.054)
cable						0.717
						(0.372)
_cons	−28.823***	−13.184**	−12.524**	−14.124**	−13.566*	−12.514*
	(5.812)	(4.379)	(4.471)	(5.021)	(5.478)	(5.449)
时间固定效应	控制	控制	控制	控制	控制	控制
地区固定效应	控制	控制	控制	控制	控制	控制
N	186	186	186	186	186	186
adj. R-sq	0.355	0.432	0.437	0.467	0.465	0.478

注: *、**、*** 分别表示通过显著性水平为 5%、1% 和 0.1% 的统计检验。

四、内生性问题处理

在这部分中，本章所关注的是经济变量可能由于遗漏变量以及联立方程偏误产生的逆向因果关系所导致的内生性问题。例如，尽管根据以上固定效应模型的估计结果，中国地区经济复杂度与市场化进程及经济增长之间存在稳定且显著的正相关关系，但是根据本章的理论分析以及联立方程偏误的存在，地区经济复杂度在一定条件下是内生的。本章发现，经济复杂度的提高可以促进地区经济增长，但是经济增长水平越高的地区，其拥有的生产性知识以及掌握的生产知识密集型产品的能力也越多，因而，经济复杂度也相应比较高。很显然，在表 3-3-2 报告的回归结果中忽略了变量潜在的内生性问题，严重的内生性问题会使得计量模型回归得到的结果可能是不一致且有偏的。

针对地区经济复杂度可能存在的内生性问题，通常采用的方法是工具变量与系统广义矩方法。根据本章面板数据的特点，我们选择系统广义矩方法来处理变量潜在的内生性问题。表 3-3-5 报告了实证模型采用系统广义矩方法处理内生性的计量回归结果。在所有的方程估计结果中，Arellano-Bond AR (2) 和 Sargan 检验的相伴概率 p 值均大于 0.05，不能拒绝原假设，证明了工具变量的合理性和有效性，Arellano-Bond AR (1) 检验拒绝残差不存在一阶序列相关的原假设，因此，用系统广义矩方法估计处理本章中实证方程的内生性问题是合理的。

根据表 3-3-5 中 (1)~(2) 列显示的结果，经济复杂度 (eci) 的符号与统计显著性均未发生本质性改变，这表明回归结果具有稳健性。与表 3-3-2 中的结果相比，地区经济复杂度的估计系数在各个方程中均有不同程度的提高，这表明经济复杂度的内生性使得固定效应估计的值向下偏倚，低估了经济复杂度对经济增长的作用。此外，在加入其他控制变量后，经济复杂度的系数有所下降，显著度有所下降，但仍是统计显著的，没有动摇本章的基本结论。

表3-3-5　　处理变量内生性问题的计量回归结果

	(1)	(2)
	lnrpgdp	lnrpgdp
L.lnrpgdp	1.070***	1.125***
	(0.035)	(0.043)
eci	0.031***	0.026***
	(0.004)	(0.004)
market	控制	控制
city	控制	控制
open	控制	控制
road	控制	控制
cable	—	控制
_cons	−1.294***	−1.683***
	(0.355)	(0.423)
时间固定效应	控制	控制
地区固定效应	控制	控制
Sargan test	0.0761	0.1381
Arellano–Bond AR（1）	0.0043	0.0028
Arellano–Bond AR（2）	0.0811	0.4341
N	155	155

注：*、**、*** 分别表示通过显著性水平为5%、1%和0.1%的统计检验。

第三节　基本结论及政策含义

近年来，已有大量的文献利用 Hausmann et al.（2007）提出的 PRODY 指数和 EXPY 指数，测度了中国出口产品的复杂度，但对 Hidalgo et al.（2007）和 Hidalgo et al.（2009）所提出的经济体经济复杂度的重要性则有所忽略。毫无疑问，经济复杂度对经济体的增长有着重要的影响，但至今仍没有人对这方面进行实证研究，本章试图填补这一空白。针对 PRODY 指数和 EXPY 指数的缺陷，本章利用《中国工业企业数据库》企业层面的数据，首次从生产角度测度了中国地区的经济复杂度，并构建了 2002~2007 年中国 31 个省（直辖市、自治区）的平衡面板数据集，试图验证地区经济复杂度与经济增长的关系，这也是首次在一国范围内检验经济复杂度对经济增长的影响，进一步揭示了中国地区经济增长的源泉，加深了我们对地区经济增长差异来源的认识。

通过实证分析，我们发现，中国地区经济复杂度与经济增长之间存在稳定的正向关系，地区经济复杂度的提高对地区经济增长发挥着重要的促进作用。这一结论不受控制变量和内生性问题的影响，因而是稳健可靠的，首次在一国范围内验证了 Hidalgo（2007）及 Hidalgo（2009）等提出的产品空间和比较优势演化理论解释中国地区经济增长绩效差异问题上的适用性。从上述研究发现，我们可以得到如下理论启示与政策含义：①理论上，本章通过对地区经济复杂度的准确度量，并进一步对地区经济复杂度与经济增长之间的关系进行实证分析，推动了产品空间演化与比较优势演化理论的相关实证研究工作，增强了该理论的现实解释力，具有极高的理论与应用价值。②政策上，为了促进地区的持续健康发展，地方政府应有目的地引进先进技术与新知识，推动要素和知识的流动，提高整合生产性知识的能力，充分发挥地区比较优势，优化其生产结构，不断提高地区的经济复杂度。尤其是随着中国经济的发展，全球和地方产业转移浪潮的逐渐兴起，地方政府要充分利用这一契机，做好政策引导，实行"筑巢引凤"和"腾笼换鸟"的政策（张其仔，2008），改善地区的产业布局，进而提高本地区生产结构的整体复杂程度。

【参考文献】

［1］Arellano, M. and O. Bover. Another Look at The Instrumental Variable Estimation of Error-components Models［J］. Journal of Econometrics, 1995, 68 (1).

［2］Barro, R. J. and X. Sala-i-Martin. Economic Growth (Second Edition). London, England: The MIT Press, 2004.

［3］Blundell, R. and S. Bond. Initial Conditions and Moment Restrictions in Dynamic Panel Data Models ［J］. Journal of Econometrics, 1998, 87 (1).

［4］Emurger, S. D. Infrastructure Development and Economic Growth: An Explanation for Regional Disparities in China? ［J］. Journal of Comparative Economics, 2001, (29).

［5］Fleisher, B., H. Li and M. Q. Zhao. Human Capital, Economic Growth, and Regional Inequality in China ［J］. Journal of Development Economics, 2010, 92 (2).

［6］Hausmann, R., J. Hwang and D. Rodrik. What You Export Matters ［J］. Journal of Economic Growth, 2007, 12 (1).

［7］Hausmann, R. and B. Klinger. The Evolution of Comparative Advantage: The Impact of the Structure of the Product Space ［J］. Center for International Development and Kennedy School of Government Harvard University, 2006.

［8］Hidalgo, C. S. A. and R. Hausmann. The Building Blocks of Economic Complexity ［J］. Partha Sarathi Dasgupta, 2009, 106 (26).

［9］Hidalgo, R. C. A., B. Klinger, A. L. Barabási and R. Hausmann. The Product Space Conditions the Development of Nations ［J］. Science, 2007 (317).

［10］Jarreau, J. and S. Poncet. Export Sophistication and Economic Growth: Evidence from China ［J］. Journal of Development Economics, 2012, (97).

［11］Lall, S., J. Weiss and J. Zhang. The "Sophistication" of Exports: A New Trade Measure ［J］. World Development, 2006, 34 (2).

［12］樊纲, 王小鲁, 朱恒鹏. 中国市场化指数：各地区市场化相对进程 2009 年报告［R］. 北京：经济科学出版社, 2010.

［13］范剑勇. 市场一体化、地区专业化与产业集聚趋势——兼谈对地区差距的影响 ［J］. 中国社会科学, 2004 (6).

第四章 环境管制对中国产业竞争力的影响

第一节 环境管制对产业国际竞争力影响的理论综述

一国的国际竞争力可以从国家、产业与企业三个层面理解，相应地，环境成本对一国国际竞争力的影响也可以从这三个层面理解。从目前的相关研究来看，理论研究主要集中于环境规制对企业竞争力的影响，因此，本章关于理论研究部分的综述主要涉及环境规制对企业竞争力的影响的相关文献。在实证分析方面，尽管现有文献涉及国家、产业与企业三个层面，但是，一方面，产业层面的研究往往是以企业样本数据为基础的，产业层面的研究与企业层面的研究往往难以区分；另一方面，许多国家层面的研究是以产业数据作为分析样本的，国家层面的研究与产业层面的研究也难以区分。因此，本章在实证分析部分的综述从两个方面展开，即环境规制对企业竞争力的影响和环境规制对国家层面的贸易的影响。

一、理论研究综述

1. 传统观点：不利论

传统观点认为，环境规制将对企业竞争力产生负面的影响，如环境规制增加了企业的生产成本，降低了利润及生产效率。Viscusi（1983）则认为，除了这种静态成本之外，从动态的角度看，企业生产投资的不可逆转性以及政府规制的不确定性还会进一步减小企业的投资水平，进而降低企业产出。因此，他将环境规制对企业生产的不利影响划分为三个层次。Xepapadeas 和 Zeeuw（1999）则在模型中假设，企业可以投资于不同的机器，这些机器具有不同的使用年限与生产效率，新机器的使用年限更短，生产效率更高。通过机器折旧与市场购买，企业机器的平均年限与生产效率将发生变化。在这种情况下，污染排放税率提高就会对企业造成"生产率效应"与"利润—排放效应"这两方面的影响。"生产率效应"指的是，随着污染排放税率的提高，企业的平均生产资本规模将会缩小，但机器的现代化程度将会提高，进而导致生产效率的提高。"利润—排放效应"指的是，尽管与较低的污染税率相比，较高的污染税率的确会降低企业的利润，但是，如果机器的现代化程度能够因此而提高，利润下降的程度将会缩小。在上述两种效应的作用下，尽管环境规制所导致的企业利润下降程度会因企业生产机器现代化程度提高而降低，但仍然会使企业利润下降。

2. 修正观点："双赢"论

修正观点认为，"环境规制会损害企业竞争力"的传统观点只是从静态角度考虑问题而得出的结论。若从动态角度看，则环境规制可能会同时达到环境水平提高与企业竞争力提升的"双赢"结果。Porter（1991）及 Porter 和 Linde（1995）较早提出了这一观点，因此这一观点又被称为"波特假说"。

具体而言，"双赢"是通过两种机制实现的。第一种机制是"创新补偿"。在以市场为基础的环境规制下，排污行为与企业的经济利益密切相关，因而企业会更加慎重地进行环境管理决策，更加理性地处置环境管理成本与收益的关系，并会选择可以降低环境管理成本和提高效益的新技术和新工艺。同时，企业还可以对传统的生产方式进行改革，选择更具竞争优势的清洁生产方式，将废弃物转化为可利用的资源，这样不仅会减少企业对环境的污染，提高企业的经济效益，还可以使企业的环境管理成本得到补偿。因此，经政府恰当设计的环境规制可以激发企业的创新潜力，从而可以全部或部分地补偿企业的环境管理成本，甚至可以因此而使受环境约束的企业相较不受约束的企业更具竞争力。第二种机制是"先动优势"。随着国际上环境保护意识和行动的加强，世界市场需求正转向环境友好型产品。当一国的环境规制能正确地反映国际环保趋势时，该国企业就可以从率先实行的规制中获得竞争优势。

3. 综合论[①]

"不利论"与"双赢论"之间所存在着的争论使一些研究者认识到，环境规制可能不会单纯地导致企业竞争力增强或减弱，最终的结果与多种因素相关。Alpay（2001）将"不利论"与"双赢论"放置在同一个分析框架下。他以可交易的排放许可证作为环境规制的具体形式，考察在古诺竞争市场结构中的两个企业是否通过改进环境技术以应对日益趋严的环境规制，结果发现，当满足一定的条件时，受规制的企业其竞争力将增强，这同时暗含着，如果这些条件不满足，受规制的企业竞争力将减弱。如果再从需求角度考虑，假设消费者更偏好环境友好型产品，则采用先进环保技术的产品其市场需求将会扩大，企业也因此而获得竞争优势。Sinclair（1999）则在将企业的技术创新划分为增量（Incremental）创新、降低风险创新以及关键创新三种类型的基础上，指出波特假说是否成立取决于企业技术创新属于上述哪种类型。

二、实证分析综述

1. 环境规制对企业竞争力的影响

有关"环境规制对企业竞争力的影响"的文献可以被认为是对前述理论部分的实证检

---

① 张红凤（2008）将这方面的文献总结为"不确定论"，即环境规制对竞争力的影响结果是不确定的。我们认为，尽管环境规制对竞争力或正面或负面的影响，取决于多种因素（张嫚，2004；王爱兰，2008；Hesse，2008），但是，当这些因素确定时，环境规制对竞争力的影响可能也随之确定，因此，"不确定"的可能只是这些因素，而不是影响结果本身。也就是说，环境规制对竞争力的影响可能是确定的，只是因受到不同因素的影响从而表现出或正或负的结果。对这些影响因素进行考察，事实上就是将"不利论"与"双赢论"置于同一个分析框架下，并着重探索"不利论"与"双赢论"成立的不同条件。因此，"综合论"或者"条件论"可能更适合于被用来概括和描述这方面的文献。

验。尽管数量众多，[①]但正如 Jaffe（1995），Jenkins（1998），Hitchens（1999），Rodediger-Schluga（2001）与 Wagner（2003）等一系列文献在其文献综述中所指出的，现有的实证研究并没有为上述任何一种观点提供充足的、令人信服的证据。也就是说，"不利论"、"双赢论"以及"综合论"这三种观点均可以从实证研究中得到支持。

（1）不利论。Christainsen 和 Haveman（1981）认为，除了人口结构、资本投资和准永久性衰退（Quasi-permanent Recession）外，还有包括环境规制在内的多种因素导致了生产率增速在 1965 年之后的下滑，其中，环境规制造成了 8%~12%的生产率增速下滑。Gray（1987）发现，20 世纪 70 年代美国制造部门生产率下降中的 30%可以由美国职业安全与健康管理局和环境保护局的规制来解释。Barbera 和 McConnell（1990）将污染消除成本对生产率的总影响分为直接影响与间接影响两部分，并利用 1960~1980 年造纸、化工、钢铁、非铁金属与石头、陶土和玻璃这五个行业的数据，发现尽管污染消除成本对五个行业的间接影响各有不同，但其直接影响与总影响都显著为负，污染消除成本使这五个行业的生产效率在 20 世纪 60~70 年代下降了 10%~30%。Gray 和 Shadbegian（1993）利用 1979~1985 年美国造纸、石油与钢铁行业的数据，发现受环境管制的企业相较未受管制的企业其生产率更低，生产率扩张速度相对更慢，1 美元的补偿成本将使企业的全要素生产率下降 3~4 美元。当将数据更新至 1990 年时，Gray 和 Shadbegian（1995）进一步发现，减排成本较高的企业生产效率更低，具体而言，1 美元的减排成本将会给造纸、石油与钢铁行业分别造成 1.74 美元、1.35 美元与 3.28 美元的生产率损失。Gray 和 Shadbegian（1998）又利用美国 686 家造纸企业的技术选择数据、116 家企业的年度投资数据（从 1972 年开始）以及 68 家企业的污染消除投资（从 1979 年开始），发现在环境规制严格的州新建立的企业倾向不使用污染较重的技术。虽然没有切实的证据证明环境规制对现有企业的年度投资有影响，但减排较多的企业往往减少了生产性投资。Marklund（2003）利用 1983~1990 年 12 个瑞典纸浆厂商的数据，发现环境规制并没有使这些厂商的资源使用效率提高。Andres、Ernest 和 Hernandez-Sancho（2005）利用 1995 年以来的西班牙瓷砖生产商数据，通过研究发现：如果污水处理成本为零，企业的总产出将会增加 7.0%；但如果污水处理需要支付额外成本，企业的合意产出只能增加 2.2%。这说明，环境规制事实上是以产出增长的减缓为代价的。

（2）"双赢论"。在波特（1995）的经典文献里，"环境规制会增强企业竞争力"这一论断主要建立在对 3M、Robbins 等公司的案例分析上，这一点被"不利论"者批评是缺乏系统的经验证据。后来一些支持"双赢论"的实证研究采用计量分析方法，弥补了这一缺陷。Jaffe 和 Palmer（1997）以规制补偿成本（Regulatory Compliance）作为规制严格程度的衡量指标，以国内产业的私人研发总投入和专利申请成功数量分别作为研发活动的衡量指标，利用 1973~1991 年两分位及三分位的标准产业分类面板数据，通过固定效应模型进行分析后发现，虽然规制补偿成本与专利行为之间没有明显的统计关系，但是在控制行业

[①] 在 1995 年的一篇文献中就曾提到，这方面的研究至少有 100 多项，而众多的研究并未为其中某一种观点提供足够的支持。参见 Jaffe et al.（1995）。

特殊效应后，规制补偿成本与研发总投入之间存在明显的正向关系。Albrecht（1998a、1998b）利用1989~1995年的跨国数据，检验了氯氟烃规制（Chlorofluorocarbon Regulation）对冰箱、冰库、空调机等相关产业出口绩效的影响，发现与其他反应滞后的国家相比，美国和丹麦这两个率先实施氯氟烃规制政策的国家的相关产业具有更好的出口绩效。Newell、Jaffe和Stavins（1999）利用1958~1993年的735种室内空调（Room Air Conditioner）、1967~1988年的275种中央空调（Central Air Conditioner）以及1962~1993年的415种煤气热水器生产模式（Product Models），通过特征转换界面（Characteristics Transformation Surfaces）对希克斯的"引致创新"（Induced Innovation）假说进行验证，结果发现，除了能源价格之外，政府的能源效率标准也是导致企业能源利用效率提高的重要因素。Murthy和Kumar（2001）利用92个印度企业1996~1997年、1997~1998年与1998~1999年的面板数据，通过估计产出方向性函数（Output Distance Function），发现随着环境规制强度的增强，企业的技术效率也相应提高。Berman和Linda（2001）对1979~1992年的洛杉矶南海岸Air盆地（South Coast Air Basin）的石油精炼厂进行对比研究，发现尽管该地区的政府规制使厂商的成本大幅上涨，但是，在其他地区厂商的生产率普遍下降的情况下，该地区厂商的生产率迅速提高。Snyder、Miller和Stavins（2003）利用比例风险模型（Proportional Hazard Model），分析了1976~2001年薄膜细胞技术在氯产业扩散的影响因素，结果发现，虽然对氯产业的直接规制并没有促使该产业的现有企业应用薄膜细胞技术，但是对氯产品使用端的间接规制降低了未使用该技术的产品的市场需求，加快了采用落后技术的企业倒闭速度，提高了采用薄膜细胞技术的企业的市场份额，因此，环境规制推动了这项先进技术的扩散。许冬兰和董博（2009）采用非参数数据包络法（DEA），分析1998~2005年环境规制对中国工业技术效率和生产力的影响，发现环境规制提高了中国的工业技术效率，但对生产力有负面影响。

　　另外有一些研究发现，环境规制对企业竞争力的影响并非简单的线性关系。Hart和Ahuja（1995）以标准普尔127家公司作为分析样本，利用1988~1989年的排放效率指数与1989~1992年的企业效益数据，发现尽管企业减少污染的行为并不影响企业的当期效益，但在1~2年后会对企业效益产生正面影响。Dowell、Hart和Yeung（2000）利用标准普尔500的跨国公司1994~1997年的数据，发现受到较强环境规制的公司往往具有较高的市值。Leiter、Parolini和Winner（2009）在回归方程式中引入二次项，利用23个欧洲国家3个产业（矿产采掘业、制造业以及电力、燃气与供水业）1995~2005年的数据，发现政府规制导致的企业环境保护支出与企业所承担的税收会对企业投资产生正面影响。但是，二次项的回归系数为负，说明随着规制程度的加强，这种正面效应逐渐变小。平均而言，企业环境保护支出和企业所承担的税收对投资的弹性分别为0.15和0.06。Lanoie、Patry和Lajeunesse（2001）则在回归方程式中引入了滞后项，利用1985~1994年魁北克省17个制造业部门的面板数据，考察环境规制对企业全要素生产率的影响，结果发现，当期影响为负，滞后影响为正。赵虹（2008）采用中国30个省市大中型工业企业1996~2004年的面板数据，实证分析了环境规制对于企业技术创新的影响，结果显示，环境规制对滞后1~2期的R&D投入强度、专利授权数量和新产品销售收入比重有显著的正效应，环境规制强度每提高1%，三者分别增加0.12%、0.30%和0.22%。

（3）综合论。"综合论"认为，对于不同的国家、产业和具体的规制手段，环境规制的影响是不同的。

不同国家的影响不同。Alpay、Buccola 和 Kerkvliet（2002）利用 1971~1994 年的墨西哥数据以及 1962~1994 年的美国数据发现，美国的污染规制对本国食品加工业的盈利率与生产率没有影响，而墨西哥迅速提高的环境标准则提升了企业的生产率。

不同产业的影响不同。Lanoie、Patry 和 Lajeunesse（2001）在考察环境规制对企业全要素生产率的影响时，将企业分为面临强竞争与面临弱竞争两类，发现企业面临的竞争越强，环境规制对企业全要素生产率的正面影响就越明显。

不同手段的影响不同。由于美国在 1990 年修订了新法律，引进了污染交易体系等规制手段，Majumdar 和 Marcus（1998）选择该年度的 150 家电力企业作为研究样本，采用数据包络分析法（DEA）发现，不同类型的规制手段对企业生产效率有不同的影响，地方性的、管理式的、能赋予企业更多自主权的规制对生产率有正面影响，而全国性的、缺乏灵活性的技术推进指导则对生产率有负面影响。

2. 环境规制对国家出口的影响

政府在制定环境规制标准时，一个主要的顾虑是，严格的环境规制可能会增加本国企业的生产成本，给本国产业带来"比较劣势"，从而不利于本国产品与来自环境标准较为宽松国家的产品的竞争。这种顾虑的结果是，各国政府都担心其他国家会通过制定较低的环境标准而形成对本国的"生态倾销"，因此各国政府争相降低本国的环境标准，这就是环境标准的"竞次效应"（Race to Bottom）。

但是，多数研究表明，环境标准对贸易并没有显著的影响，试图通过降低本国环境标准来扩大出口的做法并不能取得理想的效果。Grossman 和 Kruger（1991）利用美国普查局的相关数据估测了北美自由贸易协定的影响，发现美国较高的环境规制成本（用产业增加值中污染处理费用的比重表示）并未改变美国与墨西哥之间的贸易模式（美国总进口中来自墨西哥的比重），这主要是因为污染处理费用在产业增加值中的比重非常小，平均只有1.38%。Tobey（1990）开创性地在 HOV 框架中引入环境指数作为解释变量，采用 OLS、遗漏项检验与固定效应检验三种方法，利用 17 个国家 5 个行业的数据以及 1977 年的环境指数，发现环境规制对贸易基本没有影响。Xu（1999）利用 20 世纪 60~90 年代发达国家污染敏感产品的数据分别进行时间序列分析与跨国截面分析：经时间序列分析发现，尽管发达国家在 70~80 年代实施趋于严格的环境标准，但污染敏感产品的出口并未发生显著变化；经跨国截面分析发现，环境标准较严格的国家其出口并未因此而受到影响。Harris、Matyas 和 Konya（2000）利用 1990~1996 年 OECD 国家的数据也发现，较强的环境规制并没有对贸易产生明显影响。Busse（2004）沿用 HOV 分析框架，以地球科学信息网络国际中心（CISIN）的两个核心指标——环境管理（Environmental Governance）和参与国际协调的努力程度（Participation in International Cooperative Efforts）作为环境管制强度的替代变量，根据 2001 年 119 个国家的数据发现，除了钢铁行业之外，较高的环境管制标准并没有导致高污染行业国际竞争力的丧失。我国学者陆旸（2009）采用类似的分析框架，利用 2005 年 95 个国家的总样本和 42 个国家的子样本，也得出了相似的结论。

与上文提到的企业层面的实证研究相同，环境规制对贸易的影响也可能随产业、国家与规制手段类型的不同而表现出差异性。目前的研究已经注意到了前两个方面。Beers 和 Kopp（1990）较早注意到了产业区分的必要性。由于对自然资源的依赖度较高，一些产业难以跨国界流动，因此这些产业的国际竞争力并不会因环境规制标准的变化而发生显著变化。他们以重力模型作为基本的分析框架，建立了三个层次的回归方程，被解释变量分别为总贸易流量、污染密集型产业的贸易流量、非资源密集型且同时为污染密集型产业的贸易流量。利用 OECD 国家 1992 年的数据，他们发现：环境规制成本对总贸易量有负面影响；对污染行业没有影响，但对非资源密集型的污染行业有负面影响。这就说明，污染行业中很大部分为资源密集型行业，对环境成本的敏感度较低。与这一结论相似，Cole 和 Elliott（2003）利用 1995 年 60 个国家的钢铁、化学品、纸浆与非铁类金属这四个行业的数据，发现环境规制对上述四个行业的贸易流没有影响，而这四个行业中，前两个是资本密集型行业，后两个则是资源密集型行业。Mulatu、Florax 和 Withagen（2004）根据由 Copeland 和 Taylor（2003）建立的关于贸易与环境的一般均衡模型，利用 1972~1992 年美国、德国与荷兰九个产业的数据进行实证检验，发现环境规制对产业竞争力的影响在不同国家间存在差异性，美国、德国的环境规制使本国的污染产业形成了"竞争劣势"，而在荷兰这种影响并不存在。Feix、Miranda 和 Barros（2008）以环境绩效指数（Environmental Performance Index）作为环境规制的衡量指标，利用 97 个国家 2003~2005 年六种农产品的出口数据来测算环境规制对农产品出口的作用，发现环境规制对不同产品净出口的影响存在差异。

最近的一些研究则认为，在现实中，贸易往往会影响国内的污染排放水平[①]进而影响到政府的环境管制决策，同时政府也倾向于为本国竞争力较弱的产业制定相对宽松的环境标准，因此环境规制与产业竞争力之间存在相互作用，而对环境规制内生性的忽视使得回归方法难以揭示环境规制与贸易之间的真正关系。Cole 和 Elliott（2003）较早注意到了这个问题，他们在沿用 Tobey（1990）的重力模型方程时，增加了一个新的方程用以控制贸易和人均产出对环境规制强度的影响。Ederington 和 Minier（2003）设立了以贸易流和环境规制分别作为解释变量的方程组，利用 1972~1994 年美国的数据进行实证检验，发现环境规制对贸易有较强的影响。Levinson 和 Taylor（2008）采用污染企业在美国的区域分布作为污染削减成本的替代变量，利用 1977~1986 年美国 132 个制造业部门从墨西哥与加拿大进口的数据进行实证检验，发现污染削减成本增长较快的产业，其净进口的增长也较快。

三、研究述评

1. 传统观点与修正观点争论的实质

多数学者认为，坚持"环境规制损害竞争力"这个传统观点的研究者仅仅是从静态的角度分析问题。但是，事实上，传统观点也考虑到了企业生产投资决策的动态性，Viscusi（1983）的模型实际上考虑的就是企业在两期生产中的跨期决策问题，而 Xepapadeas 和 Zeeuw（1999）则假设企业在连续时期内可以通过购买具有不同特征的机器设备从而导致

---

① 这涉及环境与贸易关系的另一条与本章内容相对应的研究主线，即贸易对环境的影响，具体可参见 Alpay（2000）；Antweiler、Copeland 和 Taylor（2001）；Copeland 和 Taylor（2004）；Frankel（2002、2003、2009）等。

机器设备平均使用年限与技术含量的变化。因此，正如 Palmer、Oates 和 Portney（1995）所观察到的那样，修正观点与传统观点的关键区别并不在于是否以动态的角度考察环境规制的影响，而主要在于以下两个方面：一方面，私营部门是否存在着对技术创新营利性的"系统性忽视"，即是否存在着"企业失灵"；另一方面，政府规制能否通过帮助企业"战胜组织惰性并激发创造性思想"来有效弥补这种"企业失灵"，增加企业利润。

　　传统观点与修正观点的第一个争论在于，传统观点认为，以"利润最大化"为目标的企业会根据外部环境的变化调整自己的投入—产出组合，如果采用先进的排污技术能增强其竞争力，企业就有动力增加这方面的投入，政府规制就会显得有些多余（Walley 和 Whitehead，1994）。正如王军（2004）所指出的，支持传统观点的研究都建立在寻求最优化模型的解的基础之上，这些研究假设企业已经处于最优生产状态，于是新的环境规制将增加厂商寻求利润最大化问题的约束条件，毫无疑问，这只能导致更少（最多是相等）的利润。修正观点则质疑传统观点的"企业会自动达到最佳生产状态"这一前提假设。Sinclair（1999）认为，既然存在着市场失灵，那么，不存在"企业失灵"的假设显然是与之矛盾的，因此，如果不偏执于古典经济学的完美市场假设，波特假说很难在理论上被完全拒绝。具体而言，修正观点有两种思路：第一种思路强调企业收益的"不完全性"以及对环保行为收益的"短视性"：一方面，企业在环保技术方面的投入具有外溢效应，如果不能获得全部收益，企业就缺乏在环保技术方面增加投入的动力；另一方面，如果企业对环保行为的预期收益低于实际收益，也会导致企业环保投入不足（Morh，2001）。第二种思路强调企业的内部惯性（Ambec 和 Barla，2002）。这种思路认为，企业的股东与经理人之间存在着委托—代理关系，双方存在着以下两种差异：经理人更接近生产环节，拥有较多关于研发投资的信息；由于经理可能在未来更换工作，因此未来收益的贴现率较低。假设现在出现了一个可以在未来提高企业利润并降低环境污染的研发投资机会，在完全了解信息的情况下，企业股东会有意愿进行这项投资。但是经理人会因对未来收益并不敏感而不愿意进行这项投资，从而产生向股东低报投资收益的动机，使企业错过这项投资机会。为了让经理人真实地报告投资收益信息，股东必须提供一定的激励，这被称为"信息租金"。信息租金对于委托人而言是成本，从而支付信息租金会降低研发投资激励。在这种情况下，环境规制作为外部强制约束，可以降低信息租金，进而促进研发投资。

　　传统观点与修正观点的第二个争论实际上涉及的是环境规制的成本—收益核算问题。由于环境规制的成本与收益都难以衡量，这方面的研究结果差异很大。Palmer、Oates 和 Portney（1995）引用美国经济分析局（BEA）的研究结果指出，1992 年美国企业实现的"补偿"仅有 17 亿元，占环境支出的比重不到 2%；而根据美国环境保护局（Environmental Protection Agency，EPA）的数据，美国该年度由于联邦环境规制而产生的成本约为 1350 亿美元，这意味着环境规制对美国的损失超过了 1000 亿美元。Joshi、Krishnan 和 Lave（2002）进一步指出，通常企业会计账户所反映的有形成本仅仅是环境规制所导致的全部成本中很小的部分，环境规制所导致的隐形成本远大于有形成本。利用美国钢铁产业的数据，他们发现，企业每增加 1 美元有形成本，小型厂商（Mini-mill）与综合性厂商（Integrated Mill）的总成本将分别上涨 9.23 美元与 10.68 美元。Michael 和 Kopp（1990）早期的研究更进一步地阐释了这个问题，他们认为，环境规制除了增加企业的生产成本外，还会通过提高产品价格而增加社会成本：在消费需求端，产品价格的上涨会导致消费需求的降低；在生产供给端，产品价格的上涨会导致消费相对于休闲的价格上涨，劳动者会将更多的时间用于休闲，从而导致劳动供给的降低。他们的 CGE 模型结果显示，环境规制导致 1981 年的实际消费、私人投资、国民产出、私人资本存量与家庭劳动供给分别下降 2.68 个百分点、4.15 个百分点、2.43 个百分点、2.02 个百分点与 0.84 个百分点，导致 1990 年分别下降 6.53 个百分点、8.35 个百分点、5.85 个百分点、5.96 个百分点与 1.18 个百分点。Palmer et al.（1995）则通过理论分析，证明即便存在着"市场失灵"，政府规制也并不能激励企业进行技术创新，反而会增加企业的生产成本。

2. 研究中的困难

就目前而言，理论方面的相关研究主要集中于企业层面，对国家层面的贸易竞争力的研究则相对较少。这可能是因为，对于基于"利润最大化"假设的企业行为已经形成一套完整的分析框架，从而在将环境成本作为总成本的一部分纳入企业的利润函数中之后，利用已有的分析框架可以相对容易地分析环境规制对企业竞争力的影响。

但是，即便在企业层面，现有的理论研究仍然不够充分。正如前文所言，环境规制对企业竞争力的影响可能因受到多种因素的影响而存在不确定性，这些因素包括供给端的环保技术进步的不确定性、厂商对技术回报率的预期程度、需求端的消费者对具有不同环境特征的产品的需求弹性、厂商内部治理结构以及厂商之间、厂商与政府之间的策略性行为等。因此，今后的研究很可能会侧重于探讨环境规制在何种条件下会对竞争力产生正面的或者负面的影响，以及如何创造条件以实现环境改善与竞争力提高的"双赢"。

在实证分析中也存在着许多困难，主要表现在以下三个方面，即如何选择分析指标、数据的准确性问题以及研究方法问题。

第一个困难是如何选择分析指标。众多研究在选择环境规制以及竞争力的衡量指标时存在着很大的差异，[①] 而这些差异会影响到实证分析的结果，甚至在同一篇文章中，采用不同的指标所得到的结果也不尽相同（Gray，1987；Beers 和 Kopp，1990；Gray et al.，1993；Jaffe 和 Palmer，1997）。

第二个困难是数据的准确性问题。从主观上看，一方面，研究者使用的环境成本支出数据往往来自于企业管理者的申报。如果管理者对环境规制政策怀有抵触情绪，将会高报环境支出；相反，如果管理者认为环境保护是企业的正常职责，则会低报环境支出。另一方面，管理者存在着高报成本支出的动机，其目的是促使政府考虑放松管制（Guasch 和 Hahn，1990）。从客观上看，与环境保护相关的技术研发费用与设备投入往往需要一次性的高额投入，企业很难将这些成本合理地分摊到各期。基于上述原因，从投入方面很难测量环境规制强度，因而就有学者（Beers 和 Kopp，1990）尝试从产出的角度来测量环境规制强度，但是这种测度方法也仅仅是对一些相关的经济或环境指标取简单平均数作为环境规制强度的替代指标，而这些指标的选择往往具有较强的主观性。

第三个困难来源于研究方法。正如陆旸（2009）所指出的，目前的实证研究主要是在基于要素禀赋理论的 HOV 框架和重力模型框架下进行的。这两种分析框架都属于典型的

---

① Mulatu，Florax 和 Withagen（2001）对这些指标做了很详尽的归纳与分类。

回归分析方法,而回归分析方法在分析较为复杂的作用机制时可能会失效。例如,由于污染密集型产业往往也是资本密集型产业,根据"污染庇护所假说",污染密集型产业将从发达国家向发展中国家转移,而根据要素禀赋论,污染密集型行业将从发展中国家向发达国家转移,这两种效应可能会相互抵消,从而导致回归方程难以揭示环境对贸易的真实影响。

3. 中国的特殊性

在理论分析层面,具体到中国的情况,可能需要考虑更多的因素:一方面,中国的市场经济体系尚未完全建立,企业行为与市场结构等方面也与发达国家存在较大差异,因此在借鉴国外现有的研究成果时需要注意到这一点;另一方面,正如许多文献所揭示的那样,在中国存在着中央政府与地方政府之间的博弈,而企业与政府之间的关系又会对企业行为产生很大影响,因此,在进行理论研究时应该纳入上述因素。

在实证分析层面,除上文所提到的困难之外,对中国的研究还受到诸多限制。在进行实证分析时,企业层面的有关环境成本的统计数据十分重要,例如,许多对美国的截面分析或时间序列分析所使用的环境成本或污染数据大都来自于投资者责任研究中心(IRRC)(Hart 和 Ahuja,1995)或商务部的污染消除成本及支出调查结果(PACE)。尽管也有中国学者使用企业层面的数据去分析中国的情况(如王俊豪、李云雁,2009),但这些数据主要来源于作者的调查,缺乏普遍性和权威性。另外,国外的一些研究(Newell et al.,1999;Murthy 和 Kumar,2001;Marklund,2003)已经引入方向性距离函数来测算企业的效率水平,而这种处理方法需要完整的企业要素投入价格及数量等方面的信息,而这些信息目前在国内还很难获得。

第二节　加强环境管制对中国经济影响
——基于 CGE 模型的评估

为了评估环境管制的影响,本节构建了一个纳入环境管制成本的可计算一般均衡模型,利用该模型评估了提升环境管制强度对中国经济的影响。结果显示,如果提升环境管制强度,使工业废弃物排放完全达到现行法律标准,将会使经济增长率下降约 1 个百分点,使制造业部门就业量下降约 1.8%,并使出口量减少约 1.7%。进一步的研究表明,虽然提升环境管制强度对各地区均会产生一定影响,但其对不同地区的影响程度甚至方向均存在较为显著的差异。从短期来看,无论以绝对量还是相对量衡量,提升环境管制强度对东部地区的影响更大;而从长期来看,虽然以绝对量衡量,东部地区所受的影响较大,但以相对量衡量,中西部地区所受的影响则更大。在当前实施强化环境管制政策的过程中,需要对政策可能造成的区域性及结构性影响有充分的认识;不同区域提升环境管制强度的重点和难点有所不同,中国强化环境管制应分区域逐步推进;提升环境管制强度应选择重点行业进行推进,应率先强化环境管制清洁度低并且政策关联效应小的行业。要提升环境管制强度,在政策时机上应抓住经济高涨时期进行推进。

一、问题的提出

改革开放以来，中国工业持续快速增长，随着物质生活的改善，人民开始对环境质量提出了更高的要求。人民群众，特别是东部发达地区的人民群众，对于物质产品与环境质量的替代关系开始从改革开放初期的"宁可承受较大的环境污染代价来换取工业成就"（金碚，2009），转变为人们为了环境质量的改善宁可放弃一定的经济增长（董敏杰等，2010）。我国在《国民经济和社会发展十二五规划纲要》中也提出，"面对日趋强化的资源环境约束，必须增强危机意识，树立绿色、低碳发展理念"，"加快构建资源节约、环境友好的生产方式和消费模式，增强可持续发展能力"；提出要"健全环境保护法律法规和标准体系"，"健全环境保护法律法规和标准体系"，"加大环境执法力度"。虽然有理论研究（Porter，1991；Porter 和 Linde，1995）与实证研究（Jaffe 和 Palmer，1997；Newell，Jaffe 和 Stavins，1999；Murthy 和 Kumar，2001；Berman 和 Linda，2001；Snyder，Miller 和 Stavins，2003）表明，环境管制在一定条件下可能实现环境绩效提高与企业竞争力提升的"双赢"结果，但在一定时期内保持经济稳定的前提下，一国产业所能承受的环境标准提升程度也将是有限的，"双赢"的结果并不容易实现。作为一个发展中国家，在相当长的时间内，第一要务仍旧是科学发展观指导下的快速发展。中国环境保护的难点就在于平衡资源环境管制改革与中国产业国际竞争力的关系，平衡环境保护与经济增长的关系，平衡广大人民群众日益增长对良好环境需求与广大人民群众长远利益的关系。简单地说，就是要取得环境保护与经济增长的"双赢"。

国内外许多学者（Jaffe 和 Palmer，1997；Majumdar 和 Marcus，1998；Lanoie，Patry 和 Lajeunesse，2001；Alpay，2001；Murthy 和 Kumar，2001；Berman 和 Linda，2001；Marklund，2003；Andres，Ernest 和 Hernandez-Sancho，2005）都进行过环境管制对经济增长及出口影响方面的研究。我们研究的进步在于以下几点：一是我们的研究考察了主要污染物环境管制强度提升的综合经济影响，而不是仅仅针对单一污染物（如二氧化硫）的管制政策，因而能够更有效地评估环境管制强度提升的经济影响。二是过往研究中污染物多以物理量衡量，这样一方面各种污染物难以加总，另一方面也难以从经济意义上度量环境管制强度的变化程度。例如，将单位 GDP 二氧化硫排放量从 80 克/万元降低到 70 克/万元，我们难以直接判断环境管制强度提升对企业成本的影响程度。本章研究的进展在于，我们不是直接以各种污染物的物理量变化来衡量环境管制强度，而是以各种污染物的虚拟治理成本来衡量环境管制强度，从而一方面可以把不同污染物加总，另一方面也可以较好地从经济意义上度量环境管制强度的变化程度。本章将在我们前期对中国环境成本估算的基础上，利用可计算一般均衡（Computable General Equilibrium，CGE）模型评估中国提升环境管制强度的经济影响。

二、用于分析环境管制影响的 CGE 模型

CGE 模型对家庭、企业、政府等各个经济主体的行为进行了设定，从而可以定量分析经济体系中各部门之间的相互影响，进而可以分析一项经济政策的直接与间接影响。比较而言，大部分经济计算模型都需要以较长时段的时间序列数据为基础才能进行分析估计，

而 CGE 模型是以企业成本最小化和消费者效用最大化条件下的行为模式为基础进行定量分析，因而可以放松对经济体在长时期内结构基本稳定的假设，从而对于像中国这样经济体系快速变化而且难以有外部体系可供参照的独特经济体具有特殊的意义。有鉴于此，CGE 模型在引入中国后已经被广泛用于宏观经济变化、财政税收、国际贸易、区域经济、能源与资源环境政策、就业与收入分配等众多领域的定量分析。

我国在资源环境领域的 CGE 模型分析开始于 2000 年前后，主要包括郑玉歆和樊明太等（1999），贺菊煌、沈可挺和徐嵩龄（2002），魏涛远和格罗姆斯洛德（2002），黄英娜、张巍和王学军（2003），王灿、陈吉宁和邹骥（2005），金艳鸣、黄涛和雷明（2007）以及林伯强和牟敦国（2008）等。从 2008 年起，中国社会科学院工业经济研究所构建了包含 41 部门的动态 CGE 模型，用以定量评估中国经济政策的影响。该模型所采用的主要假设包括：①以利润最大化作为生产者决策目标，以效用最大化作为消费者决策目标。②市场完全竞争，从而生产者和消费者均是均衡价格接受者。③在同一期内现有的资本存量不能跨部门流动，各部门资本存量跨期可以通过投资和折旧增减。④劳动总供给量外生给定，但劳动力可以跨部门流动。⑤各部门劳动力按标准劳动力计量，其工资率相等。⑥在对外贸易方面，进口需求采用阿明顿（Armington）假设，出口供给采用不变转换弹性（Constant Elasticity of Transformation，CET）函数加以刻画。⑦假定劳动、资本、能源之间具有一定的替代性，其他中间投入品之间以及其他中间投入品与能源、资本、劳动之间没有替代性。劳动、资本、能源之间替代性采用多层嵌套的常替代弹性（Constant Elasticity of Substitution，CES）生产函数加以描述。⑧所有产品和要素市场都通过价格调整实现市场出清。模型采用一个简单的递推动态（Recursive Dynamic）结构，其动态特性来源于生产要素的积累和生产率的变化。对模型设定的相关描述也可参见沈可挺和李钢（2010）的研究。在 2002 年中国投入产出表的基础上构建的社会核算矩阵（SAM）是模型的数据基础，从而为 CGE 建模提供一个完整一致的核算框架。本章采用跨熵法（Cross Entropy）对于 SAM 表中的统计误差项进行调整。通过借鉴相关文献确定模型中的替代弹性、收入弹性等一些关键参数的取值；利用 SAM 表的基年数据和外生给定的关键参数通过校准（Calibration）方法得到其余参数的取值。

相对于其他国内 CGE 模型，本模型的一个进步在于：我们基于大规模的企业问卷调查，对一些关键参数进行了适当调整。2009 年 10 月与 2010 年 6 月，中国社会科学院工业经济研究所分别组织了两次针对企业的大规模问卷，根据调查的结果，我们对一些关键参数进行调整，使之更加符合中国经济的实际。例如，在贸易模块中，我们根据有关企业为应对汇率波动而在国际贸易中采取的定价策略变化，对不同行业的国际市场价格采取了不同的设定，比如对部分行业采用大国模型假设；根据不同行业企业的出口品价格和产品出口规模对国家出口退税政策调整的敏感程度差异，我们在模型中对不同行业的出口退税率进行了相应的差异化设定；针对有关企业技术升级问题的调研结果，我们对不同行业的技术进步率进行了相应的调整。

三、中国环境管制成本的测算

从国外目前的研究来看，一般将环境成本占销售收入的比例作为环境管制强度指标；

而国内的研究则往往将某一种污染物单位 GDP（或产值）的物理排放量作为指标来衡量不同产业的环境影响以及环境管制的政策强度。本章的一个贡献是，对各行业排放的不同污染物分别进行了价值化，进而可以对不同污染进行合成，从而可以计算各产业对环境的综合影响程度。这一方法的另一个优势是，可以计算环境影响占产出的比例，从而可以更好地把握产业对环境的影响程度。例如，如果仅仅测算出某一产业万元 GDP 的二氧化硫排放量为 1 吨，我们还是很难全面把握环境管制政策调整对该行业的影响，尤其是加强环境管制可能产生的影响程度；但如果能够计算出某一产业环境未支付成本占该产业增加值的比例为 1%，就可以大体判断该行业加强环境管制的影响程度。

1. 各产业环境未支付成本的计算方法

在本章中环境未支付成本通过治理成本法进行计算。环境未支付成本是指某一产业按目前环境标准应处理而未处理的污染物直接排放到环境中所应支付而未支付的成本。本章所计算的污染物包括二氧化硫、工业烟尘粉尘以及污水。本章环境未支付成本具体测算步骤如下：

（1）通过 2005 年环境数据资料来测算单位污染物处理成本。如 2005 年某行业二氧化硫回收量为 A，本年运行费用为 B，则二氧化硫单位成本 C=B/A。

（2）用各年未处理直接排放二氧化硫数量 Q 与该污染物单位成本 C 相乘得到未处理污染虚拟物成本 W。需要说明的是，该成本是以 2005 年的价格计量。

（3）将各年份的未支付成本调整为当年价计量的成本。

（4）用以当年价计量的未支付成本与相应年份分行业的工业总产值和工业增加值相除，用以度量该行业环境成本的大小。

2. 分行业环境未支付成本

按上述方法，共计算了 2001 年、2003 年、2005 年和 2007 年四年未支付成本、未支付成本占当年工业总产值的比重和未支付成本占工业增加值的比重，具体数据如表 3-4-1 所示。该值可以用来衡量行业环境成本的大小，该值越大说明行业对环境影响越大，也就是说行业的环境成本越大。

表 3-4-1　环境未支付成本指标表

单位：亿元、%

年份	2001			2003			2005			2007		
行业	未支付成本	占工业总产值的比	占工业增加值的比	未支付成本	占工业总产值的比	占工业增加值的比	未支付成本	占工业总产值的比	占工业增加值的比	未支付成本	占工业总产值的比	占工业增加值的比
1	6.50	0.42	0.93	7.98	0.32	0.69	8.33	0.15	0.29	6.97	0.08	0.15
2	2.32	0.08	0.12	1.00	0.03	0.04	1.23	0.02	0.03	1.23	0.01	0.02
3	3.76	1.97	5.20	2.18	0.62	1.49	2.67	0.27	0.63	3.35	0.16	0.36
4	1.38	0.33	0.97	1.99	0.35	1.12	1.95	0.17	0.46	4.58	0.20	0.47
5	0.51	0.14	0.40	1.03	0.21	0.63	0.86	0.11	0.31	0.74	0.05	0.14
6	0.04	0.00	0.00	0.21	2.87	9.06	0.23	2.67	8.49	0.30	2.75	9.22
7	5.91	0.14	0.63	9.70	0.16	0.66	9.07	0.09	0.33	9.28	0.05	0.20
8	3.35	0.21	0.74	3.83	0.17	0.57	4.06	0.11	0.35	5.26	0.09	0.28

续表

年份	2001			2003			2005			2007		
行业	未支付成本	占工业总产值的比	占工业增加值的比	未支付成本	占工业总产值的比	占工业增加值的比	未支付成本	占工业总产值的比	占工业增加值的比	未支付成本	占工业总产值的比	占工业增加值的比
9	7.51	0.41	1.17	5.20	0.23	0.65	5.11	0.17	0.44	6.44	0.13	0.34
10	1.13	0.07	0.10	1.07	0.05	0.07	0.84	0.03	0.04	0.92	0.02	0.03
11	20.11	0.36	1.45	21.05	0.27	1.10	24.52	0.19	0.76	26.22	0.14	0.53
12	0.50	0.02	0.07	0.56	0.02	0.06	0.79	0.02	0.06	0.74	0.01	0.03
13	1.40	0.09	0.36	1.28	0.06	0.22	1.89	0.05	0.20	2.17	0.04	0.15
14	2.87	0.39	1.49	3.60	0.36	1.36	5.06	0.28	0.99	4.69	0.13	0.46
15	0.54	0.12	0.46	0.48	0.07	0.26	0.49	0.03	0.13	0.60	0.02	0.09
16	28.72	1.59	6.05	29.62	1.17	4.35	29.36	0.71	2.56	35.83	0.57	2.06
17	0.93	0.13	0.38	0.50	0.05	0.15	0.40	0.03	0.09	0.43	0.02	0.06
18	0.24	0.04	0.13	0.13	0.01	0.05	0.25	0.02	0.07	0.12	0.01	0.02
19	5.94	0.13	0.67	11.16	0.18	0.87	13.14	0.11	0.66	13.15	0.07	0.42
20	20.34	0.32	1.27	34.06	0.37	1.38	28.23	0.17	0.64	27.61	0.10	0.38
21	4.26	0.21	0.59	4.83	0.17	0.47	4.14	0.10	0.27	5.33	0.08	0.23
22	3.54	0.35	1.59	6.37	0.44	2.16	3.00	0.11	0.62	3.08	0.07	0.38
23	1.30	0.15	0.52	1.66	0.13	0.45	1.41	0.06	0.24	1.53	0.04	0.16
24	3.87	0.18	0.71	2.82	0.09	0.37	4.18	0.08	0.33	8.64	0.11	0.40
25	131.06	3.26	10.82	133.74	2.37	7.65	163.04	1.77	5.81	171.62	1.10	3.54
26	105.66	1.85	6.91	132.34	1.32	4.69	222.52	1.04	3.85	267.39	0.79	2.97
27	5.58	0.24	0.94	10.85	0.30	1.20	6.11	0.08	0.32	5.24	0.03	0.12
28	7.21	0.25	1.01	6.04	0.16	0.62	7.12	0.11	0.42	15.14	0.13	0.50
29	2.91	0.08	0.30	2.94	0.05	0.18	4.17	0.04	0.14	3.26	0.02	0.06
30	1.27	0.05	0.20	2.32	0.06	0.23	1.64	0.03	0.10	1.29	0.01	0.04
31	6.51	0.10	0.40	10.10	0.09	0.35	5.93	0.04	0.15	6.26	0.02	0.09
32	2.66	0.10	0.19	1.65	0.02	0.08	2.28	0.02	0.06	1.43	0.01	0.02
33	4.81	0.05	0.24	5.70	0.04	0.16	5.82	0.02	0.10	5.93	0.02	0.07
34	0.93	0.10	0.39	3.12	0.19	0.70	4.34	0.16	0.59	0.78	0.02	0.07
35	1.05	0.00	0.00	0.46	0.04	0.13	0.71	0.03	0.12	0.61	0.02	0.07
36	157.69	3.10	5.85	554.75	8.09	15.38	278.34	1.56	4.87	286.57	1.08	3.25
37	1.45	0.79	3.15	1.90	0.70	2.52	1.02	0.20	0.76	1.49	0.15	0.48
38	0.11	0.03	0.07	0.28	0.07	0.15	0.21	0.04	0.08	0.07	0.01	0.02

注：各行业代码如下：01—煤炭采选业；02—石油和天然气开采业；03—黑色金属矿采选业；04—有色金属矿采选业；05—非金属矿采选业；06—其他矿采选业；07—农副食品加工业；08—食品制造业；09—饮料制造业；10—烟草加工业；11—纺织业；12—服装及其他纤维制品制造；13—皮革毛皮羽绒及其制品业；14—木材加工及竹藤棕草制品业；15—家具制造业；16—造纸及纸制品业；17—印刷业记录媒介的复制；18—文教体育用品制造业；19—石油加工及炼焦业；20—化学原料及制品制造业；21—医药制造业；22—化学纤维制造业；23—橡胶制品业；24—塑料制品业；25—非金属矿物制品业；26—黑色金属冶炼及压延加工业；27—有色金属冶炼及压延加工业；28—金属制品业；29—普通机械制造业；30—专用设备制造业；31—交通运输设备制造业；32—电气机械及器材制造业；33—电子及通信设备制造业；34—仪器仪表文化办公用机械；35—工艺及其他制造业；36—电力蒸汽热水生产供应业；37—煤气的生产和供应业；38—自来水的生产和供应业。

资料来源：作者根据历年《中国环境统计年鉴》中的数据计算而得，可以参见李钢等（2009）。

从表 3-4-1 中可以看出，各个行业环境未支付成本占工业总产值的比例在 2001~2007年总体处于下降趋势。特别是一些染污较为严重的行业，如 2001 年染污最重的 5 个行业——非金属矿物制品业、电力蒸汽热水生产供应业、黑色金属矿采选业、黑色金属冶炼及压延加工业、造纸及纸制品业，2007 年的未支付成本占工业总产值的比例均大幅下降，这表明，2001 年以来中国环境管制强度在不断提升。各行业 2007 年环境未支付成本占增加值的比例可以作为该行业环境管制提升强度衡量的指标。

四、环境管制强度提升对中国经济的影响

本章利用包含 41 部门的动态 CGE 模型，通过对环境管制政策导致的制造业部门环境成本的外生设定，模拟分析强化环境管制政策的经济影响。如何将环境管制政策纳入 CGE模型？本章的模型假设强化环境管制政策导致制造业部门的环境成本提升，环境成本的提升程度根据上节内容测算得到。通过模型的计算，可以模拟出 2010~2020 年环境管制对中国经济的影响。

1. 对中国总产出的影响

从表 3-4-2 可以看出，强化环境管制后，中国 2010 年总产出降低了 1.15 个百分点；而且，强化环境管制对中国经济的影响短期内不会结束，这种影响是持续性的，一直到2020 年总产出均会持续下降。当然，表 3-4-2 中数据显示的结果是与基线相比每年的变化情况，而不是由于环境管制会使中国经济呈现负增长。基线是指在没有外生冲击变量情况下的经济运行情况。例如，在没有其他政策冲击的情况下，2014 年经济增长速度是8%，在 2014 年由于环境管制，经济增长速度会下降 1.15 个百分点，实际经济增长速度将是 6.85%。本章的研究与 Christainsen 和 Haveman（1981），Gray（1987）针对美国的研究结论基本一致。Christainsen 和 Haveman（1981）认为，除了人口结构、资本投资及准永久性衰退（Quasi-permanent Recession）外，还包括环境规制在内的多种因素造成了美国生产率增速在 1965 年之后的下滑，其中，环境规制造成了 8%~12% 的生产率增速下滑。Gray（1987）发现，20 世纪 70 年代美国制造业部门生产率下降中，有 30% 是美国职业安全与健康管理局和环境保护局的规制所致。

表 3-4-2　环境管制对中国宏观变量的影响

单位：%

年份	2010	2011	2012	2013	2014	2015	2020
总产出	−1.15	−1.15	−1.15	−1.16	−1.16	−1.17	−1.22
价格	0.64	0.66	0.67	0.68	0.70	0.71	0.79
投资	1.63	1.56	1.51	1.47	1.43	1.39	1.24
制造业就业	−1.87	−1.85	−1.83	−1.82	−1.81	−1.80	−1.74
出口	−1.67	−1.68	−1.69	−1.70	−1.72	−1.73	−1.83

资料来源：根据模型运算结果，作者整理计算。

2. 对就业的影响

环境管制对宏观经济的影响也体现在对就业的影响上。由于不同行业对劳动者的素质及技能要求不同，实际劳动力很难在不同行业间流动。特别是目前制造业吸收了中国的大

量农村剩余劳动力,这些劳动力实际上很难流动到第三产业,因而,制造业就业岗位的减少实际意味着宏观经济中就业数量的减少。模型运算结果显示,就业量在基年(2010年)有1.87%的下降,对就业的影响也会持续10年,但影响会不断下降,到2020年对就业量的影响会下降1.74%。

3. 对出口的影响

就目前而言,关于环境规制对竞争力的研究更多地集中于企业层面,对国际层面的贸易竞争力的研究较少,这可能是因为基于"利润最大化"假设的企业行为已经形成一整套完整的分析框架,从而将环境成本作为总成本的一部分纳入企业利润函数,利用已有的分析框架可以更容易分析环境规制对企业竞争力的影响。但CGE模型却可以较为方便地研究政策冲击对国际贸易的影响。本章的模型计算结果表明,环境管制会减少中国的出口。出口量在基年(2010年)会下降1.67%,对出口的影响也会持续10年,而且影响会不断上升,在2020年会使出口量下降1.83%。

4. 环境管制对不同行业的影响

由于不同行业的清洁度不同,环境管制对不同行业产生的影响也有较大差异,这已被许多研究(Barbera 和 McConnell,1990;Beers 和 Kopp,1990;Gray 和 Shadbegian,1995;Cole 和 Elliott,2003;董敏杰等,2011)所证实。从模型运算的结果来看,环境管制政策冲击对行业的影响与该行业提高的环境成本并非完全对应。例如,仪器仪表及文化办公用机械制造业未支付环境成本仅占该行业增加值的0.08%,是制造业中较低的;但环境管制提升对该行业的影响却是最大的。我们的初步分析表明,环境管制对某一行业的影响虽然主要取决于该行业未支付环境成本的比例,但也与该行业技术进步的速度、投资速度,特别是该行业所面对的市场需要弹性有关。如果国民经济对该行业需求价格弹性很低,该行业有较强能力把成本上涨压力向下游行业转移,这样,即使该行业环境管制强度提高较大,对该行业的影响也是较小的;相反,若一个行业很难把成本上涨压力向其他行业转移,即使该行业环境管制强度提高较小,对该行业的影响也会比较大。

表3-4-3 环境管制对各产业产出的影响

单位:%

年份	2010	2015	2020	年份	2010	2015	2020
农业	−0.17	−0.2	−0.22	电力、热力的生产和供应业	−0.69	−0.78	−0.92
煤炭开采和洗选业	−4.3	−4.39	−4.05	燃气生产和供应业	−1.13	−1.07	−1.14
石油和天然气开采业	0.36	0.18	−0.03	水的生产和供应业	−0.29	−0.36	−0.44
金属矿采选业	−2.63	−2.63	−2.66	建筑业	0.57	0.42	0.32
非金属矿采选业	−1.04	−1.02	−1.05	交通运输及仓储业	−0.18	−0.26	−0.36
食品制造及烟草加工业	−0.32	−0.37	−0.41	邮政业	1.1	0.94	0.79
纺织业	−1.94	−1.7	−1.48	信息传输、计算机服务和软件业	0.36	0.23	0.09
服装皮革羽绒及其制品业	−1.23	−1.26	−1.19	批发和零售贸易业	−0.46	−0.54	−0.61
木材加工及家具制造业	−0.34	−0.36	−0.36	住宿和餐饮业	0.54	0.35	0.23
造纸印刷及文教用品制造业	−1.29	−1.23	−1.25	金融保险业	0.2	0.03	−0.11
石油加工、炼焦及核燃料加工业	−1.31	−1.88	−2.66	房地产业	0.66	0.58	0.46

续表

年份	2010	2015	2020	年份	2010	2015	2020
化学工业	-1.5	-1.67	-1.85	租赁和商务服务业	-0.33	-0.72	-1.07
非金属矿物制品业	-2.04	-1.71	-1.56	旅游业	0.88	0.64	0.45
金属冶炼及压延加工业	-2.72	-2.63	-2.6	科学研究事业	-0.1	-0.17	-0.23
金属制品业	-1.97	-1.89	-1.85	综合技术服务业	-0.05	-0.09	-0.14
通用、专用设备制造业	-0.85	-0.84	-0.85	其他社会服务业	-0.32	-0.33	-0.36
交通运输设备制造业	-0.41	-0.47	-0.53	教育事业	-0.17	-0.17	-0.18
电气、机械及器材制造业	-1.96	-2.01	-2.07	卫生、社会保障和社会福利事业	-0.2	-0.22	-0.24
通信设备、计算机及其他电子设备制造业	-1.28	-1.71	-2.12	文化、体育和娱乐业	-0.15	-0.21	-0.28
仪器仪表及文化办公用机械制造业	-6.36	-7.18	-7.88	公共管理和社会组织	7.58	7.06	6.59
其他制造业+废品废料	-1	-0.93	-0.88				

资料来源：根据模型运算结果，作者整理计算。

第三节　环境管制对不同区域的影响

由于各地区的产业结构不同，环境管制对不同地区的影响将会有较大的差异。在利用全国模型估算出对各产业的影响后，我们假设同一行业在不同省份技术水平相同，从而可以通过全国模型对各行业的影响来计算环境管制提升后对中国不同地区的影响。本节将环境管制对经济的影响分为对经济总产出的直接影响及对就业的间接影响。通过采取一定的方法，可以将环境管制所导致的失业量化为经济总量，进而能更加综合地计量加强环境管制的影响。另外，我们将环境规制的影响分为短期影响与长期影响，前者指环境规制在2005年的影响，后者指环境规制在2011~2020年的影响加总。

一、强化环境管制政策对各区域经济的短期影响

1. 绝对量

分区域看，环境管制对东北地区、东部沿海地区、中部地区有负面冲击，负面冲击分别为1.18亿元、151.46亿元、12.48亿元，对西部地区有正面影响，为16.73亿元（见表3-4-4）。强化环境管制政策对各省、自治区、直辖市（以下简称为"各省"）也有较大的差异，分项来看，GDP受到影响的区间为[-46.04，21.26]，就业受到影响的区间为[-18.69，2.43]，综合影响区间为[-55.96，23.69]（见图3-4-1）。从环境管制政策对各省影响的总量来看，有19个省环境管制影响甚至是正向的，特别是在北京、黑龙江、湖南、新疆、重庆，环境管理对该省份的正向影响较大。

2. 相对量

本节还计算了环境管制政策对各省份的相对影响。环境规制对东北地区、东部沿海地

表 3-4-4　短期绝对影响：按区域分

单位：亿元

	GDP 影响	就业影响	合计
东北地区	3.84	−5.01	−1.18
东部沿海地区	−85.10	−66.35	−151.46
中部地区	−1.82	−10.67	−12.48
西部地区	23.75	−7.02	16.73

资料来源：根据模型运算结果，作者整理计算。

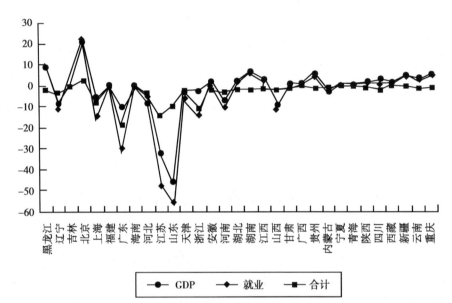

图 3-4-1　短期绝对影响与相对影响：按省份分

资料来源：根据模型运算结果，作者整理计算。

区、中部地区与西部地区的影响分别为−1.18 亿元、−151.46 亿元、−12.48 亿
元与 16.73 亿元，占各区域 GDP 的比重分别为−0.01%、−0.14%、−0.03%与 0.05%（见表 3-4-5）。

表 3-4-5　短期绝对影响与相对影响：按区域分

	短期绝对（亿元）	短期相对（%）
东北地区	−1.18	−0.01
东部沿海地区	−151.46	−0.14
中部地区	−12.48	−0.03
西部地区	16.73	0.05

资料来源：根据模型运算结果，作者整理计算。

如图 3-4-2 所示，加强环境管制影响为正向的省份中，西藏、北京、贵州、新疆、重
庆与黑龙江受到的相对正向影响较大；在影响为负向的省份中，山东、山西、江苏、天
津、上海受到的相对冲击较大。

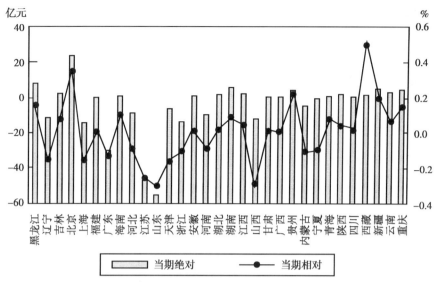

图 3-4-2　短期绝对影响与相对影响：按省份分

资料来源：根据模型运算结果，作者整理计算。

3. 综合分析

环境管制对多数东部沿海省市造成负面影响，而对西部地区省市的影响多为正向。图3-4-3 显示了各省受到的绝对影响量与相对影响量的排名顺序。其中，福建省受到的短期绝对影响为 0.22 亿元，短期相对影响为 0，两种影响在全国各省市的排名分别为第 18 位与第 19 位。以福建省为界，可以将各省份分为两大类，左下部分省份的绝对影响量与相对影响量排名顺序均比福建省靠前，表示这些省份受到的影响为正；而右上部分省份的绝对影响量与相对影响量排名顺序均比福建省靠后，表示这些省份受到的影响为负。如果仅从环境管制的短期效应分析，图 3-4-3 中左下角的省份，如北京、新疆、贵州等，应是从

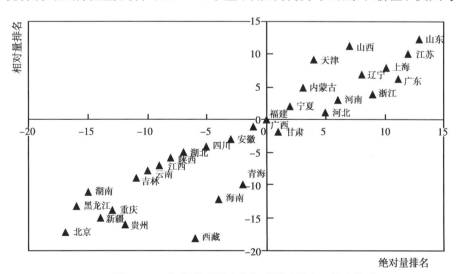

图 3-4-3　短期绝对影响与相对影响排名：按省份分

资料来源：根据模型运算结果，作者整理计算。

加强环境管制中受益较大的地区；而中国加强环境管制的代价更多的是由右上角的省份如山东、山西、江苏等承担，因而，这些区域对在全国范围内统一提高环境管制强度的阻力较大。

二、强化环境管制政策对各区域经济的长期影响

1. 绝对量

分区域看，环境管制对东北地区、东部沿海地区、中部地区与西部地区的负面冲击分别为 521.60 亿元、4143.12 亿元、1798.01 亿元与 1611.27 亿元（见表 3-4-6）。

表 3-4-6　长期绝对影响：按区域分

单位：亿元

	GDP 影响	就业影响	合计
东北地区	−347.34	−174.26	−521.60
东部沿海地区	−3050.26	−1092.85	−4143.12
中部地区	−1431.89	−366.12	−1798.01
西部地区	−998.02	−613.25	−1611.27

资料来源：根据模型运算结果，作者整理计算。

分省来看，环境管制对各省的长期影响仍旧有较大差异。除对北京的影响仍旧是正向的，对其他省份的影响都是负向的。负影响最大的前三位是广东省、山东省与江苏省，分别为 −1350.31 亿元、−876.80 亿元与 −708.68 亿元。分项来看，GDP 受到影响的范围为 [−851.16，234.08]（见图 3-4-4），就业受到影响的范围为 [−499.15，71.49]（见图3-4-5）。

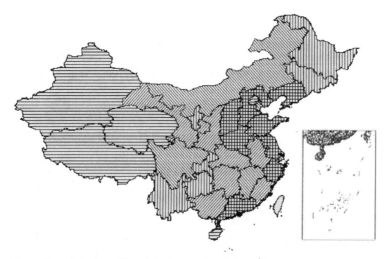

目 −30 至 240(5)　山 −60 至 −30(6)　⊿ −130 至 −60(7)　⧈ −250 至 −130(5)　⊞ −860 至 −250(8)

图 3-4-4　对 GDP 的长期绝对影响：按省份分（亿元）

资料来源：根据模型运算结果，作者整理计算。

▤ −30 至 72（6）　▥ −41 至 −30（6）　▨ −56 至 −41（5）　▧ −90 至 −56（6）　▦ −500 至 −90（8）

图 3-4-5　对就业的长期绝对影响：按省份分（亿元）

资料来源：根据模型运算结果，作者整理计算。

2. 相对量

从长期看，环境规制对各区域的影响更为明显，四个区域的负面冲击分别为 521.60 亿元、4143.12 亿元、1798.01 亿元与 1611.27 亿元，分别相当于各区域 GDP 的 0.21%、0.25%、0.31% 与 0.31%（见表 3-4-7）。

表 3-4-7　长期绝对影响与相对影响：按区域分

	长期绝对（亿元）	长期相对（%）
东北地区	−521.60	−0.21
东部沿海地区	−4143.12	−0.25
中部地区	−1798.01	−0.31
西部地区	−1611.27	−0.31

资料来源：作者计算。

强化环境管制政策对各省经济长期影响的相对量如图 3-4-6 所示。可以看出，强化环境管制政策对山西、贵州、宁夏、西藏、江西、内蒙古的长期相对影响较大。

与短期影响相比，环境管制对各省市长期影响的排名变化较大（见图 3-4-7）。绝对影响排名方面，12 个西部省市中有 8 个省市的绝对排名位于前 15 名，10 个东部沿海省市中仅有 3 个省市排名位于前 15 名。但是，由于西部省市经济总量普遍较小，相对影响并不大，西部省市中只有 4 个省市的相对影响排名位于前 15 名，而东部沿海省市中有 5 个省市的相对影响排名位于前 15 名。

除北京外，强化环境管制政策对其他省份的影响都为负。根据各省市排名在图 3-4-7 中的位置，可以将各省份（除北京外）受到强化环境管制政策的影响状况分为四大类：

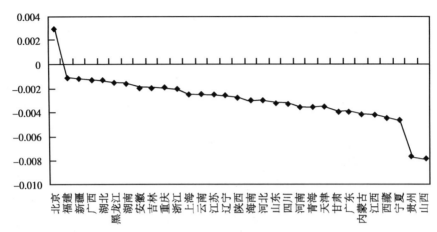

图 3-4-6　长期相对影响：按省份分

资料来源：根据模型运算结果，作者整理计算。

①右上角区域为绝对影响与相对影响均较大的区域，位于这一区域的省份既是强化环境管制的重点区域，也是难点区域；②左上角区域为绝对影响较小但相对影响较大的区域，位于这一区域的省份不是强化环境管制的重点区域，却是难点区域；③左下角区域为绝对影响与相对影响均较小的区域，位于这一区域的省份既不是强化环境管制的重点区域，也不是难点区域；④右下角区域为绝对影响较大但相对影响均较小的区域，位于这一区域的省份是强化环境管制的重点区域，但不是难点区域。

根据上面的分析，右下角省份对强化环境管制的阻力较小，但环境效益较大；右上角省份对强化环境管制阻力较大，但环境效益也较大；左下角省份对强化环境管制阻力较小，但环境效益也较小；右上角省份对强化环境管制阻力较大，但环境效益也较小。中国环境管制政策区域政策应是，首先推动对提高环境管制阻力较小地区（图 3-4-7 下部省份）的环境管制，然后再推动环境管制阻力较大地区（图 3-4-7 上部省份）的环境管制。

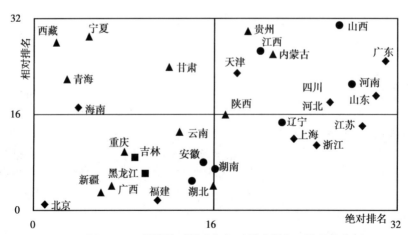

图 3-4-7　长期绝对影响与相对影响排名：按省份分

资料来源：根据模型运算结果，作者整理计算。

【参考文献】

［1］Porter, M. E. America's Green Strategy ［J］. Scientific American, 1991, 264（4）.

［2］Porter, M. E. and C. van der Linde. Toward a New Conception of the Environment–Competitiveness Relationship ［J］. Journal of Economic Perspectives, 1995, 9（4）.

［3］Jaffe, A. B. and K. Palmer. Environmental Regulation and Innovation: A Panel Data Study ［J］. The Review of Economics and Statistics, 1997, 79（4）.

［4］Newell, Richard G., Adam B. Jaffe and Robert N. Stavins. The Induced Innovation Hypothesis and Energy–Saving Technological Change ［J］. The Quarterly Journal of Economics, 1999, 114（3）.

［5］Murthy, M.N. and Surender Kumar. Win–win Opportunities & Environmental Regulation: Testing of Porter Hypothesis for Indian Manufacturing Industries ［EB/OL］. Institute of Economic Growth, Delhi University Enclave, Discussion Papers, 2001, No.25.

［6］Berman, Eli and Linda T. M. Bui. Environmental Regulation and Productivity: Evidence from Oil Refineries ［J］. The Review of Economics and Statistics, 2001, 83（3）.

［7］Snyder, Lori D., Nolan H. Miller and Robert N. Stavins. The Effects of Environmental Regulation on Technology Diffusion: The Case of Chlorine Manufacturing ［J］. American Economic Review, 2003, 93（2）.

［8］Majumdar, Sumit K. and Alfred A. Marcus. Do Environmental Regulations Retard Productivity: Evidence from U.S. Electric Utilities ［EB/OL］. University of Michigan Business School, Working Paper, 1998, No. 98008.

［9］Lanoie, Paul, Michel Patry and Richard Lajeunesse. Environmental Regulation and Productivity: New Findings on the Porter Analysis ［EB/OL］. CIRANO Working Papers, 2001, No. 001s–53.

［10］Alpay, Savas. Can Environmental Regulations be Compatible with Higher International Competitiveness: Some New Theoretical Insights ［EB/OL］. FEEM Working Paper, 2001, No. 56.

［11］Andres J. Picazo–Tadeo, Ernest Reig–Martínez and Francesc Hernandez–Sancho. Directional Distance Functions and Environmental Regulation ［J］. Resource and Energy Economics, 2005, 27（2）.

［12］Christainsen, Gregory B. and Robert H. Haveman. The Contribution of Environmental Regulations to the Slowdown in Productivity Growth ［J］. Journal of Environmental Economics and Management, 1981, 8（4）.

［13］Gray, Wayne B.. The Cost of Regulation: OSHA, EPA and the Productivity Slowdown ［J］. American Economic Review, 1987, 77（5）.

［14］Barbera, Anthony J. and Virginia D. McConnell. The Impact of Environmental Regulations on Industry Productivity: Direct and Indirect Effects ［J］. Journal of Environmental Economics and Management, 1990, 18（1）.

［15］Beers, Cces van and Raymond J. Kopp. An Empirical Multi–Country Analysis of the Impact of Environmental Regulations on Foreign Trade Flows ［J］. KYKLOS, 1997, 50（1）.

［16］Gray, Wayne B. and Ronald J. Shadbegian. Pollution Abatement Costs, Regulation and Plant–Level Productivity ［J］. NBER Working Papers, 1995, No. 4994.

［17］Cole, Matthew. A. and Robert J. R. Elliott. Do Environmental Regulations Influence Trade Patterns: Testing New and Old Trade Theories ［J］. World Economy, 2003, 26（8）.

［18］金碚. 资源环境管制与工业竞争力关系研究 ［J］. 中国工业经济, 2009（3）.

［19］董敏杰, 李钢, 梁泳梅. 对中国环境管制现状与趋势的判断 ［J］. 经济研究参考, 2010（51）.

［20］郑玉歆, 樊明太等. 中国 CGE 模型及政策分析 ［M］. 北京: 社科文献出版社, 1999.

［21］贺菊煌, 沈可挺, 徐嵩龄. 碳税与二氧化碳减排的 CGE 模型 ［J］. 数量经济技术经济研究, 2002（10）.

［22］魏涛远，格罗姆斯洛德.征收碳税对中国经济与温室气体排放的影响［J］.世界经济与政治，2002（8）.

［23］黄英娜，张巍，王学军.环境CGE模型中生产函数的计量经济估算与选择［J］.环境科学学报，2003（3）.

［24］王灿，陈吉宁，邹骥.基于CGE模型的CO_2减排对中国经济的影响［J］.清华大学学报（自然科学版），2005（12）.

［25］金艳鸣，黄涛，雷明."西电东送"中的生态补偿机制研究——基于三区域可计算一般均衡模型分析［J］.中国工业经济，2007（10）.

［26］林伯强，牟敦国.能源价格对宏观经济的影响——基于可计算一般均衡（CGE）的分析［J］.经济研究，2008（11）.

［27］沈可挺，李钢.碳关税对中国工业品出口的影响——基于可计算一般均衡模型的评估［J］.财贸经济，2010（1）.

［28］李钢，姚磊磊，马岩.中国工业发展环境成本估计［J］.经济管理，2009（1）.

［29］董敏杰，梁泳梅，李钢.环境规制对中国出口竞争力的影响——基于投入产出表的分析［J］.中国工业经济，2011（3）.

［30］李钢，马岩，姚磊磊.中国工业环境管制强度与提升路线［J］.中国工业经济，2010（3）.

第五章　劳动力素质提升与产业转型升级

第一节　劳动力素质与产业结构演化文献综述

自从 Shultz（1960）明确提出人力资本（Human Capital）的概念并用于经济增长的研究当中，人们便对劳动力这一要素投入产生了新的认识。越来越多的经济学家开始将人力资本纳入经济增长方程式中，并进行实证研究考察人力资本、教育、知识等对经济增长的影响（Barro，1991；Mankiw 等，1992）。根据 Berman 等（1994）的观点，劳动力素质在产业结构变化中的转移分为"产业内转移"（Within Industry Shift）和"产业间转移"（between industry shift）。前者表现为各个产业内部高素质劳动力的增加，而后者则表现为生产资源由含低素质劳动力份额较高的产业向含高素质劳动力份额较高的产业间重新分配（reallocation）。因此，我们发现劳动力素质的变化更多地反映为产业结构的升级。众所周知，技术进步是产业结构升级的根本动因，而技术进步又更加依赖于劳动力素质的推动。人力资本水平的高低一方面决定各国的技术能力，先进技术和新产品的研发依赖于各国高素质的科研人员；另一方面，人力资本水平决定先进技术在实际生产过程中的生产效率，因为先进技术毕竟需要相应素质的劳动力与之相匹配（邹薇、代谦，2003）。因此，劳动力素质的提升对于产业结构升级起着至关重要的作用。

当前的中国已经进入工业化的中后期阶段，资本、劳动力等生产要素对经济进一步发展的推动作用将逐步减弱，知识与技术密集型产业的发展将成为目前我国产业结构调整和升级的主角。知识与技术密集型产业的发展离不开相匹配的劳动力素质的提升，因此，高素质的劳动力的培养将成为当前以及今后相当长一段时期我国工业转型发展的基本落脚点。通过文献研究，我们发现，首先，一个国家或地区可以通过利用其自身要素禀赋结构的比较优势选择适宜自己发展的产业政策，能够最小化其模仿成本，较快地转变其产业结构，并实现产业结构的持续升级。对于发展中国家来说，它们可以利用其自身的劳动力禀赋优势，提高劳动力素质，较快地进行产业结构的转变。其次，在进行技术引进时，应当选择和自身劳动力素质相匹配的适宜技术，从而以较小的成本实现技术水平的提升和产业结构的升级。最后，劳动力素质还可以通过国际贸易的外包和组织变革来实现产业结构的升级。

一、劳动力素质理论回顾

从质量上来看，劳动力可以分为未经教育和培训的简单劳动力以及受过一定程度教育和培训的复杂劳动力——也可称为技能劳动力。我们认为，前者的劳动力素质较低，而后者由于具有从事某一行业的知识和技能而拥有较高的劳动力素质。Marshall（1920）认为教育可以开发人力资源的智力，教育投资会使原来默默无闻的人获得发挥他们的潜在能力所需要的初始资本。并且，他还进一步指出，追求利益动机引发个人及其父母投资于教育和努力读书，为未来工作做准备。这就类似于资本投资于建设工厂和商业组织，每一个投资家都希望其收获超过投资花费，并作出了"投资在人的教育，是最有效的投资"的论断。

由于科学技术的发展，人类社会的进步和其他社会因素的影响，经济学家和社会学家开始注重人的作用。对于劳动力素质理论的发展也大大得益于 20 世纪五六十年代人力资本概念的提出，从而将劳动力素质作为一种资本看待，并用来解释劳动力素质的提升对于经济增长的内生作用。

1. 人力资本理论的发展

现代意义上的人力资本概念是由美国经济学家 Shultz（1960）首先提出来的。Shultz不仅分析了人力资本的内涵及构成人力资本投资的内容，而且还用人力资本理论解释了现代经济增长之谜。他指出，人们获得了有用的技能和知识，这些技能和知识是一种资本形态，这种资本在很大程度上是慎重投资的结果。我们称为消费的大部分内容构成了人力资本投资，如用于教育卫生保健和旨在获得较好工作出路的国内迁移的直接开支、在校的成年学生和接受在职培训的工人的直接开支和所放弃的机会成本。他认为，传统资本理论无法解释与现代经济增长之谜密切相关的三大问题，即资本—产出比率的长期变动问题、国民收入的增长快于总生产要素的增加问题，以及遭受战争重创国家的迅猛崛起问题，都可以用人力资本的概念来加以解释。他指出，人力资本是由人们通过对自身的投资所获得的有用的能力所组成的，即知识和技能。我们之所以称这种资本为人力的，是由于它已经成为人的一部分，又因为它可以带来未来的满足或收入，所以将其称为资本。

Shultz（1961）提出了关于经济增长的人力资本模型：Y=F（K，AL，H），其中，K 表示资本，L 表示未经过教育的简单劳动力，H 表示人力资本。可见，人力资本作为经济增长的一个独立的源泉，起着越来越重要的作用。人力资本的收益递增性，解释了经济增长的原因。Denison（1962）运用实证的方法证明了人力资本在经济增长中的作用。由于在用传统经济分析方法估算劳动和资本对国民收入增长所起的作用时，会产生大量未被认识的、难以用劳动和资本的投入来解释的残值。因此，他通过精细的分解计算，论证出美国1929~1957 年的经济增长有 23%归功于教育的发展，即对人力资本投资的积累。由于教育水平的提高，劳动力的平均质量提高了 0.9 个百分点，对美国国民收入增长率的贡献是0.67 个百分点，占人均国民收入增长的 42%。丹尼森的研究为舒尔茨的理论提供了有力的证据，并引发了从 20 世纪 60 年代开始长达十多年的全球各国教育经费的猛增。

Becker（1964）对人力资本投资和收益的关系进行了研究，奠定了人力资本测度体系的基本框架。贝克尔对人力资本的重要贡献可以归结为以下两个方面：①对正规学校教育和在职培训在人力资本形成中的地位和作用、教育和培训投资的收入效应和收益率计量以及人们在这方面的决策行为进行了深入的理论和经验分析。他认为，唯一决定人力资本投资量的重要因素可能是这种投资的有利性或收益率。②对家庭在人力资本形成中的地位和作用以及家庭人力资本投资问题进行了经典的理论实证和应用研究。

继 Shultz（1961）、Becker（1964）和 Denison（1962）等对人力资本理论作出了重大贡献后，Romer（1986）、Lucas（1988）等都在不同程度上进一步发展了人力资本理论。特别是在 20 世纪 80 年代以后以知识经济为背景的新经济增长理论在西方国家兴起与 60 年代的 Shultz（1961）采用新古典统计分析法不同，新增长理论采用了数学的方法建立了以人力资本为核心并将其内生化的经济增长模型，同时也克服了经济均衡增长取决于劳动力增长率这一外生变量的缺陷。

2. 劳动力素质的测算

Denison（1962），Jorgenson 和 Griliches（1967）最早利用美国数据对劳动力投入（控制了劳动力素质的影响）进行了估算。而 Jorgenson 等（1987）则更加详细地首先针对劳动力素质进行了测算，Ho 和 Jorgenson（1999）对数据进行了更新。Ho 和 Jorgenson（1999）根据所观察到的工人特征（性别、年龄、教育、职业状态等）将劳动投入时间区分成不同的族群构建劳动时间的交叉划分（Cross-classification），从而对每一个族群和时期进行劳动力素质的加权平均调整测量（A Quality-adjusted Measure）。最后通过对比加权调整后的劳动力总投入和原始方法计算的劳动力投入之间的差别得出劳动力素质的增长变化。采用这种方法，他们得出美国劳动力素质的变化可以区分为三个时期：第二次世界大战后 1948 年至 60 年代，劳动力素质经历了持续的稳定的增长，1968~1980 年开始有了停滞（由于"婴儿潮"加入了劳动力大军），在 1980 年后恢复增长。Ho 和 Jorgenson（1999）还发现美国劳动力素质增长的主要驱动因素便是平均教育可获得水平的持续提高。随后，美国劳动统计局（The Bureau of Labor Statistics，BLS，1993）和 Aaronson、Sullivan（2001）相继采用了其他类似的方法对劳动力素质进行了测算。

在对于测算生产力增长的生产要素投入一般估计中，没有考虑劳动力素质的劳动投入会造成对于劳动贡献作用的显著低估（Aaronson 和 Sullivan，2001；Jorgenson，2004）。最好的做法便是，在对生产力的测算中，应该通过采用加权调整过的能准确衡量劳动力素质的工作小时数作为劳动力的投入才能得到稳健的结果（OECD，2001）。Schwerdt 和 Turunen（2006）采用了两步法对劳动力素质进行了估计：第一步，先使用微观数据对于具有不同特征的劳动力群体赋予了不同的权重；第二步，使用这些权重数据对于全国范围的劳动总小时数进行了调整构建劳动力素质指数来衡量劳动力的投入。他们估计了欧盟 1983~2004 年劳动力素质的增长变化情况，发现在考察时期内欧盟劳动力素质以年均 0.6% 的速度增长，其主要归功于具有高等教育的年轻工人的份额增长，并指出劳动力素质的增长解释了大约 1/3 的劳动生产率增长。

二、产业结构演化理论综述

产业结构演化与一国的经济绩效水平息息相关，现实的经验依据表明，产业结构的优化升级与经济的持续增长也具有显著的强相关性。发展中经济体保持长时期的可持续增长都是以经济结构的快速转换为基础的。可以说，工业化过程既是经济总量不断增长的过程，也是经济结构的调整升级过程。Chenery（1961）等通过对第二次世界大战后数十个国家发展经验的实证研究，引申出"发展就是经济结构的成功转变"的论断。这个观点被国内外大多数学者所接受。产业结构升级的实质表现为：产业部门数量增加，产业关联复杂化；技术矩阵水平提高，以技术密集型为主体的产业关联取代了以劳动密集型为主体的产业关联；产业间的聚合程度提高，关联耦合更加紧密（周振华，1995）。与经济快速增长相伴随的结构转换和升级过程普遍具有以下特点：①在经济总量中，第一产业的产值比重和就业比重持续下降，第二产业和第三产业相继成为增长的主导产业。②一些高速增长行业相继出现，带动经济持续较快增长。③资金技术密集、高附加值的行业在工业中的比重持续上升，使整个经济朝资源节约和技术、知识密集的方向推进（江小涓，2005）。

1. 配第—克拉克定理

早在 17 世纪，英国古典政治经济学家威廉·配第就指出，正是各国产业结构的不同，才导致了世界各国的国民收入水平差异以及经济发展阶段的不同。他观察到，不同产业的收入水平是不同的。其中，工业比农业、服务业比工业能得到更多收入。他认为，这种产业间相对收入的差距，是劳动力在产业间流动的重要原因。随着社会经济的发展，从事农业的人数将趋于下降，而从事工业和服务业的人数将趋于上升。配第的这一发现有着重大的意义，不仅开辟了产业结构这一重要的研究领域，而且为经济发展理论的建立奠定了基础。

后来，英国经济学家克拉克（Clark）在配第发现的基础上根据费希尔（Fisher）提出的三次产业分类法，对产业结构演进的趋势进行了考察，他通过对 40 多个国家在不同时期，其劳动力在第一产业、第二产业、第三产业之间转移的统计资料的实证分析，提出了劳动力在三次产业分布结构变化的一般趋势。克拉克的研究结论是：随着全社会人均国民收入水平的提高，劳动力首先由第一产业向第二产业转移，当人均国民收入水平进一步提高时，劳动力便向第三次产业转移。也就是说，随着人均国民收入水平的提高，农业劳动力在全部劳动力中的比重会不断减少，而第二产业、第三产业的劳动力所占比重则会相对上升。由于克拉克的研究印证了配第的发现，后人将这种由人均收入变化引起产业结构变化的规律称为"配第—克拉克定理"。

2. 库兹涅茨的产业结构演进理论

美国经济学家库兹涅茨（1971）在继承克拉克研究成果基础上，运用大量历史统计资料，深入研究了在经济发展过程中产业结构的演变规律。他对 57 个国家和地区的原始数据进行了分析和研究，整理出了基于人均国内生产总值的产业结构变化趋势。他不仅详细考察了三次产业在人均国内生产总值（几个基准点价值）中所占份额的变化情况，而且还考察了劳动力在三次产业中所占份额的变动情况。相对于克拉克的研究，库兹涅茨的研究更加全面深入。库兹涅茨通过研究得出的结论是：从总体上看，随着人均收入水平的提高，第一产业无论是产值比重还是劳动力就业份额均不断下降；第二产业的产值比重和就业比重则不断上升，到一定阶段后则趋于稳定；第三产业的产值比重和就业份额也是不断上升。

3. 钱纳里的产业结构演进理论

钱纳里等（1975）在克拉克和库兹涅茨等人的研究基础上，进一步研究了经济发展中结构转换的一般过程。他们分析比较了 1950~1970 年 101 个国家（地区）经济结构转变的全过程，总结出了经济发展的标准形式。钱纳里等建立的这一标准产业结构模型对于揭示产业结构演进的一般趋势具有重要意义，成了分析各国产业结构变动趋势的一种常用方法。后来，Chenery 等（1986）通过多种形式的比较研究，又进一步分析了结构转变和经济增长的一般关系、结构转变的基本特征，以及影响工业化和经济增长的各种因素，在此基础上，概括出了外向型、中间型和内向型三种不同的工业化形式。

4. 霍夫曼定理

在经济增长过程中，产业结构的变动总是与一个国家的工业化和工业现代化过程联系在一起的。要把握产业结构演进趋势，必须了解工业部门内部结构的变动规律。德国经济学家霍夫曼（1931）对工业结构演变规律进行了开创性研究，提出了被称为"霍夫曼工业化经验法则"的工业化阶段理论。他认为，在工业化过程中各工业部门的成长率是不同的，因而形成了工业部门间特定的结构变化。他对 20 多个国家的工业化进行了实证分析，阐述了工业部门间结构变动的一般类型。霍夫曼（1931）将全部产业分为消费品工业、资本品工业和其他产业。其中，消费品工业包括食品、纺织、皮革、家具等，资本品工业包括冶金与金属材料、机械、车辆、化工等。他提出了一个很有实际价值的判断基准，即霍夫曼比例（指的是消费品工业净产值与资本品工业净产值之比），来作为工业结构演变规律的判断基准。霍夫曼通过对 20 多个国家的时间序列数据分析，总结了工业化过程中的霍夫曼比例，并据此将工业化过程分为四个阶段：第一阶段，霍夫曼比率为 5（±1），消费品工业的生产占有统治地位，资本品工业的生产是不发达的。第二阶段，霍夫曼比率为 2.5（±1），与消费品工业相比，资本品工业获得迅速发展，但消费品工业的规模仍比资本品工业大得多。第三阶段，霍夫曼比率为 1（±0.5），表明资本品工业继续快速增长，达到了与消费品工业大体相当的程度。第四阶段，霍夫曼比率为 1 以下，表明资本品工业已占优势地位，工业化基本实现。

5. 罗斯托的主导产业理论

罗斯托（1956）认为，经济增长不只是一个经济总量的增长过程，本质上是一个主导部门依次更迭的过程。在对经济增长进行结构分析时，他将经济部门分解为主导部门、辅助部门和派生部门，认为"增长的进行，是以不同的模式、不同的主导部门，无止境地重复起飞的经历"。主导部门的更替，即旧的主导部门的衰落和新的主导部门的形成，标志着经济增长和产业结构演进的不同阶段。所谓主导部门，是指"具有高的增长率，不仅能带来新的生产函数，而且能通过回顾和旁侧联系对经济规模发生根本的扩散效应"的产业部门。主导部门通过扩散效应推动产业的发展和经济增长。这种扩散效应通过回顾效应、旁侧效应、前向效应体现出来。他认为，主导部门的建立必须具备以下条件：一是要有足够的资本积累和投资；二是要有充足的市场需求；三是要有技术创新；四是要有制度创新，尤其是应拥有大批具有创新意识的企业家。

罗斯托（1959）将经济增长的过程划分为五个阶段，即传统社会阶段、为起飞创造前提条件的阶段、起飞阶段、向成熟挺进阶段、高额大众消费阶段。后来罗斯托（1971）又在此基础上增加了一个"追求生活质量"的阶段。他认为不同阶段的主导部门是不同的，每个阶段的演进实质上是以主导产业部门的更替为特征的。起飞阶段的主导部门主要是纺织工业；向成熟挺进阶段的主导部门是钢铁、电力、通用机械等产业；高额大众消费阶段的主导部门是汽车制造业等耐用消费品工业；追求生活质量阶段的主导部门则是教育、医疗、保健、旅游等部门。

三、劳动力素质与产业结构

根据伯曼等（1994）的观点，劳动力素质在产业结构变化中的转移分为"产业内转移"和"产业间转移"。前者表现为各个产业内部高素质劳动力的增加，而后者则表现为生产资源由含低素质劳动力份额较高的产业向含高素质劳动力份额较高的产业间重新分配。因此，劳动力素质的变化则更多地反映为产业结构的升级。众所周知，技术进步是产业结构升级的根本动因，而技术进步又更加依赖于劳动力素质的推动。人力资本水平的高低一方面决定各国的技术能力，先进技术和新产品的研发依赖于各国高素质的科研人员；另一方面，人力资本水平决定先进技术在实际生产过程中的生产效率，因为先进技术需要相应素质的劳动力与之相匹配（邹薇、代谦，2003）。因此，劳动力素质的提升对于产业结构升级起着至关重要的作用。

1. 劳动力禀赋结构的比较优势

自 19 世纪以来，如何实现工业化以及如何追赶发达国家，便成了众多发展中国家最为关注的话题（Gerschenkron，1962；Lal，1985）。合理的产业结构调整和升级为这些国家通过实施产业政策实现追赶提供了可能。林毅夫（2001）认为，一国的要素禀赋结构内生地决定其产业结构，政府可以通过其禀赋结构的升级而带动产业结构升级。禀赋结构的升级应该是经济发展的目标而不是手段，它决定了发展中国家在遵循由自己的要素禀赋结构所决定的比较优势发展时，技术变迁应该是循序渐进的，没有必要研发或者引进发达国家最先进的技术。而根据自身要素禀赋利用比较优势作为其产业结构调整原则的欠发达国家，往往会最小化其模仿成本，并且能较快地转变其自身的禀赋结构，从而维持不断的产业结构升级调整。

代谦等（2006）在 Krugman（1987），Grossman 和 Helpman（1991）的基础上发展了一个以劳动力素质（人力资本）为核心的动态比较优势模型。他们认为人力资本一方面是一种生产要素，能够用来生产传统产品、多样化产品，也能够投入到研发部门开发新产品；另一方面又具有很强的外部性，能够提高多样化产品的生产效率，也能够提高研发部门的效率，从而得出人力资本这种外部性是动态比较优势的源泉。

劳动力才是构建动态比较优势的核心要素，贸易保护所带来的边干边学效应（Learning by Doing）在长期并不能决定比较优势的消长。因此，贸易保护政策在短期是合理的，但是在长期却是不合理的（代谦等，2006）。欠发达国家可以在短期中通过保护贸易政策进入某个战略性行业，但是单纯的贸易保护却不能使欠发达国家一劳永逸地占据这样的行业，如果不能够辅之以比较快的人力资本积累，它们最终将不得不退出。这也是 20 世纪 50~80 年代发展中国家内向型进口替代战略失败的根本原因。长期的保护容易滋生腐败，产生垄断和低效，使得市场扭曲成为常态，而这些保护的代价也轻而易举地抵消了保护所带来的好处。

同时，比较优势会随着时间的变化而动态演变，各国人力资本积累的消长是动态比较优势的决定因素，各国仍然需要依据自己的比较优势来进行产业选择，人力资本政策应该成为各国产业政策的一部分甚至是核心部分。发展中国家如果想提升自己的产业结构，就必须加快人力资本积累，改进人力资本的积累效率，改善教育，使本国人力资本以高于西方国家的速度增长。"亚洲四小龙"就是实施比较优势策略的很好的例子。早在 20 世纪 50 年代，"二战"后的发展中国家都比较贫困，中国台湾地区最初便实行资本密集和进口替代导向的发展策略，造成了巨大的政府赤字和较高的通货膨胀，不久政府便被迫放弃了这一策略，转而依照其比较优势发展劳动密集型产业（Tsiang，1984）。随着资本和技术的积累，中国台湾地区目前已成功实现了产业结构的转型升级，成为资本密集型和技术密集型地区，维持了 40 多年的经济增长。

　　2. 适宜技术理论

　　Acemoglu 和 Zilibotti（1999）发现了先进技术从发达国家向发展中国家引入过程中的不匹配问题（Mismatch Problem）。他们认为，发达国家所发明的技术被具有较高人力资本的熟练技术工人所采用，而在技术向发展中国家转移，也即发展中国家模仿和引进技术的时候，该项新技术是被发展中国家较低人力资本的非熟练技术工人使用，因此这种劳动力和技术的不匹配就造成了人均产出和全要素生产率（Total Factor Productivity，TFP）的巨大差异。

　　Atkinson 和 Stiglitz（1969）提出了适宜技术（Appropriate Technology），他们将之具体表述为"本地在实践中积累的知识"（Localized Learning by Doing），一国或地区经济发展要受到当地特定的投入要素组合的制约，他们以此解释发展中国家和发达国家之间所存在的巨大的经济发展水平差距。同时，各国的创新行为受限于各国的技术能力，而技术能力又和各国劳动力素质水平密切相关，这对劳动力素质提出了相应的要求，先进的技术必须要有相应素质的劳动力与之匹配，这就是适宜技术理论（Basuandweil，1998；Acemoglu，1998）。这一理论同时认为，发展中国家利用其比较优势发展劳动力密集型工业不仅吸收了大量剩余劳动力，抑制了差距的扩大，还将在总体上提高工业部门的产出及工资和利润水平，优化经济增长潜力。正如 Lucas（1993）所揭示的那样，Acemoglu 和 Zilibotti（1999）也认为劳动力素质对于一国的经济增长和国与国之间的趋同具有关键的作用。

　　Mullen 等（2005）检验了制造业技术变化和产业结构之间的关系，他们发现美国制造业技术变化和产业结构升级存在着显著的正向相关关系。值得关注的是，Mullen 等（2005）纳入了空间因子发现了技术进步尤其是新技术的采用会提高该州和邻近州的劳动力素质，并且增进了经济绩效。技术变化也会加速那些具有旧技术经验工人的市场淘汰（Obsolescence），并引起退休和下岗（Allen，2001）。由于技术进步的作用，对于旧技术工人的技能升级（再就业培训）和无经验年轻工人的在职培训都已经成为各国公共政策的主要着力点。

　　3. 其他理论——国际贸易

　　随着全球化程度的加深和国际贸易的剧增，产业内贸易的比重也在不断增大（Yeats，2001）。对于产业内技术需求的发展也往往归因于技术的变化，而组织结构和对外贸易也会起到一定的作用。产业结构技术偏向性升级既可通过 R&D 和创新，也可通过全球化的国际贸易，包括外包服务和组织机构改革来实现（Minondo 和 Rubert，2006）。日益扩散的国际外包（International Outsourcing）也逐渐对劳动力素质提出要求。Hijzen 等（2005）利用英国 1982~1996 年制造业面板数据研究发现，国际外包对于非熟练工人的需求具有强烈的反向作用，从而成为解释英国制造业产业结构变化的重要因素。

Corvers 和 Merikull（2007）在对技术升级的跨国分析中采用了偏离份额法（Shift-share Analysis），将一国的技术升级分离为产业间效应和产业内效应。前者分析了由于产业结构组成变化所导致的技术升级变化；后者则分析了由于单个产业技术结构变化所导致的技术变化。Machin 等（1996）通过利用美国、英国、丹麦和瑞士四国涵盖 17 年的产业面板数据，比较了各国劳动力的技能结构，发现技术进步可以部分地解释所有国家的高技术工人（较高素质的劳动力）份额的增长。尤其是美国，更多地体现为产业内的高素质劳动力份额变化。最后，他们还发现了技能结构的变化与劳动力市场体制具有很大的关联作用（比如工会的集体讨价还价能力）。

第二节　劳动力素质提升对产业转型升级的影响评估

劳动力素质与经济增长的关系可以用图 3-5-1 表示。一方面，劳动力素质提高将会导致技术进步，提高劳动生产率，从而促进产业升级；另一方面，劳动力素质提高后必须要求更高的报酬，提高劳动力成本，改变资本与劳动力的比价，从而促使企业采取资本密集型的技术，降低劳动力的使用，这会提高劳动生产率，最终也会表现为产业升级。

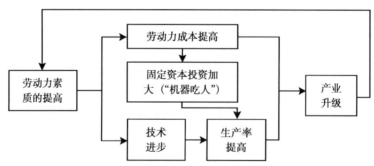

图 3-5-1　劳动力素质与经济增长的关系

本节采用 CGE 模型对提高劳动力素质与经济增长的关系进行分析。可计算一般均衡（Computable General Equilibrium，CGE）模型通过对家庭、企业、政府等各个经济主体的行为设定，可对经济体系中各部门之间的相互影响进行定量分析，从而可以分析一项经济政策的直接与间接影响。比较而言，大部分经济计算模型都需要以较长时段的时间序列数据为基础才能进行分析估计，而 CGE 模型是以经济主体在成本最小化和效用最大化条件下的行为模式为基础进行定量分析，因而能够放松对经济体在长时期内结构基本稳定的假设，从而对于像中国这样经济体系快速变化而且难以有外部体系可供参照的独特经济体具有特殊的意义。有鉴于此，CGE 模型在引入中国后已经被广泛用于宏观经济、区域经济、国际贸易、财政税收、能源与资源环境政策、就业与收入分配等众多领域的经济分析。模型的数据基础是在 2002 年中国投入产出表的基础上构建的社会核算矩阵（SAM）。SAM 能够为 CGE 建模提供一个完整一致的核算框架。对于原始 SAM 表中不同来源的统计数据存在的一些差异以及投入产出表本身存在的统计误差项，本节采用跨熵法（Cross Entropy）进行调整。模型中的替代弹性、收入弹性等一些关键参数的取值主要是通过借鉴其他一些 CGE 模型相关文献确定，其余参数的取值则是利用 SAM 表的基年数据和外生给定的关键参数通过校准（Calibration）方法得到。

相对于一般的建模过程而言，本模型的一个进步在于，我们基于大规模的企业问卷调查，对一些关键参数进行了适当调整。2009 年 10 月与 2010 年 6 月，中国社会科学院工业经济研究所分别组织了两次针对企业的大规模问卷。根据调查的结果，我们对一些关键参数进行调整，使之更加符合中国经济的实际。例如，在贸易模块中，我们根据有关企业为应对汇率波动而在国际贸易中采取的定价策略变化，对不同行业的国际市场价格采取了不同的设定，比如对部分行业采用大国模型假设；根据不同行业企业的出口产品价格和产品出口规模对国家出口退税政策调整的敏感程度差异，我们在模型中对不同行业的出口退税率进行了相应的差异化设定；针对有关企业技术升级问题的调研结果，我们对不同行业的技术进步率进行了相应的调整。

首先，本节对中国经济 2011~2020 年的经济增长及产业结构、区域结构进行了预测，以预测值作为研究的基线。接下来根据第六次人口普查数据对中国劳动力素质升级情况进行了预测分析。然后，根据前述的研究在模型中同时进行技术进步与劳动力成本提高的冲击，根据冲击的结果来分析劳动力素质提高对中国经济的影响。本节分析劳动力素质提高对中国经济宏观影响，下一节分析劳动力素质提高对不同区域的影响。

一、对中国总产出的影响

单独提高技术进步率对经济的影响是正向冲击，会提高经济增长率；而单独提高劳动力成本对经济的影响是负向冲击，会降低经济增长率。如前面所分析，劳动者素质的提高一方面提高了技术进步率，而另一方面将会提高劳动力成本。模型运行的结果显示，劳动力素质的提高将会提高经济增长率，从 2011 年到 2020 年每年提高经济增长 2 个百分点左右，到 2020 年累计提高经济增长 20%（也就是 2020 年冲击结果的 GDP 是基线 GDP 的 1.2 倍），如图 3-5-2 所示。

二、劳动力素质提升对不同行业的影响

由于不同行业的生产函数不同，劳动力素质提升对不同行业产生的影响也有较大差异。总体而言，劳动力素质的提高更加有利于资本密集型产业和技术进步较快行业的发展。

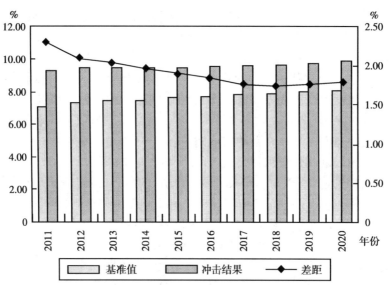

图 3-5-2 劳动力素质提升对中国宏观变量的影响

表 3-5-1 劳动力素质提升对各产业产出的影响

单位：%

年份	2011	2012	2013	2014	2015	2016	2017	2018	2019	2020
农业	1.81	1.77	1.77	1.76	1.75	1.72	1.67	1.62	1.56	1.5
煤炭开采和洗选业	1.69	0.39	0.09	0.09	0.41	1.05	1.95	2.88	3.73	4.41
石油和天然气开采业	1.28	1.24	1.33	1.45	1.6	1.77	1.98	2.22	2.49	2.76
金属矿采选业	0.77	0.73	0.63	0.53	0.48	0.57	0.83	1.31	1.99	2.78
非金属矿采选业	1.47	2.41	2.46	2.36	2.19	1.97	1.74	1.55	1.43	1.38
食品制造及烟草加工业	2.25	1.7	1.61	1.6	1.62	1.68	1.76	1.87	1.97	2.04
纺织业	1.73	0.64	0.44	0.34	0.31	0.41	0.67	1.07	1.56	2.04
服装皮革羽绒及其制品业	1.68	−0.19	−0.63	−0.89	−1	−0.91	−0.58	−0.03	0.67	1.38
木材加工及家具制造业	1.34	0.8	0.99	1.38	1.86	2.34	2.71	2.93	2.97	2.86
造纸印刷及文教用品制造业	2.69	2	1.91	1.86	1.83	1.82	1.85	1.92	2.01	2.1
石油加工、炼焦及核燃料加工业	4.17	3.65	3.55	3.42	3.2	2.96	2.74	2.66	2.8	3.23
化学工业	2.27	1.29	0.9	0.6	0.43	0.48	0.76	1.25	1.85	2.43
非金属矿物制品业	1.46	2.86	2.95	2.83	2.57	2.19	1.73	1.27	0.89	0.65
金属冶炼及压延加工业	1.52	2.07	2.15	2.13	2.05	1.93	1.78	1.65	1.58	1.58
金属制品业	2.07	1.9	2.18	2.47	2.68	2.78	2.77	2.67	2.54	2.42
通用、专用设备制造业	1.18	2.68	2.79	2.69	2.46	2.13	1.73	1.34	1.02	0.82
交通运输设备制造业	2	2.74	2.83	2.8	2.68	2.47	2.18	1.86	1.56	1.33
电气、机械及器材制造业	2.59	2.1	2.09	2.11	2.13	2.16	2.21	2.3	2.41	2.52
通信设备、计算机及其他电子设备制造业	3.51	2.91	2.89	2.87	2.79	2.66	2.49	2.33	2.18	2.08
仪器仪表及文化办公用机械制造业	2.84	−0.49	−1.51	−2.33	−3.06	−3.55	−3.66	−3.29	−2.39	−1.06

年份	2011	2012	2013	2014	2015	2016	2017	2018	2019	2020
其他制造业及废品废料	2.38	1.62	2	2.47	2.91	3.31	3.6	3.78	3.84	3.78
电力、热力的生产和供应业	2.07	1.98	2	2.01	2.01	2.02	2.04	2.07	2.12	2.18
燃气生产和供应业	2.28	1.84	1.76	1.75	1.82	1.97	2.19	2.44	2.69	2.9
水的生产和供应业	2.38	2.09	2.02	1.98	1.95	1.96	1.99	2.06	2.14	2.23
建筑业	−4.77	2.96	3.21	2.57	1.6	0.42	−0.82	−1.9	−2.66	−2.99
交通运输及仓储业，邮政业，信息传输、计算机服务和软件业	2.79	2.69	2.72	2.74	2.73	2.68	2.59	2.46	2.29	2.11
批发和零售贸易业	2.46	2.11	2.06	2.02	1.96	1.9	1.84	1.8	1.77	1.77
住宿和餐饮业	3	2.24	2.04	1.92	1.84	1.8	1.8	1.84	1.87	1.88
金融保险业	3.3	2.86	2.73	2.6	2.45	2.29	2.12	1.94	1.78	1.64
房地产业，租赁和商务服务业	3.44	2.5	2.27	2.11	1.98	1.87	1.81	1.81	1.84	1.88
旅游业，科学研究事业，综合技术服务业，其他社会服务业教育事业，卫生、社会保障和社会福利事业，文化、体育和娱乐业，公共管理和社会组织	2.93	2.32	2.26	2.26	2.27	2.28	2.27	2.22	2.11	1.94

资料来源：作者计算。

第三节　劳动力素质提升对不同区域的影响

由于各地区的产业结构不同，劳动力素质提升对不同地区的影响将会有较大差异。在利用全国模型估算出对各产业的影响后，我们假设同一行业在不同省份的技术水平相同，从而可以通过全国模型对各行业的影响来计算劳动力素质提升后对中国不同地区的影响。在本节的研究中，劳动力素质提升对经济的影响即为对经济总产出的直接影响。另外，我们将劳动力素质提升的影响分为短期影响与长期影响，前者指劳动力素质提升在 2011 年的影响，后者指劳动力提升在 2011~2020 年的影响的平均值。

一、强化劳动力素质提升政策对各区域经济的短期影响

分区域看，劳动力素质提升对东北地区、东部沿海地区、中部地区和西部地区均有正面冲击，提高四个地区的经济总量分别为 620 亿元、4660 亿元、1413 亿元和 1239 亿元，提高各区域 GDP 增长率为 1.87%、2.14%、1.87% 与 1.79%（见表 3–5–2）。从表中数据可以看出，提高劳动力素质对东部沿海地区的经济增长率提高幅度最大，对东北地区及中部地区的经济增长率提高幅度次之，对西部地区的经济增长率提高幅度最小。

表 3-5-2　劳动力素质提高对 GDP 量与增长率的短期影响：按区域分

	对 GDP 量的影响（亿元）	对 GDP 增长率的影响（百分点）
东北地区	620	1.87
东部沿海地区	4660	2.14
中部地区	1413	1.87
西部地区	1239	1.79

资料来源：作者计算。

强化劳动力素质提升的政策对各省、自治区、直辖市（以下简称"各省"）也有较大的差异；各省份提高 GDP 量的区间为 [7.65 亿元，1050.06 亿元]（见图 3-5-3）。劳动力素质提升均提高了各省的经济总量，其中提高程度最大的前五个省份依次为广东、江苏、山东、浙江和上海。

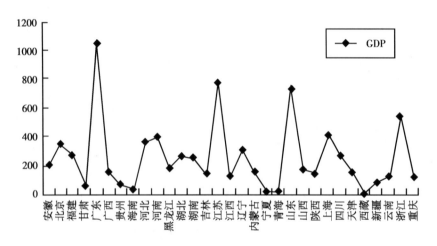

图 3-5-3　短期绝对影响：按省份分（亿元）

资料来源：作者计算。

我们还分析了劳动力素质提高对各省份经济增长率的影响。从图 3-5-4 可以看出对北京、上海、广东、天津和浙江的经济增长率提高最大，这些省份均为东部沿海经济发达省份。

劳动力素质提升对所有省份都产生正面影响，但影响程度不一。图 3-5-5 分析的是各省受到的绝对影响量与相对影响量的排名顺序。从图 3-5-5 可以看出，东部沿海发达省份无论是绝对影响排名还是相对影响排名都靠前，而西部落后省份则相反，其无论是绝对影响排名还是相对影响排名都落后。个别省份，如江西、海南有一定偏差。总体而言，我们可以得出结论认为，从提升劳动力素质的短期效应分析，越是经济发达的地区（东部沿海省份，也是劳动力素质较高的地区），劳动力素质提高对经济增长的正向影响较大；而越是落后地区（西部地区，也是劳动力素质较低的地区），劳动力素质提高对经济增长的正向影响越小。

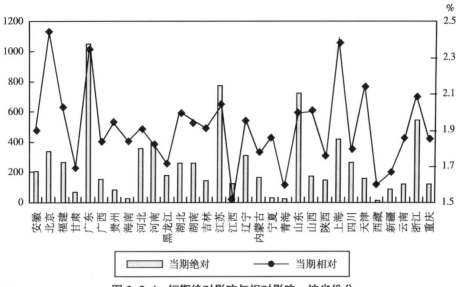

图 3-5-4　短期绝对影响与相对影响：按省份分

资料来源：作者计算。

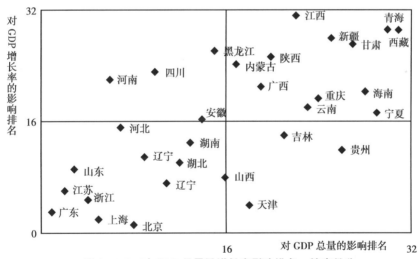

图 3-5-5　对 GDP 总量及增长率影响排名：按省份分

资料来源：作者计算。

二、强化劳动力素质提升的政策对各区域经济的长期影响

分区域看，对东北地区、东部沿海地区、中部地区与西部地区而言，劳动力素质提升均提高了四个地区的经济总量，提高的量分别为 874 亿元、5806 亿元、1957 亿元与 1773 亿元，分别提高了四个区域 GDP 经济增长率 1.84 个百分点、1.86 个百分点、1.81 个百分点与 1.79 个百分点（如表 3-5-3 所示）。这与短期结果相对比，可以看出劳动力素质对各区域的影响将趋同。

表 3-5-3　劳动力素质提高对 GDP 量与增长率的短期影响：按区域分

	对 GDP 量的影响（亿元）	对 GDP 增长率的影响（百分点）
东北地区	874	1.84
东部沿海地区	5806	1.86
中部地区	1957	1.81
西部地区	1773	1.79

注：对 GDP 量的影响为 2011~2020 年的平均数，对 GDP 增长率影响为第一列数除以十年 GDP 的平均量。

资料来源：作者计算。

分省来看，劳动力素质提升对各省的长期影响仍旧有较大差异。影响最大的前三个省份分别为广东、江苏和山东，对 GDP 的长期影响分别为 1226 亿元、981 亿元和 943 亿元。分项来看，GDP 受到影响的范围为 [11.96 亿元，1226.28 亿元]。

强化劳动力素质提升政策对各省经济增长率的长期影响如图 3-5-6 所示。可以看出，强化劳动力素质提升的政策对北京、上海、山西、天津和广东的长期相对影响较大，而对江西的长期相对影响最小。

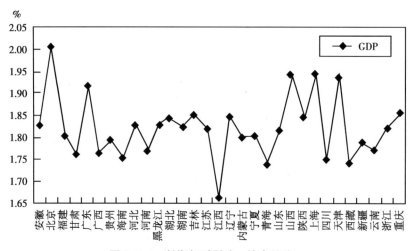

图 3-5-6　长期相对影响：按省份分

资料来源：作者计算。

与短期影响排名相比，劳动者素质提升对各省份长期影响的排名变化主要表现在相对影响排名上，绝对影响排名基本保持不变。绝对影响排名方面，位序发生变动的省份只有10 个，且变动幅度只有 1~2 位，变化较小；绝对影响排名基本与经济总量排名一致，东部沿海发达省份排名靠前，其次为中部地区，西部地区排名落后。

相对影响排名则存在一定程度的变动。如果以排名变动等于或超过 5 位计算，共有 14个省份位序发生变动，接近总数一半的比例。排名前进位数最多的省份依次为陕西（15位）、黑龙江（14 位）、重庆（13 位）、吉林（7 位）、新疆（6 位）、内蒙古（5 位）、山西（5 位），均为经济发展水平较为落后的中西部地区；排名后退位数最多的省份依次为浙江（11 位）、福建（11 位）、江苏（9 位）、贵州（9 位）、山东（8 位）、海南（7 位）、云南（5 位）、四川（5 位），其中经济发展较好地区较多。从长期影响的相对排名情况来看，四个直辖市排名都非常靠前，北京、上海分列第一、二位，天津列第三位，重庆列第六位，表明长期而言，劳动者素质提升对获得国家较多政策倾斜的直辖市最为有利。此外，东部沿海发达省份排名虽然有所下降，但仍然高于绝大多数西部地区（重庆和陕西除外），而中部地区省份排名则有所前进，表明提升劳动者素质对东中部地区经济发展的"马太效应"将会变小或消失，甚至可能有利于中部地区缩小与东部地区的绝对差距；而东中部地区与西部地区相比较，经济发展水平有进一步拉大的趋势。概括而言，提升劳动力素质长期将有利于东部和中部地区，尤其是中部地区，西部地区获利最少；而短期则最有利于东部地区，西部地区同样获利最少。根据图 3-5-7 中劳动力素质提高对各省市 GDP 总量及增长率的影响可以将其分为四大类：

第一类，左下角区域为劳动力素质提高对各省市 GDP 总量及增长率影响较大的区域；位于这一区域内的省份的 GDP 受劳动力素质提升而导致的增量较大，增速也较快。

第二类，左上角区域内的省份劳动力素质对该省份经济总量的影响较大，而对经济增长率的影响较小。

第三类，右下角区域内的省份的 GDP 受劳动力素质提升而导致的增量较小，但增速较快。

第四类，右上角区域内的省份的 GDP 受劳动力素质提升而导致的增量较小，增速也较慢，此区域为受益最少的区域。

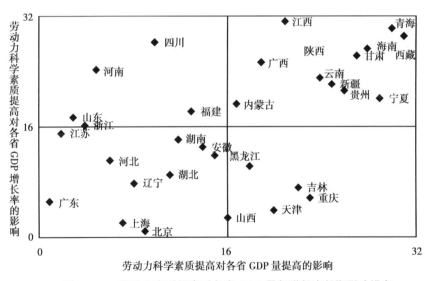

图 3-5-7　劳动力素质提高对各省 GDP 量与增长率长期影响排名

资料来源：作者计算。

图 3-5-8 显示的是提高劳动力素质对全国各省份未来每年绝对影响和相对影响的动态变化，所预测的时间段为 2011~2020 年。其中，相对影响程度被划分为 5 个级别，分别为 0、0~1.5%、1.5%~1.8%、1.8%~2.1%、2.1%~2.5%。受相对影响为 0 表示缺乏数据，包括香港、澳门和台湾。在这些数据中，没有省份所受相对影响超过其 GDP 比例 2.5% 的情况，因而，所有数据都分布在 0~2.5% 这一范围内。

从绝对影响情况的动态变化来看，省份之间按照绝对影响大小排序基本不变。按照从大到小的顺序，受绝对影响最大的五个省份依次为广东、江苏、山东、浙江和河南，前四位均为东部沿海发达省份。其中，江苏与山东所受绝对影响程度基本相当，大约在 700 亿~1100 亿元，前者略大于后者；广东每年所受绝对影响都超过 1000 亿元，相比江苏和山东而言大概高出后者 20%~40%；山东相比于排第四位的浙江，其所受绝对影响比后者高出 30%~40%；浙江所受绝对影响大小在 500 亿~800 亿元，比河南高出 20%~40%；这说明即便是在受绝对影响较大的省份中，其所受的绝对影响程度也存在较大差异。而按照从小到大排序，受绝对影响最小的五个省份依次为西藏、青海、宁夏、海南和甘肃，基本为西部落后省份。海南由于人口少、面积小及经济总量小，其受到的绝对影响也很小。其中，西藏、青海、宁夏和海南四省所受绝对影响大小每年都低于 50 亿元，甘肃在 100 亿元上下徘徊。

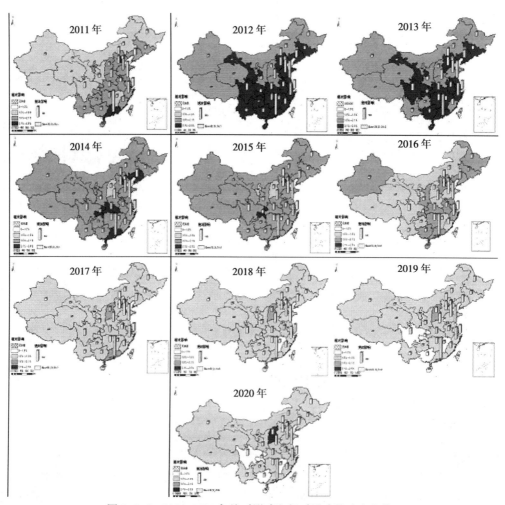

图 3-5-8　2011~2020 年绝对影响和相对影响的动态变化

资料来源：作者计算。

从对 GDP 增长率影响的动态变化来看，总体而言，各省份在 2011~2020 年的相对影响将集中分布在 1.5%~2.5%；经济发达地区所受相对影响要大于经济落后地区。此外，存在这样一个变化趋势：2011~2012 年，相对影响总体不断变大；而 2012~2020 年，相对影响总体不断变小。相对影响小于 1.5%的情况出现较少，主要为江西、四川、重庆、海南和广西五省在 2019 年和 2020 年出现（其中江西在 2018 年出现），但其相对影响也均大于 1.2%。总体来看，相对影响最大的年份为 2012 年和 2013 年这两年，所有省份的相对影响均高于 1.8%，2012 年高于 2.1%的省份数目超过一半，2013 年大约为一半；2014 年和 2015 年绝对多数省份所受相对影响大小均分布在 1.8%~2.1%；2011 年和 2016 年各省份所受相对影响基本分布在 1.5%~1.8%和 1.8%~2.1%，两个期间的省份数目基本各占一半；最后 4 年（2017~2020 年）绝大多数省份所受相对影响大小基本分布在 1.5%~1.8%。

【参考文献】

[1] Aaronson, D. and D.G. Sullivan. Growth in Worker Quality [J]. Economic Perspectives, 2001 (4).

[2] Acemoglu, D. and F. Zilibotti. Productivity Differences [R]. NBER Working Paper, 1999, No. 6879.

[3] Acemoglu, D. Why Do New Technologies Complement Skillseo Directed Technical Change and Wage Inequality [J]. Quarterly Journal of Economics, 1998 (113).

[4] Alexander Hijzen, Holger Georg and Robert C. Hine. International Outsourcing and the Skill Structure of Labour Demand in the United Kingdom [J]. The Economic Journal, 2005, 115 (October).

[5] Allen, S.G. Technology and the Wage Structure [J]. Journal of Labor Economics, 2001 (19).

[6] Atkinson, A. B. and J. E. Stiglitz. A New View of Technological Change [J]. Economic Journal, 1969, 79 (315).

[7] Basu, Susanto and Weil, David N. Appropriate Technology and Growth [J]. Quarterly Journal of Economics, 1998, 113 (4).

[8] Berman, E. and Machin, S. Skill−biased Technology Transfer around the World [J]. Oxford Review of Economic Policy, 2000, 16 (3).

[9] Berman E., J. Bound and Z. Griliches. Changes in the Demand for Skilled Labor within U. S. Manufacturing Industries [J]. The Quarterly Journal of Economics, 1994, 109 (2).

[10] Chenery, Hollis B. and M. Syrquin. Pattern of Development, 1950−70 [M]. New York: Oxford University Press, 1975.

[11] Chenery, Hollis B., S. Robinson and M. Syrquin. Industrialization and Growth: A Comparative Study [M]. New York: Oxford University Press, 1986.

[12] Frank Corvers and Jaanika Merikull. Occupational Structures across 25 EU Countries: The Importance of Industry Structure and Technology in Old and New EU Countries [J]. Economic Change, 2007 (40).

[13] Gerschenkron, A. Economic Backwardness in Historical Perspective [M]. Cambridge, Mass.: Harvard University Press, 1962.

[14] Grossman, G. and Helpman, E. Innovation and Growth in the Global Economy [M]. Cambridge: The MIT Press, 1991.

[15] Guido Schwerdt and Jarkko Turunen. Growth in Euro Area Labour Quality [R]. European Central Bank, Working Paper Series No. 575, 2006.

[16] Hoffman, W.G. The Growth of Industrial Economics [M]. Oxford: Oxford University Press, 1931 (German Edition), 1958 (English Translation).

［17］Jorgenson, D. Information Technology and the G7 Economies［J］. World Economics, 2003, 4 (4).

［18］Krugman, P. The Narrow Moving Band, the Dutch Disease, and the Competitive Consequences of Mrs. Thatcher［J］. Journal of Development Economics, 1987, 27 (1).

［19］Kuznets, Simon., Economic Growth of Nations［M］. Cambridge, MA: Harvard University Press, 1971.

［20］Lal, D.K. Nationalism, Socialism and Planning: Influential Ideas in the South［J］. World Development, 1985, 13 (6).

［21］Lin, J.Y. Development Strategy, Viability, and Economic Convergence［R］. William Davidson Working Paper No. 409, 2001.

［22］Lucas, Robert E., Jr. Making a Miracle［J］. Econometrica, 1993, 61 (2).

［23］Machin, Stephen, Ryan, A. and Van Reenen, John. Technology and Changes in Skill Structure: Evidence from an International Panel of Industries［R］. CEP discussion paper, CEPDP0297, 1996.

［24］Minondo, A. and Rubert, G. The Effect of Outsourcing on the Demand for Skills in the Spanish Manufacturing Industry［J］. Applied Economic Letters, 2006, 13.

［25］Mullen, J. K., Stephen E. Nord, and Martin Williams. Regional Skill Structure and the Diffusion of Technology［J］. Atlantic Economic Journal, 2005, 33.

［26］Nelson, R.R. and Phelps, E.S. Investment in Humans, Technological Diffusion, and Economic Growth［J］. American Economic Review, 1966, 56.

［27］Raiser, M., Schaffer, M., and Schuchhardt J. Benchmarking Structural Change in Transition［J］. Structural Change and Economic Dynamics, 2004, 15.

［28］Rostow, W.W. Politics and the Stages of Growth［M］. Cambridge: Cambridge University Press, 1971.

［29］Rostow, W.W. The Take-Off into Self-Sustained Growth［J］. The Economic Journal, 1956, 66 (261).

［30］Rostow, W.W. The Stages of Economic Growth［J］. The Economic History Review, 1959, 12 (1).

［31］Schultz, T.W. Investment in Human Capital［J］. American Economic Review, 1961, 51.

［32］Solow, R.M. Technical Change and the Aggregate Production Function［J］. Review of Economics and Statistics, 1957, 39.

［33］Tsiang, Sho-chieh. Taiwan's Economic Miracle: Lessons in Economic Development［R］. In Arnold C. Harberger, ed. World Economic Growth: Case Studies of Developed and Developing Nations［M］. San Francisco: ICS Press, 1984.

［34］Yeats, A.J. Just How Big Is Global Production Sharing?［R］. In S.W. Arndt and H. Kierzkowski, eds. Fragmentation: New Production Patterns in the World Economy［M］. Oxford: Oxford University Press, 2001.

［35］代谦, 别朝霞. 人力资本、动态比较优势与发展中国家产业结构升级［J］. 世界经济, 2006 (11).

［36］邹薇, 代谦. 技术模仿、人力资本积累与经济赶超［J］. 中国社会科学, 2003 (5).

［37］周振华. 现代经济增长中的结构效应［M］. 上海: 上海人民出版社, 1995.

第六章 劳动力成本变动与产业国际竞争力

第一节 金融危机后主要发达国家劳动力市场变化情况

一、发达国家就业结构基本状况

表 3-6-1 反映的是主要发达国家三次产业就业构成情况。从当前三次产业就业构成来看，主要发达国家第一产业所占比重普遍降到 5% 以下，第三产业普遍在 75% 以上，第二产业的比重在 20% 左右。其中，美、英、法、加第二产业所占比重在 20% 以下，德、意、日、韩第二产业所占比重在 20% 以上。从发展趋势来看，2000 年以来，第一产业、第二产业就业所占比重仍在持续下降，第三产业就业比重仍在上升，这种趋势即使在国际金融危机爆发后仍在持续。

表 3-6-1 主要发达国家三次产业就业构成情况

年份		2000	2005	2006	2007	2008	2009	2010	2011
澳大利亚	第一产业	4.90	3.55	3.42	3.34	3.30	3.33	3.31	2.87
	第二产业	21.72	21.27	21.37	21.31	21.55	21.07	20.89	20.73
	第三产业	73.39	75.18	75.21	75.36	75.15	75.61	75.80	76.40
加拿大	第一产业	3.29	2.75	2.66	2.49	2.34	2.28	2.19	2.15
	第二产业	23.09	22.61	22.03	21.59	21.56	20.30	20.20	19.77
	第三产业	73.62	74.64	75.31	75.92	76.10	77.42	77.61	78.08
法国	第一产业	3.38	2.98	2.87	2.73	2.63	2.61	2.53	—
	第二产业	22.58	21.02	20.84	20.66	20.52	19.90	—	—
	第三产业	74.04	76.00	76.29	76.61	76.85	77.49	—	—
德国	第一产业	2.65	2.39	2.28	2.27	2.27	1.69	1.64	1.64
	第二产业	33.67	30.03	29.83	30.07	—	28.94	28.51	28.42
	第三产业	63.69	67.58	67.89	67.65	—	69.37	69.85	69.94
意大利	第一产业	5.37	4.25	4.32	4.02	3.86	3.84	3.94	—
	第二产业	32.42	31.11	30.46	30.49	30.03	29.48	28.79	—
	第三产业	62.22	64.64	65.22	65.49	66.11	66.68	67.27	—

续表

年份		2000	2005	2006	2007	2008	2009	2010	2011
日本	第一产业	5.06	4.44	4.26	4.24	4.20	4.17	4.03	3.73
	第二产业	31.23	27.93	28.03	27.87	27.35	26.92	26.27	26.05
	第三产业	63.71	67.64	67.71	67.89	68.46	68.91	69.70	70.22
韩国	第一产业	10.60	7.94	7.71	7.37	7.18	7.01	6.57	6.36
	第二产业	28.14	26.85	26.33	25.92	25.49	24.45	24.95	24.77
	第三产业	61.25	65.21	65.96	66.72	67.33	68.54	68.48	68.87
英国	第一产业	1.54	1.35	1.30	1.03	1.11	1.08	1.18	—
	第二产业	25.18	22.28	22.13	23.01	21.89	19.62	19.22	—
	第三产业	73.28	76.37	76.57	75.96	77.00	79.30	79.60	—
美国	第一产业	2.58	1.55	1.53	1.43	1.49	1.50	1.59	—
	第二产业	23.01	19.81	19.95	19.78	19.05	17.59	17.18	17.30
	第三产业	74.40	78.64	78.52	78.78	79.46	80.90	81.24	—
G7 国家平均	第一产业	3.27	2.52	2.45	2.34	2.34	2.27	2.28	
	第二产业	26.59	23.65	23.61	23.58	—	21.93	—	—
	第三产业	70.15	73.82	73.94	74.08	—	75.79	—	—
OECD 国家平均	第一产业	7.02	5.51	5.29	5.08	5.03	5.02		
	第二产业	26.88	24.69	24.68	24.65	—	22.95	—	—
	第三产业	66.10	69.80	70.03	70.27	—	72.04	—	—

资料来源：根据 OECD 网站（http://stats.oecd.org/Index.aspx）整理。

二、金融危机前后劳动力成本变化情况

1. 劳动力工资水平的国别差异

从表 3-6-2 反映的情况看，主要发达国家劳动力工资水平存在差异。澳大利亚劳动力工资水平最高（年平均工资在 7 万美元以上），韩国劳动力工资水平最低（年平均工资在 3 万美元以下），两者的差距在一倍以上。劳动力成本相对较高的国家有加拿大、美国、英国、日本；相对较低的国家有德国、法国、意大利。

在金融危机爆发后，除了英国、加拿大出现小幅度下降外（这两国劳动力工资水平下降幅度在 4% 左右），其他主要发达国家劳动力工资水平维持稳定或仍出现上涨的趋势。可见，由于劳动力工资具有"粘性"，金融危机对劳动力工资水平的冲击非常有限。

表 3-6-2　部分国家雇工年平均工资水平

年份	2000	2005	2006	2007	2008	2009	2010	2011
美国	49494	51861	52705	53786	53414	53773	54137	54450
日本	50648	50609	50101	49706	49917	49270	50267	51613
英国	46294	50403	51218	52415	51703	52178	51511	50366
德国	45399	45846	46024	46088	46411	46245	46248	46984
法国	42506	45268	45822	46095	45881	46925	47542	47704
意大利	38568	39140	39236	39273	39283	39345	39614	39112

续表

年份	2000	2005	2006	2007	2008	2009	2010	2011
韩国	23221	26725	27125	27604	27494	27506	27798	29053
澳大利亚	64690	69580	70346	72280	72386	71768	72730	74512
加拿大	48971	52093	53611	55997	58299	58489	56709	56008

注：以 2011 年美元汇率和 2011 年不变价计算。

资料来源：根据 OECD 网站（http://stats.oecd.org/Index.aspx）整理。

2. 单位劳动力成本变动的行业差异

单位劳动力成本是劳动力成本与劳动力生产率的比值。显然，在进行劳动力成本国别比较时，一国劳动力是否具有成本优势，关键是看单位劳动力成本是不是处于低水平上或出现降低。

表 3-6-3 反映的是部分国家单位劳动力成本指数变化情况。表 3-6-3 显示，除日本外（全社会平均单位劳动力工资指数自 2000 年以来呈下降趋势），发达国家普遍的趋势是全社会平均单位劳动力工资指数呈上升趋势，即使金融危机爆发后也是如此。

分行业看，发达国家建筑业单位劳动力成本指数增长是最快的，但建筑业从事国际贸易的比例较小，因此，对本国产业的国际竞争力影响不大。就七国集团（G7）整体而言，工业尤其是制造业单位劳动力成本呈现一种波动但不上涨的态势，因此，工业尤其是制造业成本竞争力并不会衰落。美国、日本的制造业单位劳动力成本指数自 2000 年以来基本呈下降趋势，说明这两国制造业仍将保持很强的竞争力。这同时说明，发达国家试图进行"再工业化"有一定的成本优势基础。但是，与金融危机最为密切的部门——金融和商业部门的单位劳动力成本并没有出现下降，而是总体向上。在多数发达国家中，其指数上涨幅度和总体上涨幅度大体相同。

表 3-6-3　部分国家分行业单位劳动力成本指数变化

	年份	2000	2005	2006	2007	2008	2009	2010
美国	总体	91.3	100	103.1	106.2	109.4	109.9	108.9
	工业	107.1	100	101.0	99.5	106.5	104.3	97.6
	其中：制造业	115.5	100	100.2	98.0	104.6	105.4	96.1
	建筑业	74.5	100	112.2	122.9	132.1	130.5	129.2
	贸易、运输和通信	99.7	100	101.3	102.8	104.6	107.9	103.2
	金融和商业	92.7	100	103.7	107.8	108.8	104.6	107.1
英国	总体	89.9	100	102.9	105.0	108.3	114.3	115.7
	工业	93.8	100	103.9	105.4	108.3	120.6	122.6
	其中：制造业	96.4	100	102.1	102.2	104.1	117.0	117.2
	建筑业	78.1	100	106.5	119.4	123.5	136.8	134.8
	贸易、运输和通信	95.4	100	101.0	103.3	109.1	115.4	117.6
	金融和商业	87.7	100	99.8	103.1	99.9	107.0	110.0

续表

	年份	2000	2005	2006	2007	2008	2009	2010
德国	总体	100.9	100	97.5	96.1	98.1	104.7	102.7
	工业	106.0	100	97.2	95.4	101.9	116.6	107.8
	其中：制造业	105.6	100	96.1	94.4	101.6	117.6	107.6
	建筑业	94.4	100	101.2	104.5	105.7	109.0	108.7
	贸易、运输和通信	104.7	100	97.7	96.8	95.9	102.7	100.8
	金融和商业	91.6	100	98.7	99.8	102.1	104.6	105.8
意大利	总体	86.5	100	101.6	103.4	107.5	112.2	111.4
	工业	86.1	100	100.5	102.9	109.1	120.3	114.5
	其中：制造业	84.8	100	100.3	102.7	110.3	121.7	116.2
	建筑业	84.0	100	101.4	107.5	115.0	126.3	134.0
	贸易、运输和通信	88.6	100	100.9	102.7	106.0	112.4	111.4
	金融和商业	83.8	100	102.8	107.0	110.0	109.4	111.4
日本	总体	113.8	100	97.7	94.8	95.7	96.8	92.8
	工业	120.0	100	96.3	91.8	90.6	97.7	84.7
	其中：制造业	119.3	100	96.2	90.5	89.9	96.2	82.9
	建筑业	98.8	100	98.3	101.8	112.2	105.7	103.2
	贸易、运输和通信	102.0	100	101.1	101.2	104.2	103.3	104.0
	金融和商业	118.4	100	98.7	96.4	97.8	101.0	101.6
韩国	总体	86.0	100	100.2	100.9	103.1	103.8	102.3
	工业	89.0	100	98.7	98.1	98.5	102.2	—
	其中：制造业	89.6	100	98.4	97.5	97.7	101.1	—
	建筑业	70.8	100	98.6	97.8	100.1	100.1	—
	贸易、运输和通信	94.2	100	99.0	98.9	103.5	109.6	—
	金融和商业	84.9	100	103.0	105.7	108.2	109.1	—
G7平均	总体	95.0	100	101.5	102.9	105.6	107.9	106.7
	工业	104.5	100	100.0	98.7	103.4	108.1	100.2
	其中：制造业	108.1	100	99.1	97.1	101.9	108.2	98.6
	建筑业	82.7	100	107.2	115.2	122.9	123.6	122.9
	贸易、运输和通信	98.3	100	100.9	101.8	104.1	107.4	105.1
	金融和商业	93.1	100	102.5	105.6	106.6	105.2	107.4
OECD平均	总体	91.1	100	101.7	103.4	106.6	109.4	108.3
	工业	98.3	100	100.3	99.9	104.3	109.0	—
	其中：制造业	101.4	100	99.3	97.9	102.3	108.1	—
	建筑业	80.2	100	106.5	113.3	120.6	120.6	—
	贸易、运输和通信	93.5	100	101.0	102.3	105.4	109.7	—
	金融和商业	91.0	100	102.8	106.1	107.7	107.0	109.0

注：①产业分类根据国际标准产业分类标准 Rev3 执行。其中，工业为 C—E，制造业为 D，建筑业为 F，贸易、运输和通信为 G—I，金融和商业为 J—K。

②以 2005 年为基年，指数为 100。

资料来源：根据 OECD 网站（http://stats.oecd.org/Index.aspx）整理。

三、金融危机前后失业率与失业期限变动情况

表 3-6-4 反映了金融危机前后部分国家和地区失业率变化情况。表中显示，多数国家在金融危机爆发后失业率显著上升，上升幅度多在 1~3 个百分点，持续时间直到 2010 年，2011 年失业率出现了下降的趋势。其中，美国失业率上升幅度最大，2010 年比 2007 年上升了 5 个百分点，高达 9.63%。由于劳动力市场制度、福利制度等原因，欧洲国家的失业率一直居高不下，高于美国，当然在金融危机冲击下，其变化幅度也就相对较小，与金融危机爆发之前相比，2010 年失业率普遍上升 2 个百分点。相对来说，韩国、日本不仅失业率低，而且金融前后失业率变化幅度小。德国则是个例外，其失业率在金融危机爆发后一直呈下降趋势，显示出德国经济稳健，产业具有强大的国际竞争力（相对而言，在发达国家中，德国实体经济强大）。

表 3-6-4　部分国家和地区失业率年度变化

年份	2000	2005	2006	2007	2008	2009	2010	2011
澳大利亚	6.28	5.04	4.79	4.38	4.25	5.59	5.23	5.10
加拿大	6.82	6.75	6.31	6.02	6.12	8.26	8.01	7.44
法国	10.24	8.87	8.83	8.00	7.39	9.14	9.36	9.26
德国	7.75	11.15	10.29	8.64	7.51	7.73	7.06	5.92
意大利	10.52	7.73	6.79	6.09	6.74	7.79	8.42	8.41
日本	4.77	4.41	4.10	3.88	3.98	5.03	5.03	4.52
韩国	4.42	3.74	3.44	3.23	3.17	3.65	3.72	3.41
英国	5.48	4.65	5.40	5.28	5.29	7.70	7.75	7.82
美国	3.99	5.08	4.62	4.62	5.78	9.26	9.63	8.95
欧洲	8.64	9.01	8.32	7.38	7.28	9.34	9.64	9.43
G7 国家	5.75	6.17	5.80	5.43	5.82	8.02	8.15	7.64
北美	3.94	4.90	4.47	4.49	5.34	8.32	8.53	8.01
大洋洲	4.87	4.30	4.01	3.78	3.83	4.80	4.78	4.36
OECD 国家	6.22	6.62	6.10	5.65	5.94	8.15	8.33	7.97

资料来源：根据 OECD 网站（http：//stats.oecd.org/Index.aspx）整理。

表 3-6-5 反映的是金融危机前后部分国家和地区失业期限分布变化情况。表中数据显示，金融危机爆发后，各国、各地区短期失业（含<1 个月、1~3 个月、3~6 个月的失业者）所占比例明显下降，而 1 年以上期限的失业者所占比重明显上升。图 3-6-1 反映了部分国家和地区平均失业持续时间，在金融危机冲击下，原来趋于缩短的期限掉头开始趋于延长。由于劳动制度、社会福利制度等不同，欧洲的平均失业持续时间普遍较其他地区要长。金融危机后，欧洲平均失业持续时间为 15 个月，其他国家平均失业持续时间接近 10 个月。

长期失业者比例提高和失业期限延长一方面反映了周期性失业增加，另一方面也反映了摩擦性失业减少而结构性失业增加，这说明在金融危机冲击下劳动者处境恶化。

表 3-6-5　　金融危机前后部分国家和地区失业期限分布变化情况

	年份	2000	2005	2006	2007	2008	2009	2010	2011
美国	<1 个月	44.92	35.14	37.34	35.90	32.84	22.19	18.69	19.47
	1~3 个月	31.92	30.34	30.27	31.53	31.43	26.84	22.04	21.77
	3~6 个月	11.75	14.89	14.75	15.01	15.97	19.46	16.00	15.00
	6 个月至 1 年	5.38	7.88	7.63	7.60	9.11	15.26	14.28	12.43
	1 年以上	6.03	11.75	10.01	9.95	10.64	16.25	28.99	31.32
G7 国家	<1 个月	21.08	20.03	20.87	21.38	21.66	17.13	14.75	15.39
	1~3 个月	21.55	22.63	22.32	23.88	25.15	23.85	20.43	20.20
	3~6 个月	14.02	14.30	13.98	14.14	15.26	18.00	15.44	14.74
	6 个月至 1 年	13.52	12.92	12.61	12.01	12.08	16.39	15.79	14.20
	1 年以上	29.83	30.12	30.22	28.59	25.84	24.63	33.59	35.47
OECD 国家	<1 个月	16.35	16.15	17.25	18.24	19.01	15.26	13.34	13.78
	1~3 个月	21.84	22.39	22.59	24.54	26.05	24.78	21.98	21.80
	3~6 个月	15.82	15.54	15.34	15.81	17.26	19.46	16.82	16.06
	6 个月至 1 年	15.23	13.95	13.44	12.83	12.70	16.84	16.27	14.71
	1 年以上	30.77	31.97	31.38	28.59	24.99	23.67	31.59	33.65

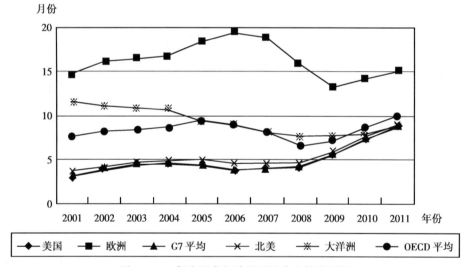

图 3-6-1　部分国家和地区平均失业持续时间

四、小结

根据上述 OECD 国家在金融危机前后劳动力市场的变化分析，可得出如下几点结论：

第一，金融危机对三次产业就业结构变动趋势没有影响。三次产业就业结构受经济结构和长期发展趋势决定，周期性的经济危机、金融危机并不能对三次产业就业结构变动趋势产生实质性的影响。国际金融危机爆发后主要发达国家第一产业、第二产业就业比重仍在持续下降，第三产业就业比重仍在上升。

第二，金融危机对发达国家劳动力市场的冲击主要表现为失业率提高、失业持续时间延长，而不是劳动力工资的下降。金融危机爆发后，发达国家的失业率普遍上升，上升幅度为 1~3 个百分点，6 个月以下的短期失业比例下降，1 年以上的中长期失业比例上升，平均失业持续时间延长 2~5 个月。但是，由于劳动力工资具有"粘性"，金融危机对劳动力工资水平的冲击非常有限，期间多数国家劳动力工资水平仍维持稳定或出现上涨的趋势。

第三，金融危机后，某些发达国家的工业尤其是制造业单位劳动力成本出现进一步下降的趋势，说明这些发达国家在工业尤其是在制造业领域仍具有很强的国际竞争力，部分发达国家如美国、日本的"再工业化"具有一定的成本优势基础。

第四，从就业角度看，制造业强大的国家抗金融风险冲击能力强。德国、韩国、日本等制造业发达的国家失业率普遍较低，在金融危机冲击下，其失业率只有轻微的上升或者呈下降趋势。进一步的分析表明，在 OECD 国家中，一国第二产业（主要是制造业）就业比重与其金融危机期间（2008~2010 年）失业率上升率呈正相关，相关系数为 0.3，尽管这种相关属于弱相关。这说明，一国经济抗风险冲击能力与其产业就业结构是有关系的，制造业相对强大的国家能更有效地应对国际金融危机。

第二节　近年来中国劳动力成本变动状况

一、劳动力工资上涨情况

表 3-6-6 反映了我国劳动力工资上涨情况。2005 年我国城镇单位就业人员年平均工资为 18200 元，2010 年和 2011 年上涨至 36539 元和 41799 元，名义工资上涨了一倍多，以 2005 年平均货币工资指数为 100 计，2010 年和 2011 年平均货币工资指数增至 200.76 和 229.66。扣除物价变动因素后实际工资增长幅度也是非常大的，以 2005 年平均实际工资指数为 100 计，2010 年和 2011 年平均实际工资指数增至 175.22 和 190.36。我国劳动力工资大幅度上涨与主要发达国家近年来工资水平总体趋稳或微幅上涨（少数国家工资还出现下跌）形成鲜明对比。

如果把我国劳动力工资放在国际范围内考察，就会发现上涨幅度更大。如果以 2005 年指数为 100 计，则 2010 年以美元计量的货币工资指数和实际工资指数是 242.94 和 212.04，2011 年指数分别是 291.28 和 241.43。

表 3-6-6　我国城镇单位就业人员平均工资和指数

年份	平均工资（元）	以本币计量的工资指数		汇率指数（2005年=100）	以美元计量的工资指数	
		货币工资（2005年=100）	实际工资（2005年=100）		货币工资（2005年=100）	实际工资（2005年=100）
2005	18200	100	100	100	100	100
2006	20856	114.59	112.90	102.76	117.76	116.02
2007	24721	135.83	128.03	107.73	146.33	137.92

续表

年份	平均工资（元）	以本币计量的工资指数		汇率指数（2005年=100）	以美元计量的工资指数	
		货币工资（2005年=100）	实际工资（2005年=100）		货币工资（2005年=100）	实际工资（2005年=100）
2008	28898	158.78	141.72	117.95	187.28	167.16
2009	32244	177.16	159.60	119.92	212.46	191.39
2010	36539	200.76	175.22	121.01	242.94	212.04
2011	41799	229.66	190.36	126.83	291.28	241.43

注：美元汇率指数采用 100 美元兑换人民币的年平均价计算而来。

资料来源：《中国统计年鉴》（2012），中国统计出版社 2012 年版。

二、单位劳动力成本变动情况

单位劳动力成本是劳动力成本（工资）与劳动力生产率的比值，在进行国际比较时是一个很重要的指标。表 3-6-7 反映了中国劳动生产率与单位劳动力成本指数的变化情况。由于中国劳动生产率指数的大幅度提高，尽管平均实际工资指数在过去的几年中呈高速增长，但单位劳动力成本指数增长却是相对温和的，以 2005 年指数=100 计，2011 年第一、二、三产业单位劳动力成本指数分别为 119.23、122.96 和 113.74。从这个意义上说，中国劳动力成本确实在变"贵"，但并非如近年来媒体所宣传的那样在快速飙升。

表 3-6-7　中国劳动生产率与单位劳动力成本指数

年份	劳动生产率（万元/人年，2005 年不变价）			劳动生产率指数（2005 年=100）			实际工资指数（2005 年=100）			单位劳动力成本指数（2005 年=100）		
	第一产业	第二产业	第三产业	第一产业	第二产业	第三产业	第一产业	第二产业	第三产业	第一产业	第二产业	第三产业
2005	0.67	4.93	3.20	100	100	100	100	100	100	100	100	100
2006	0.74	5.26	3.54	109.94	106.62	110.81	111.31	112.72	114.85	101.25	105.73	103.64
2007	0.79	5.66	4.06	118.54	114.83	127.15	124.32	124.82	133.13	104.88	108.70	104.70
2008	0.86	6.11	4.36	128.29	123.68	136.55	135.98	136.08	148.92	106.00	109.82	109.06
2009	0.93	6.55	4.64	138.43	132.83	145.16	156.51	150.55	165.22	113.06	113.34	113.82
2010	1.00	7.10	5.00	149.31	143.90	156.44	176.39	168.02	179.78	118.14	116.76	114.92
2011	1.10	7.58	5.28	163.48	153.76	165.19	194.92	189.07	187.89	119.23	122.96	113.74

注：①劳动力生产率根据 GDP（增加值）/就业人员人数计算而来，采用的是 2005 年不变价格，原始数据来自于《中国统计年鉴》（2012）。

②单位劳动力成本指数=平均实际工资指数/平均劳动生产率指数。

资料来源：根据《中国统计年鉴》（2012）提供的原始数据计算。

但是，该问题还有另外一面。在国际竞争中，国际市场采用统一的货币计价单位，一般是美元。考察一下近年来我国汇率变动状况，以及由此产生的单位劳动力成本指数变化就会发现，近年来由于汇率的大幅度上升，造成我国以美元为计价单位的单位劳动力成本指数大幅度上升。以 2005 年指数=100 计，2011 年以美元计算的第一、二、三产业单位劳动力成本指数分别达 151.22、155.95 和 144.26，这与以本币计算的单位劳动力成本指数温和上涨形成鲜明对比。因此，从国际市场反映的情况看，我国劳动力用工成本在迅速变"贵"。这与发达国家以美元为计价单位的单位劳动力成本缓慢上涨形成强烈对比。不可否认，从国际视野来看，汇率上升成为我国劳动力成本快速上升的一个主要推动力量。

表 3-6-8　以本币计算与以美元计算的中国单位劳动力成本指数比较

年份	汇率	汇率指数 （2005 年=100）	以本币计算单位劳动力成本指数 （2005 年=100）			以美元计算单位劳动力成本指数 （2005 年=100）		
			第一产业	第二产业	第三产业	第一产业	第二产业	第三产业
2005	819.17	100	100	100	100	100	100	100
2006	797.18	102.76	101.25	105.73	103.64	104.04	108.64	106.50
2007	760.4	107.73	104.88	108.70	104.70	112.98	117.10	112.80
2008	694.51	117.95	106.00	109.82	109.06	125.02	129.53	128.63
2009	683.1	119.92	113.06	113.34	113.82	135.58	135.91	136.49
2010	676.95	121.01	118.14	116.76	114.92	142.96	141.29	139.07
2011	645.88	126.83	119.23	122.96	113.74	151.22	155.95	144.26

注：汇率采用的是 100 美元兑换人民币的年平均价。
资料来源：根据《中国统计年鉴》（2012）提供的原始数据计算。

为凸显中国劳动力成本快速上升的事实，不妨以中美劳动力工资和单位劳动力成本进行比较。图 3-6-2 显示，进入 21 世纪以来，在美国劳动力工资水平保持大体稳定的同时，中国劳动力工资快速上涨，由 2000 年中国年平均工资仅为美国的 2.93% 快速上涨到 2011 年的 11.95%。图 3-6-3 显示的是中美两国单位劳动力成本上涨情况。以 2005 年各国单位劳动力成本指数=100 计，2012 年美国工业部门的指数仅为 97.6，而中国工业部门的指数高达 141.6。图 3-6-2 和图 3-6-3 集中显示了与发达国家相比，近年来我国劳动力成本快速上升的事实。这在某种程度上会削弱我国制造业在国际上的竞争力，以及对外国直接投资的吸引力。同时，这也从一个侧面说明，部分制造业从中国向海外转移，以及以美国为首的西方发达国家提出的制造业回流或"再工业化"具有一定的经济学道理。

三、劳动力成本上涨与中国制造业转型升级

1. 劳动力成本上涨将倒逼中国产业升级

台湾宏碁董事长施振荣按照各个环节生产的附加值多少，把制造业价值链勾画出一条微笑曲线：上游研究开发和零部件制造以及下游营销和售后服务等利润相对较大，而中间的组装加工环节利润较小，微笑曲线可以清楚地表明制造业各环节的利润率差别（见图 3-6-4）。长期以来，我国劳动力资源充足，劳动力工资水平低，这成为我国产业参与国际竞争力的一个优势条件。事实上，我国产业参与国际竞争的主要领域是劳动密集型产业或劳动密集型环节，这一方面有利于发挥劳动力资源丰富的比较优势，另一方面也会产生获利空间小、资源和能源消耗多的问题。随着劳动力工资的上涨，我国产业必须升级，或者从传统的劳动密集型行业转移到技术密集型和资本密集型行业，或者沿产业链升级，企业将更多的精力投入到前期研发和后期的营销、售后服务和品牌建设中去。

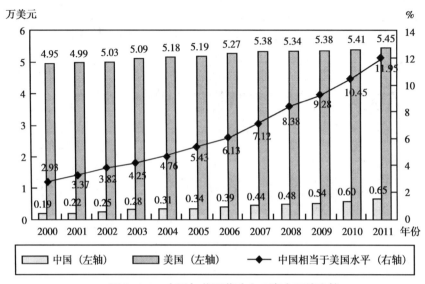

图 3-6-2　中国与美国劳动力工资水平的比较

注：①图中数据以 2011 年美元汇率和 2011 年不变价计算。

②中国数据根据历年城镇单位就业人员平均工资和居民消费价格指数折算而成，汇率采用 2011 年 1 美元=6.4588 人民币平均汇率，原始资料来源于历年《中国统计年鉴》。

③美国资料来源于 OECD 网站（http：//stats.oecd.org/Index.aspx）。

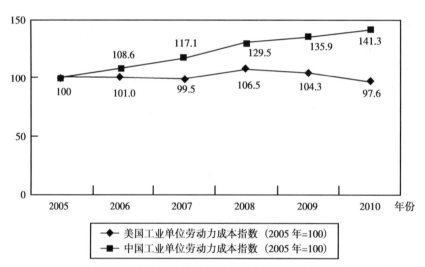

图 3-6-3　中美工业单位劳动力成本指数上涨情况比较

2. 劳动力成本上涨有可能迫使部分制造业撤离中国

经济全球化时代各国货币工资收入上的差异已成为重要的比较优势，哪里单位劳动力成本低，跨国企业就会到哪里投资，资本通过追逐劳动力成本最低的国家和地区实现利润最大化。不少曾经享受过人口红利的国家慢慢失去了劳动力优势，曾经的微笑曲线变成了哭泣曲线，我国正日益面临着这个窘境（见图 3-6-5）。

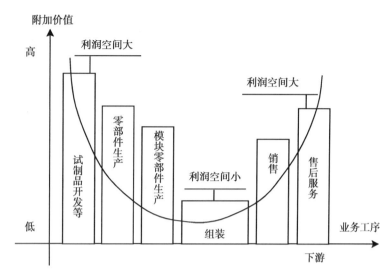

图 3-6-4　制造业微笑曲线

资料来源:《21 世纪经济报道》, 2012 年 9 月 5 日。

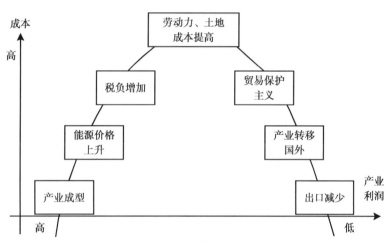

图 3-6-5　制造业哭泣曲线

资料来源:《21 世纪经济报道》, 2012 年 9 月 5 日。

近年来, 随着中国劳动力成本的提高, 越来越多的低成本制造企业开始从中国转向邻国, 如东南亚国家和印度。China Briefing 的调查显示, 中国最低工资为印度的 2~3 倍, 是亚洲国家第三高, 仅次于马来西亚和泰国。这种情形对外国投资者来说有好有坏。不好的地方是, 用工成本增加, 恐怕会导致大规模的制造业外逃。好消息是, 随着财富的累计和居民可支配收入的增加, 中国的消费主义或将得到大大提升。①

从近年来跨国公司巨头撤离中国的实例来看, 劳动力工资上涨是一个主要原因。据 21 世纪网统计, 自 2004 年来, 澳大利亚第二大啤酒商狮王集团、荷兰菲仕兰子母奶、耐克、

① 财经网报道:《人口红利向印度转移, 中国用工成本亚洲新兴国第三》, 2012 年 7 月 19 日。

阿迪达斯、Clarks、K-Swiss、Bakers 等跨国巨头已纷纷撤离中国生产线或关闭代表处（见表 3-6-9）。资本永远在追逐利润，国际资本的转移，显示着中国制造业低成本的比较优势正在消失，其中，以人力成本的急剧上升最为明显。阿迪达斯的生产基地曾从欧洲转移到日本，接着迁徙到韩国和中国台湾地区，然后到中国内地，现在又将从中国内地离开。与之对应的是，Clarks、K-Swiss、Bakers 等国际鞋业巨头也已纷纷增设在越南、印度尼西亚的生产线。

表 3-6-9　近年来跨国巨头撤离中国市场实例

公司名称	英文名称	总部所在地	退出方式	退出时间	主要缘由
狮王	Lion Nathan	澳大利亚悉尼	出售中国全部业务	2004 年 9 月	过去 9 年亏损 2 亿澳元
龙星	Lone Star Funds	美国达拉斯	关闭北京代表处	2004 年 10 月	两年多没有业务
菲仕兰	Royal Friesland Foods	荷兰梅珀尔	退出合资公司	2004 年 11 月	8 年时间未能盈利
耐克	Nike	美国俄勒冈州 Beaverton	关闭在中国唯一的生产工厂	2009 年	多级代理制度造成过度竞争、库存危机
佳顿	Jarden	美国纽约	将安全器材 "First Alert" 的生产也转移回美国	2012 年 3 月	代工厂人力成本上升
阿迪达斯	Adidas	德国赫尔佐根奥拉赫	关闭在中国的部分工厂	2012 年 10 月	劳动力成本上升，经营环境并没有质的改善

　　资料来源：《21 世纪经济报道》，2012 年 9 月 5 日。

四、中国正式迎来"刘易斯拐点"

刘易斯拐点（Lewis Turning Point）由威廉·阿瑟·刘易斯（1987 年诺贝尔经济学奖获得者）在 1968 年提出，形容农村廉价劳动力被经济增长全部吸纳后，工资会显著上升。刘易斯认为，在一国工业化发展初期存在二元经济结构，一是农业传统经济，二是以城市为中心的现代工业经济。现代化的过程一方面是工业不断扩张，另一方面是日益萎缩的农业传统经济产生了大量剩余劳动力。由于现代工业的劳动生产率远远高出农业，可以支付的薪金也远远高于农业收入，只要工业部门对这些从农村来的民工能够提供足以维持其生存的最低工薪，他们就会蜂拥而至，为工业部门供应无限的廉价劳动力。

刘易斯的"二元经济"发展模式可以分为两个阶段：一是劳动力无限供给阶段，此时劳动力过剩，工资取决于维持生活所需的生活资料的价值；二是劳动力短缺阶段，此时传统农业部门中的剩余劳动力被现代工业部门吸收完毕，工资取决于劳动的边际生产力。由第一阶段转变到第二阶段，劳动力由剩余变为短缺，相应的劳动力供给曲线开始向上倾斜，劳动力工资水平也开始不断提高。经济学把联结第一阶段与第二阶段的交点称为"刘易斯转折点"。

1972 年，刘易斯又发表了题为《对无限劳动力的反思》的论文。在这篇论文中，刘易斯提出了两个转折点的论述。当二元经济发展由第一阶段转变到第二阶段，劳动力由无限供给变为短缺，此时由于传统农业部门的压力，现代工业部门的工资开始上升，第一个转折点，即"刘易斯第一拐点"开始到来；在"刘易斯第一拐点"开始到来，二元经济发展到劳动力开始出现短缺的第二阶段后，随着农业的劳动生产率不断提高，农业剩余进一步增加，农村剩余劳动力得到进一步释放，现代工业部门的迅速发展足以超过人口的增长，该部门的工资最终将会上升。当传统农业部门与现代工业部门的边际产品相等时，也就是说传统农业部门与现代工业部门的工资水平大体相当时，意味着一个城乡一体化的劳动力市场已经形成，整个经济——包括劳动力的配置——完全商品化了，经济发展将结束二元经济的劳动力剩余状态，开始转化为新古典学派所说的一元经济状态，此时，第二个转折点，即"刘易斯第二拐点"开始到来。显然，"刘易斯第一转折点"与"刘易斯第二拐点"的内涵是不同的，都具有标志性的象征意义，前者的到来为后者的实现准备了必要的前提条件，但后者的意义是决定性的。

长期以来，我国经济发展保持着一种典型的二元经济结构，即同时存在以农业为主的"传统部门"和以工业为主的"现代部门"。传统部门的劳动边际生产力为零或者较低，存在大量的剩余劳动力；现代部门可以用维持生计的不变工资不断吸收传统部门的剩余劳动力进而不断扩张和发展。中国丰富且廉价的农村剩余劳动力资源不断向现代部门转移，使中国工业在劳动密集型产品或劳动密集型环节获得了巨大的竞争优势。2004年开始，我国东部沿海发达地区出现大范围的"民工荒"，此后，"民工荒"开始向内陆地区蔓延，内地一些传统劳务输出地区也开始出现缺工现象。那么，我国是否出现了所谓的"刘易斯拐点"呢？

蔡昉（2007~2010）从经济增长、人口变化、劳动力转移、市场发育、宏观经济周期、参与经济全球化、制度建设等角度进行观察和研究，发现并论证了劳动力无限供给的特征正在中国逐渐消失，中国已迎来刘易斯第一个转折点。吴要武（2007）、张晓波（2010）、高铁梅、范晓非（2012）等也认为中国迎来了刘易斯第一个拐点。但是，刘伟（2008）、刘洪银（2009）、周志坚（2008）等则持相反观点，认为刘易斯拐点并未出现。

我们认为，我国已经正式迎来第一个刘易斯拐点，理由是：近年来在劳动力工资水平大幅度上涨的同时，劳动力岗位还出现了整体性空缺的状况。近年来，中国劳动力短缺趋势已经从"技工荒"扩展到"民工荒"，从东部沿海地区向中西部地区扩展。

如果说，2002年开始还是高素质劳动力（表现为各种技术工种工人）岗位空缺的话，那么，2010年以来，中国的劳动力岗位开始出现整体性空缺的状况。2010年，中国整体的求人倍率（岗位空缺与求职人数比值）首次超过1（见表3-6-10）。

表3-6-10　中国劳动力市场求人倍率的变化

年份	合计	初级工	中级工	高级工	技师	高级技师	技术员	工程师	高级工程师
2001	0.71	0.66	0.71	0.79	0.64	0.8	0.64	0.87	0.81
2002	0.79	1.13	1.11	1.16	1.34	1.44	1.15	1.45	1.06
2003	0.88	1.4	1.33	1.42	1.64	2.02	1.33	1.41	1.75
2004	0.93	1.46	1.48	1.7	1.87	2.11	1.32	1.44	1.78
2005	0.96	1.52	1.58	2.1	1.97	2.11	1.32	1.52	2.07
2006	0.96	1.38	1.55	1.76	2.02	2.05	1.41	1.66	2.23
2007	0.98	1.42	1.5	1.68	2.31	2.62	1.47	1.66	2.2
2008	0.95	1.2	1.39	1.67	2.01	1.93	1.5	1.56	2.29

续表

年份	合计	初级工	中级工	高级工	技师	高级技师	技术员	工程师	高级工程师
2009	0.91	1.38	1.39	1.57	1.84	1.87	1.42	1.44	1.92
2010	1.01	1.47	1.48	1.63	1.87	1.89	1.53	1.59	1.87
2011	1.06	1.45	1.54	1.71	1.88	1.76	1.53	1.6	2.34

资料来源：中国社会科学院工业经济研究所：《中国工业发展报告2012》，经济管理出版社2012年版，第118页。

2010年以来，中国整体的求人倍率超过1，并不断上升。不但东部地区求人倍率超过1，中部地区、西部地区也开始超过1。这表明中国劳动力市场正逐步由买方市场向卖方市场转变，劳动力无限供应的时代正式结束，第一个刘易斯拐点正式到来。

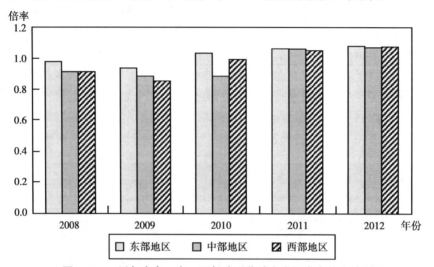

图3-6-6　近年来东、中、西部地区劳动力市场求人倍率的变化

资料来源：中国社会科学院工业经济研究所：《中国工业发展报告2012》，经济管理出版社2012年版，第120页。

前些年的主流观点认为，中国刘易斯拐点出现的时间应该在2015年之后，但是，2010年的数据表明，我国已经迎来了第一个刘易斯拐点，也就是说，我国刘易斯拐点提前来到，为什么会这样？有研究者认为，根本原因是由于近年来高房价所产生的泡沫经济。现有的工资水平无法保障工人正常的生活，所以要倒逼着涨工资，这样的倒逼等于吞噬劳动力的红利。本来在供大于求的环境下，只有过刘易斯拐点以后，工资才会出现一个迅速上涨的局面，但是今天这一切提前发生了，至少提前了4~5年。刘易斯拐点的提前到来，一方面倒逼产业升级；另一方面缩短了我国"人口红利期"，不利于中国经济继续发挥比较优势参与国际竞争。

当然，由于中国仍存在巨大的"二元经济"结构、中国农村剩余劳动力规模庞大等原因，即使中国已经迎来了"刘易斯拐点"，也并不意味着中国很快就会出现劳动力大幅短缺，更不意味着城乡一体化劳动力市场能很快形成，而是说城市现代部门的劳动力工资有继续上涨的趋势。这一方面有利于提高劳动者待遇，为劳动者能够有尊严地工作创造前提条件，并为扩大内需打下坚实的基础；另一方面也使我国产业尤其是制造业部门的国际竞争力因劳动力成本上升而出现下降。

五、小结

经过对我国近年来劳动力市场变化情况分析，可得出如下几点结论：

第一，近年来我国劳动力工资水平和单位劳动力成本均出现大幅度上涨，这与主要发达国家相对稳定（或者部分国家部分产业出现略微下降）形成鲜明对比。

第二，与劳动力工资上涨有所不同，我国单位劳动力成本上涨有一半左右的原因可归结为汇率上涨。由于中国劳动生产率指数的大幅度提高，尽管实际工资水平在过去的几年中高速增长，但以本币衡量的单位劳动力成本指数增长却是相对温和的。考虑到近年来我国汇率不断上涨的事实，以美元为计价单位的单位劳动力成本上升却是快速的。

第三，我国劳动力工资水平和单位劳动力成本大幅度上涨，将促使我国制造业转型升级。一方面，劳动力成本上涨将倒逼中国产业升级；另一方面，劳动力成本上涨有可能迫使部分制造业企业撤离中国。

第四，由于我国已经正式迎来第一个刘易斯拐点，今后中国劳动力工资水平以及单位劳动力工资指数还将继续上涨。这种状况一方面有利于提高劳动者待遇和扩大内需，另一方面不可避免地提高中国制造业的成本，从而对我国产业的国际竞争力产生负面影响。

第三节 跨国投入产出表的编制

模拟劳动力成本变动对产业国际竞争力的影响有不同的方法，本节采用投入产出技术度量各国劳动力成本变动对产业国际竞争力的影响程度。为了实现这一目标，首先需要编制跨国投入产出表。本部分先简述跨国投入产出表的编制，模拟的结果则在第三节进行分析。产业竞争力用价格相对变动来衡量，价格上升表示国际竞争力遭到削弱，上升幅度越大，削弱得越严重；反之，价格下降表示国际竞争力得以提高，下降幅度越大，表示国际竞争力提高得越多。需要说明的是，这里的价格变动是相对变动，表示在其他条件不变的情况下价格相对于初始状态的一种变动。

一、模拟技术

在投入产出模型中，根据价格形成的计算公式，则有：

$$p_j = \sum_{i=1}^{n} a_{ij}p_i + a_{dj} + a_{vj} + a_{mj} \tag{1}$$

（1）式的矩阵形式就是：

$$P = A^T P + \overline{D} + \overline{V} + \overline{M} \tag{2}$$

或者，

$$P = (I - A^T)^{-1}(\overline{D} + \overline{V} + \overline{M}) \tag{3}$$

令增加值率 $\overline{N} = \overline{D} + \overline{V} + \overline{M}$，则增加值率的变化 $\Delta\overline{N} = \Delta\overline{D} + \Delta\overline{V} + \Delta\overline{M}$。由式（3）可以得到：

$$P = (I - A^T)^{-1}\overline{N} \tag{4}$$

以及，

$$\Delta P = (I - A^T)^{-1}\Delta\overline{N} \tag{5}$$

由此可以得到当劳动力工资（报酬）由 $\overline{V}$ 变成 $\overline{V} + \Delta\overline{V}$ 时，导致增加值率由 $\overline{N}$ 变成 $\overline{N} + \Delta\overline{N}$ 时，价格向量的变动率为 $\Delta P = (I - A^T)^{-1}\Delta\overline{N}$。

如果只考虑劳动力工资（报酬）的变化而不考虑其他因素的变化，以基期的投入产出表数据为基础，式（4）的计算结果为：

$$P_0 = (I - A^T)^{-1}\overline{N} = (I - A^T)^{-1}(\overline{D} + \overline{V} + \overline{M}) = \begin{bmatrix} 1 \\ 1 \\ \vdots \\ 1 \end{bmatrix} \tag{6}$$

当 $\overline{V}$ 变成 $\overline{V} + \Delta\overline{V}$ 时，则：

$$P_1 = P_0 + \Delta P = (I - A^T)^{-1}(\overline{N} + \Delta\overline{N})$$

$$= (I - A^T)^{-1}[\overline{D} + (\overline{V} + \Delta\overline{V}) + \overline{M}]\begin{bmatrix} 1 + \Delta p_1 \\ 1 + \Delta p_2 \\ \vdots \\ 1 + \Delta p_N \end{bmatrix} \tag{7}$$

（7）式中 Δp_1，Δp_2，…，Δp_n 即为由劳动力工资（报酬）变化而引起的各部门商品价格的变化。

在计算出各部门（商品）价格变动幅度后，可计算价格总指数的变动幅度。其计算公式是：

$$\pi = \Delta P^T X / iX \tag{8}$$

其中，π 为价格总指数变化率，ΔP^T 是由各种商品价格指数变化率所组成的行向量，X 为计划期各种商品总产出列向量，$i = (1, 1, …, 1)$ 为由 n 个 1 组成的行向量。

以上计算方法对于跨国投入产出表同样适用。

二、跨国投入产出表的编制

本节在多处运用了中国—美国—日本—英国—德国—法国—意大利—韩国—印度—澳大利亚跨国投入产出表（以下简称"跨国投入产出表"）来测算各种外部冲击对中国产业转型升级的影响。下面对该跨国投入产出表的编制进行简要说明。

1. 原始资料来源

本跨国投入产出表原始资料来源主要有两个：一是 OECD 投入产出数据库（http://stats.oecd.org/index.aspx），这是本章编制跨国投入产出表的起点和基础。二是世界贸易组织（WTO）历年编辑出版的 International Trade Statistics，这些数据可在 WTO 网站上查询到（http://stat.wto.org/Statistical Program），利用其中的相关数据，估算国与国之间分产业的贸易流量，研制分国别的进口矩阵和出口向量。

从 OECD 投入产出数据库下载的各国投入产出表（包括全部 OECD 国家和部分非 OECD 国家和地区）主要是三个年度，即 1995 年、2000 年和 2005 年（由于部分国家和地区提供的原始投入产出表年度不一致，因此，这三个年度并不是绝对的，实际上是这三个年度前后的，即 Periods mid-1990s、Periods early 2000s、Periods mid-2000s）。每个年度的投入产出表包括三张表，分别是投入产出表（Input-Output Total）、国内生产国内使用投入产出表（Input-Output Domestic）、进口投入产出表（Input-Output Imports），全部已标准化成 48 个部门的投入产出表（具体部门见表 3-6-11）。

表 3-6-11 标准化的 48 个产业部门

INDUSTRY	行业
1. Agriculture, Hunting, Forestry and Fishing	农林牧渔业
2. Mining and Quarrying（Energy）	能源开采业
3. Mining and Quarrying（Non-energy）	非能源开采业
4. Food Products, Beverages and Tobacco	食品饮料烟草业
5. Textiles, Textile Products, Leather and Footwear	纺织服装皮革制鞋业
6. Wood and Products of Wood and Cork	木材加工及木器制品业
7. Pulp, Paper, Paper Products, Printing and Publishing	纸浆造纸印刷出版业
8. Coke, Refined Petroleum Products and Nuclear Fuel	石油加工、炼焦及核燃料加工业
9. Chemicals Excluding Pharmaceuticals	化学制品业
10. Pharmaceuticals	医药制造业
11. Rubber & Plastics Products	橡胶塑料制品业
12. Other Non-metallic Mineral Products	其他非金属矿制造业
13. Iron & Steel	钢铁冶炼业
14. Non-ferrous Metals	有色金属业
15. Fabricated Metal Products, Except Machinery & Equipment	金属制品业
16. Machinery & Equipment, nec	机器设备制造业
17. Office, Accounting & Computing Machinery	办公用机械制造业
18. Electrical Machinery & Apparatus, nec	电气机械及器材制造业
19. Radio, Television & Communication Equipment	通信设备制造业
20. Medical, Precision & Optical Instruments	医疗设备、精密仪器和光学仪器制造业
21. Motor Vehicles, Trailers & Semi-trailers	汽车、拖挂车和类拖挂车制造业
22. Building & Repairing of Ships & Boats	船舶制造和修理业
23. Aircraft & Spacecraft	航空航天器制造
24. Railroad Equipment & Transport Equip nec	铁路及运输设备制造业
25. Manufacturing nec; Recycling（include Furniture）	其他制造业和回收利用业
26. Production, Collection and Distribution of Electricity	电力生产与供应业
27. Manufacture of Gas; Distribution of Gaseous Fuels through Mains	燃气生产与供应业
28. Steam and Hot Water Supply	蒸汽生产与供应业
29. Collection, Purification and Distribution of Water	水的生产供应业
30. Construction	建筑业
31. Wholesale & Retail Trade; Repairs	批发、零售和维修业
32. Hotels & Restaurants	住宿和餐饮业
33. Land Transport; Transport via Pipelines	陆路运输和管道运输
34. Water Transport	水路运输

续表

INDUSTRY	行业
35. Air Transport	空中运输
36. Supporting and Auxiliary Transport Activities；Activities of Travel Agencies	运输服务与代理业
37. Post & Telecommunications	邮政通信业
38. Finance & Insurance	金融保险业
39. Real Estate Activities	房地产业
40. Renting of Machinery & Equipment	机器设备租赁业
41. Computer & Related Activities	计算机及相关活动
42. Research & Development	研究与开发
43. Other Business Activities	其他商业活动
44. Public Admin. & Defence；Compulsory Social Security	公共管理与国防
45. Education	教育
46. Health & Social Work	卫生健康与社会保障
47. Other Community，Social & Personal Services	社区服务及个人服务业
48. Private Households with Employed Persons & Extra-territorial Organisations & Bodies	家庭雇工及境外组织

2. 数据标准化过程

尽管 OECD 网站提供了标准化的 48 部门投入产出表，但要使其适合编制跨国投入产出表，仍需要做一些标准化工作或相应的假设，主要是表格类型的一致化、统计年份的一致化、计价方法的一致化和货币单位的一致化。

OECD 投入产出数据库提供两种类型的投入产出表，即产品×产品投入产出表（Commodity-by-commodity IO Table）和部门×部门投入产出表（Industry-by-industry IO Table）。出于编制投入产出表的"纯"产品部门假设，本章假定它们是一致的、无差别的，在编制跨国投入产出表时均直接使用。

OECD 投入产出数据库提供的是 1995 年、2000 年和 2005 年的各国投入产出表，但不尽然，在中国、美国、日本、英国、德国、法国、意大利、韩国、印度、澳大利亚 10 个国家中，澳大利亚和印度的年份并不如此。澳大利亚这三个年度分别是 1994/95、2001/02、2004/05 年，印度这三个年度分别是 1993/94、1998/99、2003/04 年。如果要编制三个年度的跨国投入产出表，理应使其年份一致起来，但考虑到数据的可获得性，本章并没有进行延长表技术处理，而是直接使用对应年份的数据，其中还有一个理由是：投入产出表反映一国经济结构，而经济结构在短期内可保持相对稳定。

在计价方法方面，OECD 投入产出数据库提供两种类型的投入产出表，即基本价格（Basic Price）投入产出表和生产者价格（Producers' Price）投入产出表。其中，按基本价格计价的国家有德国、英国、法国、意大利、澳大利亚、印度；按生产者价格计价的国家有中国、美国、日本、韩国。按计价方法分，投入产出表有三种类型，即基本价格、生产者价格和购买者价格型投入产出表。购买者价格最全，包括购买者按指定的时间和地点取得货物所发生的运输和商业费用，购买者价格=生产者价格+购买者支付的运输和商业费用+购买者缴纳的不可扣除的增值税和其他税。基本价格最"单纯"，它是生产者生产单位货物和服务从购买者处所获得的金额，减去该单位货物或服务上应付产品税，加上其在生产或销售中的应收补贴，基本价格不包括由生产者单独开列的运输费用。生产者价格等于生产者生产单位货物和服务向购买者出售时获得的价值，包括开给购买者发票上的增值税或类似可抵扣税，该价格不包括货物离开生产单位后所发生的运输费用和商业费用。考虑到基本价格和生产者价格类型的投入产出表的差别，在编制跨国投入产出表中，我们统一为基本价格类型的投入产出表。

最初的 OECD 投入产出数据库只有以各国货币单位计价的投入产出表，但最近几年已可提供以美元为计价单位的标准化投入产出表。因此，本章统一使用以美元为计价单位的投入产出表。

3. 表式结构

本跨国投入产出表采用如表 3-6-12 所示的表式。

表 3-6-12　跨国投入产出表的表式

		中间使用										最终使用										出口至世界其他地区	误差	总产出
		中国	美国	日本	英国	德国	法国	意大利	韩国	印度	澳大利亚	中国	美国	日本	英国	德国	法国	意大利	韩国	印度	澳大利亚			
		部门1…部门48	部门1…部门48	部门1…部门48	部门1…部门48	部门1…部门48	部门1…部门48	部门1…部门48	部门1…部门48	部门1…部门48	部门1…部门48	消费 投资	消费 投资	消费 投资	消费 投资	消费 投资	消费 投资	消费 投资	消费 投资	消费 投资	消费 投资			
中间投入	中国 部门1……部门48																							
	美国 部门1……部门48																							
	日本 部门1……部门48																							
	英国 部门1……部门48																							
	德国 部门1……部门48																							
	法国 部门1……部门48																							
	意大利 部门1……部门48																							
	韩国 部门1……部门48																							
	印度 部门1……部门48																							
	澳大利亚 部门1……部门48																							
	自世界其他地区进口																							
增加值	毛营业盈余																							
	劳动者报酬																							
	生产税净额																							
总投入																								

在 10 个国家之间的投入和使用方面，在中间投入中间使用部分，采用 OECD 投入产出数据库提供的标准化的 48 部门结构。在最终使用部分，鉴于我们研究问题的性质，仅分为消费和投资两部分。其中，消费包括家庭最终消费支出、非营利组织（NPO）最终消费支出和政府最终消费支出三部分；投资包括固定资本形成、存货变化和贵重物品的变化三部分（实际上这些国家贵重物品变化一栏数值均为 0）。在增加值部分，包括毛营业盈余（等于净营业盈余和固定资产折旧两部分之和）、劳动者报酬和生产税净额三项，本章将基本价格编表中产品的净税收（Net Taxes on Products）和进口的净税收（Net Taxes Import）（实际上各国该项目分部门数据均为 0）添加到生产税净额（Net Taxes on Production）中去。

在 10 个国家的投入和使用之外，在投入部分，还包括来自世界其他地区的进口；在使用部分，还包括出口至世界其他地区的部分。

4. 数据平衡与编表完成

在表 3-6-12 的表式结构中，存在如下平衡关系：

行关系式：$\sum\sum X_{ij} + \sum\sum Y_{ij} + EX_i + ERR_i = X_i$（总产出）

列关系式：$\sum\sum X_{ij} + IM_j + VAT_j = X_j$（总投入）

行列平衡关系式：总投入=总产出

其中，i 表示行数据，j 表示列数据，$\sum\sum X_{ij}$ 表示国家内部、国家之间各产业部门中间投入使用数据，$\sum\sum Y_{ij}$ 表示各国分产业部门的最终使用数据，EX_i、IM_j 分别表示出口至世界其他国家和自世界其他国家进口的数据，VAT 表示增加值，是毛营业盈余、劳动者报酬和生产税净额三项之和，ERR 表示总投入和总产出之间的误差部分。

在一国内部的中间投入产出数据直接来自于原始表格中的国内投入产出表（Input-Output Domestic）。由于缺乏详细的国与国分产业进出口贸易数据，因此，国与国之间的中间投入产出数据需要估计（共 90 个 48×48 "块矩阵"）。现做两个重要假设：第一，进口品在中间使用和最终使用的比例与一国产品在两者的比例相同；第二，A 国 i 部门出口到 B 国 j 部门与 A 国 i 部门和 B 国 j 部门产出规模成正比。结合各国投入产出表中的进口额和出口额数据，以及一国出口至其他九国的出口比例，以各国进口投入产出表（Input-Output Imports）中的数据为控制项，不难估算这些中间投入产出 "块矩阵" 的数据，以及相应的最终使用数据、自世界其他地区进口数据和出口至世界其他地区数据。[1][2]

跨国投入产出表中的增加值一栏共有三项：毛营业盈余、劳动者报酬和生产税净额，这些数据均可直接来自于分国家的投入产出表数据。至此，跨国投入产出表行与列的数据是平衡的：（分产业）行产出=列投入，跨国投入产出表编制完成。

第四节　情景假设及模拟结果

为了预测 2015 年的可能变化，我们以 5 年的劳动力成本累计变化为冲击变量，测算各国产业的价格变动，从而确定各国产业竞争力的相对变化。这里，我们考虑下述四种情形，测算劳动力工资上涨对产业国际竞争力的影响：第一，测算在其他各国劳动力工资不变，仅中国劳动力工资上涨 10% 的情况时，中国与世界各产业价格变动和竞争力的变化，这相当于灵敏度分析。第二，不考虑人民币汇率和劳动生产率变化的情况，以过去 5 年中国和其他国家劳动力工资上涨的实际幅度来测算劳动力工资变动对产业竞争力的影响。第三，考虑人民币汇率上涨，但不考虑劳动生产率变化的情形。以过去 5 年各国以美元度量

---

① WTO 编纂的 International Trade Statistics 提供了各国分产业出口数据，以及世界分产业总出口数据，因此，可计算得到各国分产业出口占世界出口份额的数据。

② 由于 WTO 数据库产业分类与 OECD 投入产出表数据库分类不一致，因此，对于具有相同产业范围的行业按照其比例执行，对于没有相同产业范围的产业，则需要视情况给予相应的调整。

的劳动力工资上涨作为冲击变量，测算各国产业价格变动和竞争力的变化。第四，考虑汇率和劳动生产率的变化，即以过去5年以美元计价的各国分产业单位劳动力成本的实际变化为依据，测算各国产业的价格变动和竞争力的变化。

一、中国劳动力工资上涨10%，其他各国劳动力工资不变的情形

在这种情景下，测算中国分产业部门价格上涨情况如表3-6-13所示。分产业来看，农林牧渔业、公共管理与国防、教育、食品饮料烟草业、研究与发展、卫生健康与社会保障、纺织服装皮革制鞋业、住宿和餐饮业、建筑业受到的冲击较大，这些产业都是劳动力密集型产业或劳动报酬占比比较高的产业。受到冲击小的产业是不可贸易部门或者严重依赖进口的部门，如有色金属业、航空航天器制造、铁路及运输设备制造业、蒸汽生产与供应业、计算机及相关活动、家庭雇工及境外组织等。

表3-6-14反映的是全社会价格总指数上涨情况，其中，中国全社会价格总指数上涨3.514%，其他各国上涨幅度均不足0.5%，其中美国和日本仅分别上涨0.010%和0.011%。

表3-6-13　中国分产业部门价格上涨情况

单位：%

产　业	上涨幅度
农林牧渔业	7.47
能源开采业	2.42
非能源开采业	2.64
食品饮料烟草业	4.45
纺织服装皮革制鞋业	4.16
木材加工及木器制品业	3.76
纸浆造纸印刷出版业	3.24
石油加工、炼焦及核燃料加工业	2.31
化学制品业	2.95
医药制造业	0.00
橡胶塑料制品业	2.93
其他非金属矿制造业	2.79
钢铁冶炼业	2.34
有色金属业	0.00
金属制品业	2.78
机器设备制造业	2.79
办公用机械制造业	2.49
电气机械及器材制造业	2.88
通信设备制造业	2.89
医疗设备、精密仪器和光学仪器制造业	3.08
汽车、拖挂车和类拖挂车制造业	2.86
船舶制造和修理业	2.83
航空航天器制造	0.00
铁路及运输设备制造业	0.00

续表

产　业	上涨幅度
其他制造业和回收利用业	2.71
电力生产与供应业	2.37
燃气生产与供应业	2.84
蒸汽生产与供应业	0.00
水的生产供应业	3.23
建筑业	3.77
批发、零售和维修业	2.77
住宿和餐饮业	3.80
陆路运输和管道运输	2.66
水路运输	0.00
空中运输	0.00
运输服务与代理业	0.00
邮政通信业	2.34
金融保险业	3.61
房地产业	1.46
机器设备租赁业	0.00
计算机及相关活动	0.00
研究与发展	4.37
其他商业活动	3.34
公共管理与国防	6.34
教育	6.09
卫生健康与社会保障	4.20
社区服务及个人服务业	3.30
家庭雇工及境外组织	0.00

表 3-6-14　全社会价格总指数上涨

单位：%

国家	全社会价格总指数、上涨幅度
中国	3.514
美国	0.010
日本	0.011
英国	0.180
德国	0.067
法国	0.324
意大利	0.457
韩国	0.040
印度	0.014
澳大利亚	0.021

二、不考虑汇率变化和劳动生产率变化的情形

这里的假设暂不考虑汇率变化和劳动生产率的变化，以各国本币计量的劳动力工资水

平变化为依据（实际上只有中国是以人民币计价，其他各国仍以美元计价），对各产业价格变化进行计算。以过去 5 年实际上涨幅度为依据，各国劳动力工资上涨幅度分别为：中国，75%；美国，5%；日本，0；英国，4%；德国，1%；法国，5%；意大利，1%；韩国，8%；印度，75%（假设与中国上涨幅度一致）；澳大利亚，5%。[①]

在这种情景下，测算中国分产业部门价格上涨情况如表 3-6-15 所示。分产业来看，农林牧渔业、公共管理与国防、教育、食品饮料烟草业、研究与发展、卫生健康与社会保障、纺织服装皮革制鞋业、住宿和餐饮业、建筑业受到的冲击较大，这些产业都是劳动力密集型产业或劳动报酬占比较高的产业。受到冲击小的产业是不可贸易部门或者严重依赖进口的部门，如有色金属业、航空航天器制造、铁路及运输设备制造业、蒸汽生产与供应业、计算机及相关活动、家庭雇工及境外组织等。

表 3-6-16 反映的是全社会价格总指数上涨情况，其中，中国和印度上涨幅度最大，全社会价格总指数分别上涨 26.54% 和 20.88%，其他各国上涨幅度均不足 4%，日本仅上涨 0.16%。

表 3-6-15 中国分产业部门价格上涨情况

单位：%

产 业	上涨幅度
农林牧渔业	56.12
能源开采业	18.22
非能源开采业	19.95
食品饮料烟草业	33.49
纺织服装皮革制鞋业	31.43
木材加工及木器制品业	28.38
纸浆造纸印刷出版业	24.53
石油加工、炼焦及核燃料加工业	17.55
化学制品业	22.39
医药制造业	0.00
橡胶塑料制品业	22.11
其他非金属矿制造业	21.06
钢铁冶炼业	17.86
有色金属业	0.00
金属制品业	21.05
机器设备制造业	21.27
办公用机械制造业	19.19
电气机械及器材制造业	21.83
通信设备制造业	22.08
医疗设备、精密仪器和光学仪器制造业	23.39
汽车、拖挂车和类拖挂车制造业	21.71

[①] 本章前述分析缺少印度的内容，但根据媒体报道可知，印度近 10 年来工资上涨幅度也是非常高的，甚至在亚洲排名第一。如新加坡《联合早报》报道，印度 2012 年工资上涨 12%，连续 10 年位居亚洲国家之首。由于 10 年来，除 2009 年下半年和 2010 年上半年印度卢比持续走强外，多数情况下，印度卢比与美元的汇率呈走弱趋势，因此，以美元衡量的印度劳动力工资上涨幅度一般小于以本币衡量的上涨幅度，这一点正好与中国相反。

续表

产　业	上涨幅度
船舶制造和修理业	21.39
航空航天器制造	0.00
铁路及运输设备制造业	0.00
其他制造业和回收利用业	20.55
电力生产与供应业	17.83
燃气生产与供应业	21.42
蒸汽生产与供应业	0.00
水的生产供应业	24.34
建筑业	28.44
批发、零售和维修业	20.81
住宿和餐饮业	28.61
陆路运输和管道运输	20.10
水路运输	0.00
空中运输	0.00
运输服务与代理业	0.00
邮政通信业	17.67
金融保险业	27.14
房地产业	11.01
机器设备租赁业	0.00
计算机及相关活动	0.00
研究与发展	32.94
其他商业活动	25.31
公共管理与国防	47.63
教育	45.77
卫生健康与社会保障	31.68
社区服务及个人服务业	24.83
家庭雇工及境外组织	0.00

表 3-6-16　全社会价格总指数上涨

单位：%

国家	上涨幅度
中国	26.54
美国	2.78
日本	0.16
英国	2.59
德国	0.88
法国	3.24
意大利	1.20
韩国	3.66
印度	20.88
澳大利亚	2.62

三、考虑汇率变动但不考虑劳动生产率变化的情形

这里考虑人民币汇率的变动，但不考虑劳动生产率变化的情形。实际上是以美元计量的各国劳动力工资水平变化为依据的，过去5年各国劳动力工资上涨幅度分别为：中国，112%；美国，5%；日本，0；英国，4%；德国，1%；法国，5%；意大利，1%；韩国，8%；印度，75%（假设印度卢比—美元汇率稳定，印度国内工资上涨幅度与中国一样）；澳大利亚，5%。我们根据这种变化状况所引起的各产业价格和竞争力变化进行计算，其中，中国的结果如表3-6-17所示。

表3-6-17　中国分产业部门价格上涨情况

单位：%

产　业	上涨幅度
农林牧渔业	68.93
能源开采业	26.53
非能源开采业	28.88
食品饮料烟草业	39.44
纺织服装皮革制鞋业	41.72
木材加工及木器制品业	37.74
纸浆造纸印刷出版业	34.35
石油加工、炼焦及核燃料加工业	25.61
化学制品业	31.17
医药制造业	0.00
橡胶塑料制品业	32.07
其他非金属矿制造业	30.73
钢铁冶炼业	25.96
有色金属业	0.00
金属制品业	30.65
机器设备制造业	30.90
办公用机械制造业	27.71
电气机械及器材制造业	31.71
通信设备制造业	32.20
医疗设备、精密仪器和光学仪器制造业	34.05
汽车、拖挂车和类拖挂车制造业	31.60
船舶制造和修理业	31.13
航空航天器制造	0.00
铁路及运输设备制造业	0.00
其他制造业和回收利用业	28.07
电力生产与供应业	26.10
燃气生产与供应业	31.20
蒸汽生产与供应业	0.00
水的生产供应业	35.84
建筑业	39.84
批发、零售和维修业	30.15
住宿和餐饮业	36.71
陆路运输和管道运输	29.04
水路运输	0.00

续表

产　　业	上涨幅度
空中运输	0.00
运输服务与代理业	0.00
邮政通信业	25.80
金融保险业	39.89
房地产业	16.13
机器设备租赁业	0.00
计算机及相关活动	0.00
研究与发展	48.09
其他商业活动	36.51
公共管理与国防	62.34
教育	51.38
卫生健康与社会保障	45.87
社区服务及个人服务业	35.60
家庭雇工及境外组织	0.00

分产业来看，农林牧渔业、公共管理与国防、教育、研究与发展、卫生健康与社会保障、纺织服装皮革制鞋业、金融保险业、建筑业、食品饮料烟草业等受到的冲击较大，这些产业主要是劳动力密集型产业或劳动报酬占比比较高的产业。受到冲击小的产业依然是不可贸易部门或者严重依赖进口的部门，如有色金属业、航空航天器制造、铁路及运输设备制造业、蒸汽生产与供应业、计算机及相关活动、家庭雇工及境外组织等。

表 3-6-18 反映的是全社会价格总指数上涨情况，其中，中国上涨幅度最大，全社会价格总指数高达 35.45%，其次是印度，上涨 20.92%，其他各国上涨幅度均不足 4%，日本仅上涨 0.20%，德国上涨 0.96%。

表 3-6-18　全社会价格总指数上涨

单位：%

国家	上涨幅度
中国	35.45
美国	2.82
日本	0.20
英国	2.65
德国	0.96
法国	3.32
意大利	1.28
韩国	3.80
印度	20.92
澳大利亚	2.68

四、考虑汇率和劳动生产率变化的情形

在考虑汇率变动的基础上，进一步考虑劳动生产率变化的情形，即以各国以美元计价

的分产业单位劳动力成本变化为依据。笔者根据上述各表给出的各国分产业单位劳动力成本指数变化，测算对各产业价格和竞争力的影响（其中，美国、英国、日本、德国、意大利、韩国各产业单位劳动力成本变化由表3-6-3直接给出，法国、澳大利亚根据表3-6-3的OECD平均水平给出，假定中国和印度各产业单位劳动力成本上升幅度一样，均由表3-6-8给出）。其中，中国的结果如表3-6-19所示。

表3-6-19　中国分产业部门价格上涨情况

单位：%

产　业	上涨幅度
农林牧渔业	29.97
能源开采业	9.78
非能源开采业	10.76
食品饮料烟草业	17.93
纺织服装皮革制鞋业	16.88
木材加工及木器制品业	15.23
纸浆造纸印刷出版业	13.18
石油加工、炼焦及核燃料加工业	9.44
化学制品业	12.08
医药制造业	0.00
橡胶塑料制品业	11.90
其他非金属矿制造业	11.31
钢铁冶炼业	9.71
有色金属业	0.00
金属制品业	11.37
机器设备制造业	11.48
办公用机械制造业	10.38
电气机械及器材制造业	11.77
通信设备制造业	11.90
医疗设备、精密仪器和光学仪器制造业	12.62
汽车、拖挂车和类拖挂车制造业	11.70
船舶制造和修理业	11.54
航空航天器制造	0.00
铁路及运输设备制造业	0.00
其他制造业和回收利用业	11.04
电力生产与供应业	9.59
燃气生产与供应业	11.49
蒸汽生产与供应业	0.00
水的生产供应业	13.03
建筑业	15.27
批发、零售和维修业	11.15
住宿和餐饮业	15.32
陆路运输和管道运输	10.78
水路运输	0.00
空中运输	0.00

续表

产　业	上涨幅度
运输服务与代理业	0.00
邮政通信业	9.50
金融保险业	14.52
房地产业	5.89
机器设备租赁业	0.00
计算机及相关活动	0.00
研究与发展	17.67
其他商业活动	13.58
公共管理与国防	25.45
教育	24.45
卫生健康与社会保障	17.02
社区服务及个人服务业	13.32
家庭雇工及境外组织	0.00

分产业来看，农林牧渔业、公共管理与国防、教育、食品饮料烟草业、研究与发展、卫生健康与社会保障、纺织服装皮革制鞋业、住宿和餐饮业、建筑业等受到的冲击较大，这些产业主要是劳动力密集型产业或劳动报酬占比较高的产业。受到冲击小的产业依然是不可贸易部门或者严重依赖进口的部门，如有色金属业、航空航天器制造、铁路及运输设备制造业、蒸汽生产与供应业、计算机及相关活动、家庭雇工及境外组织等。

表3-6-20反映的是全社会价格总指数上涨情况，其中，中国和印度全社会价格总指数上涨幅度最大，分别为14.25%和12.75%，美国、德国、韩国全社会价格总指数上涨较小，分别是2.23%、2.98%和2.64%，日本全社会价格总指数甚至出现了下降，为-0.94%。

表3-6-20　全社会价格总指数上涨

单位：%

国家	上涨幅度
中国	14.25
美国	2.23
日本	−0.94
英国	8.26
德国	2.98
法国	4.89
意大利	6.06
韩国	2.64
印度	12.75
澳大利亚	4.21

五、小结

根据对不同情境条件下的模拟结果进行分析，得到如下几点结论：

第一，不论在什么情境条件下，对中国产业的冲击都是最大的，形势是严峻的。之所以出现这种状况，根本原因是中国正逐步越过第一个刘易斯拐点，劳动力工资上涨速度过快，人民币汇率升值势头似乎不可阻挡，这些都会对我国产业国际竞争力造成极大的损害。同时，对发展中国家如印度的产业冲击也较大，而对发达国家的产业冲击一般都比较小。这说明，发展中国家在赶超发达国家的过程中将遭遇到越来越大的阻力。

第二，人民币汇率升值会降低我国产业国际竞争力，而提高劳动生产率是我国产业应对劳动力工资上涨和汇率上涨冲击的有力手段。与此同时，我们还注意到，日本、德国、韩国等制造业强国因劳动生产率较高，单位劳动力成本上涨较慢或下降，劳动力工资上涨对其冲击非常有限，更进一步说明了提高劳动生产率尤其是制造业劳动生产率的重要性。

第三，分产业来看，农林牧渔业、公共管理与国防、教育、食品饮料烟草业、研究与发展、卫生健康与社会保障、纺织服装皮革制鞋业、住宿和餐饮业、建筑业甚至金融保险业等受到的冲击较大，这些产业主要是劳动力密集型产业或劳动报酬占比较高的产业。受到冲击小的产业依然是不可贸易部门或者严重依赖进口的部门，如有色金属业、航空航天器制造、铁路及运输设备制造业、蒸汽生产与供应业、计算机及相关活动、家庭雇工及境外组织等。

第五节　对策建议

一、转变经济发展方式，应对劳动力工资进一步上涨

"刘易斯拐点"的到来，即劳动力工资的不断上涨和劳动力无限供给特征的结束，虽然并不会在近期内改变中国的比较优势，但却意味着传统经济发展方式已走到尽头，迫切需要转变发展方式，从单纯依靠资本和劳动的投入转向依靠技术进步和生产率提高的增长方式转变，否则高速增长的源泉就会丧失。劳动力无限供给特征消失的根本性影响在于，以资本和劳动投入驱动的经济增长模式不再能够保持中国制造业的竞争力。在二元经济发展条件下，劳动力供给充足可以打破资本报酬递减规律，维持一个以资本和劳动投入为基础的高速经济增长。但是，随着劳动力短缺的出现，资本投入过度则会遇到报酬递减现象。

进一步推进产品市场和要素市场市场化改革，转变政府职能，加快经济发展方式的转变。无论是按照比较优势动态变化的趋势进行产业结构的调整，还是把经济增长方式从单纯依靠投入转到主要依靠生产率提高的轨道上，都要求形成一个发育良好、没有价格扭曲的产品市场和生产要素市场。而这个体制条件的形成，有赖于在正确方向上的进一步改革。目前，地方政府单纯追求产值的行为常常导致对于投资力度和方向的干预，宏观经济政策或者其他政策往往还会产生扭曲生产要素相对价格的效果。在新的情况下，各级政府应避免用政策手段人为干预产业结构及劳动力市场工资的形成，防止对传统增长方式的延续和劳动力成本上升造成推波助澜的倾向。因此，按照市场经济的原则，准确定位并矫正政府经济职能是转变经济增长方式的关键。

二、清除制度性障碍，缓解劳动力短缺

近年来，中国正越过第一个刘易斯拐点，劳动力供给略显不足的现象不仅出现在东部

地区，中西部地区也出现了类似趋势；不仅技能劳动者供求不足，普通劳动力的招募也略显紧张。这反映出市场需要与供给之间的不平衡，并进一步推动劳动力成本上升。因此，采取必要措施缓解劳动力短缺就成为遏制劳动力成本进一步上升的重要内容。当前最有必要的是，改革户籍制度，清除制度性障碍，进一步挖掘来自农村劳动力的供给潜力。

按照户籍人口计算，中西部地区的人口抚养比仍然低于东部地区，意味着中西部地区仍有人口红利潜力可以挖掘。虽然大量中西部地区劳动力在沿海地区打工，但是，现行户籍制度使得他们不能成为打工地的市民和稳定的劳动力供给。归根结底，农村劳动力转移的不稳定性是造成非农产业劳动力供给不稳定的主要原因。加快以农民工的市民化为主要取向的户籍制度改革，尽快消除仍然存在的劳动力流动制度障碍，可提高劳动力资源配置效率。一是通过创造更好的劳动力转移和流动环境，降低转移过程中需要克服的各种门槛，使那些年龄偏大、受教育水平偏低以及在其他方面处于劣势的农村劳动力也具备一定的转移条件和转移意愿，扩大经济增长中的劳动力供给。二是通过创造更多、更平等的就业机会、平等的社会保障体系以及定居条件，使目前处于不断流动状态的农村转移劳动力能够逐步稳定下来。如果户口制约等制度瓶颈问题得到解决，今后劳动力市场将会在更高的层次上形成新的平衡。

三、加大教育和培训力度，提高劳动生产率

提高劳动生产率是增强企业竞争力的根本途径，是提升人力资本、实现我国由"数量型"人口红利向"质量型"人口红利转变的关键，可有效对冲劳动力成本上涨对我国产业竞争力造成的冲击。与发达国家相比，我国劳动生产率还比较低，还有进一步提升的巨大空间。提高劳动生产率就是要提高劳动者素质，最主要的工作就是教育和培训。

一是加大教育投入，科学配置教育资源。通过对劳动者本身的投资，加大人力资本的积累，用质量替代数量，应成为当前的一项重要工作。要使每个人接受更多的教育，就要进一步深化教育。但是，资源是有限的。深化教育，即提高所有人的受教育年数，必须加大国家对教育的投入。与此同时，应通过合理配置教育资源，取得最好效果。有研究表明，如果把城市劳动力市场上的外来劳动力和本地劳动力进行比较，发现外来劳动力如果受过高中或中专教育，与仅受过初中及以下教育相比，工资回报显著提高。但是，如果受过大专及以上教育，与仅受过高中或中专教育相比，工资回报没有显著变化。类似地，城市劳动力如果接受高中或中专教育，与仅受过初中及以下教育相比，工资回报不会显著提高。而一旦接受大专及以上教育，与仅受过高中或中专教育相比，回报则会显著提高。可见，对外来劳动力而言，首要的是要让他们当中的更多人接受高中或中专教育，这将使得外来劳动力的工资显著提高。由于大专及以上教育的回报与高中或中专教育相比没有显著差异，在能够投入教育的资源有限的情况下，在扩大可用于农村教育的资源的同时，应该逐步提高高中或中专教育在农村教育发展中的优先地位。一个可行的办法是，对于中专和技校招收农村初中毕业生的，国家财政要加大对学校的补助力度，并为农村中专和技校学生提供学杂费全免的制度安排。

二是加大培训力度，并优化培训形式。我国以往的培训以技术、管理人员为重点，对一线操作人员投入较少，但随着工业化进入技术密集型、高加工度阶段，应该加大对一线

操作人员的技能培养。针对我国实际，需要在两方面做出改进：第一，改革国家教育培训投入形式，增加对校企联合培养项目的投入。具体做法是，建立"校企联合讲座"专项经费，由国家专门机构负责，以现有教育机构为基础，在现有教育行政系统之外建立新的高技能人才培养模式。经费额度要足够大，能够支撑起教师、学生的实验、实习所需。第二，采取措施，促进企业提高技能教育培训水平。企业所需要的专用技能，往往是教育机构无法教授的，只能靠企业自身去培养。因此，国家应该采取措施，设法促进企业对技能教育培训的投入。但这并不意味着就是简单地发补助，而要精心地考虑政策手段，将国家资源真正使用在技能教育培训上。作为实用的政策手法，有"教育培训费减税制度"。这个制度的具体做法是，审核企业上年度的教育培训经费，按其金额的某个比例（如50%）减免企业的应缴税款。这相当于国家对企业教育经费进行了50%的补助。这个制度因为是对企业上年度已经执行了的技能教育培训的激励，所以保证了国家资源使用目的的实现。

四、自主设定汇率形成机制改革路径，拒绝人民币"被升值"

近年来，在国内劳动力工资快速上涨的同时，由于人民币汇率也快速升值，使得以美元衡量的中国劳动力工资上涨势头过猛。如果延续这种势头，中国制造业的低成本优势很快就会过去。因此，要遏制中国制造业迅速变"贵"，就要遏制人民币继续过快升值的势头。

在世界经济艰难复苏的当今，贸易保护主义重新抬头。一些国家尤其是一些发达国家采取"以邻为壑"的汇率政策来转嫁危机，全球经济正沿着一种不确定的路径走向再平衡，人民币汇率也成为一些国家试图压制中国进一步发展的工具。未来应对人民币汇率压力的根本策略，在于坚持人民币汇率主权的独立自主性，按照国际收支状况和国内经济发展需要，自主设定人民币汇率形成机制改革路径，自主掌握人民币升值的力度与节奏，自主决定是否对人民币汇率进行干预。面对不断升级的人民币汇率大国博弈，我们要按照主动性、可控性和渐进性原则来推动汇率形成机制改革，拒绝人民币无端"被升值"，保护我们的利益。

【参考文献】

[1] 蔡昉，杨涛，黄益平. 中国是否跨越了刘易斯转折点？[M]. 北京：社会科学文献出版社，2012.

[2] 蔡昉. 劳动力供给与中国制造业的新竞争力来源 [J]. 中国发展高层论坛，2012专号，2012.

[3] 中国社会科学院工业经济研究所. 中国工业发展报告（2012）——"十二五"开局之年的中国工业 [M]. 北京：经济管理出版社，2012.

[4] 刘湘丽. 中国工业技术技能劳动力供需矛盾的原因与应对措施 [J]. 中国经贸导刊，2007 (11).

[5] 刘湘丽. 中国工业劳动力需求变化分析动力 [J]. 中国经贸导刊，2012 (21).

[6] 郭朝先，张其仔，白玫等. 经济发展方式转变：产业升级与空间布局 [M]. 北京：社会科学文献出版社，2012.

[7] 刘起运，陈璋，苏汝劼. 投入产出分析 [M]. 北京：中国人民大学出版社，2006.

[8] 刘刚. 后危机时代人民币汇率大国博弈研究 [J]. 经济理论与经济管理，2012 (2).

[9] 杨长湧. 中国应对人民币汇率压力的策略研究 [J]. 宏观经济研究，2012 (2).

[10] 郭连成. 新兴经济体研究（第4辑）[C]. 北京：中国社会科学出版社，2012.

第七章　发达国家征收碳（关）税对中国的影响

第一节　概念与理论

一、基本概念

1. 碳税与碳关税

碳税（Carbon Tax）是一种环境税，是针对二氧化碳（温室气体）排放所征收的税。目前开征碳税的国家主要有部分欧盟国家、北欧国家以及日本、澳大利亚；美国和加拿大则在部分地区开征了碳税，还有一些国家和地区也在积极探索。但各国碳税税基、征收环节、税率、减免政策、实施期限、税收用途、是否单独征收等都大不相同。

如果将碳税理念应用到边境措施当中，就产生了碳关税。但是，实施国内碳税既不是产生碳关税的充分条件，也不是必要条件。一些国家如澳大利亚、日本尽管实施了国内碳税，但并不向域外延伸，不征收碳关税；另外一些国家或区域，如欧盟和美国的碳关税并不是来源于碳税，而是实施碳排放权交易向域外延伸的结果（如经法律程序，欧盟 EU-ETS 产生的"航空碳税"，美国 Cap-and-Trade 产生的边境调节税）。与碳税相比，碳关税不再是单纯的国内措施，它成了国际贸易和经济发展的调节手段和工具。

2. 碳税与能源税

碳税是以减少二氧化碳的排放为目的，对化石燃料（如煤炭、天然气、汽油和柴油等）按照其碳含量或碳排放量征收的一种税。而能源税一般是泛指对各种能源征收的所有税种的统称，包括国外征收的燃油税、燃料税、电力税以及我国征收的成品油消费税等各个税种。

比较起来，碳税与能源税之间既相互联系，也存在着一定的区别。两者的联系为：①在征税范围上，碳税与能源税有一定的交叉和重合，都对化石燃料进行征税；②在征收效果上，碳税与能源税都具有一定的二氧化碳减排和节约能源等作用。它们之间的区别为：①在产生时间上，对各种能源征收的能源税的产生要早于碳税，碳税则是在认识到排放温室气体破坏生态环境以及对全球气候变化造成影响后才得以设计和出现的；②在征收目的上，碳税的二氧化碳减排征收目的更为明确，而初期能源税的征收目的并不是二氧化碳减排；③在征收范围上，碳税的征收范围要小于能源税，只针对化石能源，而能源税包括所有能源；④在计税依据上，碳税按照化石燃料的含碳量或碳排放量进行征收，而能源税一般是对能源的数量进行征收；⑤在征税效果上，对于二氧化碳减排，理论上根据含碳量征收的碳税效果优于不按含碳量征收的能源税。

二、碳税的经济学理论

二氧化碳是引起全球气候变化最重要的温室气体，征收碳税是积极应对气候变化和促进节能减排的有效政策工具。碳税是针对化石燃料使用所引起的碳排放的外部不经济问题所征收的税。英国经济学家庇古（Pigou）认为，应当由国家采用征税和补贴等政策干预的手段使外部性内部化。按照污染者付费原则（Polluter Pays Principle，PPP原则），可以根据污染造成的危害对排污者课税，将环境污染的成本加到产品的价格当中去，来消除这种私人成本与社会成本相背离的情况，弥补两者之间的差距。这就是所谓的庇古税（Pigovian Tax）。因此，从福利经济学角度分析，碳排放引起气候变化的实质是外部不经济性问题，由此构成碳税的理论基础。碳税就是庇古税的一种表现，实际上就是根据化石燃料中的碳含量或碳排放量征收的一种间接税。

征收二氧化碳排放税是基于市场调节的主要减排手段，可从两方面达到减排目标：一是需求效应，通过提高能源价格，压缩高能耗产出或降低单位产出能耗，以降低能源需求；二是替代效应，降低低碳燃料和清洁燃料成本，以促进低碳经济发展。欧盟最早实施碳税，而且参与国家日益增多。从结果看，税率越高，减排效果越明显。

主流环境经济学家认为，碳税是一种有效的气候规制政策。比如，美国著名经济学家威廉·诺德豪斯一直是碳税的坚定支持者，他提出了五个方面的理由：①碳价格的设定，可以直接和气候科学及经济研究相联系。相比之下，数量政策需要计算出稳定的大气温室气体浓度所对应的升温限度以及减排量，会更加困难和不确定。②温室气体作为存量污染物，其规制更适合税收手段。③财政偏好强烈。通过税收手段能够获得资金，可以用于研发和投资。④高度波动的价格不利于企业决策，特别是技术研发。⑤既有制度能够用于排放规制，并不需要设计或引入新制度（目前缺乏经验）（Nordhaus，1999）。

三、碳税实施效果分析

从理论上说，科学设计的碳税制度可以产生所谓的"双重红利"效应。皮尔斯（Pearce）于1991年提出，如果将二氧化碳税的收入用来大幅度减少现有税收的税率，以减少现有税收如所得税或资本税的福利成本，就可能以零福利成本或负福利成本获得环境收益，这就是所谓的环境税"双重红利"。其中，第一重红利为征收碳税，有助于提高化石能源利用效率，减少环境污染，改善生态环境；第二重红利为通过征收碳税，降低其他税率，或者政府对居民或企业的转移支付，能够降低所得税等扭曲性税收的超额税收负担，同时为政府带来收入用于其他社会福利，如扩大就业等。

一些研究认为欧洲的碳税改革具有"双重红利"效应：尽管碳税政策对部分行业产生了负面影响，但对国民经济整体而言，其主要作用是促进经济增长，证明了碳税的双重红利效应。但另外一些研究并不支持，认为碳税改革不过是"绿瓶装旧酒"（Old Wine in Green Bottles），并不具有如宣传所称的效果。

　　征收碳税的不足之处在于：碳税和能源税、环境税重合程度不一；税基宽窄程度不一；税率高低程度不一；大量的税收豁免，尤其是对大排放机构的豁免，不仅削弱了碳税应有的减排作用，而且造成新的社会不公平。多数国家实践表明，如果没有其他补偿措施，碳税具有累退性，即低收入群体承担的碳税占其收入的比例更高。因此，碳税的分配效应是不利于低收入群体的，因为只有小规模的污染者和能源消费者纳税，而能源消耗大户却得到了优惠或豁免。

四、碳税与碳交易

　　除碳税外，碳排放权交易也是减少二氧化碳等温室气体排放的重要经济手段。碳排放权交易（以下简称碳交易）是将二氧化碳排放权作为一种商品，市场中各经济主体对二氧化碳排放权进行自由买卖，随着排放的总批准额度的减少，温室气体也逐渐减少。为达到《联合国气候变化框架公约》全球温室气体减排量目标，《京都议定书》分别确定了联合履行机制 JI、清洁发展机制 CDM 和国际排放交易 IET 三种帮助发达国家实现减排目标的灵活机制，以较低的成本实现减排目标。目前碳交易主要有两种模式，即欧盟采取的排放交易机制（EU-ETS）与美国"总量控制与排放交易"计划（Cap-and-Trade）。

　　如果说碳税是以价格为基础的环境规制手段，那么碳交易就是以数量为基础的环境规制手段。碳税和碳交易各有优缺点。碳税的实施成本相对较低、企业易于进行成本估算、政策易于接受并且有利于企业间公平竞争，现实中比较容易推行。因此，在减排政策实践的初始阶段，碳税更容易为政府部门所采用。不过，碳税的缺陷也相对明显，信息成本较高，在信息获取不充分的情况下，税率制定的偏差有时还会产生新的扭曲。此外，碳税减排效果也具有不确定性。与碳税相比，碳交易虽然存在着实施成本较高、企业自身减排成本不易测算等问题，但其在减排效果以及运行成本方面具有相对优势，而且在国际减排治理上也具有较大的作用。碳税和碳交易作为环境规制的不同手段，本质上并不对立，而是基于不同经济理论之上的政策演绎。碳税侧重解决污染排放的价格问题，碳交易侧重解决污染排放的数量问题，两者在环境规制的不同层面发挥着不同作用。在认识到税收政策和数量控制政策优劣的基础上，很多经济学家也提出，应该把税收政策和数量政策结合起来，设计混合型气候政策。

五、国际碳税与碳关税

　　国际碳税是对国际层面的碳税的称谓，从学术角度看，它有多种含义：国际机构针对国家征收的碳税、国际达成协议而由协议国征收的碳税以及以国内税的形式征收但对国际市场具有重大影响的碳税等所有延伸到国际层面的碳税。王珏（2012）梳理了当今关于国际碳税方案的代表性观点，归纳为如表 3-7-1 所示的四种：统一的国际税（方案Ⅰ）、有差异的国际税（方案Ⅱ）、统一的国内税（方案Ⅲ）和国内税+边境调节税（方案Ⅳ）。从成本效益、公平性、参与广泛程度等方面衡量，方案Ⅳ都很不理想，但由于具有可操作性，因而被国际社会所采用。边境调节税即碳关税，发达国家普遍认为如果它们单边征收碳税会降低其国内产业的市场竞争力，并导致碳泄漏，认为边境调节税是保护碳税实行国的产业竞争力和防止碳泄漏的有力手段。

表 3-7-1　国际碳税方案的比较

	方案Ⅰ： 统一的国际税	方案Ⅱ： 有差异的国际税	方案Ⅲ： 统一的国内税	方案Ⅳ： 国内税+边境调节税
成本效益	高	中	次高	低
公平性	高	高	高	低
参与广泛性	次高	高	次高	低
可操作性	低	次高	中	高

资料来源：王珲：《国际碳税方案的比较分析》，《中国人口·资源与环境》，2012 年第 3 期。

自 2005 年 2 月《京都议定书》正式生效之后，欧盟曾几度主张附件 I 国家对来自未履行减排义务国家的进口产品征收碳关税，以此作为单边性质的边界调节机制，一方面用以弥补减排政策导致的竞争力损失；另一方面迫使相关国家尽快承担减排义务。美国国会众议院 2009 年 6 月通过的《2009 美国清洁能源安全法案》则试图把碳关税政策付诸实施。

国际社会可能采取三方面措施实施碳关税：一是直接针对产品或服务征收的关税；二是通过边境调节税的手段对产品或服务的进口环节征；三是强制要求从总量排放与交易体系（Cap-and-Trade）或排放交易体系（ETS）下购买排放额度。事实上，第一种方式是一种纯粹的关税措施，而后两种方式其实都可归纳为边境调整措施；第二种方式是在进口国国内有相应国内税为前提在边境采取的调整措施；第三种方式是在没有相应国内碳税，而是以进口国国内采取了排放交易机制等减排措施为基础在边境进行的调整措施，后两种方式分别被美国和欧盟所提倡。

总之，碳关税的实质应是一种基于碳的边境调整措施（Carbon Based Border Adjustment Measures），其定义应为：一国以国内碳税、排放交易机制或其他减排措施为基础，对来自于未采取相应减排措施的国家的进口产品，要求进口商缴纳或购买一定额度的税费或国际储备配额的边境调整措施。

碳关税的实质是将气候变化问题与贸易问题捆绑在一起，是以环境保护为名，行贸易保护之实，实质上是以美国为首的发达国家基于国内利益考虑而采取的有损广大发展中国家利益的贸易保护措施，这不仅违反了世界贸易组织的基本规则，也违背了《京都议定书》确定的发达国家和发展中国家在气候变化领域"共同而有区别的责任"原则和"历史责任"原则，是披着"绿色外衣"的新型贸易保护主义，也是塑造国际经济贸易新的不公平秩序的重要模式，更是以美国为首的发达国家在全球化时代经济霸权主义的重要体现。因此，它们开征"碳关税"的实质是保护本国的产业利益、经济利益和政治利益，而不是单纯地遏制全球气候变暖。

第二节　主要发达国家的碳税和碳关税政策

一、欧洲碳税和碳关税

基于保障能源安全、增强竞争力等方面的考虑，欧洲主要国家一直是应对气候变化的主要倡导者，积极推动温室气体减排，试图成为全球应对气候变化的主导者。英国、德国、瑞典等欧洲国家还是世界上少数几个二氧化碳排放峰值达峰的国家（见图 3-7-1），这使得它们在引导全球二氧化碳减排方面占据有利位置，出台了包括碳排放交易制度、碳税在内的一系列政策措施。2007 年 3 月欧盟各成员国达成协议，提出到 2020 年完成 20-20-20 的目标，即减少二氧化碳排放 20%（相对于 1990 年），20%能源消费来自于可再生能源，能源利用效率提高 20%。

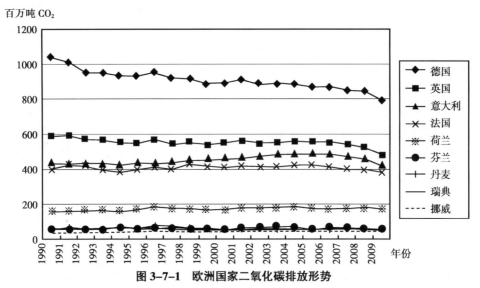

图 3-7-1　欧洲国家二氧化碳排放形势

资料来源：The World Bank. World Development Indicators（http：//data.un.org）.

碳税是环境税的一种。环境税一般是对为实现一定的环境保护目标而征收的所有税种的统称。碳税、能源税、环境税三者相比较，环境税的外延最大，既包括能源税和碳税，也包括其他与环境保护相关的税种，如硫税、氮税、污水税等。在欧盟，环境税主要在四个领域征收：能源、交通、污染和资源。其中，能源税大约占环境税的 3/4，或者占总税收（含社会捐助）的 5%左右。交通税占环境税的不到 1/4，或者总税收（含社会捐助）的 1.5%。余下的污染税和资源税仅占总税收的一小部分，两项合计仅约占环境税的 4.1%（Eurostat，2007）。

1. 欧洲各国的碳税

欧洲国家的碳税实施较早，具体做法是对石化能源使用量或对二氧化碳排放量分别征税或同时征税。就狭义的碳税而言，目前，已有芬兰、挪威、瑞典、德国、英国、荷兰、丹麦、瑞士等开征碳税或气候变化相关税。表 3-7-2 是欧洲主要国家开征碳税的导入时间。据耶鲁大学环保刊物《Yale Environment 360》报道，目前，欧盟 27 个成员国中已有 17 个国家正式征收碳排放税。除碳税外，欧洲国家还征收与气候变化相关的税收，具体如表 3-7-3 所示。

表 3-7-2 欧洲主要国家实施碳税的导入时间

国家	相关税种	导入年份
芬兰	碳税	1990
挪威	碳税	1991
瑞典	碳税	1991
德国	碳税、能源税	1999
英国	气候变化税	2001
荷兰	能源税	1996
丹麦	碳税、能源税	1992
瑞士	气候变化税	2008

资料来源：何平均：《国外促进低碳经济发展的税收政策及启示》，《经济与管理》，2010 年第 11 期。

表 3-7-3 2000 年以来欧洲部分国家与气候相关的环境税税基的变化

	奥地利	比利时	丹麦	芬兰	法国	德国	希腊	冰岛	爱尔兰	意大利	卢森堡	荷兰	挪威	葡萄牙	西班牙	瑞典	英国
空气/能源																	
CO$_2$																	
氮氧化合物																	
燃料																	
交通																	
汽车销售与使用																	
汽车税收差异化																	
水																	
污水排放																	
废弃物																	
一般废弃物																	
危险废弃物																	
产品																	
氟氯化碳																	
化肥																	
纸张、纸板																	
资源																	
原材料																	

注：灰色为已经存在的税基。

资料来源：EEA. Environmental Taxes – Redent Developments in Tools for Integration, Copenhagen; OECD/EU database for environmental taxes see http：// www. oecd. org/ env/ policies/ taxes.

欧洲诸国在征收碳税时有以下几个特点：

一是征收范围有扩大趋势。表现为征收碳税的国家增多，碳税以及与气候变化相关的税收税基增多。

二是碳税税率逐步上升。比如，芬兰在征收碳税之初，采用低税率（税率仅为 1.62 美元/吨）。在实行一段时期后，发现二氧化碳的减排效果不佳，芬兰政府逐步提高了碳税税率，由最初的 1.62 美元/吨提高到 26.15 美元/吨。瑞典最初引入碳税制度时每吨二氧化碳税率仅有 27 欧元，此后于 1995 年和 2002 年两次上调税率，目前每吨已达二氧化碳 110 欧元以上。

三是存在过渡期，在过渡期对某些产生提供税收减免措施，以使其适应税制的变动。比如，瑞典在 1991 年的税制改革中引入了碳税，其中对工业企业按 50% 的比例征收，对某些高能耗产业如电力、制造、造纸、采矿、商业园艺等也给予税收豁免。1993 年碳税改革以后，对工业部门的税率进一步降低，碳税的总税负被限制在生产产值的 1.7% 以内，随后调整为 1.2% 以内。对于一些能源密集型产业也进一步给予了税收减免，其中海外航空和海运业免税。2002 年税率提高，但对工业部门的税收减免则由 50% 上调至 70%，抵消了税率上调增加的负担。

四是在碳税税率上升的同时，调整补贴或其他税收水平，不给纳税人产生额外的税收负担。比如，英国于 2001 年开始对气候变化征税，主要在电力、煤炭、天然气、液化石油气等出售给商业和公用部门的环节上征收。对商业和公用部门的征税标准是能源价格加收 15%。所有税收的 0.3% 将返还到雇主的国家保险账户，并通过政府额外的支持，再用于投资能效和节能技术。可再生能源免征气候变化税，商业风能项目从这一系统中受益。英国征收碳税后，通过以碳税收入补贴企业，有效缓解了成本上升的压力。

从效果看，主要体现在以下几方面：①降低能源消费，减少二氧化碳排放量。在欧盟"碳税俱乐部"中，芬兰、瑞典、丹麦、荷兰、英国和德国的能源需求均呈下降趋势，但降幅不同，主要取决于税率高低。2004 年，上述 6 国能源需求同比平均下降 2.6%，其中芬兰降幅最大（碳税高）。同期，6 国温室气体排放平均减少 3.1%，芬兰减排则达到 5.9%，瑞典减排幅度超过能源需求下降幅度。②碳税抬高了能源价格，但对企业实际税负影响不大。征收碳税会增加能源密集型企业的成本，但因实行其他税收减免，企业实际税负并不重。例如，开征碳税对德国大部分能源密集型企业造成的税负占其营业盈余的 2%~5%，其中水泥和玻璃制造业的税负不到营业盈余的 1%，钢铁冶炼业不到 2%。③产生"双重红利"现象，提升企业竞争力，促进了经济增长。部分欧洲国家在开征碳税后，出现贸易收支条件改善、经济增长和碳排放减少、环境质量改善的现象。

2. 欧盟"航空碳税"

在欧洲，最具影响、最具世界争议的碳税（碳关税）是所谓的"航空碳税"，指对航空燃油燃烧排放二氧化碳所征收的税。"尽管欧盟称这不是收税而是一种交易"，但欧盟将航空业纳入碳排放交易体系并强制性要求飞跃欧盟领空的航班购买碳排放配额的做法等同于变相征税。根据欧盟碳排放计划条款，从 2012 年 1 月 1 日起，进出欧洲的航空公司将免费获得 2010 年碳排放量 85% 的配额，2012 年之后免费配额将减少 3%，2013 年之后将再减少 5%，超出部分由航空公司在欧盟碳排放交易体系中购买，被强制收取费用。欧盟单方面强制性实施航空碳税，其冠冕堂皇的理由是：以环境保护为目的，通过对航空燃油碳含量的比例来征税，从而减少燃料消耗和二氧化碳排放，减缓全球气候变暖。

欧盟 2005 年 1 月 1 日正式启动碳排放交易机制，按照"限制和交易"的设计，通过每年给企业发放有限的碳排放配额，迫使它们节能减排。刚开始，欧盟的"碳管制"机制仅针对能源、钢铁等工业部门，欧盟委员会于 2006 年底出台立法建议，提出把航空业也纳入"碳管制"机制。2008 年欧盟立法生效，规定从 2012 年 1 月 1 日起把航空业纳入碳排放交易机制。2011 年 3 月，欧盟委员会公布了首个航空业年度碳排放限额，即 2012 年不超过 2.13 亿吨，2013 年起不超过 2.09 亿吨。欧盟宣布从今年 1 月 1 日起正式征收碳交易排放税，所有到达和飞离欧盟机场的国际航班都纳入欧盟的碳交易排放体系，其中包括许多以其他国家和地区为运营基地的航班。法案规定，如果航空公司的碳排放量超出上限，将被强制要求购买排放许可，否则每排放一吨二氧化碳就将面临 100 欧元的罚款。

欧盟航空碳交易计划招致国际社会的谴责和抵触，但欧盟仍坚持推行，大致过程是：

（1）2008 年 11 月，欧盟颁布 2008/101/E C 号指令，将国际航空业纳入欧盟的碳排放交易体系，并宣布于 2012 年 1 月 1 日起实施。

（2）2009 年，美国航空运输协会与三大航空公司对欧盟提出诉讼，认为其违反《芝加哥公约》、《京都议定书》等。

（3）2011 年 9 月 27 日，中俄发表联合声明，反对欧盟就航空排放采取任何单边、强制性、未经双方同意的做法。

（4）2011 年 11 月 30 日，欧盟气候谈判代表梅茨格在德班气候大会上表示，征收碳排放交易税决定不可更改。

（5）2011 年 12 月 21 日，美国起诉欧盟征收航空碳税案以美国败诉结案。

（6）2011 年 12 月，美国、巴西、南非等 26 国共同签署了反对欧盟碳排放交易体系的联合宣言。

（7）2012 年 1 月 1 日，欧盟航空业碳排放交易机制生效。

（8）2012 年 1 月 30 日，欧盟碳排放交易系统注册机制已正式向航空业启动。根据欧盟要求，其交易体系覆盖的所有航空公司均需在该注册机制开户，并需在每年的 3 月 31 日前将前一年的排放数据输入该机制，在 4 月 30 日前提供足够的排放配额以抵补上一年的排放。

（9）2012 年 2 月 22 日，有关航空业碳排放问题的国际会议经过两天磋商在莫斯科结束，包括美国、中国、巴西、印度在内的 33 个国家派代表团与会，其中来自全球 29 国的与会代表发表联合宣言，提出了反对欧盟单方面向他国航空公司征收"碳排放税"的具体措施。联合宣言包含"一揽子"可选择的反制措施，各国将根据自己的具体情况选择采用。这些措施包括：利用法律禁止本国航空公司参与碳排放交易体系；修改与欧盟国家的"开放天空"协议；暂停或改变有关扩大商业飞行权利的谈判。

（10）2012 年 5 月 15 日，欧盟气候行动专员康妮·赫泽高宣称，约有 1200 家航空公司按欧盟规定，在 3 月 31 日前提交了 2011 年的飞行数据，其中包括美国、俄罗斯、日本等反对 ETS 国家的航空公司，仅有 8 家中国航空公司和两家印度航空公司仍未提交该数据。

（11）2012 年 6 月，欧盟要求中国和印度在 6 月 15 日之前提交 2011 年的飞行数据，以此为依据来征收碳排放税。对此中航协表示，中国航空公司不会向欧盟提供任何的碳排放数据。此前，欧盟威胁称，中国航空企业将面临数额不等的罚款，最高额度将达到 50 万欧元左右。

欧盟的做法引起了广泛质疑：一是欧盟单边做法是否侵犯他国主权。国际航协理事长兼首席执行官汤彦麟表示，欧盟的单边做法被一些国家视为涉嫌侵犯主权，招致至少 43 个国家和地区公开反对。欧洲法院不顾全球越来越高的反对声浪而进行的判决，更加证明了欧洲法院只会维护欧盟的利益。无论是从国际公约，还是从国际惯例，欧盟将国际航空业纳入 EU ETS 都是明显违法的、无理的，欧洲法院的判决显然不公正。二是以环保之名谋自身利益。欧盟强征航空碳税，既有冠冕堂皇的理由，也有不便示人的目的。"在应对气候变暖的名头下，建立碳排放交易体系，从中获取经济利益，能够另辟财源。"以征税方式推行强制减排，欧盟第一可占住应对气候变化的道义制高地，第二可凭借技术、机制的先发优势强化欧洲对全球未来绿色发展的话语权，第三可以让处境艰难的欧洲航空业消解竞争压力。针对之前各国一直谴责欧盟利用环境借口敛财之说，欧盟气候行动专员赫泽高近日表示，欧盟会考虑将适度的收入返还于气候绿色基金，用以帮助贫穷国家应对气候变化。但即便如此，这种行为也是不公平的。欧盟慷他人之慨的做法，其本质是掩人耳目。

2012 年 2 月 6 日，中国民航局正式表态，称欧盟的做法违反了《联合国气候变化框架公约》和国际民航组织的相关原则和有关规定；中方已通过双边和多边渠道多次向欧盟方面表达关切，反对其将他国进出欧盟的国际航班纳入碳排放交易体系；中方也将根据事态发展，考虑采取必要措施维护本国民众和企业的利益。与此同时，中国民航局向各航空公司下达"禁令"，用两个"禁止"正式向欧盟强征碳税"宣战"——"禁止中国境内各运输航空公司参与欧盟排放交易体系，禁止各运输航空公司以此为由提高运价或增加收费项目"。中国航协则呼吁国内航企以"三不"原则抵制欧盟碳税，即不参加欧盟碳市场交易、不向欧盟管理成员国提交碳排放监测计划、不与欧盟谈判优惠条件。

另外，2012 年 6 月，中国民航局负责人表示，欧盟强制征收航空碳税既不合法，也不合理，即便实施也要推迟。即便无法推迟到 2020 年，中国要求欧盟至少应该将航空碳税征收时间推迟到 2013 年国际民航组织大会结束之后。据国际航空运输组织理事长兼首席执行官汤彦麟透露，国际民航组织正在为航空运输业制定统一的全球市场措施，并在 2013 年秋季召开的国际民航组织大会达成最终决议。

据估算，欧盟征收航空碳税的做法将使国际航空业每年成本增加 34 亿欧元，并且还将逐年递增。此举或使许多航空公司把额外成本转嫁给乘客。对于发展中国家来说，航空公司还需要购买更多节油型飞机，其所带来的额外成本将使出口商品运输费上涨。国际航空运输协会（IATA）总干事兼首席执行官托尼·泰勒（Tony Tyler）于 2012 年 2 月 14 日表示，欧盟的航空碳排放交易方案将使本已不景气的航空业的利润缩减超过 30%。

欧盟启动碳排放交易体系对中国航空公司影响非常大。迄今欧盟共有 27 个成员国，目前中国在其 12 个国家拥有航权，中国至欧盟航线里程在 7000~9000 公里以上。国内四大上市航空公司——中国国航、南方航空、东方航空、海南航空，每周往返欧盟的航班量为国航 121 班、南航 70 班、东航 36 班、海航 20 班。据中航协测算，2012 年中国民航因此增加的成本预计约 7.9 亿元，2020 年将增加成本 37 亿元。从 2012 年到 2020 年，增加的总成本预计达到 179 亿元。

按照欧盟要求，若中国航企未在 2012 年 4 月 30 日前提交碳排放配额，欧盟的惩罚措施还将升级。也就是说，若中国航企未在欧盟指定的碳排放配额账户"充值"，使得免费配额加上在欧盟碳交易市场上购买额等于 2012 年的实际碳排放总量，将面临 100 欧元/吨二氧化碳的罚款，若仍拒不缴纳罚款，还将可能面临禁飞令。此前，欧盟曾为中国航企分配了 60 万~100 万吨的免费配额，但由于中国政府禁止国内航企参加欧盟 ETS，中国航企并未接受带有免费配额的碳排放账户。

二、美国碳税和碳关税

和欧洲相比，美国碳税只在部分州、市实施。美国的碳关税还只是一个未来式，这与欧盟现在就强行推行航空碳税也形成一个鲜明的对比。

1. 美国国内部分地区的碳税

美国早在 20 世纪 90 年代初开始研究并拟采用碳税，但直至今日，也只有个别地区适用碳税。目前，美国国内将碳税付诸行动的还仅仅是在州、市一级。2007 年科罗拉多州的博尔德市（Boulder，Colorado）执行碳税，2008 年加州港湾地区空气质量管理区（the Bay Area Air Quality Management District，California）开始执行碳税。

（1）博尔德市碳税。科罗拉多州博尔德市是一个人口接近 10 万的城市，位于丹佛的西北部。2006 年通过全体选民投票采用碳税，2007 年 4 月实施。该税收的基础是人们使用电力的数量，因为博尔德市的居民和商业用电的大多数由煤炭燃料产生。税率是以电力使用的千瓦时为基础，最开始居民每千瓦时负担 0.22 美分，商业消费者每千瓦时负担 0.04 美分，工业消费者每千瓦时负担 0.02 美分。2009 年 8 月，碳税税率增加到法令允许的上限：对居民每千瓦时征税 0.49 美分，商业消费者每千瓦时负担 0.09 美分，工业消费者每千瓦时负担 0.03 美分。这个税率相当于接近每吨碳征收 12~13 美元的碳税。博尔德市利用碳税收入资助气候行动计划来促进家庭和建筑物内的能源效率、可再生能源和降低汽车行驶里程。博尔德市制定了一套评估碳减缓项目的指导原则，每个计划必须同时使温室气体排放降低和成本—效益最大化。博尔德市每年都对碳税资助的项目进行评估。2009 年 7 月，博尔德市政议会通过了碳税水平的增加并计划用这些额外的税收收入来扩大项目的支持面，包括能源效率改进和公共交通项目。值得注意的是，博尔德市碳税已于 2013 年 3 月 31 日结束。

（2）加州港湾地区碳税。该区域于 2008 年 7 月建立碳税（又称温室气体排放费），适用于该地区许可的设施排放的温室气体，对将近 780 个设施征收此费用。碳税执行之初，对每吨 CO_2 当量征收 0.045 美元碳税。为了计算每个许可设备应征收的温室气体排放费，温室气体排放量的基础数据是最近 12 个月期间向空气控制区报告的数据。每年的温室气体排放许可量都会分配到被许可的设备，每一个设备排放的温室气体中的 CO_2 当量排放将取决于每年温室气体排放量乘以适用的全球变暖潜在价值。这个温室气体排放费包括在年度许可的可再生费用当中。加州港湾地区实行差别税率，对污染严重的点源包括石油冶炼厂、发电厂和其他工业和商业污染设备实行高税率。根据加利福尼亚州的法律，加州港湾地区拥有法定权力对静止污染源相关的执行和实施项目的直接和间接费用来评估以更改征收的税额。比如 2009 年 6 月将碳税增加 3%，从每吨二氧化碳当量 0.045 美元上升到 0.048 美元。该税收收入分配流向支持该区域静止污染源的气候保护计划项目，包括：完成和维持地区温室气体排放目录；支持当地静止污染源温室气体排放减少的努力；开展静止污染源温室气体排放的管理措施；审查与温室气体相关的文件；处理《加利福尼亚环境质量法》中的气候变化问题和执行行政管理行动。

2. 美国的碳关税

美国是全球能源消费和温室气体排放大国。美国政治、经济、外交政策一向奉行利己主义，在温室气体减排问题上也不例外。2001 年，美国从布什政府拒绝签订《京都议定书》，到 2009 年奥巴马政府则热衷于实行碳关税。这个态度转变是美国经济利益、能源安全、技术进步、国内政治、国防外交等根据新形势发展的需要而产生的，体现美国一贯的霸权主义做法。

美国众议院于 2009 年 6 月 26 日通过了《美国清洁能源与安全法案》，法案包含了清洁能源、能源效率、减少温室气体排放、向清洁能源经济转型、农业和林业相关减排抵消等多方面的内容，其中最引起国际社会尤其是发展中大国关注的是提出"碳关税"措施。法案对碳关税（边境调节税）实施对象范围进行了界定，对以下国家豁免征收碳关税：在国际协议中作出与美国相当的减排承诺的国家；与美国同为特定国际行业协议成员国；具有行业能源或温室气体强度目标且这一目标低于美国以及最不发达国家；温室气体排放占全球份额低于 0.5% 的国家；占美国该行业进口份额不足 5% 的国家。由此分析，碳关税实施的重点无疑是中国等快速发展的发展中国家。为保护美国相关产业在法案实施后所谓的国际竞争力，美国必将致力于促成所有温室气体主要排放国达成约束性温室气体减排协议。如果到 2018 年 1 月，相关协议尚未达成，总统将可以签署建立"国际配额储备计划"，该计划旨在对限额排放体系所涉及产业部门的国际竞争力实施保护，对来自尚未承诺具体减排目标国家（尤指发展中大国）的相应产品征收边境调节税。

美国征收碳关税，可以获得多重的效果：不但占领了道德的制高点，还能充分利用时机获取经济利益，以环境保护为名，行贸易保护之实；更重要的是，碳关税是一个全新的制度框架，美国可以借此避开对历史旧账的补偿问题。同时，碳关税政策在国际上为美国开展气候和贸易谈判增加了筹码，给对手造成了政策不确定性和压力，迫使发展中国家让步，为美国获得实际利益，成为现阶段美国保护自身利益的有利工具。

有分析认为，从中国对美贸易的总体情况来看，美国"碳关税"的征收，无论是出口还是进口均将产生负面影响，比较而言，对美出口的影响要略大于进口的影响。出口方面，若征收 30 美元/吨碳的关税，将会使得中国对美国出口下降近 1.7%，当关税上升为 60 美元/吨碳时，下降幅度增加为 2.6% 以上；进口方面，若征收 30 美元/吨碳的关税，将会使得中国对美国进口下降 1.57%，当关税上升为 60 美元/吨碳时，下降幅度增加为 2.59%。除却直接影响产业发展外，美国对华征收碳关税还将对中国就业、劳动报酬以及居民福利造成负面效应。[①]沈可挺、李钢（2010）采用动态可计算一般均衡模型测算了碳关税对中国工业生产、出口和就业的可能影响。结果表明，每吨碳 30 美元或 60 美元的关

---

① 刘小川. 美国征收"碳关税"对中国经济的影响 [R]. 工作报告，2009.

税率可能使中国工业部门的总产量下降 0.62%~1.22%，使工业品出口量分别下降 3.53% 和 6.95%，同时使工业部门的就业岗位减少 1.22% 和 2.39%，而且以上冲击可能在 5~7 年甚至更长时期内产生持续影响。尤其值得注意的是，通常被认为不属于能源密集型或碳密集型行业的机械制造业出口和就业可能面临较大冲击。

三、澳大利亚碳税

澳大利亚是一个碳排放大国，据统计，2009 年澳大利亚因燃料产生的二氧化碳排放总量为 4.18 亿吨，全部温室气体排放 5.5 亿吨，列全球第 15 位。与一些碳排放大国相比，澳大利亚的碳排放总量不算太大，但仍处于增长阶段，并且人均碳排量强度很高，远远高于欧盟和日本的人均排放量，因此，澳大利亚具有较大的减排压力。

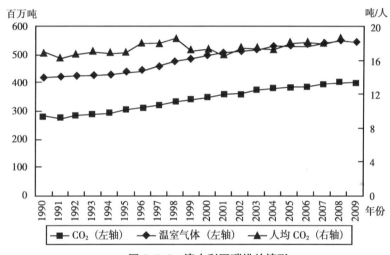

图 3-7-2　澳大利亚碳排放情形

资料来源：The World Bank. World Development Indicators（http://data.un.org）.

伴随着激烈的质疑与反对，2011 年 11 月 8 日澳大利亚参议院最终通过了《清洁能源法案》，以碳税（碳定价机制）的立法为核心和基础，对澳大利亚未来清洁能源的发展进行了规划。根据法案的要求，澳大利亚于 2012 年 7 月 1 日开始实施碳税政策，从固定碳价逐渐过渡到浮动价格阶段，2020 年前澳大利亚每年必须减少碳排放 1.6 亿吨。至此，澳大利亚将成为继欧盟之后，正式在全国范围内引入碳交易机制、实施碳税的重要国家。

第一，征收对象。碳税征收对象是澳大利亚约 500 家最大的碳排放企业，其中约有 60 家企业的主营业务是电力生产，有 100 家企业的主营业务是煤炭及其他矿产品开采，还有 60 家水泥、化工和金属加工等高耗能工业企业。随着《清洁能源法案》的实施进程，碳税征收对象逐步深入到更多的领域，包括各种常规能源的生产加工、交通运输和工业生产部门，甚至于一些非再生性废弃物处理部门，二氧化碳直接排放量为 2.5 万吨以上的垃圾填埋机构也将成为碳税征收对象。

第二，碳排放指标价格。碳排放指标的定价分阶段确定。方案生效后的前 3 年，碳排放指标采用政府指定价格定价，2012~2013 财年（2012 年 7 月 1 日至 2013 年 6 月 30 日）

每排放 1 吨二氧化碳征税 23 澳元（约合 24.70 美元），此后两个财年（2013 年 7 月 1 日~
2015 年 6 月 30 日）按照 2.5%的年增长率逐步提高征收税额，2015 年 7 月 1 日前二氧化
碳的税额增加至 25.40 澳元（约合 27.32 美元）。2015 年后碳市场有了长足的进步，碳排
放指标的价格将由碳市场决定，并与国际碳市场接轨。在进入市场定价后的前 3 年，政
府将根据国际碳市场的价格设置国内碳价格波动的上下限，直至 2018 年实现碳市场价
格自由浮动。

第三，相关配套措施。为落实碳税和碳定价机制，减少碳税立法对国内社会经济和生
活的冲击，平稳地向低碳社会过渡，澳大利亚政府制定了一系列的配套措施，包括制定产
业援助计划、设立能源安全基金、实行家庭援助计划等。

（1）推出产业援助计划。对于高排放产业，法案实施后企业的负担立刻增加，会严重
影响企业的生存和竞争力。为了确保这些企业实现平稳过渡，政府将推行就业与竞争力计
划，投入 92 亿澳元的资金，支持这些产业进行减碳改革。

（2）设立能源安全基金。碳税和碳定价机制实施后，澳大利亚的常规能源煤炭、火电
的生产和市场将受到严重影响，如果处理不当还可能危及能源供应的安全。为此，政府设
立能源安全基金，采用提供免费的碳指标配额和现金补偿等方法来调控常规能源的生产，
让电力系统和其他常规能源生产部门，在完成减碳目标的同时，确保安全供应。能源安全
基金还将为 2020 年前关闭约 2GW 的高污染燃煤发电机组提供资金补助。

（3）实行家庭援助计划。碳税和碳价格机制的推行将增加家庭生活的成本，可能对一
些贫困家庭生活带来冲击，为此政府将实行家庭援助计划，对居民消费特别是贫困家庭提
供经济补助，弥补法案实施后经济负担增加所导致的损失。据澳大利亚官方测算，实行
"碳税"后，预计平均每周家庭生活成本将增加 9.9 澳元，其中电费增加 3.3 澳元，燃气费
增加 1.5 澳元。为抵消"碳税"对普通人的影响，澳政府将把"碳税"收入用于分类补
贴，预计每周家庭平均将获得 10.1 澳元补贴。澳大利亚政府预计，发放补贴，将使 80%
以上的家庭福利较"碳税"开征前有所改善。

（4）建立碳机制的治理结构。为了确保碳机制的有效实施，法案要求政府建立专门的
管理监督机构，形成较为完善的碳机制治理结构，这些机构主要包括应对气候变化管理机
构、清洁能源监管机构、生产力委员会、土地部门碳及生物多样性咨询委员会和能源安全
委员会等。

与此同时，澳大利亚还实施了清洁能源发展计划，包括下述几方面内容：

（1）帮助制造企业转型，鼓励节能技术的应用政府在确定就业与竞争力计划的基础
上，加强节能工作的管理，进一步推出一系列的专项措施，鼓励全社会开展节能减排工
作。例如，推行资金规模为 12 亿澳元的清洁技术计划，直接帮助制造业做好增效减排工
作；推出资金规模为 3 亿澳元的钢铁行业改革计划，支持澳大利亚的钢铁工业向清洁化生
产转型；设立资金规模为 13 亿澳元的煤炭部门就业"一揽子"计划，对因碳税机制实施
后影响最大的煤矿企业进行适当援助。

（2）投资可再生能源，提升国际竞争力。澳大利亚政府在实行碳税机制的同时，通过
清洁能源金融公司等多种渠道融资，在清洁能源领域投资 130 亿澳元以上，实现可再生能
源的发展目标。政府要求清洁能源金融公司负责可再生能源和清洁能源项目商业化应用的

项目推广。澳大利亚可再生能源局将利用激励措施，鼓励可再生能源技术创新，提高可再生能源产业的国际竞争力。

（3）农林及土地利用部门减少碳排放。农林产业和土地利用部门的碳排放量约占澳大利亚碳排放总量的1/4。为了实现减排目标，澳大利亚将发展低碳农业，政府将采用一系列的有效措施，促进农业部门减少碳排放，包括多种形式对低碳农业技术进步项目提供资金援助，鼓励农民和土地管理者应用先进的低碳农业技术。

实施清洁能源发展计划也存在一些潜在不利影响。根据澳政府有关部门估计，到2020年，碳税将导致澳大利亚GDP减少320亿澳元。澳大利亚咨询机构国际经济中心称，碳价格变动将导致房屋建造业下滑12.6%。澳大利亚公共事务研究所则估计，矿业企业可能在未来削减岗位数量，从而使得澳联邦政府承受就业压力。

作为"坐在矿车上的国家"，澳大利亚要对以能源为主的500家企业强制征收高额赋税，其阻力之大不言而喻。尽管工党政府一再表示，直接征收"碳税"的对象是年碳排放量超过2.5万吨的大企业，对居民生活没有显著影响，但是，民意调查显示，66%的调查对象反对澳大利亚政府推行碳排放税。反对党已明确表态，若在下届选举中胜出，将立即废除"碳税"。在反对党看来，为每吨碳排放支付23澳元（约合人民币150元）的碳税，就相当于征收"毒税"，代价是就业岗位的流失和生活成本的上升。澳反对党领袖艾伯特称，碳税征收首年小型商户的经营成本将会增长10%，并导致供应链内一系列的价格上涨。澳大利亚矿业委员会首席执行官Mitch Hooke则认为，2020年GDP的损失可能达到1800亿澳元，澳大利亚是全球煤炭和铁矿石的重要出口国，碳税立法后还可能影响到这些产业的产品出口规模。

法案虽然不向家庭消费收取碳税，但是企业因缴纳碳税导致的额外成本会向消费者转移。据澳大利亚财政部估算，实施碳税法后消费价格指数将上涨0.7%，部分居民的生活可能会因此受到影响。为此，法案要求对家庭消费进行补偿，根据政府有关部门的估算，一个年收入为85000澳元的4口之家，在实施碳税后年支出可能增加570澳元，但可以得到政府948澳元的补贴。不过，有专家认为，政府对于消费者价格指数上涨幅度的这种估算比较保守，而对普通家庭可从碳税中获益的估计又显夸大，法案对民生的影响可能比估算更大。

实施清洁能源发展计划的积极效果如下：①碳税立法及实施将有力推动澳大利亚可再生能源。根据澳大利亚政府的有关规划，到2020年全国有20%的电力将来自可再生能源。②碳税立法及实施将促进澳大利亚引领全球碳减排，并发展碳金融市场。一段时期以来，和欧盟的积极态度相比，澳大利亚的碳减排不是很积极。但碳税的开征使澳大利亚成为仅次于欧盟而开征碳税的第二大市场，不仅克服了澳大利亚在碳减排无所作为的态度，而且对美国碳减排也有触动作用。澳大利亚南威尔士温室气体减排计划主导下的碳市场是一个规模很大的国际碳交易市场全球排名第四，澳大利亚的碳税立法进一步壮大了南威尔士碳市场的交易量，同时也激活了全球的碳交易。

有业内人士曾预计，2012年中国的铁矿石进口量接近10亿吨，澳大利亚政府征收"碳税"的政策会给中国铁矿石成本增加近200亿元。

四、日本碳税

日本是高度工业化的经济大国，2009 年因能源使用排放的二氧化碳近 11 亿吨，居世界第五位。同时，日本是国土相对狭小的岛国，气候变暖导致的海平面上升等问题对日本威胁较大。因而，日本政府对温室气体减排的态度总体上是比较积极的，出台了相关的减排政策，其中包括碳税。日本环境省 2004 年提出碳税方案，2005 年 10 月形成最终方案，并于 2007 年 1 月正式征收。

（1）征收对象。日本碳税的征收对象是使用化石燃料的单位。范围既包括工厂企业，如煤炭、石油、天然气的消费大户，采用化石能源发电的企业等，又包括家庭和办公场所。既对上游的生产环节课税，也对下游的消费环节课税。

（2）税率调整。税率调整机制是整个碳税制度中的最难点。日本在确定碳税的税率时，测算了碳税对国民经济和人民生活的影响。按照每吨碳 2400 日元的税率，在税收规模不变的情况下，根据课税和补助配合的原则试算出对 GDP 的影响，从 2009~2012 年平均降低 0.055%。对居民生活来说，汽油和水电费在收入中所占的比例由课税前的 9.3% 变为课税后的 9.5%，增加 0.2%，每个家庭每月大约多支付 177 日元。

（3）税收收入的利用。碳税收入成为执行相关环保政策的稳定资金来源，除用于防止全球变暖，还可以用于森林保育、促进低排放的机动车发展、开发新能源汽车、提高建筑节能、建设低碳都市和低碳地区等。2007 年环境省提出每吨碳 2400 日元的碳税税收规模后曾经做过试算，若把这笔资金用于防止全球变暖的能源补贴措施上，从 2009 年到 2010 年将每年削减 510 万吨二氧化碳的排放。

（4）减免措施。在 2010 年碳税修正的具体方案中，对减免税的情况做了以下规定：钢铁、焦炭等行业生产所用煤炭免税，农业渔业用的柴油免税，作为产品原料的化石燃料（挥发油）免税。出于加强国际竞争力、对特定产业的保护和照顾低收入者考虑，减轻相应的课税。

需要注意的是，日本在决定环境税的税率讨论时，最高的提案达到 3 万日元/吨碳，经过多次研究，对本国国民经济、居民生活水平和产业竞争力的影响进行了具体精细的测算后，最终确定为 2400 日元/吨碳。同时不断加大减免力度和范围，在 2400 日元/吨碳的碳税基础上，碳税总收入从 4900 亿日元（2004 年）到 3700 亿日元（2005 年）再到 3600 亿日元（2008 年）持续下降，体现了减免的力度。

总之，如果刨除其他在环境税和能源税所体现的节能减排措施外，日本碳税可以概括为：象征意义大，实质意义小。但是，日本政府在实施碳税方面的一些做法值得我国借鉴。

第三节　发达国家征收碳关税对中国产业竞争力的影响

经过对世界主要发达国家碳税政策的梳理分析，我们得出如下几点结论：

（1）从发展趋势看，已经有越来越多的国家实行碳税，且力度越来越大，尽管这个过程会遇到各种各样的阻力，包括面临的国内政治压力和来自国际贸易方面的阻力，都没有改变越来越多的发达国家试图实行碳税政策或者类似（等价于）碳税的政策，包括能源税、环境税等。

（2）发达国家不仅在国内征收碳税，而且竭力将碳税（包括碳排放权交易）从国内引向国际贸易领域，即征收碳关税。其冠冕堂皇的理由是避免"碳泄漏"和不公平竞争，实质则是赤裸裸的国家利益，是借环境保护之名，行贸易保护之实。发达国家征收碳关税，不仅使发达国家"有效地"规避了在全球气候变化所应负的历史责任，而且置广大发展中国家于不利之境地。

（3）发达国家在征收碳税的同时采取了大量的措施，包括对特定行业、特定领域的企业实行税收减免，对居民发放生活补贴，减少其他税种或降低其他税收的税率（用环境税逐步替代对资本和劳务的征税），尽量保持总体税负不上升和"税收收入中性"，减少对国内企业和居民的影响，并希望获得"双重红利"效应，即环境质量改善和企业国际竞争力提升的双重效果。

那么发达国家征收碳税对我国究竟意味着什么？发达国家征收碳税对我国产业的影响主要取决于下述两个因素：一是发达国家是否对我国征收碳关税。征收碳关税，则影响大，且这种影响是负面的；不征收碳关税，则影响可以忽略。二是发达国家在征收碳税时能否保持税收中性。这涉及发达国家的产业在征收碳税时会不会实际增加成本，显然，如发达国家进行税制改革，保持税收中性，则它们更有优势。两种因素的组合会出现如表 3-7-4 所示的 4 种情形。显然，由于发达国家在征收碳税方面占据主动地位，它们最有可能选择保持税收中性且对中国征收碳关税的做法，从而使自己处于最有利的竞争地位。

表 3-7-4　发达国家征收碳税后的可能情形及其影响

		是否税收中性	
		是	否
是否对中国征收碳关税	是	对发达国家有利，对中国不利	对发达国家和中国均不利，但发达国家从中国获得关税收入
	否	理论上对发达国家和中国均没有影响	对发达国家不利，对中国无不利

下面我们假设在发达国家征收碳税且保持税收中性的条件下，模拟测算发达国家征收不同税率的碳税和碳关税对中国产业的影响。我们采用的模拟方法是跨国投入产出技术，采用的模型是 10 国跨国投入产出模型（中国—美国—日本—英国—德国—法国—意大利—韩国—印度—澳大利亚跨国投入产出模型）。以碳关税为外生冲击变量，以输出变量——价格变动来度量各产业所受到的冲击。在同等条件下，如果产业价格上升，意味着产业竞争力下降；反之，如果价格下降，则表示产业竞争力得到增强。

从冲击变量水平来看，我们设计了三个水平：T1=15 欧元/吨二氧化碳；T2=30 欧元/吨二氧化碳；T3=60 欧元/吨二氧化碳。这是因为欧盟实施碳交易计划（EU-ETS）所确定的单位二氧化碳价格（欧盟津贴，EUAs）区间一般在 10~30 欧元，多数时间维持在 15 欧元。因此，设计 T1=15 欧元/吨二氧化碳和 T2=30 欧元/吨二氧化碳的情形。如果未来全球

EUA 价格（欧元）

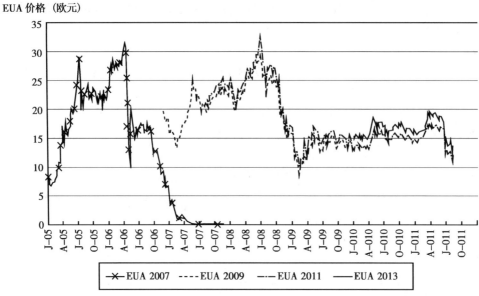

图 3-7-3　欧盟碳交易计划（EU-ETS）二氧化碳价格的变化

注：欧盟津贴（EUAs）是欧盟排放交易体系（EU ETS）下属的国家津贴计划分配的份额。一个 EUA 等于 1 吨的二氧化碳减排量。目前，大多数津贴是免费分配的，2008~2012 年企业至少分配到 90%。

资料来源：The European Environment Agency. http://www.eea.europa.eu/data-and-maps/figures/eua-future-prices-200520132011.

更多国家参与减排行动，可能导致二氧化碳价格上涨，所以我们还设计了 T3=60 欧元/吨二氧化碳的情形。假定其他发达国家也按照欧盟标准向中国征收碳关税，那么冲击结果如表 3-7-5 所示。

表 3-7-5　不同碳税水平下对中国价格指数和产业竞争力水平的影响

单位：%

	情景假设		
	T1=15	T2=30	T3=60
总价格指数	0.14	0.27	0.54
农林牧渔业	0.04	0.07	0.16
能源开采业	0.25	0.50	1.00
非能源开采业	0.15	0.29	0.59
食品饮料烟草业	0.05	0.10	0.21
纺织服装皮革制鞋业	0.16	0.33	0.65
木材加工及木器制品业	0.09	0.17	0.34
纸浆造纸印刷出版业	0.09	0.18	0.37
石油加工、炼焦及核燃料加工业	0.94	1.90	3.80
化学制品业	0.18	0.37	0.74
医药制造业	0.00	0.00	0.00
橡胶塑料制品业	0.16	0.32	0.63
其他非金属矿制造业	0.25	0.49	0.97

续表

	情景假设		
	T1=15	T2=30	T3=60
钢铁冶炼业	0.23	0.46	0.93
有色金属业	0.00	0.00	0.00
金属制品业	0.13	0.27	0.54
机器设备制造业	0.11	0.22	0.44
办公用机械制造业	0.09	0.17	0.34
电气机械及器材制造业	0.11	0.21	0.41
通信设备制造业	0.15	0.31	0.62
专用设备制造业	0.44	0.88	1.74
交通运输设备制造业	0.10	0.19	0.38
其他制造业和回收利用业	0.12	0.23	0.47
电力生产与供应业	0.16	0.32	0.62
燃气生产与供应业	0.19	0.37	0.74
水的生产供应业	0.05	0.12	0.23
建筑业	0.12	0.22	0.43
批发、零售和维修业	0.04	0.09	0.17
住宿和餐饮业	0.05	0.11	0.22
交通运输服务业	0.18	0.36	0.71
邮政通讯业	0.05	0.08	0.16
金融保险业	0.03	0.05	0.12
房地产业	0.01	0.03	0.06
研究与发展	0.07	0.14	0.29
其他商业活动	0.06	0.11	0.23
公共管理与国防	0.04	0.09	0.17
教育	0.04	0.09	0.16
卫生健康与社会保障	0.08	0.18	0.36
社区服务及个人服务业	0.08	0.14	0.28

表 3-7-5 显示，在 T1=15、T2=30、T3=60 的情景下，我国物价指数将上涨 0.14%、0.27%、0.54%，说明发达国家征收碳关税对中国有重要影响，对我国产业竞争力和居民生活福利均有不同程度的影响。分产业看，能源生产、开采和供应业、高耗能产业、有出口竞争优势的产业受到较大冲击。

【参考文献】

[1] 王珲. 国际碳税方案的比较分析 [J]. 中国人口·资源与环境，2012 (3).

[2] 李传喜. 发达国家碳税优惠政策及其借鉴 [J]. 涉外税务，2010 (11).

[3] 王谋，潘家华，陈迎. 《美国清洁能源与安全法案》的影响及意义 [J]. 气候变化研究进展，2010 (7).

[4] 沈可挺，李钢. 碳关税对中国工业品出口的影响——基于可计算一般均衡模型的评估 [J]. 财贸经济，2010 (1).

［5］李永波. 欧盟航空碳税对我国航空产业竞争力的影响研究［J］. 价格理论与实践，2012（1）.

［6］杨晓妹. 应对气候变化：碳税与碳排放权交易的比较分析［J］. 青海社会科学，2010（6）.

［7］陈晖. 澳大利亚碳税立法及其影响［J］. 电力与能源，2012（2）.

［8］罗延林. 欧美碳关税制度分析［J］. 贵州警官职业学院学报，2012（1）.

［9］闫云凤. 欧盟碳税政策的经验与启示［J］. 经济研究导刊，2012（12）.

［10］姜克隽. 征收碳税对 GDP 影响不大［J］. 中国投资，2009（9）.

［11］王彬辉. 美国碳税历程、实践及对中国的启示［J］. 湖南师范大学社会科学学报，2012（2）.

［12］张安华. 欧盟航空碳税的影响与对策［J］. 中国能源，2012（3）.

［13］王燕，王煦，白婧. 日本碳税实践及对我国的启示［J］. 税务研究，2011（4）.

［14］张金艳，杨永聪. 瑞典碳税对产业结构水平影响的实证分析［J］. 国际经济战略，2011（3）.

［15］李占五. 我国应对欧盟拟征航空碳税的举措［J］. 中外能源，2011（11）.

第四部分　竞争优势转型的对策措施与经验研究

第一章　中国产业结构调整方向

加快转变经济发展方式是关系国民经济全面紧迫而重大的战略任务。转变经济增长方式内涵是丰富的，从产业结构上来看，主要是推动产业结构的优化。但什么是产业结构的优化？有人认为产业结构优化的主要内容是从原来主要依靠第二产业，到第一、二、三产业协调发展，具体而言就是通过加快发展第三产业，从而提高第三产业在国民经济中的比例。提出上述观点的重要理由，一是从经济学理论发展来说，从配第、克拉克到库兹涅茨、钱纳里都认为产业结构演化会有一定的规律，第一产业比重会不断下降，而第二、三产业的比例会不断提升。二是目前的实际情况是发达国家第三产业的比例最高（一般占GDP 的 60%~70%），而第二产业比例次之（一般占 GDP 的 20%~30%），第一产业比例最低（仅占 GDP 5%以下）。"二战"后（特别是 20 世纪 70 年代后），发达国家又先后有过第三产业的比重不断提高的产业演化历程。因而，很多学者得出的结论是产业演化的一般规律是第一产业首先向第二产业演进，第二产业比例不断提高；然后是第三产业加速发展，第三产业的比例不断提高。①

具体三次产业结构演化的原因有三个，即各产业需求收入弹性的差异、价格变化的差异及统计口径变化的原因。基于产业需求收入弹性的差异研究都是以恩格尔定律为基础（张平、余宇新，2012），假设不同产业产品的需求收入弹性不同，第一产业产品需求收入弹性最低，第三产业最高。因而随着收入水平的提高首先是第一产业的比例不断下降，第二产业比例不断提高；随收入水平的不断提高，第二产业的比例开始下降，第三产业的比例开始快速提高。

不同行业价格上涨的差异也可以解释各行业产值的演化。西蒙·库兹涅茨（1971）在研究产业结构演化时曾经提出，"按当年价格计算的产值的份额与按不变价计算的产值的份额间的差别，从长期来看应该是重大的"，因为"工艺技术的变动会在第 I 部门比在 A 部门导致净产值（或扣除固定资本消费后的产值）相对价格大量的削减"。② 为什么各行业价格上涨会存在较大的差异？其中一个原因可以用 Balassa-Samuelson 效应进行解释。由于不同行业技术进步的速度不同，技术进步快的产业劳动生产率提高快，这些产业劳动力工资

---

① 经济学家费希尔（Fisher）于 1935 年在其著作《安全与进步的冲突》中首先提出三次产业分类的方法，我国三次产业的划分是按照《国民经济行业分类》（GB/T4754/2002）来进行分类。第一产业是指农、林、牧、渔业；第二产业是指采矿业，制造业，电力、燃气及水的生产和供应业，建筑业；第三产业是指除第一、二产业以外的其他行业。虽然各个国家分类较为接近，但统计口径并非完全相同，特别是对于采掘业有些国家（如美国、加拿大、澳大利亚、印度）将其放在第一产业中。美国官方没有对第一产业、第二产业和第三产业进行明确分类，但美国学者的文章一般都将采掘业放入第一产业。因而在进行三次产业结构国际比较时，也要注意对不同国家的统计口径进行相应调整。

② 见西蒙·库兹涅茨《各国经济增长》第 185 页及该书的表 21。

会有所提高；若劳动力可以自由流动，在一价定律的作用下，技术进步率慢的行业工资也会有所提高，从而导致技术进步慢的行业价格上涨会高于其他行业（Balassa，1964；Samuelson，1964）。即使两个行业真实增长速度相当，价格上涨快的行业以当年价计算产业结构的比例也会不断提高。一般认为可贸易部门（特别是制造业）由于全球竞争使其技术进步速度要快于不可贸易部门。第二产业的主体是可贸易部门，第三产业的主体是不可贸易部门，因而第二产业技术进步速度快于第三产业，第三产业价格上涨速度会快于第二产业。即使第三产业与第二产业增长速度相当，由于第三产业价格上涨更快，也会使按当年价计算第三产业占 GDP 的比例不断提高。美国经济学家 William J. Baumol（1967）[①]利用两部门宏观经济增长模型说明技术进步快的部门相对技术进步慢的部门出现相对成本的不断上升；相对于第二产业，第三产业劳动生产率难以提高，随着制造业的生产率改进，服务业在整个经济中的比重反而上升了，这也被称为鲍莫尔病（Baumol's Disease）。另外，由于第三产业劳动生产率提高缓慢，即使第三产业与第二产业经济增长速度相当，第三产业就业的比例也会不断提高，即技术进步率低的部门就业所占比例也会上升（Bamol，1967；Acemoglu Guerriery，2008）。Balassa-Samuelson 效应是用来解释后起国家不同行业的价格上涨速度的差异，但为什么发达国家在 20 世纪 70 年代后也出现了不同产业价格上涨的速度差异。其中的重要原因是第二产业可贸易性要高于第三产业；在现行国际秩序下，商品可以自由流动，而劳动力流动性较差；由于劳动力流动性差，相对而言是减少了发达国家服务商品供给量，从而抬高了发达国家第三产业的价格，降低了发达国家第二产业商品的价格（李钢等，2011）。

统计口径差异是指仅由于统计核算范围及统计的技术性问题导致产业结构比例的变化。统计核算范围变化是指原来居民自我服务转化为市场服务，最为典型的是家务劳动社会化。经济发展的一般规律是随着经济水平的发展，家庭服务进入市场的比例会提高[②]（西蒙·库兹涅茨，1965）。统计的技术问题主要是指由于目前企业所从事的生产活动中会有一部分其他行业生产活动，特别是第二产业的企业会普遍存在一些第三产业的活动。而随着市场规模的发展与服务业外包的兴起，这一部分原来存在于第二产业企业内部的生产活动开始市场化，从而能被统计到第三产业中。统计核算范围及统计的技术性问题也是导致服务业占比较快提高的重要原因。

上面三个原因都可以用来解释三次产业结构的变化。江小涓（2010）提出服务业的增长是服务业真实增长（一实）、服务业相对价格上升、服务专业化和外移、自我服务转为市场化服务（三名）共同的结果。虽然三个原因都能导致产业结构的变化，但由不同原因导致的产业结构变化对现实经济含义有巨大的不同。如果产业结构演化主要是由于产业需求收入弹性不同导致的，产业结构演化将具有微观基础并且是真实产业力量对比变化，这种产业结构的演化方向将有真实的导向作用。但如果产业结构的演化主要是由于后两种原因导致的，产业结构演化趋势也就仅是"数字游戏"并不具有产业发展的导向作用，产业

① Baumol W. J. Macroeconomics of Unbalanced Growth: The Anatomy of Urban Crisis [J]. American Economic Review, 1967 (3).
② 参见西蒙·库兹涅茨在《各国经济增长》第 4 页。库兹涅茨在此论述这一问题，主要是为了说明家庭劳务会"在度量中充分地得到反映"，从而经济增长率一般会被高估。

结构的演化会自然发生，并不应成为产业政策的着力点。

　　根据中国实际情况（已经基本完成了第一次产业向第二产业的演化过程），本章主要分析发达国家第二产业比例下降及第三产业比例上升的主要原因，并由此来计算分析中国今后一段时间（到 2020 年）的经济增长动力产业（主要贡献产业）。

第一节　发达国家增长动力产业是什么

一、长期看按不同年份价格计算的产业结构有较大的差异

　　GDP 的本质是用来衡量一国的总产出。由于各类商品物理量量纲繁多，难以直接相加，因而只能汇总各种商品的价值量。而价值量的计算要通过价格这一中间量，特别是计算产业结构时，各种产业商品价格的相对变动会极大地影响产业的比例。在计算一国产业结构时，可以使用不同时点上价格的比例关系（以下为表述方面简称为不同时点上的价格）即过去（可以称为可比价或者不变价）、当年及未来某个时点。对于一个国家某一静止时点上，按现价计算的产业结构的确能够反映这个国家目前的经济结构，因而也是有意义的。但对于一个经济体而言，有意义的经济增长是扣除了价格因素后的实际经济增长；对于经济增长而言，价格的因素需要剔除，因而在考虑与经济增长相关的产业结构实质含义时，我们需要剔除价格这一因素。但是目前各国公布的产业结构却均是按现价计算的产业结构，这样我们就需要用不变价来计算一国产业结构。确定过去某一个时点作为价格的基准点在理论上实际上是一个难题，因为不同基点的选择会对后续带来不同的结果；但在实践上又是一个较为容易的事情，因为统计部门往往选择某一个整数年作为公布不变价的时点（如美国的 2005 年），有些国家往往又会选择一个特定的年份（如中国的 1978 年）。在进行不同国家产业结构比较时，即同一年份的产业结构直接进行比较也会造成一些问题，因为不同国家之间，三次产业之间的价格比例关系会有较大差异。各个国家之间产业结构差距既有可能是各产业产出之间的差异造成的，也有可能是各国三次产业比价关系的不同造成的。以中美之间 2005 年三次产业结构差异来说，2005 年中国第三产业的比例为40.51%，比美国第三产业的比例 76.35% 低 35.84 个百分点；而李钢、廖建辉、向奕霓虹（2011 年）根据 ICP 分行业数据计算显示，若按美国不同产业比价关系，中国 2005 年第三产业的比例应为 54.35%，仅比美国低 22 个百分点。李钢等的研究表明，在中美之间服务业占 GDP 比例的差异中，近 40% 可以用两国三次产业的比价关系来解释，而仅有 60% 左右是由于两国三次产业产出的差异引起的。因而对于后起国家而言，若仅从发达国家目前当年价所计算的产业结构来判断产业发现的方向及产业政策的着力点，却有可能出现方向性的错误。因而有必要采取分行业购买力平价对一国的产业结构进行计算，而此方法相当于采取发展中国家未来某个时间的三次产业价格比值进行计算。因为如果我们假设中国在未来某一年份（如 2040 年）能达到美国 2005 年的经济发展水平，就能以购买力平价指数对中国产业结构进行计算，其实质可以看做用未来某个时点的价格来计算产业结构。如果都

采取 ICP 项目分行业数据来计算一国产业结构，就可以较好地剔除不同国家三次产业产品比价关系不同的问题，从而可以较好地进行国际比较。不同价格计算的产业结构比较见表4-1-1。

表 4-1-1　不同价格计算的产业结构比较

	不变价	现价法	购买力平价
时间结点	某一个时间结点上的价格：一般是指过去某一个时间结点，如 1990 年的不变价，就是指 1990 年的各种产品的价格	当年价，如 2010 年的产业结构就是利用 2010 年当年的价格计算产业结构	以美国某一年份的价格比例关系为基础。例如，2005 年购买力平价价格比例就是以 2005 年美国的价格比例关系为基础的
实质	以过去某一时点（如 1978 年）不同产业的产品价格比例关系为基础计算中国的产业比例关系	以当前不同产业的产品价格比例关系为基础计算中国的产业比例关系	以未来某一时点不同产业的产品价格比例关系为基础计算中国的产业比例关系
优点	剔除了价格因素的变化，可以认清一国产业结构变化的实质。特别是在经济增长时有不可替代的作用	便于理解，符合大家一般的认知	为进行国际间产业结构比较提供了基础
缺点	不好理解，有一定的计算工作量，不能直接进行国际比较。用不变价计算的 GDP 难以反映产品质量的变化，难以直接计量新产品对于旧产品的替代	没有反映价格因素的变化，在进行长周期及国际比较时结果失真	不好理解，计算工作量很大，数据不连续
与现价法的比较	第二产业比例提高，第三产业比例下降	—	第二产业比例下降，第三产业比例提高

目前主要发达国家（美、日、英、法、德）都已经进入后工业化时期，第三产业在国民经济中的比重一般都已经在70%以上，甚至有些已经接近80%。因此，从一般的理解来看，发达国家在完成工业化后，第三产业的比例都有大幅提高。但实质上，上述对产业结构的判断是以当年价为基础计算的产业结构。而当用不变价进行计算时，会得出一些不同的结论。西蒙·库兹涅茨（1971）在研究产业结构演化时曾经提出，"按当年价格计算的产值的份额与按不变价计算的产值的份额间的差别，从长期来看应该是重大的"，但他根据能收集到不变价与当年价数据对比分析并没有看到明显的变化。[①] 在库兹涅茨进行研究时，往往将 I 产业及 S 产业（大致相当于我国目前的第二产业及第三产业）合并与 A 产业（大致相当于我国目前的第一产业）进行比较。因为相对于第一产业，第二产业价格上涨速度会较慢，而第三产业价格上涨速度会较快，将第二产业及第三产业合并后作为一个产业与第一产业价格上涨的速度会接近，所以若将第二、三产业合并后与第一产业进行比较，看到的结果会是当年价格与不变价计算的产业结构差距会较小。这也就是库兹涅茨研究中，日本等国用当年价格[②]与不变价计算的产业结构差别较小的原因。我们计算日本的

---

① 但在其研究中也指出美国 1859~1989 年的数据显示不变价与当年价计算的产业结构还是有较大的区别。

② 西蒙·库兹涅茨的研究中有些数据是将第二产业与第三产业合并后与第一产业进行比较，其主要原因应是数据的可获得性；另一个可能原因是在当时并没有估计到第三产业会成为发达国家主体产业，占 70% 甚至更高的比例，从而也并没有特别关注 I 产业与 S 产业价格比值的变化。按《各国经济增长》一书中库兹涅茨的提法是"传统部门和较现代化的 I 部门+S 部门"，例如，见该书 191 页第二段第一行。

产业结构从1958~2007年不变价与当年价计算的产业结构，从图4-1-1中可以看出，从1958~2007年以当年价与可比价（1958年）计算的第一产业的比例差距很小，第二产业与第三产业合计占GDP的比例也基本没有变化，这一点与库兹涅茨的研究结论一致。但从图4-1-1也可以看出，以不变价与当年价计算的第二产业及第三产业的比例有较大的差距。以日本2007年三次产业结构为例，2007年按当年价计算的三次产业的比例是1.4：28.5：70.1，而按可比价计算的三次产业的比例是1.7：49.3：49.0。从上面数据可以看出，虽然按可比价与当年价计算的第一产业比例很接近，但按两种方式计算出来的第二产业与第三产业却有较大差异。2007年第二产业占GDP的比例按当年价计算为28.5，而按可比价计算比例却为49.3，按可比价计算高于按当年价20.8个百分点。2007年第三产业占GDP的比例按当年价计算为70.1，按可比价计算为49.0，低于按当年价21.2个百分点。上面的数据说明，长期而言按可比价与当年价计算日本的三次产业结构的确有较大的差距。

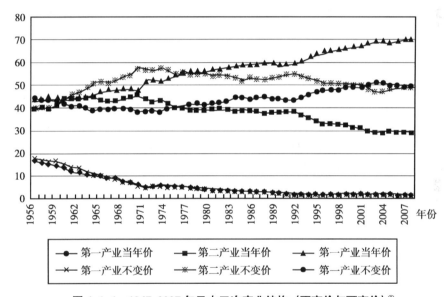

图4-1-1 1947~2007年日本三次产业结构（不变价与可变价）[1]

资料来源：http://www.stat.go.jp/english/index.htm。

表4-1-2是美国1889~1899年及1953年按不同年份的价格体系计算出来的三次产业结构。从该表中可以看出按不同时点价格体系所计算出来的同一年份三次产业[2]比例会有较大的区别。以美国1953年的产业结构为例，按1929年的价格体系计算，S部门占45.7%，而按2005年的价格体系计算约为69.6%，提高了近24个百分点。若考虑到在表

① 图中数据由李颖硕士帮助收集整理。
② 西蒙·库兹涅茨在《各国经济增长》中提出的I部门统计口径中包括了交通运输及通信产业，而目前中国的第二产业不包括交通运输及通信产业。由于本部分主要是进行同一国家不同时期产业结构的比较，因而为了表述方便，本部分在论述使用了第二产业而不是I部门。如果是为了进行不同国家间的比较，需要对上述统计口径的差异进行调整。同时我们认为将交通运输及通信产业合并在第二产业中也有其道理，交通运输及通信产业都是可以大规模利用第二产业的产品，从而可以通过提高资本有机构成而提高劳动生产率的行业，因而这两个行业的快速发展从本质上来讲是第二产业的溢出所导致的。

4-1-2 中交通运输业是计算在 I 部门，而不是 S 部门，美国 1953 年的产业结构已经与美国 2005 年十分接近，[①] 这表明美国 1953~2005 年第三产业比例的提高主要是由第三产业价格上升过快导致的。

表 4-1-2　美国按不同年份价格计算的三次产业比例

	价格	A 部门	I 部门	S 部门
1889~1899 年三次产业比例	1859 年价格	17.0	52.6	30.4
	1889~1899 年（当年价）	17.9	44.1	38.0
	1929 年价格	25.8	37.7	36.5
1953 年三次产业比例	1929 年价格	5.9	48.4	45.7
	1953 年价格	5.5	47.2	48.3
	1963 年价格	4.3	45.3	50.4
	2005 年价格	1.3	29.1	69.6

注：最后一行由作者自行计算，其他资料来源于西蒙·库兹涅茨的《各国经济增长》第 179 页。

　　总之，日本与美国不变价与当年计算的产业结构从长期来看的确有较大的差异，从而证实了西蒙·库兹涅茨提出的"按当年价格计算的产值的份额与按不变价计算的产值的份额间的差别，从长期来看应该是重大的"这一理论判断。这一结果也说明当年库兹涅茨根据能收集到的不变价与当年价数据对比分析并没有看到明显差异，并非是其理论判断不对，而是受所收集数据的时间跨度较短及其所计算的产业结构分类较粗所限。

二、长期来看当年价计算的产业结构往往会低估第二产业的比例

　　对于当年价与可变价计算产业结构的差异，从直接原因上看，是不同产业的价格上涨速度不同所导致的，但从更深层原因来看，是不同行业劳动生产率差异所导致的。库兹涅茨（1971）提出，"A 部门份额的下降以及 I 部门和 S 部门某些细分部门份额的上升比我们现在发现的会更大些"，其中的原因是"工艺技术的变动会在 I 部门比在 A 部门导致净产值相对价格大量的削减"。Balassa（1964）和 Samuelson（1964）也各自提出可贸易部门劳动生产率提高速度会高于不可贸易部门，若假设劳动力可以自由流动及充分就业的条件下，不可贸易部门的工资要向可贸易部门趋同，但由于非贸易部门劳动生产率并没有像可贸易部门提高的一样快，最终结果就是非贸易部门的价格上涨得更快。由于第三产业不可贸易部门的比例要高于第二产业，从而巴拉萨—萨缪尔逊效应会导致第三产业的价格上涨速度会高于第二产业。长期来看，按当年价计算的产业结构往往会低估第二产业的比例。美国 1859~2005 年的 146 年间，第二产业是价格上涨最慢的部门，从而按当年价计算的第二产业的比例会低于按不变价计算的产业比例。从表 4-1-2 中可以看出，随着采取价格体系的年份后移，同一年份第二产业的比例不断下降。以 1859 年价格体系计算的 1889~

---

　　① 2005 年美国三次产业结构的比例是 2∶22∶76，其中在第三产业中交通运输部门占 GDP 的比例是 6%，按表中口径调整后 I 部门占 28%，S 部门占 70%。

1899 年的第二产业比例为 52.6，但按 1929 年价格体系计算的相同年份的第二产业的比例下降到了 37.7，下降了 14.9 个百分点。再以 1953 年第二产业比例为例，按 1929 年价格计算是 48.4，按 1953 年价格计算下降到了 47.2，按 1963 年价格计算下降到了 45.3，按 2005 年价格计算下降到 29.1。

　　在全球化背景下，发达国家第三产业价格上涨快于第二产业更深层的原因还在于发达国家普遍存在商品贸易赤字，从而使发达国家资本在取得超额利润的同时，其民众得以分享全球化的巨大利益。以美国为例，由于制造业特别是低端制造业大量进口，实质相当于大量海外劳工进入美国制造业，并且这些劳动仅能取得所在国工资收入，从而会人为压低美国第二产业产品（特别是传统的劳动密集型产品）价格。美国 20 世纪 50 年代后期开始的第一波按不变价与可变价计算的第三产业比例差异扩大是由于制造业向日本及之后的亚洲四小龙产业转移所导致的，而 20 世纪 80 年代中后期所开始的第二波按不变价与可变价计算的第三产业比例差异扩大是由于制造业以中国为代表的新兴工业化国家转移所导致的。

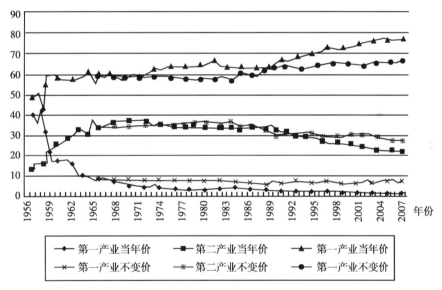

图 4-1-2　　1947~2007 年美国不变价计算的三次产业结构

　　资料来源：①1799 年、1839 年、1859 年的资料来源于吴敬琏：《中国增长模式选择》，上海远东出版社 2008 年版；②1869~1944 年的资料来源于《帕尔格雷夫世界历史统计》，经济科学出版社 2002 年版；③ 其他年份当年价资料来源于 http：//www.bea.gov/，不变价数据由作者根据分行业增长率数据进行计算得出。

　　这里还要特别指出的是，按就业结构所计算的产业结构并不能反映产业结构的真实变化。虽然对当期而言，就业量与钢产出吨数、粮食生产吨数类似于一个"物理量"，与价格无关，因而就业量所计算出的产业结构与各产业之间的相对价格无关。但如果从长期动态的眼光来看，按各产业就业量所计算出来的产业结构也无法剔除价格因素，甚至价格因素是产业就业结构演化的重要因素。由于不同行业的技术进步率有较大差异，就长期而言，技术进步率快的行业，劳动生产率提高快，价格上涨慢；而技术进步慢的行业，价格上涨快。我们下面就两个行业作一个简单的分析：

假设两个行业分别是 A 行业和 B 行业；A 行业 10 年来劳动生产率提高了 1 倍，而 B 行业的劳动生产率没有变化。原来两个行业的就业量都是 1 万人；10 年后两个产业都增长了 1 倍。因为 A 行业 10 年的劳动生产率提高了 1 倍，因而 A 行业就业量没有变化，仍旧是 1 万人；而 B 行业劳动生产率没有变化，就业量提高到 2 万人。10 年间，按产出来计算这两个行业的比例仍旧是 1:1，但若按就业量计算则从 1:1 变为了 1:2。如果一个国家仅由这两个产业组成，则按就业量计算，产业结构将从各占 50% 变化为 33% 与 67%。

从上面这个简单的案例分析可以看出，就业结构演化与产业技术进步率有很大关系，往往技术进步率最低的部门就业将会不断扩张（Nagai Pissarides，2007；Acemoglu Guerrieri，2008）。当然，上面的案例分析将产业就业结构演化的机制进行了简化，实际上是 Balassa-Samuelson 效应使技术进步慢的行业价格上涨快，因为价格的上涨才能使该行业承担劳动力上涨的成本，也才能雇用更多的劳动力。因而若用可比价的观点来看，不同年份就业结构应该用技术进步率进行调整，不同年份的就业量都应按与基期相同的人均产出量进行调整，从而能更好地反映产业结构的变化。另外，由于各产业人均人力资本不相同，按就业结构来计算的产业结构不能反映各产业人员素质的差异，各产业人均固定资本也有较大的差异，而固定资本可以看成过去人类劳动的固化，按就业结构来计算的产业结构也不能反映各产业所拥有的人类固化劳动的差异。这些因素都会使按就业量计算的产业结构低估第二产业的比例，也表明不能根据"二战"后发达国家就业结构的变化来说明第三产业是发达国家经济增长的动力产业，而应看到第三产业就业量的增长是以第二产业快速的技术进步为基础。

三、发达国家在中国目前经济发展水平经济增长的动力产业

卡尔多（1966）在剑桥大学和康奈尔大学皮尔斯纪念讲座中所清楚表述的三个增长律包括：一是 GDP 增长与制造业产出增长高度正相关；二是制造业劳动生产率增长与制造业产出增长高度正相关；三是整个经济中的劳动生产率增长与非制造业部门的就业增长率之间存在负相关关系。卡尔多进一步提出，"制造业是经济增长的发动机"。本节的动力产业是指对一国经济增长贡献最大的产业，可以通过计算三次产业对经济增长的贡献率来进行确定，对经济增长贡献最大的产业就是一国在该时期的动力产业。2011 年我国国内生产总值为 471564 亿元；2011 年年末，我国内地总人口（包括 31 个省、自治区、直辖市和中国人民解放军现役军人，不包括香港地区、澳门地区和台湾地区以及海外华侨人数）为 134735 万人（以上资料来源于《2011 年统计公报》）。据此可以计算出中国 2011 年人均国内生产总值为 34999 元，即 3.5 万元，按 2011 年年末人民币对美元汇率（6.3）折算，为 5555 美元，折算为 2005 年价格水平为 4870 美元，大体相当于美国 1900 年人均 GDP 水平。若按购买力平价折算（按 3.5 元人民币=1 美元的比例折算到 2005 的美元价格水平）为 8210 美元（2005 年美元价），大体相当于美国 1940 年左右的人均 GDP 水平（按美元 2005 年不变计算，美国 1939 年人均 GDP 为 8166 美元，1940 年人均 GDP 为 8822 美元）。

我们以 1940 年为基准，前后各推算 10 年左右即 1929~1953 年[①]大致相当于中国 5~10 年的发展阶段。表 4-1-3 是这个时期各个产业结经济增长的贡献率，从表中可以看出在美国这一时期贡献率最大的仍旧是第二产业，共对经济增长的贡献占到了 60.1%，而服务业对经济增长的贡献仅占 36.8%。

表 4-1-3　美国 1929~1953 年三次产业对经济增长的贡献

	第一产业	第二产业	第三产业	合计
1929 年产业结构（当年价）	9.80	32.00	58.20	100.00
1953 年产业结构（1929 年可比价）	5.90	48.4	45.70	100.00
1929 年总产出 100	9.80	32.00	58.20	100.00
1953 年总产出（以 1929 年总产出为 100）	14.16	116.16	109.68	240.00
1929~1953 年各产业对增长的贡献	4.36	84.16	51.48	140.00
对经济增长的贡献	3.10	60.10	36.80	100.00

资料来源：第一、二行来源于西蒙·库兹涅茨的《各国经济增长》，1953 年总产出是 1929 年的 2.4 倍则来源于 http://www.bea.gov/中数据的计算结果；其他数据为作者计算得出。

2011 年的中国人均 GDP 与日本 1961 年的人均 GDP 相当（我们根据美国的 GDP 平减指数计算，2005 年的 8210 美元相当于 1961 年的 1937 美元；日本 1961 年为 1518 美元）。从表中可以看出，日本这一时期贡献率最大的仍旧是第二产业，对经济增长的贡献占 60.5%，而服务业对经济增长的贡献仅占 37.1%。日本在该时期与美国所处的阶段类似，从表中计算的数据看，这一时期日本三次产业对经济的贡献与美国很接近。贡献最大的也是第二产业，占 60% 左右；然后是第三产业，占 40% 左右；第一产业的贡献很小，已经趋近于零。

表 4-1-4　日本 1956~1970 年三次产业对经济增长的贡献

	第一产业	第二产业	第三产业	合计
1956 年产业结构（当年价）	17.72	38.50	43.78	100.00
1970 年产业结构（1956 年可比价）	6.54	54.58	38.88	100.00
1956 年总产出 100	17.72	38.50	43.78	100.00
1970 年总产出（以 1956 年总产出为 100）	24.20	201.90	143.90	370.00
1956~1970 年各产业对增长的贡献	6.48	163.42	100.09	270.00
对经济增长的贡献	2.40	60.50	37.10	100.00

资料来源：根据图 4-1-1 的数据进行计算得出。

[①] 本章之所以确定 1929 年及 1953 年，而不是 1930 年及 1950 年，是因为可以便于利用已有的研究资料。

第二节　1978年以来三次产业对中国经济增长的贡献

一、按当年价计算的中国产业结构

中国的产业结构从 1978 年到 2009 年有了较大的变化，三次产业的比例从 1978 年的 28.2：47.9：23.9 变化为 10.3：46.3：43.4。2009 年中国第三产业的比重达到 43.4%后，2010 年及 2011 年第三产业的比重不仅没有提高，反而有小幅下降。中国学者普遍的观点是，目前中国第二产业的比例过高，而第三产业的比例过低，中国产业政策着力点应向大力提高第三产业的比例入手。当然也有部分学者提出中国目前应担忧的是实体经济是否有可持续增长力，在新的形式下如何保持进而提升中国第二产业（特别是制造业）的国际竞争力，中国制造业占 GDP 的比例不是高了，而是低了（李钢等，2011）。

我们认为，对产业结构是否合理要与该国所处的发展阶段相联系。库兹涅茨在《各国经济增长》中对全球 57 个国家在 1958 年的经济结构进行了分析，他按各国的人均 GDP 将上述 57 个国家分为 8 类，随着人均 GDP 水平的提高，这 8 类国家产业结构呈现出一定的演化规律。中国 2011 年人均 GDP 为 5555 美元（按 2011 年年末汇率折算），调整到 1958 年为 1008 美元（2005 年美元不变价），介于第 7 组与第 8 组之间。根据 2005 年 ICP 项目数据，中国 2011 年人均 GDP 为 8166 国际元，相当于 1958 年的 1482 美元，略高于第 8 组。据此可以判断，2011 年的中国经济发展水平应介于第 7 组与第 8 组之间，且与第 8 组更为接近。2010 年中国“工业”比例为 51.1%，略高于第 8 组的 50.2%，而低于第 7 组的 52.9%。特别要说明的是，此处的工业按库兹涅茨一书的分类进行了调整，包括我国目前所说的工业及交通运输、仓储和邮政业。我们又特别计算了工业的主体制造业所占比例的情况。2010 年我国工业占 GDP 的比例为 40.1%，由于这些年我国没有再公布分行业增加值的情况，我们根据 2005 年制造业占工业的 79.2%这个比例可以估算出，2010 年制造业占 GDP 的比例应为 31.8%，也与第 7 组的 31.3%及第 8 组的 31.2%十分接近。所以，从这些数据来看，我国第二产业的比例是符合理论预期的，并不存在比例过高这一问题。

近两年来，中国第二产业的比例上升并非是特例，其他国家在相应的发展阶段也出现了类似的状况。总体而言，随着经济水平的发展，一国的产业结构从“一二三”，演化为“二三一”，再演化为“三二一”（均以当年价计），但第三产业比例并不是直线上升的，可能会有波动，甚至在较长时间呈下降趋势。如前所述，2011 年中国人均 GDP 按现行汇率折算相当于美国 1900 年的水平（已经剔除物价因素，下同），按购买力平价折算相当于美国 1940 年的水平，与日本 20 世纪 50 年代末到 60 年代初的经济水平大体相当。1958~1961 年日本按当年价计算的第三产业的比例也有所下降，1935~1953 年美国第二产业占 GDP 的比例仍旧处于上升期。以美国为例，以不变价计算的第三产业的比例从 1947 年的 58.8%下降到 1969 年的 56.5%，22 年间下降了 2.3 个百分点，而同期第二产业的比例却提高了 3 个百分点。即使以当年价计算，美国第三产业的比例在 1970~1980 年也呈现出下降的趋势，美国 1970 年第三产业的比例达到 66.4%（当年价），之后逐渐下降，直到 1985 年第三产业的比例才超过 1970 年的比例。不仅美国，日本在 1953~1973 年也出现了按不变价计算的第三产业比例下降的局面，1958~1961 年按当年价计算第三产业的比例也出现下降的局面。因此，在将中国三次产业结构与国际进行比较时，首先要确定中国目前的经济发展水平相当于发达国家什么时期的经济水平，其次要判断这一时期发达国家经济变化的趋势。

由于各国工业化道路不同，各国第二产业达峰时最高比例会有一定的差异。美国在 1950 年达峰，达峰时第二产业的比例是 39%。英国第一次达峰是 1905 年左右，达峰时第二产业的比例是 43%，之后不断下降，1939 年下降到 34%；之后又开始上升，第二次达峰时间是 1955 年，达峰时第二产业的比例是 48%。日本在 1970 年达峰，达峰时第二产业的比例是 46%。德国在 1955 达峰时的比例是 53%（此处数据为原来的民主德国各部门占物质生产净值的比重），而德国在 1935 年第二产业的比重就达到 50%，此后不断下降；民主德国第一产业占物质生产净值的比重在 1955 年达到了 53% 的高峰。法国在 1950~1965 达峰，达峰时的比例为 48%。意大利在 1970 年达峰，达峰时的比例为 43%。[①] 从这些国家的数据可以看出，落后国家在一段时间内与世界领先国家有较大的差距，因而工业化的速度会比较快，从而第二产业占比达峰时数值会较高。从总体趋势上来看，后发国家第二产业达峰时比例会高些，工业化时间越短，第二产业达峰时的比例会越高。如果这一判断成立，"压缩式工业化"将使中国第二产业达峰时比例较高。

上述分析并不是要否定各国经济结构的演化有一定的规律，也不是要否定可以进行跨国经济结构的比较，从而可以根据发达国家产业结构对中国产业结构的演化方向进行预

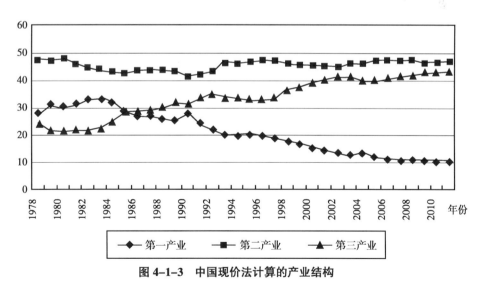

图 4-1-3　中国现价法计算的产业结构

资料来源：1978~2010 年资料来源于《中国统计年鉴（2011）》，2011 年资料来源于统计公报。

[①] 为了进行长历史时段考察，此处数据来源于《帕尔格雷夫世界历史统计》，经济科学出版社 2002 年版，此处数据与文章其他处由于数据来源不同，因而会有些小的出入。

测。在进行跨国经济结构的比较时，不能仅根据各国所公布的产业结构数据简单进行对比后就判断中国产业结构是否合理，进而判断中国产业结构的调整方向，并人为出台一些不符合实际的政策，影响了中国经济的可持续增长。

二、按可比价计算的中国产业结构

如前所述，无论从理论上还是从国际经验上来看，就长期而言，一国按不变价计算的产业结构与按不变价计算的产业结构可能会出现重大的差异；而对一国经济增长而言，更加有意义的是按不变价计算的产业结构。下面我们按照中国 1978 年的不变价（以下本部分再提到中国的不变价时，若没有特别说明都是指 1978 年的不变价）重新计算了中国 1978~2011 年的产业结构。以 2009 年中国产业结构为例，2009 年中国三次产业结构将从 10.3∶46.3∶43.4（当年价）变为 5.4∶65.6∶20.9（不变价），第一产业下降了 4.9 个百分点，第二产业提高了 19.3 个百分点，第三产业下降了 14.4 个百分点。我们知道，第二产业包括工业与建筑业，2009 年这两个细分行业占 GDP 的比例以不变价与当年价计算分别提高了 21.9 个百分点与下降了 2.4 下百分点。也就是说，第二产业（具体而言是工业）由于价格上涨幅度低于其他产业，以不变价计算的产业结构会低于以当年价计算的产业结构。第三产业价格上涨速度高于第二产业的主要原因是第三产业（特别是传统服务业）的劳动生产率提高缓慢，甚至有学者将其称为劳动生产率提高的"停滞部门"（Baumol，W. J.，1967）。

以不变价计算的产业结构，2009 年与 1978 年相比第三产业提高了 5 个百分点；以当年价计算的产业结构，2009 年与 1978 年相比第三产业提高了 19.4 个百分点。从这一数据可以看出，从 1978 年到 2009 年，第三产业呈上升趋势，但按当年价计算的比例高估了第三产业上升的幅度。第三产业的上升仅有 26% 是由"统计产出"增加导致的，而 74% 是由于三次产业价格比例的变化（也就是第三产业价格上涨快于整个 GDP 价格上涨的速度）所导致的。

这里使用"统计产出"增加而不是使用实际产出增加，是因为第三产业增长的很大一部分原因还在于某些原本计算在第二产业的产出从第三产业中分离出来，计算在了第三产业中，以及原本未被计算的家务劳动社会化所导致的产出统计的增加。虽然从理论上说，第二、三产业可以较为清晰地分开，但在实际统计中不同国家第二产业都在一定程度上包含了第三产业的内容，总体的趋势是第三产业占比越高的国家，第三产业越发达的国家，第二产业所包含的第三产业内容越少。另外，随着经济的发展和人们生活水平的提高，原本是家庭内部的劳务活动开始转向市场提供。因而经济发展水平越低，低估的劳务比例会越高，随着经济水平的发展，家庭服务进入市场的比例会提高[①]（西蒙·库兹涅茨，1965）。以中国为例，在进行按生产法进行核算时，是以企业为单位进行统计申报的，企业的行业分类是以该企业主营业务范围为依据的；制造业企业内部或多或少都包含了服务业的内容，而这部分只能统计在第三产业中。例如，同一设计服务，企业内部设立的设计部门的工作仅能计入企业管理费用，这一部分增加值（以员工工资形式体现）仅能计入第二产

---

① 参见西蒙·库兹涅茨的《各国经济增长》第 4 页。库兹涅茨在此论述这一问题，主要是为了说明家庭劳务会"在度量中充分地得到反映"，从而经济增长率一般会被高估。

业；而企业外部设计院（或公司）从事这一工作所取得的收入（增加值部分）将计入第三产业。总体而言，发达国家在第二产业中统计的服务业比例较低，而中国这一比例较高。美国1800年第三产业的比例高达48%，而中国1980年的第三产业的比例仅为21%，其中很重要的原因是很多企事业单位内部提供了大量的服务业，而这一部分服务业并没有计入第三产业。

中国由于价格上涨因素导致服务业比例上涨并非是个特例。以日本1956年到2007年为例，第三产业占GDP的比例从44%提高到了70%，但这其中有81%是服务业价格上涨所致。再以美国为例，从1947年到2011年美国服务业占GDP的比例从59%提高到79%，提高了20个百分点，但这其中有59%是服务业价格上涨所致。按2005年美元不变价计算，1947年美国第三产业占GDP的比例已经达到71%（2005年不变价），此后22年间，美国第三产业的比例处于波动状态，没有提高，到1969年第三产业比例仍旧仅为71%（2005年不变价）。此后，20世纪70年代，美国第三产业的比例开始不断提高，到1980年提高到76%。与此同时，美国国际贸易开始出现20亿美元的贸易赤字。而1971年以前，从1876年开始到1970年，除1935年、1936年出现贸易赤字以外，其他年份美国都是维持了长时间的贸易盈余。而1971年后，除个别年份外，美国国际贸易始终处于净出口的状态。因而，美国1970年以后第三产业比例的快速提高是以全球化后制造业向发展中国家转移、美元的国际储备货币地位为基础的。

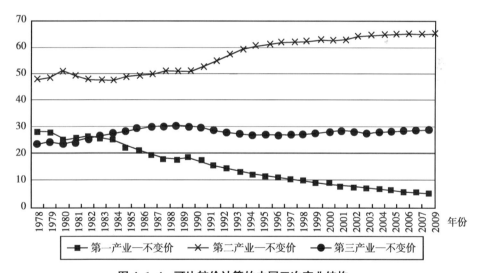

图4-1-4 可比较价计算的中国三次产业结构

资料来源：作者根据图4-1-3中的数据及分行业增长率进行计算得出。

三、改革开放以来中国经济增长的动力产业是第二产业

如前所述，在研究中国经济增长的动力产业时，需要用不变价进行计算。我们计算了中国三次产业对经济增长的贡献。从1979年到2009年三次产业对经济增长的贡献分别为4%、66%、30%，这说明1978~2009年中国经济增长的主要驱动力是第二产业（特别是工业）。

表 4-1-5　按可比价计算产业对 GDP 增长的累计贡献（1979~2009 年）

单位：%

年份	第一产业	第二产业	工业	建筑业	第三产业
1979	22.8	52.2	51.0	1.0	25.0
1980	−5.3	86.3	74.2	12.7	19.0
1981	34.3	18.3	15.6	2.6	47.5
1982	33.4	30.6	29.1	1.6	36.0
1983	20.0	44.7	38.5	6.1	35.3
1984	21.7	44.7	41.8	2.9	33.6
1985	3.3	61.4	55.2	6.2	35.3
1986	8.2	54.4	46.8	7.4	37.5
1987	8.4	56.4	49.5	6.8	35.2
1988	4.3	62.0	58.9	3.3	33.6
1989	13.7	46.9	57.3	−9.4	39.4
1990	36.3	44.2	43.1	1.3	19.5
1991	4.4	69.2	66.4	3.7	26.4
1992	5.2	71.0	65.9	5.3	23.8
1993	4.9	71.8	67.4	4.9	23.3
1994	4.0	73.9	70.7	4.1	22.1
1995	5.6	71.0	67.1	4.5	23.4
1996	6.0	69.7	67.3	3.4	24.3
1997	4.2	66.2	67.1	1.1	29.6
1998	4.7	67.5	63.7	4.3	27.8
1999	3.7	64.2	63.5	2.1	32.1
2000	2.7	66.8	65.8	2.4	30.4
2001	3.2	63.0	61.6	3.0	33.8
2002	2.8	65.8	63.7	3.4	31.4
2003	1.9	73.2	70.4	4.0	24.8
2004	4.7	68.2	67.5	2.8	27.1
2005	3.4	67.1	61.7	4.9	29.5
2006	2.7	66.6	61.2	4.9	30.6
2007	1.7	67.1	63.1	4.3	31.2
2008	3.3	66.0	63.0	3.8	30.7
2009	2.5	68.8	57.4	7.6	28.7

资料来源：作者根据图 4-1-3 中数据及分行业增长率进行计算得出。

四、第二产业仍旧是中国增长的动力产业

1. 中国工业化与城市化的进程远未结束

一个人在青少年时主要的任务是长身体，提高将来生存的本领；中年时的主要任务是承担对社会的责任，尽量对社会作出更大的贡献；而年老时的主要任务是颐养天年，提高生活质量。与单个人一样，对于一个国家而言，每个阶段所要解决的最重要的历史性任务

会有所不同，因而每个阶段的动力产业就会有所不同。对于中国而言，工业化及城镇化远未完成，人均所拥有的资本仍旧处于快速增长期。这个阶段增长的动力产业必然是与物质产业紧密相关的产业。中国与发达国家基础设施仍旧相差很远，以中美基础设施的对比为例，美国人均公路长度是中国的8.6倍，美国人均铁路长度是中国的16.3倍，美国人均电力消耗量是中国的5.8倍。需要特别指出的是，中国人口是美国的4.3倍，也就是说，不仅中国人均基础设施水平与美国有较大的差距，就是总量上与美国差距也很大。上述基础设施还是与生产直接相关的基础设施，而与人民生活相关的基础设施中美差距更大。以每千人宽带用户数为例，美国2009年为277.80（资料来源于《国际统计年鉴（2012）》），而中国仅为77.84，美国是中国的3.56倍。基础设施的提高需要使用大量的工业品，特别是重化工业产品（钢铁、水泥、有色金属及能源），中国工业在相当长时期内仍旧有巨大的市场需要。社会金属（特别是钢铁）人均拥有量是一个社会基础设施水平及人均资产的集中体现。以钢铁为例，联合国环境规划署最近公布的《社会中的金属》报告显示：发达经济体（指澳大利亚、加拿大、欧盟15国、日本、挪威、瑞典、新西兰，这些国家在2005年共有8.6亿人）人均钢铁拥有量为7~14吨，而除上述发达经济体外的国家人均钢铁拥有量为2吨。2004年美国的人均钢铁拥有量为11~12吨，中国仅为1.5吨左右。我们根据中国钢铁2004年以来的表观消费量估算，中国2011年人均钢铁拥有量也仅为4吨（此数高估了我国人均钢铁拥有量，主要原因是真实消费量还应从表观消费量中扣除其他商品中包含的钢铁的净进口量，例如机器设备中"内含"的钢铁进出口）。即使以如此快的增长速度，到2025年中国人均钢材拥有量也才能达到12吨左右。考虑到中国制成品出口中有大量的钢铁制成品出口，每年中国钢铁的消费量可能会更大，中国钢铁产量的增长可以持续更长时间。中国不仅钢铁人均拥有量较小，其他金属的人均拥有量也不大。以铝为例，美国人均拥有量是中国的13倍，以中国目前每年增加的人均拥有量估算，大约要40年才能与美国大体相当，要30年才能与日本大体相当，要20年才能与欧盟大体相当。从这些数据来看，中国第二产业仍旧有长期、巨大的发展空间。当然，我们不能完全重复发达国家所走过的工业化道路，而必须要走新型工业化的道路；但工业化基本特征没有发生实质性的变化以前，必要的物质积累是实现工业化的必要条件，因而人均物质资本的拥有量仍旧是一国实现工业化的必要条件。

表4-1-6　钢铁及铝的人均拥有量

钢铁（吨）			铝（公斤）		
国家	年份	人均拥有量	国家	年份	人均拥有量
世界	1985	2.1	世界	2003	82
美国	2004	11~12	美国	2000	483
日本	2000	11.3	日本	2000	343
中国	2004	1.5	中国	2005	37
中国	2011	4	中国	2009	66

资料来源：除2011年中国钢铁的人均拥有量为作者根据中国钢铁2004年以来的表观消费量估算所得，其他数据来源于联合国环境规划署最近公布的《社会中的金属》。

2. 不同情景下三次产业对中国经济增长的贡献

如前所述，按购买力平价计算，中国目前相当于美国 1940 年的经济发展水平。我们分了四种情景假设中国到 2020 年的发展水平，即从 2012 年到 2020 年 GDP 年均增长分别是 6%、7%、8%、9%，则到 2020 年中国经济发展水平分别相当于美国的 1951 年、1956 年、1962 年、1965 年，到时中国人均 GDP 约为 1.38 万美元、1.51 万美元、1.64 万美、1.78 万美元。我们测算了同期制造业与 GDP 增长的比例。除经济增长在 6% 的情景以外，其他情景下美国在该时段制造业的增长速度均高于 GDP 的增长速度（见表 4-1-7）。

表 4-1-7　不同情景下美国制造业及经济总量的增长速度

经济增长速度（%）	中国到 2020 年人均 GDP（2050 年美元价）	相当于美国	GDP 总量（2005 年不变价 10 亿美元）	相对 1940 年 GDP 累计增长（%）	制造业指数	制造业增长速度与经济增长的比例
	8210	1940 年	1165.9	—	47	—
6	13870.62	1951 年	2159.3	185	86	0.99
7	15093.75	1956 年	2547.6	219	107	1.04
8	16411.83	1962 年	2894.4	248	125	1.07
9	17831.24	1965 年	3607.0	309	156	1.07

注：制造业指数是以美国 1958 年=100。

资料来源：《帕尔格雷夫世界历史统计》，美洲卷，经济科学出版社 2002 年版，第 314 页。其中，1940 年制造业数据是根据该资料数据调整所得；美国 GDP 总量资料来源于 http://www.census.gov；其他数据由作者自行计算。

在不同情景下，我们假设第二产业、工业与美国同期制造业增长速度相当，从而可以计算在不同情景下第二产业及工业对经济增长的贡献率。从表 4-1-8 中可以看出，在 2011~2020 年年均增长率为 6%、7%、8%、9% 的不同情景下，第二产业及工业对经济增长的贡献有较大的差距。但从表中可以看出第二产业对经济增长的贡献最低为 56%，最高接近 93%；工业对经济增长的贡献也将近 48%，最高达到 79%。

我们认为，今后 10 年中国经济平均增长速度在 7% 左右的可能性较大，[①] 从表 4-1-8 中可以看出，若保持 7% 左右的速度，到 2020 年中国 GDP 总量将达到 87 万亿元（2011 年可比价），将是 2011 年 GDP 总量的 1.84 倍；人均 GDP 将为 1.51 万美元（2005 年美元可比价，汇率按 3.52 折算），按可比价计算将相当于美国 1956 年人均 GDP 水平。1940~1956 年，美国制造业增长速度是美国 GDP 增长速度的 1.04 倍，按此比例可以计算出中国 2011~2020 年第二产业对经济增长的贡献为 71%，工业对经济增长的贡献为 61%；与 1979~2009 年第二产业对经济增长的贡献（69%）、工业对经济增长的贡献（57%）比较接近。这一方面表明，中国在今后十年经济增长的动力产业不会发展重大的变化，第三产业尚难成为经济增长的主要动力产业；另一方面也表明，经济发展的阶段尚没有发生实质性的变化，加快推动工业化仍旧是经济发展的主线。

---

① "十二五"规划经济增长目标为 7%，但根据过去的经验与中国发展的实际，"十二五"期间经济增长高于 7% 的可能性极高；而在"十三五"期间，中国经济增长目标有可能进一步放缓，而经济增长在 6%~7% 的可能性很大。因而我们判断在 2011~2020 年，中国经济增长 7% 的可能性很大。当然，从表中数据也可以看出，本章结论的稳健性很高，在经济增长率为 6%~9% 这一不同的情景下，中国经济的主要动力产业都是第二产业，特别是其中的工业。

表 4-1-8　不同情景下中国第二产业对经济增长的贡献

		GDP（万亿元）	第二产业增加值（万亿元）	工业增加值（万亿元）	工业或第二产业增长速度	第二产业对经济增长的贡献	工业对经济增长的贡献
	2011 年	47.16	22.07	18.91	100		
2011~2020 年假设不同情景的增长率	6%	79.67	40.39	34.60	1.83	56%	48%
	7%	86.70	50.32	43.11	2.28	71%	61%
	8%	94.27	58.70	50.30	2.66	78%	67%
	9%	102.42	73.27	62.78	3.32	93%	79%

资料来源：2011 年资料来源于《中华人民共和国 2011 年国民经济和社会发展统计公报》，其他数据由作者计算得出。

虽然目前发达国家第三产业占 GDP 的比例高达 70%，但金融危机后发达国家经济增长的主要动力产业却又变为了第二产业（见表 4-1-9）。在 2000 年，发达国家第二产业对经济增长的贡献均低于第三产业。第二产业对经济增长率贡献最大的是加拿大（为 45.5%），最小的是英国（为 11.3%），平均为 30%（简单平均，本段下同）；第三产业对经济增长贡献率最大的是英国（为 88.9%），最小的是俄罗斯（为 46.4%），平均为 68.7%。金融危机后，制造业成为拉动发达国家走出危机的动力产业，以 2009 年为例，第二产业对经济增长率贡献最大的仍旧是加拿大（为 108.8%），最小的是荷兰（仅为 46.0%），平均为 58%，第二产业的贡献平均比 2000 年高 28 个百分点；第三产业对经济增长贡献率最大的是荷兰（为 55.9%），最小的是加拿大（为 -16.2%），平均为 32%（简单平均），第三产业的贡献平均比 2000 年低近 37 个百分点。金融危机前后，第二、三产业对经济增长的贡献发生了逆转，对经济增长的贡献从 3∶7 转变为了 7∶3。据此，发达国家也认识到了第二产业对经济增长的基础性作用，纷纷提出"再工业"举措。发达国家在目前的经济发展水平下，仍旧要注重第二产业对经济增长的带动作用，我们又有什么资本可以"自废武功"、"自砸饭碗"，盲目鼓励发展第三产业呢？

表 4-1-9　世界主要国家金融危机前后三次产业对国内生产总值增长的贡献率对比

国家	第一产业		第二产业		第三产业	
	2000 年	2009 年	2000 年	2009 年	2000 年	2009 年
日本	1.3	-9.1[①]	29.4	78.8[①]	69.3	30.3[①]
加拿大	-0.8	7.4	45.5	108.8	55.2	-16.2
美国	3.1	-2.1	14.5	53.3	82.4	48.7
法国	-1.2	-3.2	28.8	74.0	72.3	29.2
德国	-0.1	-1.8	36.6	82.4	63.6	19.4
意大利	-1.9	1.4	28.3	63.8	73.6	34.8
荷兰	1.4	-1.9	30.5	46.0	68.2	55.9
俄罗斯	8.0	-0.1	45.6	54.0	46.4	46.1
西班牙	6.2	-1.0	27.2	80.1	66.6	20.9
英国	-0.2	0.9	11.3	49.8	88.9	49.3

注：①2008 年数据。
资料来源：World Bank WDI Database。

3. 第三产业比例的提高往往以经济增长速度的放缓为代价

发达国家的经济发展过程表明，第三产业比例的提高往往伴随经济增长速度的大幅下降；或者更准确地说，第三产业比例的提高是经济放缓的副产品。以日本为例，20 世纪失去的 10 年，日本按当年价计算的第三产业比例提高了 8 个百分点，而按不变价计算的第三产业的比例也提高了 6 个百分点。计量分析表明（见图 4-1-5），日本第三产业占比与经济增长速度呈现负相关，而与第二产业占比呈现正相关；而且第三产业占比变化与经济增长速度也高度负相关，第二产业占比变化也与经济增长速度正相关。这表明第三产业比例的提高往往是经济增长长期放缓的结果。

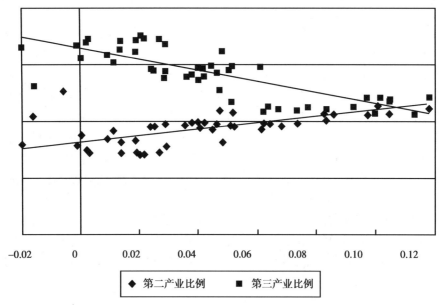

◆ 第二产业比例　　　■ 第三产业比例

图 4-1-5　日本经济增长率与产业结构的关系

资料来源：http://www.stat.go.jp/english/index.htm。

到 2020 年，中国经济总量将大体与美国相当，但到那时中国经济发展水平仍旧仅相当于美国 50 年代后期 60 年代初期的水平，人均 GDP 也仅相当于目前美国人均 GDP 的 1/4 左右，与美国仍旧有巨大的差距，后发优势仍旧十分明显。日本 20 世纪 90 年代经济增长大幅放缓时按购买力平价计算的人均 GDP 已经相当于美国的 70%，而到 2020 年中国人均 GDP 按购买力平价计算也仅相当于美国的 25%；如果日本等国家经济发展过程代表了经济发展的客观规律，中国经济增长率显著下降的时间点应该是在 2032 年左右（金碚、李钢，2011）。在此之前，中国没有必要人为放缓经济增长速度，没有必要把提高第三产业的比例作为产业结构优化的着力点。

第三节　未来趋势

本章首先从产业结构演化的历史及内在驱动因素分析了发达国家产业演化的状况、发达国家与中国相当经济发展阶段产业结构演化特点及增长的动力产业，然后分析了中国1978年以来按当年价、可比价计算的产业结构演化的特点及增长的动力产业，最后根据前述的研究分析了中国到2020年增长的动力产业。本章的研究有以下主要结论：

（1）发达国家第三产业占GDP比例的提高主要是三次产业价格比例变化的结果。从国际经验及中国产业结构演化的历史来看，产业结构演化的三种原因（需求收入弹性的差异、产业相对价格的变化、统计口径的变化）都可以在一定程度上解释各国产业结构演化的原因，但在不同时期其解释力却是不同的。总体而言，在产业结构巨变的第一个历史时期，即第一产业比例大幅下降，第二产业比例大幅提高（发达国家主要在20世纪50年代以前完成此结构转换），不同行业需求收入弹性差异是导致产业结构巨变的重要原因；在产业结构巨变的第二个历史时期，即第二产业比例下降，第三产业比例大幅提高（发达国家在20世纪90年代以前完成此结构转换），产业相对价格的变化是产业结构变化的重要原因。以美国为例，美国1953~2007年第三产业占GDP的比例从58%提高到77%，提高了19个百分点，但产业相对价格的变化可以解释其中的55%以上，而其他两个原因（产业的真实增长及统计口径的变化）仅能解释不到45%。如果按西蒙·库兹涅茨在《各国经济增长》中产业部门的分类，则在1953年以后按可比价计算的服务部门的比例基本没有变化，这一结论也与韩国1975~2007年服务业比重提高97.4%、日本1970~2005年服务业比重提高70.2%可以归因于价格因素相一致（胡翠、许召元，2012）[1]。本章的研究也表明，西蒙·库兹涅茨提出"按当年价格计算的产值的份额与按不变价计算的产值的份额间的差别，从长期来看应该是重大的"这一理论判断是正确的。但由于所收集数据的时间跨度较短以及产业结构分类较粗所导致的"不变价与当年价数据对比分析并没有看到明显的变化"的结论是不正确的。还需要说明的是，与中国经济发展水平相当的美国（1940年）、日本（1960年）第二产业占GDP的比例仍旧处于上升阶段。

（2）与中国目前经济发展水平相当时，第二产业对发达国家经济增长的贡献最大。中国2011年人均GDP为5555美元，已经进入上中等收入国家。但本章的研究表明，中国目前大体仍旧仅相当于美国1940年以前、日本1960年以前的经济发展水平，在此阶段美国、日本的第二产业仍旧是经济增长的主要动力产业。以美国为例，1929~1953年第二产业对经济增长的贡献约为60%，而第三产业仅为37%；再以日本为例，1956~1970年第二产业对经济增长的贡献为61%，而第三产业仅为37%。从日本与美国的数据来看，一方面在经济水平相当的发展阶段，不同国家的主导动力产业的确有可比之处；另一方面也可以看出，在中国目前的经济发展阶段，第二产业仍旧是经济增长的主要贡献产业。目前国内

① 胡翠，许召元. 中国服务业比重变化的因素分解 [J]. 数量经济技术经济，2012 (4).

有学者提出中国目前应加快发展服务产业，特别是生产性服务业，这固然有其合理的一面，但发达国家产业发展的历史表明，第二产业，特别是工业仍旧是目前中国经济发展的动力产业，即使是生产性服务的发展也必须以工业的发展为基石。以美国为例，1839~1899 年制造业在 GDP 中的比例提高了 11.1 个百分点，与此同时运输和通信业提高了 3.1 个百分点；1899~1953 年制造业在 GDP 中的比例提高了 8.5 个百分点，与此同时运输和通信业提高了 5.3 个百分点；1953~1967 年制造业在 GDP 中的比例下降了 2.5 个百分点，与此同时运输和通信业也下降了 0.7 个百分点。以上数据表明，以交通运输业为代表的生产性服务业发展与实体经济的核心制造业同步发展，脱离制造业是难以快速发展交通运输业等生产性服务业的。

（3）中国从 1978 年以来按不变价与当年价计算的产业结构有巨大的差异。1978 年以后，中国三次产业结构发生了巨变，按当年价计算的三次产业结构从 1978 年的 28∶48∶24 变为 2010 年的 10∶47∶43，第一产业大幅下降，第二产业维持不变，第三产业大幅提高，按当年价计算的产业结构所描述的状况是第一产业主要向第三产业进行转移。但按不变价计算的产业结构却是从 1978 的 28∶48∶24 变为 2009 年的 5.4∶65.6∶29。中国从 1978 年开始至今产业结构的变化证实了西蒙·库兹涅茨提出的"按当年价格计算的产值的份额与按不变价计算的产值的份额间的差别，从长期来看应该是重大的"这一理论判断是正确的，也表明 Balassa-Samuelson 效应在中国也是存在的，不可贸易部门（第三产业）的价格上涨速度的确要快于可贸易部门（第二产业）。与按当年价计算的产业结构相比，第一产业占比下降幅度更大，第三产业占比上升幅度明显下降，而第二产业占比上升幅度明显加大；按不变价产业结构描述的状况是第一产业主要向第二产业进行了转移。上面的研究还表明，第三产业占比的提高主要是三次产业价格比例变化的原因，这与程大中（2009）的研究结论"服务消费支出的增长，主要受服务价格上升的影响"相一致，也与胡翠、许召元（2012）的研究结论"价格的影响""超过了服务业比重总的上升幅度"相一致，[1] 还与本章前述的研究"发达国家'二战'后第三产业比例提高主要是三次产业价格比例变化"相一致。

（4）中国自 1978 年以来经济增长的主要动力产业是第二产业。1978 年以后中国经济快速增长，2010 年为 1978 年的 20.7 倍，年均增长 9.9%。中国经济如此快速增长的主要动力产业是什么？若按当年价计算，1978~2010 年三次产业对经济增长的贡献分别为 9.9%、46.7% 及 43.3%，第三产业与第二产业对经济增长的贡献差距不大。但若按可比价进行计算，1978~2009 年三次产业对经济增长的贡献分别为 2.5%、68.8%、28.7%。与按当年价计算三次产业对经济增长的贡献相比，可以看出：一是第一、三产业对经济增长的贡献大幅下降，其中第一产业下降了 7.2 个百分点，第三产业下降了 14.6 个百分点；二是第二产业对经济增长的贡献大幅提高了 22.1 个百分点；三是第二产业成为经济增长的主要动

---

① 在胡翠、许召元的文章中没有明确提出，但从其表 1 中可以看出，1981~2005 年扣除价格因素后服务业的比重将下降 3.99 个百分点，也就是说，按不变化价计算服务占 GDP 的比例是下降的。该文的研究结论与本章是一致的，即中国改革开放后服务业占 GDP 的比例提高主要是价格因素所致，而不是真实增长更快。但其计算的具体结果与本章有一定的差异，主要原因有两个：一是时间范围有所不同，二是计算的方法有所区别。

力产业。还要特别说明的是，由于中国在改革开放后人均 GDP 大幅提高，家庭服务进入市场的比例会大幅提高①（西蒙·库兹涅茨，1965），"服务专业化和外移"（江小涓，2010）也会大幅提高，这些都会高估服务业对经济增长的贡献，因而服务业对经济增长的贡献按可比价计算还要小。

（5）中国到 2020 年经济增长的主要动力产业仍旧是第二产业。2005 年中国的工业化进入工业化中期的后半阶段，目前正处于从"工业大国"向"工业强国"转变的阶段（陈佳贵、黄群慧，2009；黄群慧，2012）；工业仍然是中国经济增长最重要的产业（金碚，2012）。与中国到 2020 年的不同经济增长率相对应，第二产业对经济增长的贡献有所不同，但对中国经济增长的贡献率均大于 50%；与 7% 的经济增长率相对应，第二产业对经济增长的贡献率为 61%，虽然低于 1978~2009 年的贡献率 67%，但仍旧是经济增长最重要的动力产业；至少到 2020 年，第三产业难以成为中国经济增长的动力产业。发达国家的经济发展过程表明，第三产业比例的提高是经济放缓的副产品。2012 年初经济放缓所引起的社会各方面的关注，说明目前中国尚难承受经济增长大幅放缓，目前中国没有必要人为放缓经济增长速度。研究表明，第三产业产值比例（当年价）及就业比例提高是第三产业技术进步率慢于第二产业的结果（Bamol，1967；Acemoglu Guerriery，2008），对真实经济增长的意义不大，因而中国不应把提高第三产业的比例作为产业结构升级的着力点，而是必须进一步推动中国第二产业（特别是工业）的国际竞争力提升，以此来带动中国经济的增长。

本章主要研究了 2020 年前中国经济增长的主要动力产业，认为中国经济增长的主要动力产业是第二产业，这其中更深层次的原因是第二产业是技术进步较快的行业，从而能有效提高效率；第二产业不断提高的劳动生产率不仅会提高本行业的劳动者收入，而且会间接提高其他行业的劳动者收入。这就是为什么发达国家传统服务业劳动者效率并不高于发展中国家，但其工资会远高于发展中国家的重要原因。如果是这样，第二产业的发展不仅对于经济增长意义重大，而且对于经济发展和提高劳动者收入同样意义重大。因而即使对于经济发展而言，三次产业中第二产业发展对于经济发展的意义都可能是最重要的，这是今后需要着重关注与研究的问题。

【参考文献】

［1］Park S.H. Linkages between Industry and Services and Their Implications for Urban Employment Generation in Developing Countries［J］. Journal of Development Economics，1989，30（2）.

［2］Beyers，W.，Lindahl，D. Lone Eagles and High Fliers in Rural Producer Services ［J］. Rural Development Perspectives，2010（11）.

［3］陈佳贵，黄群慧. 我国实现工业现代化了吗？——对 15 个重点工业行业现代化水平的分析与评价［J］. 中国工业经济，2009（4）.

［4］黄群慧. 中国的工业大国国情与工业强国战略［J］. 中国工业经济，2012（3）.

［5］金碚. 全球竞争新格局与中国产业发展趋势［J］. 中国工业经济，2012（5）.

［6］金碚. 中国工业改革开放 30 年［J］. 中国工业经济，2008（5）.

———————————

① 参见西蒙·库兹涅茨的《各国经济增长》第 4 页。库兹涅茨在此论述这一问题，主要是为了说明经济增长家庭劳务会"在度量中充分地得到反映"，从而经济增长率一般会被高估。

[7] 金碚，吕铁，李晓华. 关于产业结构调整几个问题的探讨 [J]. 经济学动态，2010 (8).

[8] 金碚，吕铁，邓洲. 中国工业结构转型升级：进展、问题与趋势 [J]. 中国工业经济，2011 (2).

[9] 周叔莲，吕铁，贺俊. 新时期我国高增长行业的产业政策分析 [J]. 中国工业经济，2008 (9).

[10] 张其仔. 比较优势的演化与中国产业升级路径的选择 [J]. 中国工业经济，2008 (9).

[11] 张平，余宇新. 出口贸易影响了中国服务业占比吗？[J]. 数量经济技术经济研究，2012 (4).

[12] 李钢. 新二元经济结构下的中国工业升级路线 [J]. 经济体制改革，2009 (5).

[13] 李钢，金碚. 中国制造业发展现状的基本判断 [J]. 经济研究参考，2009 (41).

[14] 李钢，沈可挺，郭朝先. 中国劳动密集型产业竞争力提升出路何在？[J]. 中国工业经济，2009 (10).

[15] 李钢，梁泳梅. 什么是经济发展方式的转变？[J]. 经贸导刊，2010 (4).

[16] 李钢，董敏杰，金碚. 比较优势与竞争优势是对立的吗？——基于中国制造业的实证研究 [J]. 财贸经济，2009 (9).

[17] 李钢，廖建辉. 中国省域工业结构的聚类与时空演化研究 [J]. 经济管理，2011 (7).

[18] 李钢，廖建辉，向奕霓. 中国产业升级的方向与路径 [J]. 中国工业经济，2011 (10).

[19] 姚洋，郑东雅. 重工业与经济发展：计划经济时代再考察 [J]. 经济研究，2008 (4).

[20] 中国社会科学院经济学部课题组. 我国进入工业化中期后半阶段：1995~2005 年中国工业化水平评价与分析 [J]. 中国社会科学院院报，2007 (9).

[21] 马晓河. 加快体制改革　推动我国服务业大发展 [J]. 中国发展观察，2011 (6).

[22] 汪海波. 对新中国产业结构演进的历史考察——兼及产业结构调整的对策思考[J]. 中共党史研究，2010 (6).

[23] 黄志钢. 产业结构调整、经济结构优化与经济增长方式转变 [J]. 经济界，2008 (6).

[24] 许召元. 中国产业结构变化的因素分解及国际比较 [R]. 国务院发展研究中心，2010.

第二章 中国产品升级的方向：跨国经验

Solow（1956）提出的新古典经济增长模型成为现代经济增长理论研究的基准模型，在要素边际报酬递减的关键假设条件下，该理论认为经济增长最终源于外生的技术进步的推动，在没有技术进步的情况下，不同国家的人均产出、资本劳动比以及工资水平都将趋于稳态均衡点，初始条件和当前扰动不会对总产出和消费产生长期的影响。与 Solow（1956）不同的是，以 Arrow（1962）、Uzawa（1965）、Romer（1986）和 Lucas（1988）等为代表的经济学家认为经济增长是经济系统内生的结果，而不是来自外力的推动，强调经济体行为自身的影响。这些模型大多数是以 Ramsey-Cass-Koopmans 的内生储蓄率模型为基础，通过拓展资本的内涵和外延，强调了知识和人力资本的外溢效应来解释技术进步对长期经济增长的促进作用。在 Kaldor（1967）的结构转换理论和 Romer（1986）的知识内生化的新增长理论启示下，Hausmann 和 Klinger（2006）等研究国际贸易与经济增长的学者开始关注知识和能力对国家或地区经济增长的影响。Hausmann 和 Klinger（2006）提出了产品空间结构与比较优势演化理论，强调产品是个人和组织运用生产性知识生产出来的，是知识和能力的载体，产品本身反映了经济行为主体所具备的这种生产能力，对国家和地区而言，经济发展和结构转换的本质是该国和地区的企业发现其擅长生产的产品并学习和积累生产这种产品能力的过程。

Hidalgo 和 Hausmann（2009）则进一步上升到国家层面，首次强调了经济复杂度的重要性。基于知识和能力的网络理论，Hausmann 和 Klinger（2006）及 Hidalgo 等（2007）认为经济发展的实质是学习如何生产和出口更复杂的产品自我发现的过程，经济复杂度是国家生产多样化产品尤其是更多、更复杂产品的能力的反映，经济体生产结构的整体复杂程度与其增长绩效有着密切的关系。作为尝试，他们首先运用跨国截面数据对国家经济复杂度与经济发展绩效之间的关系进行了实证分析，指出国家经济复杂度的不同是造成各国经济发展绩效差异的主要原因。然而，经济增长的截面回归容易产生潜在的变量内生性问题和联立方程偏误等问题，导致计量模型识别的经济关系可能是不可靠的，因此，在借鉴前人研究的基础上，本章首次运用 154 个经济体 1976~2010 年的面板数据模型来估计经济复杂度与经济增长之间的相关关系。

第一节　经济复杂度与经济增长的特征化事实：跨国的考察

一、经济复杂度的测度

根据 Hidalgo 等（2007）的产品空间与比较优势演化理论，出口产品空间结构在很大程度上反映了一国和地区的要素禀赋结构与生产技术结构，产品之间的联系是基于生产这些产品某些能力和特征的相似性，各国不是生产它们所需的产品，而是根据产品空间结构和能力生产它能够生产的产品。简言之，各国和地区应该专业化生产并出口其具有比较优势的产品，各国经济绩效的差异主要由处于其产品空间中心的高生产率的产品与外围的低生产率的产品之间的连接距离（Connectedness）所决定。Lall 等（2006）认为收入水平越高的经济体，出口的产品越"复杂"（Complexity/Sophistication）。复杂度测度的逻辑非常简单，即在没有贸易干预的情况下，高收入国家出口的产品具备使承担较高人力成本的生产者在激烈的国际市场上获得竞争优势，占据竞争有利位置的某些特性，这些特征包括了生产和出口产品所需的先进的技术、高水平的设计、大量的研发投入、生产能力的信息化管理、自然资源可得性、生产碎片化的缓解、很强的营销管理能力、区位优势、顺畅严谨的价值链组织、良好的基础设施、对商业运作和工艺流程熟练程度以及产品差异化等一系列因素。按照上述基本逻辑，基于经济体的收入信息，他们提出了分别测度出口产品复杂度和经济体出口的综合技术复杂度的指标，即出口产品复杂度得分（Product Sophistication Scores，PSS）和经济体综合复杂度指数（Technological Sophistication Index，TSI）。其中，出口产品复杂度得分是以各国或地区某种产品的出口额占世界总出口额的比重即该产品的国际市场占有率为权重，对出口该产品的所有国家或地区的人均收入进行加权平均所得：

$$PSS_{i,t} = \sum_c \frac{x_{c,i,t}}{\sum_c x_{c,i,t}} \times GDPper_{c,t}$$

其中，i 代表产品，c 代表国家，t 代表时间，x 代表出口额，GDPper 代表实际人均GDP。

接下来，继续以各国或地区每种产品出口额占其总出口额的比重作为权重，对所有出口产品复杂度得分进行加权平均得到该国或地区的综合复杂度指数：

$$TSI_{c,t} = \sum_i \left[\frac{x_{c,i,t}}{\sum_i x_{c,i,t}} \times PSS_{i,t} \right]$$

其中，i 代表产品，c 代表国家，t 代表时间，x 代表出口额，PSS 代表出口产品复杂度。

Lall 等（2006）构建的测度出口产品复杂度与经济体出口的综合复杂度的指标，由于以某种产品的出口额占世界总出口额的比重作为权重，忽略了国家之间规模的差异以及世界市场规模的影响，可能高估了大国的作用，而忽略了小国具有比较优势的产品出口，并且对实际人均 GDP 进行加权平均，可能得到"高收入国家出口复杂程度高的产品，出口复杂程度高的产品的国家是高收入国家"的有偏结论，从而陷入循环论证的怪圈。

为修正 Lall 等（2006）因权重选择而得到的有偏的测度指标，Hausmann 等（2007）提出了两个简单的测度产品复杂度和经济复杂度的指标，即 PRODY 和 EXPY 指数。具体而言，产品复杂度（PRODY）代表与产品相关的收入水平，它是以每个国家该种商品的出口额占全世界该商品出口总额的份额即各个国家出口产品的显性比较优势（RCA）作为权重，来对出口某种产品的所有国家的人均 GDP 进行加权计算得到该种产品的复杂度：

$$PRODY_{i,t} = \sum_c \frac{x_{c,i,t} / \sum_i x_{c,i,t}}{\sum_c x_{c,i,t} / \sum_i x_{c,i,t}} \times GDPper_{c,t}$$

其中，i 代表产品，c 代表国家，t 代表时间，x 代表出口额，GDPper 代表实际人均GDP。

经济复杂度（EXPY）代表与一国出口商品结构相关的生产率水平，它是在产品复杂度指数的基础上，进一步以各个国家每种产品的出口占其总出口的份额为权重，对该国所有出口产品复杂度进行加权平均，从而得到该国出口一篮子产品的复杂程度：

$$EXPY_{c,t} = \sum_i \left[\frac{x_{c,i,t}}{\sum_i x_{c,i,t}} \times PRODY_{i,t} \right]$$

其中，i 代表产品，c 代表国家，t 代表时间，x 代表出口额，PRODY 代表产品复杂度，该指标反映了一国整体的生产和出口产品结构的质量和技术水平。

Hausmann 等（2007）之所以选择一国或地区出口产品的显性比较优势来测度产品和经济复杂度，是因为具有显性比较优势的出口产品通常是一国生产率水平最高的那些产品，而具有比较优势的国家通常应该选择生产和出口的产品是最有生产率的产品。此外，在数据来源方面，他们认为出口数据比生产数据更容易获取。

然而，与 Lall 等（2006）提出用实际人均 GDP 来计算 PSS 和 ECI 存在缺陷一样，Hausmann 等（2007）运用出口数据与实际人均 GDP 的信息来计算 PRODY 和 EXPY 仍存在种种问题，例如，忽略产品质量的差异，在标准越粗的产品分类标准下，类型和质量不同的产品容易划分在同一产业内，或者在出口产品的四位码分类标准下，所有个人汽车均划分在同一类中，而在六位码标准下，个人汽车按照马力与燃料的不同划分来说，它们更可能只专业化生产某几种产品，其贸易比较优势更容易受到外部冲击的影响，并且在计算PRODY 时，不同经济体的权重仍然都是一样的。在现有的出口产品统计数据中仅仅包括可贸易产品的数据，不包括服务贸易以及不可贸易产品的数据，而对许多发达国家而言，出口附加值更高的服务贸易在其出口结构中占据更大的比重，运用出口数据计算 EXPY 不包括这些数据显然会降低经济发达国家的经济复杂度（EXPY）。更为严重的是，根据收入信息计算的这两种指标仍然出现"高收入国家出口复杂程度高的产品，出口复杂程度高的产品的国家是高收入国家"的循环结论。此外，针对测度指标的不足，Hausmann 等（2007）认为，经济体复杂度指标的构造基于"能力理论"（Hausmann 和 Klinger，2006），即一种产品只有当其必需的能力组合都具备时才可能被生产出来。能力的种类越多，能力的不同组合就越多。因此，拥有更多能力、多样化程度更高的国家能够生产的产品种类就越多，产品的复杂度也更高。基于这个理论，在不断的探索中，他们设计出一套经济复杂性的测度指标，将整个经济复杂程度分为两个部分：一部分是国家能力的多样性（Diversification)，另一部分是产品的普遍性（Ubiquity），多样性衡量能力种类的多少，普遍性衡量能力的专有程度。通常多样性指数越高，一个国家拥有的能力越多，增长越快；产品越普遍，能力的专有程度就越低，产品复杂程度越低。因此，长期来看，国家的经济绩效由其生产的产品种类和产品的复杂程度决定，国家会向它们所生产的产品收敛。多样化 kc 与普遍性 kp 指标各有侧重，为了将国家及产品的能力指标联系起来，他们利用反射的方法对两个指标进行了修正。

这套指标的计算来自于网络理论，首先计算出各国出口产品的显示比较优势指数，然后用 M_{cp} 来建立国家与产品之间的联系，并用它衡量一个国家是否有生产某种产品的能力，如果 c 国在出口产品 p 上具有比较优势，则意味着该国具有生产 p 产品的能力，即若 $RCA_{cp} \geq 1$，则 $M_{cp} = 1$；反之，$RCA_{cp} < 1$，$M_{cp} = 0$。$k_{c,0} = \sum_p M_{cp}$，$k_{p,0} = \sum_c M_{cp}$，$k_{c,0}$ 即一个国家 RCA 指数大于 1 的产业的总数；对特定产品，$k_{p,0}$ 为世界上出口该产品有显示比较优势的国家的总数。这种测度完全来自国家的生产结构及产品的网络结构，由于剔除了收入信息，其衡量的结果更加具有客观性和独立性。

参考 Hausmann 等（2007)，本章以 RCA 指数来测度一国生产和出口某种产品的能力，[①] 如果一个国家生产和出口某种产品上具有显示比较优势，就代表该国在世界范围内具有生产该种产品的比较优势和能力，用 M_{ipt} 代表。在计算出 RCA 指数的基础上，设定 $RCA_{ipt} \geq 1$，则 $M_{ipt} = 1$；反之，$RCA_{ipt} < 1$，则 $M_{ipt} = 0$。$k_{c,i,t}^0 = \sum_{p=1}^{n_p} M_{ipt}$；$k_{p,i,t}^0 = \sum_{i=1}^{n_i} M_{ipt}$，$ECI_{i,t} = \frac{1}{k_{c,i,t}^0} \sum_{p=1}^{n_p} M_{ipt} k_{p,i,t}^0$，其中，i 代表国家，p 代表产品，t 代表时间。产品普遍性也是一种能力的测度，虽然该指标测度的是产品的普遍性，但是如果利用国家本身能力的多样性指标进行修正，就能得到一个相对衡量产品平均复杂度的指标。这样，ECI 就成为了一个包含国家能力与产品能力的综合指标，综合测度一个国家的经济复杂度。一个国家的技术进步体现为国家能力总数的增加和产品平均复杂程度的提升，其表现形式为生产产品种类的日益丰富，故而产品平均复杂性是衡量一个经济体复杂性的根本指标，本章中产品平均复杂性等同于经济复杂性。因此，本章接下来验证经济复杂性对经济增长的贡献。

二、经济复杂度与经济增长的特征化事实及研究假说

众所周知，世界各国之间的收入水平存在非常大的差异，按照世界银行确定的收入水平的分类标准，可以分为高收入经济体、中等收入经济体与低收入经济体三类。很显然，在这三类经济体中，高收入经济体的生产结构与出口产品结构中知识密集型和技术密集型的产品相对较多，整体技术含量（复杂度）比较高；低收入经济体的生产结构和出口产品

---

① $RCA_{i,t} = \dfrac{x_{c,i,t} / \sum_i x_{c,i,t}}{\sum_c x_{c,i,t} / \sum_c \sum_i x_{c,i,t}}$，其中，i 代表 SITC 四位码的产品代码，c 代表国家，t 代表年份。

结构比较单一，通常只能生产和出口附加值低、技术含量少的初级产品和简单的工业制成品，生产结构与出口产品结构的整体复杂程度要远远低于高收入经济体；而中等收入经济体的生产结构和出口产品结构的整体复杂程度则介于高收入经济体与低收于经济体之间，根据 Hausmann 等（2006）与 Hidalgo 等（2009）的产品空间结构与比较优势演化理论，产品是生产要素和知识的载体，一国的产品空间结构综合反映了该国所掌握的相关生产性知识的总和，它是决定一国能否实现经济增长的重要因素，也是决定不同国家经济绩效差异的根本原因。

接下来，本章利用世界银行 WDI 数据库中各国的收入信息与联合国商品贸易数据库的 SITC rev2 四位码出口产品数据计算的各国经济复杂度指数，对各国的生产结构与出口产品结构的总体特征以及世界收入分布状况进行描述性分析。为保证收入信息与经济复杂度指数信息在国别统计口径上的一致性，在覆盖低收入到高收入等绝大部分经济体的基础上，本章选取全世界 154 个经济体 1976~2009 年人均 GDP 的数据来分析其收入演进状况。通过简单的统计分析我们发现，1992 年，[①] 步入高收入经济体行列，人均收入在 10000 美元以上的经济体为 31 个，而人均收入低于 1000 美元的经济体则有 21 个；到 1995 年，高收入经济体和低收入经济体的数量均有所增加，高收入经济体有 34 个，而低收入经济体则有 35 个；2000 年时，高收入经济体与低收入经济体的数量进一步增加，分别为 37 个和 44 个，中等收入经济体的数量呈持续下降趋势。此后，低收入经济体的数量有所下降，高收入经济体的数量则继续保持上升态势，2005 年，高收入经济体与低收入经济体分别有 46 个和 36 个。图 4-2-1 给出了 2009 年 154 个经济体人均收入的分布密度图，发现绝大部分国家仍处在 10000 美元以下，属于中、低收入经济体，高收入经济体的占比依然很低，经济体之间的收入差异比较明显。

从各经济体具体的增长态势来看，1976 年迄今，人均收入持续增长的经济体并不多，主要有孟加拉国、贝宁、柬埔寨、埃及、圭亚那、印度、肯尼亚、基里巴斯、科威特、巴基斯坦、斯里兰卡、乌干达以及越南等；绝大部分经济体的人均收入几乎不增长，部分甚至呈持续下降的趋势，例如玻利维亚、布隆迪、希腊、格林兰、巴拉圭、多哥、几内亚、利比里亚、巴布亚新几内亚以及津巴布韦等众多中、低收入经济体。进入 21 世纪以来，伴随着高收入经济体数量的增加和低收入经济体数量的减少，各经济体之间的收入差距似乎出现缩小的趋势，并且相对高收入经济体，部分中、低收入经济体的人均收入呈持续快速增长的态势，而高收入经济体则增长较慢，以中国和日本为例，近十年以来，中国人均 GDP 的年均增长超过 10%，而日本的增速则一直在零上下波动，绝大部分年份是负增长。这似乎为新古典经济增长理论的"绝对收敛"假说提供了经验支持。然而，事实上，不同经济体之间的收入差距并没有明显缩小，许多中、低收入经济体陷入"中等收入陷阱"和"贫困陷阱"，而部分曾经步入高收入经济体行列的国家，譬如阿根廷等，则重新落在"中等收入陷阱"之中（Gill 等，2007；马岩，2009；Ohno，2010），而近年来增速较快的中国，由于经济政治体制改革的步伐逐渐放缓，改革的活力逐渐耗散，也面临产业竞争优势转型断档和中等收入陷阱的风险（张其仔，2008；张其仔等，2011）。

---

① 自 1992 年起，联合国商品贸易数据库里面包含了绝大部分国家完整的出口产品贸易数据序列的统计信息。

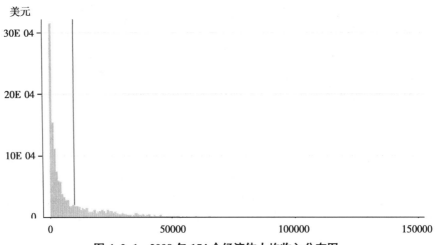

图 4-2-1　2009 年 154 个经济体人均收入分布图

　　根据产品空间结构与比较优势演化理论，经济学家提出了一种新的解释经济发展的见解，即强调国家生产和出口产品结构的重要性，他们用复杂度指数来衡量国家的生产结构或出口产品结构的整体技术含量，即经济复杂度指数。经济复杂度指数综合反映了一个国家所拥有的生产性知识的特征以及将这些知识整合起来生产特定产品的能力的总和，经济复杂度指数的大小和差异体现经济体经济结构的基本特征，预示着国家的增长绩效以及国别之间绩效的差异，决定了一个国家的经济增长路径和未来的发展方向，国家倾向于向他们生产的产品收敛 (Hidalgo 等，2007；Hidalgo 和 Hausmann，2009；Felipe 等，2010)。

　　国家的多样化和产品的普遍性综合反映了一国经济结构的整体复杂度，根据 Hidalgo 等 (2009) 所做的反射的方法与指标的定义，经过迭代后的新指标 ECI 反映了经济体整体的生产结构与出口产品结构的技术含量和能力构成，经济复杂度与产品普遍性之间存在反向关系，产品越普遍，则意味着国家拥有的专有性能力越少，生产结构的复杂度越低，经济发展的绩效则可能越差。图 4-2-2 描述了 1990~2009 年以来 154 个经济体的产品普遍度与对数形式实际人均 GDP 之间关系的演化图，横轴为产品普遍性，纵轴为对数形式的实际人均 GDP。就横向而言，可以看到，越靠近左上侧的经济体的产品普遍性越低，经济体的生产结构与产品出口结构的技术含量比较高，其经济复杂度相应越高，这意味着其人均 GDP 也比较高，例如，日本、美国、英国、韩国和新加坡等高收入经济体自 1990 年至今一直处于这个区域附近。相反，处于右下区域的经济体基本上都是低收入经济体，经济复杂度偏低，其人均 GDP 也相应地处于世界收入分布的最低端。中等收入的经济体基本上处于中间区域，介于高收入经济体与低收入经济体之间，经济复杂度低于高收入经济体，而高于低收入经济体，处于世界收入分布的中间地带。就 1990 年以来的产品普遍性与人均 GDP 之间关系的演进趋势来看，产品普遍程度与经济增长之间存在负相关关系，产品的普遍程度越高，经济体收入水平越低，增长绩效也相对较差；反之，产品普遍度越低，其对应的生产结构与出口产品结构越简单，生产和出口的产品技术含量也较低，经济体收入水平越高。

　　接下来，我们从纵向的角度对代表性经济体的经济复杂度与长期经济增长绩效之间的

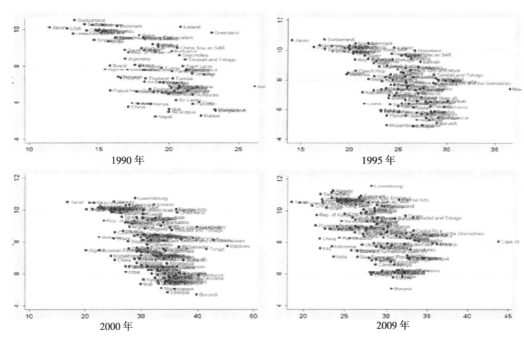

图 4-2-2　经济体 LNGDPPER（纵轴）与产品普遍度（横轴）关系的演化图

关系进行描述性分析，分别从三个收入组选择如下代表性经济体：肯尼亚、尼日尔、中国、马来西亚、日本和美国。图 4-2-3 是这些代表性经济体的经济复杂度（ECI）与人均GDP 关系的动态演化趋势图，结果显示，经济体的人均 GDP 与其经济复杂度之间可能存在明显的正相关关系，随着各经济体经济复杂度的提高，其对应的收入水平也呈上升态势。以中国为例，改革开放以来，中国的经济复杂度一直处于上升通道，人均 GDP 也随之不断提升。

　　根据经济体的经济复杂度与经济增长的描述性事实，我们对两者之间的关系进行进一步的讨论并试图提出本章要检验的经验命题。基于 Hidalgo 等（2009）简单的截面回归分析结果与本章描述性分析的结论，笔者得出经济复杂度的提升可能促进经济体的经济发展绩效的结论。然而，对此结论我们不能过度解读，即经济复杂度的下降就一定会降低经济体的发展速度，降低其收入水平。首先，不同经济体的发展阶段有所不同，而在其各自发展的不同阶段，经济增长的驱动力量可能有所不同，根据产品生产周期和技术差距理论以及分工专业化理论，推动经济不断增长的有经济体生产结构与出口产品结构的技术含量的提升，还有其专业化分工规模扩大形成的报酬递增效应，也就是说，差异化与专业化都对经济体的经济结构产生重要影响，都有可能提升其复杂度，进而促进其经济的长期增长。但是，依赖专业化的规模和标准化还是产品差异化驱动的复杂度的提升路径，其经济增长路径最终可能会发生分化。其次，经济体生产结构和出口产品结构的复杂度与其经济发展水平之间存在一种自我强化的关系。经济体生产结构与出口产品结构的整体技术含量越高，其拥有的能力越多，则经济发展水平也相应保持较高的水平。不过，一般经济发展水平较高的经济体，其拥有的各自生产性知识的存量以及整合这些知识用于生产高附加值的

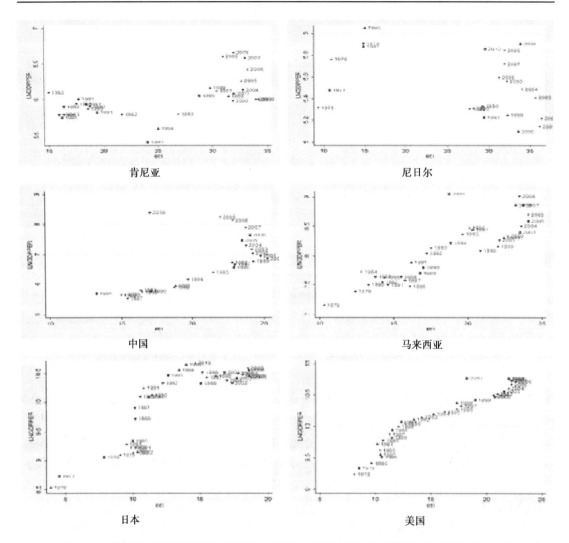

图 4-2-3　代表性经济体的 LNGDPPER（纵轴）与经济复杂度（横轴）之间关系的动态图

　　知识与技术密集型产品的能力也越多，并且能够聚集更多来自不同地区的资源和知识，使得其生产结构与出口产品结构也相应变得复杂。简言之，经济复杂度与经济增长之间存在一种内在自我强化的机制。

　　综合前文的特征化事实与讨论，本章需要检验的研究命题可以概括如下：经济复杂度与经济增长相互促进的假说：经济复杂度的提升有利于促进经济体保持长期增长；反过来说，经济发展水平的提升也有利于提高其生产结构与出口产品结构的整体技术含量和复杂程度。

第二节 实证结果分析

一、数据处理与变量说明

本章的数据是 1976~2010 年 154 个经济体国家层面的非平衡面板数据，被解释变量为各经济体经济发展水平，本章选择用世界英航 WDI 数据库的人均 GDP 来度量。事实上，在已有的研究经济增长的文献中，用来测度经济发展绩效的指标有很多，例如，人类发展之势、GDP 增长率、人均 GDP 及其增长率以及民主发展水平等，本章主要关注生产结构或出口产品结构的整体复杂程度对经济增长的影响，选择人均 GDP 衡量经济发展水平是合理的，我们利用世界银行 WDI 数据库中各国的 GDP 指数，将各国的名义人均 GDP 折算成以美元计价的不变价人均 GDP，同时为降低异方差的影响，最终，取对数形式的实际人均 GDP 作为经济增长绩效的刻画指标。为了保持样本的有效性以及与贸易统计的国别对应，本章剔除了部分人均 GDP 数据统计严重缺失的经济体，具体是指去掉人均 GDP 统计年限不到 10 年的经济体，仅保留统计年限 10 年以上的经济体，最终得到 154 个经济体人均 GDP 的样本数据。关键解释变量生产结构与出口产品结构的整体技术含量，即经济复杂度用联合国商品贸易数据库 SITC rev2 四位码产品的出口贸易数据作为基础数据来计算，具体计算方法与步骤参见本章第二部分。

影响经济增长的因素有很多，例如资本、劳动力、人力资本等。因此，为了准确地反映经济复杂度与经济增长之间的关系，避免遗漏变量造成的内生性问题，根据已有的研究结果，本章的控制变量主要包括人口、资本、储蓄率、外商直接投资、政府债务、人力资本、外债、资源禀赋等一系列控制变量（Barro，1991；Barro 和 Sala-i-Martin，2004）。

在新古典经济增长模型下，资本和劳动被认为是促进经济体增长的最重要的两个要素（Solow，1956），此后，绝大部分经济增长的决定因素的研究文献均是以 Solow（1956）的新古典生产函数为基础进行拓展研究，绝大部分实证研究依然认为资本和劳动是推动经济持续增长的重要因素（Barro，1991）。为了反映资本和储蓄因素对经济增长的影响，本章选取世界银行 WDI 数据库 154 个经济体的资本形成率作为资本的代理变量。根据 Barro 等（2004）的研究，度量劳动的主要指标有就业人数规模与劳动者参与劳动的时间和强度等，一般而言，如果世界各国的劳动法规基本相同，规定劳动者每天工作的时间都相同的话，则国家之间劳动的差异就主要源于各国的就业人口占全部人口的比重即就业率的差异（Barro 等，2004）。为了反映劳动对各经济体增长的影响，本章选择世界 WDI 数据库统计的各经济体的就业人口占其总人口的比重来刻画各经济体劳动。此外，根据马尔萨斯的人口理论，人口规模也是影响经济增长的重要因素，各经济体人口规模的差异影响了其资源的有效配置，从而影响微观行为主体的激励，最终影响经济增长。因此，在回归的过程中，本章还选择各经济体的人口增长率作为控制变量，以反映人口规模的影响。

外债对经济体增长绩效的影响一直是发展经济学研究的热点，也备受争议。例如，

Taylor（1998）通过对拉美国家经济发展绩效的决定因素进行实证研究发现，巨额外债是影响拉美国家经济增长最重要的因素，沉重的外债极大地损害了这些经济体的信誉和主权评级，继而严重地阻碍了拉美经济持续健康的发展。而 Sachs 和 Williamson（1985）通过对造成东亚和拉美的经济增长绩效差异的影响因素进行实证分析后发现，外债并不是造成两个地区经济发展绩效存在差异的关键因素。他们认为，在经济发展的起飞初期，韩国等东亚国家均存在大量的外部负债，然而，这些外资最终并没有成为它们经济增长的负担。为了反映不同经济体外债对其经济增长的影响，在做计量分析时，本章将外债也作为一个控制变量纳入实证模型中。

20 世纪 80 年代以来，世界经济最突出的一个特征是跨国公司的全球化和资本全球流动，而外商直接投资对东道国经济的作用也备受学者们的关注，绝大部分经验分析发现外商直接投资有利于东道国经济的增长。Borensztein 等（1998）利用工业化国家对 68 个发展中经济体的外商直接投资数据，在跨国增长回归的框架下，对外商直接投资对这些发展中经济体经济增长的贡献进行了实证分析。结果发现，外商直接投资是发达经济体向发展中经济体进行技术转移的重要渠道和载体，对发展中国家经济增长的贡献要远高于其国内投资，但是外商直接投资对东道国经济增长发挥积极作用是有前提条件的，即东道国必须有必要的人力资本储备以形成必需的吸收能力，才能充分发挥外商直接投资的积极作用。Thanh 和 Duong（2011）则研究外商直接投资对越南经济增长的影响，他们发现，外商直接投资通过影响越南企业的出口倾向，通过出口来促进越南的经济增长。Bengoa 和 Sanchez-Robles（2003）通过对拉美国家的实证分析，也得到类似的结论。为避免遗漏重要变量，本章也选取外商直接投资作为控制变量，取自世界银行 WDI 数据库中各国外商投资净流入数据作为代理变量。

政府支出结构中大量的非生产性消费会对经济体经济运行造成重大的冲击，会对私人投资和消费产生挤出效应，影响企业的经营与商业投资环境，刺激官员的"寻租"和腐败活动，扭曲整个经济体的激励结构，使经济行为主体不能形成正确的激励约束机制，最终损害经济增长的微观行为主体，阻碍经济持续健康地发展。为此，在进行增长回归的过程中，应将政府的支出作为控制变量纳入模型中（Barro 等，2004）。

根据人力资本内生经济增长模型，人力资本是技术内生的重要表现形式，也是技术进步的重要载体，常用的测度指标有公共受教育支出、受教育年限、各教育层次的在校生数量、识字率以及文盲率等。一般选择平均受教育年限作为测度人力资本的指标，然而，在进行跨国回归时，受教育年限并不能反映不同经济体教育质量的差异，而且各经济体通常是五年才统计一次，没有连续的统计序列数据。因此，本章最终选取识字率来衡量各经济体的人力资本，以世界银行 WDI 数据库中各经济体 15 岁以上的识字人口占其总人口的比重来衡量。

随着中东产油国在世界经济格局和世界收入分布中占据一席之地，经济学家也开始关注石油等自然资源对经济增长的影响。有的研究认为，自然资源对经济体的发展而言是福音，有的研究则认为是诅咒（Brunnschweiler，2008）。例如，Sachs 和 Warner（2001）的研究发现，资源产品出口导致真实汇率的提高而使初始产品的贸易条件恶化；或者因为对资源品的过度依赖，而在商品经济为主导的经济多样化和工业化方面缺乏激励，导致"荷兰病"的形成，资源禀赋与增长之间存在负向关系。Gylfason（2001）则发现自然资源丰富的经济体可能没有激励加大其人力资本投资力度，阻碍人力资本积累，从而导致经济丧失持久增长的动力。然而，Lederman 和 Maloney（2007）通过实证分析发现，根本就不存在所谓的资源诅咒，包括澳大利亚、加拿大、斯堪的纳维亚地区等经济体在内的 OECD 国家在经济发展之初，都是依托其丰富的自然资源，发展资源密集型产业，以积累充足的资本和人才储备，然后以此为基础，不断提升产业结构的复杂程度，最终成功摆脱资源诅咒，最终步入高收入经济体的行列。根据动态比较优势理论，Bonaglia 和 Fukasaku（2003）认为，资源丰裕度高的低收入国家应该发展以资源为基础的制造业以及对初始产品进行深加工，通过向上游或下游拓展产业链条，来替代低技术制造业，提高生产结构的整体技术含量，进而实现经济的持续增长。为了尽量避免考察复杂度对经济增长影响时遗漏重要变量，本章选择将各经济体的能源生产总量作为其资源丰裕度代理变量纳入增长决定模型，见表 4-2-1。

表 4-2-1　主要指标统计性描述

变量	变量定义	观测值	均值	标准误	最小值	最大值
Id	国家代码	3658	77.66539	44.12338	1	154
LNGDPPER	对数形式实际人均 GDP	3597	8.027559	1.549174	4.449002	11.68554
ECI	经济平均复杂程度	3658	24.01505	7.748043	3.936242	47.6
Capf	资本形成率	3452	23.164	7.226116	−23.7626	93.1293
Emp	就业率	2313	58.55816	10.53522	30.4	86.5
Sav	储蓄率	3230	20.21753	10.55459	−233.923	79.834
Gov	政府最终消费支出	856	54.96591	35.30191	0	193.522
Exd	外债	2220	2.22E+10	4.74E+10	1.40E+07	5.50E+11
Fdi	外商直接投资	3504	5.38E+09	2.07E+10	−4.20E+10	3.20E+11
Popg	人口增长率	3653	1.502759	1.450644	−3.82017	18.5883
Ene	能源净生产量（油当量）	2826	82784.99	230718.2	0	2100000

二、结果分析

1. 计量模型设定与估计策略

本部分主要检验前文特征化事实得出的经验命题，即经济复杂度的提升促进了经济体的经济增长；经济增长反过来也会促进经济体经济复杂度的提升。要想验证经济复杂度与经济增长之间的关系，首先，我们要构建一个增长决定方程或者生产函数：$y_{i,t} = F(ECI_{i,t}, x_{i,t})$，其中，y 为对数形式的实际人均 GDP，ECI 为经济复杂度，x 是一系列除经济复杂度以外的控制变量，主要包括资本、人口、储蓄率、政府债务、外部债务、人口增长率、外商直接投资、资源禀赋等变量。

参考以往经济增长的研究文献，并在充分考虑模型可能存在的遗漏变量、多重共线性以及变量内生性三个问题的基础上，本章待检验的命题可以用如下的经济计量模型来表示：

$$LNGDPPER_{i,t} = \alpha + \beta ECI_{i,t} + \delta x_{i,t} + \tau_i + \zeta_i + \mu_{i,t}$$

其中，i、t 分别代表国家以及年份。$LNGDPPER_{i,t}$ 代表 t 年 i 国实际人均 GDP 的对数形式，$ECI_{i,t}$ 代表产品的复杂程度，$x_{i,t}$ 代表一系列影响国家经济增长的控制变量，τ_i 代表时间效应，ζ_i 代表未被观察到的国家特征，$\mu_{i,t}$ 代表残差项。

在上面的增长决定方程中，$ECI_{i,t}$ 是关键解释变量，本章待检验的命题为：如果经济复杂度越低，则 $\dfrac{dLNGDPPER}{dECI} < 0$；如果经济复杂度越高，则 $\dfrac{dLNGDPPER}{dECI} > 0$，即检验 $\beta > 0$。B 揭示了经济复杂度对经济增长的影响。

已有的关于经济体的经济复杂度与经济增长之间关系的实证研究都以跨国的截面数据集来进行经济计量分析（Hidalgo 等，2007；Hidalgo 和 Hausmann，2009；Jarreau 和 Poncet，2012）。但是，采用截面数据来进行跨国实证分析时存在如下问题：首先，变量的内生性问题。经济体经济发展的绩效及其初始的收入水平与关键性的解释变量之间存在密切的关系，关键性的解释变量可能与随机扰动项存在相关关系。事实上，很多宏观变量之间存在相互依赖关系，可能导致模型设定错误，产生联立方程偏误和严重的内生性问题（Barro，1991）。毫无疑问，在进行增长回归时，处理内生性问题是确保计量估计结果稳健且一致的重要步骤，但在 Jarreau 等（2012）的研究中均没有处理变量内生性问题，因此，其实证研究得到的估计值可能是有偏的且不一致的。其次，截面回归可能存在遗漏变量偏差，很多未被观察的随时间改变的国别特征可能被忽略（Barro，1991），例如经济体的规模、经济地理区位、历史起点以及制度环境和质量等因素不能完全在方程中反映出来，从而全部进入到随机扰动项，继而造成内生性问题。最后，截面回归难以捕捉变量之间的任何动态关系，而对很多宏观经济变量而言，它们之间通常存在长期的动态关系，故此，本章在进行实证分析时采用跨国面板模型来消除截面回归可能产生的问题。

在实证分析中，本章的策略是：首先，控制其他影响经济增长的因素，考察地区经济复杂度到底对经济增长有何种效应。其次，对计量分析识别的相关关系进行稳健性分析。稳健性分析主要通过逐个加入控制变量，观察产品复杂度对经济增长的关系符号是否发生变化，同时，对不同发展水平的国家，本章按照收入水平进行了分组回归，验证系数符号的稳健性。为了得到可靠一致的结果，本章还需要选择合适的估计方法。

作为参照，本章首先用简单的混合最小二乘法对模型进行估计，通过对混合最小二乘法进行异方差和多重共线性检验，并比较混合最小二乘法与固定效应模型（Fixed Effects）的估计效果，F 检验结果拒绝原假设，因此，选择固定效应模型。然后，本章再比较固定效应模型与随机效应模型（Random Effects），Hausman 检验结果拒绝原假设，因此，最后本章的实证模型选择固定效应模型。限于篇幅，本章只报告了固定效应模型的计量结果。

2. 整体回归

表 4-2-2 报告了固定效应面板数据回归结果，所有方程的被解释变量都为对数形式的人均 GDP，本章最关注的是产品复杂度与经济增长的关系，为了准确识别两者之间的关系，模型逐一加入了其他可能影响经济增长的因素作为控制变量。计量结果显示，表 4-2-2 中的（1）~（8）列，经济复杂度的系数始终为正，并且都是统计显著的，这意味着经济复杂度与经济增长之间存在稳定且一致的正相关关系，经济复杂度的提升有利于提高经济体的

发展绩效。从表4-2-2来看，经济复杂度每提升一个百分点，其人均收入水平也平均能提升2~3个百分点。

表4-2-2　固定效应整体回归结果

	(1)	(2)	(3)	(4)	(5)	(6)	(7)	(8)
ECI	0.0484***	0.0506***	0.0382***	0.0248***	0.0252***	0.0270***	0.0268***	0.0325***
t值	42.76	41.74	19.96	11.24	10.96	5.96	5.87	6.31
capf		0.0106***	0.0163***	0.0160***	0.0159***	0.0153***	0.0170***	0.0176***
t值		7.58	10.28	9.07	8.97	4.73	5.04	4.89
Emp			0.0328***	0.0383***	0.0385***	0.0334**	0.0324**	0.0417***
t值			9.09	7.72	7.74	3.24	3.13	3.52
Exd				7.53E−12***	7.53E−12***	7.71E−12***	9.31E−12***	7.28E−12***
t值				18.98	18.97	12.42	8.70	6.04
Popg					0.01	0.0750**	0.0683**	0.0803**
t值					0.54	2.89	2.60	2.97
Gov						−0.00958***	−0.00979***	−0.00921***
t值						(−8.52)	(−8.65)	(−7.70)
Fdi							0.001	−1.38E−11**
t值							(−1.83)	(−2.88)
Ene								0.00000308***
t值								3.46
_cons	6.860***	6.662***	4.830***	3.431***	3.393***	4.173***	4.201***	3.425***
t值	243.73	126.35	22.76	11.58	11.15	6.87	6.91	4.99
N	3597	3440	2254	1425	1425	391	387	341

t statistics in parentheses

* $p < 0.05$	** $p < 0.01$	*** $p < 0.001$

　　具体来看，方程（1）的解释变量只有经济复杂度，统计意义上非常显著，而且符号为正，说明经济复杂度越高，经济增长越快，经济复杂度与增长之间存在正相关关系。方程（2）是加入控制变量资本形成率之后的结果，加入资本形成率之后，复杂度的系数不仅没有减少，反而有所增加，说明经济复杂度对经济增长的正向促进作用很稳健，加入资本后符号没有发生改变。资本形成对经济绩效的贡献为0.0106，显著低于经济复杂度对经济的贡献（0.0506）。方程（3）是加入控制变量就业率后的结果，回归系数显示，资本形成率及就业率对经济增长的贡献为正，分别为0.0163和0.0328，t值在0.1%的临界值水平下显著，这与新古典增长理论一致，但是两者的系数都低于经济复杂度（0.0382）对经济的贡献。加入了新古典框架中经济增长的两大重要的要素——资本和劳动之后，经济复杂度的系数仍然没有改变，说明复杂度对经济绩效影响的系数是很稳健的。方程（4）在方程（3）的基础上加入了控制变量外部债务，发现外部债务的增加会促进经济增长，这与Sachs等（1985）的研究一致，但是外债的贡献系数极小，虽然很显著，但是影响几乎可以忽略。

经济复杂度与资本、劳动的系数的符号及大小都没有发生显著改变。方程（5）中另外加入了人口增长率，但是回归结果不显著。复杂度、劳动及资本的系数大小与符号没有发生改变，而且回归结果仍然在 0.1% 的临界水平下显著。方程（6）中，加入了控制变量政府的最终消费支出，按照新古典增长理论，该系数应该为负，因为政府的消费支出为非生产性支出，而且会对居民消费和投资倾向造成影响，本章的回归结果支持这一理论，政府消费支出阻碍了经济体的经济增长，经济复杂度、劳动、资本的系数符号及大小依旧没有发生显著改变。方程（7）中，加入了控制变量外商直接投资，该变量对经济绩效的影响为正，结果在 10% 的水平下显著。加入该变量后，主要变量的符号大小都没有发生显著改变，而且回归结果仍然很显著。方程（8）中加入了资源控制变量，回归结果显示，资源变量的估计系数为正，并且统计显著，这与 Lederman 等（2007）的研究结论一致，即"资源诅咒"可能不成立，资源对经济增长是存在促进作用的。加入资源的生产量后，除了外商直接投资变量，经济复杂度等其他解释变量的符号和统计显著性未发生根本性的变动，表明回归的结果是稳健的。外商直接投资的系数符号发生了改变，由正号改为负号，表明外商直接投资不一定能促进经济增长，事实上，陈柳等（2006）对中国的实证研究发现，外商直接投资对中国经济增长可能存在阻碍作用，原因是外商直接投资对本土企业自主创新的产业链与价值链形成了双重制约，从而阻碍了经济增长。因此，对广大欠发达国家而言，外商直接投资的知识溢出作用不能抵消其对东道国自主创新能力的制约作用，影响了东道国人力资本的形成与积累，进而对广大发展中国家的经济增长形成制约，对经济增长的贡献可能是负面的。

3. 稳健性检验

（1）处理遗漏变量与变量内生性问题。固定效应回归中，经济复杂度指标的系数为正，显著而且很稳健，这意味着经济复杂度越高，经济增长越快。对所选取的 154 个经济体而言，固定效应回归结果表明提高产品的复杂程度有利于经济增长，与比较优势演化理论的预期完全一致。但是固定效应回归也可能存在以下问题：没有考虑遗漏变量而导致的模型设定偏差问题或潜在的变量内生性问题。

对于遗漏变量的处理，可以参照 Lederman 等（2007）和 Hoeffler（2002）等的处理办法，采用差分广义矩估计（Difference-GMM）的方法对模型进行了修正，然而，由于差分广义矩方法值利用变量的差分信息，并且一阶差分前去掉未被观察到的随时间改变的国别特征，产生估计偏差。此外，由于差分 GMM 中，很多解释变量高度一致，利用它们的滞后项作为工具变量的话可能存在弱工具变量问题。这种情况下，差分 GMM 估计的结果是下偏的（Blundell 和 Bond，1998），由此，本章利用系统广义矩（System-GMM）方法对遗漏变量问题和变量内生性问题进行修正。系统广义矩在解决窄面板模型（宽截面短时期）中变量的内生性问题上得到了广泛的应用，该方法能够充分利用短时间大截面的动态面板数据的水平信息和差分信息，比差分广义矩方法（Difference-GMM）更为有效，由于充分利用滞后被解释变量与随机扰动项的正交条件（Orthogonality Condition），因而它能获得更多额外的工具变量，能够克服由联立方程偏误（Simultaneity Equantions Bias）与遗漏变量引起的内生性问题，得到更为精确、有效且一致的估计量，还能减少有限样本偏差。此外，系统广义矩方法本身还可以作为识别计量回归结果稳健性的一种手段。

表 4-2-3 报告了采用系统广义矩的回归结果，Arellano-Bond 检验与 Sargan 检验的结果表明，工具变量的选择是合理可靠的，系统广义矩回归的结果是可信的。结果显示，经济复杂度（ECI）的系数符号仍然都为正号，而且都在 5% 的置信水平上统计显著，系数值很稳定，都在 0.004 以上，结果显示提升产品复杂度对经济增长的确存在积极作用，证实了 Hausmann 和 Klinger（2006）和 Hidalgo 等（2009）的研究，一个国家的复杂程度与经济增长正相关，经济体的复杂程度能够预言国家未来的经济增长。资本形成率与政府消费在所有方程中都很显著，并且符号都没有发生根本性变化，表明表 4-2-2 识别的经济关系依旧是成立的，证明经济复杂度对经济增长有显著的促进作用，而经济发展水平的提高则与经济复杂度不存在相关关系。

表 4-2-3　系统广义矩估计整体回归结果

	(1)	(2)
L.LNGDPPER	0.909***	0.857***
	(144.54)	(50.92)
ECI	0.00405***	0.00406*
	(8.61)	(2.50)
Capf	0.0118***	0.0180***
	(35.41)	(40.36)
Emp	−0.00205*	−0.0145***
	(−2.30)	(−5.30)
Fdi	2.46E−12***	2.49E−12
	(3.57)	(1.76)
Exdebt	1.36E−13	6.31E−13
	(1.21)	(1.80)
Gov	−0.00335***	−0.00571***
	(−39.43)	(−23.59)
Popgrowth	−0.0510***	−0.0483***
	(−25.73)	(−16.55)
Energy		−0.000000200
		(−0.81)
_cons	0.688***	1.736***
	(6.97)	(5.96)
N	366	325
Arellano-Bond test ar (1)	0.0386	0.0806
Arellano-Bond test ar (2)	0.2078	0.6057
Sargan test	0.9377	0.9863

t statistics in parentheses

* p<0.05	** p<0.01	*** p<0.001

（2）稳健性检验。Chenery 等（1986）的研究显示，经济体不同的发展阶段采取的发展战略不同，在不同的经济发展阶段，经济体复杂度对经济增长的影响可能存在显著的不

同。因此，为了进一步识别经济复杂度与经济增长的关系，本章接下来对回归结果的稳健性进行检验。根据世界银行对经济体的划分标准，本章将经济体按照人均收入水平分为三组，其中，高收入组，人均 GDP 在 10000 美元以上；中等收入组，人均 GDP 在 1000~10000 美元；低收入组，人均 GDP 低于 1000 美元。表 4-2-4 报告了稳健性检验的计量回归结果。

　　分组回归结果显示，在控制经济发展水平的惯性和动态影响的基础上，经济体的经济复杂度与经济增长之间存在稳定的正相关关系，表 4-2-4 第（1）~（3）列中，经济复杂度的系数均显著为正，表明经济复杂度的提升对不同经济体的增长均有显著的贡献。高收入组的回归显示，ECI 对经济增长的促进作用非常大，系数为 0.0109，t 值在 5% 的置信水平下统计显著，与中、低收入组及整体回归结果相比较，ECI 在高收入组的系数最大，这意味着经济复杂度对高收入经济体的经济增长具有更显著的促进作用，这与世界经济发展的事实非常吻合，中低收入国家在追赶的过程中都是先通过物质资本积累和固定资产的投资促进经济增长，但是发达国家更加注重人力资本的培养，通过技术创新提升产品复杂度，进而促进经济增长，实证分析的结果验证了 Hidalgo 等（2009）的理论研究结论。Hausmann 等证明了新的能力积累的收益随着国家已经拥有能力的数量而指数递增。拥有能力种类少的国家新能力积累的收益很小或者可以被忽略；而拥有能力很多的国家，能力积累有递增的收益。对世界经济的发展而言，本章的结论证明了发达国家享受了能力积累的极大收益，其经济增长主要依靠能力的增加来实现。

表 4-2-4　稳健性检验结果

	(1) Low-income	(2) Mid-income	(3) High-income
L.LNGDPPER	0.971***	1.007***	1.341***
	(27.55)	(74.27)	(112.43)
L2.LNGDPPER	−0.163***	−0.175***	−0.981***
	(−3.87)	(−18.96)	(−53.72)
L3.LNGDPPER	0.00647	−0.0396*	0.547***
	(0.15)	(−2.15)	(38.28)
ECI	0.0104***	0.00317***	0.0109***
	(5.52)	(4.58)	(9.89)
Capf	0.00470***	0.0129***	0.0102***
	(4.12)	(11.05)	(20.36)
Sav	0.000978	0.00740***	
	(1.05)	(7.97)	
Emp	0.00493	−0.00925***	0.00514**
	(1.59)	(−6.66)	(3.24)
Exdebt	3.34E−12***	1.00E−12***	
	(5.70)	(12.63)	
Fdi	6.36E−12*	4.28E−12***	−1.56E−13
	(1.97)	(6.31)	(−1.91)
Popg	−0.0839***	−0.00871**	
	(−5.16)	(−2.94)	

续表

	(1) Low-income	(2) Mid-income	(3) High-income
Ene	−0.000000864*	−0.000000286***	
	(−2.44)	(−5.69)	
Gov			−0.000893**
			(−2.85)
_cons	0.612**	1.618***	0.263**
	(2.66)	(15.45)	(3.00)
Arellano–Bond test ar (1)	0.0618	0.0039	0.0081
Arellano–Bond test ar (2)	0.2689	0.3075	0.2743
Sargan test	0.9959	0.475	0.9453
N	298	643	375
t statistics in parentheses			
* $p<0.05$	** $p<0.01$	*** $p<0.001$	

（3）小结。本章利用 1976~2010 年的跨国面板数据，验证了比较优势演化理论在解释世界经济增长绩效方面的适用性（Hausmann 等，2006），经济复杂度对经济增长的确存在正向的促进作用，无论是固定效应模型还是系统广义矩估计方法，无论是否加入控制变量，复杂度的系数都为正号，而且非常显著，这种关系不因回归样本的改变而改变。无论对发达国家还是欠发达国家而言，提升复杂度都有利于经济增长，但是复杂度对经济绩效的影响力在经济体之间存在一定的差异。

第三节　政策启示

借鉴 Hidalgo 等对经济体复杂度的测度方法，本章测算了 154 个国家的经济复杂度，通过对世界上 154 个经济体 1976~2010 年的面板数据集对经济复杂度与经济增长之间的关系进行实证考察，发现经济复杂度与经济增长绩效之间存在正向而且显著的关系，这一结论不因加入控制变量而发生改变。其次，本章利用系统广义矩估计方法对内生性、遗漏变量偏差等问题进行了修正，并通过改变回归样本进行了稳健性检验，发现基本结论非常稳健，即提升复杂度有利于提高经济增长绩效。再次，本章研究发现，国家的发展水平不同，复杂度对经济增长的促进作用有所不同。对高收入国家而言，复杂度对经济增长的贡献最大；而对欠发达经济体而言，复杂度对经济增长的贡献也非常显著。最后，基于本章的实证研究结论，加上对经济体产品结构的演化事实分析，本章对 2008 年全球经济危机提供了一种可能的解释：经济复杂度得不到持续的提升、比较优势演化缓慢甚至停止、产品升级失去方向与动力等是造成经济增长停滞、危机爆发的根本原因。

产品复杂度对经济增长的促进作用体现之一是国家能力总数的增加，能力的积累有凸性特征，能力越多，能力积累的红利越大，如同垒积木，一个积木模型中模块越少，能够组合出来的模型就越少；模块越多，能够组合出来的模型就越多。所以一个只能生产土豆的国家，能够生产出坦克的可能性就很小，而一个能够生产出飞机的国家能够生产出坦克的可能性就很大。产品复杂度提升的另外一种体现是产品种类的增加，产品种类增加能够提高产品空间的密集程度，而能力总数的增加能够提升演化的速度，减少产品升级断档的可能性。所以能力较少的国家，产品空间稀疏，产品种类增加得很缓慢，比较优势演化越慢，能力积累就越慢，产品升级断档的风险就越大；而能力越多的国家，比较优势演化得越快，产品复杂程度增加得越快，能力积累的速度越快，产业升级越快，经济绩效越好。

一个国家在发展的过程中，如果比较优势演化缓慢甚至停止，则产品种类会减少，产品复杂程度降低，比较优势降低，则产业升级就会出现断档，经济增长停滞。在世界范围内，如果很多国家出现类似的产业升级断档现象，则全球范围的经济危机就会发生，这种升级断档的主要表现是：出口产品种类减少，知识技术密集型产品种类及比重降低，产业升级失去动力与方向。本章认为，2008 年经济危机的根源在于，包括发达国家在内的绝大部分经济体找不到产业升级的方向，比较优势演化中断，产业升级停滞，致使经济出现危机。这从各个国家的出口结构演变中可以得到证明。

在 SITC 四位码的 1006 种产品中，1980 年，美国出口产品共 681 种，其中，有显示比较优势的产品种类为 257 种，占总产品种类的 25.55%，占出口产品种类的 37.74%。而且出口的优势产品绝大多数为工业制成品，占 70.82%。工业制成品中，劳动密集型产品占少数，为 62 种，而知识与技术密集型产品占 116 种，在有显性比较优势的产品中占 45.14%。在 2000 年，美国出口产品种类为 736 种，其中有显性比较优势的有 299 种，与 1980 年相比，出口总数和有显性比较优势的产品种类数都有所增加，优势产品种类中工业制成品的比重上升至 76.25%，在 299 种优势产品中，知识与技术密集型的出口优势产品有 146 种，占优势产品总数的 48.83%，比 1980 年增加了 30 种。截止到 2008 年，美国出口产品为 725 种，其中有显性比较优势的产品种类为 305 种，占总产品种类的 42.07%。其中资源密集型产品 78 种，比 2000 年增加了 6 种；知识与技术密集型产品种类为 142 种，与 2000 年相比，种类有所下降，占优势产品总数的 46.56%，占比也有所下降。

1980 年，日本出口产品 707 种，占总产品种类的 70.27%，其中，有显性比较优势的产品种类为 219 种，占总产品种类的 21.76%，占出口产品种类的 30.97%。而且出口的产品绝大多数为工业制成品，占 219 种中的 204 种，资源①等初级产品一共只有 15 种。工业制成品中，劳动密集型产品占少数，为 66 种，而知识与技术密集型产品占 110 种，即在有显性比较优势的产品中占 50%。在 2000 年，日本出口产品种类为 709 种，其中有显性比较优势的有 190 种，与 1980 年相比种类虽然有所减少，但是其中工业制成品的比重上升，在 190 种有优势的产品中，初级产品减少至 6 种，而工业制成品占据出口优势产品的 97.89%，知识与技术密集型的出口优势产品为 120 种，占优势产品总数的 63.15%，比

---

① 国际贸易标准分类将产品分为 10 部门：0. 食品及活动物；1. 饮料及烟类；2. 非食用原料（燃料除外）；3. 矿物燃料、润滑油及有关原料；4. 动植物油、脂及蜡；5. 化学品及有关产品（他处未列名的）；6. 主要按原料分类的制成品；7. 机械及运输设备；8. 杂项制品；9. 未归入 SITC 其他类的商品和交易。通常将 0~4 类初级产品归为资源密集型产品，第 6、8 类工业制成品归为劳动密集型产品，第 5、7 类工业制成品归为资本和技术密集型产品。

1980 年增加了 10 种；劳动密集型产品减少至 64 种。2008 年，日本出口产品种类为 705 种，其中，有显性比较优势的产品种类为 194 种，占出口产品种类的 27.52%。优势产品中工业制成品的比重为 92.63%，其中，知识与技术密集型产品的种类为 111 种，比 2000 年减少了 9 种，占优势产品总数的 58.42%，比重较 2000 年降低了约 5 个百分点；劳动密集型产品为 65 种。

从图 4-2-3 可以看出，在随机选取的国家中，无论是肯尼亚、中国等发展中国家，还是美国、日本等技术前沿国家，经济复杂程度在 2006 年、2007 年开始呈现普遍下降的趋势，即比较优势演化出现终端，从美国、日本出口产品的结构演变也可以看出，2008 年，这些国家的出口优势产品不仅种类减少，而且占出口产品的比重也在大幅度降低，产品升级失去方向与动力，维持经济增长的比较优势演化与技术进步停止，经济复杂程度得不到提升，最终导致经济危机爆发。

【参考文献】

[1] Arrow, K. J. The Economic Implications of Learning by Doing [J]. The Review of Economic Studies, 1962, 29 (3).

[2] Barro, R. J. Economic Growth in a Cross Section of Countries [J]. The Quarterly Journal of Economics, 1991, 106 (2).

[3] Barro, R. J. and X. Sala-i-Martin. Economic Growth (Second Edition). London: The MIT Press, 2004.

[4] Bengoa, M. and B. Sanchez-Robles. Foreign Direct Investment, Economic Freedom and Growth: New Evidence from Latin America [J]. European Journal of Political Economy, 2003 (19).

[5] Blundell, R. and S. Bond. Initial Conditions and Moment Restrictions in Dynamic Panel Data Models [J]. Journal of econometrics, 1998, 87 (1).

[6] Bonaglia, F. and K. Fukasaku. Export Diversification in Low-income Countries: An International Challenge after Doha [D]. OECD Development Centre Working Paper No. 209, 2003.

[7] Borensztein, E., J. De Gregorio and J. W. Lee. How Does Foreign Firect Investment Affect Economic Growth? [J]. Journal of International Economics, 1998, 45 (1).

[8] Brunnschweiler, C. N. Cursing the Blessings? Natural Resource Abundance, Institutions, and Economic Growth [J]. World Development, 2008, 36 (3).

[9] Chenery, H., Syrquin and S. Robinson. Industralization and Growth: A Comparative Study [M]. Oxford University Press, 1986.

[10] Gill, I. S., H. J. Kharas and D. Bhattasali. An East Asian Renaissance: Ideas for Economic Growth [J]. World Bank, 2007.

[11] Gylfason, B. Natural Resources and Economic Growth: What Is the Connection? [D]. CESifo Working Paper, 2001.

[12] Hausmann, R., J. Hwang and D. Rodrik. What You Export Matters [J]. Journal of Economic Growth, 2007, 12 (1).

[13] Hausmann, R. and B. Klinger. The Evolution of Comparative Advantage: The Impact of the Structure of the Product Space [D]. Center for International Development and Kennedy School of Government Harvard University, 2006.

　　［14］ Hausmann, R. and B. Klinger. The Structure of the Product Space and the Evolution of Comparative Advantage ［R］. Cambridge: Center for International Development Working Paper, No.146.

　　［15］ Hausmann, R. and B. Klinger. Structural Transformation and Patterns of Comparative Advantage in the Product Space ［R］. Cambridge: center for International Development Working Paper, No.128.

　　［16］ Hidalgo, C. S. A. and R. Hausmann. The Building Blocks of Economic Complexity ［J］. Partha Sarathi Dasgupta, 2009, 106 (26).

　　［17］ Hidalgo, R. C. A., B. Klinger, A. L. Barabási and R. Hausmann. The Product Space Conditions the Development of Nations ［J］. Science, 2007 (317).

　　［18］ Hoeffler, A. E. The Augmented Solow Model and The African Growth Debate ［J］. Oxford Bulletin of Economics and Statistics, 2002, 64 (2).

　　［19］ Jarreau, J. and S. Poncet. Export Sophistication and Economic Growth: Evidence from China ［J］. Journal of Development Economics, 2012, (97).

　　［20］ Kaldor, N. Strategic Factors in Economic Development ［D］. New York State School of Industrial and Labor Relations, Cornell University Ithaca, 1967.

　　［21］ Lall, S., J. Weiss and J. Zhang. The "Sophistication" of Exports: A New Trade Measure ［J］. World Development, 2006, 34 (2).

　　［22］ Lederman, D. and W. F. Maloney. Natural Resources, Neither Curse Nor Destiny ［D］. World Bank, 2007.

　　［23］ Lucas, R. On the Mechanics of Economic Development ［J］. Journal of Monetary Economics, 1988 (2).

　　［24］ Ohno, K. Avoiding the Middle Income Trap: Renovating Industrial Policy Formulation in Vietnam ［J］. Renovating Industrial Policy Formulation in Vietnam, 2010.

　　［25］ Romer, P. M. Increasing Returns and Long-run Growth ［J］. The Journal of Political Economy, 1986, 94 (5).

　　［26］ Sachs, J. D. and A. M. Warner. The Curse of Natural Resources ［J］. European Economic Review, 2001, 45 (4-6).

　　［27］ Sachs, J. D. and J. Williamson. External Debt and Macroeconomic Performance in Latin America and East Asia ［J］. Brookings Papers on Economic Activity, 1985 (2).

　　［28］ Solow, R. M. A Contribution to the Theory of Economic Growth ［J］. The Quarterly Journal of Economics, 1956, 1 (70).

　　［29］ Taylor, A. M. On the Costs of Inward-Looking Development: Price Distortions, Growth, and Divergence in Latin America ［J］. The Journal of Economic History, 1998 (1).

　　［30］ Thanh, V. T. and N. A. Duong. Revisiting Exports and Foreign Direct Investment in Vietnam ［J］. Asian Economic Policy Review, 2011, 6 (1).

　　［31］ Uzawa, H. Optimal Technical Change in an Aggregative Model of Economic Growth ［J］. Review of International Economics, 1965 (6).

　　［32］ 陈柳, 刘志彪. 本土创新能力、FDI 技术外溢与经济增长 ［J］. 南开经济研究, 2006 (3).

　　［33］ 马岩. 我国面对中等收入陷阱的挑战及对策 ［J］. 经济学动态, 2009 (7).

　　［34］ 张其仔. 比较优势演化与中国产业升级路径选择 ［J］. 中国工业经济, 2008 (9).

　　［35］ 张其仔, 伍业君. 中国产业竞争力的结构与 "中等收入陷阱" ［A］. 张其仔. 中国产业竞争力报告 2012 ［C］. 北京: 社会科学文献出版社, 2011.

第三章 竞争优势转型：对阿根廷的 实证分析

2006 年，世界银行在研究各国发展的经济绩效时，发现拉美和东南亚部分国家在步入中等收入阶段后，经济增长缓慢甚至停滞不前，阿根廷是个典型的例子。20 世纪初，阿根廷经济发展水平曾处于世界前列，居第八位。然而，第二次世界大战以来，阿根廷接连不断地发生政治和经济危机，尽管它在 20 世纪 70 年代初就已经达到中等收入水平，但是迄今为止人均 GDP 仍未突破 10000 美元，长期在中等收入阶段徘徊。以 2005 年为基期，对阿根廷人均 GDP 进行平减，发现阿根廷在 1970~2009 年的 40 年间有 15 年实际人均 GDP 出现负增长，经济发展道路曲折，长期在中等收入水平上挣扎，难以实现临门一跃，步入高收入国家之列，经济学家称这种现象为"中等收入陷阱"。

为什么阿根廷等拉美和东南亚国家进入中等收入阶段后，经济长期发展缓慢，陷入"中等收入陷阱"呢？经济学家试图对此给予解释。例如，哈佛大学的 Hausmann 等（2006，2007）研究了世界上 150 个国家的经济增长状况，利用各国四位码产品的出口数据，计算了出口产品之间的邻近度（Proximity），并绘制出各个国家的产品空间图，通过观察这些演化图发现，对一个国家的经济发展而言，产品及产品空间结构非常重要，一个国家生产和出口什么产品决定了该国发展的方向和路径。在此基础上，他们提出了比较优势演化理论，该理论认为一个国家拥有的能力决定了该国能够生产和出口产品的种类，也决定了产品升级的路径，进而决定经济增长的路径，富国生产复杂程度高的产品，穷国生产技术含量低的产品，国家倾向于向它们生产的产品收敛。根据 Hausmann 等的研究，Abdon 等将世界上 150 多个国家的出口产品根据产品复杂程度与国家的收入水平进行分类，统计结果显示，生产中低复杂程度产品的国家处于中等收入水平，而生产低复杂水平产品的国家收入水平都很低（Abdon 等，2010），这意味着产品复杂程度与收入水平密切相关。然而，这种统计结果能否经得起经验的检验？本章以阿根廷为例，对阿根廷出口产品的复杂度与实际人均 GDP 的关系进行了实证分析，试图验证比较优势演化理论在解释阿根廷"中等收入陷阱"成因问题上的适用性。根据世界银行最新公布的数据，中国已经步入中等收入水平的偏上中等阶段，面临着"产业升级断档"、陷入"中等收入陷阱"的风险（张其仔等，2011）。因此，系统分析阿根廷陷入"中等收入陷阱"的成因，对中国顺利地跨越中等收入阶段极具现实意义。

第一节　理论基础

自 Solow（1956）提出经典的新古典增长理论模型以来，经济学家一直通过增长核算的方法来探寻各国经济增长的源泉，已有的研究主要将经济增长的源泉归于资本、劳动、技术、制度、出口、产品差异、经济发展战略等众多因素。例如，Williamson（1985）认为制度是推动经济长期增长的基本要素；De Gregorio（1992）则认为全要素生产率的增长和政治稳定是经济增长的重要原因；Taylor（1998）通过分析拉美国家的增长绩效指出，错误的政策选择导致一系列的经济扭曲，阻碍了资本深化，是导致拉美国家经济增长绩效很差的原因。迄今为止，从产业结构和产业升级角度的视角解释经济增长的文献并不多见。Chenery 等（1986）指出尽管各国经济增长存在差异，但是经济发展存在发展的形式，他们认为结构转型与经济增长之间具有密切的关系，结构转型是经济增长的主要因素。与 Chenery 等以往的学者研究视角不同的是，哈佛大学 Hausmann 等人从产品着手，将产品升级所蕴含的比较优势演化与一个国家产业升级的路径和经济绩效联系起来，从产品升级的角度解释了不同国家经济增长绩效的差异，一个国家生产的产品可能对经济增长有很重要的影响，不同产品对经济绩效的影响不相同，生产和出口高生产率产品的国家绩效更好（Hausmann 等，2005）。

Hausmann 等人根据产品内含的生产率及收入水平构造出能够给产品排序的量化指标，通过对各国的产品复杂性分类，发现产品复杂性是预测未来经济增长的重要指标（Hausmann 等，2005）。在此基础上，Hausmann 等人进一步提出产品空间与比较优势演化理论（Hidalgo 等，2007；Hausmann 和 Klinger，2007）。在这两篇文章中，他们设计出一种新的衡量产品之间技术接近程度的测度指标——接近度（Proximity），该指标由一个国家同时出口两种产品的条件概率的最小值 $\min \{P(x_{i,t}|y_{i,t}), P(y_{i,t}|x_{i,t})\}$ 来表示。在接近度的基础上，采用网络的方法描绘出产品空间图。结果显示：首先，产品之间的接近程度不同，所以产品空间中代表各产品的结点之间的距离不同，机械大类产品之间的接近度高，产品空间密集，产业升级容易；但是资源型产品、初级产品与机械产品之间的接近度小，而且分布在产品空间的外围，产业升级很慢。其次，每个国家生产和出口的产品种类不同，它们的产品空间结构也不同。出口产品种类多的国家产品空间结构稠密，而且这些国家往往比较发达；而生产结构单一、出口产品种类少的国家产品空间结构稀疏，经济发展绩效很差。通过观察产品空间结构随时间的演化，他们发现随着一个国家生产产品种类的增加，其产品空间结构就会变得稠密，而这个过程往往伴随着经济的增长。比较优势演化理论认为，产品从简单到复杂的升级、产品空间从稀疏到稠密的演化就是一个国家发展过程的体现。然而，这个过程会因国家而异，这是解释国家之间增长绩效差异的关键所在。

Hidalgo 和 Hausmann（2009）在 Hausmann 等（2006，2007）的基础上，应用反射的方法（Method of Reflection）对衡量国家多样化和产品复杂性的指标进行了修正，并用修正后的指标对增长率进行回归，结果显示多样化和产品复杂性都对经济增长有很强的解释力。

接下来，在 SITC 四位码产品的出口数据基础上，本章以阿根廷为例，计算了阿根廷的产品多样化指数 K_c 和普遍性指数 K_p，并运用经济计量方法来估计阿根廷产品复杂程度与实际人均 GDP 之间的关系。

第二节　阿根廷竞争优势的变化

Hoeffler（2002）、Hesse（2006）以及 Arip 等（2010）认为实际人均 GDP 是衡量一国经济增长绩效最重要的指标。因此，在进行计量分析时，本章也选择实际人均 GDP 作为衡量阿根廷经济增长绩效的指标。阿根廷的人均 GDP 取自世界银行 WDI 数据库，由于 WDI 数据库中的人均 GDP 都是以美元为计价单位的名义值，因此，需要对名义人均 GDP 进行平减。为了保持资料来源的一致性，本章利用 WDI 数据库中阿根廷的 GDP 平减指数，将名义人均 GDP 折算成实际人均 GDP。

为分析比较优势演化与经济增长的关系，本章还利用联合国商品贸易数据库 SITC 四位码产品的出口数据，计算了阿根廷的 SITC0~9 全部 10 部门产品的出口结构，发现在阿根廷的出口商品中，资源密集型产品的出口比重始终占据主导位置。1970 年，阿根廷的资源密集型产品出口比重高达 85.98%，截止到 1990 年，资源密集型产品的出口比重下降到 68.39%，此后，尽管资源密集型产品的出口份额略有下降，但一直相对稳定，长期维持在 65% 的水平。在资源密集型产品出口结构中，食品及活物所占的出口份额由 1970 年的 79.41% 下降到了 2009 年的 57.42%，长期占据绝大部分份额，表明阿根廷的出口商品结构长期以初级产品为主，出口商品结构长期得不到优化和升级。在此期间，阿根廷资本与技术密集型产品在出口商品结构中的份额有所上升，由 1970 年的 6.86% 上升到 2009 年的 23.64%，但相对资源密集型产品，比重仍然偏低，难以成为支撑经济持续发展和产业升级的动力。劳动密集型产品出口的份额则经历了一个先上升后下降的过程，由 1970 年的 7.12% 上升至 1989 年的 24.01%，之后持续下降至 2009 年的 9.74%。总体而言，阿根廷的出口商品结构略有优化，资源密集型产品出口的下降由资本技术密集型产品出口的增加所替代，但出口商品结构高级化进程仍然相对缓慢。生产与出口商品结构的升级始终未能成为阿根廷产业结构变迁与跨越"中等收入陷阱"的主要动力。

对阿根廷出口商品结构和经济增长绩效的变动趋势进一步观察研究发现，阿根廷的经济增长趋势与出口商品结构的变化存在密切的关系。资源密集型产品的出口比重变动与经济增长是逆向变动的。资源密集型产品的出口比重上升时期，经济增长放缓甚至是负增长。而随着资源密集型产品的出口份额下降，经济则处于上升通道。资本和技术密集型产品出口份额的变动与经济增长基本上同周期变动。20 世纪 90 年代以前阿根廷资本与技术密集型产品的出口份额长期没有显著增加，实际人均 GDP 也相应地增长缓慢甚至是长期负增长。此后，资本与技术密集型产品出口比重上升，实际人均 GDP 也相应有所上升。根据阿根廷产品出口结构与实际人均 GDP 变动之间的关系来看，20 世纪 90 年代以来资本与技术密集型产品生产与出口比重的显著提高是支撑阿根廷经济增长的重要动力，这表明阿根廷能否实现经济的持续增长依赖于技术与资本密集型产品出口比重的增加和相应工业部门的扩张。因此，本章将出口商品结构中技术和资本密集型产品的出口比重作为解释阿根廷经济增长的重要变量，用 TS 代表阿根廷出口产品中技术和资本密集型产品的出口份额，$TS = \sum_i x_i / \sum_j x_j$，其中，i、j 代表出口产业部门的代码，i = 5, 7；j = 0, 1, 2, …, 9。

为验证比较优势演化理论对阿根廷增长绩效的解释力，本章还计算了如下两个指标：一个是衡量国家复杂程度的指标 K_c，另一个是衡量其生产产品的普遍性的指标 K_p。K_c 越大，国家拥有的能力总数越多，能够生产的产品种类就越多；K_p 越大，这种产品越普遍，则生产该产品所需要的能力就越没有专有性，越容易被更多国家所获得，产品就越简单；反之，K_p 越小，生产该产品就需要更多专有性能力，不容易被他国获取，产品很复杂。那么用什么指标来衡量一个国家在生产某种产品方面的比较优势呢？印裔美国经济学家Balassa（1965）提出显性比较优势指数（RCA），它是衡量一国或地区的产品或产业在国际市场竞争力最具说服力的指标，也是测度一国或地区某种产品是否具有相对优势的最典型的指标。参考 Hausmann 和 Klinger（2006）、Hausmann 等（2007），本章以 RCA 指数来测度一国生产和出口某种产品的能力，[①] 如果一个国家在生产和出口某种产品上具有显示比较优势，就代表该国在世界范围内具有生产该种产品的比较优势和能力。在计算 RCA 的基础上，Hausmann 和 Klinger（2006）利用人均 GDP 作为权数计算出 PRODY[②] 与 EXPY[③]指数，分别衡量国家与产品的复杂程度，与 Lall（2000）类似，这两个测度指标中包含了国家的收入信息，在计算复杂程度的时候利用人均收入信息进行加权，会得到"富国出口复杂产品，穷国出口简单产品；复杂产品由富国出口，简单产品由穷国出口"的循环结论，这种指标的设计存在很大的局限，在进行经济分析时容易得出错误的结论。

为了修正上述指标设定的偏差，本章用 M_{cp} 来建立国家与产品之间的联系，并用它来衡量一个国家是否有生产某种产品的能力，如果 c 国在出口产品 p 上具有比较优势，则意味着该国具有生产 p 产品的能力，即若 $RCA_{cp} \geqslant 1$，则 $M_{cp} = 1$；反之，$RCA_{cp} < 1$，$M_{cp} = 0$。$K_{c,0} = \sum_p M_{cp}$，$K_{p,0} = \sum_p M_{cp}$，其中，$K_{c,0}$ 是一个国家 RCA 指数大于 1 的产业的总数；对特定产品而言，$K_{p,0}$ 为世界上出口该产品有显示比较优势的国家的总数。

为计算阿根廷出口产品的 RCA、K_c、K_p 以及 M_{cp} 等指标，本章搜集整理了联合国商品贸易数据库 1976~2009 年 SITC 第二版所有 4 位码产品的出口数据。SITC 分类标准依据商品生产阶段与主要的产业来源对出口产品进行分类，该分类标准分别于 1960 年、1975 年、1985 年、2006 年进行了修订，选择 1975 年版的主要理由是它包括阿根廷 1980 年以来完整的产品出口数据，而且 1980~2009 年是阿根廷长期陷入"中等收入陷阱"的重要时期，选择这一版数据，统计口径比较一致，样本容量显著扩大，实证分析的结果也更能反映这

---

① $RCA_{i,t} = \dfrac{x_{c,i,t} / \sum_i x_{c,i,t}}{\sum_c x_{c,i,t} / \sum_c x_{c,i,t}}$，其中，i 代表 SITC 四位码的产品代码，c 代表国家，t 代表年份。

② $PRODY_{i,t} = \sum \dfrac{x_{c,i,t} / \sum_i x_{c,i,t}}{\sum_c x_{c,i,t} / \sum_i \sum_c x_{c,i,t}} \times GDPper_{c,t}$，其中，i 代表产业，c 代表国家，t 代表年份。

③ $EXPY_{c,t} = \sum_i \dfrac{x_{c,i,t}}{\sum_i x_{c,i,t}} \times PRODY_{i,t}$，其中，i 代表产业，c 代表国家，t 代表年份。

一阶段的经济特征。

$K_{c,0}$ 和 $K_{p,0}$ 分别表示初始状态下一个国家的多样化和产品普遍性，但是，这两个指标是否准确反映一个经济体在世界范围内的复杂度呢？例如，阿根廷的多样化指数（$K_{c,0}=139$）大于中国的多样化指数（$K_{c,0}=127$），是否就意味着阿根廷的经济复杂度比中国高呢？答案未必。因为中国出口产品的普遍性 KCHN=17，而阿根廷出口产品的普遍性 KARG=27，阿根廷出口的产品世界上有 27 个国家能够生产，但是中国生产的产品世界上只有 17 个国家能够生产，从这个指标看，中国的复杂度要比阿根廷高。也就是说，为了比较经济体之间的复杂程度，我们需要构建一个综合性的指标来准确测度经济体之间的能力差异。为了得到更精确的衡量一个国家可得能力或者产品所需能力数的指标，我们需要运用反射的方法（Hidalgo 和 Hausmann，2009），对计算出的 $K_{c,0}$ 与 $K_{p,0}$ 值进行修正。对国家而言，需要计算该国出口产品的平均普遍性以及制造这些产品的国家的平均多样性；对产品而言，需要计算出口这些产品的国家的平均多样性以及这些国家出口的其他产品的平均普遍性。

$$K_{c,N} = \frac{1}{K_{c,0}} \sum_p M_{cp} K_{p,N-1} (N \geqslant 1) \tag{1}$$

$$K_{p,N} = \frac{1}{K_{p,0}} \sum_c M_{cp} K_{c,N-1} (N \geqslant 1) \tag{2}$$

利用式（1）和式（2），我们对 $K_{c,0}$ 与 $K_{p,0}$ 进行了修正，通过对 $K_{c,N}$ 和 $K_{p,N}$ 进行重复迭代，直到 $K_{c,N}$ 和 $K_{p,N}$ 收敛，即 $K_{c,N}=K_{c,N+2}$、$K_{p,N}=K_{p,N+2}$ 为止。经过 24 次迭代，得到代表国家总体复杂程度的 K 的收敛值。反射的方法能够生成关于产品与国家的对称变量集，$K_{c,N}$ 的偶数变量表示国家的平均多样化程度，而 $K_{c,N}$ 的奇数变量则表示产品的平均复杂程度；同理，$K_{p,N}$ 的奇数变量表示国家的平均多样化程度，而 $K_{p,N}$ 的偶数变量则表示产品的平均复杂程度。根据迭代计算的结果，本章选取 $K_{c,22}$ 与 $K_{c,23}$ 分别代表国家的平均多样化水平和产品的平均复杂程度。

1980 年阿根廷的初始多样化指数 $K_{c,0}$ 为 139，利用反射的方法修正后的多样化指标为 188，产品的平均复杂程度为 13；截止到 2009 年，修正的多样化指数为 161，产品的平均复杂程度为 27。如图 4-3-1a 所示，初始多样化指数 $K_{c,0}$ 波动频繁，呈波浪形上升趋势；图 4-3-1b 报告了修正后的平均多样化指数，修正后的多样化指数依旧波动剧烈，但总体呈下降趋势。根据多样化指数与修正后的多样化指数的变动情况来看，随着世界市场的扩大和国际贸易的发展，阿根廷出口产品的种类虽然有所增长，但是相比世界平均增长水平而言，阿根廷 2009 年的平均多样化水平比 1980 年的水平相对有所下降。图 4-3-1c 报告了产品的复杂程度变化趋势，1980~2009 年，阿根廷的产品复杂程度整体呈上升趋势，出口产品的总体复杂水平有所提升。

图 4-3-2 的人均 GDP、产品复杂度指数 K 及技术密集型产品出口份额 TS 的变动趋势显示，三者变动趋势相近，可能有很强的正相关关系。我们将 $K_{c,22}$、$K_{c,23}$ 与出口产品中技术密集型产品出口份额 TS 作为主要解释变量，人均 GDP 为被解释变量。

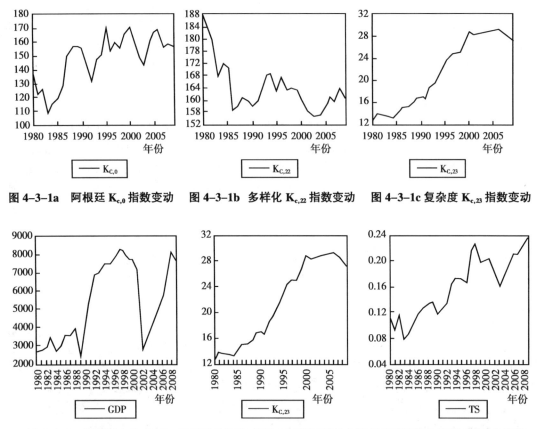

图 4-3-1a　阿根廷 $K_{c,0}$ 指数变动　图 4-3-1b　多样化 $K_{c,22}$ 指数变动　图 4-3-1c 复杂度 $K_{c,23}$ 指数变动

图 4-3-2　阿根廷人均 GDP、产品平均复杂度 $K_{c,23}$ 与出口产品中技术密集型产品份额 TS 变化趋势
资料来源：根据 UN Comtrade 数据计算。

第三节　竞争优势转型与经济增长

一、产品复杂程度与人均 GDP 协整检验及因果分析

对多变量回归，首先检验解释变量之间的多重共线性，通过检验，发现解释变量 TS 与 $K_{c,23}$ 高度相关，相关系数为 0.89；而 $K_{c,22}$ 与 $K_{c,23}$ 呈负相关关系，相关系数为 -0.45。运用修正多重共线性的辅助回归法，确定选择 $K_{c,23}$ 作为主要解释变量。运用最小二乘法得到回归结果：$LOGGDP = 0.1372366897 \times K_{c,23} + 4.969150057$。结果显示，阿根廷出口产品的平均复杂程度 $K_{c,23}$ 能够解释人均 GDP 46.4% 的增长，而且系数与常数项都能通过 t 检验，但 DW 值偏低，意味着可能存在序列自相关，序列自相关可能导致估计结果有偏。换言之，估计结果可能并没有真实地反映变量之间的相关关系。此外，为了避免采用非平稳时间序列回归出现伪回归问题，我们需要做如下检验：

（1）序列平稳性检验。采用 ADF（Augmented Dickey-Fulley Test）方法分别对实际人均 GDP 和 $K_{c,23}$ 进行单位根检验，考察其时间序列是否存在单位根。平稳性检验结果显示，LOGGDP 和 $K_{c,23}$ 序列的 ADF 检验值都大于显著水平为 10% 的临界值，说明序列存在单位根，是非平稳序列。为了消除序列的非平稳性，对序列进行一阶差分，得到变量 D（LOGGDP）和 D（$K_{c,23}$）。一阶差分后的单位根检验结果显示，D（LOGGDP）和 D（$K_{c,23}$）都在 1% 的显著水平下通过平稳性检验，说明 D（LOGGDP）、D（$K_{c,23}$）是 1 阶单整序列，符合协整检验的前提条件。

（2）协整检验。利用 Engle-Granger 两步法检验变量 D（LOGGDP）与 D（$K_{c,23}$）之间是否存在协整关系。首先，建立协整方程 LOGGDP = C（1）× $K_{c,23}$ + C（2）+ ε_t，用最小二乘法对模型进行估计；根据 Engle-Granger 两步法的要求，对回归方程残差项的平稳性进行检验，在 1% 的显著性水平下接受不存在单位根的原假设，因此可以确定残差项序列是平稳的，即 D（LOGGDP）和 D（$K_{c,23}$）之间确实存在长期稳定的协整关系，阿根廷出口产品的平均复杂程度与经济发展绩效之间存在显著的正相关关系。

（3）误差修正检验。为了充分利用变量的水平值与差分值所提供的信息，接下来建立误差修正模型进一步估计产品复杂程度与实际人均 GDP 之间的关系。利用 Engle-Granger 两步法，先通过协整回归，得到残差序列 ε_t。$ECM_t = \varepsilon_t = LOGGDP_t - C（1）× K_{c,23(t)} - C（2）$，将误差修正项 ECM 代入模型 LOGGDP = C（1）× $K_{c,23}$ + C（2）+ ε 中，再对其进行最小二乘估计。估计后得到的误差修正模型为：

$$LOGGDP_t = 0.02042 + 0.14345D\ K_{c,23(t)} - 0.41498\ ECM_{(t-1)} + \varepsilon_t$$
$$(0.78073)\qquad\qquad(-2.45681)$$

其中，差分项的系数反映了 $K_{c,23}$ 短期波动对实际人均 GDP 的影响。误差修正项 ECM 的系数估计值 t 检验显著，其大小反映了产品复杂程度对偏离长期均衡的调整力度。当实际人均 GDP 短期波动偏离长期均衡时，产品复杂程度将以 -0.41498 的调整力度将非均衡状态拉回到均衡状态，显示出产品复杂程度对实际人均 GDP 有很强的修正能力，说明产品复杂水平的提升有利于阿根廷经济的增长。

（4）Granger 因果检验。运用 Granger 因果检验分析法进一步对实际人均 GDP 和产品复杂程度之间的因果关系进行检验，结果显示，在伴随概率为 1.35% 的水平上，接受产品复杂程度是实际人均 GDP 的 Granger 原因，但是拒绝实际人均 GDP 是产品复杂程度的 Granger 原因，这表明产品复杂水平与人均 GDP 之间存在单向因果关系，产品复杂程度能很好地解释阿根廷实际人均 GDP 的增长，产品复杂水平的提升能有效促进阿根廷的经济增长，但是，实际人均 GDP 的增长并不能推动其产品复杂程度提升，可能是因为阿根廷的比较优势演化与经济增长之间的内生机制并未形成，导致人均 GDP 对产品复杂性的促进作用不能充分发挥，产业升级缺乏动力，经济长期在中等收入阶段徘徊。

二、实际人均 GDP 与产品复杂程度的脉冲响应函数分析

为了分析产品复杂程度对实际人均 GDP 的动态影响，本节利用向量自回归模型（VAR）和脉冲响应函数（IRF）及方差分解方法做进一步的分析。

1. VAR 模型

双变量情形下，令 $\{LOGGDP_t\}$ 的时间路径受序列 $\{K_{c,23(t)}\}$ 的当期或过去的实际值的影响，考虑如下简单的 VAR 模型：

$$LOGGDP_t = a_0 + \sum_{i=1}^{n} a_{1i}LOGGDP_{t-i} + \sum_{i=1}^{n} b_{1i}K_{c,23_{t-i}} + \varepsilon_{1t}$$

$$K_{c,23(t)} = b_0 + \sum_{i=1}^{n} a_{2i}LOGGDP_{t-i} + \sum_{i=1}^{n} b_{2i}K_{c,23_{t-i}} + \varepsilon_{2t}$$

通过综合考虑 LR、Akaike AIC、Schwarz SC 等信息准则，确定滞后阶数为 1，VAR (1, 1) 模型的拟合优度较高，调整后的 $R_{kc}^2 = 0.9827$，$R_{LOGGDP}^2 = 0.6199$。从 LOGGDP 方程的系数来看，保持其他因素不变，$K_{c,23(-1)}$ 增加 1 个单位能推动实际人均 GDP 增加 0.0475 个单位；而从 $K_{c,23}$ 的方程系数看，其他因素保持不变的情况下，实际人均 $GDP_{(-1)}$ 增加 1 单位可以使产品复杂程度提升 0.3382 个单位。

2. 脉冲响应分析

图 4-4-3 报告了两个变量脉冲的相互影响，当 $K_{c,23}$ 在本期提高 1 个单位，会对实际人均 GDP 滞后期产生一个正向的冲击，图 4-3-3a 表明 $K_{c,23}$ 对 LOGGDP 的冲击具有促进作用和很长的持续效应，产品复杂程度的增加会在未来 10 期对经济增长产生稳定的拉动作用。图 4-3-3b 显示实际人均 GDP 会给平均产品复杂程度带来持续而且较强的正向冲击，带动产品复杂程度持续、稳定提升。

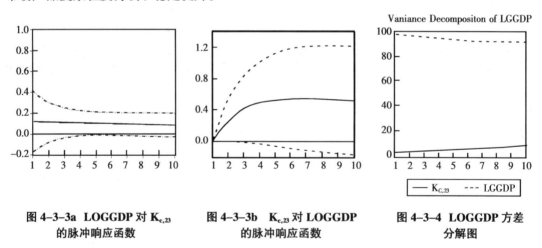

图 4-3-3a LOGGDP 对 $K_{c,23}$ 　　图 4-3-3b $K_{c,23}$ 对 LOGGDP 　　图 4-3-4 LOGGDP 方差
　　的脉冲响应函数　　　　　　　的脉冲响应函数　　　　　　　分解图

3. 方差分解

利用方差分解方法可以进一步了解 $K_{c,23}$ 对实际人均 GDP 变动的贡献程度。在图 4-3-4 中，横轴表示滞后的期数，纵轴表示冲击的贡献，位于图下部分的实线表示 $K_{c,23}$ 对 LOGGDP 的贡献率，而上部分的虚线表示 LOGGDP 对自身的贡献率。不考虑实际人均 GDP 自身的贡献率，$K_{c,23}$ 对实际人均 GDP 的贡献率逐渐增加，到第 10 期时，达到 8.72%，说明产品复杂程度对实际人均 GDP 的提高有很重要的作用。

4. 结果分析

实证分析结果显示，阿根廷的产品复杂程度与实际人均 GDP 之间存在单向 Granger 因果关系，产品复杂度是实际人均 GDP 的 Granger 原因，反之则不成立。这说明阿根廷产品复杂性的提高能显著促进该国的经济增长，但是经济增长提升产品复杂性的反馈作用却未能充分发挥出来，导致比较优势演化缓慢，产业升级乏力甚至断档，从产品升级到经济增长的良性机制未能形成，经济最终陷入"中等收入陷阱"。这一点从阿根廷的产业结构变动趋势上可以得到证明。分析世界银行 WDI 数据库中阿根廷产业结构变动方面的详细数据可以发现，自 20 世纪 70 年代步入中等收入水平以来，阿根廷的产业结构基本没有发生大幅度的变动。第一产业占 GDP 的比重基本保持不变，第二产业的比重在 2000 年后出现小幅下降，第三产业一直在阿根廷的经济结构中占有较大的比重，而第二产业在国民经济中始终没有发挥过主导作用，这意味着阿根廷可能没有经历由第二产业推动国民经济增长的工业化过程。在过去的 40 年间，尤其是在实际人均收入由 280 美元增至 2100 美元的这一阶段，第二产业占 GDP 的比重不仅没有明显的上升，反而有所下降，特别是 1990 年以后，第二产业的比重一直在 40% 以下。1970~2009 年，相比第三产业，第二产业对整个国民经济的贡献并不明显。在阿根廷的经济增长中，工业化过程迟迟未能启动，第三产业超前发展，而资源等初级产品在 GDP 中的比重不能抵消制成品及中间需求增长的共同影响，结构转型不能成为推动经济增长的强大动力，最终导致整个国民经济结构不合理，阻碍经济的长期增长。

阿根廷产业结构变动的结果也表明，虽然 20 世纪 90 年代阿根廷实际人均 GDP 保持了 10 年快速增长，但是这种增长并没有成为产品复杂程度持续提高的动力。受到亚洲金融危机的影响，20 世纪 90 年代末至 21 世纪初，阿根廷不但多样化程度下降，产品的复杂程度也略微下降，出口产品中技术和资本密集型产品的比重急剧下滑，从 1998 年的 22.58% 下降到 2003 年的 16.01%，导致经济增长不能持续，实际人均 GDP 增长放缓，只能在中等收入阶段徘徊不前；2004 年以来，尽管阿根廷经济出现了新一轮的增长，但是这种增长未能促进产品复杂度的提升，经济增长与产品复杂度的提升未能形成互相促进的良性循环；2009 年，尽管阿根廷的实际人均 GDP 有所增长，但产品复杂程度仍然有所下降。

更为重要的是，阿根廷不仅出口产品的复杂程度提升缓慢，而且国家的多样化程度也没有得到显著提高。其中，产品复杂度由 1980 年的 13 增至 2009 年的 27，仅提升了 1 倍。过去 30 年中，阿根廷 1994 年的多样化程度最高，达到 169，2000 年以来多样化不仅没有升高，反而有所下降，截止到 2009 年，才达到 161 的水平。由于阿根廷的出口种类较少，多样化程度也始终呈下降态势，因此，不能发挥多样化产生的组合效应（Portfolio Effect），不能很好地抵御贸易环境的变化所带来的冲击（Agosin，Manuel R.，2007）。尤其是面对外部环境较大的负面冲击时，阿根廷的经济很容易就进入负增长的通道，例如，1998 年东南亚金融危机时期，阿根廷经济波动幅度很大，实际人均 GDP 从 1998 年的 9166 美元急速降至 2002 年的 2257 美元，与亚洲国家相比，阿根廷经济受东南亚金融危机冲击的负面影响大且持续时间更长，直至 2003 年才从危机的阴影中逐渐走出来。出现这种现象的根本原因是阿根廷出口产品种类少，产品复杂程度低，出口产品结构高级化进程缓慢，不能带动国内产业升级，继而不能为经济增长提供持久的动力，经济增长也长期处于不稳定的状态。而经济环境不稳定反过来抑制出口部门的增长，难以推动产品复杂程度的提高，维持产业升级和经济增长的动力。

方差分解结果显示产品复杂性对经济增长虽然有贡献，但是贡献率却不大，到第 10 期，影响才达到 8.72%。出现这种现象的原因在于，阿根廷的产品复杂性增长缓慢，难以为产业升级和经济增长提供持久的动力。20 世纪 90 年代以后，尽管产品复杂程度有一定幅度的上升，但这种趋势并不长，1999 年以后，产品复杂程度非常稳定，一直在 KARG = 28 的水平上下波动。产品复杂性提升不上去，导致产业升级缺乏动力，经济增长缺乏源泉。阿根廷出口产品结构与产业结构的变动反映了这种特征，1998 年，阿根廷技术密集型产品的出口比重达到 22.58%，但此后 10 年这一比重持续下降，直到 2008 年才恢复到 1998 年的水平；在阿根廷三次产业结构中，第二产业的比重从进入中等收入阶段以来的 40 年间没有出现很明显的提升，阿根廷的工业化进程始终没有启动，产业结构变动难以成为其增长的动力 (Chenery, 1986)。根据 Chenery 对世界各国发展经验的研究，经济发展到中等收入阶段，经济体就会经历一次大的结构变革，即推行工业化，然而，在过去的 40 年，阿根廷一直没有出现 Chenery 预言的工业化进程。工业化进程中，比较优势演化、出口产品结构的高级化和产业结构的升级是推动经济持续发展的根本动力，而在阿根廷这一切并未出现，因而阿根廷步入了"中等收入陷阱"，经济发展始终处于较低的水平。

第四节　对中国跨越中等收入阶段的启示

本章计算了阿根廷 40 年以来的初始多样化及复杂性指数 $K_{c,0}$ 和 $K_{p,0}$，并利用反射的方法对该国多样化水平和产品复杂程度进行了修正，利用收敛的指标 $K_{c,22}$、$K_{c,23}$ 以及出口商品结构中技术和资本密集型产品的份额 TS 研究了它们对阿根廷经济增长的影响。通过计量分析发现，阿根廷的实际人均 GDP 与 $K_{c,23}$ 之间存在长期稳定的协整关系，$K_{c,23}$ 是实际人均 GDP 的 Granger 原因；比较优势演化缓慢、产品复杂程度迟迟得不到有效提升以及技术密集型产品生产和出口比重始终处于较低水平是阿根廷长期处于"中等收入陷阱"的根本原因。本章的结论证实了 Hausmann 等人的比较优势演化理论在解释经济增长绩效和"中等收入陷阱"成因方面的有效性，丰富了比较优势和经济增长研究的内容。

按照世界银行的最新标准，中国 2010 年实际人均 GDP 突破 4000 美元，已经进入中等收入的偏上中等水平，中国在由中等收入水平步入高收入阶段的过程中也面临着陷入"中等收入陷阱"的风险。因此，研究阿根廷的比较优势演化与经济增长之间的关系，对中国经济转型和跨越中等收入阶段具有如下启示：

一、拓展产品的多样化程度，减少外部冲击对经济体的系统性影响

尽管关于产品多样化程度与经济增长之间关系的经验研究没有得出一致的结论，部分学者认为产品多样化有利于经济增长 (Herzer D., 2006; Hoeffler, 2002)；还有部分学者证明多样化与经济增长之间是非线性关系，在经济发展的初级阶段，产品多样化有助于经

济增长，但是随着经济发展水平的提高，高收入水平的经济体会倾向于专业化而非多样化（Klinger 等，2006）。尽管如此，对经济发展水平低的经济体而言，学者们一致认为产品多样化对推动一国经济持续增长发挥着积极的作用（Agosin，2007）。多样化促进经济增长主要有两种渠道：一种是组合效应（Portfolio Effect），出口结构丰富的国家能更好地发挥组合效应，出口创汇的波动性就小，而这能够有效缓解外部环境对经济的普遍冲击，为国内经济发展提供稳定的环境，对出口拉动型经济体而言尤其如此。对发展中国家来说，如果专注于在某几类产品上发展比较优势，就很容易受到贸易条件恶化、汇率波动、反倾销以及金融危机等负面冲击的影响，造成国内经济不稳定。另一种是溢出效应，通过实现多样化，与新产品相关的技术与知识存在溢出效应，这种正的外部性能够帮助国内其他产业部门提升技术和管理水平，推动经济增长。

观察改革开放以来中国的产品多样化程度，我们发现，1985 年中国出口产品多样化程度为 73，2010 年多样化程度为 282，产品多样化指数上升迅猛。在 20 世纪 80 年代，中国产品多样化指数的增加主要源于 1987 年的汇率改革，1986 年中国的产品多样化为74，汇率改革后的产品多样化指数迅猛增加至 212，1987 年至今，中国具有比较优势的出口产品种类虽然一直处于增长态势，推动了中国近 30 年的经济持续增长，然而增长速度却相对较慢。1987~2010 年增加产品种类共计 70 种，截止到 2010 年，中国具有比较优势的出口产品种类还不到全部 SITC 四位码产品数（1006 种）的 30%，而发达国家的这一指标均在 50% 以上（Abdon 等，2010）。比较优势演化的快慢在很大程度上决定着一国能力的提升，而比较优势演化的动力主要来源于产品种类的增加和产品复杂程度的提升。Hausmann 和 Hidalgo（2010）的研究证明能力的积累是多样化的凸函数，其收益随着国家已经拥有能力的数量指数递增。因此，在工业化中后期的中国，仍然应该注重产品种类的增加，累积国家能力存量。

二、提升产品的复杂程度，全面推动技术进步

当一国处于较低的发展水平时，仅靠引进世界上已经有的产品，模仿发达国家的技术，吸纳发达国家产业转移的资本和技术，就能实现本国的比较优势演化，推动本国产业结构的升级，促进经济增长。但是，一个国家发展到一定水平，达到技术前沿后，就必须通过技术创新（Innovation）来实现比较优势的演化（Agosin，2007）。因此，在中等收入水平的中上阶段，中国在提高产品多样化的同时，还应该注重产品复杂性的提升，以此来促进技术进步。改革开放以来，依靠劳动力低成本的资源禀赋、粗放型投资及出口导向的贸易政策等拉动的经济增长方式已经走到尽头，在工业化中后期，中国的技术进步必须依靠劳动力素质、产品复杂程度及创新能力的提高来实现。

1985 年，中国出口复杂程度较高的产品只有 20 种，而随着汇率体制改革的推进和出口产品种类的增加，1987 年，出口复杂程度较高的产品增至 54 种。然而，尽管产品多样化一直在上升，但复杂性指数反而有所下降，截止到 2001 年，中国出口复杂程度较高的产品仅有 12 种，可能的原因是，之前粗放的发展方式并没有推动制造业部门生产和出口技术水平的提高，出口的只是复杂程度很低的简单产品，例如玩具和服装等。2001 年以来，随着中国加入世界贸易组织以及经济增长方式政策导向的转变，中国出口复杂产品的

种类逐步提升，2008 年增加至 26 种。"十一五"时期以来，随着转变经济发展方式和科学发展观等政策方针的贯彻落实，以及制造业部门和外贸部门技术战略的推进，截止到 2010 年，中国出口复杂产品的种类达到 57 种，但这一指标依然远远低于发达国家的水平。因此，进一步提升出口产品复杂程度是推动技术进步、提升中国产业国际竞争力的重要条件。

三、提供体制和政策保障，保证比较优势演化的顺利实现

提升产品多样化和复杂程度具有较强的外部性，先进入者需要为发现新产品、新技术、新市场等承担较多的发现成本，还需要承担研发失败的风险，但是这种尝试一旦成功，其他企业就会不付出任何成本地模仿，先进入的企业家的私人收益小于社会收益，所以多样化及复杂度的提升有很大的外部性，这些外部性会减缓甚至阻碍新产品的发现（Hausmann 和 Rodrik，2003）。中国现在正处于转型阶段，市场经济体制和法律体系都存在很多不完善之处，为了刺激企业发现新产品和新技术的积极性，实现风险与收益匹配，为经济发展奠定富有活力的微观基础，推动比较优势演化，政府需要提供良好的政策和体制保障，降低先进入者的发现成本及失败风险，提高企业家的私人收益，继而增加社会收益，推动比较优势稳步有序的演化，保证中国顺利实现从中等收入水平向高收入水平的跨越。

【参考文献】

［1］Abdon, A., M. Bacate, J. Felipe and U. Kumar. Product Complexity and Economic Development ［EB/OL］. http://www.levyinstitute.org.

［2］Agosin, M. R. Export Diversification and Growth in Emerging Economies ［EB/OL］. www.econ.uchile.cl.

［3］Arip, et al. Export Diversification and Economic Growth in Malaysia ［EB/OL］. http://www.mpra.ub.uni-muenchen.de/205881.

［4］Balassa, B. Trade Liberalisation and "Revealed" Comparative Advantage ［J］. The Manchester School, 1965, 33 (2).

［5］Chenery, H. B., S. Robinson and M. Syrquin. Industrialization and Growth ［M］. Oxford, OX: Oxford Univ. Press, 1986.

［6］De Gregorio, J. Economic Growth in Latin America ［J］. Journal of Development Economics, 1992 (39).

［7］Felipe, J., U. Kumar and A. Abdon. How Rich Countries Became Rich and Why Poor Countries Remain Poor: It's the Economic Structure... Duh! ［EB/OL］. http://www.levyinstitute.org.

［8］Hausmann, R., J. Hwang and D. Rodrik. What You Export Matters ［EB/OL］. http://www.nber.org/papers/w11905.

［9］Hausmann, R. and B. Klinger. The Structure of the Product Space and the Evolution of Comparative Advantage ［EB/OL］. http://www.cid.harvard.edu/cidwp/128.htm.

［10］Hausmann, R. and B. Klinger. The Evolution of Comparative Advantage: The Impact of the Structure of the Product Space ［EB/OL］. http://www.ricardohausmann.com/publications.

［11］Hausmann, R. and C. A. Hidalgo. Country Diversification, Product Ubiquity, and Economic Divergence ［EB/OL］. http://www.cid.harvard.edu/cidwp/201.htm.

［12］ Hausmann, R. and D. Rodrik. Economic Development as Self-discovery ［J］. Journal of Development Economics, 2003 (72).

［13］ Herzer, D. and F. N. D. What Does Export Diversification Do for Growth? An Econometric Analysis ［J］. Applied Economics, 2006, 38 (15).

［14］ Hesse, H. Export Diversification and Economic Growth ［EB/OL］. www.worldbank.org.

［15］ Hidalgo, C. S. A. and R. Hausmann. The Building Blocks of Economic Complexity ［J］. Partha Sarathi Dasgupta, 2009, 106 (26).

［16］ Hoeffler, A. E. The Augmented Solow Model and the African Growth Debate ［J］. Oxford Bulletin of Economics and Statistics, 2002, 64 (2).

［17］ Klinger, B., D. Lederman.Diversification, Innovation, and Imitation inside the Global Technological Frontier ［EB/OL］. http: //econ.worldbank.org.

［18］ Lall, S.The Technological Structure and Performance of Developing Country Manufactured Exports, 1985-98 ［J］. Oxford Development Studies, 2000 (3).

［19］ Hidalgo, B. Klinger, A. L., Barabási and R. Hausmann. The Product Space Conditions the Development of Nations ［J］. Science, 2007 (317).

［20］ Solow, R. M. A Contribution to the Theory of Economic Growth ［J］. The Quarterly Journal of Economics, 1956, 1 (70).

［21］ Taylor, A. M. On the Costs of Inward-Looking Development: Price Distortions, Growth, and Divergence in Latin America ［J］. The Journal of Economic History, 1998, 58 (1).

［22］ Williamson, J. D. S. and J. Williamson. External Debt and Macroeconomic Performance in Latin America and East Asia ［J］. Brookings Papers on Economic Activity, 1985 (2).

［23］ 张其仔, 伍业君. 中国产业竞争力的结构与 "中等收入陷阱" ［A］. 见张其仔. 中国产业竞争力报告 2012 ［C］. 北京: 社会科学文献出版社, 2011.

第四章 产品空间结构的地区差异与地区产业竞争力提升

第一节 国内产品空间结构

一、方法和数据说明

为描绘中国国内的产品空间结构图，研究各省区的竞争力，首先需要计算一个省区在不同产品上的比较优势，本章基于《中国工业企业数据库》827个四位码行业的统计数据，通过将企业层面的数据加总到行业层面，用加总的各省区各行业的生产数据计算其生产某种产品的比较优势。与 RCA 类似，这里，我们用 PQ 表示，定义一个省区生产某种产品的比较优势 PQ 为该省区生产某种产品的增加值占省区生产总值的比重与全国该产品的增加值占全国国民生产总值的比重之比，设定如果 $PQ_{ipt>1}$，则 $M_{ipt}=1$；反之，如果 $PQ_{ipt\leqslant1}$，则 $M_{ipt}=0$。其中，i 代表省区，p 代表产品，t 代表时间。在由此得到的关于省区和产品 0-1 矩阵的基础上，计算出中国四位码分类产品之间的接近度以画出中国国内产品空间结构图。

这里直接使用的是中国工业企业层面的生产数据，反映了工业生产结构的全貌，因而避免了使用出口数据带来的片面性问题。但我们使用的数据可能还存在以下问题：第一，由于最新年度的数据不可得，本章分析使用的是 2006 年的中国工业企业数据。我们拟采用其他的替代数据，如所有上市公司的主营业务数据，但上市公司数据的分类方法与工业企业数据库的分类方法不同，而且数据量过少。中国工业企业数据库统计了全国 30 多万家大中型企业的数据，覆盖工业总产值的 90%以上，而上市公司仅 2000 多家，与全国大型企业的 9000 多家相比相去甚远，用这些数据来替代的话，显然存在样本量过少的问题。第二，这些数据是工业企业数据，没有包括服务业和农业的数据，但是由于中国地区之间的差距 80%以上源于工业部门，[①] 因此，从样本选择的角度而言，选取该数据库来测度各省区的比较优势是适宜的。当然，我们会在以后的研究中逐步解决所存在的问题。

---

① 彭国华. 中国地区经济增长及差距的来源 [J]. 世界经济，2005 (9).

二、中国国内产品空间结构

根据上述方法，笔者绘制了中国国内产品空间结构图，[①] 见图 4-4-1。

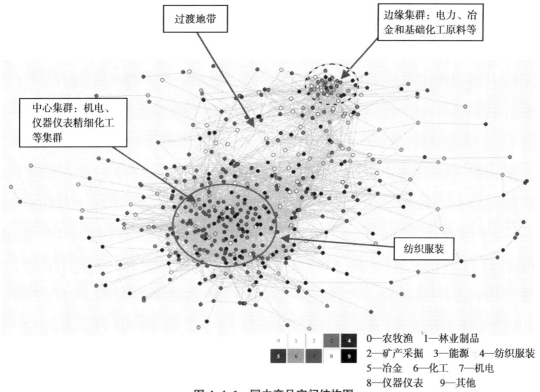

过渡地带

边缘集群：电力、冶金和基础化工原料等

中心集群：机电、仪器仪表精细化工等集群

纺织服装

0　1　2　　4
5　6　3　　9

0—农牧渔　1—林业制品
2—矿产采掘　3—能源　4—纺织服装
5—冶金　6—化工　7—机电
8—仪器仪表　9—其他

图 4-4-1　国内产品空间结构图

三、国内产品空间的图形特征

通过对图 4-4-1 的观察，可以得出我国国内产品空间的如下特征：

第一，国内产品空间结构呈现出中心—边缘特征，机电、精细化工和仪器仪表产品等位于中心，农牧渔产品和矿产采掘等初级产品位于外围。产品空间中心集群在图 4-4-1 中使用实线椭圆标出。

第二，冶金、基础化工原料等产品围绕着能源和矿产采掘，在产品空间的边缘形成一个相对集中的产品集群，与中心集群相对应，构成了一个不对称的哑铃型结构。该边缘集群在图 4-4-1 中使用虚线椭圆标出，其产品构成见表 4-4-1。从表 4-4-1 可以进一步看出，边缘集群的构成产品主要包括能源、矿产采掘等初级产品，化工原料、冶金等高耗能

[①] 在国内产品空间结构图中，以 2006 年《中国工业企业数据库》的四位码产品作为节点，以产品接近度矩阵中的元素，即产品两两之间的接近度为基础，构建节点之间的连接（边），为体现所有产品之间有效连接，首先形成连接所有产品节点的最大生成树，在此基础上取接近度大于特定阈值（0.55）的边，加入到最大生成树中，形成最终的产品空间图。在这一产品空间结构图中，构成最大生成树必需的边以外的、小于这一阈值的接近度暂不加以考虑。

的粗放型产品及其他部分附加值较低的产品。

第三，产品空间中心集群和边缘集群之间存在着一条产品连接带，其中产品连接比较稀疏。

表 4-4-1　边缘集群产品构成

编号	产品名称	编号	产品名称	编号	产品名称
1	无机酸制造	11	火力发电	21	白酒制造
2	无机碱制造	12	水力发电	22	酒精制造
3	有机化学原料制造	13	其他能源发电	23	碳酸饮料制造
4	其他基础化学原料制造	14	人造原油生产	24	葡萄酒制造
5	氮肥制造	15	炼钢	25	烟叶复烤
6	钾肥制造	16	钢压延加工	26	食用植物油加工
7	林产化学产品制造	17	铜冶炼	27	中药饮片加工
8	化学药品制剂制造	18	镁冶炼	28	烟叶复烤
9	铜矿采选	19	化学矿采选	29	耐火陶瓷制品及其他耐火材料制造
10	镁矿采选	20	铁矿采选	30	锯材加工

第二节　产业内部连通性和外部连接性

为了进一步分析不同产业在产品空间分布上的关系，认识产品空间中不同产品集群的形成机理，本章引入了产业内部连通度和产业外部连通度这两个指标。其中，产业内部连通度（IIC）是指一个产业内产品之间相互连接形成的边数的均值，其定义公式为：

$$IIC(H) = \frac{|E_{H-inner}|}{|V_H|} \tag{1}$$

在式（1）中，H 代表一个特定的产业，$E_{H-inner}$ 代表产业内产品之间连接形成的边，$|E_{H-inner}|$ 代表产业内产品之间连接形成的总边数，V_H 代表产业内产品形成的节点，$|V_H|$ 为产业内产品节点总数。

产业外部连接度（OIC）是指一个产业内产品与产业外产品形成连接的边数的均值，其定义公式为：

$$OIC(H) = \frac{|E_{H-outer}|}{|V_H|} \tag{2}$$

在式（2）中，H 代表一个特定的产业，$E_{H-outer}$ 代表该产业内产品与产业外产品连接形成的边，$|E_{H-outer}|$ 代表此类边的总数，V_H 代表产业内产品形成的节点，$|V_H|$ 代表产业内产品节点总数。根据上述定义，产业内部连通度（IIC）反映产业内部产品连通性，指标数量越高，表明产业内不同产品连通性越强；产业外部连接度（OIC）反映产业内部产品与其他相邻产品之间的连通性，指标数量越高，表明产业内产品与其他产业产品之间连通性越强。

本章将《中国工业企业数据库》四位码产品划分为 10 个产业，根据 2006 年数据计算得到的产品接近度矩阵，取其中接近度大于特定阈值（0.55）作为边，分别测算了上述 10 个产业的内部连通度（IIC）和外部连接度（OIC），结果见表 4-4-2 和图 4-4-2。

表 4-4-2　产业连通性指标

编号	产业名称	内部连通度	外部连接度	编号	产业名称	内部连通度	外部连接度
1	农牧渔	0.924528	10.54717	6	冶金	0.565217	6.086957
2	林业制品	0.5625	13.875	7	化工	1.241379	14.15517
3	矿产采掘	0.785714	6.285714	8	机电	4.16875	10.58125
4	能源	0.428571	8.142857	9	仪器仪表	0.6	16.68
5	纺织服装	2.542857	22.02857	10	其他	2.469027	13.92035

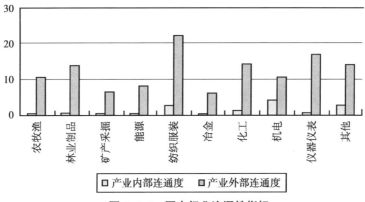

图 4-4-2　国内行业连通性指标

从各产业内部连通度来看，纺织服装、机电和化工产业最高，这表明上述产业内产品相互连接性较强，具备在产品空间结构中形成以行业为中心的集群的条件。同时从行业外部连接度来看，各产业的外部连接度均高于内部连通度，表明不同行业产品连接呈现出"犬牙交错"的特征，产品集群多是由相关产业产品彼此"镶嵌"而成。

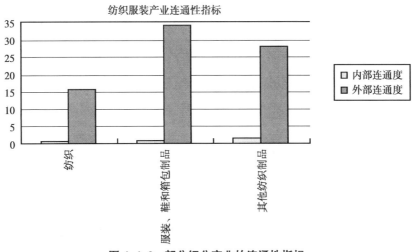

图 4-4-3　部分细分产业的连通性指标

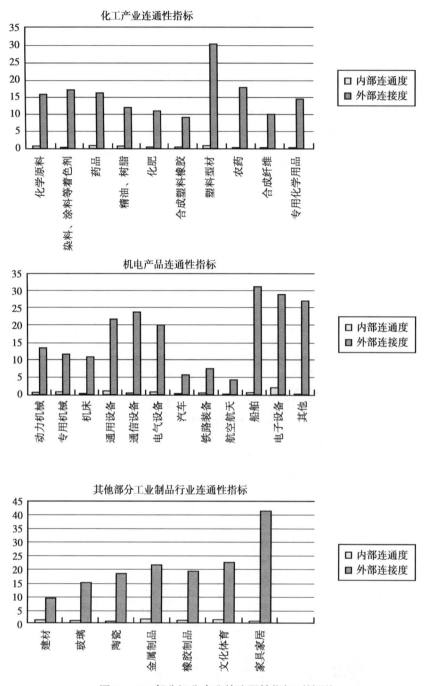

图 4-4-3　部分细分产业的连通性指标（续图）

为了更加具体地反映产品连接关系，本章对机电、化工等产业做了进一步细分，计算了产业内部连通度和产业外部连接度指标，结果见图 4-4-3。从对各细分行业连通性的分析可以看出，细分产业内部连通度均大大低于其所属产业，外部连接度则普遍高于所属产业；所有细分产业外部连接度均大大高于内部连通性。由此可以看出，在将产业作进一步细分后，各细分产业没有呈现出独立聚集的趋势，相反，不同产业产品连接的"犬牙交错"趋势以及产品集群中各产业彼此"镶嵌"的特征更加明显。

第三节　省区比较优势产品的空间分布

一个省区具有比较优势的产品是该地区竞争力的体现。将比较优势产品放在产品空间结构之中，分析不同地区比较优势产品的空间分布，有助于系统研究各地区产业竞争力差异。

1. 省区比较优势产品空间分布

图4-4-4到图4-4-6分别给出了我国东部、中部和西部地区有代表性的省、区、市的比较优势产品空间分布。从图中可以观察到，不同省份的比较优势产品在产品空间中呈现出明显的梯次分布：从西部省份到中部省份，再到东部省份，随着工业化水平的提高，呈现出由边缘向中心演进的趋势。

第一，东部发达地区的比较优势产品主要位于产品空间的中心区域，同时也生产部分外围产品。第二，西部省区的比较优势产品主要位于产品空间外围，在由能源、矿产采掘、基础化工原料和冶金等组成的产品集群中较为密集。第三，与东部和西部地区相比较，中部省份产品分布呈现出一定的过渡性，具有比较优势的产品在中心与边缘之间的中间地带比较密集，相对于西部地区，位于中心区域的产品密度明显增加。

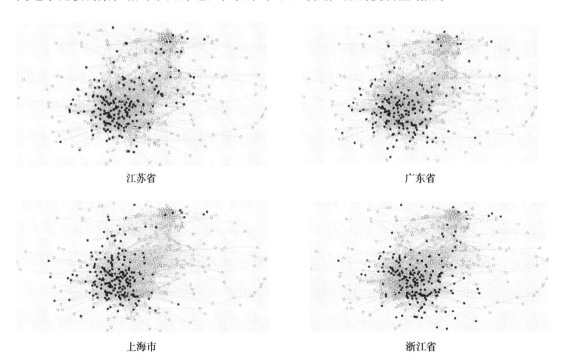

江苏省　　　　　　　　　　　　　　　　　广东省

上海市　　　　　　　　　　　　　　　　　浙江省

图4-4-4　东部省市比较优势产品空间分布

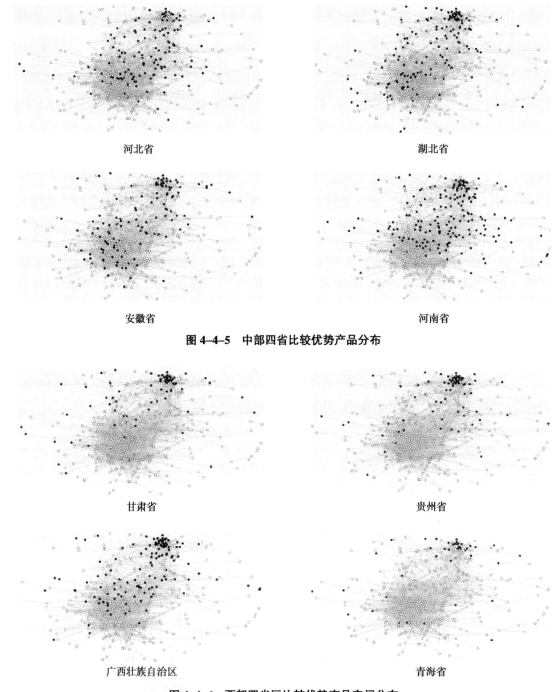

河北省　　　　　　　　　　　　　　　　湖北省

安徽省　　　　　　　　　　　　　　　　河南省

图 4-4-5　中部四省比较优势产品分布

甘肃省　　　　　　　　　　　　　　　　贵州省

广西壮族自治区　　　　　　　　　　　　青海省

图 4-4-6　西部四省区比较优势产品空间分布

2. 不同区域的连通度

为了进一步分析一个省区比较优势产品之间的相互关系及其在产品空间中的结构特征，本章计算了省区比较优势产品的内部连通度和外部连接度。省区比较优势产品的内部连通度（IPC）是指一个省区具有比较优势的产品之间相互连接形成的边数的均值，其定义公式为：

$$IPC(P) = \frac{|E_{P\text{-inner}}|}{|V_P|} \tag{3}$$

在式(3)中，P代表一个特定的省区，$E_{P\text{-inner}}$代表该省区具有比较优势产品之间连接形成的边，$|E_{P\text{-inner}}|$代表比较优势产品之间连接形成的边的总数，V_P代表该省区比较优势产品形成的节点，$|V_P|$代表比较优势产品的节点总数。

省区比较优势产品外部连接度（OPC）是指一国具有比较优势的产品与不具有比较优势的产品形成连接的边数的均值，其定义公式为：

$$OPC(C) = \frac{|E_{P\text{-outer}}|}{|V_P|} \tag{4}$$

在式(4)中，P代表一个特定的省区，$E_{P\text{-outer}}$代表该省区具有比较优势的产品与其他产品之间连接形成的边，$|E_{P\text{-outer}}|$代表上述连接形成的边的总数，V_P代表该省区比较优势产品形成的节点，$|V_P|$代表比较优势产品的节点总数。

根据2006年《全国工业企业数据库》的数据，对各省区上述指标进行计算，结果见表4-4-3。

表4-4-3　国内各省区比较优势产品连通性指标

内部连通度排名	省市区	内部连通度	外部连接度	内部连通度排名	省市区	内部连通度	外部连接度
1	广东省	10.5377	4.1809	17	辽宁省	3.8603	6.6765
2	上海市	10.2406	4.3538	18	重庆市	3.6040	7.2970
3	浙江省	9.7431	4.2385	19	甘肃省	3.5775	4.8451
4	江苏省	8.9803	5.1232	20	内蒙古自治区	3.5745	4.6596
5	福建省	8.9244	6.4012	21	云南省	3.5616	4.2603
6	湖南省	5.3140	4.8081	22	贵州省	3.5068	4.6301
7	山东省	5.2126	5.0193	23	海南省	3.2121	7.3182
8	北京市	4.9030	6.9179	24	陕西省	3.0204	5.8980
9	河南省	4.6854	4.6011	25	宁夏回族自治区	2.8730	6.7619
10	广西壮族自治区	4.6746	4.9841	26	山西省	2.4906	7.2075
11	河北省	4.4800	7.1840	27	吉林省	2.3086	5.9136
12	四川省	4.4471	4.5824	28	西藏自治区	2.1795	6.5128
13	安徽省	4.3577	7.1626	29	青海省	2.0000	8.0250
14	江西省	4.2536	5.0145	30	黑龙江省	1.7042	5.3239
15	湖北省	4.1972	5.4296	31	新疆维吾尔自治区	1.6667	5.1667
16	天津市	4.0659	8.4615				

从表4-4-3的结果来看，上述指标在一定程度上反映了各省区的工业化发展水平和产业结构。内部连通度排名靠前的省区工业化程度较高，比较优势产品位于空间中心集群的比例较高，彼此之间相互连接紧密，因而内部连通度（ICC）指标较高；而排名靠后的省区工业产品中资源和能源密集型产品比例较高，产品之间连接相对稀疏。就比较优势外部

连接度而言，各省区该项指标普遍较高，说明相对于国家间的产品结构调整，国内不同省区之间产品结构调整概率相对较高。当然该指标并不能反映各省区产业结构的全部内容，需要结合具体情况，作进一步研究分析。

第四节　国内产品空间分析对竞争优势转型的启示

相比世界产品空间，我国国内产品空间具有一定的相似性，同样呈现出了中心—边缘分布的特征，机电、仪器仪表等资本、技术密集产品位于空间中心，初级产品位于空间边缘。但与此同时，我国国内产品空间表现出了较大的差异性：一是我国国内产品空间中产品连接更为紧密。在同样的接近度阈值（0.55）下，测算的国内产品空间内部连通度（产品的平均边数）达到 8.502，远大于同期世界产品空间的内部连通度。二是我国国内产品空间中心集群涵盖的区域更加广泛，包含了世界产品空间结构中的部分独立集群，特别是纺织服装产品，在我国国内产品空间中进入到了中心集群，与机电产品等资本技术密集型的产品形成了紧密连接。

我们认为形成这种差异的原因在于，产品空间理论是以不同产品在同一国家和地区生产形成比较优势概率的高低，衡量产品之间的接近性，构建产品节点之间的连接（边），从而形成产品空间网络图。这种产品之间的连接体现了不同产品对国家和地区间不可流动的要素禀赋要求上的相似性。而对于流动性较强的要素禀赋，运用此种理论需要进一步加以分析。

首先，在国内各省区之间，资金、技术和劳动力的流动性远远超过了国家之间，因此国内产品空间的内部连通性高于世界产品空间就在情理之中。

其次，目前我国东部地区由于独特的区位、政策、制度等优势，吸引了资金、技术和劳动力同时向上述地区积聚，从而能够同时生产各种技术、资本和劳动力密集型工业产品，在国内形成比较优势，导致上述产品形成紧密的连接；而要素流出地区则更多地依靠固有的资源、能源优势，生产与之相适应的产品，形成边缘产品集群。因此，正是我国目前这种生产要素地区间的流动格局，形成了现有地区间产业分工结构，从而最终形成我国产品空间的不对称哑铃型结构。

由上述分析可以看出，运用产品结构分析工具，得出世界和国内产品空间存在的差异性，恰恰反映了我国国内产业的结构性特征，在一定程度上证明了这种分析框架的科学性，对我国产业竞争优势转型具有重要的启发意义。

（1）在我国国内产品空间中，资源和能源密集型产品与资本和技术密集型产品相互分离，前者在空间边缘，后者在空间中心区域构成了一小一大两个集群。我们认为国内产品空间此种非对等哑铃型结构产生的主要原因是，东部沿海地区依托地缘优势，利用改革开放的先机，拥有较好的政策制度环境，形成了较好的工业基础，导致资本和技术向资源贫乏的东部沿海地区积聚，相应的工业产品生产随之脱离资源相对丰富的内地省份，向沿海地区集中，最终导致了我国国内产品空间的这种独特的产品布局。

（2）纺织服装等劳动密集型产品与机电、化工和仪器仪表制造等资本和技术密集型产品相互结合，共同形成了国内产品空间的中心集群。我们认为造成此种产品空间结构的主要原因是，东部沿海地区在吸引资本和技术积聚的同时，也吸引着中西部地区的劳动力向上述地区转移，从而导致东部沿海地区在部分劳动密集型产品的生产上，相比中西部地区具有同样的比较优势。

（3）我国产品空间形成了两个集群及其中间的过渡地带，各省区比较优势产品在上述区域的不同分布反映了其工业化发展程度的差异。从西部省份到中部省份，再到东部省份，随着工业化水平的提高，各省的比较优势产品呈现出由边缘向中心演进的趋势。东部发达地区比较优势产品主要位于产品空间的中心集群；西部省区具有比较优势的产品主要位于产品空间边缘，形成了能源、资源密集型产品集群；中部省份产品分布呈现出一定的过渡性，比较优势产品在中间过渡地带比较密集。

（4）工业欠发达地区为促进工业发展，需要根据我国产品空间结构特征，逐步向中心产品过渡，在这一过程中，促进劳动力等生产要素的回流是产品结构升级的基础。工业欠发达地区为促进本地区的工业发展，逐步摆脱对能源和资源的单纯依赖，需要遵循产品空间结构反映出的规律，依据不同产品之间的接近性，逐步向空间中心地带过渡。鉴于生产要素跨区域流动对塑造我国产品空间结构的重要作用，在这一过程中欠发达地区需要积极促进各种生产要素的回流，首先是促进劳动力的回流，为地区工业发展创造条件，在此基础上，逐步吸引资本和技术等生产要素的积聚，不断推动地区工业化的发展。

（5）跨产业升级在产品结构升级过程中具有重要意义。从产品空间图形特征和产业连通性数据可以看出，不同产业的产品连接"犬牙交错"，产品集群中各产业彼此"镶嵌"。这表明地区推进工业发展，实施产业升级和调整产品结构不是直线发展的，不能一蹴而就。因而，需要根据要素禀赋现状，充分发挥跨产业升级的潜力，在不同产业之间交叉迂回，最终实现产品结构全面升级的目标。

第五章　中西部承接产业转移的经验研究

　　产业转移是指随着经济的发展，一国或地区的某些产业向其他国家或地区转移的现象或过程。产业转移的基础是各国或地区之间存在经济发展水平差距和产业梯度。当前，国际、国内产业分工深刻调整，我国东部沿海地区产业向中西部地区转移的步伐加快。现阶段，产业转移对于我国经济社会发展具有十分重要的意义：一些产业从东部沿海地区向中西部地区转移，有利于东部地区的产业转型升级和中西部地区实现跨越式发展，加速中西部地区新型工业化和城镇化进程，有利于区域协调发展；东部地区一些产业向中西部地区转移而不是向其他国家转移，有利于增强我国发展后劲，避免"产业空洞化"，形成内生性经济增长机制和以内需拉动为主导力量的新型发展方式，促进我国经济发展方式的转变。

　　近年来，在要素价格上升、人民币汇率升值、出口退税税率下调以及加工贸易政策收紧等多重因素的作用下，东部沿海地区工业加快了向中西部地区转移的步伐。作为毗邻东部沿海地区尤其是广东省的地区，永州市较早采取了相应行动。因其在承接加工贸易和产业转移方面的努力，永州市成为全国第二批加工贸易重点承接地，[①] 是国家级湘南承接产业转移示范区所辖的三市之一。[②]

　　为了更好地促进产业转移，国务院于 2010 年 8 月 31 日出台《关于中西部地区承接产业转移的指导意见》（国发〔2010〕28 号），就进一步指导中西部地区有序承接产业转移、完善合作机制、优化发展环境、规范发展秩序提出了 30 条意见。永州将乘着国家政策的春风，迎来产业转移的新高潮。根据国家发展和改革委的批复意见，湘南承接产业转移国家级示范区将建设成为承接产业转移的新平台、跨区域合作的引领区、加工贸易的集聚区和转型发展的试验区。可以期待，湘南承接产业转移示范区将成为继长株潭城市群"两型社会"综合配套改革试验区之后湖南省又一个重要的经济增长极。

---

　　① 为加快外贸发展方式的转变，促进加工贸易转型升级，引导加工贸易梯度转移，形成布局合理、比较优势明显、区域特点鲜明的加工贸易发展格局，我国分 3 批认定 44 个地区为加工贸易梯度转移重点承接地。其中，第一批 9 个（2007 年 4 月），分别为：南昌、赣州、郴州、武汉、新乡、焦作、合肥、芜湖、太原；第二批 22 个（2008 年 4 月），分别为：河南省洛阳市、郑州市，湖北省宜昌市、襄樊市，湖南省岳阳市、永州市、益阳市，江西省吉安市、上饶市，山西省侯马经济技术开发区，安徽省安庆市，内蒙古自治区包头市，黑龙江省哈尔滨市，广西壮族自治区南宁市、钦州市，海南省海口市，四川省成都市、绵阳市，重庆市，云南省昆明市，陕西省西安市，宁夏回族自治区银川市；第三批 13 个（2010 年 11 月公布），分别为：锦州市、吉林延边朝鲜族自治州、马鞍山市、巢湖市、龙岩市、宜春市、荆门市、衡阳市、常德市、梧州市、北海市、德阳市、新疆石河子经济技术开发区。

　　② 2011 年 10 月国家设立湘南承接产业转移示范区，这是继安徽皖江城市带、广西桂东、重庆沿江承接产业转移示范区后的第 4 个国家级承接产业转移示范区。湘南承接产业转移示范区范围包括衡阳、郴州、永州三市，土地面积 5.71 平方公里，覆盖 34 个县（市、区）。2010 年，示范区年末总人口 1797 万人，地区生产总值 3269 亿元，分别占湖南省的 26%和 21%。2009 年至 2013 年 9 月底，全省共承接产业转移项目 6919 个，其中湘南三市共承接产业转移项目 2462 个，占全省总量的比重超过 1/3。

第一节　永州市承接产业转移的基本态势

永州市辖两区（冷水滩、零陵）九县（宁远、祁阳、东安、双牌、道县、江永、江华、新田、蓝山），现有 13 个工业园和工业项目区，其中，省级园区 7 个，分别为凤凰园、零陵、祁阳、东安、蓝山、宁远和江华。2008 年，蓝山县、宁远县、道县被湖南省政府授予承接产业转移首批试点县。2010 年，"蓝宁道新加工贸易走廊"和"凤凰园经济开发区"被评为首批承接产业转移特色基地。"十一五"以来，永州市各界抓住机遇，解放思想，加快对接珠三角、长三角、闽三角等沿海地区以及东盟地区的步伐，先后成为国家级加工贸易重点承接地和承接产业转移示范区，产业转移承接力度明显加大，产业集群效应初步显现，经济社会效益不断凸显。

一是承接项目不断增多。"十一五"期间，永州市共承接产业转移项目 948 个，其中来自珠三角地区投资项目 664 个，长三角投资项目 237 个，其他地区投资项目 47 个。目前全市共有外商投资企业 279 家，其中 70%以上来自沿海地区的产业转移。2010 年全市共承接产业转移项目 283 个，已经投产的项目 165 个。其中，投资 500 万美元或 4000 万元人民币以上项目 112 个，投资过亿元项目 58 个，占承接产业转移项目的 20.5%。全国水泥行业排名前两位的海螺集团和华新水泥、世界 500 强企业中国华能集团、中国第二大民企上海复星集团、重庆啤酒集团、台湾钻石集团，投资 8000 万美元的耐克鞋生产线、投资 17 亿元的湘龙铜业、投资 25 亿元的华源光伏、投资 50 亿元的香港达福鑫电子信息产业园、投资 200 亿元的法国珂莎黛制鞋等一批大项目先后落户永州，提升了项目档次。2011 年 1~10 月，全市共承接产业转移项目 196 个，实际到位外资 4.7 亿美元，到位内资 191.7 亿元。其中，投资 500 万美元或 4000 万元人民币以上的项目 114 个，投资过亿元的项目 39 个，占承接产业转移项目的 19.9%。

二是加工贸易进出口总额稳步增加。2008 年永州市被商务部确定为加工贸易梯度转移重点承接地以来，加工贸易获得迅速发展。2006~2007 年，全市完成加工贸易进出口额分别为 1772 万美元、2013 万美元，占全市外贸出口的 10%、20%，2008 年达 4314 万美元，占全市外贸出口的 30%，呈明显上升趋势。2009 年受到世界金融危机的影响，在全市外贸进出口总额下降 128%的情况下，加工贸易进出口额仍有 3052 万美元，占全市外贸出口的 43%。2010 年全市实现加工贸易进出口额 5414 万美元，同比增长 77.4%，占全市外贸进出口总额的 46.1%，被评为全省承接产业转移先进单位。2011 年 1~10 月，全市实现加工贸易进出口总额 5783.9 万美元，同比增长 35%，继续呈现良好发展态势。而且，加工贸易进出口贸易方式不断升级优化。2011 年 1~10 月，全市进料加工进出口额为 4840 万美元，占加工贸易进出口总额的 84%。这说明在外部需求增长放慢、人民币升值、通货膨胀率和综合经营成本升高、资金供给趋紧、低成本加工出口优势正不断弱化的背景下，很多加工贸易企业努力延伸产业链和提高效益，将来料加工转变为进料加工，把握了"转方式、调结构"的主动权。①

三是承接能力越来越强。近年来，交通建设取得历史性突破，电力供应能力大幅提高，大通关平台初见成效，园区承载能力不断提高。经过几年的努力，除每个县区都建设了工业园外，永州市还建成了"凤凰园经济开发区"和"蓝宁道新加工贸易走廊"两大重点承接地，并积极筹建"永州市飞地经济示范工业园"。"十一五"期间完成了园区面积150平方公里，兴建标准厂房587万平方米，新增员工40万人，为积极有序地承接产业转移打下了坚实基础。2011年以来，永州市更加重视承接平台的打造，要求各县区、管理区、开发区一定要把标准厂房建设作为园区配套重中之重的工作来抓。全市1~10月新扩园区面积37.8平方公里，同比增长53%，完成全年目标任务的151%，新建标准厂房134万平方米，完成全年目标的111%，同比增长18%，为项目的顺利落地提供了条件。

四是集群效应初步显现。通过引进龙头企业，带动上下游关联产业配套跟进，已初步形成针织、制鞋、玩具、五金、矿业、电子、制药、汽车零部件等产业集群。从生产车间到集团总部、由单个环节到整个链条引进的态势非常明显，初步形成了以永州承阳、丽宏国际针织有限公司为代表的毛织服装加工产业群；以永州湘威、协威为代表的制鞋加工产业群；以永川格林玩具有限公司为代表的玩具制品加工产业群；以永州捷宝电讯塑胶五金制品有限公司为代表的塑料制品加工产业群；以湖南元创精密科技有限公司为代表的汽车零配件、机电加工产业群；以永州三甲电子、弘电电子为代表的电子信息产业群；以湖南果秀、永州都成罐头食品为代表的农副产品加工产业群；以荣华、东湘为代表的锰加工产业群。

五是带动作用日渐增强。第一，促进了经济发展。据测算，2009年，全社会固定资产投资中来自产业转移的投资占到60%以上，承接产业转移对全市GDP的贡献率超过35%，蓝山、宁远、道县、新田等县新增财政收入的近80%来自沿海产业转移；2010年，全市完成财政总收入53.5亿元，其中承接产业转移项目提供的税收所占比重达到了10.3%。第二，促进了工业转型。通过承接产业转移，延伸了长丰汽车等一批优势企业的产业链条，提升了冶炼、水泥、造纸等传统产业，发展了电子、光伏等新兴产业。目前全市产业承接企业占规模工业企业总数的1/3，产值占规模以上工业产值的一半以上，促进了工业结构优化升级，增强了工业发展后劲。第三，促进了社会就业。近年来，产业承接企业共为全市提供就业岗位近40万个，占同期新增就业的80%以上。2010年，产业转移企业新增劳动用工8.5万人，不仅解决了因金融危机返乡民工的就业问题，还吸纳了一批外来务工人员，并带来了新的技术和管理理念。

近年来，永州市之所以在承接产业转移方面出现如火如荼的发展态势，与永州市所拥有的独特优势以及当前我国经济发展所处的阶段是分不开的。

一、区位优势

永州市是华中、华东地区通往广东、广西、海南及西南地区的交通要塞，也是湖南对

---

① 国际货物贸易可分为一般贸易和加工贸易，加工贸易又分为来料加工贸易和进料加工贸易。需要指出的是，加工贸易不仅仅是一种贸易方式，更重要的是一种参与国际分工的方式，因此，不能简单地认为一般贸易比加工贸易重要。另外，与来料加工贸易仅能赚取加工费相比，进料加工贸易还可赚取差价利润，因此，其效益更好。

外开放的重要门户。永州是湖南唯一与两广接壤的地区，市区到广州仅500多公里，南六县距广州仅400多公里，是"沿海的内地，内地的前沿"，是湖南对接东盟的主要"桥头堡"。

但是，一段时期以来，永州市所处的区位给它带来的却不只是经济上的益处。由于永州靠沿海地区（广东）太近，至少在2000年之前，沿海经济的快速发展对永州产生的是一种"吸附"作用，而不是辐射作用，导致永州市大量的人才和劳动力、资源等大量向广东流失，自身经济发展不尽如人意，即所谓的"灯下黑"。只是到了最近几年，随着东部沿海经济发展，开始产生了对周边地区的辐射作用，永州这种区位优势才开始显露出来。[①]

二、交通优势

湘桂铁路横贯永州市东西，322国道、207国道及九条省道在境内纵横交错，永州至广东连州二级公路、湘桂铁路、洛湛铁路、衡昆高速公路、邵永高速公路和湘江水道形成区域间的交通枢纽，北可到达华中重镇武汉，北上中原，东出华东。西南向可以直通西南部各省区，并可从广西北海、防城和广东湛江出海，是中原和华东地区通往大西南的通道。零陵机场已开通长沙、深圳、昆明航线。永州是内地直达两广（广东、广西）、两南（海南、大西南）、两区（香港地区、澳门地区）的重要通道，是我国华南与华北两大经济区的重要结合部，具有明显的双辐射功能。

三、自然资源优势

永州市土地资源丰富，全市土地总面积2.24万平方公里，占湖南省总面积的10.55%。永州市土地类型多样、质量较好，在全市3366.55万亩土地总面积中，平原面积478.67万亩，岗地面积596.87万亩，丘陵面积486.3万亩，山地面积1656.68万亩。可见，永州市宜农宜工荒地较多，土地后备资源充足，为发展工业和农业产业化提供了很好的基础条件。

永州市矿产资源丰富，全市地处我国著名的"南岭多金属成矿带"，已探明的矿藏有55种，占湖南省矿种的一半。已知矿床点632处，达到工业矿床80处，其中大型5处，中型15处，小型60处。锰、锡、稀土等矿藏储量大，品位高。其中，锰保有储量约6800万吨，占全省的34.7%，居全省第二位，产量居全省第一位。这些为发展锰产业和有色金属产业提供了较好的自然基础。

永州市是个河流密布、水系发达的地区，水力资源丰富。全市共有大小河流700余条，总长1万多公里，河床谷深流急，水能资源蕴藏丰裕，总量达238万千瓦，位居湖南第三，其中可开发量达101万千瓦，待开发利用的达60余万千瓦。这为开发利用水力资源提供了有利条件。

永州市动植物资源丰富，全市已经形成以杉、松、竹、柑橘、香柚、油茶、油桐、茶叶、烤烟等为主的名优特产；盛产香柚、香芋、香菇、红瓜子、红衣葱、灰鹅、苦茶、薄荷、花猪、黄牛、麻鸭等农副土特产品，这些为发展特色工业和吸引外来资本投资奠定了

---

① 法国经济学家佩鲁（F.Perrous）于20世纪50年代提出的增长极理论认为，经济发达地区位于"磁极"位置，它的发展既能对周边地区生产要素产生吸引作用，也能将自身生产要素扩散到周边地区，从而对周边地区经济发展产生暂时的阻碍作用，但从长远来看产生的主要是推动作用。

良好的基础。

四、劳动力资源优势

永州市仍是农业人口占主体的地区，在全市总人口 610.65 万人中，农村人口达 335.69 万人，占比 64.6%，农村剩余劳动力非常丰富。长期以来，因当地经济不发达、工业欠发达，大多数农村剩余劳动力只有背井离乡，到沿海经济发达地区打工。现在，永州市承接东部沿海产业转移，不但能获得充分的劳动力供给保障，也是长期外出务工农民工回乡工作和创业的心声。2010 年，永州市当地职工年平均工资 26660 元，月均 2222 元，仅相当于全国平均水平的 70%，承接产业转移具有劳动力成本优势。

五、人脉关系资源优势

比如，宁远县总人口 83 万人，就有 20 万人在沿海务工经商，其中各类技工、管理人才 2 万人；祁阳县总人口 104 万人，有 26 万人在外创业，有近 2 万人在外地从政。永州市承接产业转移过程中可以充分发挥这种人际关系联系广泛的优势来进行招商引资、项目引进、技术转移、产品销售等工作。

六、产业基础优势

与更偏远的内陆地区相比，永州承接产业转移具有产业基础优势。经过多年的发展，永州市具备一定的产业基础条件，在纺织服装、机械、电子、农产品深加工、建材、有色金属和锰的开采、冶炼和加工、汽车零配件、战略性新兴产业等领域，产业集群初现雏形。这为外来企业来永州进行资本运作、兼并重组等提供了产业前提，也为相关企业落户永州提供了良好的配套和协作条件。

七、政策优势

当前，我国正处于东部产业向中西部地区转移的大好时机，尤其是加工贸易产业向中西部转移已蔚然成势。2007 年 7 月，商务部、海关总署发布了 44 号公告，对加工贸易政策进行了重大调整，核心是对东部和中西部地区加工贸易实行差别政策：一是东部地区新设立的生产企业，不予批准限制类商品加工贸易业务，而中西部新设立的企业无此限制。二是对开展限制类商品加工贸易业务的东部现有企业实行进口关税、进口环节增值税、银行保证金"实转"，而中西部企业则实行"空转"。2007 年之前，加工贸易主要集中在沿海 10 省市，占全国加工贸易出口总额的 95% 以上，而中西部 22 个省市（单位）只占不到 5%。加工贸易新政策的实施，提高了东部沿海地区开展加工贸易准入的门槛，加大了企业资金压力和营运成本，对开展限制类商品的加工贸易企业带来很大冲击，不堪保证金压力的企业只有选择向中西部转移或就地转型升级。同时，沿海加工贸易经过近 30 年的快速发展，土地、能源、原材料等资源供应趋紧，劳动力成本上升，环境承载不堪重负，内生增长力受到制约，劳动密集型、能源资源密集型及部分资金密集型产业向中西部转移已是最现实的选择。

与此同时，国家为鼓励中西部地区承接产业转移，出台了一系列配套措施，包括从

2007 年开始，分两批确定了 20 个城市作为中部地区加工贸易产业梯度转移重点承接地，并从中央外贸发展资金中给每个承接地 2000 万元，用于加工贸易公共服务平台建设；商务部、国家开发银行拟通过政策性贷款的支持，到 2010 年培育形成 50 个优势明显、各具产业特色的中西部加工贸易重点承接地，使用政策性银行贷款总规模将达到 300 亿元人民币；比照东北老工业基地，中西部加工贸易企业增值税可由生产型转为消费型，并可抵扣；海关总署重新启动物流保税区的审批工作，同时准备赋予中部重点承接地出口加工区保税物流功能；铁道部门协调开通铁海联运，使出口货物直接运抵港口码头，并减免相关铁路建设基金等。

当前，永州市承接产业转移正处于国家优惠政策效应释放的叠加期。国家加快转变经济发展方式，加快由外需推动转变为内需拉动，投资的重点将进一步向中西部地区倾斜；国务院颁布了《关于中西部地区承接产业转移的指导性意见》，加大对中西部地区产业转移承接的支持；湖南省委、省政府支持湘南三市"先行先试"，支持将永州建设成湖南对接东盟的"桥头堡"；永州市委、市政府为应对财政省直管县体制，加速推进零冷一体化，加快构建北五县区"半小时经济圈"，并在零冷两区之间规划建设"潇湘生态新城"，等等。这些政策效应的加速释放将为永州的赶超发展增添新的动力。

第二节　部分区县承接产业转移的主要做法

一、冷水滩区的主要做法

1. 加强组织领导，严格奖罚，全力开创招商引资工作新局面

冷水滩区政府常务会议、区委常委会议专题研究了招商引资和承接产业转移工作，成立了以区委书记为顾问，区长为组长，政府分管领导以及有关职能科局、乡镇、办事处负责人为成员的招商引资和承接产业转移工作领导小组，将工作任务层层进行了分解，并将工作任务纳入区直各单位的绩效考核范围，奖优罚劣。

2. 解放思想，亲商重商，努力打造招商引资新洼地

近几年来，在认真贯彻落实省、市政府关于招商引资和承接产业转移的有关政策、措施的基础上，冷水滩区委、区政府发起了一场解放思想、发展开放型经济的大讨论活动，统一了思想，澄清了模糊认识，并出台了大力发展电子信息产业的 20 条含金量高、可操作性强的政策性文件，从组织领导、发展重点、支持政策、优质服务等方面大力营造亲商重商的浓厚氛围，努力打造招商引资新洼地。

3. 园区规划高起点，产业规划谋长远，着力打造承接产业转移示范区

凤凰园经济开发区冷水滩高科技工业园从规划之初，区委、区政府就将其定为"工业新城、绿色新区、产业转移示范区、两型社会榜样区"。按照这个定位，以高起点规划为前提，以发展中高端信息产业、先进制造业和循环经济为重点，按照五大要件（产业政策、投资强度、建设期限、财税贡献、成长性能）着力打造 3 个百亿元产业集群，即电子

信息产业园 100 亿元产业集群，以铜加工为主的循环经济产业 100 亿元集群，先进制造
100 亿元产业集群，着力引进那些符合国家产业政策、发展潜力大、产业链条长、科技含
量高的资本密集型和技术密集型企业，宁缺毋滥。比如，2011 年引进的投资 4.6 亿元的俊
达电容式触摸屏项目，投资 1.2 亿元的湘合作再生资源项目，投资 5.36 亿元的 5 万吨中高
压电线电缆项目，就是按照这个标准引进落户的。永州国家农业科技示范园虽然刚刚起
步，但也是高标准规划，努力将其打造为真正的国家级农业科技示范园。

4. 加强承接平台建设，倾力促进产业大发展

目前高科技工业园累计完成投入 15 亿元，其中基础设施投入 7 亿元，项目建设投入
8 亿元，落户项目 22 个，投产项目 5 个，实现产值近 10 亿元，实现税收 7900 万元，安
排劳动力就业 1500 余人，建成区面积达 13.2 平方公里。一是园区内基础设施不断完善。
"四纵六横"路网全部成型，水、电、通信、公交、污水处理等配套全力跟进。二是园区
在建项目推进快。目前，达福鑫中的数字机顶盒项目已完成设备安装，即将投产的中高压
电线电缆项目钢架厂房 4 万平方米已经封顶，正在加快办公区建设；奔腾彩印二期完成了
三通一平大部分工程；LED 项目已完成两栋 1.2 万平方米的三层标准厂房建设和办公楼建
设，等等。三是投产项目势头旺。2010 年以来建成投产项目 5 个，分别是光亮铜杆、LED
第一条生产线、珊瑚高科、ITO 导电玻璃、潇湘源玻璃钢一期，实现产值近 10 亿元。

5. 创新招商引资工作方式，竭力引进项目落园区

一是积极参加省、市组织的大型招商活动。2011 年冷水滩区委、区政府主要领导亲
自带队积极参加"杭州推介会"、"深圳推介会"、"第六届中博会"、"东盟博览会"等重点
节会招商活动。共发布推介招商项目 50 个，签约引进了超白薄玻璃、俊达显示、机顶盒、
海洋化工等 8 个项目，总投资 71.45 亿元。冷水滩区委、区政府主要领导将招商引资工作
作为引领经济发展的"第一菜单"。二是突出小分队招商。区委、区政府多次派出小分队
赴珠三角、上海、杭州、昆山、张家港等地进行点对点招商，所到之处均大量拜访相关企
业，收集有价值的招商项目信息。通过与其面对面接触，很多企业表达了对来永州投资的
浓厚兴趣。三是突出以商招商。2011 年以来，已在永州市电子信息产业推介会上接洽约
260 余名重点客商，实行再跟踪、再洽谈，不忘老客商，结交新客商，进一步引进了一批
项目，成效十分明显。

6. 加强优质服务，尽心尽力解企忧

一是破解"用地难"。用好已报批的项目用地，通过土地抵押贷款、贷款再储备土地
的滚动开发模式，争取了更多项目储备用地。在建设用地指标分配上，优先确保高新技术
产业、先进制造业、农产品加工业等重点工业项目用地。二是破解"融资难"。成立了中
小企业融资服务中心，区政府每年投入 1000 万元作为引导资金，不定期组织银企座谈会、
"结对子"等活动，对提供借贷资金的银行给予一定比例的奖励。三是破解"用工难"。
实行政、校、企业三方联动，整合全区培训资源，每年投入资金 2000 万元，有针对性
地开展定点培训、订单培训和定向培训。不定期组织用工招聘会，极大地解决了企业用
工难的问题。

二、零陵区的主要做法

1. 制定多种优惠政策，吸引外商来零陵落户

根据零陵区委、区政府制定的《关于加快承接沿海加工贸易产业转移的实施意见》(零发〔2008〕16号)，零陵区承接产业转移的政策是非常优惠的，涵盖财税扶持政策、规费减免政策、用地政策、水电价格政策、用工政策、荣誉待遇政策、挂牌保护政策等诸多方面。比如，设立"加工贸易梯度转移扶持资金"，从2008年起区财政连续5年每年预算安排100万元以上，专项用于扶持承接转移园区基础设施和公共服务平台建设贷款贴息、奖励企业自营进出口业务。提供税收奖励，对于投资新办的加工贸易企业(对零陵区不可再生资源进行初加工的企业除外)，按照国家规定我区工业用地最低出让价一次性交清土地出让金，投产后达到合同约定的产值、税收的，除享受国家统一规定的优惠政策外，还享受以下税收奖励：固定资产投资额在500万~1500万元的加工贸易企业，企业自投产之日起，前3年按其所缴纳的企业所得税、增值税地方所得部分(依国家现行分税制计算，下同)同等金额的50%由区级财政给予奖励；固定资产投资额在1500万~3000万元的加工贸易企业，企业自投产之日起，前3年由区财政按其所缴纳的企业所得税、增值税地方所得部分同等金额给予奖励，第4~5年由区财政按其所缴纳的企业所得税、增值税地方所得部分同等金额的50%给予奖励；固定资产投资额在3000万元以上的加工贸易企业，企业自投产之日起，年纳税达到300万元以上的，前5年按企业所缴纳的企业所得税、增值税地方所得部分同等金额由区财政给予奖励。在用地政策方面，一般按每100万元固定资产投资额供地1亩的标准，在国家工业用地最低标准限价内进行招标、拍卖、挂牌，凡落户加工贸易工业园且固定资产投资额在500万元以上的加工贸易企业和在工业园区投资开发工业小区的企业，实行财政补助政策，可任意选择以下三种供地方式之一：①零地价提供土地。由区工业发展投资公司按合同约定零地价提供土地给投资商兴办企业，自企业建成投产后累计上缴各项税收每亩达到60万元，区工业发展投资公司将土地使用权证书交与企业。到第10年止，企业累计上缴各项税收达不到上述标准，其差额部分按国家现行规定的土地价格须用现金补足土地出让金。土地出让金补足后，区工业发展投资公司方可将土地使用权证书交与企业。②土地出让金先交后奖。投资商一次性交纳土地出让金(工业园区土地价格按国家现行规定确定)。在企业投产后三年内，每亩年纳税4万元以上的，区财政按企业所交纳的土地出让金的同等金额奖励企业；每亩年纳税2万元以上的，区财政按企业所交纳的土地出让金的50%奖励企业；每亩年纳税2万元以下的，不予奖励。③分期支付土地出让金。投资商自愿购买土地的(工业园区土地价格按国家现行规定确定)。自投产之日起，如能如期达到合同规定的产值、税收，其土地出让金可按10年分期付清，如连续三年达不到合同规定产值、税收的，应按国家现行规定工业土地价格一次性补足土地出让金。企业依法取得土地使用权，在不改变土地用途的前提下，可依法按有关规定转让、出租、抵押、继承或从事其他合法经济活动。企业还可以租赁国有建设用地：租赁未平整土地，按每年每平方米1元的标准收取土地收益金；租赁已平整土地，按每年每平方米3元的标准收取土地收益金。

2. 加强组织领导，落实工作责任

一是建立健全领导工作机制。成立永州市零陵区承接产业转移发展加工贸易工作领导小组，由区长任组长，分管副区长任副组长，有关职能部门负责人为成员，领导小组下设办公室，处理日常工作。领导小组定期召开加工贸易部门联席会议，主要就承接产业转移发展加工贸易有关工作和解决重大产业转移项目落户问题进行协调，及时解决承接产业转移发展加工贸易工作中出现的新情况和新问题。二是制定奖励激励措施。①目标管理奖。全区各单位引进的符合考核范围的加工贸易项目按实际到位固定资产投入的 2‰ 给予奖励。②中介人奖。对引进固定资产投入 500 万元的加工贸易项目，在项目如期建成投产后，按固定资产投入的 2‰ 给予中介人奖励；引进项目达到以上投资规模的，按投产之日起连续三年实现入库税收区级所得部分的 5% 给予奖励。三是建立健全责任考核机制。实行重点企业联系机制，对年出口额达到或超过 100 万美元以上的加工贸易规模企业，区政府指定一名副处级领导和相关职能部门实行对口联系，及时了解和解决企业在发展中的问题和困难。区委督察室、区政府督察室和区承接产业转移发展加工贸易工作领导小组办公室要加强对全区承接产业转移发展加工贸易工作的督查，并将加工贸易出口绩效列为经济发展和招商引资的一项重要考核指标，严格督察落实情况。在年终进行综合考核，以促进工作和责任的落实。

3. 加快园区建设，提高承接能力

一是构筑功能完善的园区平台。按照"一园三区"进行产业布局：以省级工业园零陵工业园为依托，以河西工业区为主，萍洲工业区、珠山工业区为辅兴建约 20 平方公里的加工贸易工业园。其中河西工业区重点发展电子信息、机械制造、精细化工、农副产品加工等产业，萍洲工业区以时代阳光制药为龙头，重点发展生物制药等高新技术产业，珠山工业区以现有锰产业为基础，重点发展锰精深加工业。二是构筑齐全的公共服务平台。大力发展生产性服务业，尤其是物流服务，提高企业通关速度，降低企业物流成本；大力发展金融服务业，发展企业管理服务、法律服务、信息服务、职业中介服务等商务服务业；大力推进电子政务，构筑政务信息网络公共服务平台。三是构筑优质安全的环境平台。按照"小窗口、大服务"的要求，切实加强政务中心建设，把与承接产业转移密切相关的行政审批部门全部纳入政务中心，简化流程，提高效率，实行"一条龙"服务、"一站式"审批；推行区投资服务商中心代理制，承接转移项目经环境、用地等综合评审后，由区投资服务商中心根据加工贸易企业服务的申请，代理承办相关手续，限时办结，切实提高企业落地的效率。建立健全对外商投资企业的法律援助，通过采取领导联系、挂牌保护、专项整治等形式，着力解决影响企业发展、扰乱施工秩序、破坏企业生产经营秩序的行为，切实为企业发展保驾护航。对严重影响全区经济发展环境的人和事，要由相关部门严肃查处，并在新闻媒体上曝光。

4. 创新招商方式，加快对接步伐

一是创新承接方式。既注重"引凤筑巢"，也注重"筑巢引凤"；坚持政府引导、市场运作的原则，既注重"社会招商"，也注重"政府招商"；既注重"单一项目招商"，也注重"链条整体招商"。大力推行中介招商、代理招商、委托招商、网上招商、以商招商、以乡引商等多种招商方式，吸引广大投资者转移到零陵投资兴业。二是实行"飞地招商"。积极与沿海发达地区的各级政府、工业园区、行业协会和大型企业集团加强联系与合作。

按照合作双方开发协议，在工业园用地规划范围内，划出一定面积的土地，设立对接园区，由合作方负责依法组织投资、开发、建设和招商引资等工作，并按商定比例进行利益分成。与市内各示范园区之间，也可按产业布局和规划要求，相互引进产业转移项目，可实行税收或利益分成。

5. 注重环境规划，发展新型工业

注重以全区整体环境规划引导承接产业转移内移，大力发展一批节能企业，发展资源精深加工，促进资源高效利用，坚持走新型工业化的道路，形成有利于节约资源、保护环境的生产方式。坚持推进产业结构调整。加快技术进步，加强监督管理，提高资源利用率，形成低投入、低消耗、低排放和高效率的节约型增长方式，坚持以企业为主体，政府调控，市场运作，发展循环经济，倡导生态文明，在发展中保护环境，实现速度与质量、效益的有机统一，实现人与自然的和谐发展，建设资源节约型、环境友好型社会，实现可持续发展。

三、宁远县的主要做法

1. 科学规划建设工业园区，完善基础设施建设

宁远工业园区按照"产业集聚、功能分区、板块发展"的原则，划分为三个区域，即"一园三区"格局：①加工贸易区。该区位于县城东永连公路十里铺段两侧，规划面积 10 平方公里，主要发展电子、灯饰、五金、制鞋、玩具、针织等加工贸易型企业。②建材冶金工业区。该区位于县城北永连公路华石盘段两侧，规划面积 10 平方公里，重点发展陶瓷、水泥、钢材、冶金等企业。③生物医药食品工业区。该区位于城北老工业区，规划面积 10 平方公里，突出发展制药、米业、植物油等企业。上述园区水、电、路、信、环保等基础设施基本完善。与此同时，在工业园区兴建了客运总站、物流中心、邮电通信、贸易餐饮、娱乐休闲等服务设施。创新工业园建设模式，引导社会资本投资工业园建设：鼓励投资者和干部职工在工业园区内购地兴建标准厂房出租，土地价格按工业用地价格优惠；农村集体经济组织所有的建设用地经法定权限批准后，可以集体名义入股建标准厂房。对在规定时间内建成的标准厂房给予一定的财政奖励。

2. 制定优惠政策，创优承接环境

①收费政策。凡在县工业园区投资兴办工业企业，其应收取的行政性规费，一律实行免收；事业性收费必须经县物价部门审核同意，县政府批准并按本规定调整的标准收取。凡没有列入规定收费范围内的收费一律不能收取，经营性及中介服务性收费调整按公布标准规定执行，未列出的各项收费一律免收。②财政政策。凡在县工业园投资兴办工业企业，企业涉及报建（建设期间）的税收按最低标准征收，企业投产后其生产经营期间的税赋比照周边地区的中下水平收取。③土地政策。购买工业园毛地，根据不同地段和投资规模供地，重大项目实行"零地价"；投资者以出让方式取得土地使用权的，按行业用地标准提供生产经营用地。一般按每亩 100 万元固定资产投资额供地；凡落户工业园且投资额在 1000 万元或以上的生产性企业在供地方面实行财政扶持；取得出让土地使用权的投资者，在不改变用地性质的前提下，兴建的厂房和生活设施可自用可依法转让、出租、抵押或从事其他合法经济活动。④服务管理政策。实行"一条龙"服务和"一个窗口"收费制

度。县政务服务中心具体负责外来投资兴办项目的咨询、立项、审批、登记、发证等工作。外来投资者需要缴交的各项行政事业性规费，集中在县政务服务中心统一收取。对投资额在 500 万美元或 4000 万元人民币以上的工业项目，相关审批部门在县政务服务中心实行"一站式"联审联批，限期办结；工业园区实行封闭式管理，实行管理"十不准"规定。⑤户籍政策。投资者及其亲属愿意在宁远落户的除由公安机关按规定收取工本费外，不再收取其他费用。其子女入学、参军、就业等享受本县居民同等待遇。

3. 强化招商引资，产业集群效应初步显现

全面实施省委、省政府"敞开南大门，对接粤港澳"的开放战略，进一步加大招商引资力度，强化责任，兑现奖惩，激励引导全社会参与招商，形成全民招商的浓厚氛围。对大型企业、战略投资者予以特别重视。实行县级领导联系重点项目制度，每个重点项目由一名县级领导进行联系，跟踪项目进度，及时帮助解决实际困难。全面推行"一条龙"服务和项目审批代理制、限时办结制，加快电子监察、网上审批系统建设，努力创建优质高效的政务服务体系。实行"飞地"政策，由沿海地区政府、行业协会、工业园、企业负责依法组织投资、开发、建设工业园区兴办工业企业，可按 5：5 比例实行税收或利益分成，分成时限 50 年。目前，宁远引进规模以上企业 49 家，其中投资上亿元的有 6 家，即投资 2 亿元的宁远蓝海化纤有限公司、投资 2.6 亿元的宁远新美雅陶瓷有限公司、投资 3 亿元的宁远华荣鞋业有限责任公司、投资 4.4 亿元的永州莲花水泥有限责任公司、投资 6.4 亿元的宁远榕达钢业有限责任公司和投资 6.6 亿元的永州福嘉有色金属有限公司等，涵盖制鞋、玩具、针织、陶瓷、水泥、钢材、冶金、制药、米业等产业领域，产业集聚初步形成。

四、祁阳县的主要做法

1. 打造"政策洼地"

县政府出台《祁阳县吸引外资大办工业的若干规定》、《关于加快承接产业转移的规定》等文件，推出了一系列优惠投资政策：一是土地优惠。凡固定资产投资在 1000 万元以上、投资强度达到 80 万元/亩或投资三年内年均纳税达到 3 万元/亩以上的项目，先按工业用地摘牌价缴纳土地出让金，依法取得土地使用权；项目开工后，投资者只需承担 2 万元，余额由县财政奖励给企业。二是税费优惠。对新投产项目，5 年内企业缴纳的增值税县级收益部分，县财政奖励当年的 30%；企业所得税县级收益部分，前 2 年财政全额奖励，后 3 年奖励当年的 50%。三是水电优惠。园区新建工业企业用水按正常供水价格由县财政补贴 0.2 元/吨、用电按正常供电价格由县财政补贴 0.1 元/千瓦时（高能耗企业除外）。此外，园区还实行封闭式、无费管理，全程代办一切手续，特大项目实行特事特办、一事一议。同时，对外来投资的客商发放权益保护绿卡，持卡者享有初次免罚权，未经有关部门批准，任何单位和个人不能进入持卡者所在企业和住所进行收费和检查，全力打造"亲离、安商、富商"的政策洼地。

2. 打造"投资宝地"

一是高标准规划园区。2007 年编制了《湖南祁阳工业园新区总体规划》、《湖南祁阳工业园新区控制性详规》，规划建设面积 25 平方公里，分三期进行，其中第一期工程到 2010 年开发 5.6 平方公里。二是高起点谋划布局。按照产业集群发展的规律和沿海不同地

区的产业特点，细分了功能区域，初步将工业园新区划公为以机械电子产业、食品加工产业、新型建材产业、轻纺服饰产业、生物医药产业为主的五大特色产业区，聚集发展相关产业。三是高要求建设园区。从 2008 年开始，每年安排 1.5 亿元以上资金用于工业园新区水电路讯等，基础设施建设，分别成立了园区开发指挥部和园区开发公司，按照"筑巢引凤、引凤筑巢"相结合的原则，多元化投入、市场化运作、滚动式开发，将工业园新区建设成为"县城经济新引擎，新型工业增长极，沿海产业承接地，山水生态新城区"。目前，新区已累计完成投资 5.5 亿元，完成征地 8000 亩，开发面积 5 平方公里，新建标准厂房 20 栋、19.75 万平方米，廉租房 8 栋，商住楼 8 栋，综合楼和食堂各 1 栋，公租房 6 栋，新建移动基站 4 座，电信、宽带、移动电话网络全面覆盖，自来水管、电力线路、路灯等相继建设完成。

3. 打造"招商热地"

县委、县政府明确提出了"全民全年全方位招商"的口号，在全县掀起承接产业转移热潮，努力把祁阳打造成为全市招商引资和承接产业转移的排头兵。一是领导带头抓承接。把承接产业转移作为头号工程来抓。县级领导对重要客商、重大项目，亲自挂帅，参与走访、考察、谈判和签约等工作，组织、参与各种专题承接产业转移和招商活动。各部门主要领导每年安排 1/3 的时间抓招商，并在本单位组织专门班子，落实专项经费，亲自带队赴沿海对接产业转移。二是小分队专业抓承接。从 2008 年起，组建了 10 支招商小分队，每支小分队由一名县级领导挂帅，一名责任单位领导主抓，3~4 个后盾单位配合，并确定 2~3 名专职工作队员常年开展招商。2009 年以来，又将 10 支小分队整合成 5 支，分别由县四大家主要领导和招商引资分管领导带队，以长珠闽地区为重点区域，上门招商，成功引进了总投资 16 亿元的海螺水泥、总投资 13 亿元的湘祁电站、总投资 8000 万美元的湖南凯盛鞋业等重大项目。三是全民参与抓承接。充分发挥好在外工作、就业和从政人多的人脉优势来促进承接工作，分别在东莞、广州、上海、深圳、长沙等地成立了祁阳商会，设立了招商引资功臣奖和特别贡献奖，每年对促进承接产业转移工作的牵头人、中介人等有功之臣进行重奖，调动全民参与承接产业转移的积极性，将百万民心凝聚到招商上来。

4. 打造"服务高地"

始终把优化经济发展环境作为一项永不竣工的工程来抓，积极创新服务方式，努力提高服务水平，坚持为产业转移项目提供全方位服务。一是大力提升服务水平。县委、县政府推行重大项目证照代办制和费用捆绑制，开辟产业和项目对接"绿色通道"。凡涉及项目审批相关部门的人员、职能都进驻县政务中心，与企业设立和工程建设有关的所有审批项目全部在政务中心完成。按照"谁引进、谁服务"和"一个重点项目、一支服务队伍"的标准，从各单位抽调干部组建项目建设服务队，由一名正科级干部带队，常驻企业，实行包干服务。成立优化经济环境"110"处警中心，严厉查处和打击破坏企业正常经营秩序的行为，切实维护企业的合法权益。二是切实保障用工需求。为切实解决承接产业转移用工和扩大群众就业需求问题，县委、县政府根据企业用工需求，向全县各乡镇分期分批下达劳动用工任务，并把为用工企业提供劳动用工情况纳入年终重点工作考核。三是不断强化信贷支持。每年组织召开银企洽谈会，充分发挥银行、中小企业担保中心、城建投、园建投的杠杆作用，加大对产业转移项目的信贷支持力度。四是从严整治建设环境。从政法部门抽调干警组建专门打击队伍，从严查处阻碍征地、强揽工程、强迫运输、强装强卸、强行阻工等行为，并做到了发现一起、打击一起，绝不姑息迁就，较好地维护了建设领域秩序。

5. 打造"建设工地"

坚持以项目建设统揽经济工作全局，一手抓承接，一手抓建设，扎实推进"四百工程"，即每年开发储备 100 个项目，洽谈签约 100 个项目，开工建设 100 个项目，竣工投产 100 个项目，把祁阳打造成为"建设工地"。

五、江永县的主要做法

1. 加强组织领导，健全产业承接机制

一是强化组织保障。调整充实了由县委书记任顾问、县长任组长的县承接产业转移领导小组，各级各有关单位也相应成立了专门领导机构。县财政预算安排 100 万元承接产业转移发展专项资金，确保了工作的顺利开展。二是完善机制。实行"一个重点工业项目、一名县级领导联系、一个专门班子跟踪服务、一套优惠政策帮助、一抓到底"的办法，健全了部门联席会议制度，为企业发展排忧解难。三是严格考核。将标准厂房、园区建设、招商引资等指标纳入了全县"推新"目标考核体系，层层签订了责任状，并完善了承接产业转移的考核奖励办法，严格考核，兑现奖惩，确保"推新"工作取得实效。

2. 加强园区建设，构建产业承接平台

完善了工业园区发展规划，加大投入力度，加强园区基础设施建设，强化了园区招商，形成了"一园四区"的发展格局。其中，全省首个绿色食品工业园利田区近期规划面积 4.5 平方公里，2011 年完成投资 5600 万元、新扩园 1 平方公里，累计完成投资 2.3 亿元、征收土地 2600 亩，"两纵两横"主干道和标准厂房有序建设，新建了 100kV 变压器 1 台、20kV 变压器 2 台，目前规划区内已落户金榄果油、香柚加工、食用菌加工等 16 家农副产品加工企业，新进驻的天时利五金制品等项目厂房框架初步建成。火车站工业园远期规划 10 平方公里，与云南金福源公司签订了 3 亿元的投资协议，引进了总投资 15.6 亿元的现代物流中心项目，农副产品交易中心建设工程稳步推进；新进驻的硅链合金项目前期工作已基本就绪。龙洋粉体加工园区近期规划面积 1000 亩，现已成功引进 2 家粉体加工企业，其中金玉科技一期工程已建成投产，华鑫粉体正抓紧建设；远期规划 2000 亩，拟引进 10 家以上粉体加工及其上下游企业，致力打造成为全国有影响的、集群发展、链式加工的粉体加工园区。允山返乡创业工业区专门承接本籍企业家回乡创业，已有 LED 节能灯饰等项目入驻，将建设成为集加工、物流、销售于一体的新兴产业园区。

3. 完善硬件设施，夯实产业承接基础

一是交通设施有效改善。道贺高速江永段路面硬化工程基本完成，连接线已建成通车；江永至永济亭二级公路顺利通车，S325 线扩改征地工作已基本完成，项目施工加速推进；农村公路村村通工程深入推进，95%行政村通水泥路。二是供电能力大幅提高。在"十一五"期间，完成了 22 万伏、11 万伏、3.5 万伏等输变电工程 8 个，在供电能力扩大 10 倍的基础上，去年以来又新上了夏层铺 11 万伏变电站工程，电力保障能力有效增强。三是城市功能不断完善。污水处理、垃圾填埋设施运转正常，县城引水工程复线项目启

动实施，城市整体框架已形成，县城建成区总面积6.2平方公里，是2005年的1.78倍，县城服务经济发展的集聚力、承载力和推动力进一步增强。

4. 创新招商方式，确保产业承接实效

一是强化分组招商。调整充实了13个招商小组，明确了任务，安排了经费，突出重点地区、重点领域、重点客商，切实打好资源牌、政策牌、诚信牌，成功引进了一大批投资大、成长性好、带动力强的好项目。二是狠抓产业链招商。围绕主导产业，在矿产资源、农副产品、林业产业化、旅游开发等重点领域，精心包装一批精品项目，并依托现有的矿冶加工企业，成功引进实施了潇湘化工活性氧化锌项目，新上了废旧金属回收综合利用项目；利用丰富的农副产品资源，引进实施了祥瑞科技、永康富硒、宏达碳素、大众木业扩改等项目；利用丰富的矿石资源，引进了金玉科技、华鑫科技等项目。三是抢抓节会平台招商。积极参加省市组织的各类招商活动，积极联络邀请客商，成功举办了广东商会企业家江永旅游经贸行等招商活动，吸引了阳江刀具老总等客商浓厚的投资兴趣。

5. 提升服务水平，优化产业承接环境

一是提升服务效能。把与产业承接、工业发展密切相关的行政审批和服务项目全部纳入县政府政务服务中心集中办理，实行"一站式"审批、"全程代办制"服务，坚持一个窗口收费，深入推行首问责任制、岗位责任制、限时办结制和检查准入制，确保项目建设、经营有序。二是完善政策措施。进一步完善了《关于推进承接产业转移工作的决定》和《关于加快承接产业转移的二十条优惠政策》等系列文件，从财税、规费、用地、水电价格、用工、金融服务、政务服务等方面给予最大限度的扶持优惠。三是整治发展环境。严格实行优化经济发展环境责任制和责任追究制，对现有骨干工业企业实行重点挂牌保护，除安全以外，任何职能部门入企检查事先须征得分管县级领导和县优化办同意，并且原则上一年不能超过两次。大力整治破坏项目建设施工环境的歪风邪气，积极为企业发展保驾护航。

第三节　永州市承接产业转移的基本特征

一、劳动密集型、资源密集型产业成为最热门的承接产业

这一点是中西部地区承接产业转移的题中应有之义，东部地区产业之所以转移到中西部地区，看中的就是中西部丰富的劳动力资源和矿产资源、土地资源等。比如，永州进出口总额达1000万美元的企业——湖南湘威运动用品、湖南果秀食品2家企业，100万~1000万元的企业——永州协威运动用品、永州承阳针织、道县冠图服饰、永州伟明服装饰品、湖南湘农山香油脂香料公司5家企业，全部为劳动密集型企业。零陵引进的以荣华、鑫城、东湘为代表的锰加工企业，宁远引进的以永州福嘉有色金属公司为代表的有色金属企业，祁阳引进的海螺水泥、华能集团等项目都属于资源密集型产业。

二、承接中央企业和 500 强等大企业成为首选

大型企业因具有强大的带动作用而成为各地招商引资的首选。永州市各级政府都将引进中央企业、世界和中国 500 强企业作为招商引资的重点,认为这是实现跨越式发展的重要途径。据统计,全市共引进中国 500 强企业 6 家、世界 500 强企业 3 家、中央企业 5 家,这些项目虽只占承接产业转移项目数的 20%,但其发挥的带动作用是巨大的,对当地经济社会发展具有重大意义。目前,还有一批大型企业正在洽谈中。

三、承接"长珠闽"产业转移与对接北部湾和东盟自贸区相结合

近年来,永州凭借毗邻广东和东盟自贸区辐射湖南的要冲节点上的地理优势,一方面,永州积极开展多种形式的招商引资工作,将珠三角、长三角和福建等发达地区作为招商引资的重点地区,既注重"引凤筑巢",也注重"筑巢引凤";既注重"社会招商",也注重"政府招商";既注重"单一项目招商",也注重"链条整体招商",积极发展成为"长珠闽"产业转移重要的承载基地。另一方面,永州抓住中国—东盟自由贸易区建成所带来的新机遇,以发展加工贸易为突破口,努力把永州建成湖南对接东盟的桥头堡和排头兵。

四、承接项目更具资源节约、环境友好的特征

永州市许多区县都提出了承接产业转移和建设工业园区必须坚持可持续发展的原则,即建设工业项目必须符合国家产业政策、符合环保要求,做到积极发展与环境保护、资源节约并重。由此,使得新引进项目更多地具有资源节约、环境友好的特征和色彩。比如,在宁远石板塘工业园落户的永州福嘉有色金属有限公司,是一个集现代化科学冶炼技术为一体的新型工业企业,其技术先进性、资源节约和环境优化程度均超过此前在宁远发展的其他冶炼企业。该项目计划总投资 4.8 亿元,已于 2011 年 12 月完成主体工程投资,2012年 1 月生产调试,其特色有三个:一是工艺先进。项目采用先进的富氧底吹炼铅技术。二是节能环保。充分利用原料中的硫化物参与氧化反应产生热能达到节能效果,通过建立多层次、多渠道的环保设施,把废气、废水、废渣等变废为宝,达到污染"零排放"。三是资源综合回收利用。除了主产品电解铅之外,还综合回收金、银、硫酸、铋、锑、铟、次氧化锌、冰铜等。在祁阳落户的祁阳海螺水泥两条日产 5000 吨水泥生产线,采用的是先进的干法旋窑水泥熟料生产线;投资 13 亿元、装机容量在 10 万千瓦的浯溪水电站,武汉凯迪 2×2.5 万千瓦生物质能发电项目等属于绿色能源范畴。

五、承接外来产业转移与淘汰本地落后产能相结合

"十一五"期间,永州市承接外来产业转移的同时,大力抓冶炼、水泥、造纸等传统产业的整合提升,共关停小冶炼厂、小水泥厂、小造纸厂 113 家。比如,永州在引进祁阳海螺、江华海螺、道县华新等新型干法旋窑水泥项目的同时,将原有的潇水、谷源、祁峰等 15 家立窑水泥企业拆除、关闭,淘汰落后产能 225 万吨,占原有产能的 44%。又如,零陵区在引进和发展 2.5 万 kVA 电炉、50m³ 高炉生产企业的同时,关停并转了一批小型

锰企业。"十二五"期间按照"做大总量、调优结构、优化布局、淘汰落后"的要求，进一步将 6300kVA 电炉、50m³ 以下高炉全部淘汰（占目前产能的 90%）。

第四节　永州市承接产业转移的政策建议

一、永州承接产业转移过程中遇到的困难和障碍

1. 获得土地、环评等审批难，新项目落地困难

比如，宁远县反映，征地拆迁的政策门槛、土地报批门槛、审批费用越来越高，用地指标严重不足。单从工业用地指标来看，宁远建设用地需求非常大，但每年指标只有 450 亩，除去保障性住房及其他重点项目用地，工业项目建设用地缺口很大，拟引进来的 10 多个投资过亿元的项目因为供地问题落地困难，亟待增加用地指标。其他区县也反映了类似的问题。

2. 海关、检验检疫等口岸联检机构不全，影响企业和政府开展加工贸易的积极性

目前，衡阳、郴州、永州三市辖区内海关业务均隶属于衡阳海关，衡阳海关和检验检疫机构只在永州设立监管组和办事处。永州下属的一些区县甚至没有海关、检验检疫办事机构。衡阳海关驻永州监管组虽然能办理部分报关业务，但权限有限，加工贸易企业超过10 万美元的结转业务、外商投资企业免税设备进口业务均不能办理，需要到衡阳海关办理，企业在通关、报检时感到十分不方便，一些出口量大的企业不得不委托其他地区企业代理出口。对企业而言，这意味着通关成本高、仓储费用高，进口货物积压港口的现象时有发生，造成时间和金钱的浪费。对地方政府而言，企业通过代理在外市和外省报关，致使业绩无法在当地体现，影响当地政府的政绩。

3. 生产要素紧张，存在融资难、招工难、用电难等问题

（1）融资难。永州市几乎所有被调研的县区都反映，国家宏观调控政策趋紧，银根紧缩，加上后发地区金融机构少，银行存贷比低，地方融资平台不强，企业"贷款难"、"融资难"问题十分突出。

（2）招工难。尽管永州市劳动力资源丰富、具有外出务工经历的劳动力所占比重也较高，但近年来落户企业竟然也出现了招工难的问题。据了解，这主要是由以下几方面的原因造成的：一是路径依赖。永州存在大量长期在外打工的人群，他们在不同的城市已经形成了一定的社会网络和相对稳定的工作关系，如果离开原打工地回乡工作则会出现重新适应熟悉环境的过程，存在社会、经济和心理转换成本。另外，社会保险关系转移接续机制不健全，社保账户跨地区转移困难，导致原长期在外打工者不愿意回乡工作，因为转移工作意味着原来缴纳的社会保障有流失的风险。二是用工结构性矛盾。一些企业需要招用技术工种、特殊工种，而这在当地一时还难以满足。另外，也存在信息不对称的问题，据调查，初来永州落户的企业由于社会网络还没有完全建立起来，对当地劳动力市场也存在不熟悉和利用不充分的问题。用工结构性矛盾问题需要通过加强培训和建立完善当地劳动力市场来解决。三是示范效应。一些在外闯荡多年的打工者回乡创业，给了

人们以启示和榜样，在外打工存在较多致富机会，一些人愿意继续在外面打工以寻找更合适的机会。

（3）用电难。比如，宁远县反映，本县自备电力不足，主要靠省里输电，电力供应处于紧运行状态。宁远人均用电量不足 500 千瓦时，不到永州市平均水平的一半，但还是受到了限电的控制，多家企业相继被拉闸限电，今后每增加一个企业都面临着电力"瓶颈"问题。

4. 工业园区建设资金吃紧，产业布局难以按规划实施

首先，工业园区建设资金不足。资金短缺已成为制约园区推进建设步伐的首要瓶颈。一些工业园区存在较为严重的负债经营，利息支出负担重。尽管园区融资采取不少创新方式，如将园区道路等基础设施建设实行招商代建进行融资，通过整合国有资产或土地作为抵押物向银行贷款融资，依法收回企业闲置土地等筹集建设资金，但普遍难以满足园区开发建设的投入需要。

其次，产业布局难以按规划实施。由于投入开发资金有限，不能按产业规划用地实行一步到位的基础设施建设，项目选址主要取决于地块开发的时间安排，未做到项目按照产业布局规划入园，致使不少工业园区难以实施规划制定的产业布局。这种土地开发方式不能保证配套企业的用地，园区内企业之间的产业关联度较低，难以形成规模效应和产业集聚效应。

5. 重大专项支撑不力，地方财政配套压力大

宁远县反映，"十一五"期间，国家没有在宁远投资过亿元的项目（出县跨境项目除外），到目前为止，项目布局中也没有过亿元的国家投资项目。本县财力很大程度上靠上级财政补贴，基本上用于保民生、保运转，很难挤出大量的资金用于基础建设，要满足国家投资项目县级配套也很困难。江永县反映，财政贴息和引导资金因省政府有关部门没有按照"存量不变、增量倾斜"的原则执行，导致资金不足，2008~2010 年，上级下拨扶持资金累积不足 200 万元。不少区县也反映了类似的问题。

二、政策建议

1. 从战略高度认识中西部地区承接产业转移的重要意义，给予承接产业转移示范区和加工贸易重点承接地更大的发展自主权

当前，产业转移对于优化生产力空间布局、促进区域协调发展具有十分重要的意义，有利于推动我国产业转型升级和经济发展方式的转变。因此，促进产业承接地经济社会发展尤其是承接产业转移示范区和加工贸易重点承接地经济社会发展具有全局意义。根据国家发展和改革委员会批复意见精神，湘南承接产业转移国家级示范区建设应先行先试，在体制机制上有所创新。建议国家给予承接产业转移示范区和加工贸易重点承接地更大的发展自主权：

一是根据中西部地区产业发展实际，研究制定差别化产业政策，适当降低中西部地区鼓励类产业门槛，下放核准权限。

二是赋予开发区更多的自主权。根据相关文件精神，国家级和省级产业园区分别享有市、县政府经济社会管理权限。建议进一步探索开发区新的管理模式，创新体制和机制，在项目审批审核、土地利用、企业工商注册、税务登记、社会安全管理等方面赋予开发区更多的自主权。在国家级、省级开发区设立市州或县市区相对独立的财政派出机构和相应的一级国库或代理支库。

三是在坚持节约集约用地的前提下，进一步加大对中西部地区新增建设用地年度计划指标的支持力度，优先安排产业园区建设用地指标，探索工业用地弹性出让和年租制度。

四是对开发区土地指标实行计划单列，并实行异地占补平衡。开发区征用耕地不能在所在县市区或市州实现占补平衡的，依法缴纳耕地开垦费后，可在本市州或全省范围内实行异地占补平衡。园区征用土地实行先征后转，明确审批时间，加快报批速度，降低审批费用，简化审批程序，提高审批效率。对列入产业转移示范区的省级开发区，每年应预留一定的机动指标，准予先用后批，满足项目建设需要。

五是实行差别化的管理考核制度。目前上一级政府及部门对园区的考核日趋严格和规范。考虑地域差异及各开发区发展基础等因素，建议对市、州、县的考核和对园区的综合考核实行差别对待，分区域、分类考核。

2. 加强对工业园区的规划指导，形成具有特色的产业园区体系

工业园区是承接产业转移的载体和平台，园区选择什么样的主导产业对今后地区经济的发展具有深远意义。各级政府应重视园区的规划设计指导，统筹规划产业园区建设，合理确定产业定位和发展方向，形成布局优化、产业集聚、用地集约、特色明显的产业园区体系。湖南省政府应根据衡阳、郴州、永州的发展特点和基础，明确牵头主体，统一规划，确定各市主导产业。同时，永州市政府应科学论证、明确规划各区县园区主导产业选择范围。避免在承接产业转移过程中盲目圈地布点和重复建设，防止一哄而起，内部相互恶性竞争。同时，支持发展条件好的产业园区拓展综合服务功能，促进工业化与城镇化相融合。

3. 加大对工业园区和基础设施建设的资金扶持力度

承接产业转移，大多数项目需要"筑巢引凤"，需要在交通、物流、电力、通信、供水排水、标准厂房建设等方面投入大量的资金，国家应有相应的政策帮助产业承接地政府和企业完善相应的基础设施建设。

一是财税支持。由国家和省财政联合出资设立湘南承接产业转移示范区建设专项基金，对产业转移示范区基础设施建设进行补贴和贷款贴息。国家财政设立专项资金，为产业承接地区加强职业技能培训提供资金支持。国家和省财政加大对产业转移示范区转移支付力度，加大承接地地方财税留成比例。

二是金融支持。落实国发〔2010〕28号文件关于金融支持的精神，建议由产业转移示范区内各开发区联合发行基础设施建设"集合"债券，加大建设资金筹集力度；同时，按照国家开发银行的优惠利率给予各示范区5~8年的中长期贷款支持。支持符合条件的企业发行企业债券、中期票据、短期融资券、企业集合债券和上市融资。支持中西部地区金融机构参与全国统一的同业拆借市场、票据市场、债券市场、外汇市场和黄金市场的投融资活动。鼓励和引导外资银行到中西部地区设立机构和开办业务。推进村镇银行、贷款公司等新型农村金融机构试点工作。

4. 研究制定集体土地房屋征收和补偿办法，推进工业园区建设

在工业园区建设中，拆迁安置既是重点也是难点。目前，国有土地上的房屋征收和补偿条例已有明确的政策规定（国务院〔2011〕第 590 号令），而集体土地上的房屋征收和补偿一无条例，二无细则。对于县级工业园区而言，拆迁对象多为集体土地上的拆迁户，为顺利推进产业园区拆迁安置工作，建议有关部门尽快研究制定集体土地房屋征收和补偿办法。

5. 试点"横向分税制"，稀释产业转移的"区域粘性"

所谓产业转移的"区域粘性"，是产业在原产地形成的多种关联性而对产业转移所产生的阻力。产生"区域粘性"的原因很多，其中一个重要原因是产业转出地的"行政挽留"。发达地区的地方政府出于就业、税收和经济景气的考虑，往往对那些应该并愿意向中西部地区转移的企业给予种种行政挽留。为稀释产业转移的"区域粘性"，产业承接地应创新承载地工业园区管理模式和运行机制，比如实行"横向分税制"，通过委托管理、投资合作等多种形式与东部沿海地区合作共建产业园区，实现优势互补、互利共赢。合作共建园区的发展成果由双方共享，新增的增值税、所得税地方留成部分，双方按一定比例分成，地区生产总值等主要经济指标按比例分别计入各合作方，从而有效化解地方政府阻碍产业转移的动机，重新恢复市场机制对产业转移和升级的主导作用。

6. 建立完善社会保险关系转移接续机制，便于劳动力转移就业和返乡创业

国家相关部门应尽快研究制定社会保险关系转移接续机制方案，出台社会保险关系转移接续办法，以方便劳动力转移就业和返乡创业。这有利于解决产业承接地"用工难"问题，也是保障劳动者权益所必需的；既是促进区域协调发展和产业转型升级的必要手段，也是建立现代社会所必需的。

7. 增设海关、商检、外汇管理等分支机构，加强综合通关能力建设

贯彻国发〔2010〕28 号文件精神，改善产业承接地的通关条件，加强通关能力建设。加快口岸、海关、检验检疫等部门"大通关"建设步伐，实行"属地报关、口岸验放"的通关模式，营造高效便捷的通关环境。建议在衡阳、郴州、永州设立海关、商检、外汇管理等机构，同时对进出口额度较大的县区设立海关、商检办事处或分局，满足产业转移示范区的进出口业务需要。根据需要，在衡阳、郴州、永州这三个主要出省出境的干道设立公路口岸，实现陆海联运和铁海联运，加快建设"无水港"。

【参考文献】

［1］国务院. 关于中西部地区承接产业转移的指导意见（国发〔2010〕28 号），2010-08-31.

［2］中共永州市委，永州市人民政府. 永州年鉴（2011）[M]. 湖南：湖南人民出版社，2011.

［3］永州市委市政府. 永州市承接加工贸易产业转移工作情况汇报，2011-11-17.

［4］冷水滩区委区政府. 冷水滩承接东部地区产业转移工作情况汇报，2011-11-18.

［5］零陵区政府. 零陵区国民经济和社会发展第十二个五年规划（2011—2015），2011.

［6］零陵区委区政府. 关于加快承接沿海加工贸易产业转移的实施意见（零发〔2008〕16 号），2008.

［7］宁远县委县政府. 宁远县工作情况汇报，2011-11-22.

［8］宁远县开发区办公室. 湖南宁远工业园投资指南，2011.

[9] 祁阳县发改委. 祁阳县承接产业转移示范区情况汇报，2011-11-20.

[10] 祁阳县商务局. 关于招商引资和承接产业转移工作情况汇报，2011-11-20.

[11] 祁阳县经济委员会. 祁阳工业经济发展情况汇报，2011-11-18.

[12] 江永县经济和信息化委员会. 江永县承接产业转移工作情况汇报，2011-11-19.

[13] 永州市人普办. 对搞好流动人口普查工作的思考 [EB/OL]. 永州统计信息网(www.yztj.gov.cn)，2010-07-12.

[14] 李平，陈耀，郝寿义. 中国区域经济学前沿 2010/2011："十二五"区域规划与政策研究 [M]. 北京：经济管理出版社，2011.

[15] 中国社会科学院工业经济研究所. 中国工业发展报告（2011）[M]. 北京：经济管理出版社，2011.

第六章　劳动力素质提升与产业升级的经验研究

　　产业升级是转变经济增长方式的一个重要方面，产业升级主要包含两方面的内容：一是三次产业之间的优化升级，主要表现为劳动力向第三产业转移，第三产业在国民经济中的比重不断提高；二是三次产业内部的升级，主要表现为产品的技术含量逐渐提高，产业朝着技术密集型方向发展。无论哪方面升级都离不开劳动力素质的提升。农村剩余劳动力能否顺利转向第二产业、第三产业，很大程度上取决于农村劳动力的素质。在产业内部的升级中，要发展技术密集型产业更是离不开高素质劳动力。总之，产业升级需要伴随着劳动力素质的提升，不断提高的劳动力素质有利于产业升级的加快实现。

　　农村劳动力素质的提升不仅可以作用于第二产业、第三产业，同时也可以作用于第一产业，有利于实现第一产业内部的优化升级。双龙镇农民由于掌握了香菇种植技术，劳动力素质得到了很大提升，直接促成了香菇种植业成为双龙镇农业的主导产业，实现了农业内部的优化升级。同时，双龙镇劳动力素质的提升又间接地促进了第二产业、第三产业的发展，促进了双龙镇三次产业的优化升级。但是，由于香菇种植技术具有专用性能，在其他行业并不能被使用，在剔除了香菇种植技术的因素之后，双龙镇的劳动力素质并不高，不能满足工业内部优化升级的需要，甚至阻碍了工业的升级。在未来，双龙镇要想实现工业内部的升级，必须努力提高劳动力在工业方面的素质，例如提高劳动力的受教育水平，对劳动力进行技能培训，就像过去进行香菇种植技术培训一样。

第一节　河南省西峡县双龙镇的概况

　　双龙镇位于河南省西部伏牛山腹地，属西峡县，处在卢氏、灵宝、栾川、嵩县等地南下的交通咽喉要道上，国道 311 和省道 331 交汇集镇穿境而过。双龙镇总面积 293.67 平方公里，森林覆盖率达 89%，共有 159 个村民小组 5904 户，总人口 2.34 万人。在双龙镇这样一个山区小镇，经济得到了快速发展，产业结构也在不断优化。

　　从表 4-6-1 可以看到，2002~2010 年，双龙镇生产总值从 1.90 亿元上升到了 12.5 亿元，几乎翻了 7 倍，年均增长率达 26.60%。其中，第一产业从 0.84 亿元增长到了 1.84 亿元，年均增长率达 10.37%；第二产业从 0.83 亿元增长到了 9.53 亿元，年均增长率达 35.59%；第三产业从 0.22 亿元增长到了 1.14 亿元，年均增长率达 22.45%。

　　总体来看，双龙镇三大产业的变动是符合产业结构变动规律的，处于不断优化之中。

表 4-6-1　2002~2010 年双龙镇生产总值

年份	生产总值（当年价格）（千元）				生产总值比重（%）		
	总计	第一产业	第二产业	第三产业	第一产业	第二产业	第三产业
2002	189659	83650	83407	22602	44.1	44.0	11.9
2003	207842	79150	102855	25837	38.1	49.5	12.4
2004	318031	96087	190795	31149	30.2	60.0	9.8
2005	341400	104890	190660	45860	30.7	55.8	13.5
2006	577190	117730	405160	54300	20.4	70.2	9.4
2007	805210	135270	604200	65740	16.8	75.0	8.2
2008	974220	145420	745870	82930	14.9	76.6	8.5
2009	1057480	166430	789640	101410	15.7	74.7	9.6
2010	1251140	184200	952680	114260	14.7	76.1	9.1

资料来源：西峡双龙镇政府。

第一产业在地区生产总值中的比重不断下降，9 年共下降了 29.4 个百分点；第二产业发展较快，在地区生产总值中的比重从 44.0%上升到了 76.1%，提高了 32.1 个百分点，从 2004 年开始居于绝对主导地位；第三产业在地区生产总值中的比重略有收缩，从 11.9%下降到 9.1%，下降了 2.8 个百分点。经过多年的发展，双龙镇已经走出了一条独具山区特色并具前瞻性的镇域经济发展路子，实现了率先发展、跨越发展、协调发展，成为了镶嵌在伏牛山中的一颗璀璨明珠。

西峡双龙镇的人均 GDP 增长远高于全国平均水平，2002~2010 年，全国人均 GDP 的年均增长率为 15.61%，双龙镇为 25.50%，高出全国 9.89 个百分点。2002 年，双龙镇人均

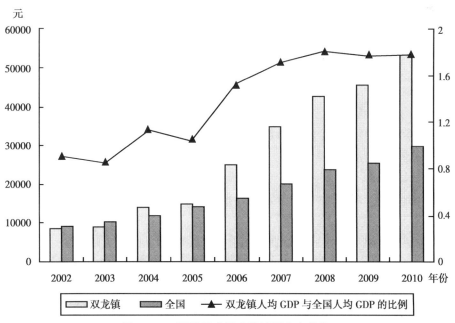

图 4-6-1　西峡双龙镇人均地区生产总值

资料来源：西峡双龙镇政府、《中国统计年鉴（2011）》。

GDP 为 8704 元，全国平均水平为 9398 元，双龙镇仅为全国人均 GDP 的 92.61%；但到了
2010 年，双龙镇人均 GDP 为 53557 元，全国人均 GDP 为 29992 元，双龙镇人均 GDP 是
全国的 1.79 倍。

第二节　双龙镇农村劳动力素质的变化

一、双龙镇农村劳动力素质提升的表现

劳动力素质的提升有多种表现方式，例如劳动力技能和劳动力受教育水平的提高等，
双龙镇农村劳动力素质的提升主要体现在香菇种植技术上。在传统农业中，农民的技能主
要体现在种植玉米、小麦等传统农作物上，这是我国绝大多数农民都具备的劳动技能，而
在西峡县双龙镇，农民除了具备这项基本技能之外，大部分农民通过技术培训同时也掌握
了香菇种植技术，提高了自身的劳动技能，而且在种植过程中不断学习新技术，促使劳动
力素质进一步提高。

1993 年，双龙镇党委、政府为了增加地方财政和农民的收入，顺应西峡县党委、政
府在全县范围内推广香菇种植的政策，镇政府开始引导鼓励农民种植香菇。在初期，镇政
府对农民的扶持集中体现在对农民进行技术指导上，帮助农民掌握香菇种植技术。初期农
民主要种植的是椴木香菇。

由于香菇种植收益大、收益期短的特点，香菇种植很快在双龙镇得到了推广。但是香
菇种植的弊端也随之而来。种植椴木香菇需要耗费大量的木材，大范围砍伐山林给双龙镇
带来了一些生态环境问题。为了解决这些问题，1998 年开始，双龙镇逐步用袋料香菇代
替椴木香菇，袋料香菇的主要原料是木屑、松、杉、樟木以及大多数阔叶木，除此之外还
可以利用各种农作物秸秆、林木废料，与椴木香菇相比，袋料香菇对于木材的消耗量要小
得多。由椴木香菇转向袋料香菇，双龙镇农民的香菇种植技术也转向了一个新的高度。

在转向种植袋料香菇之后，双龙镇并没有满足于现状，而是不断追求技术上的进步，
希望提高香菇种植效益。为了提高香菇的产量和质量，双龙镇党委、政府积极推进香菇标
准化生产，组织建立起了化山、小集、罐沟、山涧沟、小水五个规模较大的袋料香菇标准
化生产基地。基地设有专门的技术人员负责技术工作，帮助农民提高技术水平，掌握更先
进的种植技术。2010 年，5 个袋料香菇标准化生产基地共种植香菇 250 万袋，占全镇总量
的 31%。

另外，值得一提的是，目前双龙镇正在积极探索由木腐菌生产向草腐菌生产的转移道
路。香菇属于木腐菌类，与木腐菌相比，草腐菌的最大优势在于其原材料更加环保，苞米
秆、稻草等秸秆以及牛粪等都可作为种植草腐菌的原材料。要实现木腐菌生产向草腐菌生
产的转移，首当其冲需要解决的问题就是农民的技术问题，让农民切实掌握草腐菌种植技
术是实现木腐菌生产向草腐菌生产转移的关键。为了解决农民的技术问题，双龙镇建立了
草腐菌示范场，逐步向农民推广草腐菌种植技术。

二、双龙镇农村劳动力素质提升的推动力

前面我们已经指出，双龙镇农村劳动力素质的提升主要体现在香菇种植技术上，那么，现在摆在我们面前的问题是，是什么因素促使农民开始学习香菇种植技术呢？是政府的力量，还是市场的力量？我们认为，在双龙镇农村劳动力素质提升过程中，政府是第一推动力，但是在政府开启了农民学习香菇种植技术的大门之后，政府的力量逐步让位于市场机制。换句话说，市场主导了双龙镇农民种植技术的进一步提升。

首先，政府是双龙镇农村劳动力素质提升的第一推动力，主要原因有两点：第一，1993年，双龙镇之所以会种植香菇，是西峡县政府和双龙镇政府作出的战略决策，当然这也是基于对香菇市场前景的看好，并没有脱离市场机制，但是，如果没有政府的决策，单靠市场，农民不可能放弃传统农业转向自己并不熟悉的香菇种植，至少在1993年是不可能的，政府的力量在这一过程中居于主导地位。第二，选择了种植香菇之后，接下来的问题是，如何让农民掌握种植技术，解决这一问题的主体是双龙镇政府，而不是市场。在双龙镇香菇种植早期，为了解决技术问题，镇主要领导人及工商、财政、税务、公安等部门带领村组干部和农村"能人"到浙江、湖北、福建等地考察学习种植技术，回镇之后，政府又组织干部下乡亲自指导农民种植香菇，当好农民的技术员。而且政府要求镇村干部每人带头种一锅袋料香菇，做好示范作用，谁不种谁下岗。虽然政府的做法有些"野蛮"，但是就当时的情况而言，除此之外实在找不出更好、更有效的办法。

其次，市场主导了双龙镇农民种植技术的进一步提升。农民种植香菇之后，很快便尝到了甜头，相对于传统农作物，香菇的收益更大，为了获得更高的收益，农民积极学习更高、更先进的技术。香菇市场的发展对香菇种植提出了新要求，为了适应市场，农民不得不努力提高自身技术，在这一时期，促使双龙镇农村劳动力素质不断提高的主导力量是市场机制。双龙镇从椴木香菇转向袋料香菇、推行标准化基地生产以及目前正在试验的由木腐菌生产向草腐菌生产的转移，都是市场引导的结果。当然，政府的力量也是不可忽视的。政府一直在为农民提供各种帮助，但它已不再是农村劳动力素质提升的主导力量。

第三节　农村劳动力素质的提升对当地产业结构的影响

双龙镇农村劳动力素质的提升不仅促进了第二、三产业的发展，有利于三次产业结构的优化升级，同时也带动了第一产业内部优化升级的实现。

一、农村劳动力素质的提升促进了农业内部的产业优化升级

双龙镇通过提升劳动力素质，将农民从传统农业中解放出来，发展起了现代农业——香菇种植业，实现了农业内部结构的优化升级。同时，双龙镇农村劳动力素质的进一步提升也促使了香菇种植业的升级。在香菇种植业的发展过程中，从椴木香菇向袋料香菇的转

移、产出效率的提高，这些都必须以双龙镇农村劳动力素质的不断提高为前提条件。

　　产业的劳动生产率情况可以帮助我们了解产业内部的优化升级，图4-6-2为双龙镇第一产业劳动生产率情况。从中可以看到，双龙镇第一产业的劳动生产率大幅高于全国平均水平，2004年，双龙镇第一产业的劳动生产率为13360元/人，全国为6148元/人，两者相差了7212元/人；2010年，双龙镇为27407元/人，全国为14512元/人，两者相差了12895元/人。

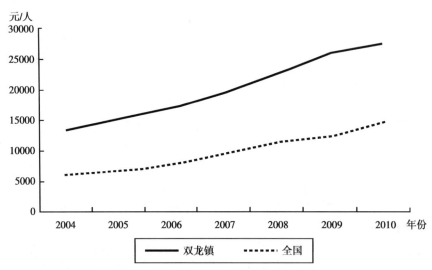

图4-6-2　西峡双龙镇第一产业劳动生产率
资料来源：西峡双龙镇政府、《中国统计年鉴（2011）》。

二、农村劳动力素质的提升促进了当地工业的发展

　　双龙镇农村劳动力素质的提升对工业的促进作用主要表现在以下两方面：

　　首先，双龙镇农村劳动力素质的提升为工业发展提供了人员保障。一方面，劳动力素质的提升使得大批劳动力从农业中解放出来，转移到工业部门，从绝对数看，从2004年到2010年，双龙镇本镇人口从事第一产业的人数从7192人减少到了6721人，减少了471人，而第二产业的人数从1014人增长到了2395人，增加了1381人（新增加的993人绝大部分都投入到了第二产业中）；从相对数看，本镇人口第一产业就业人员占比从61.46%下降到了52.95%，下降了8.51个百分点，第二产业就业人员占比从8.67%上升到了18.87%，上升了10.2个百分点（结果见表4-6-2）。另一方面，香菇种植具有很强的季节性，一般来说，5~10月为农闲时期，在这一时期，一部分从业者会选择去企业打零工。

表4-6-2　双龙镇本镇人口在双龙镇的就业情况

年份	绝对数（人）				相对数（%）			
	总计	第一产业	第二产业	第三产业	总计	第一产业	第二产业	第三产业
2004	11701	7192	1014	3495	100	61.46	8.67	29.87
2005	11745	6905	1000	3840	100	58.79	8.51	32.69

续表

年份	绝对数（人）				相对数（%）			
	总计	第一产业	第二产业	第三产业	总计	第一产业	第二产业	第三产业
2006	11750	6906	1005	3839	100	58.77	8.55	32.67
2007	11750	7004	1010	3736	100	59.61	8.60	31.80
2008	11537	6450	1405	3682	100	55.91	12.18	31.91
2009	12542	6415	2594	3533	100	51.15	20.68	28.17
2010	12694	6721	2395	3578	100	52.95	18.87	28.19

资料来源：西峡双龙镇政府。

其次，香菇的种植带动了香菇加工业的发展。香菇种植业的发展带动了香菇加工业的发展，目前双龙镇每年大约种植袋料香菇800万袋，丰富的原材料是香菇加工业发展的前提条件。截止到2010年年底，双龙镇共有工业企业25家，其中食品加工企业7家（见表4-6-3），除了国华油脂公司不从事香菇加工工作，其余6家企业主要从事精制干香菇、干香菇丝（片）、干香菇脚、干香菇粒等农副食品加工业务。2010年，6家企业的产值均在1000万元以上，共实现产值1.842亿元，其中南阳华源食品公司的产值最高，为4500万元，农家乐食品公司的产值最低，为1200万元。

表4-6-3 双龙镇食品加工企业情况统计表（2010年）

单位：%

企业	产值	税利	企业	产值	税利
南阳华源食品公司	4500	180	新高山食品公司	1800	90
九顺达食品公司	3000	130	农家乐食品公司	1200	50
同顺食品公司	4000	170	国华油脂公司	320	25
良耀食品公司	3600	150	合计	18420	795

注：表中数据为2010年10月时各企业的预计值，并非当年最终的统计值。
资料来源：西峡双龙镇政府。

三、农村劳动力素质的提升带动了当地商贸流通业的迅速发展

在香菇种植业的基础上，1993年双龙镇建成了双龙香菇市场。双龙香菇市场位于311国道与豫48省道的交汇处，占地1.8平方公里。在香菇市场建成初期，由于双龙镇香菇种植业刚刚起步，发展有限，市场的交易额并不高。香菇种植业的发展是香菇市场发展的基础，随着双龙镇香菇种植业的发展，双龙香菇市场也迅速发展起来。1995年市场交易额突破了亿元大关，1997年双龙香菇市场被业内人士公认为全国最大的专业市场。现在，双龙香菇市场已成为我国最大的香菇集散地，年交易额近10亿元，出口量占全国总量的1/3。来自日本、韩国、新加坡、马来西亚及中国香港、中国澳门、中国台湾等20多个国家和地区的600多家香菇购销代理商长年驻守双龙镇，从事贸易经营，2010年该市场出口额约为8000万美元。

以双龙香菇市场为依托，双龙商贸流通业迅速发展。香菇批发和零售业的发展需要有配套的交通运输业和仓储业，伴随着双龙香菇市场规模的扩大，住宿业、餐饮业也逐步发

展起来。2010年，全镇从事服装、百货、五金、餐饮、旅馆、农家宾馆、香菇购销等行业的经营门店达1000余户，从业人员超万人，其中集镇800多户，群众来自商贸流通业的收入占全镇人均纯收入的25%。

四、双龙镇的劳动力素质阻碍了工业内部的优化升级

双龙镇劳动力素质的提升集中体现在香菇种植技术上，而香菇种植技术具有专用性，这种技术除了在香菇种植业中能用到之外，在其他行业很难用到。换句话说，离开香菇种植业，双龙镇农民的劳动力素质即被打回了原形，在其他行业，香菇种植技术并不能被视为衡量劳动力素质提升的依据。为了消除香菇种植技术在测量劳动力素质中的影响，我们希望用双龙镇劳动者的受教育水平来衡量劳动力素质水平，但由于缺乏相关数据，我们仅以调研时抽取的4个典型村村委会成员的受教育水平来间接反映全镇总体水平。

双龙镇下辖22个行政村，课题组调研时选取了4个典型村庄进行了深入调研，所选取的4个典型村庄分别是：以农业为主要发展产业的小集村、以工业为主要发展产业的后湖村、以香菇交易等物流贸易业为主要发展产业的双龙村，以及以旅游业等第三产业为主要发展方向的化山村。表4-6-4为2010年4个典型村村委会成员受教育情况，从表中可以看到，15人中1人为中专学历，10人为高中学历，3人为初中学历，1人为小学学历。总体来看，4个典型村村委会成员的平均受教育水平并不高，大约为高中水平。一般来说，村委会的平均受教育水平会略高于全村平均水平，至少不会低于全村水平；同时，从发展角度来说，4个典型村在双龙镇属于上等水平，全镇劳动者的受教育水平应该是低于这4个村的，因此我们可以大体作出这样一个判断：双龙镇劳动力的平均受教育水平小于或等于高中。这一水平是低于全国工业的劳动者平均受教育水平的，这样的劳动力素质根本无法满足工业化的发展要求。

表4-6-4　2010年双龙镇四个典型村的村委会成员受教育情况

村名	主任	副主任	秘书（委员）	妇女主任（委员）
化山村	小学	初中	初中	高中
后湖村	高中	—	高中	高中
双龙村	高中	高中	高中	高中
小集村	中专	高中	高中	初中

资料来源：双龙镇化山村、后湖村、双龙村、小集村村委会。

从上面的分析可以看到，剔除了香菇种植技术的因素之后，双龙镇的劳动力素质水平并不高，这样的水平阻碍了双龙镇工业的优化升级，具体表现在以下三方面：

第一，虽然2010年双龙镇第二产业的占比已经达到了76.1%，但是其工业内部的结构并不高。双龙镇的工业主要分布在炼钢及耐火材料、食品加工和矿石开采三大行业，2010年，炼钢及耐火材料企业的产值占总值的80.8%，食品加工占15.7%，矿山开采企业占3.5%。这些产业的技术含量普遍不高，一些技术含量较高的产业在双龙镇并没有发展，劳动力素质不高是阻碍这些产业发展的一个重要原因。

第二，就食品加工产业内部而言，目前双龙镇香菇加工业发展的深度还不够，企业基

本处在价值链的低端，只是进行一些简单的加工，如精制干香菇、干香菇丝（片）、干香菇脚、干香菇粒等，产品的附加值不高，其对经济的贡献也十分有限。之所以会出现这样的情况，劳动力素质不高是根本原因。一方面，双龙镇缺乏高素质人才，这直接阻碍了产品创新，没有产品创新就更谈不上深加工了；另一方面，基础劳动力缺乏香菇深加工所必须具备的素质，是制约双龙镇香菇加工业发展的最根本原因。

第三，双龙镇的劳动力素质水平无法满足企业优化升级的需要。以龙成集团为例。龙成集团 1988 年起步于双龙镇，其最初只是一家小石墨厂，通过不断创新，逐步实现了产品升级，现在龙成集团主要经营特殊钢铁的研发与生产、结晶器铜板和保护渣的生产等业务，旗下共有 9 家子公司，其中 7 家为全资法人企业，在这 7 家企业中，南阳汉冶特钢有限公司最具竞争力，公司以"特种、特重、特厚"钢板为主导产品，模铸生产线拥有自主研发、具有独家专利的水冷模铸钢锭设备，公司的主要品种被广泛用于国内重机、工程机械、钢结构、发电设备、造船、桥梁、石油平台、石油石化、模具等行业，并出口到欧洲、亚洲、南美、中东等 20 多个国家和地区，被喻为世界最具竞争力的"特重/特厚/特种钢板"生产基地。显然，双龙镇的劳动力素质是无法满足龙成集团发展需要的，目前龙城集团的大部分生产厂已迁至西峡县，双龙镇并没有跟上龙成集团的发展步伐，不但没有随着龙成集团的升级而升级，反而在龙成集团的升级中被淘汰，这对于一个镇来说是非常大的损失。

第七章 环境保护与产业发展双赢的经验研究

中共十八报告把生态文明建设提到了空前的高度，但工业化与环境保护能否协调发展在理论上一直是有争议的话题。为了从实践中提炼经验，课题组开展了案例研究。调查的地点是河南省南阳市西峡县。西峡县位于南水北调中线水源保护主体区域，水源保护地占全县总面积的91%，总面积为3157平方公里。在水源保护工作带动下，西峡县的环境保护取得了很大成绩。与此同时，西峡县的经济发展特别是工业发展也取得了较大成效。西峡县的环境保护成果除了得益于自身较好的气候环境外，以下原因也十分重要：①中央政府出台一系列环境保护工作的配套政策；②西峡县对环境保护工作高度重视；③当地企业通过产品升级等多种手段进行环境保护。西峡县环境保护与经济协调发展最重要的经验是：地方工业的发展为环境保护提供了基础，从全面的、动态的眼光来看工业发展是保护了环境而不是破坏了环境。

第一节 西峡县发展现状

一、西峡县环境保护状况

丹江口水库西峡流域面积为3157平方公里，占全县总面积的91%。"十一五"期间，县城空气质量优良的天数保持在330天以上；城镇集中饮用水源地水质达标率及鹳河出境水达标率均为100%。2010年底，西峡县主要污染物二氧化硫、化学需氧量排放量分别由2005年底的4800吨、1890吨削减到3864吨、1294吨，削减率达到17.29%、32.32%。2008年5月，西峡县被国家环保部命名为国家级生态示范区。

在环境保护方面取得的良好成绩，是西峡县付出较大努力的结果。首先，西峡先后关停了32家重污染企业，取缔了800余个小黄金、小石墨、小炼钒等"十五小土"项目。其次，严把项目建设关，严禁高耗能、高污染项目准入，否决了40余个不符合环保要求的项目，形成了以非排水项目为主的工业体系。最后，积极开展环境综合治理，先后投资3亿多元，完成"三废"治理及清洁生产项目40余个。

二、经济快速发展

虽然从理论上讲，环境保护与经济增长并不必然矛盾。但在实践上，往往一个地区处在工业化增长阶段时，其环境保护工作会相对较差；而环境保护较好的地区，经济增长特别是工业发展却不是很好。按一般经济学的分析，较为严格的环境保护会影响经济增长。

作为正处于工业化中期阶段的中部地区的一个山区县，西峡县的环境保护取得了较大成绩，而且还为了保护环境关闭了一批污染企业，否决了一批不符合环保要求的项目的引进。那么，西峡县较为严格的环境保护是否影响了其经济发展特别是工业发展呢？从调研情况来看，事实并非如此。在取得环境保护巨大成绩的同时，西峡县的经济（特别是工业）也快速增长。2000~2010 年，西峡县经济总量从 23.2 亿元增长到 150.8 亿元，年均增长 20.6%。其中第一产业从 7.4 亿元增长到 21.9 亿元，年均增长 11.5%；第二产业从 10.5 亿元增长到 99.1 亿元，年均增长 25.2%；第三产业从 5.2 亿元增长到 29.8 亿元，年均增长 29.8%。

表 4-7-1　2000~2010 年西峡县经济发展情况

年度	地区生产总值（当年价格）（万元）				地区生产总值增长率（%）			
	总计	第一产业	第二产业	第三产业	总计	第一产业	第二产业	第三产业
2000	23.2	7.4	10.5	5.2	—	—	—	—
2001	25.9	8.2	11.8	5.9	11.6	10.6	12.8	12.7
2002	28.8	8.9	13.4	6.4	11.1	9.4	13.3	9.1
2003	34.0	9.5	17.2	7.3	18.1	6.1	28.4	13.3
2004	41.9	11.4	21.6	8.9	23.3	20.3	25.5	21.7
2005	55.4	12.5	31.6	11.3	32.3	9.7	46.4	26.8
2006	67.5	13.3	40.8	13.4	21.9	6.5	29.1	18.5
2007	88.2	16.2	54.6	17.5	30.7	21.8	33.6	30.9
2008	115.1	17.4	75.0	22.7	30.4	7.2	37.5	29.9
2009	129.0	19.8	83.0	26.2	12.1	14.0	10.7	15.4
2010	150.8	21.9	99.1	29.8	16.9	10.9	19.3	13.9

资料来源：西峡县政府提供，下同。

西峡县人均 GDP 快速增长，从 2000 年的 5481 元增长到 2010 年的 33910 元，年均增长 20%；2000 年西峡县人均 GDP 仅为全国人均 GDP 的 70%，即西峡县人均 GDP 比全国人均 GDP 低 30%；而到了 2010 年西峡县的人均 GDP 是全国人均 GDP 的 1.13 倍。

图 4-7-2 是西峡县与全国、河南、南阳及南阳市所属各区县的经济增长情况。从图中可以看出，2003~2009 年，西峡县经济增长速度比全国经济增长高了 8.9 个百分点，高于河南省 8.9 个百分点，高于南阳市 6.7 个百分点。

西峡县经济快速增长的主要动力产业是第二产业。2000 年三次产业结构是 31.8：45.2：23.0，到 2010 年三次产业结构变化为 14.5：65.7：19.8。西峡县目前的主要污染物已经从点源污染转变为了面源污染，主要是农业及生活的污染。这一方面说明西峡县工业总体上是"清洁度"较高的工业；另一方面也说明从全局的眼光看，西峡县的工业是保护了环境而不是破坏了环境。

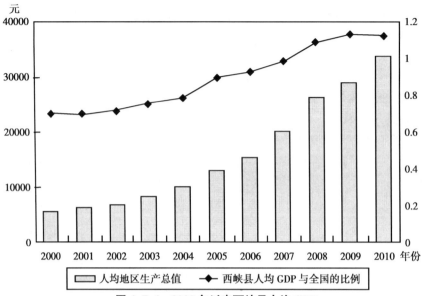

图 4-7-1　2000 年以来西峡县人均 GDP

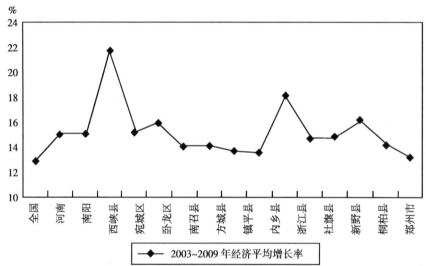

图 4-7-2　西峡县与全国及其他地区经济增长速度比较

表 4-7-2　2000~2010 年西峡县经济发展情况

年　份	国内生产总值比重（%）		
	第一产业	第二产业	第三产业
2000	31.80	45.20	23.00
2001	31.53	45.64	22.83
2002	31.08	46.52	22.40
2003	27.94	50.51	21.55
2004	27.19	51.59	21.22
2005	22.54	57.34	20.12
2006	20.39	60.37	19.24

续表

年　份	国内生产总值比重（%）		
	第一产业	第二产业	第三产业
2007	17.89	62.65	19.46
2008	15.08	65.19	19.73
2009	15.30	64.40	20.30
2010	14.50	65.70	19.80

第二节　实现经济、环境、社会可持续发展的基本经验

西峡县作为"国家级生态示范区"、"全国可持续发展生态示范县"，做到了经济社会持续发展与生态环境持续改善并重。通过调研，我们认为其主要原因有以下几个方面：

一、西峡县所处地理环境较好，决定其具备向全国其他地区提供生态服务功能的基础

西峡县位于秦岭与伏牛山南麓，北部是海拔高、坡度大的中低山地，南部是鹳河谷地，两侧是起伏大的低山丘岭；处于亚热带向暖温带过渡地带，气候温和，雨量适中，光照充足，年均降雨量 800 毫米左右；境内河流众多，属长江流域丹江水系的鹳河纵贯全县南北，并与 526 条大小河流呈羽状分布于崇山峻岭之中，主要河流有鹳河、淇河、峡河、双龙河、丹水河等。西峡资源丰富，森林覆盖率 76.8%，是河南省的资源大县。

较好的地理环境赋予了西峡县较强的生态自我修复能力。人类过度砍伐的荒山，在停止砍伐后经过自然修复就可以变成"绿山"。以该县的寺山森林公园为例，1968 年前由于附近居民上山砍伐树木，寺山变成了荒山；寺山开始禁止砍伐后，经过近 20 年的自然修复，到 1986 年已经林木葱郁。

由于西峡地处丹江口水库上游，按照对丹江库区水质影响程度划分，西峡为水源地安全保障区，属长江流域渗水水系；按小流域境内可分为灌河、淇河和湍河三大流域，共有一、二级支流 28 条。其中，灌河、淇河两条河流直接汇入丹江口水库，流域面积 3156.96 平方公里，占丹江口库区总流域面积的 14%，占南阳水源区总面积的 49.6%，占全县总面积的 91.4%，是南水北调中线工程面积最大的核心水源区，担负着极其重要的水源涵养生态保护服务功能。

二、中央政府一系列配套政策促使西峡高度重视生态环境保护工作

南水北调工程浩大复杂，涉及工程建设、水污染防治和水土保持、生态补偿转移支付、移民外迁安置、产业结构调整等众多问题。为了确保南水北调工程的顺利进行，党中央、国务院和南水北调工程建设委员会出台了一系列配套政策措施进行决策部署。而这些政策对于促使西峡政府高度重视生态环境保护工作意义重大。

　　首先，确定了有利于生态环境尤其是水污染防治的人事考核机制，奠定了促使各级政府高度重视生态环境保护工作的人事基础。

　　《中华人民共和国水污染防治法》、《丹江口库区及上游水污染防治和水土保持规划》、《丹江口库区及上游治污环保考核办法》等一系列法规及政策确定将地方政府作为水污染防治和水土保持工作的责任主体，对本辖区内的水污染防治和水土保持工作负总责，将水质、水污染防治项目实施、水土保持项目实施和保障措施落实等方面纳入考核内容。同时实行行政领导负责制，签订目标责任状，纳入人事考核体系。

　　一系列配套政策促使水源地区极其重视生态环境保护工作。例如，河南省从 2004 年起，水源区内排放污水的建设项目的环保审批严格执行向上一级环保部门备案的制度；明确地方行政首长责任，实行责任追究制。在这种情况下，西峡县也极其重视生态环境保护工作，提出了"把确保入库水质稳定达标作为压倒一切的任务"，制定了建设"经济强县、生态大县、旅游名县"的战略目标。

　　其次，建立了多元化的投融资和转移支付体制，以确保地方政府有能力实行生态环境的保护工作。例如，允许逐步提高污水和垃圾处理费征收标准，鼓励受水区对生态保护区进行投资，以及根据"谁开发，谁保护"、"谁受益，谁补偿"的原则，加大财政转移支付，通过对口支援、扶贫等多种方式和措施来建立受水区对水源区的补偿机制。

　　在这种补偿机制下，西峡平均每年都获得了 6000 万~8000 万元的生态补偿转移支付，为关停并转污染严重的企业并安置相关人员、生态移民搬迁以及河道治理等水利工程奠定了经费基础。

三、政府长期的宣传，使保护生态环境的观念深入人心

　　西峡县在确立了"把确保入库水质稳定达标作为压倒一切的任务"的政策导向后，加强了对保护生态环境的宣传工作，使源头意识、科学发展和环境保护等观念深入到政府工作人员、企业和老百姓的心中。

　　例如，西峡政府确立了"生态立县"的理念，提出了"既要金山银山，又要绿水青山；绿水青山就是金山银山"的思路，"生态就是资源、生态就是优势、生态就是品牌"的观念，以及"保护生态就是保护生产力，发展生态就是发展生产力"的工作要求，并在各项工作中都注意向人民群众宣传生态保护的理念。

　　我们在调研和访谈中发现，西峡企业的高层管理者已经具备了很强的环境保护意识，非常注意在生产与生活中进行污染防治工作。几乎所有的企业都重视环保投入，配置了防污设备。更可贵的是，企业不仅仅严格遵守相应的政策法规，有的甚至还自我强化了环境保护强度，自觉地以更高的标准来保护生态环境。例如，宛西制药集团在生产用水排放已完全达标的基础上，仍然配置了专门的设备用于提升排放水的清澈程度。又如，西保集团对自身所提出的要求是，要成为当地的环保示范标兵，并且对每一个项目都进行环保论证。

　　正是由于保护生态环境的观念深入人心，才能够促使企业和民众等微观主体配合政府的环保工作，遵守环境保护的相关政策，甚至积极、主动地保护生态环境。

四、西峡政府的生态环境保护工作非常到位

在树立了牢固的生态保护意识、政治意识和责任意识之后，西峡政府的生态环境保护工作快速落实到位，多方面、多角度地促进了对生态环境尤其是水资源的防污治理工作。

首先，出台了一系列相关的政策措施，从体制上保证了对生态环境的保护工作能够有序顺利地展开。在政策导向上，提出了坚持"预防为主，防治结合"的原则，把污染治理作为水质保护的重点，采取调整结构、搬迁、关停、治理等措施，加大治污力度，控制污染物排放总量，提高水环境质量。提出把好"三道关"：规划关，在制定区域产业规划时，严格控制污染型企业；准入关，对有污染的项目实行一票否决；监管关，建立全天监测机制，一旦发现超标排放，坚决制止并责令其限期改正。同时还要设好"三条线"：第一条是红线，对污染不达标的企业，不能限期治理的坚决迁出；第二条是蓝线，水源区内企业配套建立污水处理设备，推行清洁生产，控制新污染源产生；第三条是绿线，立足长远，停止在水源保护区内新建或扩建企业。

其次，强化政府的生态保护职能，从机构设置上为生态环境保护工作提供了组织机制基础。西峡县将南水北调水源涵养区生态保护纳入县委、县政府重要议事日程，成立专门机构，并明确各级责任。各乡镇也成立了相应的领导机构和办事机构，确定专人专职负责，形成了党委政府牵头、各部门分工协作的工作机制。每年，西峡县都将一批保护生态的重点工程和重点工作确定为全县重点工作，列入全年政府承诺要办好的"十件大事实事"和"十大民生工程"，并将其写入《政府工作报告》。

另外，西峡县还建立了生态保护目标责任制，将目标任务逐项分解到22个责任部门和16个乡镇、3个街道办事处，签订目标责任书，严格考评，兑现奖惩。建立了生态保护工作会议制度、联席办公制度，及时研究解决南水北调水源涵养区生态保护工作中的实际问题，确保生态保护工作顺利开展。

再次，加大了产业结构的调整力度，从生产结构上来减少污染源。产业结构的调整对于生态环境保护具有至关重要的影响。停止发展那些污染较大的产业，从源头上减少污染源的产生，能够促使环境保护的效果快速显现；转向其他污染较小的产业，又能够持续实现经济的发展。

从工业上来看，西峡县的产业结构调整是停止发展那些污染较大的产业。西峡先后否决了黄姜、石墨、农膜、化工等40余个不符合环保要求的项目，关停了水泥、造纸、玻璃、黄金、石墨、皂素、制革、化工、木材加工等水注入行业、企业235家，转产1家，搬迁1家；依法取缔了786个（台）小黄金、小石墨、小炼钒等"十五小土"项目。将产业结构转化为以特钢及辅料、汽车配件、中药制药、农副产业加工业等行业作为支柱产业的工业体系。这些行业都是生产过程中很少产生污染排放的行业，能够在拉动当地GDP的同时实现环境保护。

从农业内部结构上来看，西峡县积极引导农民调整种养结构，从使用化肥农药相对较多的玉米、小麦的生产，转向无公害有机猕猴桃、食用菌的生产，提倡增施有机肥，减少化肥使用量，以减少面源污染。2000~2010年，西峡县农作物播种总面积仅从56.2万亩增长到57.7万亩，粮食作物播种面积从44.7万亩下降到36.0万亩，粮食产量从10.1万吨下

降到 10.0 万吨。经济增长和环境保护的协调与粮食作物播种面积下降有很大关系。另外，西峡政府还鼓励和促进农民将椴木香菇的生产转化为袋料香菇的生产，并采用了"菌材外购"的战略，从而减少了森林资源的消耗。

表 4-7-3　农业生产情况

年份	农作物播种总面积（亩）	粮食作物播种面积（亩）	粮食总产量（公斤）	猪牛羊鱼总产量（公斤）
2000	561900	447450	101616000	25933000
2001	570750	448800	111154000	27586000
2002	570255	440700	109332000	30298000
2003	552735	340500	84520000	33432000
2004	594825	349800	90593000	35137000
2005	637800	362250	93798000	35978000
2006	692445	380700	104463000	37568000
2007	553350	367050	105235000	25706000
2008	549750	367800	106893000	26608000
2009	572265	371295	105216000	27817000
2010	577740	360165	99950000	27933000

最后，加大了对生态环境治理和保护的投资力度。西峡县先后投产了 8 亿多元，建成了污水处理厂、垃圾处理厂、鹳河三级橡胶坝等，实施了城区排污水和自来水管道改造，对城区 7 条河道进行了治理。投资 3 亿多元，完成"三废"治理及清洁生产项目 40 余个；投资 2000 万元，对 17 座尾矿库进行拦渣坝加固、排水系统修复和植物措施防护，消除矿山开采对水质的污染。累计投资 2.1 亿元，完成小流域治理 33 条，治理水土流失面积 598.7 平方公里。投入生态移民资金 8765 万元，对 5 户以下分散居住、地处偏远、交通不便、生活困难的深山零星户和地处重要生态区的群众进行了生态移民搬迁，建成生态移民小区 12 个，搬迁安置移民 801 户 3244 人。

五、当地企业通过产品升级等多种手段进行环境保护

由于企业面临着严格的环境保护政策要求，加上政府的大力宣传，使企业本身具备了较强的环境保护意识，微观企业本身也越来越重视促进生产经营、企业发展和环境保护的协调发展。这主要体现在以下几个方面：

首先，企业积极主动地通过产品升级、技术进步等手段来实现企业发展和环境保护的协调统一。西峡的企业十分清楚环境保护在企业发展中的重要性，做好环境保护工作，对于企业的长远发展、获得更多的资源及政策支持意义重大。因此，企业在发展过程中，会自觉地、积极主动地寻找那些对环境污染小的产品方向，通过不断的产品升级和技术进步等手段来实现企业发展。

例如，西保集团原来只是进行石墨的生产经营，后来则主动地向炼钢保护材料升级，在实现战略转型发展中实现了环境保护。如果不进行产品升级，而是持续维持着单一的石墨产品生产，想要实现 32 亿元产值的同时又不污染环境是不可想象的。龙成集团则进一

步从炼钢保护材料的生产，通过多次的自主创新和自主研发，发展到结晶器和特种钢材的生产。正是由于企业不断保持着产品创新，才能不断提高产品附加值，获得更高的利润空间和更强的企业竞争力。企业的这种战略，一方面，从产品的性质和生产过程的工艺来看，为环境保护提供了技术上的可行性；另一方面，从资本投入和成本承受能力来看，为环境保护提供了资金和经济上的支持基础。

其次，企业高度重视对生态环境的保护，主动增加额外的环保投资，提升环保的强度。其典型的代表就是宛西制药集团。中成药制造本来就是一个污染非常小的行业，但宛西制药依然十分重视对生态环境的保护。在生产用水排放已经完全达到了排放标准的基础上，仍然加大了环保投入，配置了专门的设备用于提升所排放的生产用水的清澈程度。另一个典型的例子是西保集团。在近十五年来，西保集团每建立一个新的工厂都必须配置环保配套设施；在每一个生产车间，都安装了高效的除尘去污设备，力争将污染减小到力所能及的最低程度。对每一个新项目的论证，第一步是强调环保必须达标，在此基础上再继续考虑下一步的可行性发展。

实际上，企业提高自我环境保护强度是能够得到经济利益的。企业加强环境保护的正外部性正在不断内部化。因为提高环境保护强度，能够塑造出具有社会责任的良好企业形象。在采购全球化的过程中，越来越多的采购方开始更多地关注生产企业的社会责任，更愿意选择那些环境保护相对较优秀的产品生产企业。因此，提高环境保护强度，有利于更好、更广范围地销售企业的产品。另外，企业自我提高环境保护强度，能够吸引到更多的政府关注，从而获得更多的倾斜性优惠政策并在其他方面降低企业成本，为企业发展开拓更广阔的空间。

六、地方工业的发展为环境保护提供了基础

工业的发展能够为社会较迅速地积累财富，从而能够在较好地满足人们基本生活的前提下，分流出更多的财富，用于环境保护。而且，工业的发展能够吸纳更多的原来依靠山林资源和土地资源为生的农业人口，这也有利于减少农业面源污染。西峡县近年来的经济发展历程和环境保护经验印证了这一观点。

首先，西峡工业的发展丰富了地方税收，从而为环境治理和保护提供了财政基础。正如前面的数据所显示的，西峡县为了生态环境治理和保护，在生态工程建设、水污染防治、移民外迁安置、产业结构调整等方面投入了大量的资金。虽然县级政府每年能够得到一定的生态转移支付补偿，但是数额有限的中央政府转移支付远远不能满足实际的需求。在西峡调研考察的过程中，西峡县政府一再谈到的问题就是，生态补偿转移支付过少，目前生态环境保护的资金投入中，仍然有很大的比例要依靠当地政府的税收来支撑。而政府的税收主要来源则在于工业，尤其是大型工业企业。如表4-7-4所示，2010年，西峡县地方财政税收收入4.39亿元，其中，大型工业企业的贡献巨大。西峡县产值超亿元的企业达11家，其中宛药、西保、龙成三大集团分别完成产值20亿元、33亿元、100亿元，其上缴的利税也非常可观。充实的地方税收收入为环境治理和保护提供了坚实的财政基础。

其次，相对充裕的财政能力是政府为农民提供绿色种植的基础设施和技术支持的前提条件。西峡政府为了减少农业面源污染，积极引导农民发展污染较小、有特色的有机农

表 4-7-4　财政预算内收入

单位：万元

年份	总计	税收	上级财政补贴	规定收费	经营收入	罚没收入
2000	13411	6670	5355	555	486	345
2001	16462	6986	9204	22	189	61
2002	23136	6942	15840	76	241	37
2003	23619	8222	14958	27	360	52
2004	34438	10252	21125	1425	638	998
2005	41662	15737	23043	1052	118	1712
2006	59672	23737	31412	1358	1458	1707
2007	85336	34239	45297	2481	2121	1198
2008	107911	42771	60735	1947	1632	2458
2009	123938	39358	70202	3665	8208	2505
2010	155316	43877	96710	7428	5002	2299

业。在这个过程中，政府为农民提供了较多的基础设施和技术支持服务。例如，为了推广有机无公害猕猴桃的种植，五里桥镇政府出资建设了猕猴桃生产基地，搭建了供猕猴桃树生长攀缘的水泥桩和铁丝网，并出资购买了猕猴桃树苗供农民种植。又如，为了禁止毁林种香菇，实现由椴木香菇种植向袋料香菇种植的转化，政府多次派出技术人员到袋料香菇种植技术成熟的地区考察学习，将袋料香菇种植技术引进西峡，并派技术人员长期驻留农村为村民提供技术指导，从而将先进的种植技术向农民普遍推广，促使香菇种植规模化的形成。政府对绿色有机农业的支持，减少了农药化肥的使用量，减少了对水质的污染程度。这些支持恰恰体现了工业对农业以及生态环境保护的反哺。

最后，地方工业的发展吸纳了大量农业转移劳动力，减少了农业面源污染。西峡工业的发展吸纳了大量原来依靠山林资源和土地资源为生的农业人口。例如，龙成集团在西峡地区的就业员工达 8000 余人，相当于西峡县两个乡的成年劳动力数量。2010 年，西峡县新增农村劳动力转移就业 7120 人，这部分转移人员绝大多数均流向了第二产业。

这些被转移出来的农业人口，一方面，由于不再从事农业生产而减少了农业面源污染和对森林的砍伐；另一方面，也由于在工业体系中的收入相对较高，从而有能力消耗更清洁的能源，例如，西峡县的许多农村家庭都自行建设了沼气池。农业生产劳动力被转移出来，也间接地保护了生态环境。与西峡县相邻的淅川县，自然条件与西峡县相当，但森林覆盖率远低于西峡，其重要原因之一是淅川县工业不发达，难以大量吸纳农村劳动力以减少对山林资源的依赖和破坏。

第三节　案例研究的启示

从西峡县的调研情况可以看出，通过努力完全可以实现经济与生态保护的协调发展。考虑到目前中国的实际情况，中国可以利用大型生态保护工程，在部分地区率先实现经济与生态保护的协调发展。具体建议如下：

（1）加大对经济与生态协调发展的宣传工作，使"生态保护"成为各级政府、企业家、群众的自觉要求。从西峡县调研来看，"生态保护"已经成为政府、企业家、群众的自觉要求，这既是西峡县实现经济与生态保护协调发展的内在原因，也是外部要求与西峡县坚持不懈宣传的结果。建议国家有关部门对经济与生态协调发展的地区进行广泛的宣传，提高各级政府、企业及群众环境保护的自觉性；建议公益广告中确定20%~30%的比例作为生态环境保护宣传。

（2）加大政策优惠力度，培育生态服务功能区造血机能，率先实现生态与经济和谐发展。目前国家的生态补偿措施的确提高了生态保护区的生态保护积极性，但仅依靠转移支付，生态保护地区难以进一步提高当地群众的生活水平，在全国也难以实现示范效应，对进一步落实科学发展观不利。西峡县应在进一步加大生态补偿的同时，提高生态服务功能区的造血机能，率先实现生态与经济和谐发展，进而可以在不需要生态转移支付的条件下，实现经济与生态的和谐发展，推动科学发展观进一步落实。从调研情况来看，西峡县经济与环境协调发展的引导产业是工业。从动态、全局的眼光来看，工业保护了环境而不是破坏了环境。因而，提高南水北调中线工程水源地保护地区造血机能的有力抓手是，将更多的劳动力生存方式从简单地向自然界直接获取，变为更加高效的工业化生产。针对南水北调中线水源保护地多为山区县的实际，可以在严格保护耕地及环境的条件下，对于利用荒坡造地可以不限制其工业用地的面积。

（3）大力推动南水北调中线水源保护地建立高效生态农业，形成生态保护与经济增长、农民增长的良性互动。从传统农业转向高效生态农业取得效益的周期较长，前期投入较大。以猕猴桃为例，从种植到产果约需5年，每亩地前期投入约为2300元，农民难以承受如此长周期的投资期，而当地财政有限也难以大规模支持农民进行种植结构的调整。建议中央政府可以提供专项资金，支持水源建设高效生态农业；也可以通过中长期无息贷款的形式，支持当地建设高效生态农业。

（4）加大生态保护地与生态保护受益地互惠合作。生态服务功能区为了提供相应的生态服务功能，在一定程度上影响了当地的一些项目建设，在一定时期内会影响生态保护地的经济发展。生态服务功能区提供的生态服务功能被其他地区所分享，其他地区理应提供相应补偿。就南水北调中线工程而言，生态服务功能的受益地较为明晰，因而可以加大受益地与水源保护地的互惠合作。受水地应提供一定数量的公益广告为水源地进行宣传，提高水源保护区知名度，使人们认识到保护水源区的重要性。例如，电视台应提供相应时长的电视广告给供水地进行城市宣传及高效生态农产品的宣传，从而使水源地高效生态农业产品市场价值得以实现，形成产业的良性互动。在不增加受水地财政支出的条件下，通过市场机制支持水源地进行生态环境建设，实现"双赢"。受水地，特别是京津等特大城市可以开通直达水源地的旅游列车，一方面可以使受水地群众亲身感受水源地为进行水源保护所付出的努力，另一方面也可以增加水源地群众的收入。

（5）明晰生态服务功能区的主要功能，弱化其他约束性考核指标。由于各地的地理位置与资源禀赋不同，因而提供生态功能及减排污染物的成本有较大差异。可以根据各地的比较优势，对各地进行差异化约束性指标。对于南水北调水源地来说，主要的生态服务功能是水源涵养与保护，在不影响其主体功能的前提下对于二氧化碳排放等约束性指标可以暂不考核；也可进行试点，将其森林固碳能力一并进行考核。

（6）加大生态转移支付力度，将生态补偿资金筹集、分配和生态服务功能提供与受益相挂钩。目前来看，生态转移支付力度尚不足，生态转移支付资金也主要由中央政府提供，这与生态服务功能受益地难以明确划分也有一定关系。南水北调中线工程受益地及受益量较为明晰，可以由受益地提供相应的生态补偿资金。各受水地区可在其水价中加入生态补偿资金，用以筹集补偿资金支付给水源保护区。在分配给各县的生态补偿资金上，也应根据各县提供的生态价值量进行分配；南水北调中线工程水源地各县而言最重要的生态服务功能就是水源涵养，因而可以根据各县提供的水量来确定，而不应根据各县财力进行分配。

【参考文献】

[1] 陈志，李钢. 经济发展，资源利用的一个实证研究 [J]. 经济体制改革，2008（1）.

[2] 董敏杰，李钢，梁泳梅. 环境规制对中国出口竞争力的影响——基于投入产出表的分析 [J]. 中国工业经济，2011（3）.

[3] 董敏杰，李钢，梁泳梅. 对中国环境管制现状与趋势的判断 [J]. 经济研究参考，2010（51）.

[4] 费孝通. 我看到的中国农村工业化和城市化道路 [J]. 浙江社会科学，1998（4）.

[5] 金碚. 资源环境管制与工业竞争力关系研究 [J]. 中国工业经济，2009（3）.

[6] 黄顺基. 中国经济可持续发展战略框架 [M]. 北京：改革出版社，1999.

[7] 侯伟丽. 论农村工业化与环境质量 [J]. 经济评论，2004（4）.

[8] 梁泳梅，李钢，董敏杰. 劳动力资源与经济发展的区域错配 [J]. 中国人口科学，2011（5）.

[9] 李钢，廖建辉，向奕霓. 中国产业升级的方向与路径 [J]. 中国工业经济，2011（10）.

[10] 李钢，马岩，姚磊磊. 中国工业环境管制强度与提升路线——基于中国工业环境保护成本与效益的实证研究 [J]. 中国工业经济，2010（3）.

[11] 李钢，梁泳梅. 什么是经济发展方式转变 [J]. 中国经贸导刊，2011（4）.

[12] 李钢，姚磊磊，马岩. 中国工业发展环境成本估计 [J]. 经济管理，2009（1）.

[13] 李钢，陈志，崔云，金碚. "资源约束经济增长"的经济学解释 [J]. 财贸经济，2007（9）.

附　录

中国劳动力素质调查

本部分根据连续三次对中小企业的问卷调查，对中国劳动力素质与竞争优势转型的数据进行了初步分析。调查数据显示，我国中高级人才供给不足成为经济增长的瓶颈。就整体而言，各类职工所需提升的最主要的素质为敬业精神。在各类员工中，高级管理者的素质与国外同行相比差距最大。企业在提高薪酬时会优先考虑的对象是技术工人，最后才会考虑高级管理者。调查显示，从整体而言，大部分企业认为，我国制造业目前的竞争力主要来源于相对低廉的劳动力成本，普遍认为未来竞争力来源于较先进的生产技术。

2010 年 8 月，中国社会科学院工业经济研究所对企业进行了问卷调查。在本次调查中，一共收到 1386 份问卷。从企业所在行业的分布来看，大部分企业分布在劳动密集型行业，占总数的 66.1%；少部分企业分布在资本密集型行业，占 11.7%；分布在其他行业的企业占 22.2%。

绝大部分企业分布在东部沿海地区，共占 82.3%，其中，长三角地区占 35.1%，珠三角地区占 24.8%，环渤海地区占 10.1%，其他东部沿海地区占 12.3%。分布在中部地区和西部地区的企业较少，分别占 11.5% 和 6.1%。从总体来看，企业在各地区的分布状况与中国经济在地区间的分布结构基本吻合。

调查显示，从整体而言，大部分企业认为，我国制造业目前的竞争力主要来源于相对低廉的劳动力成本，其他因素按重要排序为良好的基础设施、较高的产品质量、受过良好教育的专业人才、较先进的生产技术。对于中国制造业未来竞争力来源的判断，普遍认为较先进的生产技术是主要来源；接下来依次为受过良好教育的专业人才、较高的产品质量、廉价劳动力、良好的基础设施。可以看出，企业普遍认为中国产业的竞争优势将发生转变。

一、人才是影响我国产业竞争新优势的重要因素

从整体而言，大部分企业认为，我国制造业目前的竞争力主要来源于相对低廉的劳动力成本（占 69.12%），其他因素所占比例较小，其比例依次为良好的基础设施占 8.95%，较高的产品质量占 8.73%，受过良好教育的专业人才占 7.50%，较先进的生产技术占 5.70%。对比两次调研结果，可以发现企业对目前我国制造业的认识基本没有变化。

分地区来看，环渤海地区企业认为，我国当前制造业的竞争力主要来源于低廉劳动力的比例最高，达到 81.43%，最低的为中部地区，该比例占 63.75%。长三角和珠三角对良好基础设施的认可度比其他地区要高，中部地区对受过良好教育的专业人才的认可度高于其他地区，见附图 1 和附图 2。

附图 3 为企业对中国制造业未来竞争力来源的判断。从图中可以看出，两次调研结果基本没有变化。对于中国制造业未来竞争力来源的判断，普遍认为较先进的生产技术是主

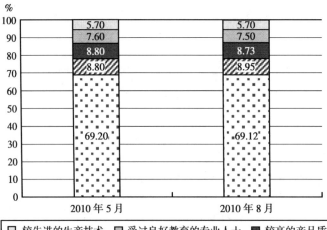

附图1　我国制造业当前的竞争力主要来源（两次调研结果对比）

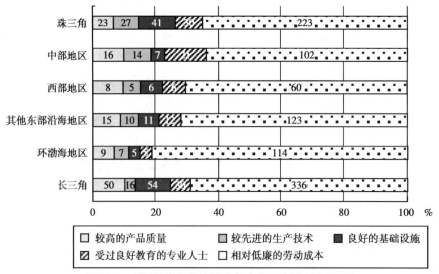

附图2　我国制造业当前的竞争力主要来源（分地区）

要来源（占26.91%），与之接近的分别是受过良好教育的专业人才（26.26%）和较高的产品质量（24.82%），认为廉价劳动力依然是中国制造业未来竞争力主要来源的占13.93%，低于前述三个因素，但大于良好的基础设施（8.08%）。

　　分行业来看，采掘业认为中国制造业未来竞争力的最主要来源是较先进的生产技术，占比最高，达到55.56%；非金属矿物制品业认为受过良好教育的专业人才是最主要的竞争力来源，其占比为50%，在所有行业中最高；仪器仪表及文化、办公用机械制造业认为较高产品质量是未来竞争力的最主要来源，占比为47.83%，高于其他行业对较高产品质量的认可；石油加工、炼焦及核燃料加工业仍然认为未来中国制造业竞争力的最主要来源是低廉的劳动力成本（占50%，为行业中最高），所有行业都不认为良好的基础设施将会是中国制造业未来竞争力的最主要来源。

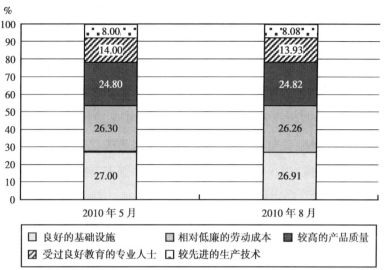

附图 3　我国制造业未来竞争力的主要来源（两次调研结果对比）

　　分地区来看，对于未来中国制造业竞争力的主要来源，其他东部沿海地区对较高的产品质量的认可度最高，达到 30.4%；珠三角地区对较先进的生产技术的认可度最高，达到 30.2%；环渤海地区对受过良好教育的专业人才的认可度最高，达到 30.7%；所有地区的企业均不认为未来中国制造业竞争力的最主要来源依旧会是低廉的劳动力成本，见附图 4。

二、中高级人才将成为制约产业转型升级的瓶颈

　　从整体来看，企业招聘各类层次的职工均较为困难，认为技术工人、高级管理人才和工程师招聘困难的企业分别占 54.18%、54.11% 和 48.12%，说明市场结构性失业严重。此外，即便是对最缺乏技术和知识的普通劳动者的需求，市场也难以满足，选择招聘困难的企业占 40.98%，招聘十分容易的企业只占 21.29%，前者几乎是后者的 2 倍，这与中国存在大量的农村剩余劳动力自相矛盾，可能的原因是受金融危机的影响，农民工在城市工作的收益下降，导致了"返乡潮"现象的出现，从而造成企业招聘普通劳动者出现困难（见附图 5）。

　　赋予不同招聘状态不同的权数，计算出企业招聘状态指数，以此来对比两次调研结果中的企业各类职工招聘状况，得到附表 1。从附表 1 中可以看出，总体而言，两次调研的各类职工的招聘状态指数均小于 3，说明市场上企业普遍面临招聘职工的困难。对比不同职工的招聘情况可以发现，普通劳动者相较于其他职工而言，招聘情况最好，最差的为高级管理人才，这反映了我国市场上劳动力供求结构失衡较为严重。从时间发展来看，第二次调研的企业招聘状态指数均比第一次有所下降，反映出相比于 2009 年 10 月，2010 年的招聘状况更为困难，如 2009 年 10 月的招聘总指数为 2.45，而到了 2010 年 8 月，招聘总指数下降到 2.25 的水平。

　　分行业来看，对普通劳动者招聘最困难的行业为文教体育用品制造业，其面临招聘困

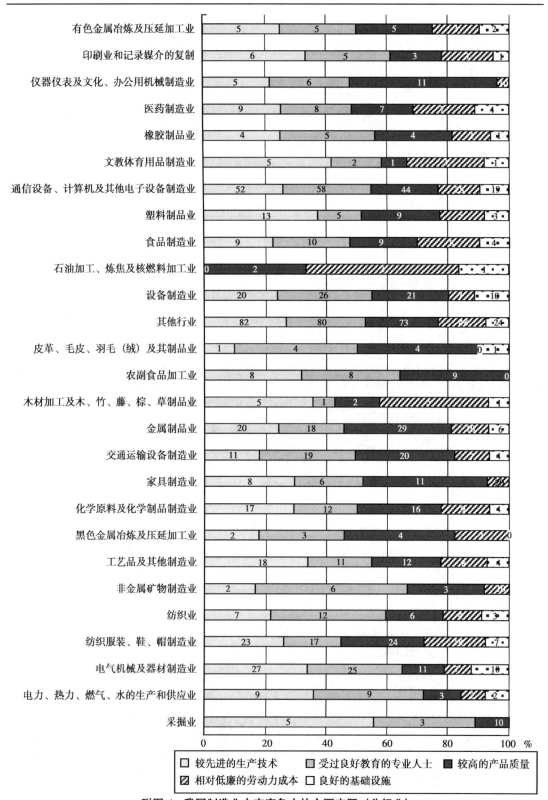

附图 4　我国制造业未来竞争力的主要来源（分行业）

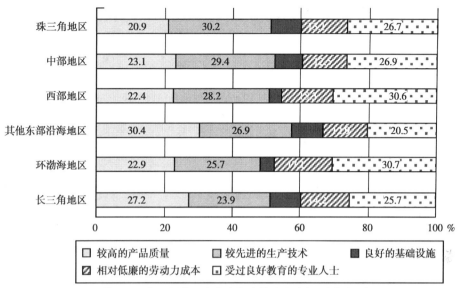

附图 5 我国制造业未来竞争力的主要来源（分地区）

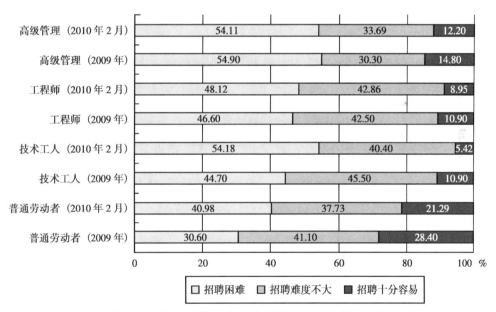

附图 6 企业对各类职工的招聘现状（两次调研结果对比）

附表 1 企业招聘状态指数表

时间	普通劳动者	技术工人	工程师	高级管理	总指数
2009 年 10 月	2.96	2.36	2.29	2.2	2.45
2010 年 8 月	2.61	2.02	2.21	2.16	2.25

难的企业数占 75%，比可以轻易招聘到普通劳动者的企业数（占 8.33%）多出 66.77 个百分点。皮革、毛皮、羽毛（绒）及其制品业招聘技术工人最为困难，其面临技术工人短缺

的企业占 80%，没有一家企业能够较为容易地招聘到技术工人，前者与后者比例相差 80%，这可能是因为此行业技术提高较快，从而造成市场上技术工人短缺。对于工程师和高级管理人才的招聘，采掘业都是最为困难的行业，这与近些年采掘业较高的行业景气度有关。

附表 2　招聘各类职工最为困难的企业统计表

职工类别	招聘最困难行业	招聘困难企业占比 (%)	招聘十分容易企业占比 (%)	两者之差 (%)
普通劳动者	文教体育用品制造业	75	8.33	66.67
技术工人	皮革、毛皮、羽毛（绒）及其制品业	80.00	0.00	80.00
工程师	采掘业	66.67	0.00	66.67
高级管理人才	采掘业	66.67	0.00	66.67

　　分地区来看，其他沿海地区对普通劳动者的招聘最困难，表示招聘困难的企业占比最多，达到 52.05%，表示招聘十分容易的企业占比 15.20%；最为乐观的地区是中部地区，在中部地区，25% 的企业表示招聘困难，33.75% 的企业表示招聘十分容易，可见中部地区普通劳动者的供求较为均衡。长三角地区对技术工人的招聘最为困难，表示招聘困难的企业比例最大，占 62.27%，只有 4.33% 的企业表示招聘十分容易；招聘较为乐观的为西部地区，但也同样陷入困境。招聘工程师最困难的地区是中部地区，53.13% 的企业表示招聘困难，表示招聘十分容易的企业占 5.63%。西部地区招聘高级管理人才最困难，60.00% 的企业表示招聘困难，只有 10.59% 的企业表示招聘十分容易。较为落后的中部地区和西部地区各自在招聘工程师和高级管理人才方面较为困难，表明高级人才供给不足仍旧是中西部地区发展的软肋。中高级人才供给不足成为经济增长瓶颈。

　　附图 7 为我国企业各类职工素质与外国同行相比的差距情况。从图中可以看出，2010年 5 月和 8 月分别进行的两次调研结果大抵相同，各类职工素质与国外的差距情况几乎未变，变化率小于 0.3 个百分点。企业职工与外国同行相比素质相差最大的是高级管理者，

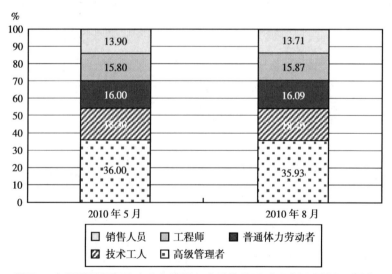

附图 7　与国外同行相比企业各类职工素质的差距（两次调研结果对比）

被选择的比例高达近36%，说明我国经济发展阶段仍然处于低端，主要依靠国内的廉价劳动力和大量能源投入维持，而企业家才能作为促进经济发展的一个重要因素尚未得到很好的发展。

分行业来看，大部分行业均认为高级管理者素质与外国同行相比差距最大，其中比例最高的行业为黑色金属冶炼及压延加工业，达到63.64%；认为销售人员素质与外国同行差距最大的行业为橡胶制品业，比例为31.25%；认为技术工人素质与外国同行差距最大的行业为文教体育用品制造业、木材加工及木、竹、藤、棕、草制品业和家具制造业，其中比例最大的为文教体育用品制造业，比例达到41.67%；认为普通体力劳动者素质与外国同行差距最大的行业为石油加工、炼焦及核燃料加工业，其对高级管理者和普通体力劳动者的选择比例相同，为33.33%；非金属矿物制品业认为技术工人、工程师、普通体力劳动者和销售人员的素质与外国同行差距均为最大，比例均为25%，见附图8。

分地区来看，任何一个地区均认为高级管理者素质与外国同行相比差距最大，其中比例最高的为西部地区，达到38.82%；比例最小的为珠三角地区，但也达到31.40%，见附图9。

三、职工的敬业精神亟须提高

附图10至附图15为企业各类职工所需提升素质的比较图。从图中可以看出，就整体而言，各类职工所需提升的最主要的素质为敬业精神，比例在40%左右，其中技术工人稍有例外，其劳动技能素质略微大于敬业精神（前者为36.65%，后者为36.08%）。普通劳动者的劳动技能素质也需要很大提升，占比为34.49%，比敬业精神少近10个百分点。对于工程师、销售人员和高级管理者而言，选择敬业精神需要提升的比例远大于其他素质。选择销售人员需要提升敬业精神的比例在所有职工中最高，达到48.09%。除敬业精神外，工程师其次需要提升的素质为劳动技能素质和基本科学素质（两者均占14.95%），销售人员其次需要提升的素质是心理素质（19.78%），高级管理者其次需要提升的素质是心理素质（20.27%）和人文社科素质（19.55%）。相对而言，高级管理者和工程师需要提升身体素质和审美素质的比例较其他类职工要高些，但比例很小。

分地区来看，对于普通劳动者，环渤海地区、其他东部沿海地区、中部地区和珠三角最需要提升的是敬业精神，长三角和西部地区最需要提升的是敬业精神和劳动技能素质。对于技术工人，长三角地区最需要提升的是敬业精神，环渤海地区、其他东部沿海地区、西部地区和珠三角地区最需要提升的是劳动技能素质，中部地区最需要提升的是敬业精神和劳动技能素质。对于工程师、销售人员和高级管理者，所有地区最需要提升的素质均为敬业精神。

附图16为2010年5月第一次调研结果图，附图17为2010年8月第二次调研得出的与国外先进企业比较企业各类职工各类素质差距的对比图。对比可以发现两次结果几乎没有变化，变化率均不大于0.5个百分点。从附图17可以看出，与国外先进企业比较，我国企业的普通体力劳动者、工程师、销售人员和高级管理者差距最大的素质均为敬业精神，比例分别为42.3%、36.7%、45.8%和37.8%，其中比例最高的为销售人员；而技术工人与国外先进企业相比差距最大的素质是劳动技能素质，其比例高达33.6%，技术工人的敬业精神与外国先进同行相比也很高，达到32.5%，略小于劳动技能素质。

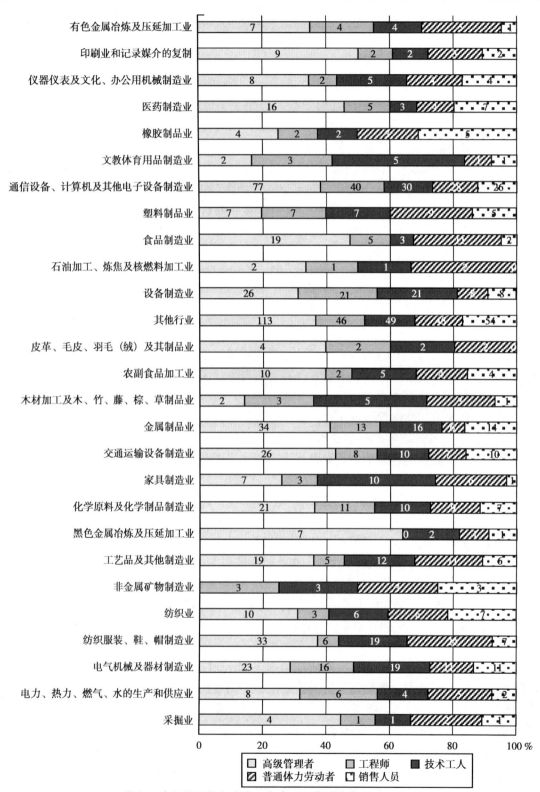

附图8 与国外同行相比企业各类职工素质的差距（分行业）

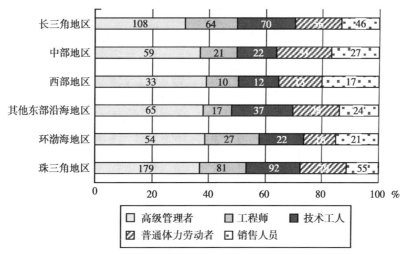

附图9　与国外同行相比企业各类职工素质的差距（分地区）

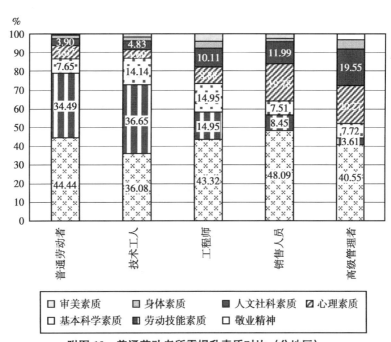

附图10　普通劳动者所需提升素质对比（分地区）

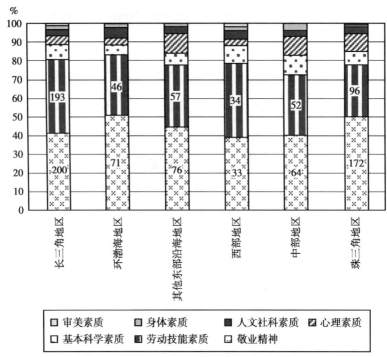

附图 11 普通劳动者所需提升素质对比（分地区）

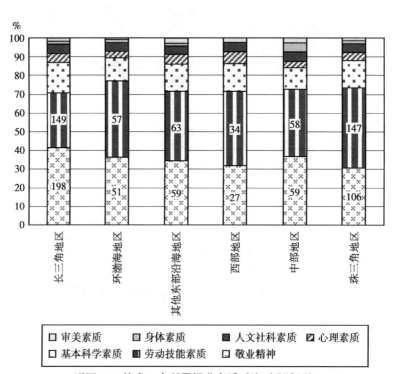

附图 12 技术工人所需提升素质对比（分地区）

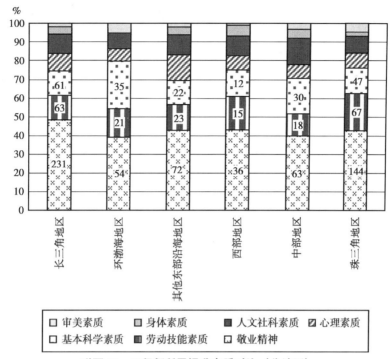

附图 13　工程师所需提升素质对比（分地区）

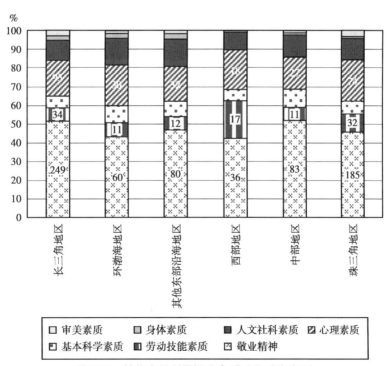

附图 14　销售人员所需提升素质对比（分地区）

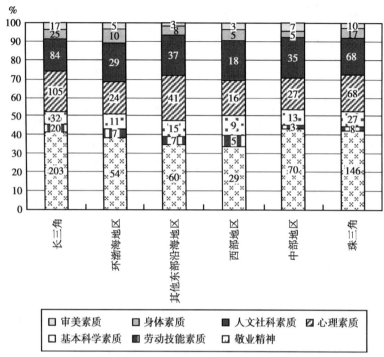

附图 15　高级管理者所需提升素质对比（分地区）

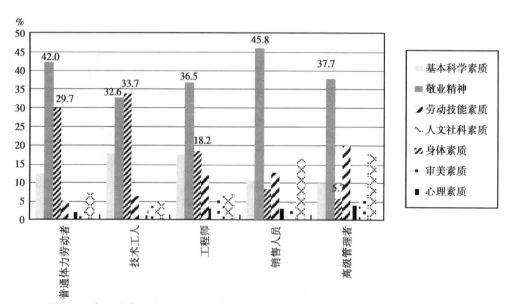

附图 16　与国外先进企业相比企业各类职工各类素质对比（2010 年 5 月第一次调研）

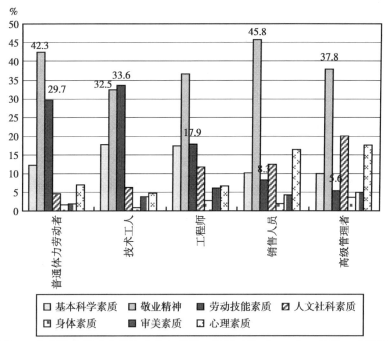

附图 17　与国外先进企业相比企业各类职工素质对比（2010 年 8 月第二次调研）

如附图 18 所示，分行业来看，对于普通体力劳动者，采掘业认为与外国先进同行相比较差距最大的素质是基本科学素质（44.44%）；认为差距最大的素质是劳动技能素质的行业有：有色金属冶炼及压延加工业（45.00%），文教体育用品制造业（41.67%），石油加工、炼焦及核燃料加工业（33.33%），设备制造业（40.48%），皮革、毛皮、羽毛（绒）及其制品业（40.00%），木材加工及木、竹、藤、棕、草制品业（42.86%），家具制造业（48.15%）和非金属矿物制品业（50.00%），其中比例最高的为非金属矿物制品业（50.00%）。此外，文教体育用品制造业，石油加工、炼焦及核燃料加工业和皮革、毛皮、羽毛（绒）及其制品业三个行业对劳动技能素质和敬业精神的认同度相同。除此以外，其他行业均认为与外国先进同行比较差距最大的素质是敬业精神，其中比例最高的行业为塑料制品业，比例高达 60.00%。

如附图 19 所示，分行业来看，对于技术工人，与国外先进企业对比，认为基本科学素质与外国先进同行差距最大的行业有石油加工、炼焦及核燃料加工业（33.33%），皮革、毛皮、羽毛（绒）及其制品业（30.00%）和非金属矿物制品业（33.33%），比例最高的行业为石油加工、炼焦及核燃料加工业和非金属矿物制品业，以上三个行业同时也认为敬业精神与外国先进同行差距最大（比例相同）。认为劳动技能素质差距最大的行业有通信设备、计算机及其他电子设备制造业（37.31%），设备制造业（46.63%），木材加工及木、竹、藤、棕、草制品业（35.71%），交通运输设备制造业（39.34%），家具制造业（44.44%），化学原料及化学制品制造业（31.03%），黑色金属冶炼及压延加工业（36.36%），纺织业（31.25%），电气机械及器材制造业（36.25%）以及电力、热力、燃气、水的生产和供应业（36.00%），其中比例最高的行业为设备制造业，且化学原料及化学制品制造业

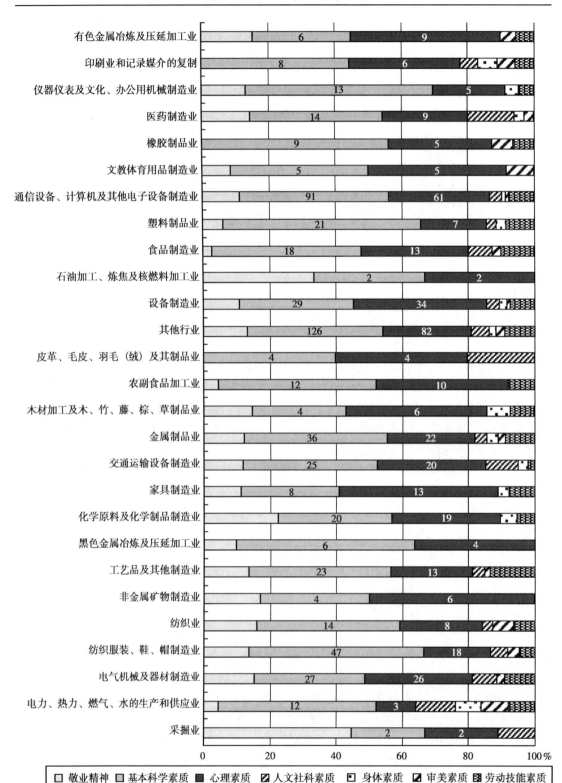

附图18 普通体力劳动者各类素质与国外先进同行比较（分行业）

和黑色金属冶炼及压延加工业同时认为敬业精神也是差距最大的素质。此外，所有其他行业均认为与外国先进同行比较，差距最大的素质为敬业精神。

如附图20所示，分行业来看，对于工程师，与外国先进同行比较，认为差距最大的素质是基本科学素质的行业有石油加工、炼焦及核燃料加工业（33.33%），农副食品加工业（32.00%），非金属矿物制品业（33.33%）和采掘业（44.44%），比例最高的行业为采掘业，其中石油加工、炼焦及核燃料加工业同时认为敬业精神也是差距最大的素质。电力、热力、燃气、水的生产和供应业认为差距最大的素质是人文社科素质和敬业精神，比例均为28.00%。除此以外的其他行业均认为敬业精神是差距最大的素质，比例最高的行业为仪器仪表及文化、办公用机械制造业，达到52.17%。

如附图21所示，分行业来看，对于销售人员，绝大部分行业均认为差距最大的素质为敬业精神，其中比例最高的行业为采掘业和石油加工、炼焦及核燃料加工业，均为66.67%；皮革、毛皮、羽毛（绒）及其制品业认为差距最大的素质为心理素质，比例达到40%；非金属矿物制品业认为差距最大的素质是敬业精神和基本科学素质，两者比例均为41.67%。

如附图22所示，分行业来看，对于高级管理者，绝大多数行业均认为差距最大的素质为敬业精神，其中比例最高的行业为文教体育用品制造业，达到58.33%；农副食品加工业认为差距最大的素质是敬业精神和人文社科素质，比例均为28.00%；非金属矿物制品业认为差距最大的素质有三种，为敬业精神、基本科学素质和人文社科素质，比例均为25.00%。

分地区来看，对于普通体力劳动者，所有地区的企业均认为与外国先进同行相比差距最大的素质为敬业精神，其中比例最高的地区为珠三角地区，达到45.1%。对于技术工人，西部地区和长三角地区认为差距最大的素质是敬业精神，比例分别为37.6%和40.7%，长三角地区比例最大，其他地区均认为差距最大的素质是劳动技能素质，其中比例最大的地区为环渤海地区，比例为32.1%。对于工程师，所有地区均认为差距最大的素质为敬业精神，其中比例最大的地区为长三角地区和中部地区，均为38.1%。对于销售人员，所有地区均认为差距最大的素质为敬业精神，其中比例最高的地区为中部地区，达到51.3%。对于高级管理者，所有地区均认为差距最大的素质是敬业精神，其中比例最高的地区为长三角地区，达到40.9%，见附图23至附图27。

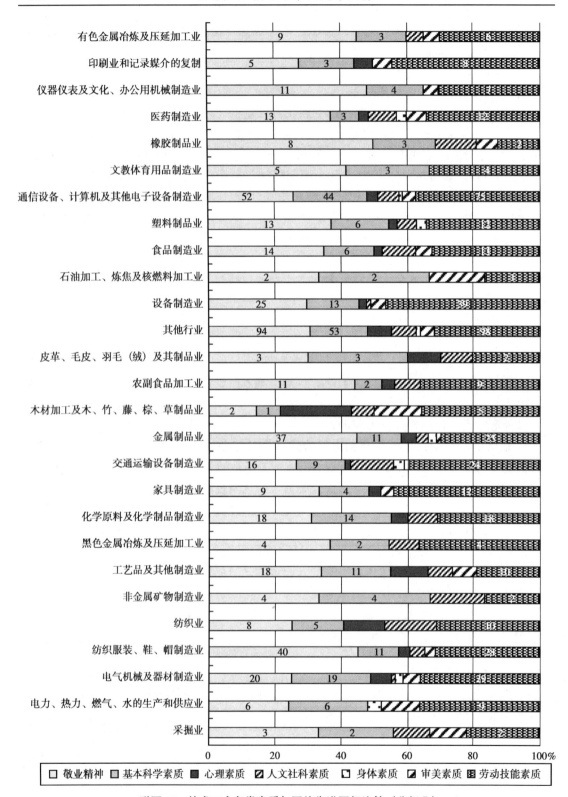

附图 19　技术工人各类素质与国外先进同行比较（分行业）

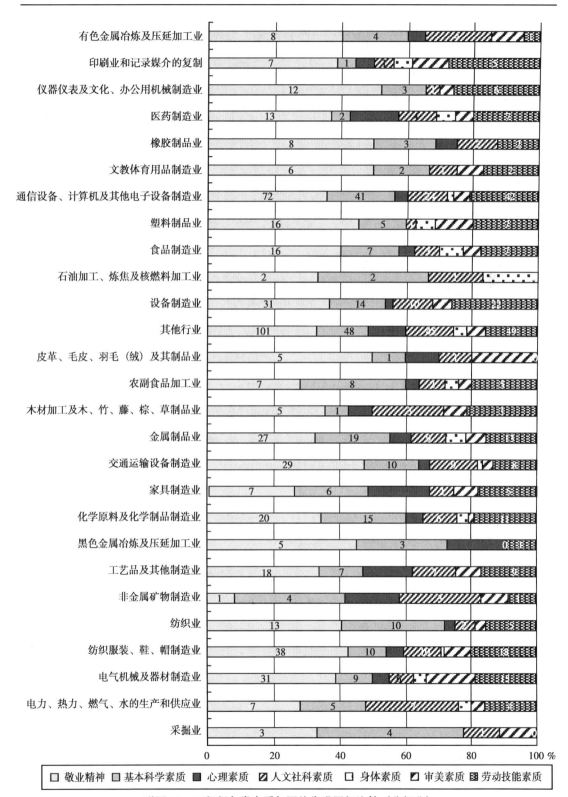

附图20　工程师各类素质与国外先进同行比较（分行业）

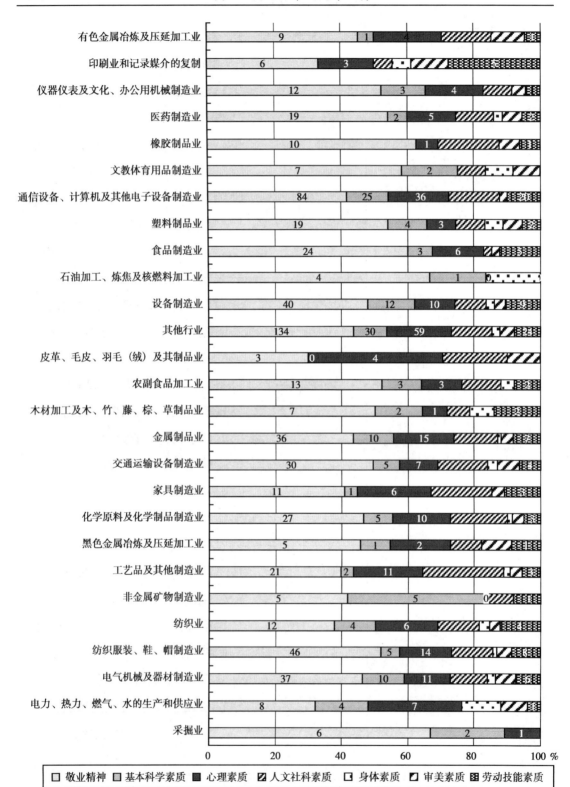

附图 21　销售人员各类素质与国外先进同行比较（分行业）

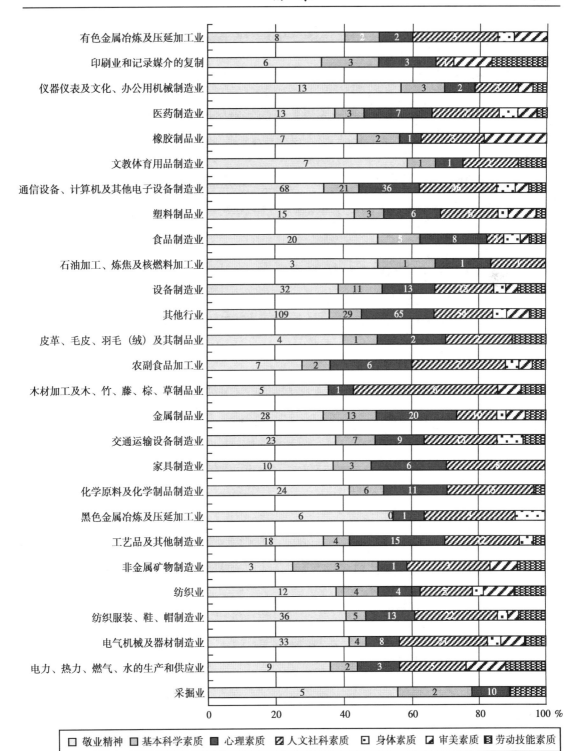

附图 22　高级管理者各类素质与国外先进同行比较（分行业）

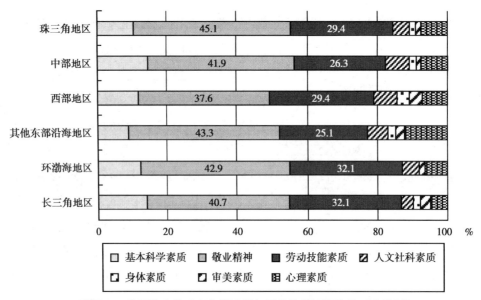

附图 23　普通体力劳动者各类素质与国外先进同行比较（分地区）

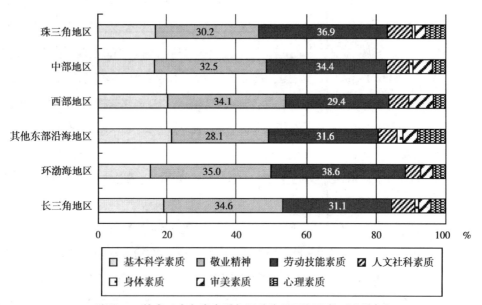

附图 24　技术工人各类素质与国外先进同行比较（分地区）

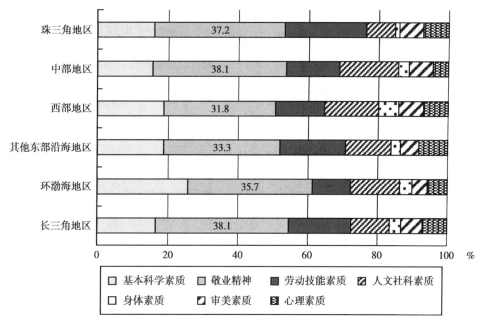

附图 25　工程师各类素质与国外先进同行比较（分地区）

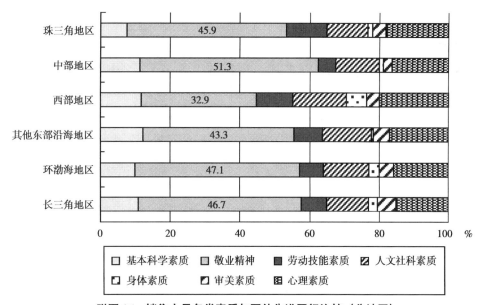

附图 26　销售人员各类素质与国外先进同行比较（分地区）

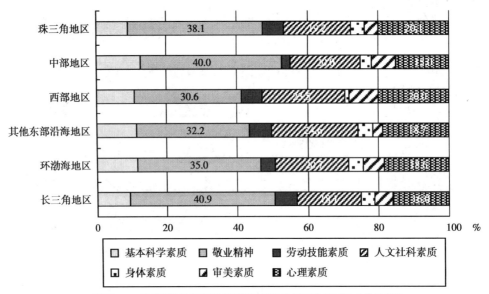

附图 27　高级管理者各类素质与国外先进同行比较（分地区）

后 记

为了应对全球化分工格局和产业竞争优势转型的重大挑战,我们于 2009 年向全国哲学社会科学规划办公室申请开展"产业竞争优势转型战略与全球分工模式的演变"重大项目研究,并得到了批准。

课题研究的总体目标是以竞争优势演化理论为指导,分析经济危机后,一些重要发达经济体的竞争优势转型战略及其对全球产业分工格局的影响;研究分析中国产业竞争优势转型的经济后果与风险,提出中国应对全球产业分工模式新变化、化解产业竞争优势转型风险的政策措施。根据课题总目标的要求,课题组对任务进行进一步分工,分成了四个子课题,分别为:危机后重要经济体产业竞争优势转型战略研究;全球产业分工模式的演变及国际金融危机后的新变化;中国的产业竞争优势转型和产业竞争优势转型的国际与国内经验,以及政策建议等。原磊、李晓华、李钢和郭朝先分别担任这四个子课题的负责人。为了加强子课题之间的协调,项目还专门请王燕梅副研究员负责项目的日常运行管理。

本项目的主要参与者为 30~50 岁年龄段的中青年科研人员,既包括中国社会科学院工业经济研究所的在职科研人员,也有多名在站博士后研究人员,一些在校博士研究生和硕士研究生也参与了调查研究和报告撰写工作。2012 年 12 月初,各子课题完成了最终研究成果的初稿。金碚和张其仔对初稿进行了整合和部分内容调整,并进行了最终的修改和定稿。所以,最终研究成果(本书)所呈现的格局和项目研究工作原计划的分工安排有所区别。

本书的初稿写作及调整后的分工如下:

金碚、戴翔,总报告;第一部分由原磊负责,各章写作分工为:孙凤娥,第一章;王秀丽,第二章;邹宗森,第三章;谭运嘉,第四章;尹冰清、原磊、刘昶,第五章;张航燕,第六章。第二部分由李晓华负责,各章写作分工为:周维富,第一章;孙承平,第二章;杨伟伟,第三章;李颢、张其仔,第四章;邓洲,第五章;吴利学、贾中正,第六章;邓洲,第七章;李晓华,第八章。第三部分由李钢负责,各章的写作分工为:李钢、刘吉超,第一章;张其仔、李颢,第二章;张其仔、伍业君、王磊,第三章;李钢、沈可挺、董敏杰,第四章;李钢、沈可挺、梁泳梅、龚健健、向奕霓,第五章;郭朝先,第六章、第七章。第四部分由郭朝先负责,各章的写作分工为:李钢,第一章;伍业君,第二章;伍业君、张其仔,第三章;李颢、伍业君,第四章;郭朝先,第五章;向奕霓,第六章;李钢、向奕霓,第七章。廖建辉、梁泳梅,附录。

本书的特色主要体现为四个方面:一是对危机后西方发达国家的竞争优势转型战略进行了系统的梳理,对全球产业分工演变的最新趋势进行了分析,并系统研究了美国等发达国家"再工业化"、"第三次工业革命"对全球产业分工的影响,以及"下一波新兴经济体"的发展对中国的挑战。二是运用产业竞争优势演化理论，研究了全球产品空间的演化和中国产品空间的演化，对中国有潜在比较优势的产品进行了识别。三是运用跨国投入—产出表分析重要经济体的战略与政策调整对全球产业分工模式的影响；运用可计算一般均衡模型从环境管制、劳动力素质提升等角度评估了我国产业竞争优势转型的经济增长和产业发展后果。四是对竞争优势转型的国际、国内经验进行了较深入的比较研究。此外，围绕产业竞争优势转型和调整升级，课题组对中国劳动力素质开展了两次较大规模的调查，对河南省西峡县、河南省辉县、福建省厦门市、湖南省永州市等进行了调研，作为案例研究，获得了宝贵的第一手资料。

"产业竞争优势转型战略与全球分工模式的演变"研究项目历时三年。在这三年的研究过程中，课题组在北京召开了开题研讨会和中期研讨会，并在上海、山东等地召开了专题研讨会，邀请国内知名专家就国际分工格局演变、中国竞争优势转型等重大问题开展讨论。各个子课题也就重点关注的问题召开了大量各种规模的学术研讨活动。课题组成员还多次参加了国内大学和研究机构举行的相关问题研讨会，就国际金融危机的影响、低碳经济发展趋势、产业转型升级等专题，与英国、美国、意大利、中国台湾等国家和地区的学者进行了研讨交流。这些研讨交流活动对课题研究的深入和完善起到了重要的推动作用。在此，我们谨代表课题组全体成员向为课题组提供宝贵意见的专家学者表示衷心的感谢！

本书在研究过程中得到了国家社会科学基金规划办、中国社会科学院科研局、工业经济研究所科研处的大力支持，在此，我们也代表课题组向他们表示最诚挚的谢意！

我们的研究是一次愉快和有成效的团队合作经历，所有的课题组成员都做出了很大的贡献。作为本项目的主持人，我们也要向所有课题组成员的努力和配合表示衷心的感谢！

在三年的研究过程中，课题组成员虽然付出了大量劳动，但研究的成果可能仍有这样或那样的不足，敬请批评指正！

金　碚　张其仔

2013 年 4 月 16 日